JN417653

現 · 代 · 社 · 會 · 와 · 倫 · 理 · 談 · 論

현대사회와 윤리담론

김용환 지음

충북대학교 출판부

현대사회와 윤리담론

저 자: 김 용 환
발행처: 충북대학교 출판부
발행인: 윤 여 표
주 소: 28644 충북 청주시 서원구 충대로 1
전 화: (043) 274-1256
이메일: presscbu@chungbuk.ac.kr
등 록: 제 1983-2001-7호
개정1쇄: 2006. 3. 4
개정2쇄: 2017. 9. 8
인쇄처: 다해 02)2266-9247

ISBN 978-89-7295-127-8 93190

값 25,000원

머리말

입춘이 벌써 지났건만 밖에는 하얀 눈송이가 소복소복 내린다. 절기의 당위에서 비춰 보면, 봄 문턱에서 눈은 내리지 말아야 한다. 그러나 하얀 눈이 한 겨울 못지않게 펑펑 쏟아지고 있다. 일상사에서도 당위에서 보는 눈과 사실에서 보는 눈이 반드시 일치하지 않는다. 우리는 흔히 선악의 문제를 다룰 때나 상대를 평가할 때, 당위와 사실의 괴리를 망각한 채 자신의 눈으로나 집단의 이익으로 당위규범을 만들어 사실을 왜곡시키거나 임의로 그것을 재단하려 든다. 이 과정에서 간극이 생기고, 아픔이 찾아오며, 정당화 안목을 무조건 강요하는 구속이 발생하여, 이 세상은 아름다움보다 부조리를 빚어낸다. 윤리명제를 메타언어 차원에서 바라보면, 선악의 당위에서 벗어나게 되고, 자신의 아집의 벽을 넘어서며, 독선의 주장에서 해방된다. 인간본성이 자유라면, 윤리명제도 자유의 가치를 함유한다. 입춘이 지났건만 눈이 소복소복 쌓이는 것도 가능한 자연이치이며 사실현상이다.

윤리학은 사실과 당위의 물음을 통해, 우리에게 합리추론과 진실직관을 통해 합목적성을 추구하도록 안내한다. 그 구체적 내용은 시대변천에 따라 달라지며 도덕기준도 변천한다. 인구증가와 자원한계에서 비롯하는 생존 위기 현상은 우리로 하여금 존재의미와 행위가치를 새롭게 성찰하게 한다. 오늘의 윤리학은 과거처럼 측은지정의 심정에 기대하기보다 오히려 공동체의 의지 결단을 확산시킬 수 있는 보편화 가능성을 요청한다. 생활영역이 확대됨에 따라 이웃규정도 새로워지며, 전통규범담론과 현대의 실천담론이 상호 감응한다. 따라서 인간 사랑의 덕목을 새롭게 조명하여야 되며 자기목적성 · 합리성의 설정범위와 그 내용도 재구성될 필요가 있다.

여기서 우리는 윤리추론의 형성과 다양한 이론을 살펴보고, 현대사회의 제반문제 가운데, 성윤리 정립, 낙태기준의 선별, 차별현상의 극복, 사회정의 실현, 생태정의 구현, 편안한 죽음 등의 다양한 윤리담론을 담아본다. 오늘의 상황에서 현대인의 윤리과제는 자유와 책임의 긴장관계에서 어떻게 상호균형을 이루며 그 실천방안을 수립할 것인가의 문제이다.

그 해답의 상징체계에서 우리는 인간과 자연의 공생, 자아와 타자의 공존을 향한 인식지평을 경험한다. 이제는 지구공동체 구성원의 상호소통을 위한 '지구윤리Global Ethics)'를 수용할 시점에 이르렀다. 과거의 동일화와 단순화를 강요하는 거대담론에 비해, 현대의 윤리담론은 과거 담론해체, 비교불능의 언어게임, 개별성 · 다양성의 존중, 사회억압에서 개체해방이 강조된다.

이처럼 현대윤리담론은 삶 자체의 유희관조에 대한 성찰을 담고 있으며 다원가치의식을 새롭게 일구어낸다. 아울러 생명존중의 윤리의미와 생태공경의 자세를 통해 세계 속의 자신을 일신하는 범지구 차원을 우리에게 요청한다. 그러나 이러한 하늘의 뜻을 제대로 알아차리지 못하고, 산하의 뜻도 바르게 느끼지 못하고, 땅의 이치조차 제대로 가늠하지 못할 경우, 우리는 윤리언어보다 기도언어로 다가서게 된다. 지금 이 순간, 사범대 개신가족의 전원 임용과 규형, 규아의 아름다운 나날이 이어지길 기원하며, 옴 산티 사바하!

김 용 환

차 례

차 례

제 1장 윤리적 추론

제 1장 윤리적 추론

윤리적 추론은 이성을 통하여 도덕 판단을 지지할 수 있는 합리적인 근거를 마련하는 것을 말한다. 이러한 문제는 행위의 보편화 가능성 추론, 합의의 도덕성 추론, 지식의 추론의 세 가지 관점에서 접근할 수 있다. 이를 차례대로 살펴본다.

★ 탐구문제

1. 윤리적 상대주의와 보편주의의 차이점은?
2. 윤리적 이기주의의 정의와 도덕 가치는 무엇인가?
3. 합리성에서 도덕성에 이르는 과정은 어떻게 추론할 수 있는가?
4. 합의로서의 도덕성에 이르는 추론에 대한 반론은 어떻게 이루어지는가?
5. 산파술로서 프로타고라스의 인식론과 파르메니데스의 존재론은 어떻게 논파되는가?
6. 참된 의견은 어떻게 정립되어 지식이 되는가?
7. 윤리적 절대주의와 상대주의의 특징과 그 쟁점을 600자 이내로 논하시오. (97‘ 임용고사)

8-1. 다음 대화를 읽고 물음에 답하시오. (04’ 임용고사)

갑) : 나는 지난 여름방학 때 고아원에서 봉사활동을 했어. 처음에는 봉사 점수를 따기 위해 좀 힘들어도 감수할 수밖에 없다고 생각했는데, 나중에는 보람과 기쁨도 맛볼 수 있었어. 특히 그곳에서 헌신적으로 자원봉사 하는 분들을 보고서 정말 감동 받았어. 그 분들은 선한 일을 위해 자기희생을 마다하지 않는 참으로 훌륭한 분들이라고 생각해.

(을) : 나는 좀 생각이 달라. 나는 이 세상에 순수하게 선한 행동은 없다고 생각해. 네가 말하는 분들도 사실은 봉사활동을 통해 자기 만족감을 맛보는 것이 분명하고, 이것이 그 분들이 봉사활동을 계속하는 진정한 이유일거야. 겉보기와는 달리, 모든 인간 행위의 궁극적 동기는 자기 자신의 쾌락에 있다고 보는 편이 맞을 것 같아.

① (을)과 같은 입장을 ‘심리적 쾌락주의’라고 한다. 쾌락의 획득이 모든 행위의 궁극적 목적이라고 주장하는 이 견해의 오류를 70자 이내로 쓰시오. ②심리적 쾌락주의와 윤리적 쾌락주의의 차이점을 30자 이내로 쓰시오. (2점) ③심리적 쾌락주의를 근거로 윤리적 쾌락주의를 도출하는 논변이 있다. 이 논변의 오류를 30자 이내로 쓰시오.

8-2. 밑줄 친 다음 두 학파의 명칭과 각 학파가 목표로 삼았던 최고의 경지를 서술하시오.

【기원전 4세기부터 기원전 1세기까지 그리스 문명은 알렉산드리아를 중심으로 세계 전역에 퍼져 나갔다. 그 당시 그리스인들은 동방 문명국가들과 접촉하면서 점차 이방(異邦)에 대한 차별 관념을 버리게 되었고, 그 결과 세계 시민주의(cosmopolitanism)의 관념을 형성하였다. 이에 따라 사람들은 폴리스적 존재로서 바람직한 삶을 모색하기보다는 더 큰 틀인 우주 안에서 자신의 본성을 찾으려 했고, 마침내 우주 안의 자기를 상정하기에 이른다. 이 시대의 두 학파는 그 뿌리를 소크라테스부터 퀴닉학파와 키레네학파에서 찾을 수 있다.】(05’ 임용고사)

1. 행위의 보편화 가능성 추론

윤리학은 도덕의 본질과 근거에 대한 철학적 탐구이며, 도덕이란 말은 행위에 대한 도덕적 판단, 표준, 규칙을 가리킨다. 이러한 윤리학의 중요한 목표중의 하나는 어떠한 도덕적 판단, 표준, 규칙이라도 지지할 수 있는 합리적인 근거가 마련될 수 있는가를 알아보는 것이며, 마련될 수 있다면 그 근거가 어떤 것인지를 구체적으로 밝히는 것이다. 보다 구체적으로 정의하면, 윤리학은 '좋은 삶은 무엇이며, 선과 악의 기준은 존재하는가, 우리가 그것을 어떻게 알 수 있는가 등의 궁극적인 질문을 하게 되는 도덕철학'이라고 할 수 있다.

'도덕적인(moral)'개념과 '비도덕적/도덕과 무관한(amoral/non-moral, unmoral)'개념은 구별될 필요가 있다. ① 옳은 것과 좋은 것에 관한 판단은 가치판단에 해당되며 도덕과 무관한 판단이다. ② 윤리적인 기준에 일치되게 행동하는 사람(moral man/woman)은 윤리적 기준에 어긋나는 사람, 【부도덕한(immoral) 사람, 반도덕적(anti-moral) 사람】과 구별된다.

이처럼 도덕 판단은 사람의 행동뿐만 아니라 행동을 하게 되는 동기나 이유, 그리고 사람들이 가지고 있는 보다 일반적인 성품에 대해서도 내려진다. 도덕규범이란 행위의 규칙이거나 평가의 표준이다. 어떤 주어진 상황에서 어떤 종류의 행동을 해야 하며, 또는 하지 말아야 한다고 하는 요구라고 할 수 있다. 우리가 어떤 행동을 피하고 바람직한 행동을 해야 하는 것은 그 행동이 도덕규칙에 의해 요구되거나 또는 금지되는 것이며, 아울러 그 행동이 주어진 상황에서 평가의 표준으로 판단할 때 좋거나 나쁜 결과를 가져올 것이기 때문이다. 사람들의 동기나 성품에 관한 도덕 판단은 행위의 규칙이 아니라 평가의 표준에 의거한다. 어떤 사람이 도덕 판단을 내릴 때 사용하는 행위의 규칙이나 평가의 표준은 그가 사는 사회에서 확립된 도덕률을 통해서이다. 그것은 우리가 그것에 맞추어 살려고 노력하는 정도에 따라 우리 생활철학의 한 부분이 되어 행위 선택을 지도하고 또한 우리 행위에 방향을 정해준다.

그리고 도덕률은 인생의 궁극적 목표와 이상을 결정하고 대립되는 목표의 가치를 비교할 수 있게 해준다. 그것은 반드시 사회의 관습규범일 필요가 없다. 한 개인의 생활 그리고 사회의 구조와 기능 속에 존재하는 도덕현상에 대한 이러한 경험지식은 현실 도덕에 대한 과학적 기술이며 설명이라고 요약된다. 현실 도덕에 관한 이러한 과학적 연구를 '기술윤리학(descriptive ethics)'이라고 부른다. 이는 일반적으로 윤리학에서 제외된다. 기술윤리학은 도덕에 관한 과학적인 연구이며, 개인의 도덕경험과 사회의 도덕률을 인간의 도덕생활에 적용하여 기술하고 설명하는 것에 불과하다.

하나의 도덕 표준이나 규칙이 모든 도덕행위자들에게 타당하다는 말은, 어떤 도덕행위자의 성질과 행동을 판단함에 있어서도 그것에 호소하는 것이 *정당화*될 수 있다는 것을 말한다. 그러나 표준과 규칙들이 정연한 체계를 이룬 것을 흔히 "*규범 윤리체계*"라고 부르며 그러한 체계를 구축하고 정당화하는 활동을 '규범윤리학(normative ethics)'이라고 한다. 모든 인류에게 적용되는 도덕규범의 체계를 정당화하기 위한 합리적 근거와 그러한 규범체계를 합리적으로 구성하는 방안을 탐구한다.

반면에 메타윤리학 또는 분석윤리학은 도덕언어의 의미와 논리에 대한 물음을 통해 그 개념분석을 분석하며, 아울러 '*도덕담론*(moral discourse)'에 사용하고 있는 단어와 문장의 의미에 대한 의미론적 연구를 진행한다. 이러한 규범윤리학과 메타윤리학의 궁극 목적은 우리로 하여금 우리 자신에 대한 비판적이고 반성적인 도덕을 가질 수 있도록 하는 것이다. 이는 도덕률에 대해서 반성하거나 비판적인 사고를 거쳐 받아들이는 도덕을 말한다. 합리적인 추론에 의해서 그것을 옹호하고, 만약 거짓되거나 또는 정당화 될 수 없을 때는 과감히 이를 포기할 수 있음을 말한다. 반성적 사고 과정을 겪게 되면, 자기가 속하는 사회규범에 종종 반대한다. 윤리학의 최고 목적은 반성적인 사람이 비판적으로 세밀히 조사 분석할 때, 이에 부응 할 수 있는 도덕질서를 당시의 관습사고에 대한 대안으로 수립하는 데 있는 것이다.

규범 윤리학(normative ethics)은 다음과 같은 몇 가지 전제위에 논의를 전개한다. ① 도덕적인 규범을 인생의 길잡이로 생각한다. ② 도덕 이론을 연구하며, 도덕 원리들을 합리적으로 정당화 할 수 있는 기반 위에 구축된다. ③ 인간이면 누구나 마땅히 따라야 할 객관적인 기준이 존재한다. ④ 항상 도덕적인 가치 판단을 제시한다. 반면에 메타 윤리학은 다음 사항에서 보듯이, 그 기본 전제가 규범 윤리학과 다르다. ① 윤리학적 자연주의에 의거하여, '당위(의무)'는 '필요'에 따른다. ② 윤리학적 주관주의에서, 당위는 개인요구를 보편화한다. ③ 분석적 사조의 선구로서 윤리언어의 구조와 의미의 복잡한 관련성을 명확히 밝히는데 목적이 있다. ④ 도덕개념 혹은, 도덕개념에 내포되어 있는 논리적 구조 분석에 집중되며, 도덕언어의 논리분석에 주요 관심을 갖는다. 많은 사람은 윤리적 기준에 대해 일치하지 않을 뿐만 아니라 세대에 따라 차이가 나고 어떤 관점에 근거하여 평가하는가에 따라 행위에 대한 의미를 달리함을 수용한다. 이는 곧 다양한 윤리적 관점과 추론형태에 따라 행위분석이 달라질 수 있음을 뜻한다. 그렇기 때문에 윤리학을 가르치기는 결코 쉬운 것이 아니다.

이처럼 윤리 상대주의는 보편적으로 타당한 도덕원리란 없으며 모든 도덕 원칙은 문화적 또는 개별적 선택에 있어서 타당하다고 보는 입장으로 보편적인 도덕원리를 부정하고 문화상대주의에 기초해 있다.[1] 이러한 윤리 상대주의는 경험적 또는 사실적인 주장을 하는 기술상대주의, 규범적 주장을 하는 규범윤리 상대주의, 분석윤리적인 원리 에 기초하는 분석윤리상대주의로 구분된다.

이성을 통한 윤리적 추론에서 고려할 사항은 세 가지로, ① 선한 동기(motive) ② 행위 그 자체의 성질, 본질(act) 고려. ③ 행위, 실천의 결과(consequence)이다. 이 가운데 행위결과에 대한 도덕적 판단자를 지칭하여 결과론자, 혹은 목적론자라고 부르며, 행위 결과와 무관하게 옳거나 동기가 그르다고 간주하는 자들을 '의무론적 비결과주의자((Deontological

1) 윤리적 보편주의는 어떤 도덕규범은 범문화적 추리 방법에 의해 확립될 수 있는 근거 위에서 정당화 될 수 있으므로 이러한 규범은 모든 인간의 행위에 올바르게 적용될 수 있다는 것을 뜻하며, 윤리적 절대주의는 모든 시대 모든 곳에 예외 없이 절대적으로 타당하며 적용되는 도덕규범 또는 도덕규범체계가 존재한다. 종교 관념으로 윤리적 독단주의와 도덕적 테러리즘의 한계가 나타난다.

nonconsequentialist)'로 부르게 된다. 앞의 것은 공리주의 논법처럼 행위 결과가 행복실현에 얼마만큼 기여하는가에 따라 평가되며, 뒤의 것은 칸트의 도덕이론처럼 인간의 합리성과 존엄성이 강조되어 동기 방향에 따라 행위 평가를 달리하게 된다. 반면에 덕성이론이나 자연법 이론에서는 이들의 중간적 위상에 따라 목적론적이면서 의무론적인 측면이 동시에 있으며, 인간본성이 중시된다.

여기서 말하는 동기는 행동을 일으키게 하는 내적 직접요인의 총칭으로 목적론적인 의미가 강하다. 따라서 유기적인 요구에서 일어나는 동인은 생리 동인이라고 할 수 있으며, 목적 및 목표와의 관련에서 발생하는 2차적 요구에 바탕을 둔 동인은 2차적 또는 학습 동기라고 말한다. 또한 2차적 동기는 사회적 규범이나 가치 · 제도 등과의 관계, 즉 개인의 사회생활로부터 형성되는 경우가 많으므로 사회발생 동기라고도 한다. 이에 대해 생리적 동인은 '생물발생 동기'라고 부르는 경우가 있어 서로 구별된다. 우리가 행동할 때, 행동에는 나름대로의 이유가 있다. 배가 고프기 때문에 아침을 먹게 되며, 차를 구매할 때는 그 차를 신뢰하기 때문이다. 이러한 경우 인간은 '생물발생 동기'와 학습 동기에 의해 행동을 선택하게 된다.

반면에 요구는 일반적으로 유기체 안에서 생기는 어떤 결핍 또는 과잉이 그 원인이 된다. 이러한 요구에 의해서 발생한 동인 또는 동기는 행동을 일으키게 하며, 그 행동이 유인 또는 요구를 만족시키면 그 요구에 따른 동인 또는 동기는 그 작용을 정지하고 행동은 종결된다. 이와 같은 요구 -동인- 유인의 기능적 관련을 총칭하여 '동기부여(動機附與)'라고 정의한다. 동기부여의 과정은 이와 같이 내외의 요인이 서로 관련되어 작용하는데, 어느 쪽에 중점이 놓이는가는 그 때의 조건에 따라 좌우된다. 굶주린 동물의 구식활동은 주로 신체 내의 영양물질의 결핍이라는 내적 요인에 의해서 이루어지며, 새로운 환경을 탐색하는 것과 같은 행동은 오히려 외적 요인에 의해서 유발되는 경우가 많다.

2차적 동인에는 여러 가지가 지적되지만, 인간행동에서 그 동기가 직접적으로 1차적 요구에 의존하여 생긴 경우는 드물다. 이를테면 회식에서의 식사 동작은 식욕과 사회요구의 복합으로 규정된다. 돈 · 지위 · 권력 · 명예 등에 대한 인간의 요구는 1차적 요구에 그 바탕을 두면서도 거기서 파생하여 경험으로 획득된다. 이러한 행위결정에 있어 신뢰할 수 있는 장치를 마련하는 것이 중요하다. 다시 말하면 요행을 피하고 올바른 행동을 선택하려면 합리적 이성에 의한 행위의 '보편화 가능성'에 대한 추론이 중요하다고 말할 수 있다. 이러한 *보편화 가능성*(Universalizability)은 '보편화될 수 있는 가능성'을 의미하지만, 그 용례에 따라 세 가지 다른 의미로 사용될 수 있다.

(1) 논리적 보편화 가능성 : "보편화 가능성"이라는 말의 첫째 의미는 행위에 대한 평가적이며 규정적인 모든 판단, 즉 "이 행동이 옳다.", "우리는 이러한 환경에서는 이런 행동을 해야 한다."는 형식을 가진 판단에 적용된다.

(2) 규칙의 보편적 적용가능성 : 규칙의 범위란 그 규칙에 의해 제한 받는 사람들의 부류와, 그 규칙이 그러한 사람들에게 구체적으로 요구하고 허용하고 또는 금하는 행동의 유형에 의해 한정되는 적용범위를 말한다.

(3) 규칙의 보편적 수용가능성 : 그 규칙을 준수하겠다는 자유로운 공약이 행위의 규범원리로서, 모든 도덕행위자의 편에서 이루어질 때 오직 그때에만 보편적으로 수용 가능하다. 도덕이 무엇이며 또한 도덕규칙이 그 적용범위 내의 행위를 하는 모든 사람에게 어떤 방식으로 의무를 부과하는 가를 충분히 이해하려면 그것의 보편적 수용가능성을 분석할 필요가 있다.

우리는 행위분석요인의 보편화 가능성을 다룸에 있어 엄격하게 기준을 적용할 때 학문연구대상이 되는 경우가 있거나 그렇지 않은 경우가 있다. 다시 말하면 윤리와 도덕으로 나누어진다. 첫째, 윤리는 '도덕과 도덕문제에 관하여 연구하는 학문, 즉 도덕현상을 이론적, 합리적으로 규명하는 학문' 이다. 둘째, 도덕은 학문연구를 의미하지 않는다. 즉 개인의 행동을 살펴보는 기준으로 작용하며 개인 혹은 사회개혁과 그 관계를 중시한다. 그런데 일상적인 경우 어원적으로 유사한 근원을 갖고 있기 때문에 이러한 구분은 한계가 있다. 윤리는 '인격에 관한 학'(ethike)에서 유래한 반면에, 도덕은 '습관'과 '예의'(mores)에서 유래한 것으로 인식한다. 따라서 윤리학은 개인의 덕성함양 문제보다 오히려 학문대상으로서 행위의 보편화 가능성을 위한 *합리적 추론의 정합성*을 추구하는 특징을 드러내며, 이에 따라 이성이 강조된다.

윤리와 이성

윤리학은 합리적 추론에 근거하는 데 이는 곧 이성역할을 중시하는 특징이 있다. 윤리학은 좋은 삶의 의미를 끊임없이 묻게 된다. 생명의 위기의 순간에 인간은 정직을 포기해서라도 생명을 살리려는 사람이 있는가 하면, 정직을 최상의 미덕으로 삼아 그것을 고집하는 사람도 발견된다. 이러한 경우 이성역할이 중시된다. 이러한 경우에도 반드시 이성에 호소해서만 해결되지 않을 수도 있다. 이 경우에 우리는 감성, 직관 등의 능력을 발휘할 수 있다. 그렇지만 윤리추론의 핵심 기능은 이성으로 이루어진다고 할 것이다.

먼저 윤리학의 기능은 모든 사람의 목적과 욕구를 가능한 한 양립할 수 있도록 성취하는 방식으로 우리의 감정과 행동을 상호 조정하는데 있다. 또한 논증에 실패한 기준의 윤리이론들도 발견된다. 윤리적 판단의 올바른 기능은 사람의 감정과 행동을 변경시키는데 있으며 아울러 모든 사람의 목적과 욕구를 가능한 한 상호 조정하는 것이다. 이처럼 윤리학은 욕구와 이해관계들 간의 조화로운 만족에 관심을 갖는다. 당연하게도 어떤 관행에 대해 '정당한 근거를 제시하는 것'과 '문제되는 그 관행이 옳다'는 것을 입증하는 것이 동일하다고 가정하는 것은 잘못이다. 이성에 근거하여 윤리학에서 발견되는 규칙들은 잠정적이다. 오히려 그것은 절대적이거나 최종적인 것이 아니고 언제나 발전과정에 있으며 불완전하고, 경우에 따라서는 만족한 규칙들로 바꾸어져야 한다. 이러한 추론을 통하여 윤리학에서는 절대주의보다 상대주의를 지향하는 방향으로 여러 가지 윤리이론이 다양성을 보여준다.

이를테면 공평원리는 한 사람의 선은 다른 어떤 사람의 선과 마찬가지로 평등한 본질가치를 갖는다. 경우에 따라서 윤리학이 필연적으로 형이상학에 기초해야 함을 인식하면서 종교개념을 통하여 인격적 이상주의 윤리학로 전개되는 경우도 있다. 반면에 무어(G. E. Moore)는 '정의 불가능한 실재로서의 선'을 강조하면서, 윤리적 물음의 본질은 '선이란 무엇인가?'임을 묻고, 그 결과 '선은 정의될 수 없는 것.'이라고 판단한다. 그것은 선 자체를 더 이상 세분화될 수 없는 궁극적 단순관념으로 파악하기 때문이다. 당연히 자연주의적 오류를 내세우는 데 '노랑에 대한 실제경험을 노란 색깔의 파장과 동일시하는 것'에서 보듯이, "현상"에서 "당위"를 추론할 수 없다는 것이다. 그렇지만 무어가 선과 노랑을 비교한 것은 불완전한 유비추론에 해당되며, 감각지각 대상과 감각성질 배제대상을 유비한 것일 뿐이란 비판을 받고 있다.

윤리 상대주의

행위의 판단에 대한 경향을 이와 같이 정리할 때, 현대는 윤리 상대주의가 강하게 나타나고 있다. 그것은 '윤리가치나 신념들은 이들을 지니고 있는 다양한 개인이나 사회에 연관된다.'는 입장이다. 윤리 상대주의에 따르면, 보편적으로 옳거나 그름은 전제되지 않고, 객관적으로 옳거나 그르다는 주장이 있을 뿐이라는 사실이다. 철학사적으로는 고르기아스, 프로타고라스 등의 소피스트들이 이를 주장했는데, 프로타고라스의 "인간은 만물의 척도이다"라는 입장은 지식이나 가치가 개인과의 관계에서 상대적으로 타당하다는 것을 나타내며, 이를 지칭하여 *주관적 상대주의*라고 할 수 있다.

윤리 상대주의는 지식이나 가치의 보편타당성을 인정하지 않으므로 회의주의와 합쳐질 가능성이 있다. 다시 말하면 신학 · 형이상학에 대하여 비판적이다. 르네상스와 근대에는 몽테뉴가 도덕주의 입장에서, 홉스는 공리주의 입장에서, 로크, 흄은 경험론의 입장에서 회의적이며 상대주의 입장을 취한다. 칸트는 선험철학의 입장에서 경험인식의 상대성을 인정하지만 선천적 인식 가능성을 말한 점에서 비판적 상대주의 입장에 섰다고 말할 수 있다.

신칸트학파에서는 존재와 가치를 구별하여 가치의 상대성을 설명했다. 또한 가치에는 선악의 규준이 상대적으로만 타당하다는 윤리 상대주의 입장이 있다. 윤리 상대주의는 과학에 대한 근본적인 신념과 윤리학의 지위에 대한 견해를 비교함으로써 더욱 잘 이해할 수 있다. 대부분의 사람들은 자연과학이 자연세계에 대하여 더욱 잘 말해준다고 믿는다. 수세기를 통하여 과학은 자연과 우리세계의 구조를 해명하는데 커다란 진보를 이룬 것으로 여겨진다.

인간의 개인적 기질, 배경, 문화와 관계없이 동일한 자연세계는 그것을 탐구하는 모든 이에게 접근 가능한 것처럼 보인다. 과학과는 대조적으로 '도덕성(morality)'은 객관적인 것으로 여겨지지 않고 있다. 도덕신념의 다양성의 예들은 시간이 지나면서 증대된다. 옳고 그른 것에 대한 일반적인 합의가 존재하지 않을 뿐만 아니라, 그런 문제에 대하여 우리가 동의할 수 있는지조차 의심한다. 우리는 도덕성을 주관적인 견해의 문제로 생각하는 경향이 있다. 이러한 윤리 상대주의에 따르면, 도덕성은 사람들이 가지는 도덕신념의 기능이며, 이를 넘어서서는 아무 것도 인정하기가 어렵다는 것이다. 특히 자연세계에서 발견하는 것으로 보이는, 객관적 도덕적 진실이나 실재 세계는 존재하지 않는다고 말한다. 이러한 윤리 상대주의는 크게 두 가지 형태로 집약된다.

(1) 개인적 윤리 상대주의

윤리적 판단이나 신념은 개인의 도덕적 견해나 태도의 표현에 불과하다. 나는 나 자신의 윤리적 견해를 가졌고, 당신은 당신 나름의 윤리적 견해를 가지고 있다. 나의 견해나 당신의 견해 중 어느 것도 더 나은 것은 없다. 나는 국지전에 찬성하는 반면, 당신은 반대할 수 있고, 또 어떤 이는 모든 전쟁이 옳지 않다고 주장할 수 있다. 우리는 이런 제각각의 견해를 설명해주는 개인적 역사를 가질 수 있다. 그러나 이들은 우리 자신의 개인적 견해나 태도일 뿐, 그들이 옳거나 옳지 않다는 것을 말할 수 있는 것이 아니다. 왜냐하면 그렇게 하는 것이 옳고 그름의 객관적 기준을 가정하는 것이기 때문이다. 윤리 상대주의에서 그 기준은 존재하지 않는다.

(2) 사회적 윤리 상대주의

윤리적 가치는 사회에 따라 다양하며, 도덕적 판단의 근거는 이와 같은 사회적 또는 문화적 관점에 놓여 있다. 따라서 개인이 옳은 행위를 하고, 올바른 것을 결정하기 위해서는 사회의 규범을 고려해야 한다. 사람들은 사회 속에서 그들의 관점이 올바른 도덕관점이라는 것을 믿을 것이다. 그러나 문화적 윤리 상대주의는 어떤 사회의 관점이 다른 사회의 관점보다 문화적 의미에서 더욱 나을 수는 없다는 생각을 가진다. 상대주의 입장을 지지하는 이유는 다양하다.

① 도덕관점의 다양성 : 민족과 문화들 사이의 도덕적 다양성의 존재를 인정할 수 있다. 과학과 역사탐구의 영역에서는 이런 다양성에도 불구하고 일반적 합의를 가진다. 그러나 윤리학에 있어서는 그러한 일치가 어렵다고 할 것이다.

② 도덕 판단의 모호성 : 우리가 도덕적으로 옳은 것을 아는 것이 참으로 어렵다는 것이다. 이를테면, 우리는 친구를 돕는 것이 옳은 것인지 거짓말을 하지 않고 정직한 것이 옳은 것인지를 잘 모른다. 아마도 어떤 때는 친구를 돕는 것이 최선이고, 다른 때는 정직한 것이 최선일 수 있다. 우리는 특수한 경우에 어떤 것이 최선임을 확신할 수 없다. 도덕 판단은 개인적이고 주관적이다.

③ 도덕상황의 가변성 : 도덕 상황은 민족, 문화 그리고 시간 등의 여러 측면에서 다르다. 도덕 상황과 생활세계는 한 민족에게 옳은 것이 다른 민족에게도 옳은 것인지 믿기 어렵게 만든다. 어떤 곳에서는 기본적인 생필품도 충족되지 않는 반면, 다른 곳에서는 풍부한 음식과 높은 생활수준이 유지된다. 어떻게 동일한 것이 서로 다른 상황에서 옳거나 그른 것이 될 수 있겠는가? 그러나 절대주의나 객관주의 관점에서는 앞의 세 가지 논점의 정당성에 대해 비판을 한다.

① 도덕관점의 다양성 : 도덕관점의 다양성의 문제는 두 가지 관점에서 고려가 가능하다.

【어떻게 도덕 불일치가 광범위하고 깊게 퍼져 있는가?】

만일 두 사람이 도덕적 문제에 합의하지 못한다고 해서 우리는 항상 도덕 불일치로 결론내릴 수 있는가? 이를테면, 갑이 '우리는 이산화탄소의 방출을 줄여야 마땅하다'고 말하는 반면, 을은 '우리는 이것을 행해야 할 도덕의무를 가지지 아니한다.'고 말한다면, 이것은 근본적으로 도덕 불일치로 보여 질 것이지만, 실제로는 사실적 신념 차이에 기인한다. 아마 갑은 그와 같은 현재의 방출의 비율은 다음 세대에 심각한 해로운 지구기후에의 영향, 이른바 '온실효과'를 초래할 것이라고 믿는 반면, 을은 그와 같은 해로운 결과는 없을 것이며 단지 예측이나 측정이 잘못 되었다고 믿는 것이다. 만일 갑과 을이 실제의 논점에서 일치한다면, 이들은 도덕적 결론에서도 일치하게 될 것이다. 이들은 우리가 현재의 인간 상태를 바람직하게 증진시키고 미래세대에 대한 심각한 해를 막을 수 있는 근본적인 도덕의무에는 동의한다. 이들은 근본적인 도덕적 문제에 대해서 일치한다고 말한다.

【불일치한 사실을 어떻게 증명할 수 있는가?】

윤리학이나 과학을 비교해 보자. 물리과학에 종사하는 사람들은 동의하는 방대한 지식이 존재하는 반면, 이들 과학의 최첨단에 종사하는 이들 사이에는 심각한 불일치가 존재한다. 과학자들의 불일치가 그러한 문제에 있어서 객관성이 존재하지 않는다는 것을 증명하는 것일까? 만일 우주가 빅뱅으로 시작되었다든지 또는 은하계가 발생하였다고 보는 등 불일치를 보인다면, 그것이 우주의 시초에 대하여 대답할 수 없다는 것을 증명하는 것일까?

② 도덕 판단의 모호성

도덕문제들은 복잡하고 결정하기 어렵다는 것을 검토하여 보자. 우리는 도덕적으로 최선의 것을 행하는 것을 확신하기 어렵다. 이를테면 회사에서 '휘파람을 부는' 사람은 그들이 올바른 일을 행하고 있는지 알기 어렵다는 것을 발견할 것이다. 그러나 여기서 설명하는 것은 상대주의 판단이라기보다는 회의주의 판단이다. 회의주의는 불가능하지는 않지만, 어떤 것을 아는 것이 어렵다는 견해이다. 그러나 우리가 무엇인지에 대하여 대답이 불확실하다는 사실이 대답이 부족하다는 것을 증명하는 것일까? 과학과 역사의 문제들은 결과적으로 명료하게 정리된다. 과학자들은 점차적으로 다양한 분야에서 우리의 확신을 증진시켰다. 그런데 여기서 우리는 "왜 우리의 윤리문제들에 있어서는 이러한 유사한 진보가 있어서는 아니 되는가?"라고 반문하지 않을 수가 없다.

③ 도덕상황의 가변성

사람들의 삶이 상황이 다르기 때문에 어떠한 공통의 도덕성을 가지는 것이 불가능한가? 상황적인 차이들로 말미암아 '객관적인 도덕가치가 존재하지 않는다.'고 생각하는 이유는 우리가 객관주의를 이른바 절대주의와 동일시하기 때문이다. 절대주의는 도덕적 규칙이나 원리들에서 예외가 있을 수 없고, 특정상황과 무관한 것으로 보는 관점이다. 한 예로서 '도둑질은 항상 나쁘다'의 경우, 절대주의에 따르면, '사람들이 굶주렸든 아니든' 상황차이는 도덕결론에 어떤 차이를 미치지 않는다.

그러나 절대주의자가 아닌 객관주의자들은 객관적으로 선한 것이 있다고 주장하는 반면, 구체적인 상황에서 선한 것은 사람에 따라 환경에 따라 다양할 수 있다고 생각한다. 객관주의자들은 도둑질도 무조건적 소유보다 더욱 선하며, 생명을 위해서 필요한 상황에서는 정당화되어질 수 있다는 견해를 나타낸다. 여기서 보다 더 생각해 볼 점을 찾아보자. 사회·문화적 윤리 상대주의자들이 가지게 되는 문제는 도덕 가치들을 단지 사회적 견해의 반영으로 보고, 그 사회와 동일시하는 경향이 있다는 사실이다. 그런데 과연 사회 내에서 집단들은 나의 도덕적 관점과 일치할 것인가? 내가 속해있는 다른 집단들은 다른 도덕적 관점을 가진다. 더욱이 만일 사회의 관점이 변한다면, 이것은 도덕성이 변하는 것을 의미하는가? 만일 한 때 52%의 사람들이 어떤 전쟁을 지지하다가 뒤에 48%만이 지지한다면, 이것은 처음에는 '전쟁이 정의'라는 판단이 사람들 마음이 변하면서 정의롭지 못한 것이 되는 현상을 뜻하는가?

이러한 점에서 우리는 현대사회에서 윤리 상대주의의 경향이 나타난다고 해서 그것이 선을 부정하고 객관적 진실성을 부정하는 것은 아니라고 말할 수 있다. 이는 곧 집단적이며 체제적 이기성의 몰가치적 성격에 대한 비판으로 평가할 수 있다. 이와 같이 윤리 실재론은 일원론, 이원론, 다원론으로 다양하게 집약될 수 있다.[2)]

윤리적 이기주의

사람들은 근본적으로 이기적인가? 이기적인 것은 선인가 악인가? 이 두 가지 논점은 두 가지 다른 해석을 가능하게 한다. 하나는 기술적인 것으로, 이기주의는 사람들의 인품을 기술하는 이론이다. 인간들은 근본적으로 자기중심적이면서 이기적이다. 이는 종종 심리적 이기주의로 언급된다. 이기주의에 대한 또 다른 해석은 규범적인 것이다. 이는 사람들이 마땅히 행동해야 할 바에 대한 당위성이다. 이는 곧 윤리이론으로 볼 수 있으므로, 윤리적 이기주의라고 불린다.

(1) 심리적 이기주의 : 일반적으로 심리적 이기주의는 사람들의 인품에 대한 이론이라고 말할 수 있지만, 이에 대한 이해방식은 여러 가지다. '사람들은 근본적으로 이기적이다'라는 말을 이해하는 것은 사람들이 보통 자기 자신은 좁고 단기적 이익을 위해 행동한다는 것이다.[3)] 다른 견해는 사람들이 자기 자신의 이익을 위해 행위를 하는 반면에 자기이익은 좀 더 광범위하고 장기적인 차원에서 이해되어야 한다는 점이다. 심리적 이기주의에서 몇 가지 고려사항이 있다. ① 사람들은 항상 자신의 최고이익을 위하여 행동하는가? ② 사람들은 항상 자신의 최고의 이익을 얻으려는 욕구에서 동기유발이 되는가? ①의 경우 사람들이 항상 자기에게 최선인 것만을 행하지 않는다는 점에서 거부된다. 그들은 과식하고 잘못된 삶을 살고, 최고의 이익이 되도록 요구되는 판단을 위한 충분한 지식을 가지고 있지 못하다. 이는 아마도 '의지의 나약함' 때문일 것이다. 가령 체중감량을 원하지만, 이런 목표를 위해 행하는 것은 스스로 하고자 하는 것이 아닐 것이다. 다른 한편, 사람들이 자신에게 최선이라고 생각하는 것을 행한다는 것은 진실이다. 심리적 이기주의는 인간들이 자기 자신의 최고이익을 위해 행동한다고 말한다.

---

2) 윤리학적 일원론 : 아리스토의 '행복'(최고선), hedonist의 '쾌락', 윤리학적 이원론 : 선과 악이 공존. 윤리학적 다원론 : 여러 종류의 선을 인정한다. 이처럼 윤리 상대주의는 다원론의 가치관에 근거한 것으로 인간이 이기적 존재임을 '있는 그대로' 현실적으로 수용함을 의미한다.

3) 이 입장은 인간의 동기 유발에 관한 사실적 설명에서 인간의 모든 행동은 이기적 동기에 의해서 유발된다는 이론이다. 인간은 비이기적일 수가 없고, 모든 인간은 본래 자기 자신의 이익만을 추구하도록 되어 있다. 이타적 행동을 기대하는 것은 비이성적이다.

②의 경우 심리적 이기주의는 진실인가를 살펴볼 필요가 있다. 심리적 이기주의에서 다시 검토되어져야 할 것은 인간 동기에 관한 이론이다. 그러나 인간의 동기를 아는 것은 쉽지가 않다. 이를테면 테레사 수녀가 행위결과의 만족을 위하여 행동하는 것으로 가정하는 것은 옳지 않다. 테레사가 다른 사람들을 돕는데서 만족을 얻는다는 것은, 만족감을 얻기 위하여 행동하는 것과 같지 않다. 심리적 이기주의가 보여주는 것은 사람들이 자신의 행위에서 만족감을 얻는 것이 아니라, 그들 목표인 만족감에 대한 성취이다.

그러므로 인간 동기에 관한 이론인 심리적 이기주의의 가장 합리적이고 일반적인 형태는 증명하기 어려운 것으로 보인다. 우리가 종종 우리 자신의 이익을 위해서 행동하는 것으로 보일지라도, 심리적 이기주의를 증명하는 것으로 충분치가 않다. 이 이론에 따르자면, 우리는 사람들이 항상 자신의 이익을 증진시키기 위하여 행동한다는 것을 보여주어야 한다. 우리는 다음에 이것이 우리가 어떻게 행위 해야 하는지에 대한 규범적 문제와 어떤 연관성이 있는지를 고려해야 한다.

(2) 윤리적 이기주의: 윤리적 이기주의는 규범적 이론으로 우리가 마땅히 행해야 할 것, 어떻게 행위 하여야 하는지에 대한 이론이다.[4] 심리적 이기주의처럼, 윤리적 이기주의라고 지칭되는 규범이론을 형성하는 많은 방법들이 있다. 윤리적 이기주의는 인식론적 개인주의를 말하며, 전체적으로는 이타주의와, 부분적으로는 공리주의와 대립된다. 소피스트, 키레네학파, 에피쿠로스학파, 홉스, 슈티르너 등에서 그 두드러진 경향을 찾아볼 수 있으며, 이론적으로 의무론의 형태도 취할 수 있다. 개인의 선이라는 목적을 행동의 의무, 올바름의 유일한 기준으로 삼는 점에서 실제적으로는 목적론적 윤리주의 형태를 취한다. 나아가 목적내용의 차이에 따라 행복주의나 쾌락주의의 형태를 취하기도 한다. 실제로는 쾌락주의일 경우가 많다. 이기주의를 지원하는 유력한 근거는 프로이드의 경우처럼, 인간 본성이 원래 자기이익만을 추구하도록 되어있는 심리적 이기주의에서이다.

그러나 인간의 이타적 경향을 완전히 부정해버리는 것은 사실문제로서 일종의 독단이라고 할 수 있다. 뿐만 아니라 윤리학설로서 보편화되면 개인이 자기의 이익만을 추구한 결과, 주장자의 이익이 되지 않는다는 현실 모순에 빠져 보편적 격률(格率:규칙 · 원리)이 되지 않는다. 그러므로 '이기주의(egotism)'의 윤리성은 찾아보기 어렵다. 윤리적 이기주의가 함축하는 의미를 찾아본다.

먼저 개인주의 윤리적 이기주의이다. 이에 의하면, 나는 나의 이익만을 고려해야 하며, 나 자신의 이익에 기여하는 범위 내에서만 타인에 대하여 관심을 둔다. 보편주의 윤리적 이기주의에 따르면, 누구나 자기 자신의 최고의 이익을 추구하여야 한다. 개인적 형태와 마찬가지로, 사람들은 그들 자신의 최선의 이익이 존재하는 범위에서 타인을 도와야 한다.

---

4) 윤리적 이기주의는 규범이론이다. 즉, 인간은 어떻게 행동해야 만하는 가에 관한 이론이다. 우리가 실제로 어떻게 행동하는가에 관계없이 윤리적 이기주의는 우리자신에게 좋은 최선의 행동을 하는 것 외에는 어떠한 다른 어떤 도덕의무도 우리에게 존재하지 않는다고 말한다.

(3) 윤리적 이기주의 평가: 윤리적 이기주의를 평가하는 데는 많은 방법이 있다. 심리적 이기주의, 일관성, 경제이론에서 파생, 상식적인 도덕관점과의 일치 등이 있다.

① 심리적 이기주의에 근거 : 만일 심리적 이기주의가 진실이라면, 윤리적 이기주의의 좋은 토대가 될 것이다. 만일 사람들이 항상 자신의 이익에 의하여 동기화된다면, 그들이 그렇게 행동해야 할 좋은 이유가 될 것인가?

② 일관성 : 보편적 윤리적 이기주의는 일관적이지 못하기 쉽다. 윤리적 이기주의에 따르면, 모든 사람들은 자신의 최고의 이익을 추구하여야 한다. 그러나 누가 이런 관점을 지지할 수 있을까? 이것은 우리 자신이 자신의 최대한의 이익에 봉사하는 동시에 다른 이들이 비록 우리에게 손상을 가져올지라도, 그들의 이익에 봉사하는 것을 허용하도록 하는 것을 의미하지 않는가? 철학자들은 보편적 윤리적 이기주의가 어느 누구도 그것을 보편적 실천으로서 의지할 수 없다는 근거에서 일관성이 없다는데 대해서 불일치한다.

③ 경제이론에서 파생: 윤리적 이기주의자의 주장은 아담 스미스의 경제이론에서 파생한다. 자유방임과 최소정부의 주장자들은 자기이익이 최고의 경제적 동기화를 가져온다고 본다. 자유방임에서 조장하는 경쟁은 도움이 없이는 할 수 없거나, 경쟁할 수 없는 사람들에 대하여 질문을 일으킨다. 이런 사람들에 대한 배려는 사회적 책임인가? 최근 사회적 도덕성에 대한 사회 지향적 이론들은 책임의 개념을 강조하여, 개인적 권리에 대한 지나친 강조에 반대한다. 좀 더 근본적인 문제는 경제학과 도덕성의 관점에서 탐구되어야 한다. 도덕적 삶은 경제적 삶보다 더 넓지 않은가? 이를테면 모든 인간관계는 경제적 관계가 아닌가? 더욱이 모든 이들이 일반적 복지에 기여하기 때문에 자신의 최고의 이익을 추구하여야 한다는 주장은 윤리적 이기주의라고 볼 수 없다. 공리주의 형태이다.

④ 상식적인 도덕관점과 일치 : 윤리적 이기주의는 상식적인 도덕성에 의하여 지지되는가? 반대로 상식적 도덕성에 반대하는 윤리적 이기주의의 요소가 있다. 예를 들어 인간이나 동물들을 고문하는 것도 이것이 자신의 이익에 기여하는 한 허용되는 것인가? 충성심, 성실성, 정직함 등과 같은 전통가치는 자신의 이익에 유용하지 않는 한 가치가 없게 될 것이다. 윤리적 이기주의자들은 고문이 자신의 최고의 이익증진이 되지 못하는 경험적 근거가 있다고 주장할 수 있으며, 또한 전통적 가치들의 성향은 사회에 의해 가치화되기 때문에 자신의 이익증진에 기여한다고 주장한다.

또한 사람들이 자신을 더 잘 배려해야 한다는 것은 타당성이 있다. 자신에 대하여 높은 존경심을 가짐에 의하여 우리는 자존감을 가질 수 있다. 우리는 좀 더 강해지고, 행복해질 수 있다. 이타주의자들은 지나치게 자기 자신을 낮춘다. 자신에 대한 적절한 고려가 결핍되어 있다. 자기 자신을 돌볼 수 없는 사람들이 다른 사람 또한 돌보기 어렵다는 것은 사실이다. 그러므로 윤리적 존재로서의 인간의 가치는 윤리적 이기주의 요소를 내포하기 때문에 동기의 윤리보다 결과의 윤리가 중시되는 경향을 보여주고 있다고 말할 수 있다.

2. 합의의 도덕성 추론

도덕성을 옹호하기 위해서 도덕성이 합리성에 기초를 두고 있다는 것을 보여주는 것이 바람직하다.5) 이는 이기주의와 비도덕성이 합리적으로 허용된다는 것을 내포하고 있기 때문에 단순히 도덕성이 합리적으로 허용된다는 것만을 보여주는 데 그치지 않는다. 오히려 무엇을 보여주느냐 하는 것은 도덕성이 합리적으로 필요로 하는 것이며, 따라서 합리적으로 허용되는 이기주의와 부도덕성은 제외된다. 불행하게도, 도덕성이 합리적으로 허용된다는 것에 대한 증명은 대부분의 현대 철학자들에게 외면을 당했다.6)

그들은 도덕성이 단순히 필요하다는 것을 나타내는 것에 만족하는 것처럼 보인다. 대부분의 현대 철학자들이 도덕성이 합리적으로 필요하다는 것에 대해 논쟁하기를 좋아하지만, 도덕철학 분야에 대한 그 동안의 역사적 실패를 감안할 때 대부분의 현대 철학자들은 도덕성을 합리적으로 옹호하는 것을 포기하고 있는 셈이다. 여기서는 이러한 도덕성에 대한 옹호를 하고자 한다.

우리 각자가 자기만족과 도덕적인 측면에서 즐거움을 찾을 수 있다고 상상해 보자. 여기에서 우리가 찾고자 하는 해답은 받아들일 수 있을 만큼 합리적인 이성이다. 이 질문은 우리가 일반적으로 믿고 있는 이성이 아니다. 왜냐하면 사람들은 종종 자신이 하려고 하는 행동과 일치하지 않는 생각들을 하기 때문이다. 이것은 우리 내면 깊이 자리 잡고 있는 측면에서의 이성을 말하는 것이다. 물론, 도덕적으로 행동할 수 없는 사람들도 있다. 그러한 사람들에게는 도덕적으로 행동하거나 이타적으로 행동한다는 것이 필요하다는 점은 거론할 필요도 없다. 그러나 흥미로운 철학적 질문은 그런 사람들이 아니라 우리와 같이 자기만족으로 또는 도덕적으로, 그리고 어떤 특정한 행동의 규범을 따르고자 하는 사람들에게 주어지는 것이다.

우리가 어떻게 행동해야 할지를 고민하면서 우리는 이기주의를 뛰어넘는 훌륭한 논증을 구성하고자 한다. 그러한 논증은 논점을 벗어나지 않는 훌륭한 것이다. 우리는 이기주의를 극복하는 훌륭한 논증을 요청한다. 여기에서의 질문은 우리가 최고로 우선시하는 이성이 무엇이냐는 것이고, 이 질문은 이기주의를 극복하기 위해 우리가 최고로 받아들일 수 있는 것이 도덕이성(moral reasons)이라는 점에서 발생하는 것이다. 그러나 이 질문은 우리가 자기만족을 최고의 이성으로 받아들인다면 도덕성에 반한다는 점에서 또한 제기될 수 있는 문제이다.

그러나 이것은 물론 우리가 단순히 다음과 같은 이기주의의 일반적인 원리이다. : '우리각각은 모두 자기만족을 위해 행동해야 한다.'고 전제할 때 쉽게 대답할 수 없는 질문에 해당한다. 우리는 이기주의가 단순히 합리적인 선택을 위한 도덕적 이성을 거부하는 것에 있지 않

5) James Sterba, "From Rationality to Morality", Ethics: *The Big Question*, Blackwell Publisher, 1992, pp.105-115 참조.

6) 이기주의가 어떻게 사람이 행동해야 하는지 규범을 제공하는 도덕적인 견해라면, 그것은 인간이 다른 사람을 위한 자신의 이익 희생을 감수하지 않기 때문에 도덕적인 관점으로 타당성이 없다.

고, 도리어 이타주의가 자기만족적 이성을 거부하는 것에 있을 수도 있음을 안다. 또한 순수한 이타주의의 일반적인 원리: '우리 각각은 모두 다른 사람의 이익을 위해 행동해야 한다.'고 전제할 때, 합리적 선택을 통하여 이기주의보다 우선적인 이타주의원리를 우선시함으로써 더 이상 이기주의를 주장하지 않을 수가 있는 것이다.

결과적으로 이기주의, 이타주의에 대한 의문을 제기하는 것이 아니라 우리는 합리적인 결정을 위해 자기만족적인 이성과 도덕적인 이성 모두를 고려한다고 할 수 있다. 우리가 도덕이성보다 자기만족적 이성을 선호한다는 점에서 이에 대한 반론이 제기될 수 있다. 우리 자신과 다른 사람들을 관찰해 보면 우리는 종종 자기만족적인 이유가 도덕적인 이유보다 훨씬 동기부여가 잘 됨을 보지 않는가? 또 이타주의적인 사람들보다 자기중심적인 사람들이 더 많지 않은가? 동기부여적인 점에서 볼 때, 자기중심적인 사고와 이타주의적인 사고는 합리적인 선택의 측면에서 결코 동일하게 자명한 의무로 자리매김할 수는 없다.

그러나 정말로 이 두 가지가 동기부여 면에서 다른가? 인간은 정말로 도덕적이나 이타주의적인 행동보다 자기만을 위한 행동에서 더 큰 만족을 느끼는가? 만약 우리가 여성의 행동의 변화에 초점을 맞춘다면 여성은 특히 가족을 돌보는 측면에서 이기주의보다는 이타주의 요소를 더욱 발견할 수 있다. 물론 만약 우리가 가부장적 사회의 남성에 초점을 맞춘다면, 우리는 이타주의보다는 이기주의를 보다 많이 발견할 것이다. 그러나 남성과 여성에게 존재하는 이러한 차이점은 사회화의 지배적인 유형에서 비롯된 것이지는 본성과 관련이 없다.[7] 어떤 경우에도 우리 인간은 이기적인 행동과 이타적 행동 모두 할 수 있으며 어떤 것이 더 우선적인 것이 되어야 하는 문제는 신중을 요구한다.[8]

우리의 상황은 우리가 테레사 수녀처럼 이기주의에서 순수한 이타주의 행위와 플라톤의 공화국에 나오는 트라시마코스의 완전한 이기주의 행위 사이에서 선택적 기로에 있다. 분명히 두 가지 상황사이를 지나가는 우리능력은 우리의 행위 출발점과 습관의 힘, 우리가 살고 있는 사회상황에 영향을 받는다. 그러나 결과적으로 이러한 개인적인 변이에서 우리 모두의 공통적인 행동 모습을 추출하는 것은 가능하다. 우리는 이기주의와 이타주의가 합리적인 선택에서 관련성이 있다는 것을 알고 있고, 어떤 이성이 더 우세한가에 대한 의문을 제기할 수 있다. 결론을 내릴 때, 우리는 개인 차이와 사회화의 결과를 어떤 특정 개인이나 집단에 적합하도록 고려할 수 있는 가이다. 우리가 고려해야 할 것은 이기주의와 이타주의가 모두 합리적인 선택을 위해 관련성이 있다는 점이다.

이러한 측면에서 우리는 두 가지 경우를 고려하여야 한다. 첫째, *이기주의 이성과 도덕적인 이성간의 갈등*이다. 둘째, *두 가지의 갈등이 없는 경우*이다. 다음 예를 생각해보자. 개발도상국가에서 유아용 이유식을 만드는 사업을 수락했는데, 그 이유식이 유아 사망을 초래할 수 있을 만큼 잘못 취급된다고 가정해보자. 또, 같은 조건으로 선진국에서 같은 제안을 받았

7) Victor Seidler, *Rediscovering Masculinity* (New York: Routledge, 1989) 참조

8) 자기 이익을 먼저 구할 것인가의 문제와 타인의 이익을 앞서 생각할 것인가의 문제는 사회 맥락에 따라 차이를 보이며 이들 문제에 대한 보다 확실한 지식과 신뢰도를 추구할 가능성은 항상 열려 있는 것이다.

는데, 거기에서는 이유식이 잘못 취급되는 일이 없다면, 이기적 이성만이 둘 중 하나를 선택하는데 영향을 끼치진 않을 것이다. 동시에, 첫 번째 제안을 거절하게 하는 도덕이성이 기본적으로 수용되는 이성이다. 덧붙여 말하면. 도덕이성만이 이기주의적인 이성을 누르지는 못한다. 이기적 이성이 잠잠해지면 도덕이성이 승리한다. 결론적으로 이 경우에 이성의 무게는 도덕이성으로 기울어진다.

그러나 이것은 다른 이성이 특히 도덕이성들과 반대될 경우, 즉 자신이 도덕이성이 아니라 다른 이성을 필요로 할 경우 반론이 제기된다. 그러한 이성들은 인간의 고통과 죽음에 대한 '악의적'인 이성일 수도 있고, 인간 복지를 희생시켜 비(非)인간 복지를 향상시키려는 '호의적'인 이성일 수도 있으며, 또 다른 어떤 것으로 인식되지 않는 미학 가치를 향상시키는 '미학적' 이성일 수 있다. 그러나 악의적인 이성이 궁극적으로 자기 자신이나 다른 사람을 위한 것에 기초하고 있는지 여부를 판명할 경우에는 다른 이성들이 모두 고려대상이 된다.

비인간적인 복지를 향상시키는 '호의적'인 이성을 고려하더라도, 이러한 이성들이 직접적으로 이기주의를 넘어서는 도덕성을 증명하는 것이 아니다.[9] 결국 미학 이성이 미학적인 것을 보존하고 향상시키는 것과 관련된다고 할지라도, 그러한 이성이 다른 어떤 것에 인식되지 않을 지라도, 이론적으로 모든 실제적인 목적을 위해 그러한 미학적 가치는 인간과 관련된 미학적 경험 가치와 관련되는 경향이 있다. 따라서 다른 이성의 현존과 함께, 첫 번째 직업의 수락은 이 경우 관련된 다른 이성들과 상반되는 것으로 보인다.

이기주의 옹호자들은 결과적으로 당황할 수 밖 에 없다. 개인의 이익을 추구하는 두 가지 좋은 방법이 있을 때 둘 중 한 가지만 도덕성의 기본 요건과 상치되지 않는다. 또 도덕성의 기본요건을 만족시키는 두 가지 좋은 방법이 있다고 가정할 경우, 둘 중의 하나만 한 인간의 자기 만족성과 상치되지 않는다. 우리가 합리적으로 우리의 자기 불만을 만족시키는 방법을 선택하는 것이 당연한 것이 되는 것이다. 그럼에도 불구하고 도덕 이유와 자기만족적 이성이 상치되지 않을 경우 이기주의의 이러한 약점을 노출하는 것은 도덕성의 옹호론자들에게 작은 승리가 될 것이다. 반약 이러한 이성들이 상치하는 경우, 도덕이성은 자기만족적 이성에게 우위를 차지하는 것이기 때문이다.

이제 우리는 갈등 상황에서 관련된 이성들을 합리적으로 평가할 때 자기만족적 이성과 도덕적 이성 사이에서의 갈등이 아니라 자기만족적 이성과 이타주의 이성 사이의 갈등에 주의를 기울이는 것이 낫다. 이런 측면에서 볼 때, 세 가지 해결책이 가능하다. 첫 번째, 우리는 이기주의 이성이 항상 이타주의 이성보다 우위를 차지함을 안다. 두 번째, 우리는 이타주의 이성이 항상 이기주의 이성에 우위를 점유한다고 말할 수 있다. 세 번째, 이상 두 가지 경우에 대한 절충안이 합리적으로 필요하다. 이러한 절충안에서 때때로이기주의 이성이 이타주의 이

9) 물론, 그러한 이성은 여기에서 논쟁하는 측면에서 고려할 것이나, 그러한 이성들을 통합하는 방법은 단순히 자기중심적 이유와 이타주의 이유를 통합하는데 사용되는 것과 같은 것은 아니다. 어떻게 합리적인 선택으로 관련지어져 있는 이러한 이성들이 가능한지는 분명하지 않다. 그러나 만약 가능하다면, 그것들은 우리가 유동적으로 추구해야 하는 다른 종류의 것들과 관련되어야 할 것이다.

성에 우선적일 수도 있고, 이타주의 이성이 이기주의 이성에 우선적일 수도 있다.

일단 갈등이 이런 방법으로 기술된다면, 세 번째 해결책이 가장 합리적이다. 세 번째 해결책을 채택함으로써 첫 번째와 두 번째 해결책이 다른 하나를 완전히 배제하는 문제점을 극복할 수 있다. 이러한 문제제기의 정당화는 배타적 우월성에 노출되지 않기 때문이다. 세 번째 해결책에 의하면 때로는 이기주의 이유가, 때로는 이타주의 이유가 우위를 점할 수 있어 문제제기를 회피할 수 있다. 다음과 같은 예를 고찰해보자. 당신은 쓰레기 매각 사업을 하고 있다. 당신은 비록 미래 세대에게 해를 끼치지는 하지만 돈을 아끼기 위하여 독성 물질을 그대로 배출하기로 결정한다. 만약 조금 돈이 들어가긴 하지만 미래 세대에게 해를 끼치지는 않는 다른 대안이 있다고 하자. 이 경우, 미래 세대에게 위험한 독성 물질의 배출을 막는 이타주의 이유와, 가장 돈을 아낄 수 있는 이기주의 이유를 놓고 저울질하게 된다. 만약 금전손실보다 미래세대에 대한 손해가 엄청나게 클 경우, 이기주의 이유와 이타주의 이유간의 임의적인 합의점이 나타나고, 이 경우 이타주의 이유 쪽으로 기울게 된다. 따라서 합리성의 일관된 기준에 의해, 쓰레기 배출에 대한 당신의 결정은 이성에 반하는 것으로 판명된다.

이러한 합리주의 잣대가 이기주의 이유와 이타주의 이유간의 합의점을 뒷받침해주지 못하는 점에 주목하여야 한다. 이 합의점은 임의로 결정 되어서는 아니 되며, 그렇지 않은 경우에 이기주의와 이타주의 견해에 반하는 것을 고려하는 의문에 휩싸이게 된다. 그러한 합의점은 이기주의 또는 이타주의 이유에 의해 이기주의 이유와 이타주의 이유간의 순위를 매기게 한다. 그러나 인간은 각각 이러한 순위에 대한 도덕 판단이 서로 다르다는 문제점이 있다.[10] 따라서 이성간의 어떤 결정적 합의점이 이기주의와 이타주의에 반하는 문제를 야기하지 않는다는 것은 각각의 카테고리에서 가장 높은 순위를 차지할 수 있다. 가장 높은 순위의 이타주의 또는 이기주의 이유에 우위 점수를 매기지 않게 되는 것은 결국 이성에 상반되는 결과를 도출하기 때문이다.[11]

물론, 한 개인의 가장 높은 우선순위를 가진 이유에 반하는 대로 행동하는 것이 각자의 이성에 반하는 행동을 피할 수 있는 경우가 생길 수도 있다. 그 중의 하나가 "구명보트"의 예이다. 이러한 경우가 해결하기 어렵다고 하더라도, 우리가 현재 또는 과거에 추구했던 이기주의

10) (-해야만 한다)"는 "(-할 수 있다)"와 바꾸어 쓸 수 있다. 그래서 만약 사람들이 행동하는데 있어 자기중심 이유와 도덕이성 사이에서 머뭇거리거나 따라야 할 여지가 없다면, 그것은 그들이 '어떻게 해야 한다, 하지 말아야 한다.'를 말함에 있어 아무런 의미가 없다. 게다가 도덕 이성은 여기서 반드시 이타주의 이유를 포함하는 것이나 자기중심 사고를 배제하는 것을 뜻하지 않는다. 그래서 우리가 도덕이성보다 자기중심 사고를 따르는 것이 합리적인지 또는 아닌지에 대한 의문은 도덕이성의 영역을 포함하는 자기중심 이유와 이타주의 이유의 적절한 조합보다 완전히 자기중심 이유만을 따르는 것이 합리적인지에 대한 의문에서 출발하여 이해되어야 한다.

11) 무어는 그 누구도 경험하지 못했다고 가정하며, 아름다운 세상을 추한 세상보다 더 좋아해야만 하는지에 대한 실험을 생각했다. 무어의 아름다운 세상에 대한 선호는 인간선택에 의해 하나, 혹은 다른 방법에 의해 영향을 받을 수 없다는 가정에 근거한다. 덧붙여 말하면, 그것을 더욱 잘 보존하기 위해 우리 경험을 제한하는 많은 미학적인 것들이 있다면, 그러한 경우에서조차 그러한 가치가 미학경험들과 관련이 있는 것처럼 보이며, 그러한 것들은 과거에도 이루어졌고 우리 자신과 같은 미래 존재를 위해서도 이루어질 수 있는 것처럼 보인다.

와 이타주의 이유간의 전형적인 갈등을 보여주는 것은 아니다. 일반적으로 갈등 요소를 제공하는 사고 들 간의 순위 매김이 분명한 해결책이 될 것이다. 도덕성이 이기주의적 이유와 이타주의 이유간의 결정적인 합의점으로 보는 것이 중요하다. 첫째, 특정한 자존감이 도덕적으로 필요할 수도 있고, 그것이 최소한 도덕적으로 받아들여질 수 있다. 이 경우 높은 순위의 이기주의 사고는 낮은 순위의 이타주의 이유에 우위를 점한다. 둘째, 도덕성이 사람들에게 이기주의 사고를 추구하는 것에 대한 쐐기를 박아줄 수 있다. 이 경우, 높은 순위의 이타주의 이유가 낮은 순위의 이기주의 사고보다 우위를 점한다. 이런 방법으로, 도덕성은 이기주의 이유와 이타주의 이유간의 임의성을 배제한 타협점이며, 그 내부의 갈등을 내포하는 이기주의 이유와 이타주의 이유보다 우선하는 것이다.

일반적으로 이기주의 견해와 이타주의 견해가 문제를 야기할 수 있는 여지가 있음에도 불구하고, 그 합의적 견해는 다른 견해들보다 바람직하다. 그 반응으로, 나는 합의적 견해가 이기주의 이유와 이타주의 이유를 비교할 때 똑같은 비중으로 문제가 제기되리라는 점은 받아들여지지 않는다. 왜냐하면 완전하게 문제를 야기하지 않는 관점은 모든 각도에서 논쟁을 허용할 수 있음을 전제로 하기 때문이다. 그 견해가 약간 낮은 순위의 문제 제기를 하고 있다는 경우는 결국 마지못해 동의할 것이다. 그러나 이러한 높은 수준의 이타주의 이유가 갈등을 야기하는 낮은 수준의 이기주의 이유보다 우위를 점하게 된다는 합의의 추론 가정은 이기주의 견해가 지배하면 결코 받아들일 수 없게 된다. 또한 그 반대의 상황 역시 받아들일 수 없다. 상대적으로 이타주의가 가정하는 것은 다음과 같다.

1. 모든 높은 수준의 이타주의 이유는 갈등이 낮은 수준의 이기주의 이유보다 우세하다.
2. 모든 낮은 수준의 이타주의 이유는 갈등이 높은 수준의 이기주의 이유보다 우세하다.

대조적으로, 이기주의에서 가정하는 것은 다음과 같이 추론이 이루어진다.

a. 모든 높은 수준의 이기주의 이유는 갈등이 낮은 수준의 이타주의 이유보다 우세하다.
b. 모든 낮은 수준의 이기주의 이유는 갈등이 높은 수준의 이타주의 이유보다 우세하다.

그리고 합의적인 견해도출은 1과 a를 가정한다. 그러므로 합의도출은 이성의 우월성을 가정한다. 1은 이기주의 견해에서 받아들여질 수 없고, 그 역의 경우도 마찬가지다. a는 이타주의 견해에서 받아들여질 수 없다. 따라서 각각의 견해에 반하는 합의도출의 측면에서 의문이 제기된다. 그럼에도 불구하고, 이기주의가 이성의 우세를 가정하는 모든 상황에서는 1과 2는 이타주의 추론으로 받아들여질 수 없고, 이타주의가 이성의 우세를 가정하는 모든 상황에서 a와 b는 이기주의 추론에서 받아들여질 수 없다. 이 각각의 견해는 합의적인 견해가 두 견해에 의문을 제기하는 다른 문제보다 더욱 큰 비중을 차지하기 때문에 반론을 야기한다. 물론, 전혀 의문을 제기하지 않는 대안을 갖는 것이 좋을 것이나, 이기주의 이유와 이타주의 이유의 우세를 구체화시킨다는 측면에서 다른 대안은 존재하지 않을 것이다. 결과적으로 의문이 제기될 수 없다는 측면에서 중요한 공통점을 공유하는 이기주의와 이타주의의 견해를 동시에 고려하는 추론에서, 합의적 견해는 두 견해 사이의 갈등에 대한 임의성을 벗어나는 결정이 된다.

또한, 이러한 도덕성에 대한 옹호가 이기주의가 합리적으로 받아들여진다는 것을 반대하는 것일 뿐만 아니라, 이기주의가 도덕성이 합리적으로는 같다는 것에 대한 반론이라는 점도 고려해야 한다. "약자의 견해"에서 모든 인간이 이기주의가 되어야 한다는 것을 말하는 것은 아니다. 오히려 그것은 우리가 이기주의가 될 수 있는 이성을 가진 만큼 순수한 이타주의자가 될 수 있다는 것을 고려해야 한다. 카이 닐슨(Kai Nielsen)은 이 견해를 다음처럼 요약한다.

> ' 우리는 이성이 도덕적인 견해를 요구한다거나 모든 합리적인 인간들이 개인적 이기주의자라는 것을 지금까지 증명할 수 없었다. 이성은 여기에 대한 아무런 결정권도 없다.' 12)

그러나 도덕성에 대한 이러한 옹호론이 보여주듯이, 도덕성은 단순히 이기주의 이유와 이타주의 이유간의 갈등에 대해 *비임의 결정*이며, 그것은 우리가 이기주의나 이타주의를 인정하는 만큼 도덕성을 인정하는 이유가 된다. 따라서 도덕성은 이기주의의 더 강한 우세성에 반대하는 만큼 약한 우세성에도 반대한다. 만약 이기주의, 이타주의, 도덕성에 대한 논쟁에서 도덕성에 대한 옹호가 약해진다면, 우리는 쉽게 위의 견해 중 어떤 것도 합리적으로 다른 것들보다 우세하다는 견해를 포기할 수 있다. 그러나 우리는 합리적으로는 그렇게 선택 할 수 없다. 우리가 이기주의 행동을 하는 사람들과 논쟁하든, 이타적으로 행동하는 사람들과 논쟁하든, 우리는 위의 세 방식 가운데 어떤 것이 합리적으로 정당화되는지를 찾으려고 노력한다. 이 문제를 합리적으로 해결하기 위해서는 우리는 위의 세 방식 중 어떤 것이 다른 것들보다 합리적 추론으로 옹호할 것인지를 결정해야 한다. 그래서 도덕성이 이기주의와 이타주의 그 어떤 것보다도 합리적 추론으로 보다 옹호할 만한 것이라는 결론을 내릴 수밖에 없다. 불행하게도, 도덕성에 대한 이러한 접근을 일반적으로 기존 윤리 이론에서는 간과되었다. 도덕 이론가들이 도덕성과 이기주의 이유와 갈등을 하는 것처럼, 이기주의와 기본적 갈등을 유발하는 것에 치중했다. 예를 들어 바이어(Kurt Baier)에 따르면 이와 같이 말한다.

> ' 도덕성의 존재 이유는 모든 사람의 이기심이 모든 사람에게 해로울 경우에 그 이기주의를 제압하는 이성을 산출해 내는 것에 있다.' 13)

이러한 측면에서 볼 때, 도덕성의 옹호론자들이 합의적 견해를 받아들일 리가 없으며, 도덕성과 이기주의 사고가 충돌할 때 자기이익을 위해 도덕성이 희생될 수 있다고 어떻게 말할 수 있겠는가? 그러나 기존의 도덕 이론가들은 도덕이성이 이기주의 사고와 합의될 수 없다는

---

12) Kai Nielsen, "Why Should I be Moral? Revisited," *American Philosophical Quarterly,* vol.21,1984, p.90

13) Kurt Baier, *The Moral Point of View* (New York: Random House, 1965),p.150

점은 올바르게 이해하고 있었던 반면, 도덕이성이 이미 자기중심 사고와 이타주의 이유 사이의 비임의적 합의 결과라는 것을 깨닫지 못했다. 그러므로 이와 같이 *도덕성이 합의된 결과임*을 알지 못하기 때문에, 기존 도덕학자는 도덕성을 이런 식으로 논증할 수 있음을 깨닫지 못했다. 이런 도덕성의 옹호를 위해 우리는 인간이 이기주의와 순수한 이타주의 사이에서 자리를 차지한다고 가정할 수 있다. 이 범위에 대한 우리의 역량은 우리의 추론적 출발점과, 살아가는 우리의 습관과 사회 환경의 힘에 의존한다고 믿게 된다.

그러나 표면적으로는 이러한 개인차이 때문에 우리 모두가 이기주의이고 이성적인 이유 모두를 고려한다는 측면으로 행동해야 한다는 일반입장에 주목하게 된다. 그러나 지금 우리는 이기주의 이유와 이타주의 이유가 합리적 선택과 관련성이 있으며, 부여되는 우월성과도 연관되며. 만약 갈등이 생길 경우 어떻게 인간의 개성 차이와 사회화 결과가 우리의 추론 기대와 특정 개인 또는 집단의 요구와 접목될 수 있는지를 살펴볼 필요가 있다.

이 두 가지 경우는 특별하게 관련성이 있다. 한 가지 경우는 어떤 측면에서 낮은 수준의 이기주의이유와 갈등을 빚게 될 때, 높은 수준의 이타주의 이유에 따라 행동할 수 있는 능력이 태어날 때부터 결여되어 있는 사람들의 경우이다. 또 다른 한 경우는 어떤 측면에서 낮은 수준의 이기주의 이유와 갈등이 빚어 질 때 높은 수준의 이타주의 이유에 따라 행동할 수 있는 능력이 사회화의 결여로 발휘되지 않는 사람들의 경우이다. 분명히, 이타주의 의지에 따라 행동하는 사람들은 필요하다면 이기주의 이유를 회피하려고 노력할 것이다.

이러한 능력이 결여된 사람들은 최소한 부분적이라도 이러한 결여에 대한 책임이 있으며, 결과적으로 비난받아 마땅하다. 그럼에도 불구하고, 대다수의 사람들은 선천적으로 또는 후천적으로 높은 수준의 이타주의 이유에 따라 행동하는 만큼 사회질서와 도덕요구를 결부 짓는 것이 가능하다고 말할 수 있다. 덧붙여 말하면, 우리가 남성, 여성을 가릴 필요 없이 대부분의 인간이 이러한 이타주의 능력을 가지고 있다는 것을 전제하게 된다.

이러한 도덕성의 옹호론을 "*합의로서의 도덕성*"이라고 부를 수 있을 것이다. 우리는 이에 대한 두 가지의 구체적인 반론을 살펴 볼 것이다. 이러한 반론들은 레이만(Jeffrey Reiman)과 맥(Eric Mack)이 제기한 관점들이다. 합의로서의 도덕성에 대한 논리에 대하여, 레이만은 우리의 논증에서 이타주의 이유가 합리적 선택을 위해 의심할 수 없는 명제로서 간주될 수 있는지 여부에 대해 의문을 품었다. 그는 그것들을 의심할 수 없는 명제로 간주하기 위해서는 이타주의 이유를 거부하는 어떤 반대도 제기될 수 없다는 것을 보여주는 것으로는 충분하지 않다고 주장한다. 그것들의 연관성을 다루기 이전에, 그는 이미 이기주의 심성의 소유자가 의심할 바 없이 이타주의 이유를 선호하거나 그 역의 경우도 성립할 수 있다고 가정한다.14)

그러나 이미 입장을 밝힌 이성을 받아들이는 것이 명백한 것임에도 불구하고, 과연 아직

14) 레이만이 다른 사람의 실재를 부인하는 것을 이해 하지만, 그것이 이기주의를 필요로 하지 않고는 오로지 다른 사람들의 첫 대면의 실재를 깨닫는데 실패한다고 본다. 그러나 이 해석대로 그는 이기주의자에 대해 너무 강한 주장을 펴고 있다. 만약 그의 주장이 옳다면 이기주의자는 다른 인간들이 고통 속에 있음을 부인할 필요도 없는 것이다.

입장을 밝히지 않은 상황설정을 의심할 여지없이 합당한 일로 추론할 수 있을 것인가? 이미 받아들인 이성에 대한 요구를 받아들이기 더욱 어려운 높은 수준의 적합성으로 요구할 수 있는가? 이러한 상황은 우리자신이 새로운 사고방식을 받아들이는 데 필요한 고려보다, 더욱 얄팍하게나마 낡은 사고방식을 고수하려고 꾀하는데 그 문제가 있는 것이다.

우리는 단순히 새로운 사고방식이 우리의 낡은 방식과 마찰을 일으킬지 모르기 때문에, 새로운 이성을 받아들이려고 준비하지 않을 수도 있다. 분명히 더 나은 방책에 근거하여 같은 기준에 의해 새로운 이성과 낡은 이성 두 가지를 동시에 평가할 수 있다. 만약 레이만의 관점을 밀고 나간다면 우리는 이기주의 이유와 이타주의 이유 둘 중 하나를 거부하기 위해, 의심함이 없이, 명백한 추론도 하지 않은 채 이기주의 이성과 이타주의 이성 모두를 타당한 명제로 받아들이는 모순을 범하는 셈이 된다.

그것은 또한 우리 모두가 이기주의와 이타주의 사이의 어떤 스펙트럼 사이에 있으며, 한 쪽에서 다른 쪽으로 나아가기 위한 계기를 간과한다. 또한 우리가 슬기로운 방법으로 이 문제에 대처해야 할 때, 어느 쪽에 대해 관심을 가질지는 흥미로운 문제이다. 레이만이 이기주의 사고와 이타주의 이성 추론을 논증명제로 놓고 다루려는 것은 오히려 자연주의자들이나 초월주의자들에게 어울리는 관점이라고 생각된다. 물론 자연주의와 초월주의 사이의 논쟁을 이해한다. 많은 자연주의자들은 초월주의 관점을 거부하고자 의심할 바 없는 근거를 추론하며, 반면에 초월주의자들은 자연주의자들의 관점을 거부하려고 의심할 수 없는 근거를 제시하려는 경향이 있다. 따라서 이러한 예는 앞서 살펴 본, 이기주의와 이타주의가 현실적으로 공존하는 실제 스펙트럼의 경우에는 부합되지 않는다.

그러나 레이만은 자연주의자들에게나 초월주의자들에게나 똑같이 바람직한 이성이 있다고 가정하고, 자연주의 절반·초월주의 절반의 상황을 설정하여 합리적으로 요구할 수 있을 것으로 말한다. 이 경우, 더욱 바람직한 결론은 언젠가 이 문제를 해결한다는 희망을 가지고 관련된 사고방식들을 주기적으로 재평가하는 동시에 자연주의자나 초월주의자의 삶을 현실적인 측면에서 유도해 가는 것이다. 이러한 잠정적 결론은 자연주의와 초월주의 서로의 견해에서 더욱 중요한 요소를 존중하기 위하여 두 견해 사이의 타당한 추론을 합의로서 도출해 낼 수가 없다. 따라서 자연주의와 초월주의의 갈등은 이기주의와 이타주의의 갈등의 합의점을 찾는 과정에서 보다 우세하는 관점을 발견하려는 입장과 다른 경우이다. 결국 그것은 높은 차원의 이기주의 이유가 낮은 차원의 이타주의 이유보다 우세하다는 것과 높은 차원의 이타주의 이유가 낮은 수준의 이기주의 이유보다 우세하다는 것과의 현실적인 도덕적 갈등상황의 문제로 귀착한다.

이것은 어떻게 절대 명제의 요구가 서로 다른 상황에서 서로 다른 결론에 우세한지를 동시에 보여주려는 시도와 흡사하다. 예를 들어 휴가 장소를 결정할 때 어떤 특정장소에 가기 위한 이유를 찾기 위해 휴가 자체의 결정이 미루어지는 것처럼, 하나의 행동을 결정하고자 확실한 이성이 나오기 전까지 행동을 미루려는 것과 같다. 그러나 행동이 미루어지지 않는 상황에서 현존하는 대안들을 하나의 실천행동으로 결합시키는 것이 현실적으로 가능하든 아니하든,

자연주의와 초월주의 경우처럼, 절대명제의 요구에서 우리는 두 견해 사이에서 어떤 것이 우세하게 되며, 반면에 우세한 이성이 어떤 대안을 선택하는지를 결정하는지를 알기 위해서는 주기적 상황에서 반복적으로 검토할 필요가 있다. 만약 존재하는 대안들을 묶을 수 있다면, 이기주의와 이타주의 경우에서처럼, 절대명제의 요구는 이러한 행동 양식에 우세함을 나타낼 것이다.

에릭 맥은 합의로서의 도덕성에 대해 또 다른 이의를 제기한다.15) 그는 결정적인 되는 모든 가능한 이기주의 이유와 이타주의 이유를 저울질하는 것이 과연 합의를 도출하는 결론까지 도달할 수 있겠는가를 의심하였다. 그는 가난한 남자와 극도의 갈등을 겪고 있는 여자의 예를 통하여, 이기주의 이유와 이타주의 추론의 사례로 들었다.

이타주의 이유

1. 가난한 남자를 죽이지 않는다.
2. 가난한 남자를 착취하지 않는다.
3. 가난한 남자에게 반드시 생계에 필요한 물품을 제공한다.

이기주의 이유

1. 자신의 몸만 생각한다.
2. 기본적 요구에 대한 그녀자신만의 소유를 생각한다.
3. 그녀자신의 소유물만 생각한다.
4. 자신의 물건들을 챙긴다.

이 순위에서 고찰해 볼 때, 맥은 부자 여자의 세 번째 이타주의 이유가 그녀의 네 번째 이기주의 이유보다 우세하여 추론적 승리를 거둘 것이라고 주장한다. 그러나 우리가 이타주의 이유를 두 가지의 다른 추론사항을 포함하여 다시 정리해보면 이와 같다.

이타주의 이유

1. 가난한 남자를 죽이지 않는다.
2. 가난한 남자를 착취하지 않는다.
3. 가난한 남자에게 상처를 입히지 않는다.
4. 가난한 남자를 속이지 않는다.
5. 가난한 남자에게 반드시 생계에 필요한 물품을 제공한다.

위의 순위를 보면 맥은 부자여자의 다섯 번째 이타주의 이유가 더 이상 네 번째 이기주의 이유보다 열세이기 때문에 도덕이성의 승리를 거두지 않는다고 주장한다. 이 순위를 매기는

15) Eric Mack, "Libertarianism Untamed,"*Journal of Social Philosophy*, vol.22, 1991, pp.64-72.

추론자체가 임의적이라고 주장한다. 그 임의성은 이기주의 이유와 이타주의 이유의 순위들이 같은 서열이 아니라는 것에서 명백히 드러나고 있다. 그의 이기주의 이유의 순위는 이타주의 이유의 순위가 좀 더 구체적으로 열거된 것에 비하면 매우 포괄적이라고 할 수 있다. 맥이 이러한 목록을 작성한 것은 모든 사람이 거부하는 결과를 도출하기 위하여 당연한 것이다. 그러나 이것이 어떤 결정적 순위도 가능하다는 뜻은 함축하지는 아니한다. 예를 들어, 우리가 다음의 두 목록을 포괄적으로 만들어보자.

이타주의 이유

1. 다른 사람의 기본적 욕구를 충족한다.
2. 다른 사람의 나머지 욕구를 충족한다.

이기주의 이유

1. 자기 자신의 기본적 욕구를 충족한다.
2. 자기 자신의 나머지 욕구를 충족한다.

여기에 이러한 절대명제로서의 추론방식들을 저울질하는 것을 통해, 우리는 1순위 이기주의 사고가 2순위 이타주의 이유보다 우세하고 다른 것들은 동일하며, 1순위 이타주의 이유가 2순위 이기주의 이유보다 우세하고 다른 것들은 동일하다는 것을 결정할 경우에는 반론 여지가 없게 된다. 물론, 어떤 특정요구가 기본적이고 기본적이지 않으냐 하는 것은 문제가 될 수 있다. 분명히, 어떤 요구는 이것도 저것도 아닐 수 있다. 그러나 명백하게도, 많은 요구들은 하나의 영역 또는 다른 영역에 속하는 것처럼 판명되며, 이미 *합의로서의 도덕성*에서 제안했던 방식처럼 이기주의 이유와 이타주의 이유간의 갈등을 결정적으로 해결할 수 있다.

앞서 고찰한 마지막 구체적 반론은 레이만이 제기한 것이다. 그것은 합의적 추론으로 이루어진 도덕성의 정당화가 그 방법론에서 성공하지 못하며, 결국 도덕성을 정당화하지 못한다는 것이다. 레이만에 따르면, 거워드(Gewirth)의 정당화처럼 모순을 피하거나 단서적 의문 제기를 피하게 되면, 부도덕한 것의 공격이 논리적 공격보다 우선적이 될 수 있다고 한다. 레이만은 도덕성에 대한 정당화는 오로지 이기주의자나 비도덕인 들이 논리적인 실수에 대해 자책감을 보인 것에 불과하며, 그것만으로는 충분하지 않다는 지적이다. 레이만은 "예, 저는 이성추론으로 모순되지만, 결국 이것이 제가 한 짓입니다."라고 말하는 살인자를 상상해보라고 한다. 레이만은 도덕성의 우위를 요구하고 있으며, 그것은 우리가 다른 사람의 진실함을 파악하는 것이고, 부도덕성이 그러한 사실을 거부하는 것이라고 하였다.

그러나 만약 레이만의 도덕성에 대한 견해가 옳다면, 이기주의자들과 부도덕한자들은 다른 사람의 진실을 거부함으로써 이기주의자가 될 수 있지만, 사실 그렇지가 않다.[16] 그럼에도 불구하고 레이만의 반론에는 메시지가 있다. 도덕성의 정당화를 행동에 대한 이기주의 이유

16) J. Reiman, *Justice and Modern Philosophy*(New Haven, Yale University Press, 1990, pp.112-129.

와 이타주의 이유간의 합의에 대한 문제제기를 하지 않음으로써 옹호할 수 있다는 것은, 나 자신을 위해 꼭 필요하지 않은 이익을 꾀하고자 다른 사람을 해치지 않겠다는 것과 관련된다. 그리고 그 해침은 이기주의자들이 요구하는 것이다. 따라서 분명히 말하자면, 도덕의 실패는 이성적 추론의 논리적인 축과 물질적인 사실적 축 사이에 자리 잡는다. 논리적 실수란 문제제기를 하거나 이성에 반하는 행동을 말함이다. 사실적 실수는 꼭 필요하지 않는 이익 때문에 해를 끼치는 것이다. 이 둘은 서로 맞물려 돌아간다. 그들은 단순히 하나의 행동에 대한 서로 상이한 측면일 뿐이다.

이제까지 도덕성에 대한 참여는 단순히 합리적으로 수용될 수 있을 뿐 아니라 합리적으로 요구할 수 있는 것으로 요약된다. 도덕성은 높은 수준의 이기주의 이유와 낮은 수준의 이타주의 이유 사이의 합의와, 높은 수준의 이타주의 이유와 낮은 수준의 이기주의 이유 사이의 합의점에 대한 *합리적 추론*으로 해결되는 문제이다. 물론, 어떻게 이 합의가 정확하게 이루어지는 가는 상당한 논쟁거리가 된다. 공리주의자들, 계약주의자들, 자유주의자들은 각각 서로 다른 관점의 반론에 대해 동일한 사실요건의 정당화를 요청한다. 이제까지의 담론에서, 이러한 논쟁이 어떻게 이론적으로 서로 다른 견해이지만 같은 구체적 상황에서 현실요구들을 조정하는 과정에서 해결됨을 확인하였다. 결국 이러한 논쟁은 더 이상 단서를 달지 않는다는 조건에서 이기주의와 이타주의 갈등을 합리적으로 해결할 경우에는, '합의로서의 도덕성'에 관한 도덕이성 추론을 통해 그 실마리를 찾을 수 있을 것이다.

3. 지식의 추론

죽음을 앞둔 소크라테스는 자기가 생각했던 진리를 보다 진지하고 정확하게 전달할 필연성을 느끼고 있었다.[17] 지식이 무엇인가에 대한 논의가 『테아테투스(*Theatetus*)』에서 구체적으로 진행되고 있다면, 이러한 지식을 소유했다고 여겨지는 대표적인 인간형인 소피스트, 정치가, 철학자에 대한 논의가 『소피스트』와 『정치가』에서 계속된다. 철학자가 누구인가에 대한 논의는 예정되어 있지만『철학자』라고 명명된 대화편은 존재하지 않는다. 『철학자』는 대화편을 플라톤이 쓰지 않았을까? 이에 대해 여러 가지 추론이 가능하겠지만, 중요한 사실은 철학자에 대한 정의가 지식이 무엇인가를 추구하는 과정에서, 또는 소피스트와 정치가가 누구인지에 대한 탐구과정에서 산발적으로 드러나며, 또한 간접적으로 암시된다. 이는 그의 죽음의 태도에서도 드러난다.[18]

플라톤의 철학에 있어, 철학자는 인간 가능성(the human possibility)을 가장 높게 실현한

17) 그의 논변은 '인신공격에 의한 논변'(*ad hominen*)으로, 상대방이 반드시 인정하게 되어 있는 내용으로부터 모순되거나 혹은 불합리한 결론을 도출해 내고, 상대방으로 하여금 뒤로 물러나도록 하는 것이다. 소크라테스는 소피스트를 향해 '덕은 지식이다.'는 명제를 강조하였다.

18) 제임스 A. 콜라이아크 지음, 김승욱 옮김, 『소크라테스의 재판』, 작가정신, 2005.

사람으로, 신과 같은 존재 (a god-like being)로 나타난다. 철학자는 자기보다 하위의 인간형인 소피스트와 정치가에 대해 정의를 내릴 수 있지만, 자신의 본질에 대해 스스로 정의 내리기는 쉽지 않을 것이다. 또한 철학자가 무엇인지에 대해 정의 내리는 순간 철학자는 그러한 정의에 구속될 수 있다. 철학자에 대한 정의는 산발적으로 존재하고 있다. 그는 산파술을 행하며, 진리에 대한 호기심을 가지고 있으며 (Theatetus, 155 d), 여유와 자유를 가지고 진리추구에 탐닉하는 사람이며(172 c, d), 어느 한편 괴상해 보이기도 하고, 시장과 법정에 가는 길을 모를 뿐만 아니라, 정치에도 무심한 사람이다(173 c-e).

그를 다른 사람과 구별 짓는 뚜렷한 특징의 하나는 그는 사물의 '분절과 종합'을 통하여 사물의 본성에 접근해 갈 수 있는 변증법을 터득하고 있다는 점이다. 삼부작에 나오는 철학자는 그가 소크라테스든 엘리아에서 온 철학자든 간에 변증법을 활용하는 모습을 보여주고 있다. 즉 그는 변증법을 활용하여 지식과 소피스트, 정치가를 탐구하고 있는데, 우리는 여기에서 철학자가 '누구인지' (being)보다도, '무엇을 하는지' (doing)를 대화편 전편을 통하여 구체적으로 확인할 수 있다.

철학자의 가장 큰 특징은 지와 무지를 가릴 수 있고, 사물의 분절과 종합을 가능하게 해주는 '척도'(measure) 혹은 '표준'을 분명히 알고 있다는 점이며, 그는 자신의 무지를 깨닫고 있기 때문에 도덕적으로 겸손하고 부드럽다는 점이다. 한 마디로 그는 지식과 도덕을 겸비하고 있는 것이다. 『테아테투스』의 앞부분에서 테아테투스는 수를 유리수와 무리수로 나누고 있는데, 소크라테스는 테아테투스에게 이러한 분류법을 지식이 무엇인지 탐구하기 위한 모델로 삼자고 제안하고 있다. 이 모델이 의미하는 바를 다음과 같이 설명할 수 있다. 유리수(rational number)는 그 값을 정확히 규정 질 수 있는 수이며, 무리수(irrational number)는 그 값을 정확히 규정할 수 없는 수이다. 예를 들면 정수는 유리수이며, π는 그 값이 무한히 소수점이하로 계속되는 무리수이다.

따라서 유리수와 무리수를 잴 수 있는 동일한 '척도'(measure)는 존재하지 않으며, 그 둘 사이에는 공약불가능성(incommensurability)이 존재한다. 이러한 의미로 이 모델이 설명될 때, 안다는 것은 하나의 척도를 표준으로 하여 측정 가능한 것과 측정 불가능한 것을 구분할 수 있는 것을 의미하게 된다. 소크라테스는 자신은 '무지의 지'를 알고 있다고 말하고 있는데, 이것은 인식대상이 되는 전체가 이성적인 것과 비이성적인 것의 결합으로 이루어져 있다는 진리를 안다는 것이다. 그에 있어서 지식은 측정가능성과 측정불가능성, 이성과 비이성을 조화시킬 수 있는 능력으로 나타난다.

소크라테스의 입장은, 인간은 만물의 척도라는 주장에서 모든 것을 측정 가능한 것으로 만드는 동시에 측정불가능성을 부정하는 프로타고라스와 같은 소피스트의 입장과 극명한 대조를 이룬다. 인간이 만물이 척도인 한, 모든 인간은 지적 자만심에 빠질 수 있다. 특히 소피스트들은 무엇이든지 알 수 있고 무엇이든지 가르칠 수 있다는 지적 오만을 강하게 드러낸다. 프로타고라스의 논리의 또 다른 측면은 인간이 동물보다 나은 척도라고 할 수 없으며 신보다 못한 척도라고 할 수 없다는 것이다. 이러한 해석에 따르면 한편으로 인간은 동물 같은 존재로 폄하될 수 있으며 다른 한편으로는 불경하게도 신과 같은 존재로 격상될 수도 있다. 어떤 식으로 해석되든, 그것은 무질서를 야기시키며, 도덕이 설자리를 허용하지 않는다.

『테아테투스』의 마지막 부분에서 소크라테스는 테아테투스에게 산파술을 통한 지식에 관한 탐구가 가져올 수 있는 도덕적 효과를 다음과 같이 말한다. : "테아테투스야, 네가 이 탐구 이후 혹시라도 【우리가 논의한 바와 같이】 다른 생각을 품어 볼 기회가 생겨서, 다른 생각을 갖게 된다면, 너는 우리가 얻은 생각보다도 더 좋은 생각을, 우리가 현재 행한 탐구를 통하여 갖게 될 것이다. 만약에 네가 생각을 품지 못한다 하더라도 너는 너의 동료들에게 '세련되고 보다 부드럽게 (less harsh and gentler)'될 것이다. 왜냐하면 너는 네 자신이 모르는 것을 안다고 생각하지 않는 지혜를 지니게 될 것이기 때문이다 (210 c)." 지식이 무엇인가를 묻는 것으로 시작한 『테아테투스』는, 플라톤의 다른 대화편이 그러하듯이, 지식에 대한 정의를 내리지 못하고 끝을 맺고 있지만, 위 인용문에 잘 나타나 있는 바와 같이, 소크라테스는 이러한 탐구과정에서 계몽이 가능했으며, 계몽이 된 사람은 자신의 무지를 인식하고 있는 한에서 남에게 세련되고 보다 부드럽게 되며, 겸손해 지며, 조화와 관용의 덕을 베풀 수 있다고 결론을 내린다.

'프로타고라스의 인식론'에 대한 비판

전체의 본질이 '운동이냐 정지이냐(Motion or Rest)'는 그리스 철학자에게 가장 기본적이며 근본적인 문제로 나타났다. 전체가 움직임 속에 있다는 관점을 따르게 되면, 모든 것은 변화하고, 생성소멸을 겪는 물질로 이해되며, 사물의 본질보다 외양이 중시되며, 사물에 대한 이해에 있어 변화하지 않은 본질적 진리보다는 변화무쌍한 감각적 지각에 근거한 의견 혹은 억견, 편견이 중시된다. 이와는 대조적으로 전체의 본질은 정지라는 관점에 따르게 되면, 모든 것의 본질은 움직이지 않으며, 변화하지 않고, 영원히 동질성을 지닌 것으로 파악되며, 사물의 본질과 그에 대한 이해로서의 진리가 중시된다.

『테아테투스』에서 소크라테스는 운동을 중시하는 대표적인 철학자로 프로타고라스, 헤라클레이터스, 엠페도클레스를, 그리고 대표적 시인으로 호머와 에피가르머스를 열거하고 있으며, 이러한 운동론자, 물질주의자에 대항하여 정지를 강조하는 유일한 철학자로 파르메니데스를 꼽고 있다 (152 e). 지식에 대한 삼부작에서 프로타고라스와 파르메니데스의 철학이 중점적으로 논의되고 있다는 사실은 플라톤의 지식 체계가 이들 이론에 상당히 의존하고 있다는 사실을 의미하는 동시에, 좋음의 이데아로 집약되는 플라톤의 형상이론은 이들 이론이 지닌 한계를 성공적으로 극복하고 있음을 보여준다.

『테아테투스』에서 소크라테스는 지식이 무엇인지를 탐구하기 위해서 당대의 강력한 인식론으로 등장하고 있는 프로타고라스의 이론을 무엇보다도 먼저 극복하고자 했다. 프로타고라스는 "인간은 만물의 척도이며, 존재하는 모든 것의 존재성과 존재하지 않는 모든 것의 비존재성의 척도이다(152 a)" 라고 주장하고 있는데, 소크라테스는 이것은 "감각이 지식이며 모든 것은 운동 중에 있다."는 이론을 다르게 표현한 것에 불과함을 지적하고 있다.[19] 여기서 뒤에 논의될 파르메니데스의 비존재와 연관하여, 인간은 존재성과 비존재성의 척도라는 프로타고라스의 말에 주목할 필요가 있다. 파르메니데스는 비존재는 없는 것이고, 그것에 대해서는 생각할 수도, 말할 수도 없다고 분명하게 규정하고 있는데 반하여, 프로타고라스는 비존재가 존재하고 있음에 대하여 아무런 의심도 없이 당연하게 받아들이고 있다. 프로타고라스의 논리에 따르면 비존재도 인간의 판단에 따라 만들어질 수 있게 된다.

소크라테스는 두 가지 측면에서 프로타고라스의 인식론을 비판하고 있다. 첫째, 소크라테스는 개개인이 만물의 척도이고, 각 개인이 느끼는 감각에 의해서 모든 사물을 각자 주관적으로 판단하게 된다면, 각 사물의 본성에 대한 하나의 공통된 지식을 얻지 못하게 된다고 주장하면서 지식의 주관적 상대성을 인정하려는 프로타고라스의 인식론을 논박하고 있다. 만약 개개인이 지식판단의 주체라면, 남보다 현명하다는 명목아래 지식을 돈을 받고 파는 프로타고라스의 입장은 어떻게 정당화될 수 있을 것인가라는 의문을 제기하면서, 소크라테스는 프로타고라스가 말하는 지식이 옳음과 그름을 밝히는 진리를 향한 것이라기보다는, 기껏해야 인간에게 유익함을 가져다 줄 수 있는 의견, 또는 만일 그 의견이 잘못된 경우에 인간에게 불이익을 초래할 수 있는 그러한 의견에 불과한 것임을 지적하고 있다.

둘째, 프로타고라스와 같이 만물을 운동 중에 있는 것으로 파악한다면, 인식의 대상인 사물이나 인식의 주체인 사람(인식의 대상이 되기도 함)은 항상 변화 속에 있게 되며, 사물에 대한 인식은 순간성, 찰나성을 띠게 되므로, 이러한 순간적인 감각인식은 영원성을 그 속성으로 지니는 지식이 될 수 없다고 소크라테스는 주장한다. "현재 내가 보고 있는 것만이 지식"이라는 프로타고라스의 주장은 이미 본 것을 지식으로 만들기는 인간의 기억능력을 고려하지 않고 있기 때문에 논리적 취약성을 드러낸다.[20] 이러한 비판을 통하여 소크라테스는 『테아테투스』 전반부에서 "지식은 감각과 동일할 수 없다"는 명제를 확립한다.

'파르메니데스의 존재론' 비판

『테아테투스』에서의 지식에 대한 탐구는 『소피스트』, 『정치가』에서 소피스트와 정치가가 지니고 있는 개별적 지식이 무엇인가에 대한 탐구로 이어진다. 이 두 대화편에서 엘리아에서 온 철학자는 소크라테스를 대신하여 주요 화자로 등장하는데, 소크라테스가 『소피스트』 도입부에 잠깐 입을 뗀 후 계속하여 침묵을 지키고 있다는 사실은 엘리아에서 온 철학자의 논의에 동의하고 있음을 나타내고 있다. 엘리아에서 온 철학자는 파르메니데스 학파의 사람으로, 파르메니데스의 학설을 단순히 추종하는 철학자가 아니라, 자신의 사상적 부친인 파르메니데스를 사상적으로 살해까지 하는 이단적 철학자로 나타난다.

---

19) 개별적인 지각 주체에 있어서는 사물들이 자신에게 보이는 모습 그대로 존재하며, '뜨거움'이나 '차가움' 그 자체는 없고 그렇게 '보임'만이 있을 뿐이다. 이러한 현상이 도덕적 판단에도 동일하게 적용된다는 것에 한계가 있다.

20) '도덕적인 것'과 '관습적인 것'을 동일시하게 되고 '도덕과 무관한 행위자'와 '자연적인 인간'이 일치되어 도덕적 기준이 전혀 존재하지 않게 되는 것이다. 주어진 기준에 순응하는 사람은 '관습의 피조물'이다.

엘리아에서 온 철학자는 다음 두 가지 면에서 소크라테스와 비교된다. 우선 소크라테스가 『테아테투스』 에서 산파술을 통한 논의를 전개하고 있는데 비해 엘리아에서 온 철학자는 『소피스트』와 『정치가』에서 변증법을 통하여 논의를 전개하고 있다. 둘째, 소크라테스는 『국가』에서 정의를 찾기 위하여 큰 것(국가 안의 정의)을 통하여 작은 것(영혼 안의 정의)을 이해하는 방법을 택하지만, 엘리아에서 온 철학자는 『소피스트』와 『정치가』에서 작은 것(낚시나 직물 짜기)을 통하여 큰 것(소피스트나 정치가)을 이해하는 방법을 취하고 있다.

엘리아에서 온 철학자는 낚시의 기술을 표본으로 하여 소피스트가 어떤 기술을 지녔는가를 탐구하고 있다. 낚시라는 기술을 정의하기 위해서 엘리아에서 온 철학자는 이분법을 사용하여 전체를 분절해 나간다. 그에 따르면, 모든 기술 가운데, 낚시는 획득의 기술이며, 획득의 기술 가운데 강제기술이며, 강제기술 가운데 사냥기술이며, 사냥기술 가운데 동물 잡는 기술이며, 동물 잡는 기술 가운데 물고기를 잡는 기술이며, 물고기를 잡는 기술 가운데 쳐서 잡는 기술이며, 쳐서 잡는 기술 가운데 낚시 고리를 사용하여 아래에서 위로 쳐서 잡는 기술이다.

그는 결론적으로 소피스트에 대한 다음과 같은 일곱 가지 정의를 제시하고 있다. 첫째, 소피스트는 부유하고 전도양양한 청년을 찾아다니면서 그들에게서 돈을 받고 교육시키는 기술을 지닌 사람이다. 둘째, 소피스트는 인간의 영혼과 관계되는 측면에서 말과 지식을 다루며 덕과 관계된 기술을 지닌 사람이다. 셋째, 소피스트는 지식을 파는 사람이다. 넷째, 소피스트는 논쟁적, 논변적, 대립적, 투쟁적이며 언어기술을 가지고 돈을 버는 계급이다. 다섯째, 소피스트는 논쟁경기에서의 승리를 위해 매진하는 선수이다. 여섯째, 소피스트는 배움을 방해하는 억견을 제거하는 일을 하는 영혼의 순화자이다. 일곱째, 소피스트는 철학자를 모방하는 사람이며, 그는 인간적인 기술에 속하는 상상모방을 사용하여 그릇된 의견을 형성하고 그것을 개인에게 가르치는 사람이다.

엘리아에서 온 철학자는 소피스트를 영혼의 순화자로 정의 내리는데 있어서 약간 유보적인 입장을 표명하는데, 왜냐하면 이 정의에 따르면 철학자와 소피스트와를 구분하기가 쉽지 않다는 것을 알고 있기 때문이다. 엘리아에서 온 철학자는 영혼이 병든 상태를 사악함이라 칭하고, 영혼이 조화를 이루지 못하여 기형을 이룬 상태를 무지라고 칭하면서, 사악함은 정의로 치료할 수 있고, 무지는 가르침으로 치료할 수 있다고 말한다. 영혼의 순화자라는 면에서 철학자와 소피스트는 비슷할 수 있으나, 엘리아에서 온 철학자는 "늑대는 개와 매우 비슷하다(Sophist, 231 a)"고 하면서, 이 둘의 구별에 조심할 것을 당부하고 있다. 영혼의 정화라는 말은 영혼의 지닌 악을 제거된다는 것을 의미한다. 이런 의미에서 본다면 소피스트는 단지 주어진 영혼의 악을 제거하는 소극적인 기능을 수행하게 된다. 하지만 철학자는 소극적인 의미에서 영혼의 정화자일 뿐만 아니라, 적극적인 의미에서 덕을 형성하는 존재이며 좋음을 산출하는 존재이다. 철학자와 소피스트는 지적인 능력에서 유사할 수 있지만, "그 둘 간의 차이는 도덕차이이다.(Cropsey, 1995: 110)" 소피스트가 도덕성질을 전혀 지니지 못한 늑대와 같은 존재라면, 철학자는 덕을 지니는 개와 같은 존재인 것이다.

엘리아에서 온 철학자는 소피스트에 대한 일곱 번째 정의를 찾아가기 위한 단초를 마련하기 위하여, 모든 것을 알고 모든 것을 만들 수 있다고 말하는 소피스트의 말을 액면 그대로 믿을 수 있겠느냐고 테아테투스에게 물어 본다. 그 둘은 소피스트가 '사기꾼이며 모방자' (a juggler and imitator)라는데 동의하고, 소피스트가 돈을 받고 팔고 있는 그릇된 의견이 과연 어디에 존재하고 있는지를 변증법을 통해서 탐구해 나간다. 그릇된 의견에 대한 탐구는 『테아테투스』에서 미완성의 상태로 끝나고 있는데 비하여, 『소피스트』에서는 그릇된 의견은 이데아를 '상상모방' (image-making)하는 과정에서 생성된다는 점이 드러난다.

엘리아에서 온 철학자에 따르면, 상상모방에는 두 종류가 있다. 하나는 '유사모방의 기술'(likeness-making art)이고 다른 하나는 '환상의 기술' (fantastic art)이다. 전자는 원형을 비례적으로 모방하려고 하는 반면, 후자는 원형을 비례와 무관하게 모방하였다. 높은 지붕을 받쳐주는 기둥을 유사 모방할 때, 기둥은 일직선의 모습을 띠게 만들어지게 된다. 하지만 일직선적인 높은 기둥을 밑에서 바라보게 된다면 그것의 끝은 가늘어 보이게 되며 그것은 일직선의 기둥처럼 보이지 않게 된다. 환상의 기술에 따라 기둥을 만들게 되면, 지붕을 직접 받쳐줄 기둥의 위 쪽 끝은 보다 크게 만들어지며, 밑에서 바라볼 때 그것은 일직선의 기둥처럼 보이게 된다.

여기서 엘리아에서 온 철학자는 유사모방이건 환상모방이건 간에 그것이 원형의 모방으로 있는 한, 그것이 '존재하고 있다' (being)고 말할 수 없는 것이 아니냐고 하면서, '허위' (falsehood)의 존재여부에 대하여 강하게 의문을 제기한다. 엘리아에서 온 철학자의 입장에서 볼 때, 모방이 존재하지 않는 것이라면 모방의 기술을 갖고 있는 소피스트를 찾을 수 없게 된다. 그는 비존재(not-being)인 모방이 존재하고 있음을 밝힐 수 있어야 한다. 그는 먼저 비존재를 부인하는 파르메니데스의 이론을 살펴보는데, 만약 파르메니데스의 이론이 옳다면, 비존재의 어둠 속에 숨어있는 소피스트를 영영 찾지 못하게 된다.

파르메니데스는 비존재에 대해서 다음과 같이 말하고 있다: " 비존재가 있다고 하는 생각이 절대로 널리 알려지지 않게 하라. 너의 정신이 이러한 종류의 탐구를 하지 못하도록 하라." 파르메니데스에 따르면 절대적 비존재는 '생각할 수도 없으며, 표현될 수도 없으며, 말해질 수도 없고, 비합리적인 것으로'(inconceivable, inexpressible, unspeakable, irrational) 나타난다. 엘리아에서 온 철학자는 비존재를 우리가 지금 얘기하고 있고, 비존재를 '존재하지 않는 것'(that which is not) 이라고 말할 때 벌써 비존재의 단수의 속성을 상정하고 있는 것이 아니냐고 하면서, 파르메니데스의 이론에 반대하여, 비존재가 존재하고 있음을 암시하지만, 우리는 이것 이상으로 비존재에 대해 말할 수 없다고 토로한다.

'상상의 생산자'(image maker)로 보려는 우리의 시도에 반대하여 소피스트는 다음과 같이 반응할 것이라고 엘리아에서 온 철학자는 말한다.: "너희들의 논리에 따르면 비존재는 실제존재와 대립되는 개념이며, 모방은 실존재인 원형에 유사하지만 실존재가 아니라는 면에서 비존재이다. 또한, 모방 그 자체는 존재한다. 너희들의 논리에 의하면, 모방은 동시에 존재하면서 존재하지 않는다는 모순된 결론이 도출된다." 엘리아에서 온 철학자는 이와 같은 소피스트의 반박논리를, 파르메니데스가 주장하는 절대적 비존재의 개념에 의존해서는 거부할 수 없음을 깨닫고, 자신의 사상적 아버지인 파르메니데스를 어떤 의미에서 살해할 필요가 있음을 말한다. 이런 맥락에서 그는 다시 파르메니데스의 이론을 살펴본다. 파르메니데스는 "모든 것(all)은 하나이며, 오직 하나만이 존재한다." 또한 "전체(whole)는 둥그런 구와 같이 생겼으며 그것은 중간으로부터 같은 비중을 지닌 공간으로 채워져 있다"고 주장한다. 엘리아에서 온 철학자는 파르메니데스가 전체를 말하면서 중간이나 끝이란 부분을 거론하고 있다는 점을 지적하면서, 그가 말하는 전체는 부분의 합으로 나타난다고 말한다.

부분의 합으로 이루어지는 전체는 존재(being)하게 되고 통일성(unity)을 지니게 되지만, 이러한 통일성은 부분을 전혀 포함하지 않는 절대적 통일성(absolute unity)과는 구별된다. 존재가 통일성의 속성을 갖게 되어 하나의 전체가 된다면, '모든 것'(all)은 하나가 아니라 복수로 존재하는 것이라고 엘리아에서 온 철학자는 비판한다. 또한 존재가 통일성의 속성을 가져야 하나의 전체가 될 수 있다면, 존재는 절대적 전체에 비하여 무엇인가를 결여한 것으로 나타나며, 이러한 의미에서 존재는 비존재가 된다. 그렇다면 전체와 존재는 서로 다른 것으로 나타나며, 따라서 '모든 것'(all)은 하나 이상의 것으로 나타난다. 이와 같은 논리에 의해서 엘리아에서 온 철학자는 하나의 형상만을 인정하려는 파르메니데스의 주장이 잘못 되었음을 밝힌다. 그는 부친살해를 저지르는 것이다.

엘리아에서 온 철학자는 이어서 물질주의자와 관념주의자의 존재론을 살펴본다. 물질주의자는 존재를 자신을 있게 하는 능동적이며 수동적인 '힘'(power), 다시 말해 작용을 하고 작용을 받는 힘이라고 정의를 내리는데, 이 정의는 관념론자에 의해서 부정된다. 관념주의자는 한 사물이 작용을 하거나 작용을 받거나 하는 순간, 그 사물은 움직이게 되며, 움직이는 것은 존재라고 할 수 없다는 논리를 전개한다. 이들은 존재가 이성에 의해 인식되는 순간, 존재는 변화하게 되며, 변화된 존재는 더 이상 존재가 아니라고 말한다.

그리나 이들의 논리에 따르면 완전한 정지를 의미하는 절대적 존재(absolute being)는 움직임, 생명, 영혼, 정신을 지닐 수 없게 된다. 엘리아에서 온 철학자는 생명이나 영혼이 없는 절대적 존재는 생각할 수 읎기 때문에, 관념주의자의 이론은 맞지 않는다고 논박한다. 여기서 그는 새로운 철학적 대안을 제시한다. 운동과 정지가 동시에 존재한다는 것을 말하기 위해서는, 운동과 정지라는 형상이외에 존재라는 제3의 형상을 설정하고, 운동과 정지가 각각 제3의 형상인 존재에 참여하고 있다고 보아야 한다는 것이다.

운동과 정지 외에 존재라는 형상을 새롭게 도입한 엘리아에서 온 철학자는, 소피스트가 숨어 있는 비존재의 성격을 드러내기 위해, 동일성과 타자성이란 두 개의 형상을 더 도입한다. 이 다섯 개의 형상 중에는 서로 결합 가능한 것이 있으며 결합 불가능한 것도 있다. 철학자의 역할, 혹은 변증법의 역할은 바로 형상간의 결합가능성과 불가능성, 다시 말해 형상간의 척도(measure)를 밝히는데 놓여 있는 것이다. 운동과 정지는 결합될 수 없으며, 동일성과 타자성은 결합될 수 없다. 존재는 다른 네 형상과 결합될 수 있으며, 타자성은 동일성을 제외한 다른 네 형상과 결합할 수 있다. 이제, 존재는 타자성에 참여하여 '원 존재가 아닌 다른 것'(not-being)이 될 수 있는데, 이런 경우 비존재(not-being)는 '원 존재와 대립되는 그 무엇'(some thing opposite to being)이 아니라 '존재와는 다른 그 무엇'(something other than being)이 된다. 이러한 논리에 따를 때, '아름답지 않다'는 것은 '추하다'는 의미가 아니라 '보통이거나 괜찮다'는 의미를 포함하게 된다.

따라서 비존재는 존재하게 되며, 허위와 그릇된 의견도 존재하게 된다. 소피스트들이 숨어 있던 파르메니데스적인 비존재의 어두운 동굴에 환한 불이 비추어지게 되었으며, 소피스트들은 자신의 존재를 드러내지 않으면 안 되게 되었다. 그들은 진리가 아닌 그릇된 의견을 파는 사기꾼이며 모방자라는 사실이 변증법에 의해서 증명된 것이다.

소크라테스의 인식론

『테아테투스』의 후반부에서, 소크라테스는 '참된 의견'(true opinion)은 '지식'(knowledge)에 접근할 수 있는 중요한 수단이 될 수 있음을 말하면서 이것과 대립되는 '그릇된 의견'(false opinion)이 무엇인가에 대한 탐구로 들어간다. 그러나 그릇된 의견은 지식이 무엇인지를 알지 못하는 한 정의될 수 없으므로, 그릇된 의견에 대한 탐구는 결국 실패로 끝나고 만다. 하지만 이러한 탐구는 전혀 무용한 것이 아니다. 테아테투스는 이러한 과정을 통하여 올바른 의견이 무엇인지를 좀 더 분명하게 깨닫게 되며 지식에 한 걸음 더 근접하게 되는 것이다.

소크라테스는 그릇된 의견이 존재하고 있음을 분명히 알고 있지만, 『테아테투스』에서는 그것이 어떻게 존재하고 있는지를 밝히지 못하고 있다. 이 작업은 『소피스트』에서 파르메니데스의 존재론을 비판하는 가운데 성공적으로 수행된다. 아무튼 『테아테투스』에서 소크라테스는 다음과 같은 네 가지 설명방법을 통해 그릇된 의견을 파악하려고 하나, 이러한 방법은 성공적이지 못하다는 것을 결론적으로 말하고 있다.

① 그릇된 의견은 사물에 대한 '지식'(knowing)을 잘못 연결시킬 때 도출된다는 설명방법이다. 이것에 관해 소크라테스는 첫째, A를 알고 B를 알면, A를 B라고 할 수 없으며, 둘째, A를 알고 B를 모르면 A를 B라고 할 수 없으며, 셋째, A를 모르고 B를 모르면 A를 B라고 할 수 없다는 논리로 A와 B에 관하여 그릇된 의견이 생길 수 없음을 설명하고 있다.

② 그릇된 의견은 사물의 '존재'(being)에 대한 올바른 의견을 잘못 연결시킬 때 도출된다는 설명방법이다. 이에 관해 소크라테스는 첫째, A의 존재에 관해 올바른 의견을 가지고 있고 B의 존재에 관해 올바른 의견을 가지고 있으면 A를 B라고 할 수 없으며, 둘째, A의 존재에 관해 올바른 의견을 갖고 있고 B의 존재를 모르고 있으면 A를 B라고 할 수 없으며, 셋째, A의 존재도 모르고 B의 존재도 모르면, A를 B라고 할 수 없다는 논리로, A와 B에 관해 그릇된 의견이 생길 수 없음을 설명한다.

③ 인간의 영혼에 물체의 상이나 사유의 상이 각인되는 왁스가 있고 그 왁스의 각인을 통해 기억이 가능하다면, 우리가 왁스에 각인된 상과 대상을 일치시키지 못할 때 잘못된 의견이 생겨난다는 설명방식이다. 이에 관해 소크라테스는 A와 B를 연결시킬 수 있는 17가지 경우 중에서 오직 세 가지 경우에서만이 그릇된 의견이 생기고 있음을 인정하고 있는데, 이 세 가지는 모두 '사유와 감각을 혼동하여서'(the interchange of thought and perception) 발생한

경우이다.

소크라테스는 이 세 가지 경우를 다음과 같이 예를 들어 설명하고 있다. ⓐ 내가 테아테투스를 알아 그의 상을 왁스에 각인 시키고 있고, 시오도러스를 알아 그의 상을 왁스에 각인시키고 있지만 멀리서 그 두사람을 보면서 시오도로스의 상을 테아테투스의 상과 잘못 일치시키면서 시오도러스를 시어티터스라고 잘못 판단 내릴 수 있다. ⓑ 내가 두 사람을 알고 있고, 그 중 테아테투스만을 보고 있고 시오도로스를 보지 못하고 있는 가운데, 나는 내 눈에 보이는 테아테투스를 시오도로스라고 잘못 판단할 수 있다. ⓒ 나는 테아테투스만을 알고 있는데, 알지 못하는 다른 사람을 보면서 테아테투스라고 잘못 판단 내릴 수 있다.

위의 세 가지 경우가 나타내고 있는 바와 같이, 사고와 감각을 혼동하여 잘못 연결시킬 경우 그릇된 의견이 나타난다. 그러나 소크라테스는 곧바로 이 세 가지 경우가 그릇된 의견이 나타나는 부분적 경우를 보여주고 있지만 '모든' 경우를 보여주고 있는 것이 아니라고 말하면서, 우리가 5+7을 11이라고 오판 내릴 수 있는 경우가 있듯이, 감각이 개입되지 않은 순수 사유의 경우에도 그릇된 의견이 존재할 수 있음을 반론으로 제시한다. 결국, 우리가 A와 B를 각각 알 때, A를 B라고 할 수 없기 때문에 그릇된 의견을 찾을 수 없었던 바와 마찬가지로, 세 번째 설명 방법으로 그릇된 의견에 대한 일반정의를 찾으려는 노력은 수포로 돌아간다.

끝으로 지식을 가둘 수 있는 새장이 있고 그 안에서 지식이 새처럼 날아다닌다면, 【우리가 A새라는 지식을 원하지만 잘못하여 B새라는 지식을 손으로 잡게 될 경우 그릇된 의견이 생기게 된다.】는 설명방식이다. 이에 관해 소크라테스는 우리가 A라는 지식을 원하지만 잘못하여 B라는 지식을 선택하여 A를 B라고 한다면, 그것은 이미 우리가 알고 있는 지식을 잘못 선택함으로써 무지가 산출된다는, 다시 말해, 지식이 곧 무지가 된다는 모순된 결론이 도출되기 때문에 새장의 예로써도 잘못된 의견이 존재한다는 것을 보여주지 못하게 된다고 말한다. 지식의 새 뿐만 아니라 무지의 새도 새장에서 날고 있다고 생각할 수 있다면, 무지의 새를 잡는 순간 그릇된 의견이 생기는 것이 아니냐는 테아테투스의 제안에, 소크라테스는 무지의 새를 잡는 사람은 자신이 지식을 잡았다고 생각할 것이며, 그 순간 지식은 무지와 동일하다는 모순이 발생한다면서 그의 제안을 반박한다.

소크라테스는 그릇된 의견이 무엇인지는 우리가 지식을 제대로 알기 전에 파악할 수 없다면서, '참된 의견' (true opinion)이 과연 지식에 근접해 할 수 있는지에 대해 논의하기 시작한다. 그는 변호사의 한 사건에 대한 올바른 의견이 사건의 진실과 반드시 일치하는 것이 아니라고 지적하면서 올바른 의견과 지식사이에는 차이가 있음을 밝히고 있다. 그는 올바른 의견에 '합리적 설명'(rational explanation)을 더하여 지식을 얻을 수 있다는 입장에서 주장된 세 가지 이론을 차례로 검토한다.

① 합리적 설명은 말로 설명이 가능하다는 것을 의미한다는 주장이 있다. 이에 대해 소크라테스는 참된 의견을 단지 말로 표현할 수 있다고 해서 지식이 되는 것은 아니라고 말한다.

② 합리적 설명은 사물의 구성요소를 열거하는 것을 의미한다는 주장이 있다. 소크라테스는 마차는 무엇이냐는 질문에 마차는 바퀴와 축과 나무와 같은 구성요소로 이루어져 있다고

대답한다면, 그것은 마차에 대한 지식이 될 수 없다고 설명하면서, 구성요소목록이 지식과 동일할 수 없음을 얘기한다.

③ 합리적 설명은 한 사물을 다른 사물과 구분시키는 독특한 차이를 지적하는 것을 의미한다는 주장이 있다. 이에 대해 소크라테스는 그러한 차이점에 유의해서 이미 한 사물에 대한 올바른 의견이 말해진 만큼, 다시 그 독특한 차이를 지적한다는 것은 그 사물에 대한 의견을 반복하는 것에 불과함으로 그것은 전혀 의미 없는 작업이다. 이런 검토를 통해 소크라테스는 【참된 의견에 합리적 설명이 추가된다고 지식이 되는 것이 아님】을 분명히 밝히고 있다.

지식이 무엇인가에 대한 질문으로 출발한 『테아테투스』는 결국 지식에 대한 정의를 내리지 못한 채로 끝나게 된다. 비록 그렇다하더라도 『테아테투스』의 화자들이 지식에 대해 탐구를 시작할 때와 똑같은 정신 상태에 있는 것은 아니다. 그들은 지식이 프로타고라스가 주장하는 감각이 될 수 없음을 알았으며, 참된 의견과도 다른 것임을 확신하게 되었다. 그들은 지식을 잴 수 있는 척도가 무엇인지는 정확하게 파악하지 못하고 있지만, 척도를 찾아가는 방법론은 분명하게 배우고 있다. 우주전체에 측정불가능성이 필연적으로 존재하는 한, 전체에 대한 지식, 다시 말해 지식의 본질은 정확하게 정의될 수 없다는 운명에 빠진다. 이런 면에서 볼 때 소크라테스가 지식에 대한 정의를 내리지 못하는 것은 필연적인 귀결이라 할 수 있다. 이러한 지식의 추구방법은 헬레니즘시대의 사상에 많은 영향을 주었지만, 이 시대에는 전란(戰亂)과 불안정한 사회가 계속되어 안심입명을 추구하려는 경향이 강하게 나타나고 개인적이며 처세주의적인 윤리사상이 특색을 이루게 되었다. 그리하여 이 시기의 대표적인 학파로는 쾌락주의를 주장한 에피쿠로스학파와 금욕주의 및 세계시민주의를 주장한 스토아학파를 들 수 있다. 스토아학파의 사상가들은 우주를 지배하는 궁극적인 통일 원리를 *로고스*(logos)라고 했으며, 이를 *세계이성*이라고 불렀다.

스토아학파의 주요내용은, 우주의 일부로서의 인간은 누구나 선천적으로 로고스의 분신인 이성을 갖고 태어났기 때문에 우주자연의 이법을 파악하고 이해할 수 있다는 것이다. 따라서 인간이성과 우주의 통일 원리인 로고스를 본질적으로 같다고 보았다. 스토아학파는 이성을 극히 존중하였고, 이성에 쫓아서 생활할 것을 강조하였다. 사람은 누구나 이성을 지니고 있는 한 평등하고, 전 세계 인류는 형제이며 동포이자 같은 시민이라고 주장하였다. 스토아학파는 우주의 자연은 욕심이 없고, 그 지배원리인 로고스의 분신을 본성으로 가지고 있는 인간은 마땅히 욕구나 유혹에 동요 되어서는 안 되며, 이성에서 비롯되는 양심의 명령에 절대 순종해야 한다고 역설하였다. 철저한 극기와 금욕 및 준엄한 도덕주의를 강조하였다. 이러한 스토아주의는 인간이 【시간과 공간을 초월하여 보편타당성을 갖는 자연법】에 절대로 순응해야 한다고 강조하여 근대 자연법사상의 모태가 되었으며, 로마의 만민법에도 큰 영향을 주었다. 또 외부의 어떠한 어려움이나 고통에도 마음이 동요되지 않는 초연한 무감동의 경지, 즉 이성적인 극기와 금욕에 의하여 감정과 욕구를 억누를 부동심의 상태를 아파테이아(Apatheia=이성적 극기와 금욕에 의해 감정, 욕구를 억누른 상태로 외부의 어려움이나 고통에 마음이 동요되지 않고 초연한 부동심(不動心)의 경지라고 규정하여, 그것이 현자의 생활이상이요. 인간의 최고선이며 덕의 근본이라고 보았는바, 스토아주의의 창시자이며 철저한 금욕주의자는 제논(Zenon ; B.C. 376- 264)이다. 아우렐리우스는 금욕주의의 윤리이론을 발전시켰고, 그 후 로마의 만민법과, 중세 및 근대의 자연법사상에 이론적 기초를 제공하였다. 전체적으로는 범신론적 윤리 사상 형성에 영향을 미쳤다.

에피쿠로스는 인류를 죽음의 공포와 신이나 초자연적 공포로 부터 해방시키려고 하였다. 재앙은 그것이 감지되는 경우에만 재앙이 되나, 죽음은 그 감지하는 힘을 빼앗는 것이므로 하등 나쁜 것이 아니다. 죽음은 우리에게 있어서 무관계하다. 왜냐하면, 우리들이 현재할 때에 죽음은 현재하지 않으며, 죽음이 현재할 때에 우리들은 존재하지 않기 때문이다. 공공적인 생활은 죽음이나 신의 공포와 마찬가지로 행복과 생활을 교란하는 것이므로 이에 관여하지 말도록 하라고 주장한다. 쾌락은 유일 최고선이며 인간 생활의 목적이나 그 쾌락이란 이른바 '방탕자의 쾌락'이 아니라 차라리 고통과 혼란으로 부터 소극적 해방, 말하자면 【번뇌가 없는 평정(平靜)의 상태(ataraxia)】을 의미한다. 그것은 신체의 건강과 마음의 평정이며 다른 사물에 의존치 않는 자유로운 정신 상태이다. 키레네학파도 쾌락을 행복 유덕한 생활의 최고 원리로 삼았지만 에피쿠로스는 특히 정신적인 '조용한 쾌락'을 가치 있는 아타락시아로 삼았다. 그 후 쾌락주의는 영국의 공리주의와 경험론에 큰 영향을 미쳤다.

키닉학파와 키레네학파의 쾌락주의는 철학적인 입장은 달리하면서도 "지식은 덕이다"는 소크라테스의 기본 원리에서 이론적 근거를 찾고 있다. 두 학파는 지식에 가장 중요성을 부여하고 있지만 *키닉학파*가 덕에 대한 지식의 상관관계를 강조하는 데 비해, *키레네학파*는 지식을 행복추구의 수단으로 취급한다. 철학자의 진정한 행복을 키닉학파는 덕에서 찾았고, 키레네학파는 순간적 쾌락에서 찾았다. 키닉학파는 그들 자신이 어떤 개별적인 국가보다도 우월하고 또 그런 국가적인 예속상태에서 벗어나야 한다는 세계주의를 주장하ㄱ, 키레네학파는 국가를 포함한 어떤 사람의 선을 위해서도 그들 스스로를 불편하게 만들어서는 곤란하다는 이기주의로 애국심과 시민의 의무에 대해 냉담하다.

지식과 인간 가능성 발현

『정치가』의 서두에서 시오도러스는 소크라테스에게 소피스트에 대한 정의가 내려졌으니, "당신은 그들이 정치가와 철학자에 대해서 정의를 내리게 되면 세 배의 빚을 지게 될 것입니다"라고 말문을 연다. 하지만, 소크라테스가 그 빚이 어떻게 단순히 세 배가 될 수 있는지 반문한다. 소크라테스의 이 말은 정치가, 철학자에 대한 논의의 비중은 때 소피스트에 대한 논의의 비중보다 훨씬 높을 것이며, 그 두 논의의 비중도 같지 않다는 것을 암시한다. 지식을 갖고 있다고 주장하는 대표적인 인간유형이 소피스트, 정치가, 철학자이다. 이 세 가지 인간유형은 *인간 가능성(human possibility)*의 각각 다른 발현형태라 할 수 있다. 가장 낮은 수준에서 인간 가능성이 발현되고 있는 존재가 소피스트라면, 가장 높은 수준에서 인간 가능성이 발현되고 있는 존재가 철학자이며, 이 두 수준 사이에서 인간 가능성이 발현되고 있는 존재가 정치가이다. 철학자는 가장 최고로 인간적 가능성이 발현되고 있고, 완전성에 근접해 있다는 점에서 '신과 같은'(god-like) 존재가 될 수 있다.

플라톤에 의하면 인간 가능성이 발현하는 정도는 어떤 지식의 기술을 지녔는가에 따라 결정된다. 소피스트는 자신의 주장을 진실처럼 보이게 하는 모방의 기술을 가지고 있으며, 정치가는 사람들을 돌보는 측정의 기술을 갖고 있으며, 철학자는 스스로 진리를 탐구해 나갈 수 있는 변증법의 기술과 남으로 하여금 진리를 깨닫게 하는 산파술의 기술을 지니고 있다. 산파술은 철학자가 타인에게 지식을 잉태하고 낳는 법을 가르쳐준다. 그 지식의 원천은 각 개인의 영혼에 놓여 있으며, 산파술이란 지식을 생성하는 것이 아니라 영혼에 있는 기억을 상기시키는 것을 목적으로 한다.

이와는 달리 변증법이란 대상의 분절과 결합을 통하여 형상을 추구해가는 내적 대화의 방법이다. 아무튼, 이 세 가지 기술은 제각기 '지식의 사다리'의 높고 낮은 부분을 구성한다. 지식의 사다리의 높은 부분에 위치한 철학은 궤변과 정치가 무엇인지에 대해 규정할 수 있지만, 그 사다리의 낮은 부분에 위치한 궤변이나 정치는 철학이 무엇인가를 규정할 수 없다. 전체에 대한 지식이며, 전체를 측정하는 척도인 철학이 없으면 합리적 정치는 불가능해지는 것이다.

『정치가』에서 엘리아에서 온 철학자는 소피스트에 대한 정의를 찾을 때와 마찬가지로 변증법을 사용하면서 정치가에 대한 정의를 추구해 나간다. 이 과정을 통해 그는 정치가가 인간을 돌보는 기술을 지니고 있음을 밝혀낸다. 그는 정치가가 지닌 돌보는 기술이 신이 인간을 돌보는 기술, 목동이 가축을 돌보는 기술과는 다르다는 것을 보이기 위해, 크로노스의 시대와 제우스 시대에 관한 신화를 소개하면서, 정치란 신이 일방적으로 인간을 지배하고, 목동이 가축을 일방적으로 지배하는 것과는 다르게, 인간의 한 유형인 지배자가 그들 또한 인간인 그러한 피지배자의 자발적인 동의를 얻어 인간을 돌보는 기술임을 밝히고 있다.

엘리아에서 온 철학자는 정치를 돌봄의 기술로만 정의한다는 것은 완전하지 못한 것 같다고 하면서, '직물을 짜는 기술'(the art of weaving) 이란 '사례'(example)를 통해서만 정치가에 대한 완전한 정의에 도달할 수 있다고 말한다. 엘리아에서 온 철학자는, 직물을 짜는 기술이 씨줄과 날줄의 강함과 부드러움, 길고 짧음을 측정한 후, 그 두 줄을 잘 결합시켜 하나의 피륙을 생산하는 측정의 기술이듯이, 정치의 기술도 인간영혼에 존재하는 부드러움과 강건함을 측정하고, 그것을 조화시켜서 절제 있는 인간을 만드는 측정의 기술이라고 최종적으로 정의하고 있다. 정치는 한편으로는 강한 품성과 약한 품성을 지닌 인간들을 척도에 맞게 혼합하여 조화시키는 통치행위로 나타나고, 다른 한편으로는 인간영혼에 내재하고 있는 강약에 대해 적절한 척도(measure)를 형성하는 교육으로 나타난다. 플라톤은 『정치가』에서 정치가가 어떻게 측정의 기술을 습득하게 되는가는 함구한다. 왜냐하면 『국가』에서 철인 왕을 만들기 위한 상세한 교육프로그램을 이미 다루었기 때문이다.

정치가도 측정의 기술을 지니고 있고, 철학자도 측정의 기술을 지니고 있다면, 정치가와 철학자는 과연 동일한 인간유형인가 하는 의문이 제기된다. 만일 그 둘이 동일한 인간유형이라면, 『철학자』라고 부를 대화편이 존재하지 않는 것이 당연하다 할 것이다. 그러나 위에서 언급했듯이, 플라톤은 정치가와 철학자를 서로 다른 인간유형으로 분명히 파악하고 있다. 그렇다면 그 둘이 차이를 알기 위해서는 정치가와 철학자가 과연 '무엇에 대한' 척도를 지녔는가를 심도 있게 살펴보아야 할 것이다. 정치가는 인간영혼의 강함과 약함에 대한 척도를 알고 있는데 비하여, 철학자는 이성으로써 측정 가능한 것과 측정 불가능한 것을 판단할 수 있는 척도를 지니고 있다는 점에서 그 근본적인 차이가 존재한다. 인간의 영혼은 이성, 기개, 욕망으로 삼분되어 있다는 플라톤의 의견을 따르면, 정치가의 척도는 기개에 관한 것이고, 철학자(윤리학자)의 척도는 이성에 관한 것으로 나타난다. 영혼의 한 부분으로 기개는 이성에 보다 가깝고 협력적인 것으로 나타나는데, 이런 면에서 본다면 정치가는 철학자에 근접할 수 있는 존재라고 말할 수 있다.

이제 우리는 우주라는 전체에서 인간의 위상을 한번 생각해 볼 필요가 있다. 우주전체는 과연 존재하며 인식될 수 있는 것인가? 우주전체에서 좋음과 착함은 어떤 위상을 차지하며 이성은 어떤 위상을 차지하고 있는가? 우주전체는 신의 의지에 의하여 만들어졌는가? 우주전체 속에서 인간의 육체와 영혼은 어떻게 조건화되며, 소크라테스가 말한 인간가능성은 어느 정도 실현될 수 있는가? 우주전체와 국가와 시민은 공통원칙 혹은 신의 섭리에 의해서 조화될 수 있는가? 이러한 의문들은 정치철학과 신학의 핵심주제로 다루어져 왔다.

인간이 우주전체를 구성하는 하나의 부분인 한에서, 인간의 삶, 인간의 조건은 우주전체의 영향을 받지 않을 수 없다. 철학자나 신학자들은 인간의 물질적, 정신적, 도덕적, 나아가 정치적 삶의 모습과 가능성, 인간의 삶을 규정하고 제한하는 여러 조건을 파악하기 위하여 우주전체에 대한 사고를 이성적으로 추리하기 시작한다. 우주 전체를 어떻게 파악하느냐의 여부에 따라 인간의 삶은 다양하게 규정될 수 있게 된다.

역사적으로 살펴보면, 우주전체를 파악하기 위해 전통적으로 세 가지 방법이 시도되었다. 그 첫 번째는 감각과 경험을 통해 전체에 대한 인식을 쌓아 가는 방법이고, 두 번째는 이성을 활용하여 전체를 추론하는 방법이며, 세 번째는 신의 계시를 통하여 전체를 믿는 방법이다. 감각과 경험에 근거한 인식방법은 그것이 진리를 산출하지 못한다는 이유로 소크라테스, 플라톤과 같은 고대적 합리주의자나 데카르트와 같은 근대적 합리주의자에 의해서 배척되었다. 플라톤은 '감각하는 것이 아는 것'이라는 프로타고라스의 명제를 『테아테투스』(Theaetetus)에서 논파하고 있으며, 데카르트는 『성찰』에서 감각과 경험을 포함한 모든 것을 부정하고 있는 가운데 회의를 시작하고 있다.

첫 번째 인식방법이 전체를 제대로 파악할 수 있는 확고한 방법이 될 수 없다면, 나머지 두 방법, 즉 이성을 통한 인식의 방법과 계시를 통한 인식의 방법, 다시 말해 철학과 종교는 서양철학에 있어 전체를 이해하는 두 개의 대립적이고 경쟁적 형이상학의 축을 형성해 왔다. 이성과 계시가 조화될 수 없는 범위에서, 이성과 계시가 공통의 척도를 지니지 않는 다면, 철학과 종교 대립은 필연적으로 나타난다.

잘 알려진 바와 같이, 소크라테스의 친구 크리톤은 사형선고를 받은 소크라테스를 살리기 위해 탈옥을 제의한다. 크리톤은 만약 소크라테스가 자신의 제의를 받아들이지 않고 죽음을 맞이하게 된다면, 이것은 그를 파멸시키려는 부정한 자들의 음모대로 그 일이 이루어지는 것으로 설득하지만 소크라테스는 고유의 대화법과 이성추론으로 크리톤의 의견에 반증한다. 소크라테스는 언제나 추론의 결과, 가장 좋은 것으로 여기는 원칙 이외에는 어떠한 것도 따르지 않겠음을 밝히면서, 우리는 많은 사람이 우리를 무어라고 말할 것인가에 대해서는 전혀 유의하지 말 것을 당부한다, 올바른 것과 부정한 것에 관한 지식을 갖춘 사람과 진리자체가 말하는 바를 유의해야 한다고 말한다. 또 소크라테스는 부정한 일을 당했다고 해서 앙갚음으로 부정한 짓을 해서는 안 된다는 것을 자신이 처한 상황과 연관 지어 말한다.

그리고 소크라테스는 어떤 사람이 누군가와 합의한 것이 옳을 경우 그는 그것을 이행해야 한다고 말하면서, 한 나라에서 일단 내려진 판결이 아무런 힘도 못쓰고 개인들에 의해 무효화되고 무력하게 된다면 국가는 존속될 수 없게 될 것이라 말한다. 그렇기 때문에 탈옥을 하게 된다는 것은 악을 악으로 갚게 되는 부정한 짓이 되며, 자신이 국가와 합의한 것을 이행하지 못하는 부정한 짓이 된다고 결론을 내린다. 결국 크리톤은 소크라테스의 합리적 지식에 이르는 이성적 추론에 의해 정당화된 의견을 반박하지 못하고, 마침내 소크라테스의 탈옥을 포기하게 이른다. 이는 곧 지식의 추론의 실제적 정당화이다.

제 2장 윤리적 담론

♠♠ 내 안의 힘 ♠♠

나는
이 책을 통해
딱 한마디를 하고 싶었다.
그것은 우리가 어떤 큰 슬픔이나 상처, 분노와 두려움도 그것을
큰 기쁨과 치유, 자비와 자유로 바꿀 수 있는
내적인 힘을 가지고 있다는
것이다.

【현경순의《결국은 아름다움이 우리를 구원할거야》중에서】

제 2장 윤리적 담론

동양고전에 나타난 윤리담론은 인간본성에 대한 해답의 상징체계로 우리에게 다가와 우리가 살아가야 하는 삶의 진실한 길에 대한 윤리적 추론이 가능함을 보여주고 있다. 이처럼 동양고전은 살아가는 지혜의 보고(寶庫)가 되고 있다. 공자, 노자, 장자, 불타의 가르침은 직관적 방법으로 인생의 참된 의견을 집약하여 경전의 가르침이 되었으며, 시대를 뛰어 넘어 오늘날까지 우리에게 잔잔한 마음의 감동을 주고 있다. 이는 곧 하루하루 영혼의 샘에서 솟아나는 말씀의 어록이 되어 지금 이 순간의 인격형성과 책임의식 함양에 소중한 생명력을 발휘한다. 이들의 어제담론을 오늘에 살릴 때, 독특한 유연성이 있다. 소크라테스가 무지의 자각을 강조한 반면에, 동양의 고전은 우리들에게 평상의 마음을 제대로 관리하여 도의 마음으로 살아갈 수 있는 인격과 책임의 길을 제시하며, 인간됨의 가능성을 다양하게 꽃피우고 있다. 윤리담론에 드러난 직관의 세계를 이해하기는 쉬운 일이 아니다.

★ 탐구문제

1. 인격의 어원과 그 형성계기는?
2. 도덕적 책임을 부담하는 일반적 조건과 방법은? 선문답의 상황에서는?
3. 도덕성 회복을 위한 공자의 가르침의 요체는?
4. 오늘날 무위자연과 물아일체의 정신은 어떻게 구현될 수 있을까?
5. 깨달음의 구조와 구현의 방법은?
6. '평상심의 도'를 일상생활에서 살려내는 방법과 그 의의는?
7. 다음 글을 읽고 장자사상과 불교사상의 수양 방법을 각각 1가지만 쓰시오.(04' 임용고사)

(A) 너의 귀로 듣지 말고 마음으로 들어라. 마음으로 듣지 말고 기(氣)로 들어라. 듣는 것은 귀에서 그치고 마음은 부합하는 것에서 그친다. 그러나 기(氣)는 텅 빈 것이어서 온갖 것을 다 포용한다. -『장자』-

(B) 모든 것이 마음의 빛 속에 녹아 있다. 주관과 객관의 구별을 버리고 지식을 끊고 분열을 잊어버려라. 그리고 당장에 부처의 마음을 뚫고 들어가 그와 하나가 되라. 이것 외에는 어떠한 진리도 없다. -『만속장경』-

8-1. 상선약수에서 물이 상선인 이유 세 가지를 쓰시오(01' 임용고사)

8-2. ㉮, ㉯, ㉰를 사성제와 관련짓고, ㉯는 그 명칭과 특징을 설명하시오.(05' 임용고사)

㉮ 석가모니는 인간의 현실적 삶의 모습은 어떠하며 ㉯ 거기에서 벗어나는 방법은 무엇인지를 고민하던 끝에 출가하여, 35세에 보리수 아래에서 ㉰ 진리를 깨우침으로써 불타가 되었다.

8-3. 정혜쌍수(定慧雙修)를 교종과 선종의 수행방법과 연관시켜 설명하시오.(05' 임용고사)

8-4. 불교에는 이상적인 인간상과 그 인간상에 이르는 공부의 과정이 있다. 불교에서 말하

는 공부의 방법을 2가지만 서술하시오.(06 '임용고사)

8-5.다음 두 주장에 공통으로 포함된 내용을 쓰고, 그 내용의 의의를 남방(소승)불교와 북방(대승)불교의 관점에서 비교하여 서술하시오.(06 '임용고사)

【· 만물은 항상 변화하므로 영원한 것이란 없다(諸行無常). · 만물은 인연에 따라 생기고 사라지므로 고정된 실체로서의 자아가 없다(諸法無我)】

1. 인격 · 책임의 담론

서양 윤리사상이 인류에게 기여한 가장 큰 공적 중의 하나는 이 개인적 인격개념의 형성이다. 가독교의 전개로 이 개인적 인격 개념은 오늘날 널리 알려져 있다. 이 개념은 처음부터 자명했던 사실이 아니다. 고대 그리스에서는 하나의 단어로까지 되지 못한 미지의 관념이었다. 그러나 "너 자신을 알라"는 델피 신탁을 철학의 원점으로 삼은 소크라테스의 경우에서도 분명하게 나타나듯 행위의 진정한 원인은 관절이나 근육의 운동처럼 외적이고 자연적인 사실이나 현상이 아니라, '이런 행위를 하는 게 좋다'고 생각하는 '내면의 이성'(플라톤의 『파이돈』)이라는 점에서 인격이 윤리학의 중심에 서 있는 것을 예상할 수 있다.

신이 낙원을 창조하고 사람을 거기에 두었을 때 "낙원 한가운데는 생명나무와 선과 악을 알게 하는 나무로 돋아나게 하셨다"(창세 2 : 9)라는 것은 인간의 생명이 선악을 빼고는 있을 수 없다는 사실의 상징이다. 야훼는 사람의 조상에게 일체의 자유를 허락했지만, "선악을 알게 하는 나무의 열매를 먹어서는 안 된다"고 명했다. '안다'는 것은 '지배 한다.'는 것과 같은 뜻이다.

그러므로 '사람은 선악을 스스로 결정해서는 안 되고, 신이 정한 선악을 존수해야 함'이 고대 이스라엘인의 사상이자 유대교 법률의 기본사상이다. 〈신명기〉 개혁 이후 유대교의 교단의 성격이 강해졌고 종교적 유토피아 사상 가운데 민속에게 고유한 윤리가 그대로 신의 이름으로 인류에게 적용되어야 한다는 요구가 나타나기에 이르렀다. 여기서 신과 세상의 계약(창세 13 : 14~17)이라는 일반성은 사라지고, 신과 유대인과의 계약이라는 민족 종교의 인격과 책임의 상호적 관계가 나타났다.

인격과 책임의 어원

페르소나(persona)의 어원은 아마 에트루리아어 의미에서 얼굴(phersu)을 뜻한다. 어원이야 어떻든 이미 고대 로마에서 '페르소나'는 연극용어로서 가면을 뜻했다. 또 가면을 쓰는 배우라는 뜻으로 쓰기도 했고 어떤 역할을 하는 인물도 의미했다. 무대에서 가면을 쓰는 배우에게는 가면의 뒤에서 그 가면의 의미를 이해하는 개인적 인격이 있어야 한다는 것, 인격으로서의 배우에게는 대본을 준비한 작가와 무대에서 자기와 함께 공연하는 다른 배우에게 응답할

의지가 있어야 한다는 것, 이는 곧 개체로서의 인격과 응답할 책임이 있음을 말한다. 윤리가 문제되는 인생이라는 무대에서 결단의 주체로서의 인격과 더불어 당연히 요구되어야 할 것은 결단에 따르는 책임이다.

그러나 소크라테스나 세네카(BC 4경~AD 65) 등을 통해 책임 있는 행위를 볼 수 있기는 하지만, 개념으로서의 '책임''에 해당하는 단어는 서양 고대와 중세를 통해 전혀 찾아볼 수 없다. 단순히 그 명사형뿐만 아니라 형용사 어형조차 중세 라틴어에서는 볼 수 없다. 14세기에 나타난 'responsabilis'이라는 라틴어 형용사는 프랑스어 'responsable'에서 역수입한 결과에 불과하며, 본래 음악용어에서 출발해 윤리적으로 '보증'과 관계되어 쓰였다.

1787년, 처음으로 프랑스에서 *'responsabilité'*라는 명사가 만들어지고, 그 직후 영어로도 'responsibility'가 쓰였다. 그 의미는 존 스튜어트 밀의 용례에 비춰보아도 'accountability'(설명 또는 변명의 가능성)와 같다. 다른 인격에 대응하는 자기책임이라는 개념이 덕목의 하나로 자각된 것은 19세기 후반을 지나서, 계약사회의 관념이 정착하고 새로운 관계의 도덕이 정착되고 나서부터이다. 그 상징은 철학사전에 있다.

20세기 초엽의 사전에는 'responsabilité'와 'verantwortung'도 수록되어 있지 않다. 이런 말들은 20세기 후반에 이르러서야 그 중요성이 인정되었다. 이처럼 윤리담론의 전개를 통해, 서양에서는 행위의 개별주체인 인격에 착안하여 인격 개념이 확립된 후 약 2,000년 정도 지나, 그로부터 연역되는 덕(德)으로서 책임이 도출되었음을 말해준다. 여기서 덕은 '윤리적·도덕적 선에 대한 의지의 항상적 지향성(恒常的 志向性) 및 선을 실현하는 항상적 능력'을 의미한다.

플라톤은 유익과 결부시켜서 *현명(賢明)·강의(剛毅)·절제(節制)·정의(正義)*의 네 가지를 덕으로 들었다. 기독교 철학에서는 이들 중추적 덕으로서의 윤리덕(倫理德)에다, 신(神)과의 관계에서 이루어지는 세 가지의 '대신의 덕'(對神 德)으로서 신앙 ·희망 ·사랑을 더하였다. 아리스토텔레스는 덕의 윤리적인 탁월성, 즉 덕은 본성적(本性的)으로 주어지는 것이 아니라, 행위의 습관화로 생기는 상태라는 것을 지적하고, 중용에서 성립하는 행위선택의 상태, 예컨대 공포와 평정의 중용으로서의 용감 같은 것을 덕이라고 하였다. 스토아학파는 이성적·자연적 생활을 덕이라 하고, 에피쿠로스학파는 참다운 쾌락이 무엇인가를 통찰하는 능력을 덕이라고 하였다. 이처럼 덕을 논할 때는 바로 책임 있는 행동을 전제로 함을 알 수 있다.

이러한 인격 교육의 부활은 도덕교육 분야에서 패러다임 이동이 일어나고 있음을 시사해준다. 즉 도덕교육의 초점이 개인적인 도덕 선택이나 자율성으로부터 기본적 혹은 중핵 가치들과 공동체로 옮겨가고 있음을 보여준다. 아울러 인격 교육은 기존의 접근법들에 비해 보다 포괄적인 성격을 띠고 있다. 나딩스(Noddings Nel)가 지적하고 있듯이 윤리학에서의 덕 윤리의 부활과 인격 교육의 부활은 어느 정도 관련성을 지니고 있는 것은 사실이다. 인격이라는 개념이 덕의 획득이라는 의미를 내포하고 있으며, 덕 이론에서의 역할 시범(role-modeling)이라는 개념이 인격 교육에서의 행동에 대한 강조를 반영하고 있기 때문에 덕 이론이 인격 교육의 개념을 정교하게 하는 데 매우 유용한 이론적 근거임은 틀림없는 사실이다.

오늘날 회자되는 'Respondeo ergo sum'(책임 있게 응답한다. 그래서 내가 있다.)라는 명제에서 우리는 책임과 실존을 자각적으로 동일시하는 실존주의의 덕을 떠올리게 된다. 그런데 책임은 인간의 어떤 행위가 그 행위의 주체로 돌아가는 것을 말하며, 세 가지를 전제로 한다. 첫째 행위 주체, 다음에 거기에 대한 행위의 귀속을 판정하는 제2의 주체, 셋째로 귀속의 기준이 되는 보편적인 의무규범으로 이루어지는 간주체적(間主體的), 또는 사회적인 장(場)에 있어서의 자유로운 인격의 의식적 행위이다. 첫째 주체와 둘째 주체는 반드시 딴 사람이어야 할 필요는 없고, 또 제3의 보편적 규범도 자신 속에서 채택한 주체를 생각할 수가 있다. 그것이 바로 '양심'이라는 것이다. 또 제3의 보편적 규범이 개개의 주체를 넘어서는 초월적 주체로서 외화(外化)되고, 양심의 상관자로서 '신' '하늘' 등으로 명명되는 경우도 있지만 우리는 서양윤리에서 이를 인격의 개념으로 다루었다고 할 것이다.

또한 결정론은 도덕적 책임에 대한 전통적인 개념을 우리로 하여금 포기하도록 요구하는가? 심지어 결정론의 세계에서도 사람들로 하여금 자신들의 행동에 대해서 도덕적인 해명을 해야 할 의무가 있는 자, 즉 책임 있는 행위자로서 자각할 수 있게 하는 그런 종류의 자유가 있을 수 있는가? 일반적으로 도덕적 책임의 의미는 인과적 책임의 의미와 도덕적인 성품상의 흠이나 약점의 의미로 분석된다. 그의 그릇된 행동이 사태발생의 원인이고 그의 행위가 도덕성품의 흠을 어떤 방식으로 나타냄을 의미한다.

(1)도덕적 책임의 의미에서 어떤 사람이 자기가 행한 것에 대해 도덕적으로 책임이 있다는 것은 무엇을 의미하는가? 이는 행위자의 성품상의 결함이 없음을 말한다.

(2)도덕적 책임을 부담하기 위한 조건을 생각해볼 때, 어떠한 조건 아래에서 그가 행한 것에 대해 도덕적으로 책임을 지우는 것이 정당화 될 수 있는가? 이는 성품상의 결함(부주의함)이 존재함을 뜻한다. 그 사태에 대해 인과적으로 책임이 있는 그릇된 행동이 아무런 면책조건에 해당되지 않을 때나. 어떤 사람이 그릇된 행동은 실제로 범하지 않았다고 하더라도 그에게 도덕적 책임을 지울 수 있다. 이를테면 살인미수범의 경우이다. 도덕적 책임과 관련되는 것은 행동의 실제적 결과가 아니라 오히려 그의 의도, 행동에 대한 이유, 그리고 의지에 나타난 성품이다.

자유는 '해명가능성' 또는 '비난의 정당화가능성'에 대한 필요조건이 된다. 그러나 '해명해야함' 또는 '비난받아 마땅함'의 의미는 자유롭게 행동을 수행함의 의미와 같지는 않다. 물론 인과적 책임은 어떤 사람이 어떤 것에 대해서 도덕적인 책임이 있다는 것에 대한 한가지의 필요조건의 역할을 한다. 그러나 인과적 책임은 도덕적 책임에 대한 충분조건이 아닐 뿐더러 우리가 도덕적 책임이라는 말이 의미하는 바의 전부도 아니다.

이제 도덕적 책임을 부담한다는 말이 무엇을 의미하는지에 대해 알아보도록 하자. 여기서 우리는 스스로가 해명해야 한다든가 또는 답변해야 한다고 생각하는 것이 무엇을 의미하는가를 고려하는 것은 도움이 된다. 우리는 그릇된 행동을 했을 때, 우리의 행위 뿐 아니라 그 자신에 대해서도 도덕 판단을 내린다. 이는 곧 자신의 진정한 도덕적 본성을 단호하게 직시함이다. 그리고 이러한 도덕 판단에 대해 우리는 의무를 부여하게 된다. 다시 말하면, 자신의 판단에 대해 스스로에게 의무를 지우게 된다. 이것은 도덕적 평형상태로 돌아가기 위한 반응이라고 할 수 있다. 즉 도덕적 평형으로 돌아가기 위해 보상을 하거나 해명을 하거나 행위를 고침이다. 본질적으로 타인에게 도덕적 책임을 지우는 것도 이와 다르지 않다.

사회는 일반적으로 어떤 사람이 자기 스스로에게 해명할 의무를 지우는 것과 같은 방식으로 개인들에게 도덕적으로 해명할 의무를 지운다. 따라서 사회 도덕률의 한 부분을 이루며 칭찬이나 비난으로 표시되는 도덕적 성품에 대한 관습적인 판단이 존재한다. 과실을 범한 개인에겐 보상의 행동이 기대되는데 그 이유는 보상의 행동이 자신의 그릇된 행위로 말미암아 초래된 의무로 간주되기 때문이다. 이렇게 사회적 인정을 받는 의무를 수행함으로써 개인은 도덕적 평형을 회복하며, 다시 도덕공동체에 받아들여지게 된다. 이러한 개념을 우리는 도덕적 책임에 대한 전통적 개념이라고 한다.

이에 반하여 미래지향적 개념은 도덕적 책임을 진다는 것이 자기의 행동에 대해 비난받거나 또는 제재 받는 것이 정당화될 수 있다는 것이다. 여기에서 제재는 그가 앞으로 할 행위에 어떤 좋은 영향을 미칠 것인가, 특히 그 제재가 그가 현재 비난 받는 것과 똑같은 종류의 잘못을 되풀이 하지 않게 할 것인가에 달려 있다. 만일 그렇지 못하다면 그는 책임이 없는 것이고, 이에 대해 우리는 다만 그런 행동을 하지 못하도록 조건을 마련하는 방법밖에 없다.

반면에 전통개념은 도덕적 책임을 도덕적 성품에 대한 판단의 문제로 생각하며, 책임은 자신에 의하여 초래된 응보의 정의의무를 수행하는 것이라고 주장한다. 강한 결정론자들은 미래지향적 개념을 제시하였다. 어떤 사람에게 책임을 지우는 것은 인과적 필연성과 모순되는 자유를 전제할 수 없다. 따라서 책임을 지우기 위해 정당화 가능한 유일한 방법은 이것이 어떤 결과를 초래할 원인임을 보여주는 것, 즉 그로 하여금 미래에는 잘못된 행동을 하지 못하도록 하는 것 뿐 이다. 이러한 미래지향적 개념에 대한 여러 가지 비판들이 드러나는 데 이를 네 가지로 축약하면 이와 같다.

① 도덕적 책임의 본질적인 측면, 즉 합리성을 제거함이다. 자기의 잘못에 대한 스스로의 인정 없이, 단지 사람을 조종하기 위한 하나의 방식이 되어버린다.

② 인간과 인간이 아닌 동물을 구별할 수 없게 됨이다. 강아지에게도 미래의 행동을 바꾸기 위한 행동을 가할 수 있으나 그것이 그에게 도덕적 책임을 물을 수 있다는 것은 아니다.

③ 우리는 그렇게 하는 것이 우리가 앞으로 똑같은 행동을 삼가게 될 것이라고 믿는 경우만 정당화가 가능한가? 우리는 과거의 행위에 대해 정당한 변명을 할 수 없을 때 스스로 책임을 지는 것이 정당화 된다고 생각한다. 죽음을 앞둔 경우이다.

④ 도덕적 훈련과 성숙의 차이점을 간과함이다. 우리가 불만을 표시하는 것은 그 사람의 행위를 변화시켜 도덕적으로 성숙시키기 위한 것이다. 즉, 그 사람은 도덕적으로 성숙하지 못한 사람이 라는 것을 함의하는 것이다.

따라서 불만 표시는 일종의 도덕적 훈련이라고 할 수 있는데, 만일 도덕적 책임이 조건화의 문제라면 우리는 영원히 사람을 훈련시킬 수밖에 없다. 이는 사람이 영원히 성숙하지 못한다는 것을 함의한다. 따라서 미래지향적 견해는 도덕적 훈련이 앞으로 더 많은 훈련을 목표로 하게 되는 불합리성을 함의한다.

동양고전에 나타난 인(仁)·의(義)·예(禮)·지(智)·신(信)이라는 주요덕목은 4번째 '지(智)'를 제외하면 어느 것이나 대인관계 그 자체이다. '인'과 함께 중시된 '의(義)는 글자꼴이 보여주듯 자기(我)가 양(羊)을 등에 짊어지고 있는 형상인데, 양이란 『논어』에서 명백히 나타나듯이 제물로 쓰는 짐승의 상징이며 자기가 속하는 공동체의 희생을 대표하는, 책임을 나타내는 개념이다.

따라서 현대식으로 번역하면 '책임'에 해당한다. 책임을 다하지 못할 때 인간으로서의 존엄을 잃고 인간사회에 대한 명예는 소실된다. 그래서 동양의 역사에서는 때때로 책임을 다하지 못했기 때문에 자살을 하는 것을 볼 수 있다. 이런 자살은 인간의 내적 존엄과 외적 명예를 혼동하는 데서 발생하는데 혼동의 이유는 사회적 관계로서의 일면에만 치우친 대인적 존재로서의 인간파악뿐 인간의 기본적 존재로서의 개인의 인격이라는 의식이 적었다.

인격의 개념에 해당할 만한 자기 주체로서의 양지(良知)는 16세기의 왕양명, 이탁오에 이르러 처음으로 발견된다. 왕양명은 초기에 이학(理學)을 공부하다가 주자(朱子)의 성즉리(性卽理)와 격물치지(格物致知)에 회의를 느끼고 육상산의 설을 이어 심즉리(心卽理)·치양지(致良知)·지행합일설(知行合一說)을 주창하고 나왔다. 즉 원리와 원리 실현의 소재[氣]를 엄격히 구별하여, 마음은 기이고 마음이 갖춘 도덕성 등의 이치는 이(理)라고 한 주자의 견해에 대하여, 만물일체와 불교의 삼계유심(三界唯心)의 입장에서 마음이 곧 '이'라고 주장하게 되었다. 이에 따라서 객관세계에 실재하는 사물의 이치를 탐구하여 지식을 이룩하는 이론적 방법으로도 대학의 격물치지를 해석한 주자의 입장에 반대하고, 외재사물(外在事物)을 문제 삼으려면 이미 마음이 발동해야 하므로 물(物)을 마음이 발동하여 이룩한 사(事)로 해석하고, 밖에 있는 이치의 파악 이전에 파악하는 주체로서 마음의 선천적인 앎의 능력인 양지(良知)를 이룩하여 사물을 바르게 하는 방법을 강조함으로써 신유학의 새로운 윤리학을 전개했고, 동양의 인격개념화에 공헌하였다.

이처럼 동양에서는 서양에 반해 인간의 자기반성의식이 부각되었다. "효제(孝悌)는 인의 근본이다"라는 공자의 표현에서 드러나듯이, 혈연적인 가족 결합의 윤리를 중시하여 거기에서 찾을 수 있는 자연스런 애정을 전개하는 것이었다. 따라서 인이란 '남을 사랑하는 것'이라 하여 사랑을 바탕으로 삼은 조화된 정감(情感)에 의거한 덕이며 그것을 가까운 혈연에서 비롯하여 멀리 미치게 함으로써 사회적 ·국가적 평화를 얻을 수 있다고 하였다. 따라서 여기서는 그 상태를 형성하는 계기로서 개개의 인격이 문제가 되기에 앞서 이상적 관계가 추구되었다. '관계가 계기를 규정 한다'는 일종의 장(場)의 이론이 인륜의 기초가 된다.

동양윤리에서 우리는 유교의 '인'이라는 개념이외에 불교의 삼법인(三法印)을 살펴볼 필요가 있다. 이는 제행무상(諸行無常), 제법무아(諸法無我), 일체개고(一切皆苦)이며, '모든 것은 변화하며, 이 세상에 영원히 존재하는 그 어떤 것이란 없다'는 의미를 담고 있다. 그럼에도 불구하고 영원한 것으로 생각하고 집착하는데 바로 그렇기 때문에 고통이 따른다.

이 세 가지를 기본적인 통찰로 갖는 불교의 정신은 사실, 다양성으로 특징 지워지는 변화무쌍한 현상계를 마야로 규정하면서 동시에 그 현상계를 초월하여 언제나 항상 변화하지 않는 모습으로 온전하게 있는 하나로서의 인격신을 내세우는 기독교와 브라만을 내세우는 힌두교와는 전적으로 다르다. 후자가 변화하지 않는 것이 있음을 주장하는 반면에, 불교는 무상무아에 근거하여 철저하게 거부하고 있기 때문이다.

선문답의 인격형성과 책임감

고통에서 해방이 가능하기 위한 무상무아의 깨달음은 어떻게 이루어지는가? 선문답은 통일된 인격형성과 생명에 대한 책임의식을 깨닫기 위해 제안된 고통해방의 길이다. 특히 '무자(無字) 화두'를 일상에서 참구하는데, 이 말은 '개에게는 불성이 없다'(狗子無佛性)는 말이다. 이는 개에게도 불성이 있는가를 물어보던 제자에게 조주스님이 '無'라고 대답했다는 것이다. 저렇게 해서 어떻게 부처가 되는 것인지, 이러한 이야기를 기연문답(機緣問答)이라고 한다. 그 가운데서 가장 핵심적인 이야기를 화두(話頭)라고 한다. 화두를 잡는다든가 이야기를 마음으로 들여다본다고 해서 간화(看話)의 방법이라고 한다.

이것은 보통사람이 하는 것이 아니라 종교적 성품이 가장 많은 사람이 한다고 믿었다. 그래서 누구든지 일단 입문했으면 다른 열근기(劣根機)가 나무아미타불 관세음보살을 하는 것이라든지, 앉아서 좌선을 하는 것은 제쳐두고, 최고의 근기가 수행을 한다는 간화에 매달린다. 몰록 깨치기 위한 중간기법이 스승이 묻고 제자가 대답하는 그런 기회에 닿는 이야기를 생각한다는 간화이다. 처음에는 화두라는 것도 이치를 따질 그럴만한 연유가 있었을 것이다. 그러나 나중에 이치를 떼어 내면 그것만 쓰게 되니까 도대체 무슨 소린지 동문서답이라는 얘기가 나왔을 것이다.

선의 황금기가 지나고 백년 후 조주 종심(778-897)이 처음으로 기세 좋게 나왔을 때는 이런저런 방법이라는 것이 불필요했을 텐데, 이후 여러 선사들이 나오고 학생들도 많이 찾아오게 되니 스승들마다 묘한 방법을 써서 제자들을 깨우치는 기법을 개발했을 것이다. 조주는 바로 무자(無字) 화두를 써서 제자들을 가르쳤다고 한다.

이 화두에 대해서는 네 가지 이야기가 경전에 있다. 어느 스님이 와서 조주 스님에게 물었다. "개에게도 불성이 있습니까?" 조주 스님이 "물론 있지"라고 대답했다. 그런데 장난기 있는 손님이 조주스님에게 "그런 당신에게는 불성이 있습니까, 없습니까?"라고 묻자 "난 없네." 라고 대답했다고 한다.

이제 여기서 문제가 발생한다. "불경에는 온갖 유정중생이 모두 불성을 지니고 있다고 했는데 어찌 스님만 불성이 없다고 하십니까?" 조주 스님이 꼬투리가 잡힌 것이다. "나는 유정중생이 아니야." "아니 스님이 유정중생이 아니라고요? 그럼 스님은 부처님이라는 말씀이세요?" "부처님도 아닐세." "그럼 도대체 당신은 누구요?" "아무 것도 아닐세." "그것을 볼 수 있습니까? 도대체 내가 깨달을 수 있는 무엇인가요?" "생각해도 잡을 수 없고, 따져 봐도 얻을 수 없어 그러니까 생각할 수도 없고 알 수도 없다는 거야. 불성이라는 것은 네가 그렇게 말로 개념의 틀에 집어넣어 잡을 수 있는 줄 알아?" 이상이 첫 번째 조주 스님의 화두 내용이다. 이것은 선문답이라고 할 것도 없이 앞뒤가 맞는 내용이다. 이러한 내용이 점점 짧아지면서, 의미는 깊어지는 것을 발전한다.

어느 스님이 조주 스님에게 물었다. "개에게도 불성이 있습니까, 없습니까?" 조주 스님이 "없어"라고 했다. "경에는 유정중생이 모두 불성을 갖추고 있다고 했는데 어찌 개에게만 불성이 없다고 하십니까?" "왜냐하면 개는 그 개의 업으로 존재하니까." 이와 비슷한 내용을 이렇게 얘기했다고도 한다. 한 스님이 조주 스님에게 물었다. "개에게도 불성이 있습니까?" "있다." "있다면 어째서 저 개가죽 주머니 속에 들어가 있습니까?" 조주가 대답하되, "알고도 나쁜 짓을 일부러 범했으니까!" 이 경우는 윤리적 책임의식을 함축하고 있다.

세 번째는 화두의 본령으로 들어간다. "개에게도 불성이 있습니까, 없습니까?"라는 물음에 조주 스님은 "집집마다 문전에서 모든 길은 장안으로 통한다."라고 대답했다. 이것이 무슨 얘긴가. 개한테 불성이 있냐고 했는데 모든 길은 로마로 통한다는 식의 얘기로 답한 것이다. '개의 불성을 따지지 말고 네 일이나 하라'는 것이다. 어떤 일을 하든지 닦기만 하면 부처가 된다고 이해할 수도 있다. 다음으로 마지막 화두의 핵심으로 가게 된다. 조주에게 묻기를, "개도 불성이 있습니까?" 조주 스님이 답하기를 "무(無)" 이건 아주 의심덩어리이다. 공안발전에서 특징적인 면모를 살펴보면, 화두와 불경에서 얘기하는 조리 있는 담론에서 차이가 드러난다.

화두와 불경의 차이는 바로 어록과 불경의 차이이다. 경전들이 모두 부처님의 말씀임을 강조하고 그 권위에 따라서 말씀의 진리성을 확보하는데 반해서, 어록은 8-9세기 활동한 조사들의 언행을 기록한 것이다. 어록은 일반적으로 인물의(보통 스승의 말씀과 행장을 기록한 단순한 행장) 깨침에 기여한 이야기를 모아 놓은 것이다.

어록의 핵심은 깨침의 기연(機緣)이 그가 혼자서 자수성가하는 것이 아니라, 스승과 제자 사이에 오고간 구체적인 문답을 통해 깨쳤음을 기록해 놓은 것이다. 깨침이 물음과 답을 기틀로 했다는 것이다. 문답이란 뭔가? 요즘의 말로 하면 대화이다. 스승의 정식 설법인 상당법문 등을 적어 놓기도 하지만 선문답의 묘미는 역시 거두절미, 밑도 끝도 없이 툭 던지는 이야기 곧 화두에 있다.

선문답의 구조적 특성은 사례에서 보여주듯이 한 질문에 하나의 대답이 있을 뿐이다. 두세 가지의 애매한 이야기가 아니다. 따라서 모든 대화는 무사들의 칼처럼 전격적이다. 대화에는 여러 가지가 있을 수 있는데, 플라톤의 『대화』를 보면 주어진 주제를 둘러싸고 끝없이 소위 변증법적인 단계를 거치게 되나, 선문답 같은 대화는 꼭 칼싸움과 같다. 간략하고 압축된 대화는 마치 전광석화처럼 오간다. 왜냐하면 선문답의 목적은 순간적인 문답, 말싸움, 대화를 통해서 살아 있는 사람들이 정신적으로 초긴장 상태에서 가장 구체적이고 일회적인 상황에서 궁극적이고 영원한 진리를 파악하는데 있기 때문이다.

마지막으로, 문답에 직접 참여하지 않은 바깥사람들이 글자로 기록된 어록을 볼 때, 그 대화는 전혀 무의미하다. 살아 있는 사람들의 대화이기 때문에 그것을 스틸 사진으로 찍어 놓은 것을 그 맥락을 모르고 보면 전혀 무슨 내용인지 모르듯이 말이다. 그러나 그 순간을 상상해 보라. 두 사람은 대화를 나누었다. 진리는 순간적으로 환히 드러났다. 다른 사람이 보기에는 아무런 의미도 없어 보이지만, 이 두 사람에게는 의미가 있는 것이다. 이제 한 번 선문답을 가지고 의미와 무의미, 센스와 난센스를 따져보기로 하자.

선사들의 의미와 보통사람들의 의미가 어떻게 다른지를 설명하고, 소위 선문답을 통해서 어떻게 깨침이 가능하지 생각해 보기로 하자. 선사들이 주장하는 바대로 선문답의 무의미는 보통사람들, 즉 선종에 속한 스님들이 아닌 보통사람들의 편에 서면 다음과 같은 설명이 가능해질 것이다. 흔해 대화 속에는 말하는 사람과 듣는 사람이 있는데, 선문답에는 말하는 사람과 듣는 사람의 구별이 없다. 소위 주객이 분리되지 않는 상태에서 대화가 진행된다는 것이다. 말하는 이가 없는데 말만 튀어나와 전광석화(電光石火)처럼 빛나다가 곧장 암흑 속으로 사라진다고 비유할 수 있을 것이다.

아무튼 말하는 사람과 그 말을 듣는 사람이 없다면 이런 이야기는 보통 사람이 이해하는 이야기의 본래 의미를 결여한 이야기일 것이다. 이것이 선문답의 첫 번째 특징이다. 두 번째 선문답의 특징은 거기에 사용된 말이 가장 기본적인 기능을 잃어버린다는 것이다. 말은 의미론적으로 분명하게 지시하는 대상이 있다. 그런데 선문답에서의 말은 대상이 없는 말이다.

소위 의미론적 분절 작용, 책상은 거의 고정적으로 책상을 지시하는 것이 상식이지만 이 책상이 책상인 까닭은 그것이 책상 아닌 것과 구별되는 한에서 책상이라고 한다는 것이다. 그러므로 보통 사람들이 의미가 있다고 하는 것이 선사들 사이에는 난센스라는 것이다. 실제 모든 것은 진여(眞如), 여여(如如), 주객이 분리되기 이전의 본래적 일자(一者), 무(無), 천지창조의 태초를 얘기하며 보통사람들의 얘기가 아니다.

말이 모여서 문장이 되는데, 철학에서는 이를 명제라고 한다. 명제가 이루어져도 그것마저 의미의 독립된 단위일수가 없다고 한다. '하늘은 푸르다'라는 명제는 하늘, 푸름하고는 아무런 의미상관을 지니지 않은 채 그냥 입에서 뱉어진다고 한다. 그래서 "개에게도 불성이 있습니까?"라고 물었을 때, ★無★라고 대답하면 무불성(無佛性)이라고 하는 것과 개를 연결하면 일반적으로 의미가 있는 말이지만, 그냥 ☆無☆라고 하면 그것을 초월하는 어떤 경계를 지시하게 되는 것이다. 보통사람들에게는 어떤 말이 나의 주관적 감상을 표시하는 것이거나 객관적 하늘의 묘사에 틀림없을 터이지만, 선종의 스님들한테는 주관적 감상을 표현하는 것도 아니고 사의(寫意)도 아니고, 객관적인 하늘을 묘사한 사경(寫景)도 아니고, 【주객이 합일한 깨침의 상태】 이다

선문답은 상식적으로 말하는 사람과 듣는 사람과의 대화가 아니다. 비록 그 형식은 대화의 모습을 갖추었을지언정. 선문답이 상식을 벗어난 말놀이를 하는 데에는 그럴만한 이유가 있다. 이론적 체계를 갖추지 않고 결론부터 간단히 말해 버리는 중국인 특유의 간명성, 직접성 뒤에 수백 년 동안 대승불교에서 쌓아올린 그 나름의 형이상학적, 이론적 토대가 전제된다는 것이다. 다시 말하면 선문답은 보살의 인격체를 형성하여 *동체대비*(同體大悲)의 정신으로 생명 바다에 대한 책임의식을 구현하려는 형이상학적 토대가 있다. 이제 이 정신들이 육화된 동양고전의 담론을 살펴보자.

2. 동양고전의 담론

공자(孔子)의 인격과 책임의 담론 - 仁· 禮(인과 예)

춘추 시대의 사회, 정치적 혼란과 규범을 상실하던 때, 공자의 논어는 유가(儒家)의 성전(聖典)이 되었다. 사서(四書)의 하나로, 중국 최초의 어록(語錄)이기도 하며, 공자(孔子)의 가르침을 전하는 가장 확실한 옛 문헌이다. 공자와 그 제자와의 문답을 주로 하고, 공자의 발언과 행적, 그리고 고제(高弟)의 발언 등 인생의 교훈이 되는 말들이 간결하고도 함축성 있게 기재되었다. 그 윤리적 담론에서, "아침에 도를 들으면 저녁에 죽어도 좋다.[朝聞道 夕死可矣 (조문도 석사가의)]"는 구도의 신념을 유지하면서, 도덕성 회복을 위해 효제(孝悌)의 교육과 인(仁)을 강조하였으며, 건전한 사회 질서를 유지하기 위해 예(禮)를 강조하였다.

인의 실천 덕목(인간다움의 바탕) 으로서, 부모님을 섬기는 효와 형제간의 우애를 부각시켰다. '번지가 인(仁)을 물으니, 공자 말씀하시길, "사람을 사랑하는 것이오." 또, 지(知)를 물으니, 공자 말씀하시길, "사람을 바로 아는 것이라."고 하셨다. 그것은 목적적, 조건적 사랑(맹목적이며 무조건적 사랑이 아님)으로 "主忠信하고, 克己復禮하라." (주충신, 극기복례) 하고, '자기가 바라지 않는 바를 남에게 베풀지를 말라.'는 서(恕)를 강조하였다. '이기심을 버리고 예를 따르는 것이 곧 인(仁)이니라.'에서 편협한 혈연, 지연의 이기주의가 나타날 가능성을 배제하여야 하며 그 대안의 성격으로 자기억제(극기와 忠)의 겸허, 너그러움(관용과 恕)의 사람됨 도리, 다른 사람을 다스리는 도리-수기치인(修己治人:-'자기를 닦고 남을 다스리다.')을 부각시켰다.

◎ 인격함양의 도리: 자기통제와 희생을 통해 도덕 인격체의 함양을 부각시킨다.

子曰, 志士仁人 無求生以害仁, 有殺身以成仁 【뜻이 있는 선비와 어신 사람은 인(仁)을 해치고서 생명을 구하는 일이 없으며, 자신을 죽임으로써 인(仁)을 이루도록 함에 있다.】 에서 도덕 인격체의 지향적 담론을 살펴본다.

子曰 弟子 入則孝 出則弟 (자왈 제자 입즉효 출즉제 / 學而篇)

- 공자 말씀하시길, "(집에) 들어가서는 부모께 효를 다하고, 나와서는 우애를 다하라."

子曰 巧言令色 鮮矣仁(자왈, 교언영색 선의인 / 學而篇)

- 공자 말씀하시길, "아름다운 말과 예쁜 모양새는 인이 드물다."

子曰 當仁不讓於師 (자왈 당인불양어사 / 衛靈公篇)

- 공자 말씀하시길, "인을 실천할 일에는 스승에게도 양보하지 아니한다."

◎ 사회규범의 요청 : 예(禮)를 통해 제대로 인격의 요체인, 仁을 사회 속에 실현할 수 있다.

人而不仁 如禮何 - "사람이 어질지 아니하거늘 예를 꾸민들 무슨 소용 있겠는가?"라고 말씀 하신다. 인격과 책임의 관계는 이처럼 공자의 담론에서는 인과 예의 관계로 드러나며, 그 실천은 자율적 의지에 따름을 강조하였다. 이를 함께 실천하는 사람이 군자로서 공자의 이상적 인간상으로 천인합일(天人合一)한 사람이다.

"子曰 學而時習之면 不易說乎아, 有朋이 自遠方來면 不易樂乎아. 人不知而不慍(마음 심방)

이면 不易君子乎아."(第一 學而편) - 공자말씀하시길, 배움을 때로 익히니 또한 기쁘지 아니한가? 뜻있는 자들이 먼 길로부터 찾아오니 또한 즐겁지 아니한가? 세상사람 나의 뜻을 몰라주어도 성내지 아니하니 또한 군자답지 아니한가?"

君子는 務本이니 本立이 道生하나니 孝悌也者는 其爲仁之本與인저. (學而篇) - 군자는 근본에 힘쓰니, 근본이 서면 도가 일어나느니,

"君子는 和而不同하고 小人은 同而不和이며. 君子는 泰而不驕하고 小人은 驕而不泰이다."

-"군자는 어울리나 똑같진 않고, 소인은 똑같은 짓을 하면서도 어울릴 줄 모른다. 군자는 태평하나 교만하지 않고, 소인은 교만하면서도 태평치를 못하다."

'君君臣臣 父父子子: '임금은 임금답게 신하는 신하답게, 어버이는 어버이답게, 자식은 자식답게.'의 정명을 다할 때 사회적 안정을 유지할 수 있다고 보았다. 자신의 신분과 지위에 따라 맡은 바 역할을 다할 것을 부각시킨다. 이처럼 선진유가에서는 법률과 형벌보다는 인격과 책임의 교화를 부각시킨 셈이다. 통치자가 군자다운 인격을 닦고서 백성을 편안케 함으로 경제적 분배의 형평성 강조하는 유교의 대동 사회를 이상 사회로 구현할 수 있다고 생각하였다.

노자(老子)의 인격과 책임의 담론 - 무위자연(無爲自然)과 소국과민(小國寡民)

노자(성은 李, 이름은 耳, B.C. 604?-531)는 중국 춘추시대 말기의 사상가이다. 이름은 이이(李耳). 자는 담(聃). 초(楚)나라 사람으로 주왕(周王)을 섬겼으나 주의 쇠망을 예견하고 주나라를 떠날 때, 함곡관(函谷關) 관령 윤희(尹喜)의 간청으로 5,000언(言)으로 이루어진 책을 지어 주었는데, 이것이 《노자서》 또는 《도덕경》 으로도 불리는 《노자》 로, 도가사상(道家思想)의 대표적인 저서이다. 노자는 이 저서에서 전체적으로 무위(無爲)의 인격적 주체로서 자연의 삶을 살아가는 것이 책임을 다하는 길임을 역설하였다. 천도(天道)의 형이상학적 견지에서는 유가(儒家)나 도가(道家)는 같으나, 천도를 인간 땅에 구현하는 덕(德)의 실현 면에서는 유가는 인위적인 수양과 노력을 강조한 반면, 도가는 무위 자연(無爲自然)을 강조하였다. 《도덕경》 34장, '대도는 흘러 넘쳐 왼쪽으로도 오른쪽으로도 두루 흐를 수 있다. 만물이 그에 의지하여 생겨나지만 간섭하지 않고, 공이 이루어져도 그 공이 자기에게 있다고 하지 아니하며 만물을 입히고 기르면서도 주재하지 않는다.'라는 부분이 무위자연에 대한 표현이다. 왕필에 의하면, 진정한 도와 더불어 만물의 시원인 無는 有와의 상대성에 의해 발생되는 규정된 개념으로서의 무가 아니라 그러한 상대성을 뛰어넘어 규정을 위한 기반, 조건이 없는 초월적 개념, '계곡의 여인'이라는 은유에 걸맞을 생성의 자리로서의 무라 보아야 한다고 주석을 달았다. 인간은 개념적 정의를 내리는 취미가 있는데, 그러한 취미에서 벗어나 세계를 있는 그대로, 자연의 모습으로 바라본다면, 상대성에 의해 지배되고 있는 것이 아니라 스스로 그러하도록 자리하고 있다는 사실을 알 수 있다. 무위자연은 지칭의 한계에서 벗어나 실체를 인식하기 위한 노력이 성공할 때 이루어지는 최상의 단계로 간주된다.

자연의 일부로서 자연적 본성을 지닌 존재로 보고, 사회 혼란의 원인이 선(善)하게 살아야 한다는 도덕적 명령이나 규범, 그리고 그 규범을 제도적으로 강제하는 국가 권력 자체(인간

본성에 위배됨)로 간주하였다. 당연히 상대적 인식과 인위적 가치 판단은 도나 자연에서 멀어지게 하여 사회적 갈등을 발생하게 하기 때문에 사회 질서 회복을 위하여 '무위자연(無爲自然)'의 도의 원리를 쫓아 삶을 영위하는 것을 강조하였다. 《도덕경》 담론을 살펴보자.

◎ 사회문제의 분석: 자연의 일부로서 자연적 본성을 지닌 존재를 부각시키고, 사회 혼란의 원인 은 선(善)하게 살아야 한다는 도덕적 명령이나 규범, 그리고 그 규범을 제도적으로 강제하는 국가 권력에 문제가 있음을 보여준다. 유가사회의 형식주의를 비판하고 있다.

大道廢 有仁義.(대도폐 유인의/18장) : "큰 도가 무너지니 인과 의가 있게 되었다." 絶仁棄義 民復孝慈.(절인기의 민복효자/19장) : "인을 끊고 의를 버려라. 그리하면 백성이 절로 효도하고 자애로울 것이니라.

絶學無憂.(절학무우/20장) : "배움을 끊어라. 그리하면 근심이 없어지니라."

爲者敗之, 執者失之.(위자패지 집자실지/29장) : "하려는 자는 패할 것이오. 가지려는 자는 잃을 것이다.

◎ 인간의 도리: 도(道)와 무위 자연(無爲自然)으로 제시하는데, 도는 우주 만물을 존재하게 만드는 본질로서, 절대적 실체를 말하며 자연은 '저절로 그러함'을 나타내는 도의 절대성이다. 이에 따른 무위자연(無爲自然)은 무엇을 억지로 하지 않으며 스스로 그러한 대로 사는 모습으로 비유하면 어린애와 같이 자연의 섭리대로 살아가는 소박한 삶의 모습이며, 가식과 위선에서 벗어난 본래의 자기 모습대로 살아가는 모습을 뜻한다.

道可道 非常道 名可名 非常名(도가도 비상도 명가명 비상명/1장): 도를 도라고 하면 이미 도가 아니오. 이름을 이름이라고 하면 이미 이름이 아니다.

道常無爲, 而無不爲(도상무위, 이무불위/37장) : "도는 늘 함이 없으면서 하지 아니함이 없다." 上善若水., 水善利萬物而不爭, 處衆人之所惡, 故幾於道. (상선약수., 수선리만물이부쟁, 처중인지소악,고기어도/8장) : "지극히 착한 것은 마치 물과 같다. 물은 만물을 좋이 이롭게 하면서도 다투지 아니하고, 많은 사람들이 싫어하는 (낮은)곳에 처하니, 그런 까닭으로 도에 가깝다 하리라." 남에게 무엇을 강요하지 않는 소박한 공동체의 삶을 부각시키고, 자기 멋대로 하는 방임이나 철저한 게으름, 비활동성을 지칭함이 아니며 물의 덕목(겸허와 부쟁)을 부각시킴 聖人處無爲之事, 行不言之敎.(성인처무위지사, 행불언지교/2장) : "성인은 일 없는 일에 처하며, 말 아니하는 가르침을 행한다."

柔弱勝剛强.(유약승강강/36장): "부드럽고 연약한 것이 단단하고 강한 것을 이긴다."

◎ 실천의 방향 : 작은 정부 역할, 지혜로운 삶의 활동을 통해 실천의 방향을 제시한다.

爲無爲 則無不治.(위무위 즉무불치/3장) : "함이 없으나, 다스리지 못할 것이 없다."

法令滋彰,盜賊多有.(법령자창 도적다유/57장) : "법령이 많으면, 도적 또한 많아진다."

我無爲而民自化,我好靜而民自正.(아무위이민자화, 아호정이민자정/57장): "내가 함이 없으니 백성이 절로 변하며, 내가 고요함을 좋아하니 백성이 절로 바르게 되느니라."

治大國 若烹小鮮.(치대국 약팽소선/60장):"큰 나라 다스림은 마치 작은 생선 굽듯 하라."

以智治國,國之賊.(이지치국, 국지적/65장):"지혜로 나라를 다스리는 것은 곧 나라의 적이다."

小國寡民(소국과민/80장) :"작은 나라의 적은 백성"이 곧 이상적인 국가의 모습

장자(莊子)의 인격과 책임의 담론 - 진인(眞人)과 제물론(齊物論)

장자는 중국 전국시대 말의 도학자로서, 본명은 장주(莊周)이며 만물을 끊임없이 유동변화하는 것으로 보고, 그 유동변화를 도(道)라고 하는 만물일원론(萬物一元論)을 주장하였다. 이는 '자연과 나는 하나'라는 물아일체 사상이다. 인생관을 사생(死生)을 초월하여 절대무한의 경지에 소요(逍遙)함을 목적으로 하였고, 또한 인생은 모두 천명(天命)이라는 숙명설(宿命說)을 취했으며 노자에 비해 탈속한 정신적 절대 자유를 추구하는 경향이 있다. 저서인 《장자(莊子)》(내편 7, 외편 15, 잡편 11)는 장주학파(莊周學派)의 논설집으로, 기발한 우언(寓言)과 비유로 문명을 날카롭게 비평하였다.

장자는 노자(老子)와 마찬가지로 도(道)를 천지만물의 근본원리라고 본다. 도는 일(一)이며 대전(大全)이므로 그의 대상이 없다. 도는 어떤 대상을 욕구하거나 사유하지 않으므로 무위(無爲)하다. 도는 스스로 자기존재를 성립시키며 절로 움직인다. 도는 있지 않은 곳이 없다. 거미·기왓장 에도 있으므로 일종의 범신론(汎神論)이다. 도가 개별적 사물들에 전개된 것을 덕(德)이라고 한다. 도가 천지만물의 공통된 본성이라면 덕은 개별적인 사물들의 본성이다. 인간의 본성도 덕이다.

이러한 덕을 회복하려면 습성에 의하여 물들은 심성(心性)을 닦아야 한다. 이를 성수반덕(性脩反德)이라고 한다. 장자는 그 방법으로 심재(心齋)와 좌망(坐忘)을 들었다. 덕을 회복하게 되면 도와 간격 없이 만날 수 있다. 도와 일체가 되면 도의 관점에서 사물들을 볼 수 있다. 이를 이도관지(以道觀之)라고 한다. 인간은 도와 하나가 됨으로써 자연에 따라 살아갈 수 있으며 자유를 누릴 수 있다. 이러한 자유는 천지만물과 자아사이의 구별이 사라진 지인(至人)이라야 누릴 수 있다. 이 지인은 사람들과 조화를 이루고 천지만물들과도 사이좋게 살아갈 수 있다.

◎ 인간회복의 방향 : 장자는 인간을 일상적인 사람과 이상적인 사람으로 나눈다. 이상적인 사람은 도를 깨달은 사람으로서 진인, 지인으로 표현된다. 반면 일상적인 사람은 공간적, 시간적으로 제한되어 있는 미미한 존재이다. 이러한 일상인은 환경과 교육에 얽매여 있기 때문에 더불어 도를 논할 수 없다고 했다. 장자는 이를 우물 안 개구리에 비유한다. 장자는 이상적 사람이 되기 위한 방법으로, 마음을 비워 깨끗이 하는 심재(心齋)와 마음을 오로지 한 뜻으로 모으는 전심일지와 세계를 잊는 좌망(坐忘)을 제시한다. 마음의 재계는 마음과 정신을 깨끗이 씻고, 사려 분별하려는 지적 활동을 신중히 하고, 오로지 구도자의 자세를 취하는 것이다. 심지를 전일하게 하는 공부는 분산된 의식을 하나로 집중하는 수양이다.

천지 만물의 뿌리는 둘이 아닌 하나이기 때문이다. 좌망은 정좌한 자세에서 자아·사회·자연 등 일체의 현상을 잊어버리는 정신의 경지이다. 물아일체(物我一體)의 경지를 추구하는 절대 자유의 경지를 지인(至人), 진인(眞人)의 인격체를 이상적 인간형의 목표로 삼게 된다. 《장자》의 담론을 본다.

彼出於是, 是亦因彼., 是亦彼也, 彼亦是也.(피출어시, 시역인피. 시역피야, 피역시야.) : 【저것은 이것에서 나왔으며, 이것 또한 저것에서 나왔다. 이것이 또한 저것이오. 저것 역시 이것이다.】

<指物論(지물론)>과<白馬非馬論(백마비마론)>/ 天地一指也, 萬物一馬也. (천지이지야, 만물일마야) : '천지는 한 손가락이오. 만물은 하나의 말이다.'

天地與我竝生,而萬物與我爲一(천지여야병생, 이만물여아위일) : 천지와 나는 함께 생겨났으며, 만물과 나는 하나가 된다.

◎ 참된 지식론: 장자는 인간의 감각 기관과 인식 능력의 한계 때문에, 인간의 지식 역시 한계를 가질 수밖에 없다고 설파한다. 즉 인간의 마음은 끊임없이 변화하며, 자기를 기준으로 하여 선악과 시비를 판단하기 때문에 객관적인 제3의 척도가 없다는 것이다. 지식은 관점에 따라 달라질 수 있다. 즉 크다, 작다 하는 개념과 있다, 없다 하는 개념은 모두 상대적이다. 큰 것은 작은 것보다 크지만, 그것보다 더 큰 것이 관점에서 보면 작다. 《장자(莊子)》의 내편(內篇) 7편 중의 제2)은 '만물을 제일(齊一)'로 보는 이론으로 '모든 만물은 하나(萬物齊同)' 이기에 선과 악, 미와 추, 나와 너 등의 차별은 무의미한 셈이다. 이러한 절대자유의 경지를 비유한 것으로, 정저지와(井底之蝸)와 조삼모사(朝三暮四)로 비유된다.

지식은 사람과 지역, 시대, 상황에 따라 달라 질 수 있을 뿐 아니라, 인간의 관점에서 보느냐 인간 이외의 사물의 관점에서 보느냐에 따라 달라질 수도 있다. 장자는 인간이 누구나 승인할 수 있는 보편적 지식이 있는지에 대해 회의하였을 뿐만 아니라 삶과 죽음, 꿈과 생시, 나와 나 아닌 것을 구별할 수 있는지에 대해서도 회의하였다. 그 유명한 호접몽의 비유가 그것이다. 그러나 장자는 참된 지식의 가능성을 부정하지는 않았다. 장자는 "진인이 있는 뒤에 진지가 있게 된나."고 말한다. 그렇다면, 장자가 말한 참된 지식을 얻은 경지는 어떠한 것일까? 장자는 포정해우의 우화에서 득도의 경지를 묘사하고 있다. 그 경지는 두께 없는 칼날 즉 허심으로 결절 사이의 빈듬 즉 사물의 자연스런 결속에 있는 틈에 접하는 것이다. 《장자》의 담론을 들어보자.

<胡蝶之夢(호접지몽)>-不知周之夢爲胡蝶與, 胡蝶之夢爲周與.(주지주지몽위호접몽, 호접지몽위주여): <호랑나비의 꿈>-'장자가 꿈속에 호랑나비 된 걸까? 호랑나비가 꿈속에 장자가 된 걸까 알지 못하겠네.' 옛날에 장주가 꿈에 나비가 된 일이 있었다. 훨훨 나는 나비가 되어 스스로 기분 좋게 느낀 나머지 장주는 자기 자신인지 몰랐다. 갑자기 깨어 보니 놀랍게도 장주 자신이었다. 장주가 나비가 되었는지, 나비가 꿈을 꾸어 장주가 되었는지 알 수 없다.

丘也與汝皆夢也,予謂女夢亦夢也 (구야여여개몽야, 여위여몽역몽야): 【공자와 너는 모두 꿈이오. 내가 너에게 꿈이라고 말하고 있는 이것 또한 꿈이로다.】

無用之用(무용지용-쓸모없는 것이 쓸모있음) : "사람은 모두 유용(有用)의 용(用)만을 알고 무용(無用)의 용을 모른다"고 한 《장자(莊子)》 <인간세편(人間世篇)>의 말에서 유래한다.

蝸牛角上爭(와우각상쟁): 원래 달팽이 뿔 위에서의 싸움이란 뜻으로, 와각지쟁(蝸角之爭)이라고도 한다. 《장자(莊子)》 <칙양편(則陽篇)>에 나오는 말이다. 끝없이 광대한 우주 속의 조그마한 지구에서, 더구나 그 한 모퉁이에서의 싸움이란 참으로 보잘 것 없다는 뜻이다.

螳螂拒轍(당랑거철):사마귀가 수레를 막는다는 말로, 자기 분수를 모르고 상대가 되지 않는 사람이나 사물과 대적한다는 뜻으로 《장자(莊子)》 천지편(天地篇)에 나온다.

無病自灸(무병자구):병도 없는데 스스로 뜸질을 한다는 뜻으로, 쓸데없는 일에 정력을 쏟아 화를 부른다는 뜻으로 《장자(莊子)》 잡편 도척편에 나오는 말이다. 가만히 자기 본분만 지키면 될 것을 공연히 나서 일을 망치는 경우에 쓰이는 말이다.

불타의 인격과 책임의 담론 - 사성제와 팔정도

불타 생존 당시육사외도(六師外道(육사외도): 삶의 당면 문제 해결보다는 우주와 인생의 본질 등의 문제를 사유할 것을 주장하는 초현실적 사변 철학이 유행하였다. 이에 불교의 창시자 고타마 싯다르타(Gautama Siddhartha)는 생후 7일 만에 어머니와 사별하고 왕자로서 교양을 쌓다가 16세에 결혼했다. 이 후 아들을 낳았으나 무상(無常)을 느끼고 29세에 출가하여 6년간의 고행생활에 들어간다. 35세 때 고행은 깨달음에의 길이 아님을 알게 되어 이를 버리고 보리수 아래에서 명상에 들어가 연기(緣起)의 도리를 깨닫고 붓다가 되었다.

이후 갠지스강을 사이에 둔 2대국(大國) 마가다와 고사라의 국왕을 신자로 얻고 수도를 각각 근거지로 하여 45년 동안 설법· 교화하여 10대 제자를 비롯한 수많은 제자를 얻었다. 80세 때 쿠시나가라의 사라쌍수(沙羅雙樹) 숲 속에서 입적하였다. 그의 연기사상은 '이것이 있기 때문에 저것이 있다.'는 것으로 연계성과 상호의존성(내가 소중하듯 남도 소중함)을 강조하고, 자비(慈悲)의 실천을 표방했다. 자비는 자타불이(自他不二)정신의 구현으로 타인과 기쁨을 같이하고(慈), 슬픔도 같이 함(悲)이며 무조건적, 절대적 사랑에 해당한다.

◎ 인간의 총체적 이해 : 불교의 인격은 생명의 실상을 총체적으로 파악하는 발보리심에 있고 발심의 대상은 사성제이다. 먼저 고성제(苦聖諦) - 인생 그 자체는 모두 고통이라는 진리이며, 현실 세계의 결과의 의미를 갖는다. 여덟 가지 고통으로는, 애별리고(愛別離苦, 사랑하지만 헤어져야 하는 고통), 원증회고(怨憎會苦, 미워하는 이를 만나는 고통), 구부득고(求不得苦, 구하려 애써지만 얻지 못하는 고통), 오취온고(五取蘊苦, 5감으로 들어와 쌓여있는 모든 것) + 4苦이다. 집성제(集聖諦)는 마음속의 번뇌와 갈등이 쌓여 고통이 생긴다는 진리이며 현실 세계의 원인의 의미이다. 정감(情感)의 측면은 애욕(愛慾)이며, 이지(理智)의 측면은 무명(無明)이다. 멸성제(滅聖諦)는 고통의 원인이 소멸된 상태로서 불교의 궁극 목적으로 이상 세계의 결과에 해당한다. 절대 자유와 절대 평화의 세계이다. 도성제(道聖諦)는 열반 경지에 도달하는 수행 방법으로, 이상 세계의 원인에 속한다. 사성제를 아는 인격이 소승에서는 아라한이며 대승에서는 보살이 된다.

◎ 자각에 의한 실천 : 사정제를 알게 되면, 팔정도와 육바라밀을 실천하게 된다. 팔정도는 지나친 쾌락과 지나친 계율, 고행을 금지한 중도(中道)로서의 8가지 수행 방법이 강조되며,

正見(바른 견해), 正思惟(바른 의사), 正語(바른 말), 正業(바른 행위), 正命(바른 생활), 正精進(바른 노력), 正念(바른 의식), 正定(바른 명상, 바른 정신통일)을 말한다. 육바라밀은 *'아뇩다라삼막삼보리'*의 최고 깨달음 세계에 나아가기 위한 여섯 가지 실천방향이다. 보시와 지계를 통한 복을 짓는 도리, 인욕과 정진을 통한 복을 받는 도리, 지혜와 반야를 통한 복을 누리는 도리를 일상생활에서 구현함이다. 생명실상의 자각으로 삼법인설이 세존담론에서 부각된다.

① 제행무상(諸行無常) - 모든 것은 항상 변한다. 생멸, 변화의 만물 유전의 세계관이다.
② 제법무아(諸法無我) - 모든 현상의 존재는 인연으로 생겨 고정된 실체(實體)가 없다.
③ 일체개고(一切皆苦) - 인생 그 자체가 고통과 번뇌이다. 자아(自我)가 실재하며 현실세계가 실체하는 것으로 착각하여 집착함으로써 인생의 모든 고뇌가 생긴다.

또한 만물은 불변의 실체가 없다는 공의 원리에 의해 너와 내가 본질적으로 다른 존재가 아니라고 하여 서로 사랑하고 봉사하도록 인격적 '무아를 강조하며, '나'라는 아집을 비울 때 '너'라는 세상을 담을 수 있으므로 공은 허무가 아니라, '나'를 비워가는 자각의 도리이다. 삶의 매순간순간이 의미가 있으되, 그러나 대부분의 경우는 고통이라는 괴로움에 낙인찍힌 것으로 보여 진다는 것이 불교의 출발점이다. 태어남이 괴롭고 병들고 늙고 죽는 것이 괴롭다, 모든 것이 괴롭다, 이렇게 불교는 시작한다.

불교는 괴롭다는 것에서 끝나지 않는다. 사성제(四聖諦)라는 도식에 훌륭하게 정리되어 있듯이, 삶을 괴로움으로 진단한, [苦聖諦]와 더불어 그것의 원인과 그것의 소멸과 소멸에로 이끄는 방법으로서의 멸도성제(滅道聖諦)를 말한다. 따라서 괴로움이 소멸된 경지로서의 열반을 말하고 그것에 이르는 구체적인 방법을 제시하고 있는 한, 불교는 단순히 염세적인 윤리관이 아니다. '열반에 들었다'고 말할 때, 그가 누리는 경지는 괴로움이 아니다. 집안이라든지 국가라든지 사회라든지 자기가 만들어 놓은 그 어떤 울타리 속에 안주해 버리면 인생 자체가 괴로움이지만, 그러나 그것을 일단 벗어나면 즐거움, 기쁨, 행복한 삶을 유지할 수 있다.

불교신행 초기에는 인생에 대해 괴롭다는 진단을 내리지만 궁극적으로는 그것으로부터 벗어난 기쁨의 소식을 전하는 인간의 길이다. 불교윤리의 진수는 '인생은 괴로움인데, 그것으로부터 벗어나자. 기분 나쁜 이런 현상들을 그것 그대로 직시하고 그것으로부터 벗어나는 길을 실천하는 것'이다. 누군가가 부처님한테 '당신의 가르침을 한마디로 요약한다면?'이라고 물었다면, 석가모니는"이 세상은 허깨비이다"는 것을 가르치는 것이 아니라, "이 세상은 괴롭지만, 그것을 벗어나는 방법이 있다. 바로 그 괴로움을 벗어나는 길이다."고 하셨으니, 일미관행(一味觀行)이다. 일미(一味), 즉 한 가지 맛이란 다름 아닌 고와 해탈의 맛을 말하는 것이며, 모든 중생이 이 맛을 느끼도록 함으로써 아라한과 보살의 인격체가 완성된다고 할 것이다. 따라서 선각자는 생명체들을 고통으로 벗어나게 할 책임이 있는 것이며, 생명체들은 고통에서 해방되는 과정에서 인격체로 성숙된다.

3. 평상심의 담론

우리는 이제 일상의 마음을 어떻게 관리하면 도의 정신으로 살 수 있는지를 살펴보게 된다. 마조의 홍주종은 "평상심이 바로 도"라는 종지를 지니는데, 이는 곧 평상심의 인격은 도를 존재론적으로 드러내어 책임을 다한다는 뜻이다. 다시 말하면, "인간의 마음이 무심으로 돌아가서는 일상성으로 환원되어야 한다."는 논리와 함께 "한번 깨친 후면 더 이상 닦을 필요가 없다"는 육조혜능의 돈오돈수 실천정신과 일맥상통한다. 이에 따라 우리는 은사로서 정중무상선사의 가르침이 마조에게 큰 영향을 미쳤고, 법사로서 남악회양이 법맥형성에 기여했다고 말할 수 있다. 이러한 양면사상계보는 북종선에 토대를 두고 전개된 돈오점수론과 차이가 난다.[21]

그런데 일반적으로 승인되는 보편적이고 근원적인 논리체계를 사상이라고 규정한다면, 선에는 그러한 의미의 사상은 없다. 결국 주관적인 즉비(卽非)의 논리를 선사상이라고 할 것이다. 선의 기본방향으로 "불립문자(不立文字)·교외별전(敎外別傳)·직지인심(直指人心)·견성성불(見性成佛)"이 강조되며, 무상선사의 은사 관계에 따른 평상심의 지향성이 뚜렷하게 드러나고 있다.

알려진 바와 같이, 조계의 남종선은 육조 아래서 두 갈래로 나뉘었다. 청원선맥과 남악선맥이 그것이다. 남악회양이 육조를 뵙자 육조가 이렇게 물었다.

"무슨 물건이 이렇게 왔는가?" 회양이 즉답을 못하고 8년의 수행을 한 후에 답하였다.

"설혹 한 물건이라고 하여도 맞질 않습니다.

이렇게 법거량이 있은 후 남악회양이 조계산 법계의 적자가 되고, 마침내 그의 법을 마조가 나와서 계승하였다. 그런데 강서의 마조도일은 한주 시방현 사람으로 자주지방의 당화상에게 머리를 깎았으며 투주 원율사로부터 구족계를 받은 것으로 알려져있다. 여기서 자주당화상은 바로 정중무상선사이다. 마조도일은 삼학을 삼구에 대입하여 가르친 정중무상선사의 영향을 받지 않을 수 없었다. 그러나 깨침의 법맥에서는 남악회양의 영향이 중시된다. 형악 전법원에서 선정을 닦던 중 회양스님으로부터 이와 같은 질문을 받았다.[22]

"스님은 좌선하여 무엇이 되려하오?"

"부처가 되고자 합니다. "

회양스님은 암자 앞에서 벽돌을 집어다 갈기 시작했다.

"벽돌을 갈아서 무엇을 하시렵니까?"

"거울을 만들려고 하지"

---

21) 돈오점수는 돈오(頓悟), 즉 문득 깨달음의 경지에 이르기까지에는 점진적인 수행단계에 따른다는 말이다. 당(唐)나라 신회(神會)의 남종선(南宗禪) 계통은 이를 강력하게 주장하여 이후 선종은 주로 '선오후수(先悟後修)'의 입장을 취하였다.

22) 선림고경총서 11, 『마조록』, 17-19쪽

"벽돌을 갈아서 어떻게 거울을 만들겠습니까?"

"벽돌을 갈아서 거울을 만들지 못하면 좌선한들 어떻게 부처가 될 수 있겠는가?"

"그러면 어찌해야 되겠습니까?"

"달구지에 멍에를 채워 수레가 가지 않으면 수레를 쳐야 옳겠는가, 소를 때려야 옳겠는가?"

"그대는 앉아서 좌선하는 것을 배우느냐, 앉은 부처를 배우느냐? 좌선을 배운다고 하면 선은 앉거나 눕는데 있지 않으며, 앉은 부처를 배운다면 부처님은 어떤 모습도 아니다. 머물지 않는 법에서는 응당 취하거나 버리지 않아야 한다. 그대가 앉은 모습에 집착한다면 그 아치를 깨닫지 못하는 것이다."

이 가르침을 듣자, 스님은 마치 제호(만다라)를 마신 듯하여 확연히 깨치고 절하였다고 전해진다. 이처럼 정중무상선사를 통하여 인격적 감화를 받고, 남악회양을 통하여 법을 깨친 후, 마조도일은 홍주 개원사를 중심으로 널리 중생을 교화시키게 되었다. 홍주종은 좌선이 고차원의 깨달음 세계에 머물지 말고 일상생활 속으로 환원될 것을 강조한다.

'깨달음은 *자기본래성품을 깨달음*이니, 깨달으면 영원하여 다시 미혹하지 않는다.'

여기서 우리는 홍주종이 돈오돈수론을 옹호한 것이라고 말할 수 있다. 마조도일은 조사선이 여래선과 다르지 않음을 강조하였다. "망상이 이미 생기지 않음이 곧 무생법인(無生法忍)이니 무생법인은 본래 있었고 지금도 있어 도를 닦음과 좌선을 빌리지 않는다. 닦지도 않고 앉지도 않음이 곧 청정여래선이다."

널리 알려진 것처럼, 마조도일에 이르러 수많은 공안이 생겨났다. 이른바 방거사와의 법거량(法擧揚)에서 '만법은 하나로 돌아가는데 하나로 돌아간 것은 어디로 가는가?', 열반의 순간에서의 '일면불월면불(日面佛月面佛)', '마음도 아니고 부처도 아니다(不是心 不是佛)'가 그리하다.

여기서 우리는 남악회양의 스승에 해당되는 육조혜능의 돈오설을 그대로 계승하고 있지만, 정중무상선사의 여래청정선의 입장을 또한 배격하지 아니하는 독특성을 보여주고 있음을 알 수 있다. 여래청정선과의 연관성은 마조도일의 출가와 연관된 무상선사에 관한 관련유 이 출토된 연후에 비로소 밝혀진 사실이다. 이처럼 여래청정선과 돈오돈수론의 접목을 통하여 마조도일은 선종이해의 깊은 통찰과 함께 불교신앙의 궁극목적에 대한 새로운 방향설정을 제시한 셈이다.[23]

---

23) 혜심은 발문(跋文)에서 "근고(近古) 이래 불법(佛法)의 쇠폐(衰廢)가 심한데, 선(禪)을 종으로 여겨 교(敎)를 배척하고, 어떤 이는 교를 숭상하여 선을 훼방한다. 특히 선은 불심(佛心)이요 교는 불어(佛語)이며, 교는 선의 그물이 되고 선은 교의 밧줄이 된다는 사실을 모르고, 선·교 양가(兩家)가 마치 영원한 원수인 양 보고 있다."고 개탄하였다.

깨달음의 구조

선은 일체 부처님과 역대 조사들이 깨치신 불법진리의 골수이다. 이는 이심전심으로 전해져 왔으며 이렇게 상속받는 도리는 불조의 명맥이다. 선은 먼저 치열한 자기응시에서 비롯하여 마음의 깨달음을 궁극으로 삼는다. 석가모니 부처님으로부터 마하가섭, 가섭존자로부터 아난, 아난존자로부터 상나화수(常那和修), 이런 법맥을 유지한 선은 28조 보리달마(菩提達磨)에 의해 중국에 전해졌다.[24)]

중국에 건너온 보리달마는 9년의 침묵 속에서 깨달음을 언표하기를 거부했다. 29조 혜가와의 문답에서 문제를 만들어낸 우리 자신이 문제 해결의 열쇠를 갖고 있다는 것을 분명하게 보여주고 있다. 우리 자신의 문제는 우리의 분별망상에 의해 이원적인 착각구조를 제기한다. 달마는 이러한 착각구조의 실체를 투시하고 안심을 체득하는 깨달음의 선을 제시했다. 그것은 바로 미움을 초월하고, 환경에 적응하되 집착을 버리며 진리세계에 사는 실천 방법으로 돈오의 자각원리를 낳았다. 그런데 돈오점수의 '돈오'와 돈오돈수의 '돈오'는 그 차원이 다른 것으로 이해된다. 돈오점수의 돈오는 해오(解悟)[25)]이며 돈오돈수의 돈오는 증오라고 한다.[26)] 그래서 돈오점수는 흔히 해오점수라고 비판된다.[27)] 이에 따라 *'해오+점수=증오*(證悟)'라고 풀이할 수 있다. 이처럼 돈오점수의 돈오가 궁극적 깨달음이 아닌 반면, 돈오돈수의 깨달음은 궁극적 깨달음(究竟覺)이라고 한다. 따라서 궁극적이지 못한 돈오점수의 돈오는 진정한 깨달음이 아니며, 돈오돈수만이 진정한 깨달음으로 간주되어 정통선의 맥락에서 돈오점수를 비판하게 되었다.

좌선의 정통법맥을 주장하는 선문정로평선(『禪門正路評釋』)에서는 궁극적 깨달음은 유식에서 설하는 제8아뢰야식의 활동인 미세망념(微細妄念)이 단진(斷盡)된 경계라고 한다.[28)]

---

24) 달마는 중국 남북조시대의 선승(禪僧)으로 보리다르마로 음사(音寫)하는데, 달마는 그 약칭이. 남인도(일설에는 페르시아) 향지국(香至國)의 셋째 왕자로, 후에 대승불교의 승려가 되어 선(禪)에 통달하였다. 520년경 중국에 들어와 북위(北魏)의 뤄양[洛陽]에 이르러 동쪽의 쑹산[嵩山] 소림사(少林寺)에서 9년간 면벽좌선(面壁坐禪)하고 나서, 사람의 마음은 본래 청정하다는 이(理)를 깨달아야 한다고 주장하고, 이 선법(禪法)을 제자 혜가(慧可)에게 전수하였다. 그의 전기는 분명하지 않으나, 최근 둔황[敦煌]에서 출토된 자료에 따르면, 그의 근본사상인 '이입사행(二入四行)'을 설교한 사실이 밝혀졌는데, 오늘날의 학계의 정설로는, 달마는 『사권능가경(四卷楞伽經)』을 중시하고 이입(二入)과 사행(四行)의 가르침을 설파하여 당시의 가람불교나 강설불교(講說佛敎)와는 정반대인 좌선을 통하여 그 사상을 실천하는 새로운 불교를 강조한 사람이다.

25) 普照思想硏究院 편, 『普照全書』(서울:불일출판사, 1989), p.123, '頓悟漸修 此約解悟'

26) 退翁性徹, 『禪門正路』(장경각, 1993), pp.28-29 참조.

27) 같은 책, pp.158-160. 圭峰이나 普照또한 頓悟漸修의 頓悟를 解悟라고 하지만 『禪門正路』와 다른 해석을 취한다. 성철선사는 화엄에서 설하는 '처음 발심이 깨달음'이라는 방편설은 바로 無心하여 頓證佛地하는 禪門宗旨와 어긋나며 중생교화를 위한 敎家的 입장임을 천명하고 있다. 이에 따라 見性은 究竟覺이므로, 十信初位를 근간으로 하는 解悟인 頓悟와 현격하게 구별되고 있다.

이처럼 돈오돈수는 깨달음과 닦음을 동시에 완성하는 것으로 이해할 수 있는데, 깨달음을 얻기까지 수행은 지속될 필요가 있다. 유식학의 단계에서는 왜 유아(有我)에 집착하게 되는지 그 원인을 아뢰야식(阿賴耶識)과 말나식의 도입으로 해명하고 있다. 이때의 말나식은 폭포와 같이 흐르는 아뢰야식을 자기의식이라고 착각하여 윤회에서 벗어날 수 없기에, 자신에 대한 집착심의 근본적인 의식이 된다. 유식은 제8아뢰야식의 단진을 성불로 규정하고 3 아승지겁의 수행을 요하지만 선에서는 한 생애 동안의 성불가능성을 말한다.

그것은 방법론에 있어서 화두에 의한 참구와 이에 따른 의식전환을 근간으로 삼고 있기 때문이다. 화두는 육조이후 임제가풍에서 강조되며 궁극은 삼매의 경지이다.[29] 이러한 깨달음의 구조는 의식전환의 양태적 해명과 화두자체에 대한 구조적 이해로 파악될 수 있다.[30] 먼저 의식전환의 양태적 해명에 있어서는 깨달음 이전의 번뇌망상이 의식세계를 점유하되 깨달음에 의해 번뇌망상이 제거되는 현상에 주목할 필요가 있다. 현수기신론별기(『賢首 起信論別記』)에 의하면 번뇌망상을 두 가지 양태로 나누고 있다. '근본 무명이 진여본성을 움직여 세가지 미세한 망상을 이루니 '아뢰야'라고 한다. 그리고 여러 가지 경계를 반연하여 망식의 업해(業海)를 움직여 여섯 가지 번뇌를 다시 일으키니 이를 의식이라고 한다.'[31]

이처럼 번뇌 망상에는 분별이 없는 '세 가지 미세한 것'과 분별이 있는 '여섯 가지 거친 것'이 있어서 팔만사천의 한없는 번뇌를 파생하는 것으로 파악된다. 이로써 우리는 세 가지 미세한 번뇌와 여섯 가지 거친 번뇌가 생멸의 상대적 세계를 형성함을 보게 된다.[32] 『현수 기신론

---

28) 退翁性徹, 『禪門正路評釋』,(藏經閣 1993), pp.45-46. '三細中業相 十地終心金剛喩定都盡' 보살 8지에는 여섯가지 거친 번뇌가 붙지 않고, 부처지위는 세가지 미세번뇌가 없다.

29) 화두는 불가의 수행자가 깨달음을 얻기 위해 참구(參究)하는 문제. 선종(禪宗)에서는 고칙(古則)·공안(公案)이라고도 한다. 공안은 공부안독(公府案牘)의 약칭이며, 정부에서 확정한 법률안으로 국민이 준수해야 할 사안(事案)을 뜻하는 말이나, 이것을 선가에서는 고래로 조사(祖師)들이 정한 설(說)·언구(言句)·문답 등 불조(佛祖)와 인연된 종강(宗綱)을 수록하여 공안이라 하고, 선(禪)의 과제로 삼아 인연화두(因緣話頭)라고 한다. 간화선(看話禪)은 이 화두를 참구하여 오경(悟境)에 이르는 참선법이다.

30) 제6조(祖) 혜능(慧能)으로부터 남악(南嶽)·마조(馬祖)·백장(百丈)·황벽(黃檗)을 거쳐 임제(臨濟) 의현(義玄)에 이르러 일가(一家)를 이룬 종파이다. 의현은 황벽의 법통을 잇고, 당나라 선종(宣宗) 때 진주(鎭州)의 임제원(臨濟院)에 있던 승려로, 그의 선풍(禪風)은 특별히 준엄한 수단으로 학인들을 제접(提接)하여 종풍(宗風)을 떨쳤는데, 그의 6대 법손은 석상(石霜) 초원(楚圓)이 있고, 그 밑의 황룡(黃龍) 혜남(慧南)과 양기(楊岐) 방회(方會)가 두 파로 갈라졌다. 그들 후대에서 인물이 많이 나와 송나라 때는 그의 종풍이 더욱 번창하여, 원(元)·명(明)나라에까지 상당한 세력을 뻗쳤다. 한국의 선종은 대개가 이 임제풍으로 태고(太古) 보우(普愚)와 나옹(懶翁) 혜근(惠勤) 이후부터는 확실하게 임제종의 법통을 이어받았다.

31) 退翁性徹, 앞의 책, p.39. '以根本無明 動彼眞如 成於三細名爲梨耶 又以境界緣故 動彼心海 起於六鹿 名爲意識'

32) 拙著, 『만다라: 깨달음의 靈性世界』(열화당, 1994), p.75 참조. '세속의 三妄執을 벗어

별기』에는 '모든 생명체 가운데 칠지이하의 중생은 여섯 가지 거친 번뇌 속에 있고, 팔지 이상의 자재보살은 미세한 번뇌 가운데 있다.'고 주장한다.

깨달음을 증득하기 위해서는 이러한 두 가지 종류의 번뇌를 제거하여야 된다고 할 것이다. 만약 여섯 가지 거친 번뇌만 제거하고, 세 가지 미세번뇌가 그대로 남아있으면 아직 깨달음에 이르지 아니한 자재보살의 경계에 머물러 있다. 세 가지 미세 번뇌는 제8아뢰야식의 번뇌 망상이 제거되지 아니하였음을 말한다. 우리가 마음이라고 부르는 것은 바로 이러한 제8아뢰야식을 지칭한다. 이에 따라 마음을 깨닫지 못하면 제8아뢰야식의 영향으로 생사윤회를 벗어날 수 없다는 결론에 이르게 된다.[33] 그런데 여섯 가지 거친 번뇌의 지상(智相)은 칠지(七地)에서 그 미혹을 벗어나게 되고, 세 가지 미세 번뇌의 마지막 업상은 십지의 마지막인 금강유정(金剛喩定)에서 제거되는 것으로 이해된다.

그러므로 몽중일여(꿈속에서 一如)인 화엄칠지는 아직 여섯 가지 거친 번뇌의 영역이고, 숙면일여인 자재위는 세 가지 미세한 번뇌의 영역이다. 선에서 이러한 세 가지 미세한 번뇌마저도 타파하지 않으면 무심에 이를 수가 없다. 결국 동정일여 · 몽중일여가 되어도 거친 번뇌의 세계에 속하며, 숙면일여가 되더라도 가무심(假無心)의 상태로 미세번뇌는 아직 남아있게 된다. 이 미세번뇌가 남아 있는 한 윤회의 세계로부터 근본적으로 자유로운 상태에 이를 수는 없다.[34]

이에 따라 아무리 지견이 높다 하더라도 깊은 잠에 들어가서 여전히 캄캄하면 이는 망식의 작용이며 실제 깨달음이라고 말할 수는 없다. 따라서 자나 깨나 한결같은 오매일여(寤寐一如)의 경지를 투과할 과제가 남는다. 오매일여에는 앞에서 언급한 대로 몽중일여와 숙면일여의 두 종류가 있다. 꿈속에서도 일여인 몽중일여는 화엄칠지에 해당되고 꿈이 없는 깊은 잠에서의 일여인 숙면일여는 팔지 이상 자재보살을 칭한다. 『성유식론7』에 의하면, 제칠지 무상정(無想定)의 상태에서는 거친 번뇌 망상이 극복되어 꿈속에서도 어떠한 장애를 받지 아니한다. 반면에 성인의 경지는 멸진정(滅盡定), 수면(睡眠), 민절(悶絶)을 말하는 데, 부처와 팔지 이상 보살은 오직 멸진정만 있고 수면과 민절은 없다.[35] 따라서 자재보살과 여래만이 여타 성인과

날 때, 비로소 세속을 떠난 마음이 발생하며, 이에는 三劫의 시간을 요한다.'

33) 退翁性徹, 『禪門正路』, 앞의 책, p.43-44.

34) 圓融, 『看話禪』(藏經閣,1993), p.125. 寤寐一如인 無功用地인 自在菩薩지위에서 分段生死를 면하고 生死를 마음대로 바꿀 수 있는 變易生死의 능력을 지닌다.

35) 십지는 불교에서 대승(大乘)의 보살(菩薩)수행 과정상에서 거치게 되는 10단계의 경지(境地).능가경(楞伽經)》 《화엄경(華嚴經)》 등에 나온다. 특히 《화엄경》의 십지품(十地品)은 그 성립연대가 11세기로서 전체 《화엄경》 중 가장 이른데, 처음에 《십지경(十地經)》으로 독립되어 있다가 《화엄경》에 편입된 듯하다. 《화엄경》의 52위(位), 즉 보살이 수행해야 할 52단계에서는 이 십지가 제41~50위에 해당한다. 또한 십지는 십바라밀(十波羅蜜)과 관련하여 보살의 이타자리행(利他自利行)의 깊은 단면을 구체적으로 분석한 교훈으로서의 의미도 지닌다. 십지는 곧 환희지(歡喜地) · 이구지(離垢地) · 발광지(發光地) · 염혜지(焔慧地) · 난승지(難勝地) · 현전지(現前地) · 원행지(遠行地) · 부동지(不動地) · 선혜지(善慧地) · 법운지(法雲地) 등의

달리 멸진정에 이른다고 말할 수 있다. 그러나 자재보살의 멸진정은 거친 번뇌만 소멸된 가무심인데 반해서, 여래의 멸진정은 미세한 번뇌마저 제거된 진정한 무심이라고 할 것이다.

깨달음은 이처럼 식음(識陰)이 영원히 제거되어 안팎이 환히 밝은 내외명철(內外明徹)을 말한다. 이는 곧 '한번 뛰어 곧바로 여래의 지위에 들어감' (一超直入如來)으로 풀이하거나 '서쪽나라와 다름없다'고 말한다.36) 점차적으로 닦아가는 해오와는 근본적으로 차이가 난다. 흔히 '십주보살은 불성이 있는 줄은 알지만 어두운 밤에 보는 것과 같고 삼매의 힘이 약해 불성을 분명히 보지 못하며, 십지보살은 불성은 보지만 분명히 알지 못한다.'고 말한다. 따라서 십신(十信)과 십주(十住), 십회향(十廻向), 십지(十地)등을 원만히 뛰어넘어야 위없는 불도를 성취하게 된다.37)

결국 모든 부처님만이 불성을 보기도 하고 분명하게 알기도 한다. 이는 바로 제8아뢰야식의 근본 무명을 타파해야만 불성을 분명히 볼 수 있다. 참된 해탈은 여래이며 여래는 열반이며, 열반은 '다함없음'이며, '다함없음'은 불성이며, 불성은 결정적인 것이며, 결정적인 것은 위없는 높고 바른 깨달음이다.38) 이처럼 선의 정통법맥은 근본적 깨달음인 무상정각과 다함이 없는 대열반을 확실히 깨닫는데 있다. 이것을 '대무심지'라고 부르기도 하는데, 【정통법맥은 이를 이심전심으로 전한 것】 이라고 할 것이다.

그리고 화두에 대한 구조적 이해에 있어서는 '대무심지'를 깨닫기 위한 화두의 기능과 역할을 파악해야 될 것이다. 공안 화두법은 화두 일념의 지속을 요체로 구경에 이르러 확연하고 명확하게 '*대무심지*'를 아는 활연대오(豁然大悟)를 목적으로 삼는다. 잠깐이 아니라 일념으로 화두의심을 지속해야 확철대오에 이른다.39)

열 가지를 가리킨다. 즉 ① 환희지란, 중도(中道)의 지혜를 깨달아 일체의 견혹(見惑)을 끊고 환희가 넘쳐나는 경지. ② 이구지란, 인간의 번뇌를 다 끊고 더러움을 씻어 깨끗해진 경지. ③ 발광지란, 명지(明地)라고도 하는데, 모든 번뇌를 끊어 지혜의 광명이 발현되는 경지. ④ 염혜지란, 염지(吉地)라고도 하는데, 번뇌가 사라지고 지혜가 불꽃처럼 솟아나는 경지. ⑤ 난승지란, 번뇌를 모두 끊음으로써 속지(俗智)와 진지(眞智)가 살 조화를 이루게 된 경지. ⑥ 현전지란, 번뇌를 끊고 무위진여(無爲眞如)가 드러나는 경지. ⑦ 원행지란, 2승(二乘)이 각(覺)의 영역을 넘어서 원대한 신제(眞諦)의 세계에 이른 경지. ⑧ 부동지란, 완전한 진여(眞如)를 얻어 조금도 동요를 일으키지 않는 경지. ⑨ 선혜지란, 부처의 십력(十力)을 얻어 때와 경우[根機]에 따라 중생을 교화하는 지혜를 터득한 경지. ⑩ 법운지란, 많은 공덕으로써 많은 이들에게 대비심(大悲心)과 같은 존재가 된 경지를 말한다.

36) 退翁性徹 懸吐·編譯, 『敦煌本 六祖壇經』(藏經閣, 1993), p.76. '內外明徹 不異西方不作此修'

37) 卍經 20, p.751 上.

38) 大正12, p.636 上.(大涅槃經5) 해탈과 열반, 불성과 깨달음은 본체는 같고 이름만 다르다.

39) 退翁性徹, 『本地風光』(藏經閣, 1993), pp.259-263 참조. '金佛은 용광로를 건너지 못하고, 木佛은 불을 건너지 못하고, 泥佛은 불을 건너지 못한다.'는 조주스님의 법문에 丹霞 淳禪師가 말하였다. '金佛은 용광로를 건너지 못함이여 묘한 얼굴이 둥글고 밝음을 아는가. 木佛은 불을 건너지 못함이여 높고 높은 원음이 아름답고 아름답구

따라서 화두를 참구할 때 행주좌와 어묵동정(行住座臥 語默動靜)으로 선을 하는 것이 중요하다. 아울러 화두를 들 때는 화두전체를 살피는 것에 요체가 있으며, 화두전체가 분명한 가운데 부분적으로 의심을 철저히 할 필요가 있다. 화두를 살피고 의심을 하고, 그렇게 계속하면 마침내 진의심(眞疑心)이 발동할 때가 있다.40) 이처럼 염불과 독경, 그리고 관법 등의 다른 수행법이 없는 것이 아니지만, 화두를 참구하는 간화선이 최상승법으로 간주된다. 따라서 이에 따라 정진하면 견성(見性)이 가능하여 본래성품을 깨달을 수 있다고 말한다.41)

마조선사는 마음(心)과 부처(佛: 깨달은 사람)와 도(道, 眞理)를 하나로 본다. 이러한 관점은 화엄경(『華嚴經』)의 "마음과 부처와 중생은 이 셋은 차별이 없다.(心佛及衆生 是三無差別)"의 입장과 일맥상통하며, 인식의 주객이 구분되지 않은 무분별의 근본적 차원에서 깨달음을 다루고 있음을 알 수 있다. 결국 마조선(馬祖禪)의 핵심은 "작용즉성(作用卽性)"으로 요약할 수 있다.42) 마조의 종지에 근거한 임제선은 묘각에 이르기까지 하나의 어구에 세 가지 현문(玄門)을 갖추도록 하며 하나의 현문에는 삼요(三要)를 제시하게 된다. 체중현(體中玄)은 교의로써 선문을 두드리는 것이며, 구중현(句中玄)은 집착을 깨치고 불법의 지해(知解)를 놓아 버리는 것이며, 현중현(玄中玄)은 양구(良久)·봉(棒)등으로 여락(濾落)한 지견까지 깨치는 것이다.43) 이처럼 임제선에 이르러 깨달음의 방법론은 한층 명료하게 체계화 되었다고 말할 수 있다.44)

나. 泥佛은 물을 건너지 못함이여 높고 높은 원음이 아름답고 아름답구나. 모름지기 손을 털고 바로 집에 돌아가야 하니 중도에서 헛되이 낭패하지 말라. 선객들이여, 어떤 것이 과연 집으로 돌아가는 일인가?'

40) 宋西庵, 『혼구의 등,인생귀로』(불교영상회보사, 1992), pp.113-116. 주체와 객체가 일치되어 오직 의심덩어리 하나 뿐인 상태를 말하며 이를 疑團獨露, 銀山鐵壁이라고 말한다.

41) 圓融, 『간화선』(장경각, 1993), p.69. 달마선종에 따라 간화선 차이점이 발견된다.
(1)달마의 『二入四行論』에서의 壁觀
(2)4조 도신의 '하나를 지켜 움직이지 않음(守一不移)'에 의한 入定
(3)5조 홍인의 '본래의 진실한 마음을 지킴(守本眞心)'에 의한 日觀
(4)6조 혜능의 '나고 죽음없는 여래청정선(如來淸淨禪)'의 一行三昧
(5)마조의 '닦지도 나지도 않음의 여래청정선(如來淸淨禪)'의 無住法
(6)임제의 '조사공안을 참구하여 분별의식을 초월하는 徑截'의 看話法

42) 이리야 요시타카 지음(1988), 박용길 옮김, 『마조어록』, 서울: 고려원. pp.5-6.

43) 白蓮禪書刊行會編, 『臨濟錄·法眼錄』(藏經閣, 1993), p.38. '제 1구는 생각을 붙이기도 전에 주객이 분명하며, 제 2구는 無著의 물음을 허용치 않으며, 제 3구는 무대위의 꼭두각시에 불과하다.'

44) 임제선은 임제록에 근거하는데, 이는 곧 중국 불교 임제종(臨濟宗)의 개조 의현(義玄:?~867)의 법어(法語)를 수록한 책. 원명은 《진주임제혜조선사어록(鎭州臨濟慧照禪師語錄)》이라고 한다. 2권. 제자인 삼성(三聖) 혜연(慧然)이 편집하였다. 내용은 상당(上堂)·시중(示衆)·감변(勘辨)·행록(行錄)·탑기(塔記) 등으로 나누어지는데, 감변과 행록에는 당시 선가(禪家)들의 사상적 교류를 알 수 있는 자료가 많다. 지금 전해지는 것은 의현의 사후 154년째인 1120년 북송(北宋)의 종연(宗演)이 중각·인

마음공부 방법

우리나라에 처음 선법이 전래된 때는 통일신라시대이다. 사조도신 선사로부터 법을 부촉받은 희양산문, 육조혜능으로부터 법을 전해 받은 須彌山門 이외에 마조도일선사로부터 법을 이은 일곱 산문(實相, 迦智, 桐裡, 捨掘, 聖住, 獅子, 鳳林山門)은 모두 신라 시대에 잠시 홍성하였다가 고려시대에 접어들면서 점차 쇠퇴하였다.[45] 한국의 구산선문 가운데 일곱 산문은 마조도일의 법맥을 이었고 이는 그의 은사인 정중무상선사의 법맥과 무관하지 않다. 정중무상선사는 신라의 왕자이며 728년 사문으로 중국에 들어갔다. 그는 선종사에 정중종(淨衆宗)의 수장에 해당되며, 홍주종(洪州宗)의 조사인 마조도일(馬祖道一)을 배출한 선종의 스승이다.[46] 무상은 '익주 김화상'이라는 이름으로 티벳에 알려진 최초의 선승이며, 티벳에 선을 본격적으로 소개하고 공인받은 신화적 인물로 알려져 있다.[47]

그의 전기는 찬영(贊寧)의 송고승전(『宋高僧傳』)권19와 돈황에서 발견된 초기의 선종문헌, 역대보기(『歷代法寶記』) 그리고 宗密(780-841)의 저작속에 나타나 있다. 무상이 당나라에 들어갔을 때 중원 행각을 통해 마침내 사천성 자주현 덕순사의 처적선사(處寂禪師)와 만나게 된다. 처적은 육조혜능과 동문이며 오조홍인의 십대 제자 중 한 사람이다.

여기서 우리는 육조혜능이 측천무후에 주어 간직하던 달마조사 가사를 처적이 입내하여 측천무후로부터 직접 하사받았다는 신의설(信衣說)이 당나라에 널리 유포되었음에 유의할 필요가 있다. 이는 곧 달마이래로 한사람의 제자를 적통으로 안으로 법을 전하고, 밖으로 가사를 전했다는 전등설을 뜻하는 것이다. 다시 말하면 육조 혜능의 법이 안으로는 남악회양에게 전해졌고, 밖으로는 측천무후가 혜능으로 부터 받아 내도량에 간직된 달마가사가 지선-처적-무상에게로 전해졌음을 의미한다.[48]

남종도 북종도 아닌 정중종을 일으킨 무상선사의 전법문제는 오랫동안 선학계의 논쟁대상이 되었다. 이는 근래 돈황본『역대법보기』와 무상오경기(『無相五更轉』)의 발견으로 무상선사에 대한 연구가 활기를 띄고 한·중·일 등 세계적 관심속에 본격적으로 연구되었음에 근

본한 것이다.

45)『禪門師資承襲圖』에서 마조를 "姓馬 名道一 先是劍南金和尙弟子也"(Z.110-434.b)라고 명시한다. 『宋高僧傳』권10 마조전(T.50-766.下)에서는 "자주(사천성 資中縣)의 당화상에 나아가 삭발하고(제자)"라고 말한 점으로 미루어 마조는 당화상, 무상의 제자라고 말할 수 있다. 무상의 제자에 마조가 있고, 신라 구산선문의 7선문이 마조도일의 법손인 점에서 이러한 주장이 나온다.

46) 白蓮禪書刊行會編,『馬祖錄 · 百丈錄』(藏經閣, 1993), pp.17-21. 행록에서 마조도일(709-788)은 어린 나이에 資州 唐和尙(정중 무상선사)에게 머리를 깎은 것이라고 명시함으로 무상선사가 마조도일의 은사임이 명백해졌다. 心印을 회양스님으로부터 비밀리에 전수받은 것이 사실이지만 無相心地法은 은사의 法要와 일치한다고 말할 수 있다.

47) 金知見(外) 編, 『新羅佛教硏究』(東京, 1973), pp.3-36.

48) 『宋高僧傳』권19, 唐成都淨衆寺無相傳, 大正50, 832中.
'釋無相 本新羅人也…寂公與號曰 無相 中夜授與摩納衣'

거한다.49) 이처럼 오조홍인으로 부터 지선-처적-무상선사로 이어지는 법맥은 중국초기 선종에 지대한 영향을 끼쳤을 뿐만 아니라 멀리 티벳불교 요람기에도 결정적 공헌을 하였고, 한국의 초기 선종사에도 많은 영향을 미쳤음을 뜻한다.50) 『송고승전』에서는 무상의 고행을 다음과 같이 묘사하고 있다.

"넝마 같은 옷, 머리는 자라서 헝클어져 있었다. 무상의 이상한 모습을 본 사냥꾼이 이상한 짐승임을 알고 활을 쏘려고 했으나 다시 보고 중지했다. 뒷날 城 市에 들어와 낮에는 묘지에서, 밤에는 나무 밑에서 좌선을 거듭했다. 무상은 두타(頭陀)의 진정한 실천자였다."51)

이처럼 무소유와 무집착, 그리고 인욕을 체득하기 위한 무상의 두타행은 고독의 달인으로서 독특한 정중선의 면모를 이루게 된다. 무상은 안사의 난 이후에 정중사에 머물며 중생을 제도하기 위한 법문을 하게 된다. 여기서 무상은 독자적인 인성염불(引聲念佛) 실천법과 삼구의 법요를 설했다고 한다. 무상의 인성염불은 한목소리로 호흡과 함께 천천히 길게 내쉬면서 내는 소리와 더불어 부처님을 염하는 실천행이다. 이는 정토구현을 위한 관념염불이 아니라 일체잡념을 소리가 끊어졌을 때 없애는 삼구법요와 연관되어 있다. 『역대법보기』에서는 무상의 삼구를 달마조사가 전한 교설이라고 주장하면서 그 요체에 대하여 다음과 같이 설명하고 있다.

"한 생각(과거)이 일어나지 아니하는 것이 계문(戒門)이고, 한 생각(미래)이 일어나지 않는 것이 정문(定門이며, 하나의 妄念도 일어나지 않는 것(현재)이 바로 慧門이다. 이러한 망념이 없으면 곧 정혜가 구족되는 것이다. 과거, 미래, 현재의 항하수 같은 많은 제불도 모두 이 문에서 깨달은 것이니 다른 문이 있을 수 없다."52)

이와 같이 무상의 무념설은 당시의 신회(神會)가 주장한 무념돈오선을 뛰어넘고 보리달마의 정법을 계승한 독창적 선법이라고 말할 수 있다. 이는 돈황본 『육조단경』에서 주장하는 바와 같이, 진여의 당체인 무념을 바로 깨닫는 자는 항상 공적묘용(空寂妙用)을 갖출 수 있다는 논지와 연관된다고 할 것이다. 다시 말하면 계정혜 삼학을 무념의 입장에서 바라보고 진여의 본체로 바로 들어가기 때문에 무상의 무념에는 삼학이 구족되어 있다고 할 것이다. 이에 따른 무념은 여래의 지견과 같이 광대하고 심원한 것이라고 주장한다.53)

여기서 우리는 무상이 총지(總持)로서 여래청정선을 계승하고 계·정·혜 삼학에 각각 무경무억 막망(無憶·無念·莫妄)의 삼구를 배치시키고 있음을 간파할 수 있다. 규봉 종밀은 『원각경대소초』 권3에서 이와 같이 기록하고 있다. "삼구라고 하는 것은 무억, 무념, 막망이다. 마

49) 佛教映像會報社編, 『淨衆無相禪師』(佛教映像會報社, 1993), p.21.

50) 佛教映像會報社編, 『人物中國禪宗史』(佛教映像會報社, 1993), pp.168-169.

51) 『宋高僧傳』, 唐西域亡名僧 T.50-830. 中.

52) 앞의 책, T.51-185.中

53) 『神會和尙遺集』p.229. '知識, 要須三學等, 始名佛教.何者是三學等. 戒正慧是. 妄心不起名爲戒, 無妄心名爲定, 知心無妄名爲慧,是名三學等.'

음에 지난 일들을 추억하지 말고, 미래의 영고 등에 대해서도 염려하지 말며, 항상 지혜와 상응하여 흐리지 않고 틀림없도록 함을 막망이라고 한다. 혹은 외경을 기억하지 않고 내심을 생각지 않으며 자연스럽게 의탁하지 아니하는 것을 말하는데, 삼학을 이러한 삼구에 배치시키고 있다. 종지를 개연하는 방편이 많다고 하지만, 그러나 종지에 귀결되는 것으로는 이러한 삼구에 있다."[54]

이처럼 무상의 대중교화가 폭넓게 실행된 사실은 돈황본『무상오경전』에서도 분명하게 드러나고 있다. 하룻밤을 다섯으로 구분한 오경전에서 각 경마다 한 수를 지어 인간이 번뇌와 무명속에서 벗어나서 깨달음의 경지에 이르는 과정을 오경으로 비유한다.

"모든 망상으로 일어난 여러 인연을 어디다 쓰겠느뇨. 다만 올바른 관으로서 망념을 잊으면 생각 생각에 진여가 나타나리니. 정각의 묘한 이치를 맹세코 찾아가리니 넓고 또한 깊어서 거주가 없는 여여한 평등심을 증득하세. 지난날의 모든 티끌 이제 모두 끊고 삼세 윤회의 원인을 없애고 가르침에 의지하여 피안으로 가세. 정혜를 함께 닦아 집착을 벗고 색공의 둥근 정체를 바로 보니 맑고 맑아 계월이 맑은 하늘을 비추도다. 불일(佛日)의 광명에 묘한 경계가 드러나고, 사선(四禪)의 공적(空寂) 모두 비추나니, 일념에 상응해 여래를 뵙게 되다."[55]

이처럼『무상오경전』을 통하여 우리는 무상의 선사상이 일반 도속들의 리듬에 맞추어 노래로 쉽게 회자되었던 것을 확인할 수 있다. 이 밖에도 무상이 선종사에 끼친 영향을 단적으로 제시한 자료는 이상은의『唐梓州慧義精舍南禪院四證堂碑銘』(欽定全唐文 권780)이다. 사증당은 익주 정중무상대사, 보당 무주대사, 홍주 도일대사, 서당 지장대사의 진영을 벽에 그려놓은 堂이다. 이 가운데 무상대사를 상단에 모신 것을 보더라도 그 위상을 충분히 가늠할 수 있으며 홍주종의 뿌리는 실제로 정중무상대사의 계통임을 확인할 수 있다.

평상심 도리

마조 도일(709~788)은 제6조 혜능 이후 중국 선종사에서 중요한 인물이며, 그의 설법에서 "마음 밖에 따로 부처가 없다(心外無佛)"는 무상선사의 기본 통찰을 철저히 따르고 있다. 그는 인간을 존재론적으로 파악하여 "마음이 곧 부처(心卽是佛)"라는 입장을 취하는데, 그것은 다음의 문답에 나타나 있다. 마조께서 어떤 스님이 "어떤 것이 부처입니까?"라고 묻자 답하시

---

54) 宗密『圓覺經大疏抄』권3 下(Z.14-28.C)
'言三句者. 無憶無念莫忘也. 意令勿追憶. 已過之境. 勿預念慮. 未來榮枯等事. 常與此智相應. 不昏不錯. 名莫忘也. 惑不憶外境. 不念內心. 修然無寄 莫忘如上 戒定慧者. 次配三句也. 唯開宗演說方便多瑞. 而宗旨所歸在此三句.'

55) W.Pachow, 燉煌韻文集(高雄,1965), pp.50-51.
一更, 淺　衆妄諸緣何所遺 但依正觀具忘念 念念眞如方可顯
二更, 深　菩提妙理誓探尋 曠薇淸虛無去來 證得如如平等心
三更, 半　宿昔塵勞從此斷 先除過去未來因 伏喩成規超彼岸
四更, 遷　定慧雙行出盖纏 了見色空圓淨體 증여戒月瑩晴天
五更, 催　佛日凝然妙境界 過透四禪空寂處 相應一念見如來

기를 “마음 그대로가 부처이다.” 어떤 스님이 또 묻기를 “어떤 것이 도입니까?” 마조께서 답하시기를 “무심이 바로 도다.” 또 묻기를 “부처와 도의 거리가 얼마입니까?” 마조께서 답해 말씀하시기를 “도는 손바닥을 편 것과 같고 부처는 손바닥을 쥔 것과 같다.”(『직지』 권상)56)

여기서 말하는 “마음(心)”은 순수배양(純粹培養)에 의해 석출(析出)된 진심을 말하는 것도 아니고, 이념적으로 초월화 또는 내재화된 이데아(Idea)로서의 본심을 말하는 것도 아니다. 그것은 다름 아닌 일상의 근저에서 생생하게 움직이고 있는 평상심(平常心)을 말한다. 이는 평상심의 원리에서 조사선 도리를 구함이라고 할 것이다.57) 결국 무상선사가 강조한 바와 같이 과거 기억에 집착하지 미래 꿈에 사로잡히지도 말고 사람의 마음에 이미 갖추어진 것을 직관하는 것이 중요하다고 할 것이다.

마조께서 말씀하시기를 "도는 닦는 것에 속하지 아니함이라. 만약 '도를 닦아 이룬다.'고 말한다면 닦아 이룸에 도로 무너져서 곧 성문(부처님의 말씀을 듣고 깨달음을 이룬 사람)과 같고 만약 '닦지 아니한다.'고 말한다면 곧 범부와 같다. “어떤 스님이 묻기를 "어떤 견해를 가져야 곧 도를 통달함을 얻습니까?” 마조께서 말씀하시기를 “자성에 본래 구족해 있으니 다만 선과 악에서 막히지 아니하면 도를 닦는 것이라고 말한다.”58) 마조선사는 “평상심이 바로 도이다(平常心是道)”라고 말함으로써 중도에 입각한 수행의 실천을 강조하고 있으며, 이것은 선이 일상생활을 얼마나 긍정하고 있는가를 강조한 것이다. 이것은 도(道)의 객관성과 명징성을 한 마디로 요약한 것이며 중도(中道)에 입각한 실천적 삶을 말한 것이다. 어떤 것을 평상심이라고 말하느냐? 조작이 없으며 옳고 그른 것이 없으며 취하고 버리는 것이 없으며 단견과 상견이 없으며 범부와 성인도 없다. 그러므로 경에 말씀하시기를 ‘범부의 행도 아니며 성현의 행도 아닌 것이 바로 보살행이라’ 하셨느니라.”(『직지』 권상)59)

마조선사에 의하면 도는 곧 오염되지 않은 깨끗한 마음(淸淨心)이다. 이러한 도는 자연계의 도가 아니라 인간의 삶과 떨어지지 않는 진리, 사람으로서 마땅히 밟아야 할 길의 의미와 같은 도이다. 이것은 『般若心經』의 ‘불생불멸 불구부정 부증불감 무색’의 중관(中觀)을 단적으로 가리킨 것으로서, 이렇게 될 때, ‘마땅히 어느 곳에도 머물지 않고 마음을 내어’(應無所住而生其心, 『金剛般若波羅密經』) 보살행을 실천할 수 있다는 것이다. 이러한 평상을 유지

56) 馬祖 因僧問如何是佛 答曰卽心 是佛 又問如何是道 答曰無心 是道 又問佛與道 相去多少 答曰道如展手 佛似握拳

57) 도일은 장시성[江西省] 홍저우[洪州]를 중심으로 교화하였기 때문에 홍주종(洪州宗)이라고 지칭되며, 문하생이 백장(百丈)·대매(大梅)·남천(南泉) 등 139명, 입실(入室)제자가 84명이라고 전하며, 남악의 종풍(宗風)이 일시에 융성하였고, 일상생활 속에서 선(禪)을 실천하는 새로운 선종이 이 무렵부터 시작되었다. 교리를 설명한 말들을 모은 『어록(語錄)』 1권이 있다.

58) 馬祖 曰道不屬修 若言修成 修成 還壞 卽同聲聞 若言不修 卽同凡夫 問作何見解 卽得達道 師曰自性 本來具足 於善惡上 不滯 喚作修道

59) 祖云 道不用修 但莫染汚 何爲染汚 但有生死心 造作趣向 皆是染汚 若欲直會其道 平常心 是道 何謂平常心 無造作 無是非 無取捨 無斷常 無凡聖 故 經云 非凡夫行 非聖賢行 是菩薩行

하려는 태도는 달마대사의 "밖으로 모든 반연을 쉬고 안으로는 헐떡거림이 없어야 한다(外息諸緣 內心無喘)"는 마음 게송에도 나타난다. 이처럼 마조선사의 평상심 존중 사상은 무위와 유위의 어느 한 쪽에도 치우치지 않는다.

마조께서 말씀하셨다. "유위도 다하지 아니하고 무위에도 머물지 말 것이니라. 유위는 바로 무위의 작용이요 무위는 바로 유위의 의지함이니 의지에도 머물지 말 것이니라. 그러므로 경에서 말씀하시기를 '허공은 의지한 바가 없다'고 하셨느니라.(『직지』 권상)60) 여기서 무위는 체(體)에 유위는 용(用)에 짝을 지운 것이다. 분별하는 마음을 없애주기 위해 유위와 무위를 끌어들인 것이지 실로 유위와 무위가 따로 실재하는 것이 있음은 아니다.

다만 "마음을 어떻게 쓸 것인가?"에 대한 마조선사의 답은 "평상심으로 사용하라"이다. 이 마음은 단지 본래심(本來心)에만 국한되지 아니하는, 인간 각자의 평상심을 바로 가리키는 것이라면 그 특성은 "작용즉성(作用卽性)"으로 요약할 수 있다. 이때의 '작용'은 당연히 개개인의 인격을 따라 다양하게 전개되어 나가는 일상생활의 일용(日用)을 가리키는 말일 것이다. 이것은 인간불성에 대한 근본적인 신뢰이며, 정중무상선사의 戒·定·慧 삼학에 각각 無憶·無念·莫妄의 삼구를 배치시켜 평상심을 강조한 종지를 홍주종 창시를 통하여 철저하게 계승한 것이라고 말할 수 있다. 이는 곧 중도실상을 표방한 여래선의 입장과 맥을 같이 하는 것이다.

중도실상

마조도일은 이처럼 은사로부터 물려받은 중도실상의 여래선 정신을 한쪽 축으로 삼고, 남악회양으로부터 물려받은 돈오돈수의 조사선 정신을 다른 축으로 삼아 양자를 통합하여 회통하려는 정신으로서 홍주종의 법맥정신으로 삼았다.

『법구경(Dhammapada)』 183장에는 "악한 일을 하지 말라. 착한 일을 하라. 그대 마음을 늘 순수하게 가져라. 이것이 모든 깨달은 이의 가르침이다"라는 불교의 대의가 설해져 있다. 이 한 마디에 불교 수행의 전체를 아우르는 계·정·혜(戒定慧)의 3학이 요약되어 있다.

붓다는 깨달음을 얻고 난 후 처음 콘단냐를 비롯한 다섯 비구에게 자신의 깨달음을 펼 때 깨달음에 이르는 중도(中道)의 길을 다음과 같이 설했다. 이 중도는 곧 8정도(八正道)이며, 이의 실천을 통해 고집멸도(苦集滅道)의 사성제(四聖諦)를 깨달아 열반에 들 수 있는 길임을 붓다는 가르친다.61) 붓다의 가르침은 매우 논리적이고 분석적이다.

---

60) 祖曰不盡有爲 不住無爲 有爲 是無爲之用 無爲 是有爲之依 不住於依 故 經 云虛空 無所依

61) 사제는 인생문제와 그 해결방법에 관한 4가지의 진리. 제(諦:satya)는 진리·진실의 의미이며, 그 진리가 신성(arya)한 것이라 하여 사성제(四聖諦)·사진제(四眞諦)라고도 한다.
미혹의 세계와 깨달음 세계의 인(因)·과(果)를 설명하는 불교의 교리조직으로 고제(苦諦:dubkha)·집제(集諦:samudaya)·멸제(滅諦:nirodha)·도제(道諦:marga)의 네 가지 진리를 말한다.
① 고제 :현실세계의 참모습을 나타내는 것으로 범부(凡夫)의 생존은 괴로움이라는 진리이다. 인생의 고(苦)는 생·노·병·사(生老病死)의 4고로 표시되며, 또는 여기에

'수행자들이여, 출가자가 가까이해서 안되는 두 극단이 있다. 무엇이 그 두 극단인가? 하나는 여러 가지 애욕에서 쾌락을 즐기며 빠져 지내는 것이다. 그것은 낮고 세속적이고 저급하고 성스럽지 못하고 이익이 없다. 또 하나는 스스로를 괴롭히는 것에 빠져 지내는 것이다. 그것은 괴롭고 성스럽지 못하고 이익이 없다. 제자들아, 진리로서 오신 붓다(如來)는 이 양 극단에 치우치지 않고 중도로써 진리를 깨달았다. 그 가운데 길이야말로 눈을 만들어 주고, 앎을 만들어 준다. 고요함과 명료한 인식과 원만한 깨달음과 진리의 세계-열반으로 이끌어 준다. 제자들아, 어떤 것이 진리로서 오신 붓다(如來)가 깨달은 중도인가?'

여덟 가지의 성스러운 길이 있다. 곧 정견(正見, 올바른 견해), 정사(正思, 올바른 생각), 정어(正語, 올바른 말), 정업(正業, 올바른 행위), 정명(正命, 올바른 생활수단), 정정진(正精進, 올바른 노력), 정념(正念, 올바른 마음집중), 정정(正定, 올바른 선정)이다. 이것이 여래가 깨달은 여덟 가지 성스러운 길이며, 이는 눈을 만들어 주고, 앎을 만들어 주고, 고요함과 명료한 인식과 원만한 깨달음과 진리세계[열반]로 이끌어준다.[62] 쾌락주의와 금욕주의의 양 극단을 지양한 붓다가 여기서 설한 중도는 '행(行)의 중도'로서 팔정도에 의해 알려지고 실천될 수 있는 특징을 갖는다. 따라서 혜능선사를 비롯한 당대의 선사들이 주장한 통찰·무념·평상심의 선수행이 내포하는 중도적 수행사상은 기본적으로 팔정도를 벗어나 있지 않는 것임을 알 수 있다.

실제로 중도실상은 무아행(無我行)이라는 실천면에서 생명력을 갖게 된다. 즉, 이 세상의 모든 것은 고정성이 없는 무아이고 끊임없이 변화하는 무상이기 때문에 무아를 자각하여 수양하고 노력함에 따라 역경을 극복하여 향상할 수 있음을 뜻한다. 열반은 무아성의 자각 아래

사랑하는 사람과 이별하는 괴로움(愛別離苦), 미워하는 사람과 만나야 하는 괴로움(怨憎會苦), 원하는 일이 이루어지지 않는 괴로움(所求不得苦), 그리고 이러한 괴로움의 근본인 오온(五蘊)에 집착하는 괴로움(五取蘊苦, 五陰盛苦:생존에 대한 집착)의 넷을 더하여 8고라고 한다.② 집제:괴로움의 원인을 나타내는 말이다. 자기가 취하는 생존이 바로 고가 되는 것은 마음 깊이 갈애(渴愛)가 있기 때문이다. 이것은 모든 욕망의 근저가 되는 욕망이며 채워지지 않는 욕망이다. 갈애에는 욕애(慾愛:감각적 욕망)·유애(有愛:생존의 영속을 바라는 욕망)·무유애(無有愛:생존의 단절을 바라는 욕망)의 세 가지가 있다.③ 멸제 :갈애가 남김없이 없어진 상태를 말하며, 이것은 이상적 경지로서 열반(涅槃)이라고 말한다. 또한 마음이 갈애의 속박에서 벗어난 것이기 때문에 해탈(解脫)이라고도 한다. 결국 갈애에 물들지 않고 행동하는 마음의 자유로운 상태이며 이것이 참된 즐거움이다. ④ 도제 :고(苦)와 집(集)의 멸을 실현하는 길을 도제라고 한다. 이 수행방법은 8정도(八正道) 또는 팔성도(八聖道)로 표시된다. 8정도란, 정견(正見)·정사(正思)·정어(正語)·정업(正業)·정명(正命)·정정진(正精進)·정념(正念)·정정(正定)의 8가지 실천사항을 말한다. 정견은 올바른 견해로서, 있는 그대로 보는 여실지견(如實知見)이다. 이에 따라 자기와 세계의 있는 그대로의 모습, 즉 연기(緣起)의 도리를 알게 된다. 정견에 기초하여 올바른 사유가 생긴다. 8정도는 점진적인 수행 단계를 설명하는 것이 아니라 전체를 유기적으로 수행하는 길이다.

62) Dhammacakkappavattana Sutta: Turning the Wheel of Dhamma, 최봉수(1994) 옮김, 『팔리경전이 들려주는 고타마 붓다』, 서울: 불광출판부. p.370.

철저하게 무아행이 이루어질 때 나타나는 경지이다. 무아는 인무아(人無我)와 법무아(法無我)로 나뉘어 설명된다. 실천적인 면에서는 무소득(無所得)과 무괘애라는 두 가지 측면이 있다. 무소득이란 집착이 없다는 것이며, 무괘애는 무집착이 진전되어 완성된 상태이다. 팔정도의 실천도 이 무아에서 전개되며, 무아라는 말은 시대가 흐름에 따라 공성(空性)이라는 말로 바뀌어 사용되었다. 마조는 자신의 게송을 통하여 '태어나지 아니하는 자리'를 강조하였으며, 마조의 제자였던 분주무업선사는 이렇게 말하고 입적하였다.

"자네 등이 보고 듣고 느끼며 아는 본성은 하늘과 수명이 같아서 생겨나지도 않고 없어지지도 않으며 모든 경계가 본래 스스로 비었고 고요하기에 법 하나 얻을 수가 없다네. 모든 공함을 알기 때문에 마음에 둘 법이 하나도 없는 것이 바로 여러 부처님이 마음을 쓴 곳이니라."(『직지』 권상)[63]

마조선사 이후 중국선은 백장회해(百丈懷海)·남전보원(南泉普願)·조주종심(趙州從心)·약산유엄(藥山惟儼)·황벽희운(黃蘗希運) 등이 발전시켜 원숙하게 만들었고, 급기야 선종오가(禪宗五家)의 풍부하고 청신한 지맥을 마련하였다. 부처의 중도실상의 정신을 수용한 중국적 인간이치로는 우리들이 본래 부처이지만 현실적으로는 미혹하기 때문에 철저한 수행으로 확실히 깨달아 본래 부처[本覺]인 그 사실을 직접 체험[究竟覺]으로 확인하지 않으면 안 된다고 보는 것이 간화선의 입장이다.[64] 조사선의 입장을 그대로 계승하고 있는 것은 묵조선인데, 묵조선은 자칫 잘못하면 안일하고 방종한 무사선(無事禪)에 떨어질 위험을 안고 있다.[65]

이를 경계하고 조사선의 정신을 재건하기 위해 송대의 대혜종고(大慧宗杲: 1089~1163)선사가 당대(唐代) 조사들의 선문답(禪問答)인 화두(話頭), 또는 공안(公案)을 참구(參究)하는 간화선법을 새로운 수행법으로 제시하였다. 대혜종고의 수증관(修證觀)은 "이치로는 자성청정한 불성이 사람들의 각자 본분상에 구족되어 있는 (此事 人人分上無佛具足) 본각문의 입장이지만, 현실적으로는 사람들이 미혹한 상태이기 때문에 지금 원력과 구도심으로 공안을 참구하는 수행(始覺)으로 본래심(本覺)에 계합하도록 해야 한다(以如今始覺 合於本覺)"는 입장

63) 汝等見聞覺知之性 與太虛同等壽 不生不滅 一切境界 本自空寂 無一法 可得 了一切空 無一法當情 是諸不用心處

64) 정성본(1999), 「간화선(看話禪)이란 무엇인가」, 『불교와 문화』 제 8호, p.49.

65) 묵조선은 묵묵히 좌선(坐禪)하여 영묘(靈妙)한 마음의 작용을 일으킨다는 선풍(禪風). 간화선(看話禪)과 대비되는 표현법으로, 조동종(曹洞宗)의 선법이다. 이 명칭은 남송(南宋) 임제종파(臨濟宗派)의 종고가 조동종(曹洞宗) 정각(正覺)이 《묵조명(默照銘)》을 펴낸 뒤, 수행자들이 면벽좌선(面壁坐禪)함을 비하시킨 데서 유래한다. 이는 본래 자성청정(自性淸淨)을 기본으로 한 수행법으로, 갑자기 대오(大悟)를 기대하는 것이 아니라 자기 속에 내재하는 본래의 청정한 자성에 절대로 의뢰하는 선이다. 이에 반해 간화선은 큰 의문을 일으키는 곳에 큰 깨달음이 있다고 하여, 공안(公案)을 수단으로 자기를 규명하려 하는 선법이다. 대혜(大慧)종고는 묵조선을 사선(邪禪)이라 공격하였지만, 결국 양자의 차이는 본래의 면목(面目)을 추구하는 방법의 차이이다. 굉지(宏智)정각은 《묵조명》을 통하여 묵조선이 불조정전(佛祖正傳)의 참된 선이라고 주장하였다.

에 서 있다.[66)]

간화선에서는 화두나 공안의 참구를 통해 깨달음에 이르고자 한다. 공안이란 중국의 속어(俗語)로서 원래는 법률용어의 하나인데, 재판소의 판결 판례(判例)를 말한다. 즉 『선림보훈음의(禪林寶訓音義)』에 「관공서의 기안용지(公俯之案牘)」라고 말하고 있는 것처럼 관청의 공문을 말한다. 마조도일은 진여를 깨닫는데 요체가 있으며 마음의 작용에는 상관하지 말라고 가르쳤다. '진여(眞如)'라는 것은 마음도 아니고[非心], 부처도 아니며[非佛]. 그것은 시공(時空)의 우주를 초월하지만 일체에 편재(遍在)하는 것이다.

그러므로 모든 법은 진여에서 벗어나지 아니한다. '세운 법이 모두 한 마음에서 나온 것이니 세워도 되고 싹 쓸어 버려도 된다. 모조리 오묘한 작용이니 진여를 떠나 따로 세울 것이 없고 세운 그 자리가 진여이며 모두 자기인 것이다. 이처럼 닦을 것도 좌선할 것도 없는 것이 바로 여래의 청정선이다. '[67)] 이처럼 화두참구의 조사선의 정신은 여래 청정선과 회통된다. 그러나 화두참구의 과정에서 주인공에 대한 질문에 대한 선사들의 대답에는 번득이는 기지, 해학, 덕산 스님의 몽둥이, 임제 스님의 할(喝) 등으로 이루어진 다양한 방법이 전해 내려오고 있다.[68)] 마조도일은 그의 제자 백장스님에게 화두참구의 방법으로 '할'을 함으로써 사흘동안 그의 귀를 멀게 하였다. 붓다는 깨달음을 무상정등정각(無上正等正覺)이라 불렀는데, 이 선언은 매우 확신에 찬 것이며 구체적인 선언이다.

"비구들이여! 전에는 들어본 적도 없는 법들에 관해서 눈(眼, Cakkhu) · 지(智, Nana) · 혜(慧, Panna) · 밝음(明, Vijja) · 빛(光, Aloka)이 나의 내면에서 나타났다. 비구들이여! 이 네 가지 성스러운 진리에 관한 나의 지혜와 통찰이 움직일 수 없는 확실한 것으로 밝혀지기 전에는, 나는 결코 자신이 비할 바 없는 무상정등정각(無上正等正覺)을 얻었다고 선언하지 않았다. 그러나 비구들이여! 네 가지 성스러운 진리에 관한 나의 지혜와 통찰이 움직일 수 없는 확실한 것으로 분명해지자 그때 비로소 나는 비할 바 없는 무상정등정각을 얻었음을 선언했던 것이다. 그리고 바로 그때에 나의 내면에서 지혜와 통찰이 솟아났다. 내 마음의 해탈(心解脫)이 확고한 것이며, 금생이 나의 마지막 태어남이며, 더 이상 몸 받음(后

66) 같은 책, pp.52-53.

67) 선림고경총서, "마조록", p.30.

68) '할'은 불교 선종(禪宗)에서 스승이 참선하는 사람을 인도할 때 질타하는 일종의 고함소리로서 언어로 표현할 수 없는 절대의 진리를 나타내기 위해 발한다. 이러한 의미의 할이 선종에서 사용된 것은 중국 당(唐)나라 마조도일(馬祖道一) 시대부터라고 생각되나, 임제 의현(臨濟義玄)에 이르러 널리 사용되었다. 의현의 할에 의한 지도를 '임제사할(臨濟四喝)'이라고 하는데, 이는 할을 사용하는 경우를 4종으로 구분한 것이다. 제1할은 학인(學人)이 지해정량(知解情量)에 묶여 명상언구(名相言句)에 집착할 때 할을 하여 깨우치는 것으로 보검(寶劍)이 물건을 절단하는 것과 같다고 한다. 제2할은 수행자가 스승의 역량을 헤아리려 하거나, 근기가 얕음을 드러낼 때 위의(威儀) 있게 할하는 것, 사자가 포효할 때 뭇짐승이 놀라는 것과 같은 대기대용(大機大用)의 할이다. 제3할은 스승이 수행자를 시험하거나, 또는 반대로 수행자가 그 스승의 역량을 시험하기 위하여 할하는 것으로 이를 감험(勘驗)의 할이라고 한다. 제4할은 제1할의 용(用)을 짓지 않는 것으로 향상의 나일할(那一喝)이라고 하며, 위의 3할에 들어가는 것이 아니라 그것들을 수렴 · 포섭하게 된다.

有)이 없다는 것을 스스로 알게 되었다."(『전법륜경』)

이것은 오도(悟道)의 선언이며 괴로움의 진리·괴로움의 원인과 발생의 진리 · 괴로움의 소멸에 관한 진리 · 괴로움의 멸에 이르는 길에 관한 진리[四聖諦]의 진리성에 대한 확신과 괴로움의 발생과 소멸은 철저한 연기관계(緣起關係)에 있음을 선언한 것이다. 조사선에서는 스승의 인가(印可)라는 정통법맥으로 유지되어 오고 있다. 분명한 것은 붓다의 깨달음의 내용은 한마디로 말하면 "모든 것은 상호의존 되고 연관된다"는 "연기법(緣起法, Paticca-samuppada)"이기에, 후대 선불교의 선사들이 지은 오도송도 연기법에 근거한 것으로 홍주종의 창시자인 마조도일에게는 정중무상선사와의 관계에서 여래청정선의 정신이 강조된다. 이는 곧 망념이 일어나면 망념인 줄 알아버리는 방법과 망념이든 정념이든 일체를 놓아버리는 방법이다. 앞의 것을 각찰(覺察)이라 하고 뒤의 것을 휴헐(休歇)이라 말한다.

마조께서 말씀하시기를 "도는 닦는 것에 속하지 아니함이라. 만약 '도를 닦아 이룬다.'고 말한다면 닦아 이룸에 도로 무너져서 곧 성문(부처님의 말씀을 듣고 깨달음을 이룬 사람)과 같고, 만약 '닦지 아니한다.'고 말한다면 곧 범부와 같다." 어떤 스님이 묻기를 "어떤 견해를 가져야 곧 도를 통달하겠느냐고 묻자, 마조께서 말씀하시기를 "자성에 본래 구족해 있으니 다만 선과 악에서 막히지 아니하면 도를 닦는 것"이라고 대답하였다.

이처럼 마조선사는 "평상심이 도(平常心是道)"라고 말함으로써 중도에 입각한 수행의 실천을 강조하고 있으며, 이것은 선이 일상생활을 얼마나 긍정하고 있는가를 강조한 것이다. 미망(迷妄)의 상태를 타개하는 방법은, 말이나 관념을 통하여 사물을 실체로서 파악하는 것을 멈추는 일이다. 즉 실체성이 없다는 것을 깨닫는 것과 공(空)인 것을 꿰뚫어 보는 일이다. 이에 따라 마조도일 이후 중국 5가7종에서는 깨달음의 기연과 그것의 계송을 통하여 조사선의 본질적 내용을 담고 있다. 이러한 맥락에서 마조도일을 통해 조사선의 선맥을 찾아볼 수 있었다. 달마대사를 조사선의 종자에 비유한다면, 혜능조사는 그것의 뿌리, 마조도일은 그것의 줄기에 비유할 수 있다. 따라서 마조도일을 통한 홍주종의 종지는 평상심의 원리로 집약될 수 있다. 이는 중도실상의 무심의 정신과 화두참구의 본원자각의 정신이 어우러진 것으로서 홍주종은 이러한 정신을 하나로 회통시킨 특징을 보여주고 있다. 회통의 이면에서 정중무상선사로부터 청정여래선의 의미를 계승하고 남악회양선사로부터 돈오돈수론 법연을 함께 계승한 것이라고 생각된다.

마조도일선사이래 조사선을 주창하는 중국의 5가7종의 선사들은 한결같이 "행주좌와 어묵동정(行住坐臥 語默動靜)"이 선수행의 공간임을 주장해 왔으며, 이는 조사선을 통해 평상심(平常心)으로 살아가는 인간의 일상생활 전부를 부처의 마음으로 노래하고 있는 것이다. 이러한 조사선의 정신이야말로 붓다의 여래청정선을 정통적으로 부활시킨 불교운동이라고 할 수 있다. 우리는 이처럼 마조의 홍주종 성립에서 선불교의 신화적 원형이 역사 속에서, 평상심 인격과 도의 책임이라는 의미로 집약되어 선의 실천체험으로 주기적으로 반복하는 모습을 확인할 수 있다.

제 3장 윤리교육론

제 3장 윤리교육론

윤리교육은 성립배경에 따라 교육목표와 교육내용, 교육평가의 방법을 다양하게 설정하고 있다. 시민 윤리, 윤리와 사상, 전통 윤리는 각각의 교과내용에 부합되는 학문적 배경의 차이점을 보여주고 있다. 또한 평가는 각각의 교육과정에서 제시한 목표를 준거로 하여 추출된 평가요소에 따라 특징이 나타난다. 이 경우에 우리는 교육 현장에서 인지·정의·행동에 걸친 총체적인 평가가 수반되어야 인격과 책임의 상관관계를 제대로 보여줄 수 있을 것이다. 또한 현재 적용되는 생활공간 확대법을 보다 확장하여 세계의 공공성 수립에 두고 보다 수월한 교육내용의 범위를 정립할 필요가 있다. 이를 우리는 지구(세계) 윤리의 교육범례설정에서 효율적 방안을 수립할 수 있다. 비록 주관적 관념론의 한계를 보이지만, 피히테의 윤리 담론에서 우리는 도덕원리와 윤리체계의 구조적 상관성을 역동적으로 교육현장에서 다룰 수 있을 것이다.

★ 탐구문제

1. 제 7차 윤리교육과목의 교육목표와 평가방향은 무엇인가?
2. 제 7차 도덕교육과목의 교수학습방법과 그 개선방안은 무엇인가?
3. 21세기를 향한 현실적 비전과 지구윤리교육의 기본방향은?
4. 지구윤리 교육범례의 유형과 특징은?
5. 절대적 자아와 양심의 도덕원리 작용을 설명한다면?
6. 도덕원리의 체계적 적용은 어떻게 이루어지는가?
7. 다음 (가)의 ①, ②, ③에 들어갈 적절한 말을 쓰고, (나)의 주장을 참고하여 도덕과 평가 결과의 바람직한 활용 방안을 2가지만 서술하시오.(03' 임용고사)

(가) 도덕과 평가는 통합적으로 이루어지는 것이 바람직하다. 그래서 도덕과는 (①)영역의 평가에서는 대체로 도덕적 가치·규범의 의미, 근거에 대한 이해 정도, 도덕적 사고력과 추론 능력 정도, 가치 판단의 합리성 정도 등을, (②)영역의 평가에서는 도덕적 민감성과 열정성, 도덕적 가치·규범에 대한 내면화 정도 등을, 그리고 (③) 영역의 평가에서는 도덕적 가치·규범을 실천하고 습관화한 정도를 평가의 준거로 할 수 있다. (나) 도덕과 평가 결과는 기록, 보고, 보관하는 데만 그쳐서는 안 된다.

8. 다음 글을 읽고 물음에 답하시오.(04' 임용고사)

(A) 세계윤리는 근대 자연관과 세계관의 부작용인 인구 폭발과 식량 부족, 지구 온난 화, 오존층 파괴, 산성비, 열대림 감소, 사막화 등과 같은 총체적인 문제를 극복하기 위하여 등장하였다. 이런 문제들을 해결하기 위해서는 전 지구적이고 보편적인 기준을 지닌 윤리가 요구된다.

(B) 우리는 모두 서로 의존하고 있다. 우리 각자는 전체의 복리에 의존하고 있고, 따라서 생명의 공동체, 인간, 동물, 식물, 그리고 지구의 보전을 위해 공기와 물, 흙에 대한 경외심을

가져야 한다. 우리는 인류가 하나의 가족이라고 생각한다. 우리는 자신만을 위해서 살아서는 안 되며 남을 위해 봉사하는 삶을 살아야 한다. (B)는 큉(H. Küng)의 「세계 윤리 선언문」 중 일부이다. 이를 참고하여 그 가 제시한 '세계 윤리'의 기본 방향 3가지를 쓰고, 그 한계를 쓰시오.

1. 윤리교육 과정론

도덕원리를 체계화하고 자율적인 실천 성향을 함양하기 위해서, 당면하는 문제 사태에 대한 합리적인 판단 능력과 실천 의지가 필요하다. 제 7차 윤리교육과정에서는 학생들이 기본 생활 습관과 예절 및 도덕규범의 실천을 스스로 다짐하고, 다른 학생들 앞에서도 발표할 수 있는 기회를 가급적 많이 제공함에 주안점을 두고 있다. 영역별 특징은 다음과 같다.

『시민 윤리』의 교육

제 7차 윤리교육과정 목표에서 나타난 4가지의 강조점은 ① 시민 윤리의 중요성을 인식하고 공동선을 추구하게 하는 것, ② 현대 사회의 생활 윤리를 지니게 하는 것, ③ 직업윤리를 지니게 하는 것, ④ 국가・국제 윤리를 지니게 하는 것으로 하였다. 시민윤리의 중요성을 인식하고 공동선을 추구하게 하는 것의 이론적 근거는 공동체주의(communitarianism)와 사회 윤리학(social ethics) 이론이다.

현대 사회의 생활 윤리를 지니게 하는 것의 이론적 근거는 응용 윤리학(applied ethics) 이론과 사회 문제(social problems)이론이다. 직업윤리를 지니게 하는 것의 이론적 근거는 경제 윤리 이론과 직업윤리 이론이다. 국가・국제 윤리를 지니게 하는 것의 이론적 근거는 안보 이론(security theorics), 공동체 이론, 민족주의이론, 국제 유리 이론 등이다. 시민 윤리 교육 과정은 시민 생활, 사회 문제, 직업윤리, 국가・국제 윤리 등 모두 4개의 내용 영역으로 구성된다.

'평가'에서는 단순한 지식의 평가에만 머무르지 말고 가치・태도 등의 정의적 영역의 평가에 깊은 관심과 노력을 기울일 것을 촉구하였다. 그리고 평가 방식으로는 주로 사용하는 평가 방식인 객관식 평가 외에 논술식 평가와 면담법 등의 주관식 평가, 그리고 학생들의 자기 평가 활동을 촉진할 수 있는 포트폴리오 등의 방법들도 여건이 허락하는 범위 안에서 다양하게 사용할 것을 강조하였다. 특히, 정의적 영역의 평가에서는 가치 판단의 합리성에 대한 평가를 활용할 수 있으며, 이 때 도덕적 가치를 구별하고 이해하는 능력, 자기가 선택한 도덕적 가치나 도덕적 판단의 타당한 근거를 제시할 수 있는 기능, 그리고 도덕적 판단의 원칙을 검사할 수 있는 기능이 평가의 대상이 되어야 함을 제시하였다.

윤리와 사상』의 교육

『윤리와 사상』 교육과정의 목표의 강조점은 ① 인간의 삶 속에서 윤리와 사상의 의의와 그 중요성을 인식하게 하는 것 ② 한국인으로서 주체적인 윤리관을 갖추고 윤리적 삶을 실천하려는 태도를 지니게 하는 것 ③ 현대사회사상에 대한 이해를 토대로 한국인으로서 주체적인 사상적 틀을 지니게 하는 것 ④ 민주적 도덕공동체의 구현과 민족적 과제를 해결할 수 있는 능력을 지니게 하는 것이다.

인간의 삶 속에서 윤리와 사상의 의의와 중요성을 인식하게 하는 것의 이론적 근거는 인간학 및 윤리학, 정치학 및 사회학이다. 한국인으로서 주체적인 윤리관을 갖추고 윤리적 삶을 실천하려는 태도를 지니게 하는 것의 이론적 근거는 서양윤리학, 동양윤리학, 한국윤리사상이다. 현대사회사상에 대한 이해를 토대로 한국인으로서 주체적인 사상적 틀을 지니게 하는 것의 이론적 근거는 정치학에서의 이데올로기론, 체계존속이론, 정치사회화이론 등이다.

민주적 도덕공동체의 구현과 민족적 과제를 해결할 수 있는 능력을 지니게 하는 것의 이론적 근거는 정치학, 사회학, 공동체이론, 민족주의론으로 내용은 다음과 같다. '윤리와 사회사상의 의의'에서는 인간의 삶과 윤리 및 사회사상, 인간의 행위와 윤리, 이상사회의 구현과 사회사상을 설정하였다. '윤리의 흐름과 특징'에서는 동양윤리, 서양윤리, 한국윤리를 설정하였다. '현대사회사상의 흐름과 변화'에서는 현대 사회 사상의 기원과 형성, 현대 사회사상의 흐름과 쟁점, 현대 사회 사상의 발전 전망을 설정하였다. '한국 윤리 및 사회사상 정립과 민족적 과제'에서는 한국윤리와 사회사상의 정립, 민주적 도덕공동체의 구현, 한국의 진로와 민족적 과제를 설정하였다.

'평가'에서는 단순한 지식의 평가에만 머무르지 말고 가치・태도 등의 정의적 영역의 평가에 깊은 관심과 노력을 기울일 것을 촉구하였다. 그리고 객관식 평가 외에 논술식 평가와 면담법 등의 주관식 평가, 그리고 학생들의 자기 평가 활동을 촉진할 수 있는 포트폴리오 등의 방법들도 여건이 허락하는 범위 안에서 다양하게 사용할 것을 강조하였다. 특히 정의적 영역의 평가에서는 가치 판단의 합리성에 대한 평가를 활용할 수 있으며, 이 때 도덕적 가치를 구별하고 이해하는 능력, 자기가 선택한 도덕적 가치나 도덕적 판단의 타당한 근거를 제시할 수 있는 기능, 그리고 도덕적 판단의 원칙을 검사할 수 있는 기능이 평가의 대상이 되어야 함을 제시하였다.

『전통 윤리』의 교육

『전통 윤리』 교육과정에 대한 강조점은 ① 현대 사회에서 전통 윤리의 중요성을 인식하고 계승하려는 자세를 갖도록 하는 것, ② 자신과 가족에게 가치 있는 사람을 살기 위한 윤리를 지니게 하는 것, ③ 친족・이웃・교우 간 관계의 의미와 중요성을 이해하고 적용하려는 태도를 지니게 하는 것, ④ 국가・사회에서 국민으로서의 도리를 다하는 삶과 자연과 조화로운 삶을 살 수 있는 자세를 지니게 하는 것이다. 전통 윤리의 중요성을 인식하고 적용하려는 자세를 지니게 하는 것의 이론적 근거는 전통 윤리 사상 연구와 한국학, 그리고 동양 철학 사상의 주요 이론에 두고 있다.

자신과 가족에게 가치 있는 사람을 살기위한 윤리를 지니게 하는 이론근거는 동양 철학의 주요 이론은 유학이론이다. 친족·이웃·교우간의 관계의 의미와 중요성을 이해하고 적용하려는 태도를 지니게 하는 것의 이론적 근거는 전통 유학의 오륜사상과 예학(禮學), 그리고 동양 고전 속의 여러 윤리 덕목이다. 국가·사회에 이바지하고 자연을 아끼는 삶을 지니게 하는 것의 이론적 근거는 유학의 민본정신과 위민 사상, 정명정신, 노장철학에서의 자연에 관한 이론 등으로 그 내용은 다음과 같다.

'전통윤리의 의의와 기본정신'에서는 전통윤리의 의미와 중요성, 전통 윤리의 본질과 기본이론, 전통윤리의 현대적 계승으로 설정하였다. '개인과 가족의 가치 있는 삶'에서는 자아 성찰과 수신, 부모·조상 공경과 효친, 형제·자매·부부 관계와 사랑을 설정하였다. '친족·이웃·교우 관계와 바람직한 삶'에서는 친족 관계와 화목, 교우관계와 신의, 예절과 관혼상제를 설정하였다. '국가·사회에 이바지하고 자연을 아끼는 삶'에서는 정치 생활과 국민의 도리, 사회생활과 정명정신(正名精神), 전통자연관과 오늘의 삶을 설정하였다.

'평가'에서는 단순한 지식의 평가에만 머무르지 말고 가치·태도 등의 정의적 영역의 평가에 깊은 관심과 노력을 기울일 것을 촉구하였다. 그리고 객관식 평가 외에 논술식 평가와 면담법 등의 주관식 평가, 그리고 자기 평가 활동을 촉진할 수 있는 포트폴리오 등의 방법들도 여건이 허락하는 범위 안에서 다양하게 사용할 것을 강조하였다. 그리고 정의적 영역의 평가에서는 가치 판단의 합리성에 대한 평가를 활용할 수 있다.

제 7차 윤리교육과목의 목표와 평가

『시민 윤리』는 고등학교 학생들로 하여금 시민 생활에 필요한 바람직한 윤리관과 그에 따른 행동성향을 지니게 하기 위한 교과목이다. 따라서 시민 사회에서의 공동선을 추구하고, 민주시민으로서의 자질과 능력을 습득하며, 현대 사회의 제반 문제들을 윤리적으로 해결하려는 능력과 태도를 지니게 하기 위한 것이다. 동시에 경제적 윤리관 및 직업윤리 의식을 지니게 하고, 국가안보 의식과 민족공동체 의식을 함양하게 하며, 세계 시민으로서의 올바른 자세를 확립하게 하기 위한 것이다.

따라서 지식 중심 위주의 단편적이고 획일적인 교육 내용과 방법에서 탈피하여 일상적인 시민 생활에서 당면하는 문제들을 올바르게 해결하는데 필요한 윤리적 기준이나 민주적인 삶의 방식을 학생들이 자기 주도적으로 학습할 수 있도록 다양한 활동형·체험형 주제들을 제공한다. 또한 타 교과에서 부분적으로 다루어지고 있는 민주시민교육, 통일교육, 환경교육, 성교육, 진로교육, 국제이해교육 등의 다양한 학습 주제들을 시민 윤리적 차원에서 총체적으로 학습할 수 있게 하는 경험을 제공해 주는 데 그 특징이 있다.

그리고 『윤리와 사상』은 인성교육 및 민주시민교육, 그리고 국가·사회적으로 요청되고 있는 민족 정체성 함양 및 민주적 도덕공동체의 구현에 도움을 주기 위한 다양한 학습내용들을 포함하고 있다. 학문적 배경은 크게 보아 윤리학적 접근과 사회과학적 접근을 포괄하고 있는 여러 학문적, 학제적 성격에 그 바탕을 두고 있다. 즉, 규범 과학적 접근을 통하여 개인 및 한국 사회에 관한 건전한 윤리관을 기르고, 사회과학적 접근을 통하여 올바른 민족관, 국가관, 통일관을 형성하게 하려는 것이다. 그러므로 한국인으로서의 주체적인 윤리관과 이념적인 시각의 틀을 형성케 하려는 것이다. 한편『시민 윤리』과목에서 형성된 민주 시민으로서의 윤리 의식을 기초로 하고, 그것을 더욱 심화·발전시켜 체계적인 윤리·사상적 관점을 지니게 하는 것을 강조하고 있다.『시민 윤리』가 일상적인 시민 생활에서의 윤리의식 및 행동성향 확립에 가장 큰 역점을 두고 있는데 반하여,『윤리와 사상』은 넓은 의미의 윤리적 인식 체계와 이념적 시각의 정립을 강조하고 있다.

『전통 윤리』는 학생들로 하여금 우리 조상들이 삶의 현장에서 따르고 실행했던 윤리적 삶을 현대시각에서 재음미하여 한국인으로서 지녀야 할 바람직한 윤리인식과 자세를 확고히 정립하게 하는데 그 목적을 두고 있다.『전통 윤리』는 새 교육과정 개정의 기본방향으로 강조되고 있는 인성교육, 그리고 사회·국가적 차원에서 중시되고 있는 예절교육, 민족정체성 교육을 다루고 있는 핵심 과목이다.

따라서『전통 윤리』는 유구한 민족 문화의 전통을 현대적으로 계승하여 민족 주체성을 지니니 미래 지향의 도덕적이고 창조적인 한국인으로 성장할 수 있게 하기 위한 과목이다. 이처럼『전통 윤리』과목은 한국학에 기반을 두고, 그 내용적 특성을 살펴보면, 생활환경 확대의 원리에 따라서 자기 자신, 가족, 이웃, 사회, 국가의 생활 영역 등 우리 조상들이 구체적인 삶의 장면들에서 실천했었던 핵심적인 가치 및 규범들로 구성되어 있다. 국민공통기본 교육과정의「도덕」과와 고등학교 일반선택 과목인「시민윤리」과목에서 배운 기초적인 전통 윤리를 토대로 하여, 전통윤리의 기본정신과 규범에 대한 근원적인 인식을 심화시켜, 바람직한 전통윤리의 행동실천에 강조점을 둔다.

전통 윤리에서의 평가는 교육과정에서 제시한 목표들을 준거로 하여 추출된 평가 요소에 따라 이루어져야 하며, 인지적·정의적·행동적 영역을 모두 포함하는 총체적인 평가가 되어야 한다. 지식 영역의 평가에서는 전통 윤리에 관한 용어, 원리, 학설 등의 이해 및 적용 정도를 측정하되, 고전 원문에 담겨진 윤리적 의미를 파악하는 능력을 평가할 수도 있다.

지적 기능 영역에서의 평가는 학습된 지식을 실제로 적용해 볼 수 있는 문제 해결 능력이나 의사 결정 능력의 정도를 평가할 수 있도록 논술형태 평가 문항을 활용할 수 있다. 정의적 영역의 평가에서는 전통 윤리에 대한 도덕적 열정, 도덕적 사태에 대한 민감성, 전통 윤리적 관점에서 문제 해결을 위한 적극성 등을 측정하는데 초점을 둔다.

단순한 지필 평가 방식으로는 학생들의 실천 의지와 행동 성향을 제대로 평가하기 어려운 점을 유념하여 관찰법, 면담방법, 질문지법, 자유 반응식 논술법 등을 포함한 다양한 평가 활동이 이루어 질 수 있게 한다. 도덕 원리를 체계화하고 자율적인 실천 성향을 함양하기 위해서는, 당면하는 문제 사태에 대한 합리적인 판단 능력과 실천 의지가 필요하다. 학생들이 기본 생활 습관과 예절 및 도덕규범의 실천을 스스로 다짐하고, 다른 학생들 앞에서도 발표할 수 있는 기회를 가급적 많이 제공한다.

또한, 교사들은 학생들의 모방과 동일시의 대상임을 고려하여, 일상적 언어, 사고방식, 태도, 행동 등에 유의하여 도덕적 모범이 되도록 한다. 교사들은 학교의 일상생활에서 학생들에게 도덕적 인격자로서의 모범을 보여야 함과 동시에, 도덕과 수업에서는 '도덕적 탐구자 혹은 도덕적 판단자로서의 모범'을 보일 필요가 있다. 그리고 학생들의 지적, 도덕적 발달 수준에 부합되는 지도 방법을 학년별로 고려하고, 같은 학년에서도 목표와 내용에 따라 특색 있는 지도 방법을 구사한다. 감화 및 설득 방법, 탐구방식 지도 방법, 실천·체험 중심의 지도방법 등 다양한 방법과 기법들이 활용되도록 한다.

그런데 현행 고등학교 윤리교육과정 구성과 관련된 실천적 쟁점 중에서 더 많이 부각되어 있는 것은 대학입학을 위한 수학능력시험에서의 과목 구성 문제이다. 심화 선택 과목을 수능 과목으로 채택하고 있는 현행 체제 속에서 유일하게 '윤리와 사상'과 '전통윤리' 두 과목을 묶어서 하나의 과목으로 치르게 되어 있는 문제는 여러 차례 지적되어 왔지만, 아직도 쉽게 개선될 기미가 보이지 않는다. 수능과 관련된 또 하나의 문제로 그 과목에서 소외된 '시민윤리'가 제대로 위상을 잡지 못한 채 표류하고 있다는 사실이다.

제 7차 교육과정의 주된 특징 중의 하나는 필수 과목과 일반 선택과목, 심화 선택과목 사이의 연계성을 확보하고자 했다는 것인데, 도덕 교과의 경우 이미 이론적 연계성 확보가 제대로 이루어지지 않은 상황에서 현실적으로 일반 선택과목인 '시민윤리'가 외면당하고 심화선택과목들이 파행적으로 묶이는 기이한 상황에 직면하고 있는 셈이다. 새로운 교육과정 개정 논의가 진행되고 있는 이 시점에서 그 해결책을 모색해야 하는 중요한 쟁점들임이 틀림없다.

제 7차 도덕교육과정 내용 및 교수학습 방법

① 도덕교육과정 내용의 특징은 다음과 같이 정리할 수 있다.

첫째, 도덕과 교육 목표가 도덕성의 개인적 요소나 사회적 요소 모두를 추상적으로 접근하고 있다는 것이다. 예컨대 도덕과 교육은 훌륭한 인격이나 바람직한 인간의 육성을 목표로 한다면 내용에서는 바람직한 인간의 개념을 설명하고 난 뒤, 도덕성의 요소를 어떻게 강화시킬 것인지가 제시되어야 한다. 그런데 도덕과 교육내용은 추상적인 개념 설명만 나열하고 있다. 예컨대 바람직한 삶의 경우 "인간다운 삶이 무엇인지를 알기 위해서는 바람직한 삶이 무엇인지를 알아야 한다. … 도리에 어긋나는 행동을 하면 사람이라고 할 수 없다… 인간다운 삶을 살기 위해서는 바람직한 가치를 추구하는 것이 필요한 것이다"(중학교 도덕,2001:3,24) 등 도덕적 개념 설명에만 대부분의 교육내용을 할애하고 있다.

둘째, 도덕과 교육은 중학교 1학년 교과서의 인간의 개념에서 개성추구, 자아실현의 개인적 존재로서 출발점을 삼고 있다. 그런데 개인생활에서는 7학년과 9학년에서 제시하고 있는 사회적 존재로서 삶과 구체적으로 연관을 맺기 위해서는 개인을 절대적으로 독립된 존재가 아니라 자기 자신과 타인과의 관계 내에서 설명해야 한다. 자아실현의 개념 역시 개인이 속한 공동체와 생태적, 우주적 차원의 관계성 속에서 제시되어야 한다. 자아실현은 진공상태에서 무제한으로 발휘되는 것이 아니라, 복잡한 관계성 속에서 이루어지는 것이다. 그런데 인간을 개성을 추구하는 존재로서 설명하고 있으며, 개성과 사회관계에 대한 설명 역시 작위적이다.

셋째, 도덕과 교육내용에서 있어서도 교육목표에서 나타난 것과 마찬가지로 개인과 사회적 존재가 유기적으로 연결되어 있지 못하다. 예컨대 중학교 1학년 도덕교과서 국가·민족의 영역에서 "국가와 민족은 영원한 것이고, 따라서 국가와 민족은 의심할 의지 없이 우리들의 몸과 마음을 다 바쳐 아끼고 사랑할 만한 가치가 있다는 것이다" (중학교 도덕 1, 2001: 204)서술한 부분이나 "자기나라와 자기 겨레에 대한 사랑을 애국애족이라고 한다. 이는 자신을 나라와 겨레의 한 구성원으로 생각하고, 그것을 자랑스럽게 여기는 것이다. 그리고 어떠한 판단이라 결정을 내릴 때 개인이나 집단의 이익에 앞서 나라와 겨레를 먼저 생각하고, 경우에 따라서는 나라와 겨레를 위해 개인이나 집단의 희생까지도 감수하는 것이다"(중학교 도덕1, 2001:223)라고 서술된 부분은 개인의 권리를 무시하고 사회를 지나치게 강조하고 있는 것이다. 그리고 민족이나 국가의 개념을 닫힌 것으로 제시할 경우 이는 타민족에 대한 배타성으로 나타나고 이는 더 나아가 자기중심적인 태도와 다를 바가 없다.

그런데 도덕교과서에 제시된 민족 개념은 혈연에 바탕을 두며, 감정적이고 무조건적인 민족애를 학습자에게 요구한다. " 민족이란 씨족이라 종족, 부족 등의 단어와 마찬가지로 공통의 조상을 가진 한 핏줄로 이루어진 집단이다. 따라서 우리는 민족을 하나의 큰 가족이라고 부르기도 한다."(중학교 2도덕, 2002:156). "민족의식이란 민족을 구성하는 개개인이 민족의 구성원임을 자각하고 민족과 운명을 함께 하려는 의식이라고 할 수 있다. 따라서 민족이란 운명을 함께 하려는 의식이라고 할 수 있다.

민족이란 핏줄, 언어, 문화, 역사와 같은 객관적 요소와 민족의식이라는 주관적 요소를 동시에 갖추었을 때만 비로소 성립되는 것이다" (중학교 도덕 2, 2002: 156). 같은 핏줄로 맺어서 사랑해야 하고 함께 한다는 정신의 민족주의는 한 국민 내에서는 상호의존성을 도출해 내기 쉽지만, 같은 핏줄을 나누지 못한 타자에 대해서 맹목적인 편견을 갖게 하기 쉽다. 전 인류가 하나가 되어야 살 수 있는 지구촌 사회에서 민족주의가 긍정적인 역할을 하려면 인종적, 종족적, 혈연중심의 민족주의에서 시민적이고 인류적인 것을 강조하는 민족주의가 되어야 한다. 시민민족주의가 타민족에게도 동등한 권리를 부여할 수 있는 방법은 인권이라는 보편적 가치를 지향해야 한다.

넷째, 자아실현의 개념은 인본주의 심리학에서 제시된 개념인데, 자아실현의 과정이나 청소년기에 해야 할 역할에 대한 제시를 하기 보다는 자아실현의 개념만 설명하고 있어서 학생들이 삶과 유기적으로 연결 되어 있지 못하다.

다섯째, 현행 도덕과 교육의 목표에서 제시된 4개의 생활 영역과 이를 중심으로 한 덕목교육을 위한 목표제시와 관련된 문제이다. 개인생활의 영역의 덕목을 보면 개인생활 그 자체를 인간답게 하는 것에 치중하기 보다는 사회생활을 위한 것들로 구성되어 있다. 예컨대 자기존중, 행복, 자신의 구체적인 삶에 관련된 것이 아니라, 타자와 관련된 덕목만 강조하고 있다. 더구나 덕목의 개념을 모호한 기준을 선정하고 있고, 덕목들 사이에 갈등이 가능한 것도 있다. 평화통일이 가치의식이 될 수 있는가와 안보의식은 어떻게 덕목의 수준으로 인정할 수 있는가 하는 점이다 (박병기, 2003 : 77).

여섯째, 도덕교육의 내용에서 제시된 도덕의 개념은 그 자체 목적적인 것이 아니라, 인간이 인간다운 삶을 위한 필요한 것이다. 도덕 그 자체가 목적이 될 수 없다. 도덕은 인간의 인간다운 삶을 위한 것이다. 그런데 도덕과 교육 내용에서는 도덕에 대한 개념 설명이 마땅히 따라야할 원리만 제시되어 있음으로 해서 도덕과 교육을 추상화시키고 그 결과 도덕과 교육의 효과성을 낮게 만들고 있다.

② 도덕교육과정 교수학습 방법

제 7차 교육과정기의 교수학습 방법의 지도 원리는 인지·정의·행동적 영역에 대한 통합을 추구한다. 그리고 이러한 원리를 수업시간에 효과적으로 활용할 수 있는 수업모형으로 도덕성의 인지적 측면을 강화시켜주는 기존의 수업모형- 가치분석모형, 가치명료화 모형, 개념분석 모형, 집단탐구 모형을 제시하고 있고, 정의적인 측면과 행동적인 측면을 강화 시킬 수 있는 적절한 교수·학습 모형들인 배려모형, 가정연계모형, 봉사학습 모형, 가상체험 모형 등을 추가로 제시하고 있다.

첫째, 도덕과 교수-학습 방법은 우선 학생들을 추상적 존재로 고려하고 있다는 것이다. 학생들은 다양한 삶의 지평을 가진 존재이기에 개인의 성향, 자질, 사회·문화적 특징에 영향을 받는다. 그런데 도덕과 교수-학습방법은 전형적이고 획일적인 학생들의 틀을 고정화시켜 놓고 있다. 그 결과 교실 안 도덕성과 교실 밖에서 적용되는 도덕성의 경계를 구분하고 있다. 현재의 교수-학습 방안은 개념 설명에는 적절할 수 있지만, 다양한 삶의 층위를 다루기는 힘들다.

둘째, 도덕과 교수-학습 방법은 학생들의 역할을 타율적이고 수동적인 존재로 간주하고 있다는 것이다. 즉 학생들을 도덕적 판단의 주체로서 자율성, 독립성, 상호 작용성, 관계성을 지닌 존재로 인정하지 않고, 단지 학습의 대상으로만 여기고 있다. 학생들의 자율성은 그들 스스로가 가치를 경험하고 가치를 창출하는데서 함양된다. 그런데 현재의 도덕과 교수-학습 과정은 도덕적 상황과 마땅히 해야 할 의무만이 제시되어 있다. 학생들이 제시된 교과서 내용을 어떻게 받아들이고 해석하는지, 그리고 그러한 해석의 가능성이 어떻게 삶에 반영될 수 있는지에 대해 닫혀있다.

셋째, 학생의 도덕적 경험을 반영하지 못하고 있다. 도덕교육을 통해 학생의 행동을 변화시키기 위해서는 경험을 통한 반성, 그리고 이를 통한 변화를 야기해야 한다. 학생들은 도덕적 경험을 통한 실천적 지혜를 터득해야 하며, 구체적인 방법이 제시되어야 한다. 그런데 도덕과 교수-학습 방법은 도덕적 개념의 반복적 인식에 적합하도록 되어 있다. 학생들이 도덕적 실천력을 강화하기 위해서는 가정이나 학교가 적극적으로 도덕과 교육에 참여할 수 있는 교육적 공간을 할애해야 한다.

넷째, 도덕지능을 발달시키기 위해서는 타인의 이야기를 경청하는 자세가 필요하고 공감이나 도덕적 민감성 등 도덕적 정서의 작용이 중요한데, 도덕과 교수- 학습 방법에서는 소홀히 간주한다.

제7차 도덕교육과정의 새로운 방향

새로운 방향은 도덕과 교육과정의 새로운 모색을 위한 노력에 경주되어야 할 것이다.

첫째, 도덕과 교육은 인간을 사랑하는 정신을 그 목적으로 해야 한다. 제7차 도덕과 교육과정에서도 인간의 존엄성을 존중하고 이를 근거로 하여 인간을 사랑해야 한다는 원리를 인정하면서도 실제는 학생들의 존엄성이나 자율적 성향을 통제하려는 경향이 있다. 인간은 사회내에 존재하지만 사회를 전적으로 위하거나 희생될 존재가 아니다. 인간은 그 자체로 목적적 존재로 그 자체로 존중되어야 한다. 이런 측면에서 도덕과 교육은 인간 그 자체를 존중하는 것을 그 자체 목적으로 해야 한다.

둘째, 도덕과 교육이 인간 그 자체를 목적적 존재로 여기는 것을 교육의 목표나 정신으로 근간을 여기게 된다면 하부목표나 교육내용에 주요한 요소로 포함될 수 있는 것이 인권이나 생명존중의 개념이라고 본다. 따라서 인권이나 생명존중을 적극적으로 도덕과 교육에 도입해야 한다. 왜냐하면 인권 능력이나 생명 존중 등은 인간을 그 자체 목적으로 간주하면서도 사회내 존재로서 살아가는 내용을 제시해 줄 수 있기 때문이다.

우리나라 현실에서 인권의 개념은 아직 그 범위와 내용을 구체화하지 못하고 있는데, 인권의 의미는 자신과 타자를 진정으로 사랑하는 능력(capacity)이라고 할 수 있다. 인권능력은 인간의 정체성의 개념을 다중적인 측면에서 이해하며, 인권이 보편적 가치를 인정하면서 자신의 구체적인 상황과 맥락에서 실천할 수 있는 능력이다. 인권능력은 학생들이 자신이 처한 특수상황을 이해하고 분석하는 능력뿐만 아니라 이를 통해 보편적인 인간다운 가치를 추구할 수 있는 능력을 포함하는 것이다. 그러므로 한 국가에 적용되는 도덕의 개념을 확장하여 세계를 포괄하는 윤리로서 인권능력은 적절한 것이라고 보여 진다.

셋째, 인간을 존중하는 것을 도덕과 교육정신으로 고려하고자 한다면 교육 내용의 구성 역시 학생들이 인간답게 살 수 있는데 필요한 것들을 학습할 수 있도록 해야 한다. 인간이 인간답게 산다는 것은 자율적 존재로서 당당하게 사는 것을 의미한다. 자신을 생명을 지닌 아름다운 존재로 인정하고 사랑할 수 있는 것이다. 자신을 그 무엇과도 바꿀 수 없는 존재들로 간주하며 자신들의 삶에 대해 감사하고, 일상에 대해 조심스럽고 성실하며, 자신과 세계에 대해 지속적으로 탐구하며, 겸손한 자세로 살아가는 것이기 때문에, 이러한 것들이 교육 내용에 포함되어야 한다.

넷째, 도덕교육이 인간을 존중한다고 했을 때, 도덕의 개념이 학습자들을 비난하는 원리로서 이해되어서는 안 된다. 도덕교육은 학습자의 행복 찾기에 관심을 기울려야 한다. 행복은 편견이나 선입관으로 자유로울 때 도달할 수 있는 상태이다. 이를 위해서는 사적인 영역과 공적인 영역에 균형 있는 도덕적 판단능력이 요구된다. 균형 있는 도덕적 판단 능력을 위해서는 윤리적인 고차적 사고능력이 요구된다. (박진환, 2002:8).

다섯째, 도덕과 교육내용과 관련해 현행 도덕과 교육은 교육내용을 개인생활, 가정・이웃생활, 사회생활, 국가・민족의 영역을 구분하여 이루어진 덕목중심의 교육에 대한 것이다. 이는 곧 나의 발전이 국가의 발전과 연결된다는 것인데, 이러한 논리는 1960년대 이후 전통사회에서 서구문화를 받아들이면서 근대화를 진행시키기 위한 논리에서 도출된 것으로 보인다. 서구의 근대화가 이성중심의 개인의 권리를 신장하는 합리성을 의미하였다. 서구의 근대화 과정은 신분제도에서 속박 받고 있던 개인을 해방시키고 자율적 권리를 신장하는 민주주의를 탄생시키는 진보적이고 인권적인 성격을 지닌다. 이에 비해 식민지를 경험하고 분단국가이면서 경제적으로 후진국이었던 우리사회의 근대화는 한국보다 앞선 선진 국가 즉 일본과 미국을 추종하는 것이었다(이민언, 2001).

도덕과 교육은 우리사회의 근대화 논리인, 【나의 발전/국가의 발전의 개념을 나에 대한 사랑/ 국가사랑】 등의 개념으로 확대시켜 적용한 것에 불과한 것이다. 이러한 논리를 강화시키는 것이 위에서 제시한 20가지 덕목이다. 이런 경우 제시된 20가지 덕목이 선정과정이 우선적으로 문제가 되는 것이다. 덕목주의 교육이 왜곡된 민족주의, 배타적 형태를 벗어날 수 있는 방법은 덕목을 학습자들의 생활세계와 연결시키고, 의미화 시킬 수 있어야 한다. 이를 위해서는 도덕성의 발달 정도를 실천의 개념과 연결시키는 것도 하나의 방향이 될 수 있다. 즉 개념을 인식하는 정도, 개인적 차원에서 인간존중을 실천하는 정도, 사회적이고 제도적인 차원에서 인간존중을 실천하는 정도 등의 방법을 고려해 볼 수도 있다.

여섯째, 현재 학습자들이 살아가야할 세계는 20세기와는 다른 패러다임이 요구되는 사회로서 자율적인 삶의 양태가 더욱 요구될 것이다. 도덕과 교육 내용을 통해 학생들은 스스로 판단하고, 판단한 것을 신뢰하고, 지속적으로 그것을 반성하며, 그리고 더 나아가 선한 것을 위한 사랑과 열정을 지는 사람으로 성장해 가야 한다. 그리고 자율적인 판단이 왜곡된 개인주의로 매몰되지 않도록 노력해야 하며 이를 위해 의사소통이나 관계를 형성하는 프로그램 등이 개발되어야 하고 이를 교육내용에 포함시켜야 한다.

일곱째, 학생들이 도덕적 판단의 주체가 되기 위해서는 도덕적 언어를 향유하고 창조해야 한다. 도덕과 교육은 한국사회 및 학생들의 도덕적 언어에 관심을 가져야 한다. 우리 사회는 도덕적 개념을 공유하지 못하여 대화가 단절되는 경우도 많다. 특히 일본의 강점기 시대와 급속한 근대화를 거치면서 도덕적 언어의 난설은 물론 개념의 왜곡 현상은 심각하다. 도덕적 언어의 회복, 도덕언어의 개념화 작업은 시급히 이루어져야 하는 과제라고 보여 진다.

여덟째, 도덕과 교육과정 구성에 관련된 것이다. 제7차 교육과정은 국가중심의 교육과정 이외에도 단위 학교 중심의 교육과정의 운영을 적극적으로 권장하고 있다. 그런데 여러 가지 교육 여건상 일선 학교의 교육과정의 운영은 제대로 이루어지지 못하고 있다. 만약 단위학교 중심의 교육과정이 효과적으로 구성되고 지역단위나 단위학교 특성에 맞는 교재나 교육 자료가 개발된다면 도덕과 교육의 실효성은 매우 높을 것으로 판단된다. 따라서 단위학교 중심의 교육과정이 운영이 효과적으로 이루어질 수 있도록 제도적 개선이 필요하다. 그리고 단위학교 교육과정의 개발을 위해서 교사 및 관련 연구자, 학부모들이 교육과정 구성에 적극적으로 참여할 수 있는 기회를 제공해야 한다고 보여 진다.

아홉째, 도덕과 교수-방법과 관련해서는 무엇보다도 학생들과 교사가 인격적인 만남이 가능할 수 있는 방안을 고려해야 한다. 교실에서 도덕과 수업의 성과는 교사와 학생의 인격적 태도에 있다. 도덕 교사로서 요구되는 자질은 우선 학생들을 보는 안목을 바꾸어야 한다. 학생들을 답을 주입해야하는 존재로만 간주해서는 안 되고, 이들이 생명을 지닌 아름다운 존재로 받아들여져야 한다. 교사 자신도 인생해답을 찾아가는 사람이라는 자세에서 겸손하게 진리탐구에 열정적 관심을 가져야 한다.

현재와 같은 입시위주, 학벌위주의 학교 풍토에서는 교사와 학생 사이는 사랑과 존중의 감정이 오고가는 것이 아니라, 교사는 학생을 자신의 생각대로 따라와야 할 수동적인 존재로 인식하고, 학생은 교사를 지식을 낳는 공장으로 생각하는 경향이 강하기 때문에 수업 시간이 살아 있지 못하고 그 결과 삶의 변화나 감동적인 체험을 얻기 힘들다.

*'진정한 의미에서 가르치는 사람이 된다는 것은 배우는 사람이 된다는 뜻*이라는 키에르케고르의 말처럼 【교사는 스스로 배우는 자】가 되어야 한다. 그리고 무엇보다도 학생들에 대한 적극적인 관심 그리고 사랑하는 열정이 있어야 한다. 사랑하는 마음과 태도는 쉽게 길러지는 것이 아니다. 그러므로 교사양성기관에서는 예비교사들이 학생들을 사랑하는 마음을 가질 수 있도록 하는 전문교육내용이나 프로그램을 통한 교육이 이루어져야 한다.

2. 지구윤리 교육론

21세기를 향한 현실적 비전

세계의 모든 국가들은 경제적이며 법적인 질서를 가지고 있으나, 어떠한 나라도 이러한 질서가 윤리적 일치와 민주주의적 법률이 살아 있는 국가의 시민들 사이에 도덕적 관심이 없이는 제 기능을 발휘하지 못하게 될 것이다. 만약 하나의 새로운 세계질서가 유지되려면, 최소한의 공통된 가치, 규범과 기본적인 태도가 필요하다. 시간적인 제약을 지닌 성격이지만, 전 인류가 공감할 수 있는 단어로 묶을 수 있는 윤리는 지구윤리이다.

이것은 명백하게도 지구화의 시대에 가장 중요한 것이다. 경제, 기술, 통신의 지구화는 또한 재정과 노동 시장으로부터 환경과 조직적 범죄에 이르기까지 문제들의 지구화를 의미한다. 따라서 필요로 하는 것은 윤리의 지구화이다. 인간을 위해 하나의 공유된 기본적인 윤리는 필요 불가결하게 공유된 최소한의 도덕적 가치, 기본 태도와 규범을 동의할 수 있어야 한다. 진정, 하나의 윤리, 지구윤리가 없어서는 어떠한 새로운 세계질서도 가능하지 않다. 상호간에 많은 구체적인 문제에 있어서는 서로 다르다. 그러나 반면에 인간의 모든 위대한 도덕적, 종교적 전통들의 바탕에는 서로 공통된 것이 있음을 발견하게 된다.

1993년 9월 4일에, 시카고에서 열린 세계종교의회의 대표들은 종교 역사에 있어서는 처음으로 "지구윤리를 향한 선언(Declaration Toward a Global hic)"을 채택하였다. 또한 1997년 9월 1일에, 전임 대통령들과 수상들의 국제행동위원회(Inter Action Council)에서 처음으로 지구윤리가 요청된다고 하였고 UN에 "인류의 책임에 대한 세계 선언(Universal Declaration of Human Responsibilities)"이라는 제안을 제출하였다. 이러한 두 선언문은 서로 분리된 문서가 아니다. 이들은 지구 윤리의 규범을 제시하기 위한 영향 있는 국제적 조직의 긴급한 요청에 대한 반응들이다. UN의 지구통치 위원회(Commission on Global Governance)와 문화 발전 세계위원회(World Commission on Culture and Development) 등의 두 기구에서 1995년의 보고서에서 이러한 이슈들에 대해 한 장(章) 전체를 할애하였다. 같은 이슈들이 다보(Davos)에서 열린 세계 경제 포럼과 유네스코에서 세계 윤리 계획에 대한 새로운 계획들을 다루어왔다. 아시아에서 이러한 이슈들에 대한 관심이 증가하고 있다.

제안된 인류의 책임에 대한 세계 선언은 서언에서 밝힌바와 같이 윤리적 관점에서 세계 인권선언(Universal Declaration of Human Rights)을 지지하고 토대를 보강하는 것이다. "우리는 모든 사람들의 존엄성을 완전히 받아들이며, 그들의 분리할 수 없는 자유와 평등, 상호간의 연대성 등에 대한 우리의 헌신을 다시 새롭게 하고 강화시키고자 한다." 만약 인권이 보장되어질 수 있는 곳에서조차 인권이 보장되어지지 않는다면, 이것은 필요불가결한 정치적, 윤리적인 의지가 결핍된 것이다. 인권의 법률적 유효성이 반드시 인간의 책임의 실질적 이행에 달려있다고 제안하는 것은 잘못일지도 모른다.

이것은 공동체 속에서 책임을 완수함으로서 자신들의 가치를 보여준 사람들만 그러한 권한을 즐길 자격이 있다는 것을 의미하기 때문이다. 바꿔 말하면 이것은 권리와 책임에 대한 전제조건인 개인의 절대적 존엄성에 대한 인식과 배치된다. 어떠한 주장도 인권에 속할 수 있는 것이라 생각하기 전에는 어느 누구도 인간의 책임이 개인 또는 공동체에 의해 반드시 수행되어야 한다는 것을 제안하지는 않는다. 어떤 주장도 인권에 속할 수 있다는 생각은 권리뿐 아니라 언제나 책임을 가지고 있는 개인이 한 영역이다. 모든 인권은 정의된 바와 같이 인권을 존중할 의무와 직접적 관계를 지니고 있다.

이러한 두 선언문의 기본 원칙은 무엇인가? 가장 중요한 핵심만을 인용하자면, “모든 인류는 인간답게 대접받아야 한다."는 것과, 황금률인 "당신이 당신에게 하여주기를 바라지 않는 것을 다른 사람에게 하지 말라"는 것이다. 긍정적인 표현을 하자면, "당신이 당신 자신에게 하기를 바라는 것을 나른 사람에게노 행하라"는 것이다. 이것을 바탕으로 네 가지의 변경할 수 없는 방향, 세계 종교의회 선언문에서 폭넓게, 국제행동위원회의 제안에서 간결하고 법률적인 형태로 발전되었다.

① 비폭력 문화와 생명존중에로 헌신. 모든 *“생명을 존중하자!"*

② 연대성의 문화와 공정한 경제체제에 대한 헌신, *“성실하고 정당하게 대하라!"*

③ 관용의 문화와 신뢰의 삶에 대한 헌신, *“진실하게 말하고 행동하라!"*

④ 평등한 권리문화와 남녀사이 협력에 대한 헌신, *“다른 사람을 서로 존중하고 사랑하라!"*이다.

이제 새로운 세계질서가 평화를 증진시키고, 자연 친화적이고 종교일치의 (ecumenical) 공동의 파트너십으로 특징지을 수 있는 다원적인 세계사회 속에서 도출된다면 더 나은 질서가 될 수 있다고 확신한다. 1899년의 인류의 희망은 위대한 것이었다. 19세기의 신은 오늘날 우리가 알고 있는 것과 같이 "발전(Progress)"이었으며, 사람들은 영원하고, 어마어마한 발전이

20세기에도 있을 것이라고 확신하였었다. 그러나 우리의 세기에 두 세계 전쟁과, 대학살(Holocaust), 원자폭탄 등을 경험하였다. 21세기는 더 좋아질 것인가? 공산주의, 파시즘(fascism), 나찌즘 등은 진정 "극단의 세기"의 결정적인 거대한 반동적 이데올로기가 되었고 1989년에 막을 내렸다.

1945년, 새로운 세계질서는 UN 헌장에 마련되었으나 스탈린(Stalin)의 "현실정책(Realpolitik)에 의해 황폐화되었고 하나의 새로운 세계질서 대신 세계분리가 이루어졌다. 하나의 새로운 세계질서가 걸프 전쟁(Gulf War)이후 그 의미가 무엇인지를 모르는 부시 대통령에 의해 발표되었다. 이제 문제는 "인류는 이번 세기의 이러한 세 번째 기회를 잃을 것인가?"이다. 종교 간의 대화 없이는 종교의 평화는 있을 수 없다. 우리의 지구를 위한 공통의 윤리적 규범을 고려하지 않고는 종교의 성공적인 대화는 있을 수 없다. 그러므로 하나의 지구윤리가 없이 우리의 지구의 생존은 없을 것이다.

지구윤리교육의 원리와 방향

21세기의 지구는 근본적인 위기에 봉착해있다. 지구윤리에서는 근본적인 위기의 원인을 도덕적 상실감에서 찾고 이를 치유하기 위하여 최소한의 '근본적인 합의점'(fundamental consensus)을 모색한다. 도덕태도에 근거한 교육기본원리를 두 가지로 집약할 수 있다.[69]

① 새로운 지구윤리를 정립하지 않고서는 새로운 세계질서를 기대할 수 없다. 지구에 존재하는 모든 사람이 보다 나은 지구질서 구현에 책임이 있으며, 서로 다른 종교와 문화적 전통이 이러한 질서구축에 더 이상의 걸림돌로 간주되지는 아니한다. 지구윤리는 21세기에 새롭게 출현한 신생 이념이 아니라 다양한 가치관을 결속시킬 수 있는 지구 공동체 구성원들의 윤리적 합의를 근거로 삼고 있다.

② 지구윤리에서는 우선적으로 【모든 인간이 인간답게 대우를 받아야 한다. (every human being must be treated humanely)】는 윤리가치를 기본원리로 삼는다. 이에 따라 이기주의 형태의 모든 신념들은 그것이 개인적 차원의 것이든, 집단적 차원의 것이든 배격을 받게 된다. 당연히 인종주의, 민족주의, 성적 차별주의 등은 자율과 책임을 근간으로 삼는 지구윤리의 규범을 벗어나 있다. 이처럼 지구윤리는 지구위의 모든 인간이 인간다운 보호를 받을 수 있는 새로운 질서구현을 위한 지구공동체 윤리의식에 토대를 두고 교육의 네 가지 기본방향을 설정하고 있다.[70]

① 지구윤리는 비폭력적 문화와 생명존중의 실천정신을 추구한다. 전통적으로 생명을 살상하는 행위는 악한 행위로 규정되어 있지만, 이제는 적극적 의미에서 생명존중에 대한 실천정신을 윤리적 합의로 도출해내는 것이 필요하게 되었다. 이러한 정신은 인간 중심적 윤리의식에서 벗어나 생명 중심주의로 전환되면서 동식물에 이르기까지 광범위하게 확대되고 있다.

---

69) Küng Hans. "The Declaration Toward a Global Ethic", in *A Global Ethic* :The Parliament of the World's Religions. New York:Continuum. 1995,pp.18-24.

70) *Ibid.*, pp.24-34

이에 따라 지구윤리에서는 생태 지혜의 요소를 존중하며 모든 생명체들이 조화를 이루어 살아가도록 실천지침을 모색한다.

② 지구윤리는 연대성 문화와 공정한 경제 질서의 실천정신을 추구한다. 전통적으로 훔치는 행위는 악한 행위로 규정되어 있지만, 이제는 적극적 의미에서 공정하고 공평한 경제정신을 문화적 합의로 도출해가는 것이 필요하게 되었다. 이에 따라 지구윤리에서는 공정한 기준의 경쟁을 통한 자본주의적 장점과 공평한 분배의 질서를 추구하는 사회주의적 장점을 함께 살려내도록 실천지침을 모색한다.

③ 지구윤리는 관용의 문화와 진실추구의 정신을 추구한다. 전통적으로 거짓말하는 행위는 악한 행위로 규정되어 있지만, 이제는 적극적 의미에서 진실로 말하고 행동함으로써 지구의 정의를 실현해가는 것이 필요하게 되었다. 이에 따라 지구윤리에서는 지구 공동체 구성원 간의 언론매체에 의한 왜곡, 이념적 편견, 정치적 술수를 거짓으로 배격하고 항상적으로 진실을 추구하도록 실천지침을 모색한다.

④ 지구윤리는 평등의 문화와 남녀 간의 동반자 정신을 추구한다. 전통적으로 부적절한 관계행위는 악한 행위로 규정되어 있지만, 이제는 적극적 의미에서 상호간의 존경과 사랑을 돈독히 함으로써 일방적인 지배가 아니라 동반자 관계를 확산시켜가는 것이 필요하게 되었다. 이에 따라 지구윤리에서는 소유를 위한 탐욕과 성적 탐닉을 배격하고 상호 관심과 화해를 구현하기 위한 실천지침을 모색한다.

이처럼 지구윤리는 전통적인 종교문화의 가치를 현대적 생활양식에 부합되도록 해석함으로써 이념적 쟁론에서 탈피하여 지구 공동체의 윤리적 합의를 도출하기 기본 방향을 유지하고 있다.[71] 이를 통하여 개개인의 심정적 변화를 통한 집단의 변화, 그리고 지구촌 구성원의 '의식변용(consciousness transformation)'에 의한 삶의 질 개선에 주안점을 두고 있다.

지구윤리의 개념형성 교육범례

개념형성 교육범례는 교육과정으로서 많은 장점을 지니고 있다. 무엇보다도 인지적 도덕기술을 함양시킬 뿐만 아니라 비판적인 추리 기능을 증진시킬 수가 있다. 아울러 이들은 다양한 사회 도덕적 문제와 직면하여 자기성찰의 가치관을 개발시킬 수 있다. 게다가 이러한 과정을 통하여 다양한 종교전통에 함축된 윤리적 지침들을 비교하고 이해할 수 있는 능력을 개선시켜주고 있다. 이러한 장점이 있음에도 운영에 있어서는 몇 가지 취약점이 드러나고 있다. 서양의 합리적 개념을 토대로 도덕적 사유방식이 형성되기 때문에, 동양 문화권에서 나타나는 자연 친화적 관점에 대해 취약할 뿐만 아니라 인간 중심적 사유를 형성하기 쉽다.[72]

또한 윤리적 실천영역에까지 인지적 추리능력의 중요성을 지나치게 강조할 위험성이 있는

71) 한스 큉은 인간의 내면적 가치, 양도할 수 없는 권리, 회피할 수 없는 책임의식은 윤리와 가치영역에서 이루어지지 않으면 인류의 미래가 결코 밝지 않다고 주장한다.

72) Lovin, Robin W., and Frank E. Reynolds. "In the Beginning." In *Cosmogony and Ethical Order: New Studies in Comparative Ethics. Chicago:* University of Chicago Press,1985.pp.1-5.

것이다. 이에 따라 도덕적 인식과 실천 행위의 차이점을 소홀히 다룰 뿐만 아니라 감정이입이나 상상적 기교를 지나치게 강조한 나머지 합리적 의사결정의 중요성을 간과하기 쉽다. 결과적으로 문화의 차이에 따른 도덕세계의 다양성은 이해시키되, 맹목적으로 세계화에 편승하거나 전통도덕세계의 역사적 특수성을 간과하게 된다.[73]

결과적으로 이러한 범례에서는 사실과 가치의 관계, 종교적 믿음과 도덕적 논증과의 관계를 다루지만 이들 관계의 상호적 연관성이나 변증법적 긴장관계를 구체화하는데는 한계가 있다고 할 것이다.[74] 지성적 훈련을 체계적으로 받아 본 경우가 아닌 경우에는 오히려 개념 형성적 범례로써 교육을 받게 되면 윤리적 인식의 왜곡현상을 초래할 수가 있다. 생태위기에 관한 문제에 대처하기 위한 윤리개념형성의 경우, '교차 문화적 접근방법'이 부각되고 있다. 다시 말하면 기독교 윤리적 입장, 불교 윤리적 입장, 유교 및 도교의 윤리적 입장 등 다양한 관점을 활용함으로써, 문화적 편견에서 일어나는 개념의 고착화 현상을 극복할 필요가 제기되는 것이다.

이를 통하여 자연계에서 인간이 점유하는 위치에 대한 교차적 해석을 통하여 자연을 친화의 대상으로 삼아 폭넓은 생태윤리 개념이 강조되고 있는 실정이다. 결국 생태 지혜의 관점과 도덕적 상상력이 결합되어 생태윤리 개념의 정당화에 대한 새로운 안목이 요청되기에 이르렀다.

이를 테면, 온실효과와 오존층 파괴 문제를 함께 사유함으로써 자연을 정복대상으로 삼기보다 오히려 환경보존에 대한 인식지평을 확대할 수 있다. 이제는 종교적 세계관에 함축된 환경 보존의 함축의미와 도덕적 상상력을 자극시키는 세속적 관점 등을 다양하게 결합함으로써 환경위기에 대한 대안적 윤리개념이 요청되기에 이르렀다.

지구윤리의 해석담론 교육범례

해석담론 교육범례에서도 장점과 함께 단점이 드러나고 있다. 그 장점으로는 학생들로 하여금 도덕적 덕성함양과 기술문제에 관하여 균형 잡힌 영역을 개발함에 있다. 이해의 차이점과 유사성에 대한 공감대를 통하여 문화적 편견에 대한 깊은 통찰을 낳게 되며 일종의 간주간적인 이해를 유도할 수 있다. 아울러 현대사회에서 종교다원주의(religious pluralism)를 이해하고 명확한 도덕적 전망을 확보하게 한다. 이를 통하여 실제적 삶에 있어서 문화적 차이점을 능동적으로 찾고 내재하는 보편성에 대해 눈뜰 수 있는 계기를 찾을 수 있게 된다.

이처럼 해석 담론 교육범례는 대화를 통하여 서로 다른 의견을 갖춘 사람들에 대해 존경과 이해를 돈독히 해나가는 계기를 마련해 주게 된다고 말할 수 있다. 이와 달리 도덕적 이상을

73) Schweiker, William. "The Drama of Interpretation and the Philosophy of Religion: An Essay on Understanding in Comparative Religious Ethics." *In Discourse and Practice,* edited by Frank E. Reynolds and David Tracy, Albany: State Univ. of New York Press. pp.263-267

74) Sizemore, Russel F. "Comparative Religious Ethics As a Field: Faith Culture and Reason in Ethics." In *Ethics, Wealth, and Salvation,* Columbia: University of South Carolina Press.1990.pp.87-89.

갖춘 다양한 인류문화의 폭을 충분히 가늠하지 못할 경우에는 해석적 일탈현상을 야기할 수도 있다. 이러한 해석담론 범례의 경우, 지나치게 포괄적 시각을 강조함으로써 상대 문화적 특색을 왜곡시키거나 이론적 일관성에 매달려 개별적 요소를 발견하기가 어렵게 된다.

물론 교차 해석방법론의 장점으로 말미암아 비판적 성찰을 도와주는 측면이 있다. 게다가 학생들로 하여금 비교종교윤리의 안목을 통하여 광범위하면서도 깊은 이해의 폭을 가능하게 한다.[75] 그러나 이러한 훈련이 지나친 경우에는 세련된 렌즈를 쓰고 다양한 윤리갈등을 새롭게만 해석하려는 경향이 뚜렷하여 전통적 의미를 상당히 퇴색시킬 위험이 있다.

결국 실천적이며 실존적인 윤리문제 보다 추상적 틀에 얽매여 해석을 강조하다가 보면 결과적으로 윤리적 문제 전반에 대해 왜곡된 렌즈를 쓰게 될 위험성을 드러내게 된다. 사회문화적 관점에서 이러한 범례와 연관된 주제를 열거해 보면, 사회정의의 실현, 성차별의 극복, 재화의 효율적 배분, 물리 폭력의 효율적 대처 방안 등에 대한 해석의 틀이다. 폐쇄 관점에서 문제를 해석하기보다 오히려 열린 관점에서 문제를 파악하는 것에서 해석담론 교육범례의 장점이 유지될 수 있다.

지구윤리의 체계이론 교육범례

체계이론 교육범례는 학생들로 하여금 지구윤리에 대해 체계적 이해를 돈독하게 한다. 특히 철학적 성찰을 통해 다양한 종교전통에 내재되어 있는 윤리적 가르침에 눈뜰 수 있게 된다. 막스 베버, 론 그린, 테일의 세계종교에 관한 이론 등이 이러한 방법론과 연관성이 있다고 할 것이다.[76] 이러한 관점에서는 절대주의에 사로잡힌 편협한 근본주의 입장을 배격한다. 반면에 다양한 종교전통간의 소통만을 위한 상대주의 관점에도 사로잡히지 아니한다. 이는 곧 서로 다른 신념체계를 윤리체계로 흡수함에 있어 선택적 입장이 아니라 보완적이며 초월적 입장에서 다루어 가는 태도라고 말할 수 있다.

이러한 체계 이론적 접근 방법에 대해 존리드(John Reeder)는 '관점의 변형 (transformation of view)'을 통하여 '미래세대에는 규범가치체계가 다시 새로운 의미를 지닐 때가 도래할 것' 이라고 역설한 바 있다.[77] 오히려 탈현대사회의 병폐들이 더해갈수록 이러한 가치는 규범적 선언으로서 강조될 필요가 있다. 현대의 경험적 검증원리에 따라 이들의 중요성을 감정에 치우침이 없이 객관적으로 이행할 필요가 있다.

앞에서 살펴본 것처럼, 각각의 범례는 장단점을 갖추고 있기 때문에 윤리 교육 현장에서 적

75) Yearley, Lee H. "Bourgeois Relativism and Comparative Study of the Self." In *Tracing Common Themes: Comparative Courses in the Study of Religion*. Atlanta: Scholars Press.1991.pp.165-168.

76) 체계이론의 정립에 있어 우리는 종교와 사회분야(Max Weber를 필두로 Ranciman, Zeitlin, Little), 종교와 윤리분야(Ron Green을 필두로 Kant, Stendahl, Zaehner), 세계종교와 윤리분야(P.Taylor을 필두로 Streng)을 손꼽을 수 있을 것이다.

77) Yearley, Lee H. "Education and the Intellectual Virtues." In *Beyond Classics? Essays in Religious Studies and Liberal Education*, edited by Frank E. Reynolds and Sheryl L. Burkhalter, Atlanta: Scholars Press. 1990. pp.89-92

절한 장점을 살려나가야 될 것이다. 먼저 개념 형성 교육범례는 주관적인 개념의 정립이라 한다면, 해석담론 교육범례는 우리자신들과 함께 타인을 배려하는 대화의 방법이며, 체계이론 교육범례는 자신과 타인을 동시에 벗어날 수 있는가에 초점을 맞추고 있다. 이처럼 해석담론 교육범례에서는 주 · 객관의 상호작용에 강조점을 두고 있음에 반해, 체계 이론 관점에서는 우리자신과 타인을 넘어서서 형이상학적 관점을 어떻게 확립하는가에 관심을 둔다.

개념형성 교육범례에만 사로잡히게 되면 상대방 문화를 우리자신의 문화로 비추어 보기 때문에 다양한 문화의 우수성을 왜곡시킬 위험이 있다. 반면에 해석담론 교육범례에서는 문화왜곡 현상을 피할 수는 있지만, 여전히 객관적 안목을 지속하기가 어렵다. 문화적 특수성을 간과하여 우리자신의 문화적 범주에서 다른 문화와의 유사성을 공유함에 관심이 집약된다. 이러한 과정에서 윤리적 실천과 다원가치를 체계적으로 모색할 수 있는 체계이론 교육범례가 궁극적으로 요청된다고 할 것이다.

결론적으로 지구윤리의 교육범례를 통해 개인차원에서, 【몸과 마음에 대한 배타적인 이분법적 데카르트학파의 사유는 바뀌어 인식범위를 통합하고 건강한 몸은 마음에 대한 적절한 집이 된다.】는 인식모델로 전환되어야 한다.

사회차원에서, 【개인의 창조적 추진력과 공동체의 공감대 사이에 풍부한 상호작용】이 있어야 한다. 지구차원에서, 【우리는 안정되고 조화로운 지구와 인간과의 관계를 재정립하기 위해 토착의 정신적 전통들로부터 많은 것을 배울 수 있음】 이다.

우주차원에서, 우리는 【위대한 정신전통들의 지혜를 회복하는 노력을 해야 하며, 우리들 인간의 가슴과 마음 그리고 *하늘의 길*(天道, Way of Heaven) 사이의 상호 감응에 대해 새롭게 감사】 해야 한다.

모든 추축시대(axial-age)의 문명들은 (힌두교, 불교, 자이나교, 시크교, 동아시아의 유교와 도교, 그리스 철학, 중동의 유대교, 기독교와 이슬람 등을 포함하는) 생태인식, 여권운동, 종교다원주의, 그리고 지구윤리에 대한 도전에 직면하고 있다. 따라서 지역적, 토착적, 공동적인 환경에 뿌리박고 있는 종교와 정신지도자들은 지구 공동체에 환경파괴, 핵 위협, 빈곤 등 주요한 위협에 대응하여 사회적, 문화적, 도덕적, 정신적 에너지를 전략적으로 결집해야 한다. 대중지식인들도 학계, 정부, 대중매체, 경영, 전문직, 노동직, 비정부기구, 그리고 사회 운동 사이에 적절히 부응해서 인간의 새로운 과정을 변화시키고 풍요롭게 하기 위한 결합된 노력이 필요하다.

지구윤리교육 참고문헌

Hans Küng, 『세계윤리 구상(Global Responsibility. In Search of a New World Ethic)』 (SCM Press, London / Continuum, New York 1991

Hans Küng Karl-Josef Kuschel (Eds), 『지구 윤리. 세계종교의회 선언문(A Global Ethic. The Declaration of the Parliament of the World's Religions)』 (SCM Press, London /Continuum, New York 1993)

Hans Küng (Ed.), 『하나의 지구윤리에 대한 긍정적 대답(Yes to a Global Ethic)』 (SCM Press, London / Continuum, New York 1996).

Hans Küng, 『지구촌 정치와 경제에 대한 지구윤리(A Global Ethic for Global Politics and Economics)』 (SCM Press, London 1997 / Oxford University Press, New York 1998)

Hans Küng-Helmut Schmidt (Eds), 『지구윤리와 지구적 책임(A Global Ethic and Global Responsibilities)』 Two Declarations (SCM Press, London 1998).

3. 도덕원리와 윤리체계론

우리는 단편적인 윤리적인 물음과 해답이 아니라, 윤리교육을 위한 도덕원리와 현실의 적용 가능성에 대한 체계적 이해를 추구할 필요성이 있다. 이와 같이 연합체계적 관점에서 이러한 물음에 대해 적절한 논리를 구축한 인물로서 피히테를 만날 수 있다. 그는 이론적 지식과 실천적 지식의 구축을 통하여 도덕원리와 윤리체계화가 가능한가를 고민한 바 있다.

그는 장인(匠人)의 아들로 태어나, 1780년부터 예나대학과 라이프치히대학에서 신학·철학을 공부하였으며 《종교와 이신론(理神論)에 관한 아포리즘(1790)》에서는 B. 스피노자의 결정론의 영향을 보여주었다. 1790년 무렵 I. 칸트의 철학을 접하고 칸트를 찾아 갔으며, 1792년에는 칸트의 도움으로 《모든 계시의 비판 시도》를 출판하였다.

1794년, 예나대학에 초빙되어 《전체 지식론의 기초》 등 주요 저서를 발표하였으며, 1798년, 《지식학의 원리에 따른 윤리체계론》을 펴내고, <신의 세계 지배에 대한 우리들 신앙의 근거>라는 논문을 발표, 신을 우주의 윤리질서로 정의하여, 무신론 논쟁을 불러일으켰으며 이를 계기로 다음해는 예나대학을 그만두기에 이르렀다. 그 뒤 베를린에 살면서 이른바 후기 사상을 발전시켰는데, 예나시절 윤리에 중점을 두었던 데 비해 베를린 시절에는 종교적·민족적 경향이 강했다고 할 것이다.

우리의 관심은 주로 윤리체계에 관한 피히테의 전반기 사상을 이해하고, 윤리적 의무론과 관련하여 피히테는 도덕원리와 윤리이론을 어떻게 체계화 시켰는가를 살펴보는 데 그 목적이 있다. 아울러 피히테의 도덕원리와 윤리체계에서 나타난 논리의 한계점은 무엇인가를 비판해 보고자 한다. 피히테는 관념적 일원론의 관점에서 윤리를 해석한 데서 그 논리적 특색이 드러난다. 역사적으로 실재(實在)와 관념이라는 이원론으로 윤리이론을 정립한 칸트에 비해, 피히테는 자아중심의 일원론으로 통일시켜 단일한 형이상학적 체계를 수립하였으며 삶의 근원에 절대적 자아의 활동을 내세워 윤리색채가 강한 지식체계를 수립하였던 것이다.

피히테의 윤리담론의 논의는 절대적 자아를 근본적 토대로 삼아 윤리의 체계를 제시하였기에 흔히 주관적 관념론으로 분류된다. 그리고 그는 칸트의 사상을 계승하고 있다. 주관적 관념론(subjektiver Idealismus)의 범주에서는 칸트와 피히테 담론사이의 차이점은 크게 없는 것처럼 보이지만 그의 전반적인 사상체계를 조망하게 되면, 이 두 사상 사이에는 커다란 차이점이 발견된다. 칸트에 있어서는 이론이성과 실천이성이 비교적 독자적인 데 반하여, 피히테는 이들의 통일적인 원리로부터 그의 윤리담론을 전개시키려 하였다.

자유의 영역인 실천이성을 출발점으로 삼아 피히테는 윤리와 상응관계에 있는 자연법 이론을 규명하고 이론이성의 근거를 제시하려고 시도하였다. 이처럼 피히테는 실천적·능동적 자아에서 모든 이론적·실천적 근원을 찾고 자아의 절대화를 통하여 윤리적 실천의 체계화를 시도하였다. 피히테의 윤리체계는 칸트의 순수이성·실천이성과 결합하여 칸트 체계를 극복하려고 노력한 점에서 새로운 윤리체계화의 시도라고 말할 수 있을 것이다.

논의의 전개과정에서 피히테는 지성적 직관의 방법에 기초하여 보다 고양된 방법으로 윤리체계의 일관성을 정립하려고 시도하였다. 먼저 그는 윤리적 물음을 통해, 윤리적 이론과 실천의 상관계기를 강조하고 있다. 그는 양심이론을 통해 주관에서 객관에 이르는 일련의 과정을 보여주고자 하였다. 이는 곧 자아의 양심에 기초하여 감각적 현상계에서 어떻게 선을 지향하는 현실적으로 적합한 행위를 구현할 수 있는지에 주목함을 의미한다. 다시 말하면 어떤 상황에 직면하여 양심에 기초하여 결단하여 현실 행위로 구체화함으로 결과적으로는 특별하거나, 결정적이며 제한된 형태의 윤리적 결단을 하게 된다는 것이다.

이처럼 피히테의 도덕원리와 윤리체계는 일종의 의무의 총체성을 제시하는 틀에서 살펴볼 가치가 있다. 이러한 구조에서는 개인의 양심에서 출발하여 공동체 담론의 의무에 이르는 일련의 논의를 통해 개인의 특수상황과 이성의 보편상황의 조화를 체계화하려는 의도를 보여주고 있다. 개인의 특수한 의무와 공동체의 보편적 의무의 상관성을 통해 자아의 권리와 보편에 대한 의무의 체계적 일관성을 설정할 필요가 있는 것이다.

그는 먼저 도덕원리는 어떻게 추론되는가를 묻고 현실적으로 도덕적 사유를 적용하는 관점, 그리고 개체와 공동체의 조화로운 적용의 문제 들을 주관적 관념론의 틀을 통해 제공하고 있다. 이에 따라 그의 도덕원리와 윤리체계는 크게 세 부분으로 논의가 집약되어 있다고 생각된다. 이는 곧 개인의 양심이론에 토대를 둔 도덕원리의 추론, 상호주관적 실행이론에 근거한 도덕원리의 현실적 적용, 공동체 조화이론에 토대를 둔 도덕원리의 체계적 적용이다. 우리는 문헌연구에 근거하여 피히테가 강조하는 지성적 직관방법을 존중하면서 도덕원리와 윤리체계의 토대를 이루는 양심중심의 도덕원리, 상호주관성에 근거한 도덕원리의 현실적 적용, 공동체 속의 상호승인의 가치들에 관해서 차례대로 살펴보고자 한다.

도덕원리의 추론

피히테의 의하면 도덕원리는 도덕성의 양심원리로 집약된다. 자아의 양심에 기초하여 자아가 어떻게 자발적 행위를 도출하는가의 원리를 탐색함에 있어 피히테는 외재성과 결부시키지 않고 양심에 근거한 자율성에 결부시킨다. 이러한 자율성은 절대적 활동성 일반이 아니라 오히려 하나의 교체를 규제하는 절대적 활동성이 설정된다.[78] 이에 따라 피히테는 양심을 독립

78) 피히테 지음, 한자경 역, 『전체 지식론의 기초』, 서광사, 1996. p.93. 여기서 피히테의 양심은 도덕생활의 최고 재판관으로 의무에 대한 자각을 변덕스럽게 교체하지 않는다. 양심에 근거한 피히테의 도덕개념은 개인의 내면성을 강조한 반면에 그의 윤리개념은 사회적 관계성을 전제

적 활동성에 의한 상호 행함과 의무의 수동으로 파악하고 실수하지 아니하는 안내자 역할을 하는 것으로 간주한다. 여기서 피히테는 양심을 '우리의 특정한 의무에 대한 직접적인 의식'이라고 규정한다.79) 결과적으로 양심은 반성적 성찰을 통해 실수하지 않는 재판관으로 직관한다. 왜냐하면 그것은 의무에 대한 직접적인 자각을 통해 자율적인 행위를 가능하게 하기 때문이다. 이처럼 이론적인 힘에 대해 실천적인 힘이 우위를 가지기 때문에 양심은 직접적 감정에 해당된다.

또한 양심은 직접적인 감정일 뿐만 아니라 자각의식에 토대를 두기 때문에 '인간의 경험적 자아와 순수자아'사이의 일치나 조화를 나타내는 도덕 원리'가 된다.80) 이는 곧 무한히 질주하는 사변적 탐구와 논증을 저지시키고, 결정 행위에 있어 실천적 지향성을 드러내는 열쇠가 된다. 피히테의 양심 자체는 이처럼 실수할 수 없지만, 행위에 있어서는 경우에 따라서 흐려지거나 심지어 사라질 수도 있는데, 이는 경험적 자아에게 순수자아의 뜻이 부합되게 할 계기를 마련하는 반성적 성찰이 이루어지지 않기 때문이다. 이에 따라 양심에 근거한 의무 의식이 행동으로 구현되지 않고 실제에 있어서 사라질 수 있다. 경우에 따라서 양심의 무오류성 도덕원리가 인간 행위의 부도덕성마저 배제하지 아니한다. 이로 말미암아 자아에게 양심이 흐려지거나 심지어 사라지게 할 가능성을 남겨두게 된다.

그럼에도 불구하고 양심은 실제적으로 도덕원리에서 최고 재판관이 되는 것이다. 그것은 양심의 명령 자체는 임의적이거나 교체될 수 있는 것은 아니라고 보기 때문이다. 이러한 뜻에서 양심의 내적 요구들만이 절대적 정언명령형식을 드러내지만, 이는 모든 사람들에 대한 요구가 아니라 개별자에 대한 직접적인 요구로 표출된다. 이러한 상황은 보다 넓은 의미에서 윤리적 개념에서 사회적인 것으로 간주될 수 있지만, 이는 곧 도덕원리로서 제한되지 않고 법규범으로 활용될 경우에 국한해서 적용된다.81)

이처럼 도덕 양심의 분석은 이론과 실천 사이의 상호관계로 환원됨을 보여준다. 이는 실천활동을 구성하고 이러한 방식의 결정을 통해 자연과 세계를 변형한다. 이처럼 도덕양심에 직접적으로 관련된 요소는 지성에 인도되는 관계성으로 나타난다. 광의의 이성적 개념의 방식으로 말미암아 인간은 도덕 양심에 이끌리게 한다. 이러한 개념이 행위목표의 개념을 이루고 또한 행위 결정 요소가 되어 도덕적 행동을 결행하는 관건이 된다. 피히테는 이를 두 가지 방식으로 말한다.

먼저 일반적 가능의 영역으로 드러난 것으로 자아는 도덕적으로 달리 욕구하지는 않는다. 그리고 자아는 자유롭게 전반적 행위의 영역 세계로 인도되어 지성적 행위를 형성한다. 앞의 요소는 윤리적 전제가 될 수 없지만, 뒤의 지성 요소는 윤리의 목표와 연관되어 세계에 대한

하며 절대적 자아로서 그 통일성을 꾀한다.

79) *Das System der Sittenlehre nach den Prinzipien der Wissenschaftslehre* Paris, PUF, 1986.(이하 SSL로 줄임) SW Ⅳ, 173

80) SSL. SW Ⅳ, 169.

81) Holger Jergius, "Fichte J. G.: Die Theorie des Gewissens, in *Grundproblem in der goßen philosophen,* Göttingen, 1976. ebd., 89 참조.

자아의 활동 영역을 자유로 확대하여 역동성을 드러낸다. 실제적으로 피히테는 도덕원리의 추론에서 칸트의 정언명법형식을 원용하고 있다. 자유의 현상으로서 행위를 결정함에 있어 자율적 사고과정을 거치게 되는데 이 경우 양심에 입각하되 이성에 근거한 본질적 확신으로 도덕원리의 추론이 가능하다고 보았다.[82]

피히테가 주장하는 이러한 도덕원리의 근저에는 양심의 무오류성에 의해 정립된 '무한의 자아'라는 이념이 필연적으로 전제된다. 이것은 피히테가 여러 번 강조한 바 있는 '절대적인 자아'이다.[83] 그런데 이러한 '절대적 자아'를 현실적으로 파악하기란 쉽지 않다. 경험적 자아가 정신적 자아와 신체적 자아의 통일체인데 반해, 절대적 자아는 타자에게로 나아가면서도 다시 자기에게로 복귀하는 구심적 자아이며 자아동일성을 궁극적으로 유지하게 된다.

경험적인 자아가 자신에 매달리지 않고 순수 자아로 나아가면, 이들 간의 합일을 이루려는 절대적 요청으로 말미암아 결국 절대적 자아에 도달할 수 있게 된다.[84] 이렇게 피히테는 자아로부터 독립해 있다고 간주한 칸트의 물자체의 존재를 부정하고, 양심과 '절대적 자아'의 관계성에서 성찰의 의미를 지닌 '지적 관조'를 중시하게 된다.[85] 이러한 지적 관조는 『지식학』의 1794년도 초판에는 정의되어 있지 않으며, 1795년에 기록된 두 번째의 서문에 비로소 다음과 같이 명확하게 정의되고 있다.

"지적 관조는 내가 행동하고 있고 내가 무엇인가를 행하고 있다는 것에 대한 직접적인 의식이다. 지적 관조에 의해서 나는 무엇인가를 알게 되는데, 그것은 내가 그것을 행하고 있기 때문이다. 이러한 지적 관조의 능력이 있다는 사실은 개념을 통해서 증명될 수 없으며, 그것이 무엇인지는 개념으로부터 발전될 수도 없다. 누구나 그것을 직접 자기 자신 속에서 발견해야만 하거나 혹은 결코 그것을 알지 못하게 될 수도 있다."[86]

칸트(I. Kant)는 개념으로 설명될 수 없기에 '지적 관조'를 부정한 바 있다. 그런데 피히테는 칸트가 부정한 이러한 '지적 관조'에 관해 오히려 양심과 연관된 근원적인 힘으로 강조한다. 아울러 지적 관조는 개념적으로 분명히 설명될 수 없지만 동시에 자아 속에 놓여 있으며 인식의 근원으로 다룬다. '직접적인 의식'으로서의 지적 관조는 자신의 행위를 스스로 관조할 수 있는 자아의 능력을 뜻한다.[87]

피히테는 이러한 "지적 관조 속에 삶의 원천이 있으며, 이러한 지적 관조가 없다면 오히려

---

82) 백승훈, 『피히테의 자아론: 피히테 철학 입문』, 신아출판사, 2004. pp.195-197.

83) SSL. SW Ⅰ, 276.

84) SSL. SW Ⅰ, 260.

85) 최문규, '독일 초기 낭만주의와 주체의 해체', 『독일언어문학』 제 14집, 2000,12. pp.289ff.

86) Fichte, Zweite Einleitung in die Wissenschaftslehre, a.a.O., Bd. 3, S. 47

87) 1798년의 [지식학의 원칙에 따른 윤리학 체계]에서도 관조 능력을 지닌 자아를 전제한다. (Fichte, Das System der Sittenlehre nach den Prinzipien der Wissenschaftslehre, a.a.O., Bd. II, S. 425).

죽음에 직면할 수 있다."[88]고 밝힌다. 또한 지적 관조를 지닌 자아는 '부분자아(Teil-Ich)'와 '비아(Nicht-Ich)'의 대립을 자기 자신 속에서 일원으로 통일시킨다. 이는 곧 부분 자아와 비아 간의 대립 사이의 성찰이 이루어지기 이전에 이미 '직접적이고도 활동하는 관조'를 지닌 '절대적 자아'가 존재하기 때문이다.[89] 이러한 요소로 말미암아 경험적 주체와 객체, 개별적 자아와 개별적 대상 간의 대립은 오히려 변증법적으로 통일될 수 있다.

도덕원리를 탐색함에 있어서, 칸트는 인식의 재료인 경험세계의 다양성과 형식으로서의 선험적 구조를 구분하여 이들 연관성을 상상력의 선험적 통합의 틀에서 모색하였다. 이에 반해 피히테는 이러한 칸트의 노력을 수용하면서도 도덕원리를 모색할 경우, 인식의 재료와 형식을 모두 통일적인 하나의 근원, '절대적 자아'에서 추구하려고 시도하였다. 이러한 사실로 미루어 양자 사이의 관점 차이가 발견된다. 이처럼 인식영역에서의 관념적 이원론을 극복하려는 시도를 피히테를 통해 확인할 수 있다.

칸트가 물자체라는 개념을 도입하여 인식론적인 이원론을 정립한데 반하여, 피히테는 오히려 학문이나 도덕행위와 같은 주어진 사실로부터 출발하여 그 원리를 규명하지 않았다. 그는 오히려 이러한 사실들이 모두 추출될 수 있는 하나의 도덕원리를 설정함으로써 그 원인을 탐색하고 있다. 양심의 도덕원리로부터 지적 관조가 가능한 절대적 자아를 축으로 삼아 피히테는 변증법적인 방법에 의하여 구체적인 행위과정을 추론한다. 실천지식론의 요체인 자아는 '자신을 비아를 규정하는 것으로서 정립'함으로 결국 변증법적으로 이루어진다.[90]

이처럼 도덕원리를 추론함에 있어서 칸트와 피히테의 차이점은 변증법적 전개과정에서 '*지적 관조*'(intellektuale Anschauung)가 가능한가의 여부에 달려 있다. 칸트는 관조를 철저히 경험적인 차원에서 파악하였기 때문에 경험과 무관한 지적 관조에 대해 부정적이었다. 즉 칸트는 대상의 관조에 있어서 지적 관조의 힘을 철저히 배제하고 그 대신 감성적이고 경험적인 차원에서 대상을 관조하는 행위만을 수용한다.[91]

칸트의 경우에는 관조행위는 시간과 공간의 경험적 현상 형식과 관련된 것일 뿐, 지적 관조는 일종의 꿈의 현상이나 미친 행위로 간주되었나.[92] 이와 달리 피히테는 도덕원리에 있어 양심에 따른 지적 관조를 일원론으로 파악한나. 이러한 점에 관해 부브너(R. Bubner)는 피히테의 관점을 이렇게 말하고 있다.

---

88) Fichte, Zweite Einleitung in die Wissenschaftslehre, a.a.O., S. 47.

89) 피히테는 관조된 것(das Angeschaute)과 관조하는 것(das Anschauende)이 근원적으로 '자아'에 존재한다고 말한다(Vgl. Fichte, Grundlage der gesamten Wissenschaftslehre, a.a.O., Bd. I, S. 541)

90) 피히테 지음, 한자경 역, 『전체 지식론의 기초』, 서광사, 1996. p.187.

91) 칸트에 의하면, "나"라는 표상으로 나 자신을 의식하는 행위는 결코 "관조"가 아니라 "사유하는 주체의 자발성의 지적 표상"인 것이다(Vgl. I. Kant, Kritik der reinen Vernunft, a.a.O., B. 278)

92) Vgl. Ebd.

"피히테의 언어로 말하면, 절대적인 정(正, Thesis)이 반(反, Antithese)과 합(合, Synthese)간의 상대적인 결합, 즉 대립과 그 대립의 중재에 선행해 있다. 자아의 규정 없이는 규정과 대립의 상호 규정은 근거 없이 되어 버린다."[93]

도덕원리에 있어 양심의 무오류성을 주장할 수 있는 근거는 지적 관조를 지닌 '절대적 자아'(das absolute Ich)가 있기 때문이다. 이는 곧 "의식의 동일성, 우리 지식의 유일한 절대적인 토대(die Identität des Bewußtseins, das einzige absolute Fundament unsers Wissens)"[94]로 작용하는 특징을 보여준다. 결국 피히테의 논의를 따라가게 되면, 자아의 양심에 기초한 방식으로 통일성을 이루는 절대적 자아에서 인간은 주관성에서 탈피하게 되고, 절대적 자아의 지적 관조를 통하여 도덕적 자율성을 확보함을 알 수 있다.

이러한 관점에 근거하여 우리는 양심과 절대적 자아의 활동에서 도덕원리를 탐색하게 되고, 자율과 독립의 도덕적 성숙을 기대할 수 있게 된다. 이는 곧 자아가 감성세계에서 벗어나서 정신세계를 회복하는 길이 된다. 이처럼 피히테의 관점에서 도덕원리는 도덕성의 양심원리에 근거하되 변증법적으로 절대적 자아에서 그 통일성을 구축하려는 특징이 있음을 알 수 있다.

도덕원리의 현실적 적용

도덕원리의 현실적 적용에서 주요한 요소는 앞서 언급한 양심을 근저로 상대방을 인식하는 가운데 현실적으로 어떻게 윤리적 행위가 가능한지를 조망함에 있다. 이에 적합한 논의로 피히테는 실행(tathandlung)이론을 내세우고 있다.[95] 여기서 피히테는 '자아는 행위의 주체인 동시에 행위의 산물이기도 하다. 다시 말하면 행위와 행위의 성과는 하나이며 전적으로 동일하게 간주될 수 있다.'[96] 여기서 행위와 그 성과를 함축하는 실행은 두 가지 의미를 뜻하고 있다. 먼저 우리는 '경험적 사실'에 맞추어 심리적 지각을 통해 주체의 대상을 의식하는 행위를 한다.

이와 동시에 자아 활동 속에서 행위의 결과로서, 행위자와 결과적 산물의 동일성을 인식하게 된다. 이에 따라 도덕원리를 현실에 적용할 경우에는 행위와 그 결과를 동일시하는 실행으로 말미암아 탈주관적이며 객관적인 방향을 모색하게 된다.

피히테는 도덕원리의 현실적 실행의 경우, 의식의 통일성이 앞서 언급한 대로 절대적 자아와 연관되어 이루어진다고 본다. 절대적 자아의 존재를 설정함으로써 피히테가 어떤 측면에서 칸트와 관점을 달리하고 있는지를 이미 살펴보았다. 칸트에 의하면, 선험적 자의식은 실천영역, 즉 윤리적인 영역에서 무조건 자신의 힘을 발현할 수 없으며 어느 정도 제한을 받게

93) R. Bubner, Zur Dialektische Bedeutung romantischer Ironie, in: *Die Aktualität der Frühromantik,* a.a.O., S. 92.

94) Ebd., S. 301.

95) 백승훈(2004) p.127.

96) SW I 95.

된다.

윤리적인 행위는 자아의 자유에 기초하지만, 그 자유란 무조건적으로 자의식을 발휘하는 것이 아니라 법(Gesetz) 혹은 보편적인 구속력에 자신의 개인적인 의지, 충동, 노력 등을 종속시킬 때 의미를 갖는다고 말한다. 도덕적 원리가 현실적 행위로 드러남에 갈등상황이 존재한다는 언급이다.

이러한 칸트의 도덕원리에 저항하면서 피히테는 인식 영역뿐만 아니라 실천 영역에서도 '절대적 자아'의 통일성을 부각시킨다. 즉 절대적 자아의 자유는 경험적인 세계에서도 그 어떤 구속을 받지 않는다. 비록 현실적 제약이 따르더라도 작용하는 절대적 자아를 의식하여 피히테는 다음과 같은 구절로 구체화시키고 있다.

> "자아는 자신 속에서 어떤 갈망을 느낀다. 자아는 스스로 궁핍하다고 느낀다. 이러한 갈망은 실천이론뿐만 아니라 전체 지식학에서 중요하다. 오로지 그 같은 갈망을 통해 자아는 자신 속으로 또는 자신 바깥으로 움직이게 되며, 오로지 그 같은 갈망을 통해 자신 속에서 외부세계가 구현된다."[97]

여기서 '갈망'은 곧 절대적인 자아의 갈망을 말하며, 그 갈망은 외적 대상을 점유하고 자신 속에서 외부 세계를 구현하려는 특징을 갖는다. 결국 피히테에 의하면, 자기 자신의 갈망을 현실에서 역동적으로 발현하려는 행위자체가 곧 '자유'에 속하며 절대적 자아의 활동으로 '자신'을 현실적으로 제한하고 규정함으로써 그 자신을 현실로 드러낸다.[98]

이러한 갈망은 현실적 실행에 있어 상호주관의 원리로 드러나 현실적으로 개체의 활동에 제한을 가하게 된다. 그 제한은 자아에 부과되는 것이기 때문에 '강요(zwang)'라고 부른다. 이는 자아가 아닌 비아의 강요에 의해서 제한되는 특징을 나타낸다. 자아가 아닌 타자로서 비아는 자아에게 필수적이나. 비아와 연관된 자아의 실제 활동을 피히테는 추구라고 지칭하는데 이것을 자아가 의식하는 경우 '충동(trieb)'이라고 말한다. 이 충동은 자아와 비아를 실천적으로 매개하는 근본형태이다. 비아의 자립성과 자아의 자립성이 생각될 수 있는 것은 바로 이러한 충동을 통해서이다.

따라서 자아의 활동성은 저항할 수 없이 충동을 받아서 하나의 객체를 목표로 하는 활동성으로 작용하며 스스로도 의식한다. 자아내면의 이러한 특징적 규정을 '동경(sehnen)'이라고 부른다. 그것은 전혀 알 수 없는 어떤 것을 향한 충동으로서 오직 결핍과 불만과 공허에 의해서만 자신을 드러내며, 그 충족을 찾지만 그 충족을 어디에서 찾아야 할지를 암시하지 못하는 것이다. 자아는 절대적 자아와 연관되어 자신 안에서 동경을 느끼며 결국 자아는 자신이 결핍되어 있음을 느낀다.[99]

피히테의 관점에서는 여러 가지 충동 가운데 도덕원리가 현실화되는 충동을 윤리적 충동이

---

97) Fichte, Grundlage der gesamten Wissenschaftslehre, a.a.o., S. 494 f.

98) F. Strack, Novalis und Fichte, in: *Novalis und die Wissenschaft, hrsg. v. Herbert Uerlings,* Tübingen 1997, S. 203.

99) 피히테 지음, 한자경 역, 『전체 지식론의 기초』, 서광사, 1996. p.246.

라고 말한다. 이는 곧 자연충동과 순수충동의 혼합형식을 띤다. 자연충동은 물질적인 갈망에 의한 것이며, 순수충동은 자아의 절대적인 독립을 목표로 한다. 이들 혼합 형태인 윤리적 충동은 현실적인 의무 또는 정언명법에 따라 행동하려는 충동이다. 달리 말하면 정신적인 주체가 현실적이며 물질적인 제약을 받으면서도 행해야 할 당위성을 통일적으로 인식할 때, 자아는 비아를 의식하여 자아와 비아를 상호주관으로 연관을 맺게 하는 특징을 드러낸다.

이 경우에도 현실적인 문제와 직면하여 경험적 자아에게는 근원적이고 절대적인 자기 자신의 존재를 느끼게 되는 절대적 자아가 전제된다. 이와 마찬가지로 경험적 자아에게는 비아가 전제된다. 이로 말미암아 힘으로서 충동에 대한 감정은 반성의 기초적인 단계를 나타낸다. 이 경우 물질적 대상을 향한 자연충동과 완전한 자유와 독립을 향한 정신적 충동이 복합적으로 드러난다. 충동의 관점에서 인간성의 통일이 추구되는 데, 그 결과 자연충동과 순수충동의 혼합된 형태로 윤리적 충동이 나타난다.

애매한 점이 다소 있지만 피히테의 혼합적 성격으로 규명한 윤리적 충동은 결과적으로 먹고 마시는 자연충동을 멈추거나 순수정신의 정신적 충동만으로 현재를 살 수 없다는 현실성을 반영한다. 이러한 충동은 타자와의 연관성 속에서 근원적으로는 자유에 근거하여 자유를 지향한다. 결국 도덕원리가 현실행위로 드러날 때 윤리적 충동은 자유를 향한 충동이 된다. 그것은 언어로 변형되어 마침내 자아행위를 제약하는 정언명법의 기능을 발휘하게 된다. 이를 통해 내용적인 면보다 명령적인 형식을 지향하면서 '항상 너의 의무에 관한 최고의 확신에 따라, 혹은 보편적 양심에 따라 행위 하라!'는 명령형식을 수반한다.[100)]

이러한 윤리적 충동에 반하는 행위는 악한 행위로 나타나는데, 피히테는 그 예로서 게으름, 비겁, 거짓말 등을 들고 있다.[101)] 이러한 것들은 자아로 하여금 윤리적 충동에 반하게 하며 의무를 이행함에 있어서도 자아와 비아의 상호주관성을 몰지각하게 함으로써 선을 실천하지 못하도록 한다. 이러한 근본적인 악도 실제적으로는 상호주관성의 결핍에 따른 산물이다. 의지의 결핍을 고려해 볼 때, 피히테는 인간 본성 자체가 선이나 악으로 단정될 수 없다고 주장한다.[102)]

윤리적 행위가 윤리적 충동에 의해 규정된다면, 객체도 윤리적 충동에 의해 규정된다. 객체는 윤리적 충동에 적합한 것이다. 충동은 이제 행위에 의해 관념적으로 규정될 수 있으며, 대상에 대한 자아의 조화가 존재하면 만족의 느낌인 찬동의 느낌, 충족과 완성의 느낌이 발생한다. 행위가 충동에 의해 규정되지 않는다면 객체는 충동에 대립하여 불만, 불만족, 주체의 자기 분열의 느낌이 발생한다.[103)]

이처럼 피히테는 윤리적 충동에 의한 시민사회의 탄생이라는 역사적인 맥락을 고려하면서, 상호주관성에 근거한 개인의 자유를 중시하고 있다. 도덕원리의 현실적 적용에는 윤리적 충

---

100) SW Ⅳ 291-346.

101) SW Ⅳ 202.

102) GA Ⅰ 174.

103) 피히테 지음, 한자경 역, 『전체 지식론의 기초』, 서광사, 1996. p.272.

동이 중요한 계기로 작용함을 알 수 있다. 그러나 절대적 자아의 무한한 힘에 대한 그의 주장은 오히려 현실 세계에서 역설적으로 위험한 경향으로 발전할 수도 있다.

다시 말하면 '자기 제한에의 윤리적인 능력을 자아의 팽창, 세계정복 같은 자아의식 확장과 절대 권력의 요청으로 치닫게 될 수 있다.'[104] 이러한 도덕적 원리의 현실적용이 경우에 따라서는 전체주의 사고의 형태인 파시즘의 위험한 경향을 함축하게 된다. 윤리적 충동 배후의 '자아는 (절대적) 자아이다'는 동일성 명제에서 출발하기 때문에, 자아는 자신뿐만 아니라 세계까지도 '하나의 공'처럼 자유롭게 마음껏 다루는 절대적인 위치를 점유하려는 속성을 보여준다. 또한 '모든 현실은 자아 속에서만 존재한다.'는 구절은 곧 자아가 폭력적-파시즘적 자아로 발전할 수 있는 가능성을 암시한다.

칸트의 경우에 보듯이 선험적 자의식을 지닌 주체와 객체 간에는 상호주관성과 함께 상호모순이 형성되는 데 반해, 피히테의 경우 그러한 모순은 절대적 자아에 의해 극복되면서도 경우에 따라서는 오히려 위험한 파국으로 치달을 가능성을 내포한다. 피히테는 칸트철학에 비판적인 반문을 제기하면서 다음과 같이 윤리적 충동의 배후의 절대적 자아의 존재를 확신하고 있다. 칸트가 대립 관계로서 보았던 주체와 객체, 관념론과 유물론의 갈등에서 피히테는 오히려 절대적 자아의 동일성이 존재할 수 있다는 의미로 해석하고 있다.

결국 피히테의 경우에는 이러한 윤리적 충동의 현실적 괴리가 '자아의 절대적 존재'로 보장받게 된다. 즉 피히테의 경우 자아의 절대적 존재가 설정된 이후 비로소 사물을 감각적으로 인식하는 경험적 자아가 가능하며 동시에 객체로서의 대상이 그 경험적 자아와 대립하게 된다. 이에 따르면, 자기 자신과의 '동일성'을 지닌 절대적 자아가 전제되고 나서 현실적 '대립'이 파생되는 셈이다.

이처럼 피히테에게 윤리적 충동에서 드러나는 변증법은 그의 사변체계를 구성하는 보편적인 방법이다. 앞서 살펴본 것처럼 변증법이 칸트의 사변적 전개방식에서 주로 가상의 논리로 작용된 것이라고 한다면, 피히테에게는 선험철학이 연구하는 대상 및 주관에 부합되는 응용논리로 작용한다. 칸트가 실질변증법 대신에 소극적 변증법에 머물렀기 때문에 변증법적인 통합을 철저히 관철하지 못한데 반해, 피히테는 도덕원리를 현실문제에 적용함에 있어 논리적 비약이 있지만, 이 문제를 해결하려는 성과를 보여주고 있다.

특히 피히테는 지각과 사유가 공통적인 근원에서부터 발생한다고 보고 인간의 인식능력을 이러한 접근방식에서 시도하였다. 흔히 인류의 발전을 관념론적으로 해석할 수 있지만, 피히테는 그 대상이 되는 것은 고정 불변의 실체가 아니라 살아 움직이며 발전하는 현실로 인식되어야 한다고 보며, 도덕원리와 현실적용의 괴리감을 윤리적 충동의 변증법을 통해서 극복할 수 있다고 본다.

물론 피히테는 현실적으로 도덕원리를 윤리적 충동으로 현실화함에 있어서 경험적(개별적) 자아가 비아(대상)에 의해서 제한을 받는다고 언급하고 있다. 그러나 비아에 의한 경험적 자

---

104) Ebd., S. 204. 슈트랄은 피히테 철학을 정확하게 분석하면서도 피히테 철학을 초기 낭만주의에 한정한다.

아의 제한은 사실 절대적 자아의 자기규정이 선행된 후 가능한 것이기 때문에[105], 변증법적으로 절대적 자아는 경험적 자아와 비아의 충동과 대립을 통제하고 지배하는 힘을 갖게 된다. 그것은 다음과 같은 주장에서 분명하게 드러난다. "자아는 자아 안에서 부분 자아에 부분 비아를 대립시킨다."[106]

이와 같이 윤리적 충동에는 피히테의 세 가지 규정 방식(자아 규정, 비아에 의한 자아의 제한, 자아에 의한 비아의 제한)이 이미 절대적 자아 내에서 현실적으로 작동하는 것이다. 개별적 자아와 개별적 비아 간의 대립 자체가 이미 '자아 안에서' 이루어진다는 것은 곧 절대적 자아는 주체와 대상 간의 대립에서 이미 벗어나 있음을 말해 준다. 이와 같은 '절대적 자아'는, 현대의 사회철학 언어로 표현하자면, 대상으로의 타자를 점유하고 통제하는 주체를 뜻한다.

피히테의 경우 성찰 주체는 언제나 순수한 자아(절대적 자아)와 관계하며, 더 정확히 말하면 성찰적 주체는 절대적 자아 안에 있고, 성찰을 통해 무엇(대상)을 소유하게 된다.

이와 달리 비판적 관점에서 접근한 노발리스는 성찰적 주체는 순수한 자아(즉 절대적 자아)와 관계가 없는 것으로 파악하고 있다. 그렇기에 '무엇인가를 가지면서도 자신을 위해서 아무것도 소유하지 아니한다.'는 결론에 도달하게 된다. 노발리스(Novalis)의 경우에서 지적 관조는 '성찰과 감정'(Reflexion und Gefühl)의 상관관계를 형성한다.[107] 이 때 '감정'도, 대상으로서의 절대적인 것을 '구체화하고 그에 대한 지식을 갖고 그것을 자신 앞에 놓고 생각하는 것'이 아니라 오히려 '무엇인가가 주어지기를 기다리는 수동적인 의식'을 뜻한다.[108]

이처럼 노발리스는 도덕적 원리의 현실적 적용의 관점에서 절대적 자아에 대한 피히테의 시도를 더욱 예리하게 비판한다. 가령 절대적 자아나 '신적인 자아'를 추구하려는 사유는 아무런 본질이 없이 단지 '꾸며진 것', 즉 일종의 허구로 비판한다. '이는 자유에서 시작하여 자유로 나아가는 보편적인 형이상학적 체계를 정립하기 위한 것이다.'[109] 결과적으로 절대적 자아의 변증법적 통일체를 상정하여 도덕원리를 현실에 적응하려는 시도는 그 한계점이 드러나고 있다. 윤리적 충동의 사행이론에는 절대적 자아를 상정하여 도덕 원리와 현실의 통일성을 시도한 점에서 그 모순이 드러나고 있다. 그러나 도덕원리를 현실에 적용함에 있어, 윤리적 충동이라는 개념구성을 통해 상호주관성의 관점에서 조망하고 자아의 폐쇄성을 극복하고 도덕원리를 변증법적으로 현실에 적용하려는 피히테의 의도를 확인할 수 있다. 아울러 우리는 도덕원리와 현실적용의 괴리감을 극복하려는 관점에서, 피히테는 절대적 자아를 상정함으로

105) Vgl. Ebd., S. 444: "Das absolute Ich soll demnach Ursache vom Nicht-Ich sein, insofern dasselbe der letzte Grund aller Vorstellung ist, und dieses insofern sein Bewirktes."

106) Ebd., S. 305: "Das Ich setzt im Ich dem teilbaren Ich ein teilbares Nicht-Ich entgegen."

107) Vgl. N. II, S. 114: "Gefühl und Reflexion bewirken zusammen die Anschauung."

108) Vgl. M. Frank, "Intellektuale Anschauung", a.a.O., S. 124 f.

109) N. II, S. 273: 'Um ein allgemeines metaphysisches System zu begründen, das von Freyheit anfängt und zu Freyheit geht.'

논리적 한계를 극복하려는 시도를 보여주고 있다.

도덕원리의 체계적 적용

피히테의 윤리체계는 양심의 도덕원리, 그것의 현실적 적용, 그리고 도덕원리의 체계적 적용을 함축한다. 이 가운데 피히테가 말하는 도덕원리의 체계적 적용은 앞서 언급한 현실적 의무론에 국한되지 않고, 오히려 개체의 자발적 의지의 특수 상황과 공동체 전체의 공동선이 함께 체계적으로 이루어짐을 목적으로 삼는다. 이는 곧 행위의 도덕성에 관한 공식적인 조건, 의무의 체계화의 관점에서 드러난 객관적인 여건, 의무의 논리 등을 복합적으로 지칭한 것이며 이러한 요소들 간의 통합은 사회적 체계화와 효율적 행위화로 나타난다. 이에 따라 도덕원리의 체계적 적용에 관해 피히테는 자아성의 사회적 조건의 체계적인 정립을 의미하며, 상호승인에 의한 담론의 권리와 의무논리를 표방하고 있다.110)

먼저 자아성의 조건에서 바라보면, 자발적 의지의 특수상황은 자연적이며, 이기적인 경향성의 충족에 관심을 갖는다. 우리는 이러한 자아의 자연적 충동이 과연 자발적으로 도덕적 경향성으로 기울게 될 것인가에 관해 의문점을 갖게 된다. 도덕원리에 따른 인간행위 조건의 체계적 진술은 진리에 대한 확신과 자아의 양심이 조화를 이룰 수 있음을 의미한다. 주체로서의 자아와 객체로서의 자아가 의식에서는 구별되지만, 변증법적으로 어우러지듯이 공동체 속에서 도덕원리의 체계화는 자유 관념과 법 관념을 일관되게 만든다.

피히테는 도덕원리가 공동체에서는 도덕법으로 자각됨을 부각시키고 있다. 이는 곧 자아성의 조건들에 대한 체계적인 정립을 뜻하는 것으로 경험적인 목적개념을 전제로 한 것이다. '우리 의식의 설정근거로서의 순수한 의지'는 근원적인 목적개념으로 파악된다. 의무의 체계화의 관점에서 드러난 여건은 도덕적 행위의 형식과 내용을 동시에 포함한다. 결국 윤리적 주체로서의 이성 존재는 이러한 관점에서 타자와의 관계에서 상호 승인을 이룰 필요가 있다. 피히테는 이를 다음과 같이 말한다.

'유한한 이성적 존재자는 우리가 권리관계로 부르는 특정관계 속에서 유한한 다른 이성적 존재자와 함께 있는 자로서 자기를 정립하지 않고서는, 자기 이외의 또 다른 유한한 이성적 존재자를 가정할 수 없다.'111)

어떤 사람을 이성적 존재자들의 공동체의 구성원으로 승인하기 위해서는 감각세계를 필요로 한다. 왜냐하면 나의 자유를 타인의 행위와 결합된 행위 속에서 드러나는 것으로 체계화하기 때문이다. 이러한 행위체계가 가능하기 위해서는, 다양한 이성 주체들이 자신을 드러내는 공통적인 감각세계를 형성하게 된다. 이를 통해 자유의 총체성을 자신에게만 귀속시킬 수 없는 한계를 느끼게 된다. '나는 타인을 위해서 자유를 남겨놓음으로써, 자유를 소유하는 자신을 제한하게 된다.'112)

110) 백승훈, 『피히테의 자아론: 피히테 철학 입문』, 신아출판사, 2004. p.205.

111) SSL. SW Ⅲ, 41.

이와 병행하여 자아는 공동체의 각 구성원들을 자유 실현의 내면 의지를 제한하는 자들로 인식한다. 이성적 존재자들은 각 성원으로서 자아의 자유표현을 제한하려는 체계 속에서 권리개념을 주장하게 된다. 이에 따라 권리개념은 도덕원리의 체계적 적용에서 중요한 사회적 개념으로 정립된다. 이를테면 사유재산권은 내가 유사한 권리들을 귀속시켜야 할 다른 인간들을 인식할 때만 발생한다. 도덕원리의 체계적 적용에서 우리는 권리들의 사회적 상호승인을 요청하게 된다. 독점적 소유권으로 간주되는 사유재산권은 상호승인에 근거한다.

피히테에 있어서 독점적 권리는 상호승인을 통해 완성되고, 또한 상호승인을 통해 제약을 받는다. 그리고 독점적인 소유권은 이러한 제약 없이는 발생하지 않으며 모든 소유권은 다수의 의지가 하나로 통합되는 데 근거하고 있다. 이처럼 도덕원리의 체계적 적용에서 우리는 의무뿐만 아니라 상호승인에 근거한 권리문제가 부각됨을 발견할 수 있다.[113] 이러한 체계화는 권리 개념의 상호관계성으로 말미암아 세 가지 특징으로 드러난다.

① 개인들 간에는 특별한 상호작용이 있다. '타인에 대한 인식은 자유 개념을 통해 한 개인이 자기의 자유를 제한한다는 사실에 의해 제약을 받는다.'[114]

② 요구가 비대칭적인 곳에서 승인은 상호성을 포함한다. 이러한 승인의 경우, 자아는 타인의 자유를 먼저 승인하고 존경함으로, 타인이 나에게 허용하는 승인에 대해 영향을 미칠 수 있다. 이러한 구성적 상호성을 인정하면, 타인에 대한 자아의 절대적 우위는 존재할 수 없음이 분명하다. 피히테는 타인이 자신을 승인함으로 자신의 자유를 깨닫게 된다는 관점에서 자기승인의 한계성을 인정한다.

③ 승인은 인식의 문제라기보다 오히려 자유의 문제이다. 자유의 상호제한은 권리개념을 확립할 뿐만 아니라 상호성의 개념으로서 개인도 확립한다. 그러한 의미에서 승인의 구체성은 도덕적 행위를 체계적인 상관관계를 통해 지시한다.

피히테의 견해에 의하면, 권리의 이론은 도덕원리의 체계적 적용에서 연역되는 문제이다. 결국 권리의 체계와 이에 근거한 정치사회의 체계는 도덕법칙을 위해 적용될 영역을 제공한다. 여기서 국가를 향한 도덕적 의무들을 인식하고, 국가는 상호작용에 의해 도덕적 생활이 발전할 수 있는 조건들을 형성할 의무를 체계적으로 부담하게 된다.

앞서 언급한 도덕원리의 추론에서는 도덕성과 연관된 양심 및 형식적인 도덕 원리를 발견하는 것에 초점을 둔 데 반해, 도덕원리의 체계적 적용에서는 상호승인에 근거한 권리이론으로 인간의 상호관계를 존중하는 특징을 보여주고 있다. 이러한 관점에서 피히테의 도덕원리의 체계적 적용은 국민윤리의 통합적 사고와 연관됨을 알 수 있다. 결국 도덕원리에 기초한 도덕법칙이 양심에 기초한 정언형식을 지닌다면, 도덕원리의 체계적 적용에서 드러난 권리체계는

112) SSL. SW Ⅲ, 8.

113) SSL. SW Ⅲ, 129.

114) SSL. SW Ⅲ, 44.

상호승인에 근거한 가언형식을 지닌다.

이에 따라 권리의 체계는 비록 공동체 안에서 확립된 것으로 존중해야 할 도덕 의무감으로 작용하면서 동시에 조건적이며 가언적인 명령형식으로 표현된다. 이에 따라 정언명법은 자유 이해를 위한 필요조건으로서 파악될 수 있다고 할 것이다. 그러므로 피히테의 관점에서는 도덕원리의 자율성과 권리승인을 근거하여 도덕법과 자연법은 권리체계에서는 분리될 수 없는 통일성을 보여주고 있는 것이다.

우리는 도덕원리의 체계적 적용을 생각하게 되면, 우리는 인간의 자유가 도덕법과 자연법을 통해 자율성을 확보하는 것으로 파악된다. 우리가 만나는 생활세계는 이성적 존재자의 도덕적 사명을 완수하기 위한 필요조건이다. 감성적 세계가 없다면 이성적 존재자는 도덕원리를 체계적으로 적용할 무대를 상실하게 된다. 도덕원리에서 순수당위의 형식을 발견한다면, 도덕원리의 체계적 적용에서는 순수당위의 내용을 권리로서 확보할 수 있는 것이다. 이처럼 상호승인을 통해, 의무와 권리를 주장함에 있어서 강제성을 수반한 계약이 요청된다고 할 것이다. 이러한 사회계약에 의해 국가가 확립되며, 피히테는 다양한 단계의 사회계약을 인정한다. 이는 도덕원리의 체계적 적용에서 봉착하는 주요한 개념이다. 이 가운데 정치사회의 구성원들이 하나의 유기체로 통합하게 만드는 통일계약이 중요한 형태라고 본다. 이는 곧 권리들의 체계의 안정성을 확보하고 만인의 자유를 보호하기 위한 필요한 힘을 구비하게 된다.

피히테가 말하는 국가는 도덕원리의 체계적 적용에서 직면하는 공동체이다. 이는 곧 무한한 자유로서의 절대자아의 자기실현을 구현하기 위한 필요조건으로 묘사된다. 인간의 도덕적 발전은 사회의 각 구성원들이 타인의 권리와 자유를 도덕원리의 추론에서 체계적으로 연역할 때 당위적인 의무감으로 추론하게 된다. 여기서 국가는 목적개념이 아니라 절대적인 자아실현의 상태에서 소멸될 것이기 때문에 자유 실현의 수단개념으로 피히테는 파악한다.

이러한 전제들에서 피히테는 전제주의를 거부한다. 그리고 직접민주주의도 거부한다. 따라서 피히테는 '어떤 국가도 전제적으로나 직접 민주적으로 통치되어서는 안 된다.'고 단정한다.[115] 그가 이해하는 직접 민주주의는 대의제에 의한 민주주의가 아니라, 전체의 국민에 의한 직접통치를 말한다. 다시 말하면 직접민주주의에는 다수를 민주주의 자체의 법으로 복종시킬 강제적 권위를 발견할 수 없다고 보기 때문이다. 이처럼 피히테가 바라보는 공동체에서 권리개념은 공공의 안전체계를 구축하기 위한 것으로 보고 있다. 권리들의 체계의 확립 및 유지, 그리고 공동선에 적용하는 일은 도덕발전을 촉진하는 조건으로 주장하는 것이다. 도덕원리의 체계적 적용으로 권리문제는 세 가지 연역체계로 구성된다.

먼저 '타인의 자유와 인격을 불가능하게 만드는 행위를 할 수 있는 권리는 아무에게도 없다. 그 밖의 자유로운 행위를 할 수 있는 권리를 향유할 수 있다.'[116] 이러한 관점에서 인격체는 자기의 근원적 권리를 통해서 자기의 신체와 감각세계 사이의 지속적인 상호작용을 요구할 수 있다. 또한 권리문제에서 강제권은 기계적 필연성을 지니고 작용하여, 위법적인 모든 행위

115) SSL. SW Ⅲ, 160.

116) SSL. SW Ⅲ, 93.

로 하여금 의도적인 목적에 반하여 적용될 수 있는 장치이다. 이는 실정법을 통해 그 강제성이 행해지며 안전에 관심을 가진 자들의 합의에 기초한 협약을 전제로 한다. 이처럼 근원적 권리는 국가로부터 권력의 개입이 가능한 합법성의 테두리를 통해 가능해진다.117)

그리고 일반적인 의지가 법적의지로 존속하며 동시에 강제력이 구비되는 것을 가능하도록 국가조직이 발전되어야 함으로 이는 제도적인 법을 요구한다. 이러한 법질서의 확보는 법질서를 관철시킬 수 있는 힘을 가지고 다른 한편으로는 위법적인 행위를 할 경우에 스스로 책임을 귀착시키는 제도를 요구하게 된다. 공권력 집행자들이 책임을 지지 않으려고 할 때 전제정치제도로 퇴락하게 된다.118) 이러한 관점에서 피히테는 대의제의 필연성을 도덕원리의 체계적 적용에서 강조하며 대의민주주의를 적법하게 옹호하고 있다.

여기서 말하는 대의원들은 집행력을 위임받은 사람들로서 확정된 기간에 정기적으로 열리는 국민회의를 통해 위임받은 권리를 행사함에 있어 공개되어야 한다. 따라서 총체적인 국민, 집행력의 주체, 그리고 대의원들은 균형 잡힌 체제를 이루어 도덕원리를 공권력으로 적용시킬 수 있는 힘을 이루게 된다. 여기서 우리는 피히테의 도덕원리의 체계적 적용은 독일 관념론이 프랑스혁명과 주변 세계에 의해서 자극된 독일 시민계급의 지식인이 시도한 하나의 철학적 혁명의 성격을 지닌다고 말할 수 있다.

특히 피히테에 이르는 후기의 관념론자들은 당시의 사회적 모순을 더욱 분명하게 그들의 철학체계 속에서 반영하고 있음을 볼 수 있으며, 실천적으로 놓쳐버린 시민혁명을 이론적으로 만회하려는 신중한 시도가 드러나고 있다.

아울러 시민계급의 성숙으로 나타나는 사회적 모순을 순치하려는 시도에서 우리는 피히테의 윤리체계의 공적을 확인할 수 있다. 이처럼 피히테의 도덕원리의 체계적 적용의 틀은 프랑스혁명에서 절정에 도달한 시민사회의 발전을 반영하고 있다고 할 것이며, 독일에서 봉건주의로부터 자본주의로 이행되는 과정에서 나타나는 난점을 극복하려는 시도로 드러난다.

상호승인의 윤리체계 관점에서 바라보면, 프랑스혁명은 독일의 지식인들에게 커다란 자극을 주었고 봉건주의가 무너지면서 시민사회의 형성을 도왔으며 독일의 국가적인 기반에 큰 영향을 주었다. 피히테를 통한 독일의 계몽주의는 이론적으로 표현된 이상들이 현실적으로 실현될 수 있는 가능성을 프랑스혁명에서 확신하였음을 엿보게 한다. 이때 나타난 칸트는 인권실현을 통해 도덕철학에 심오한 의미를 부여하였고, 그의 철학은 피히테의 도덕원리와 함께 윤리 체계화에 상당한 영향을 미쳤다고 말할 수 있을 것이다.119)

칸트는 당시의 독일 시민계급에 부합한 정치이론, 즉 자유론을 제시했으나 사회적인 변혁을 통하기보다 정신적인 진보 속에서 그것이 실현될 수 있다는 신중론을 펼쳤다. 이것은 혁명의 문제가 교육의 문제로 바뀌고 민중의 봉기 대신에 대중의 계몽에 호소하였다고 볼 수 있다. 이러한 방식에서는 사회적인 혁명보다 대신 철학적 혁명으로 시도될 수 있는 근거를 제시한

117) SSL. SW III, 149.

118) SSL. SW III, 160.

119) Luc Vincenti, *Le système de l'éthique,* Paris, Ellipses édition, 2000. p.24.

것이라고 볼 수 있으며 피히테의 윤리체계이론은 상호승인에 기초한 도덕권리의 정당화 논리라고 말할 수 있다.

결국 프랑스혁명은 인권과 인간의 존엄성을 구체적으로 드러냈으며, 이러한 관점에서 피히테도 프랑스혁명을 열렬히 지지하며 도덕원리의 사회적 적용에서 프랑스혁명의 가치를 신봉하였던 것이다. 반면에 그는 독일정신의 출발 혹은 독일민족의 비극이 시작되는 중요한 사건으로 루터의 종교개혁 및 이와 연관된 농민전쟁을 들고 있다. 반면에 루터의 종교개혁은 많은 공적에도 불구하고 독일을 종교적으로 분리시킴으로써 독일의 국가적인 통일을 저해하고, 또 내면의 세계를 중심으로 종교와 군주에 절대적인 복종을 강요함으로써 시민계급의 발전을 저해한 것으로 비난받게 된다.

이러한 이유로 말미암아 독일은 제대로 계몽정신을 그 당시에 철저하게 습득하지 못하고 그 후에도 그것을 제대로 만회할 수 없었다. 그와 더불어 지식인들의 성숙을 꾀할 수 없었고 그것은 경제적, 정치적 영향력을 상실하였으며, 문화적인 역할도 할 수 없게 만들었다. 피히테는 이러한 사실에 착안하여 윤리체계의 담론을 통해 인간의지의 역할을 강조하고, 상호승인에 근거한 권리개념을 도덕원리와 연계시켜 독일사회의 새 변혁을 시도하였다고 생각된다.

칸트가 자연현상의 객관적인 법칙성과 더불어 인간의지의 자유를 강조하고 이들을 일치시키려 하였던 점에 비추어, 피히테는 칸트와 달리 사유와 행위를 결합시키려 하였고 인간사이의 상호승인을 내세우면서 권리개념을 도입하여 윤리체계의 논리를 구성하게 된다. 권리개념의 형성은 타자를 의식함에 요체가 있으며 이는 자아의 권리를 제한하고 분열시키게 된다. 이처럼 '타자'와의 만남을 통해 자아는 다양하게 분열된다.

현실적으로 우리는 소유의 문제와 대면하는 주체, 무의식(에로틱한 욕망, 사랑, 허무, 죽음)과 대면하는 주체, 초월적인 시간이 아니라 현세적인 시간 속에 존재하는 주체는 더 이상 사유하는 의식 주체로 환원될 수 없으며 현실적으로는 다양하게 분열되는 주체를 발견한다. 자아 속에서 분열되고 타자와 공유하는 권리의 주체자로서 담론의 과정에서 도덕원리의 체계적 적용은 그 효율성을 발휘한다. 피히테는 이러한 윤리체계에서 상호승인에 의한 권리주장과 함께 '담론의 의무'를 함께 부각시키고 있다. 윤리적 이성은 동일성을 부여하여 이들을 조화시켜야 한다. 그 과정에서 폭력이 사용되어서는 아니 되고, 신체의 작용에 위해를 끼쳐서도 아니 된다. 이러한 일치로 나가갈 때, 강제력으로서 국가는 사라지고 각자의지가 보편법칙으로 드러날 수 있다.

이러한 의미에서 피히테는 우리들 자신이 우리의 궁극적인 목적이 아니라, 우리들 모두가 궁극적인 목적을 이루어야 한다고 역설한다.[120] 이는 곧 개인양심에 근거한 도덕원리를 사회적 윤리체계로 적용함에 있어서 공동체 선을 실현하기 위한 합목적적 의식이 요청되고 상호승인의 담론에 근거한 개인과 공동체의 조화를 이룩할 수 있음을 역설한 것이다.

이와 같이 피히테의 도덕원리와 윤리체계는 의무의 총체성을 제시하려는 틀로서 가치를 갖는다. 도덕원리의 적용에 이르러 도덕법의 필요성을 부각시키며 개인의 자율적 특수상황과

120) SSL. SW Ⅳ, 253.

공동체의 보편상황의 조화를 체계화하였다. 이는 곧 상호승인에 따른 권리이념을 윤리체계에 포함시켜 논의함으로 타자승인에 근거한 공동체의식 함양을 내면화하고 있다. 【양심에 근거한 도덕원리, 상호주관성에 따른 현실적 제약성, 상호승인과 권리개념을 수용하는 도덕원리의 사회적 적용을 통해 공동체 속의 공생원리】를 일관하게 해석하였다.

앞서 살펴본 것처럼 피히테 도덕원리와 윤리체계에서 논리적 일관성을 구축하는 핵심은 '절대적 자아'의 축이다. 이에 따른 윤리의 체계화는 양심과 현실, 공동체 전체를 의무와 권리로서 하나의 관점에서 통일시키게 된다. 이에 따른 절대적 자아의 자기규정 행위는 다음과 같이 주어진다. '나 자신에 의한 자아의 규정은 자아의 순수한 활동이다 (자아는 자기 스스로를 규정한다.)'[121] 혹은 '나는 존재한다, 요컨대 내가 존재해 있기 때문에 나는 순수하게 존재한다. 그리고 존재해 있는 그대로 나는 순수하게 존재한다.

이 두 가지는 자아를 위한 것이다.'[122]라고 말함으로써, 도덕적이며 순수한 활동의 이면에 절대적 자아의 존재를 전제한다. 그런데 이러한 자아의 *'성찰과 관조'*능력을 윤리체계의 요체로서 파악함으로써, 피히테는 도덕원리의 현실적용이 가능하며 인간 공동체의 근원적인 힘으로 사회적으로 '절대적 자아'에 관해서도 신뢰하고 있다.

피히테에 의하면, 지적 관조란 무엇보다도 자신의 존재를 규정할 수 있는 자아의 근원적인 능력을 가리키며, 그러한 능력은 객체(즉 대상)와 관계하면서 양심이 현실에 드러나도록 한다. 이를 통해 도덕원리의 체계적 적용이 가능해지며 공동체의 구성원은 자기 자신의 내면에 놓여 있는 이러한 근원적인 힘과 연관되어 작용한다. 요컨대, 대상과 관조, 인식 대상과 인식 주체의 관계를 분리시켰던 칸트와 달리 피히테의 경우 '지적 관조'라는 자아의 근원적 활동을 내세워서 윤리적 행위의 주체, 행위의 결과, 관조된 대상까지도 일원으로 체계화시킬 수 있게 되었다.[123]

피히테에 따르면 자아의 능력으로 직관, 생산적 상상력, 오성, 이성을 들지만 도덕원리의 현실적 적용에서는 직관에 대한 반성이 존재하고, 자아는 그가 반성하는 것 즉 비아에 의해서 구속되며 상호주관성의 원리에 따라 주관에서 객관으로 나아간다고 보았다. 그러나 이러한 자아는 대상에 대해서 반성되는 동안에 윤리적 충동으로 행위를 실천하며 이를 통해 자유를 지속적으로 지향한다. 도덕원리로서의 양심은 현실적 상황에서 구체적인 도덕행위를 가능하게 하는 원천으로 작용한다.

아울러 도덕원리의 사회적 체계화가 이루어지는 공동체에서는 상호승인에 의해 의무와 권리인식이 이루어지며 공동체 속에서 도덕법을 구현한다. 양심의 도덕원리, 윤리적 충동의 실

---

121) J. G. Fichte, Grundlage der gesamten Wissenschaftslehre, in: ders., Ausgewählte Werke in 6 Bänden, hrsg. v. Fritz Medicus, Darmstadt 1965, Bd. I, S. 290: "Also das Setzen des Ich durch sich selbst ist die reine Tätigkeit desselben - Das Ich setzt sich selbst."

122) Ebd., S. 292: "Ich bin schlechthin, d.h. ich bin schlechthin, weil ich bin, und bin schlechthin, was ich bin; beides für das Ich."

123) Luc Vincenti, *Le système de l'éthique,* Paris, Ellipses édition, 2000. p.57.

천, 상호 승인의 권리를 하나의 윤리체계로 묶고 있는 피히테는 주관적 관념론의 논의를 전개하고 있다. 그의 자아 개념에서는 이전의 무의식적 영역을 현실적 의식체로 재구성하여 상호승인의 권리개념으로 발전시킨다. 이처럼 직관된 현실은 자아의 무의식적인 활동에서 나오는 산물에 불과하지만, 자아는 양심에 근거한 도덕원리를 상호승인의 권리개념으로 현실화시킬 수 있다.

이에 따른 도덕원리의 체계적 적용에서는 오히려 도덕원리가 하나의 모형에서 벗어나 정치사회 논리로 발전하며, 인간의 사회관계에 확대 적용되어 상호승인에 의한 권리개념으로 확장된다. 여기서 피히테의 도덕원리의 체계적 적용은 결국 개인과 공동체의 조화를 이루는 국민윤리의 통합적 사고와 연관됨을 알 수 있다. 이처럼 도덕원리에 기초한 도덕법칙이 자아에게는 양심에 기초한 정언형식을 지니지만, 이와 상응하는 권리체계에서는 인간의 상호승인에 근거한 가언형식을 나타낸다고 말할 수 있다. 따라서 도덕의 정언명법을 인간의 자유를 이해하기 위한 필요조건으로서 파악될 수 있지만 권리의 주장은 상호승인을 전제로 삼는 점에서, 도덕원리의 자율성과 자연법의 강제력 사이에는 불가분의 통일성을 이룬다고 말할 수 있다.

결국 피히테의 도덕원리와 윤리체계를 생각하게 되면, 생활세계는 이성적 존재자의 도덕적 사명을 완수하기 위한 필요조건이 된다. 감성세계에서 자아는 타자와 더불어 도덕원리를 현실적으로 구현하게 된다. 도덕원리에서 순수당위의 형식을 발견하며, 현실을 통한 도덕원리의 체계적 적용에서 우리는 순수당위의 내용을 권리로서 확보한다. 이처럼 피히테의 도덕원리와 윤리체계에서는 양심의 근원적 요청, 윤리적 충동의 현실적 적용, 상호승인에 근거한 권리담론의 틀을 발견하게 된다. 이를 통해 우리는 의무와 권리를 총체적으로 자각하여 도덕의 자율성은 사회적으로 구현하게 된다고 말할 수 있다. 교육현장에서는 이러한 일련의 상관관계에 주목하여 윤리교육을 위해 *생활공간 확대법*을 체계적으로 적용할 수 있다.

이러한 생활공간 확대법은 도덕교육의 내용배열에 있어 체계성을 부여하며, 삶의 가까운 영역으로부터 먼 영역으로 확대되어 나가는 방법으로, 삶의 구체적인 측면에서부터 도덕문제를 다루는 장점이 있다. 경우에 따라서는 '구체성과 추상성', '근접성과 원격성(遠隔性)'의 대비적 장점을 지니면서, 삶의 영역을 엄격히 구분하는 것이 실제로 어려우며 중첩될 가능성이 많이 발생한다. 생활공간 확대법을 제대로 활용하려면, 자아 내면과 외면, 가정 안과 밖, 학교 안과 밖, 지역사회의 안과 밖, 국가영역의 안과 밖, 인류의 안과 밖의 관계를 함께 다루어서, 궁극적으로 지구윤리 교육의 담론 소통이 가능하도록 해야 할 것이다. 이는 곧 자아의 인격함양, 가족과 이웃에 대한 화해와 사랑의 실천, 학교와 지역 사회생활에서 법적·제도적 정비가 이루어짐을 말한다. 이를 통해 각각의 단위체 생활공간에 대해서 교육적으로 존중감과 연대성을 함께 기르도록 도움을 줄 필요가 있다.

아울러 생태계와 지구촌의 구성원으로서, 인격적 위상과 책임의 귀착범위에 대해서도 깊은 관심이 요청된다. 현대의 포크(Richard Falk) 교수는 이러한 초국가적 가치를 '비영토적(non-territorial) 충성심' 덕성을 새로이 형성하는 것으로 주장한다. 그는 새로운 세계질서의 생활공간의 확대를 통하여 초국가적·비영토적 행위자의 중요성이 점차로 증대되며, 생태계의 생명의 상호의존이 증대됨을 중시한 바 있다. 그는 민족주의를 초월하여 평등의 증진, 생태균형 등의 국제규범이 등장할 것이라 내다보았다.[124] 이른바 정보화와 세계화에 따른 초국가적 상호의존성이 증대하여 윤리교육은 과거의 생활공간의 개념에서 탈피하여 지구공동체 의식의 함양이라는 새로운 가치개념을 정립해야 되고, 지구 공동체를 위한 윤리교육으로 그 인식지평을 체계적으로 확장할 필요가 있는 것이다.

---

124) *Re-framing the international: law, culture, politics,* edited by Richard Falk, Lester Edwin J. Ruiz and R. B. J. Walker, Publisher: New York ; Routledge, 2002. pp.30-35

제 4장 자연법 이론

♥♥ 반짝이는 눈 ♥♥

"너는
이야기를 할 때
네 눈이 반짝이는 것을 아니?
네 눈은 신비로운 보석이나 한밤중의 밝은 불처럼 빛나.
네 얘기를 들을 때면, 나는 내 주변의 모든 일들을
까맣게 잊어버린단다. 넌 나를 울고 웃고
생각하고 꿈꾸게 만들지.
난 그게 좋아."

【보리스 폰 슈메르체크의 《지금이라도 네 삶을 흔들어라》】

제 4장 자연법이론

자연법은 인간의 이성에 기초한 도덕적 법이다. 따라서 자연법은 인간의 본성에 기초하는 것이며, 모든 사람들에게 보편적으로 적용될 수 있다. 자연 현상에 대해서 기술적 설명을 요구하는 자연 과학의 법칙과는 달리, 자연법은 규범적인 법칙이라고 말할 수 있다. 자연법은 곧 도덕적 법칙이며, 우리에게 어떠한 행동을 하도록 요구한다. 인간은 자신이 원하는 것이 무엇인지를 알 수 있는 이성(reason)을 가지고 있으며, 그러한 자연적 본성에 의해서 우리는 어떠한 목적을 향해 행동을 하게 되고, 행동의 결과에 대한 도덕판단이 가능하다.

신자연법관점에서는 비자연주의자들이 제기하는 전제에 대해 논증적으로 반론을 제기한다. 첫째, 도덕적 평가는 특별한 설명을 하지 않은 채로 우스꽝스러운 증거에 기초해 있다. 둘째, 어떠한 증거도 평가를 위한 근거로서 철회될 수 있다. 어떠한 특별한 설명이 가해지지 아니한다면, 우리는 한 사람이 손바닥을 세 번 또는 한 번 치는 것을 가지고 그 사람이 선한지 아닌지를 평가내릴 수가 없다. 비자연주의자들의 논박을 받을 필요도 없이 이러한 경우에는 논증할 수 없다. 존재와 당위, 또는 기술적인 진술과 평가적인 진술 사이의 차이점 때문에 일상생활에서 도덕적 논쟁을 효율적으로 행할 수는 없다. 이러한 문제에 대해 필립파 풋의 관점과 헤어의 관점을 차례대로 살펴본다.

★ 탐구문제

1. 자연법에 중용이론이 포함되는 이유는?
2. 자연권과 자연법의 공통분모와 이중효과의 의미는?
3. 인간의 선호도와 도덕적 시비의 인과관계는 성립되는가?
4. 사실적 논증과 도덕적 평가 논증의 차이점은 어떻게 나타나는가?
5. 존재에서 당위를 도출하는 것은 가능한가?
6. 도덕적 불일치는 해소될 수 있는가?
7. 제 3법칙 ≪ ≫에 들어갈 내용을 제시하시오.(05' 임용고사)

<홉스(T. Hobbes)에 의하면, 자연 상태의 비참한 상황을 종식시키고 자기 보존이라는 본래의 목적을 달성하기 위해 사람들은 새로운 수단을 강구해야 한다. 이 새로운 수단으로 정식화된 것이 자연법이다. 총 19개의 자연법들이 있지만, 다음 3가지가 중요하다. 제1법칙 : 각자는 평화를 확보할 수 있는 희망이 있는 한, 그것을 확보하기 위한 노력을 강구해야 한다. 제2법칙 : 각자는 다른 사람들이 그렇게 하는 한, 평화를 추구해야 하며 또 필요한 만큼 자신을 방어하면서 모든 것에 대해 가졌던 권리를 포기해야 한다.

제3법칙 : ≪ ≫ 그런데 제2법칙에 따라 권리의 상호 포기에 관한 계약을 체결해도, 그것을 경쟁, 불신, 복수 등으로 말미암아 언제라도 파기할 가능성이 있다. 따라서 제3법칙이 특히 중요하다. 홉스가 이 제3법칙을 정의의 원천이며 기원이라고 강조했던 까닭도 여기에 있다. 그러므로 홉스는 "칼을 갖지 못한 계약이란 단순한 말에 지나지 않으며, 인간

의 안전을 보장할 힘을 전혀 갖지 못한다."라고 말한다. 바로 이러한 이유로 말미암아 '절대권력'을 갖는 '국가'를 만들게 되었다.

8. 다음 글을 읽고 답하시오.(05' 임용고사)

"내 손가락의 상처보다 전 세계의 파멸을 선호하는 것은 이성에 위배되지 않는다." 그리고 "내가 전혀 알지 못하는 사람의 곤경을 최소화하기 위해, 나의 철저한 희생을 선택하는 것은 이성에 어긋나지 않는다." 이러한 주장을 펼치면 이성이 아니라 ㉮감정에 기초하는 이론을 수립하였고, 공감을 '도덕적 특질의 주요 원천'으로 삼았다. 현대에 이르러 이러한 견해는 정서주의자(emotivist)들에 의해 계승되었다. 특히 스티븐슨(C. L. Stevenson)은 윤리적 불일치를 사실에 대한 불일치에서 나오는 소견 혹은 믿음(belief)의 불일치와 태도(attitude)의 불일치로 분류하면서, 태도의 불일치를 한층 더 강조하였다. 태도란 어떤 일에 대해 좋아하고 싫어하는 경향 또는 어떤 방식의 행동 경향을 말한다. 따라서 태도의 불일치는 소견의 불일치에서 나오는 것이 아니라 취향 혹은 기호의 차이에서 나오며, 윤리적 불일치는 대개 이러한 종류의 불일치에서 비롯된다는 것이다. 따라서 그는 도덕가(moralist)들에게는 태도의 불일치를 해결하기 위하여, 소견의 불일치를 ㉯다른 차원의 방법이 이 필요하다는 결론에 이르렀다."

㉮ 에 따를 때, '덕'(유덕함, 덕 있음)과 '악덕'(부덕함, 덕 없음)은 무엇인지 서술하시오

㉯ 의 명칭과 함께 그 특징을 서술하시오.

1. 자연법 이론의 의미

기원전 1 · 2세기 스토아학파의 저서에서 자연법전통의 변형을 발견할 수 있다. 그들의 핵심적 원리는 "자연을 따르라"는 것이다. 이것은 인간의 이성을 따르는 것을 의미한다. 그들은 또한 비록 각 지역마다 관습, 풍습이 있을지라도 모든 사람이 따라야할 공통된 법칙이 있다고 믿는다. 자연적인 생명에는 평온한 상태가 지속되는 것이 이상이므로 즐겁고 괴로움에 따라 마음의 평정을 흐트러뜨리지 않는 것, 곧 아파테이아(apatheia)이고 이 부동심 이외의 것은 아디아포라(adiaphora : 무관심)에 불과하다고 본다. 그래서 재화도 명예도 사치도 물리칠 것을 권했다.

제퍼슨은 로크를 인용하여 모든 인간은 동일한 기본능력을 가지고 태어난 동일한 종이므로, 모든 인간은 평등하게 대해주어야 할 동일한 천성을 가지고 있다고 보았다. 도덕성이 인간본성에 토대한다는 생각은 자연법 이론의 중심사상이다. 자연법사상의 또 다른 교의는 도덕법이 인간이성으로 접근가능하다는 것이다. 이 두 이념들은 누렘베르크(Nuremberg)재판에서 구체화됐다. 이것은 1945-49년 사이의 독일 누렘베르크에서 열린 나찌 전범의 공판이었다. 처음 공판에서 나찌 지도자들은 침략전을 야기하여 국제법을 위반하는 범죄가 선고되었다. 그들 중의 아홉은 사형이 선고되었다. 다른 공판에서 피고들은 시민들에 대한 잔학행위를 범했다고 고소되었다. 수용소에 수감된 사람들에게 의학적 실험을 시행한 나찌 의사들도 포함

되어 있었다. 그들의 실험은 많은 이를 죽였고, 이들 모두가 비자발적인 복종이었다. 예컨데 독일 공군에 대한 실험은 공기가 희박하여져 가는 통에서 사람들의 얼마나 빨리 죽을 수 있는지를 알기 위하여 실험되었다. 또 다른 실험은 얼고 있는 물속에서 인간육체의 반응을 측정하려는 것이었다. 피고는 군대의 직원, 판사, 의사들은 단지 명령에 따랐다고 주장하였다. 그러나 기소자 들이 비록 그 실험이 그들의 법을 위반하지 않았다할지라도, 그들이 "인간성" 에 대한 범죄였다고 주장하였다. 이 생각은 시민법보다도 중요한 '도덕법(Moral law)'이 있다는 생각이다. 그리고 이들 의사 등은 이들 기본적인 도덕법이 요구된다는 것을 알아야 한다.

자연법 이론의 일반적 전통은 그것의 근원을 아리스토텔레스의 도덕철학에서 가진다. 그의 철학은 흔히 플라톤의 철학과 비교되는 바, 플라톤은 '*보편적 추상*'(The General and Abstract)의 실재를 강조하면서, 실재는 사물과는 별개로 존재하는 형상이나 이데아로서, 개개의 사물들이 모방하고자 분유하고 있는 것으로 보았다. 아리스토텔레스는 개별적인 것과 형상의 구체적 표명에 더 관심을 가졌다. 아리스토텔레스의 도덕이론에 관한 기본적인 관념은 니코마코스의 윤리학에 나타나 있다. 그의 윤리관은 자연에 대한 좀 더 일반적인 관점에 토대를 둔다. 아리스토텔레스 자신은 자연에 대한 위대한 관찰자였다. 그는 동일한 종류의 씨앗은 항상 동일하게 성숙한 형태로 자라게 된다는 것에 주목하였다. 올챙이는 항상 동일한 경로를 거쳐서 개구리가 되지 결코 거북이가 될 수 없다. 그것은 다른 생물체에서도 마찬가지이다. 아리스토텔레스는 자연 속에 질서가 있다고 결론 내렸다. 식물과 동물과 같이 자연물이 그들에 그들의 목표를 향하게 하는 질서의 원리를 가진다면, 그것은 그들의 성숙한 마지막 형상이었다. 이런 관점은 그리스어 목적(telos)에서 유래한 목적론적 관점으로 볼 수 있다. 왜냐하면 목표에 대한 강조가 자연물에 내포되어 있기 때문이다. 이처럼 자연법 이론은 인간의 본성에 존재하는 어떠한 목적론적(teleological) 성격에 기초한다.[125]

아리스토텔레스의 탁월한 주석자인 토마스 아퀴나스(T. Aquinas:1224-1274) 역시 목적론자로서 자연법은 신법 또는 우주에 대한 계획의 부분이라는 생각을 가졌다. 아퀴나스에 따르면, 우리는 이성적 능력을 사물이 존재하는 방식에 대한 진리를 발견하기 위하여 사용해야 하며, 우리의 본성의 도덕적 요구에 따라야 한다.

자연법 이론의 교의는 '우리의 자연적 성향이나 종의 능력으로부터 우리의 도덕적 의무가 나온다.'는 것이다. 우리는 우리가 마땅히 존재해야 할 것으로 존재해야 한다. 우리는 우리의 종적능력을 고려함에 의하여 도덕법이 요구하는 것을 알 수 있다. 우리는 이런 능력을 좌절시키거나 이해하기 보다는 오히려 신장시켜야 한다. 이를테면, 성숙과 생명, 성장을 지향하게 된 이래 우리는 생명과 건강을 증진시키도록 해야 한다. 우리의 건강을 침해하는 것은 내적으로 잘못이다. 인간에게 독특한 것은 자유롭게 선택하고 인식하는 특별한 능력이다. 우리는 우리 자신과 타인들을 이해할 수 있고 자유롭게 선택할 수 있는 존재로서 대해주어야 한다. 진리, 교육, 공적인 표현의 자유 등을 추구하도록 우리를 돕는 것들은 선하다. 진리의 추구를 방해하는 것들은 나쁘다. 속임수, 정보원에의 접근결핍은 사물이 존재하는 방식을 알고자 하

125) Aristotle, *Nicomachean Ethics,* New Yok: Prometheus Books,1987.

는 우리의 내적인 충동이나 지향성을 방해하는 이유만으로도 도덕적으로 반대할 만하다. 더욱이 자유롭게 선택하는 우리의 능력을 신장하는 것이 선하다. 자연법이론의 핵심은 인간본성의 내재적 목적을 확장시키고, 인간의 실현을 좌절시키지 않아야 한다는 것이다.

기술법과 차이

독립선언서와 누렘베르크 공판에서 표명되어진 것처럼, 자연법이론의 중심적인 사상은 ① 도덕법이 인간이성으로 접근가능하다. ②도덕법은 인간본성에 토대를 두고 있다 ③도덕법은 보편적으로 적용가능하다. 자연법이론은 "자연법은 인간이성에 의해 인식가능하며, 모든 인간에게 적용할 수 있으며, 인간본성에 근거한다는 것이다." 자연법은 "자연과학의 일반화"인 자연의 법칙(Laws of nature)과 혼동되어서는 안 된다. 자연과학의 법칙은 기술법칙(descriptive laws) 이다. 기술적인 법칙들은 과학자들이 자연이 운행한다고 믿는 바를 우리에게 말해주는 것이다. 이를테면 열이 가해지면, 가스는 용기 안에서 팽창한다. 보일의 법칙은 가스가 어떻게 처신해야 마땅한지에 대해서는 말해주지 않는다. 또한 만일 가스가 우리들이 관찰해오던 것과 다르게 반응하는 것을 발견하게 되면, 새로운 정보에 맞게 그 법칙들은 수정된다. 과학법칙들은 사실에 대한 기술적인 일반화이다.

도덕법은 처방의 법(prescriptive laws)으로 이해될 수 있다. 도덕법은 우리가 어떻게 처신해야하는지에 대하여 말한다. 자연법은 도덕법이다. 그러나 자연법은 자연(nature)에 관련된 것이 아니고, 자연법에 따라서 우리가 어떻게 행동해야 하는지에 대하여 인간존재로서의 우리의 본성적 측면(nature)을 고려하면서 결정하게 된다. 우리는 선한 것과 우리가 당위적으로 행해야 할 것을 알기 위하여 우리의 본성적 측면을 고려하게 된다. 시민법(civil law) 역시 처방법이다. 그러나 도덕법으로서의 자연법은 특정사회의 법보다도 좀 더 근본적이며 상위에 놓여진다. 특정사회의 법은 다양하고 시간에 따라 변화하는 반면 자연법은 보편적이고 항구적이다. 고대 그리스의 비극작가인 소포클레스의 안티고네는 왕에게 복종하지 않았다. 그녀는 그녀에게 행하도록 요구하는 상위법을 따라야 한다고 믿었다. 그녀는 이 법에 복종함으로써 생명을 잃었다. 누램베르크 공판에서 고발인 또한 모든 인간들이 인정하는 상위의 법이 있으며, 이는 국가법에 우선권을 가진다고 주장하였다. 오늘날도 사람들은 시민법을 제도화하거나 변화시키고자 주장할 때 도덕법에 호소한다.

자연법은 무엇에 토대하고 있는가? 자연법은 자연 속에 내재한 목표나 질서에 근거하고 있다는 점에서 목적론적이다. 자연적 존재는 종이나 속에서 온다. 종으로부터 본질적 특성이나 중요한 경향, 능력 등이 온다. 다람쥐는 동물종이다. 그것은 어린 형상으로부터 성숙한 형상으로 발전한다. 그것은 포유동물이며, 포유동물의 다른 성격도 지닌다. 그것은 털이 달린 꼬리를 지니며, 선을 타고 빨리 달린다. 다람쥐를 정의내리는 특징들로부터 우리는 다람쥐란 어떤 것인지 알 수 있다. 다람쥐의 좋은 모범은 잘 기능하는 것이다. 그것은 본성적으로 가지게 되는 발전과 성장의 형태를 따른다.

인간존재 역시 종의 본성을 지닌 자연적 존재이다. 그들은 인간으로서 공유하는 특별한 특징과 능력을 가진다. 다람쥐와는 달리 인간은 선한 것을 행할 수 있고 또는 그에 거슬려 행동할 수도 있다. 그들에게 선이란 무엇인가? 좋은 눈은 잘 보는 건강한 눈이다. 인간에게는 무엇인가? 우리는 훌륭한 목수나 플롯 연주자가 되게 하는 것을 안다. 인간으로서 인간존재에 비교할 수 있는 것이 있는가? 인간으로서 인간을 위해 어떤 선이 있는가? 다람쥐로서의 고유한 능력과 특징으로부터 다람쥐의 선을 말할 수 있는 것과 같이, 자연법에 따르면 인간에게도 동일한 것이 적용된다. 인간은 잘 기능하기 위해서 그들의 능력을 완전하게 해야 한다. 만일 이렇게 한다면, 그들은 인간존재로서 잘 기능하는 것이 될 것이다. 이들은 또한 잘 기능하고 있는 한, 행복할 것이다. 아리스토텔레스는 인간의 궁극적 선은 행복으로 보았다. 그러나 행복은 어디에 있는가? 행복이 무엇인지 알기 위해서 인간의 기능이 무엇인지 알아야 한다.

인간존재는 하위의 존재와도 공통점이 많다. 우리는 식물과도 공통점을 가지는바, 외부로부터 영양을 섭취하며, 미성숙한 형태로부터 성숙한 형태로 자란다. 우리는 고등동물처럼 시력이나 청력도 지닌다. 그러나 인간만의 독특한 것인 어디에 있는가? 그것은 인간에게 독특한 이성적 요소라고 믿는다. 그러므로 인간에게 선이란 이성적 요소에 의하여 안내받고 그에 일치하게 기능하는데 있다. 우리의 이성적 요소는 두 가지 다른 기능을 가지는 바, ①인식하는 것 ② 선택과 행위를 지도하는 것이다. 우리는 세계와 진리를 아는 능력을 개발해야만 하며, 현명하게 선택해야 한다. 이렇게 함으로써 우리는 인간으로서 잘 기능할 수 있다. 그런데 현명하게 선택한다는 것은 무엇인가? 이에 대해 아리스토텔레스는 신중한 선택에 대한 이념을 발전시켰고, 신중한 인간으로서 선택해야 할 것을 제안한다.

아리스토텔레스(Aristoteles)의 이상적 이성상태에서는 ① 행복이란 완전한 덕과 일치하는 영혼의 활동이다. 따라서 인간은 그의 탁월한 자질(이성)을 실현함으로써 가장 수준 높은 행복을 얻는다. ② 이상적인 생활은 행복주의의 관점에서, 신에 대한 가장 풍부한 사색을 가져오는 생활이라 규정한다. ③ 이성은 지식의 추구라는 과제와 감각적이고 육체적인 생활의 통제, 혹은 지도라는 두 가지의 과제를 수행해야 하는 것이다. 아울러 그의 중용이론에 의하면, ① 도덕적인 덕이란 악덕인 두 극단 사이에 중도적인 것을 의미한다. ② 중용은 【올바른 이성이 명령하는 것】으로 규정된다. 따라서 상대적이며 이성에 의해 결정된다는 "도덕적 목적인 중용에 대하여 생각하는 상태이다." ③ 중용의 발견은 원의 중심점을 찾는 것처럼 어렵다. ④ 과불급이 없는 상태 ⑤ 지고한 덕으로서의 정의는 모든 덕의 총화이며 완전한 덕이다. 따라서 보편적 정의는 합법적인 것을 가리키고, 특수한 정의는 보편과 평등을 가리킨다. ⑥ 중용의 조건으로서는 ▷식견(양식) : 인식적 요소를 내포한 판단 포함 - 중용 파악에 필요하며, ▷경향성을 멀리함 : 인간은 동물적인 경향성의 지배를 받기 때문이며, ▷성격 : 자신의 성격을 파악해야 한다. ▷덕을 습관화하는 습관적 행동(ethos)이 요구된다.

자연법이론의 관점

자연법이론에 대해서는 다양한 평가가 존재한다. 자연법이론에 근원이 되고 있는 인간의 본성에 관해서도 다양한 시각들이 있다. 예를 들어, 아리스토텔레스는 인간의 본성에 비추어 노예제도를 정당화하였으나 현대인들은 그것은 부정하고 있다. 또한 토마스 홉스는 자연 상태에서 인간은 제어할 수 없는 존재로 규정하여 그들을 통제할 수 있는 강력한 군주제를 옹호했다. 홉스에 있어서 선악은 '쾌락' 및 '고통' 과 완전히 동일시되고, 이러한 자연적 사실이 그대로 유일하고 궁극적인 가치의 척도가 된다. 그런데 쾌락이나 고통의 대상의 기준은 때와 장소에 따라 다르다. 따라서 개인의 주관이나 상황을 초월한 최고선(summum bonum) 이나 궁극목적(finis ultimus), '공동선'(bonum commune)의 존재 여지가 없다. 홉스는 *자연 상태*를 *"만인의 만인에 대한 투쟁*(hellum omnium contra omnes)" 혹은 "인간은 인간에 대해 늑대이다(homo homini lumps)라는 말로 묘사하고 있다. 이러한 자연 상태를 특징짓는 것은 【공통권력이 존재하지 않는 데 있다】는 것이다.[126] 이러한 상태의 전제가 되는 것은, 모든 인간이 육체적 및 정신적 능력에 있어서 서로 평등하다는 데 있다. 자연 상태는 어떠한 법적, 도덕적 구속력도 존재하지 않는 상태이다. 따라서 평등 한 개인은 또 완전히 자유롭다. 즉 거기서 각자는 '자기보존'을 위해 자기 자신의 판단에 따라 어떠한 것도 할 수 있는 자유를 가진다.

홉스는 자연 상태에 있어서의 각자의 이러한 '자기보존'의 자유를 '*자연권(the right of nature)*'이라고 부른다. 반면에 자연 상태가 인간의 자연적 제 능력의 결과였듯이, 홉스는 이러한 상태에서 탈출할 수 있는 가능성도 사회계약으로서 도덕원리를 모색하는[127], 인간의 능력 에서 구한다. 그 능력의 하나는 '죽음의 공포'와 보다 나은 생활로의 정념이며, 또 다른 하나는 '평화의 조항'을 가리키는 이성의 계산이다. "사람들을 평화로 향하게 하는 정념은, 죽음의 공포이며, 쾌적한 생활에 필요한 것으로의 욕망이며, 그들의 노력에 의해 그들을 획득하려는 희망이다. 그리고 이성이 그것으로써 사람들이 평화로 인도할 수 있는 평화조항을 제시한다. 이 조항이 *자연법(the laws of nature)* 이다. 이 자연법에는 세 가지가 함축되어 있다. ① *"각자는 평화를 획득하려는 희망이 있는 한, 평화를 향해 노력해야 하며, 그것을 획득할 수 없을 경우에는, 그는 전쟁의 모든 도움과 이익을 구해서 사용할 수가 있다."* 여기서 평화로의 노력을 명하는 전반 부분이 근본적 자연법이며, 자기보존으로 노력을 명하는 부분이 자연권의 요약이다. ②*"사람은, 다른 사람도 그러한 경우에는 그가 평화와 자기 자신의 방위를 위해 필요하다고 생각하는 한, 모든 것에 대한 이러한 권리를 지진해서 버려야 하며, 그가 그 자신에 대해 허용하는 것만큼 다른 사람에 대한 자유를 만족시켜야 한다."* 즉 자연 상태에서 각자가 모든 것에 대해 가지고 있는 자연권이야말로 전쟁의 원인이다. 따라서 이 자연법은 평화를 위해 이러한 자연권의 포기를 명하는 것이다. 그리고 권리의 포기에도 2가지 구별이 있다. 하나는 문자 그대로 포기(renouncing)이며, 또 하나는 양도(transferring)이다. 전자는

---

126) 홉스는 이기적 인간의 자연 상태를 묘사하기에, ① 원시적 자연 상태 : 시민법, 도덕법이 존재하지 않는다. 법은 사회계약의 산물 일 뿐이다. ② 도덕법이 없는 곳: "자연권"은 "정글의 법칙" 즉 "이와 발톱의 법"을 의미한다. ③ 인간의 자연 상태: "힘을 만들어 내는" 조건 ④ "공동소유의 권력이 없는 곳: 법도 없고, 법이 없는 곳에 정의도 없다.

127) 사회계약으로서 도덕원리는 ① 도덕 원리 : 단순한 법적 합의의 사회 계약, 자기보존 목표 ② 사회계약은 "법의 보호를 받기 위해 자연권을 포기하는 것" ③ 자기보존을 위한 권력의 포기: "황금률" ④ 사회계약의 결과: 도덕규범(법률) 발생 ⑤ 강력한 통치자의 전제권력, 강력한 처벌・형벌의 강조

권리를 양도하는 상대가 명시되어 있지 않는 경우이며, 후자는 특정한 상태가 명시되어 있는 경우이다. 홉스는 후자의 경우에서의 상호적인 양도를 계약(contact)이라고 부른다. 또 이 경우에 있어서의 권리의 상호적인 양도가 곧 그 자체의 양도를 수반하는 것이 아니라, 서로의 신뢰 속에 그 계약의 이행을 장래에 맡길 경우, 홉스는 특히 그것을 *信約(covenant)*이라고 부른다. ③ *"사람들은 그들이 맺은 信約을 이행해야 한다."* 이것은 둘째 자연법으로부터의 당연한 귀결이다. 그리고 홉스는 이러한 신약의 준수를 정의(justice), 그 반대를 부정의(unjustice)라고 부른다. 말하자면 홉스에 있어서 정의란 자기보존의 보다 나은 실현을 위해 맺은 '신약의 준수'인 것이다. 이상 세 가지가 홉스 자연법 중 기본적인 것이며, 나머지는 이들에서 파생되어 이들을 보완하는 것으로 존재한다.

홉스에 의하면 이러한 자연법이야말로 도덕 그 자체이며, 따라서 자연법에 관한 교의가 도덕철학이다. 결국 홉스의 자연법은 도덕과 동일시된다. 이러한 자연법은 아리스토텔레스와 같이 영혼의 탁월성이나 완전성이라는 궁극적 가치에 관련되는 것이 아니라, '자기보존'을 위한 자연권을 보다 잘 실현하기 위한 평화의 규칙에 불과했다. 자연법을 올바르게 인식하고 준수하기 어려운 사람들에 대한 판단기준으로 "그대자신에 대해 해주기를 원하지 않는 것을, 타인에게 하지 말라"라는 명제를 걸었다. 말할 것도 없이 이것은 "타인에게서 해주기를 원하는 모든 것을 그 사람들에게 하라"라는 성경의 황금률과의 대비인 것이다. 그리고 이를 하나의 행동규범으로 생각할 경우, 후자는 타인에 대해 적극적으로 선을 베푸는 것을 요구하고 있는 데에 비해, 전자는 단지 악을 범하는 것을 금하는 것에 불과하다. 그것은 오히려 금지명령이며, 여기서도 고립적이고 이기적인 개인을 전제로 한 단순한 평화를 위한 처방에 불과한 홉스 자연법의 소극적인 성격이 나타난다. 그리고 그것은 그대로 경쟁사회를 평화롭게 유지해 나가기 위한 수동적인 행동 규칙에 불과한 부르주아 사회의 도덕을 그대로 반영하고 있다고도 할 수 있다. 이러한 자연법이 도덕의 구속력의 근원으로 자리매김할 수 있는가에 관련되는데, 전통적인 자연법에 있어서는 그것은 인간의 자연성 그 자체에 입각하고, 따라서 신법(神法)과 밀접한 관련을 가지고 있었다. 자연법의 구속력은 무엇보다 神의 권위에 입각한 것이었다. 홉스도 또한 이러한 이성에 의해 발견된 자연법은 엄밀한 의미에서는 자기 자신의 보존과 방위에 도움이 되는 것에 관한 결론 또는 정리(theorems)에 불과하고 "권리에 의해 모든 것을 지배하는 신의 말에 제시 된 것"으로만, 법(law)이라고 부를 수 있다고 말하고 있다. 그러나 이 사실은 반드시 홉스가 자연법의 구속력의 근원을 신의 권위에 구한 것을 의미하지 않는다. 자연법은 어디 까지나 이성에 의해 발견된 평화의 제 규칙이며, 그 구속력은 이성의 추리 즉 계산에 있다. 그것은 인간의 자연적 성향의 분석으로부터의 당연한 귀결이며, 그것이 준수되어야 하는 것은, 그렇지 않으면 평화가 지켜지지 않기 때문이다. 물론 이는 자연법의 창조주가 만물의 창조주인 신이라는 사실과 모순되지 않는다.

사회계약 : 국가의 필요성

자연법만으로는 평화의 보장으로서는 충분하지 않다. 이것은 자연법이 모든 사람에게 인식되지 않기 때문이 아니라, 오히려 장기적으로 보면 자연법을 지키는 것이 모두에게 이익 된다는 것을 알아도, 단기적으로는 자연법을 범함으로써 이익을 얻는 사람이 있을 수 있기 때문이다. 따라서 홉스는 자연법은 평화의 보장이 존재하는 곳에서는 언제 어디서나 '외면의 법정에 있어서(in fro ebterno)' 사람들의 행동을 의무 지우지만, 자연 상태에 있어서는 '내면의 법정에 있어서(in fro interno)' 즉 양심의 법정에 있어서만 항상 의무 지우는 데에 불과하다고 한다. "때문에 우리는 자연법은 내면의 법정, 즉 양심의 법정에 있어서는 언제 어디서나 의무지 우는 것이지만, 외면의 법정에 있어서는 반드시 그렇지는 않다. 그것이 안전하게 이루어질 경우에만 의무지우는 것이라 결론 내리지 않을 수 없다."홉스의 국가는 바로 자연법이 외면의 법정에 있어서도 항상 작용되어 실현되기 위한 조건으로서의 '충분한 안전(sufficient security)'을 보장하기 위해 자연법에 입각해서 성립된다.

오늘날 자본주의를 정당화하는 다윈주의(Darwinism)도 인간을 약육강식의 비도덕적 존재로 규정한다. 19세기의 다윈(Charles Darwin, 1809-1882)은 인간의 도덕감(양심)의 제 1원리로서의 사회적 본능을 들고 있다. 그는 기계론적 법칙에 의해 도덕원리와 도덕의식에 대한 설명을 한다. 그러나 사회의 부적격자를 도태하는 과정에서 우리의 본성 가운데 가장 고귀한 부분이 라고 불렀던 동정과 인간의 도덕성을 저버리게 될지도 모른다. 그의 주장은 양심, 사회적 본능, 그리고 동정이 어떻게 자연도태의 과정 동안에 도달된 진화의 최고 성취의 산물이 되는 가에 대한 이유를 알기 어렵다는 맹점이 있다. 아울러 생물학적 진보는 필연적으로 도덕적 진보일 수 없음에 한계점이 노출된다. 그리고 과학 혁명 시대에 자연 과학적 지식이 발달하자, 인간의 궁극적 목적에 대한 관점이 와해된 것이다. 본성에 대한 평가가 인간이라는 존재로부터 시작되는 만큼 창조주와의 관계에서도 신의 섭리에 의한 본성과 진화론적인 본성으로 양분된다. 이러한 자연법이론에 대한 부정적인 평가는 그 이론이 우리에게 타당하게 적용될 수 있는지 그 여부를 알려준다.

이중효과의 원리와 자연권

자연법 이론과 관련된 원리로서 "이중효과의 원리"가 있다. 이것은 모든 행동에는 기대될 수 있는 좋은 효과와 예측될 수 있는 나쁜 효과가 있다는 것이다. 이 원리에 의하면 어떤 행동이 도덕적으로 허용될 수 있기 위해서는 다음의 세 가지 조건을 만족해야 한다. ① 행동 그 자체가 도덕적으로 허용될 수 있어야 한다. 악은 좋은 결과를 생산하기 위한 수단이 될 수 없다. ② 좋은 결과는 기대되는 목적이어야 한다. 해롭거나 악한 결과는 예측은 되지만 기대되지는 않는다. ③ 좋은 결과는 나쁜 결과를 능가해야한다. 이러한 점으로 미루어 볼 때, 자연법 이론은 목적론 성격과 의무론 성격을 동시에 함축하고 있기 때문에 문제점을 노출하게 된다고 할 것이다.

중세자연법학자들에 의하여 발전해온 "이중효과의 원리"에 따르면, 자연법이론은 우리가 본성적으로 주어진 내재적인 목표를 따라야 한다는 신념 때문에 목적론적이지만, 그것은 또한 의무론적이기도 하다. 다른 선을 증진시킨다할지라도, 자연을 위반하는 것을 허용할 수 없기 때문에 의무론적이다. 이 원리는 때때로 자연법이 비난하는 것도 행할 수 있다. 초기 로마법학자들은 다양한 민족의 법조문에서 공통의 요소가 있다고 믿었다. 율법학자, 그로티우스는 도덕법이 올바른 이성에 의해 결정된다는 생각을 가졌다. 이런 견해들은 모든 민족에게 공통적인 기본적인 도덕법에 근거한 인간본성과 인간이성에 의지하기 때문에 자연법론에 대한 변화가 고려될 수 있다. 18세기 이래의 철학자들은 자연의 법칙에 대해 언급하였다. 볼테르는 도덕성은 우주적 근원을 가진다고 말했다. *"자연법에서 자연은 모든 인간들이 마땅히 행해야 할 것을 가르친다."* 미국의 독립선언서는 자연에 정초되어진 도덕법이 존재한다고 믿었다. 로크는 자연권 전통의 맥락에 있지만, 자연법 전통과는 다르다. 로크는 인간의 본성에 대하여 발달된 견해를 갖지 못했으며, 또한 아퀴나스처럼 형이상학적이지도 못하였다.

그러나 *자연법이론(natural law theory)*과 로크나 제퍼슨과 같은 *자연권(The natural rights)*사이에는 공통의 흐름이 있다. 양자는 그들 견해를 인간본성에 호소하는데 근거하고 있다. 양자는 인간본성으로부터 도출된 도덕원리가 사회법과 실제를 형성할 뿐만 아니라 비판하는데 사용될 수 있다고 믿는다. 신자연법주의자로 분류되는 현대도덕철학자들의 견해는 자연법 전통에 서 있다. 필리파 풋(Philippa Foot)은 인간을 번영하게 하는 것을 이상으로 삼는 도덕철학의 형태를 발전시켰다. 그녀는 전통적인 덕들이 우리가 잘 사는데 기여하는 한 가치 있다고 믿는다. 이런 관점에서 그녀는 아리스토텔레스의 윤리학으로 선회하는데, 여기서 덕이 핵심적 요소이다. 비록 자연법 윤리학과 덕의 윤리학 사이에 필연적 관계가 존재하지는 않지만, 이들은 함께 발전하여왔다.

자연법 이론의 특징과 평가

자연법 이론의 특징은 ①도덕가치의 객관성에 대한 신념이 있다. ②인간을 번영하게 하는 것으로서 선의 관념에 대한 신념이 있다. 그러나 이 이론이 해명해야 할 몇 가지 주요한 질문이 있다. 먼저【우리는 자연을 어떻게 해석할 수 있는가?】의 문제가 제기된다.

자연법론에 따르면, 우리는 자연에, 특히 인간본성에 쓴 도덕법을 해독하는데서 우리가 마땅히 행해야 할 것을 결정해야 한다. 자연법론이 직면하는 문제는 자연(nature)를 읽는 우리의 능력에 관한 것이다. 아마도 도덕법은 선천적인 인간이성에 의해 인식 가능할 것이다. 그러나 철학의 역사에서 다양한 철학자들에 의해서 자연(본성)은 다양하게 읽혀졌다. 심지어 아리스토텔레스조차도 노예제도가 본성에 일치하는 것으로 정당화하였다. 오늘날 사람들은 그런 자연법에 근거하여 정당화되는 노예제에 반대한다. 홉스는 절대군주제를 변호하였고, 로크(J. Locke)는 그에 반대 하였지만, 두 사람 모두 자연법에 근거하고 있다. 게다가 모든 이들이 인간본성이 요구하는 것이나 인간 자연권에 중심적인 것이 무엇인지에 대하여 동의하지 못한다. 1948년, '미국 인권선언서'에는 권리로서의 행복추구권 - 의식주와 기본적 안전에 대한 권리를 포함하고 있다. 그러나 다른 학자들은 사회가 보호해야할 기본권은 복지권이 아니라, 우리의 일상적 삶이 침해받지 않을 권리로서 자유권으로 보았다. 1920년까지 미국에서는 여성에게 투표권이 인정되지 않았다. 여성은 자연 본성적으로 이성적이지 못하고, 남성보다 동물에 더 가깝다는 이유이다. 만일 그것이 자연스런 인간이성에 의해 인식 가능한 것으로 본다면, 어떻게 자연법에 대해 그렇게 다른 해석이 가능한가?

게다가 만일 자연이 광범위한 의미에서 취해진다면, 그리고 도덕법으로서 자연법이 근거하고 있다면, 일반적 접근법은 사회적 다윈이즘까지도 포용할 것이다. 이런 견해는 자연적으로 가장 잘 적응하는 유기체가 생존할 것이며, 그러므로 인간사회에서 가장 잘 적응하는 것이 살아남을 것이며 약자는 멸망해갈 것이다. 이런 신념이 자본주의와 결합할 때, 그것이 유일한 권리라는 관념이 될 것이며, 본성적으로 19세기말의 부유한 산업가가 부유하고 강력하다는 생각을 낳을 것이다. 이는 또한 가난한 자는 자연의 고안에 의한 것이고, 인간은 이런 상황에 개입해서는 안 된다는 주장이 된다.

【인간본성은 어떻게 최상으로 묘사 되는가?】

자연법 이론에 있어서 인간존재의 선성은 본질적인 자연의 기능이다. 그러나 우리는 인간본성의 핵심이 무엇인지를 어떻게 아는가? 전통적인 자연법이론은 다음과 같이 지적한다. 진리의 추구, 선의 선택, 건강하고 성숙한 존재로 발전해 가는 것으로 언급한다. 인간본질의 본질적 특성에 대해 모든 이가 낙관적인 것은 아니다. 어떤 이들은 인간의 본성을 속이고, 악하고 통제할 수 없는 것으로 본다. 특히 인간의 특수한 성향을 고려할 때, 인간을 어떻게 묘사할 수 있을까? 사람의 성적인 본질은 생물학적 개념에 있어서 어린이를 재생산하는 쪽으로 쏠려 있다. 그렇지 않고 우리가 인간의 성을 달리 묘사할 수 있을까? 성의 격정적이고 감정적이고 쾌락-추구적인 경향이 아닐까? 그것은 개인적 친화성을 강화시키는 자연적 방법이 아닐까? 재생산으로서 성의 자연적 목적을 고려할 때, 자연법학자들은 성기관의 "자연적 기능"을 방해하기 때문에 피임약의 사용을 금하는 것과 마찬가지로 동성연애도 반대한다. 자연법의 다른 해석들은 인간성의 다른 자연적 목표를 고려하기도 한다.

【자연법은 신법의 토대를 요구 하는가?】

연에 존재할 수 있는 목적을 설명하는 근거를 생삭해보자. 중세 신학자들은 우주에 대해서 자연에 표명된 신의 계획을 믿었다. 그러나 아리스토텔레스에게 있어 우주는 영원한 것이있다. 그것은 항상 존재해 온 것이지, 신에 의해 창조된 것이 아니었다. 그의 신의 관념은 우주가 향해가고 있는 가장 완벽한 존재의 개념이었다. 그에 의하면, 자연에 질서가 존재하지만, 그것은 신의 머리에서 온 것이 아니다. 그러나 아퀴나스에 의하면, 자연이 질서를 가지게 된 이유는 신에게 그 원인이 있다. 말하자면 신이 질서를 부여한 것이다. 우주는 신성한 계획에 따라 창조되었기 때문에, 자연은 지적으로 인식 가능할 뿐만 아니라, 그것이 형성되어진 목적을 위해 존재한다. 어떤 자연법학자들은 이에 대하여 아퀴나스를 따르지만, 다른 이들은 아리스토텔레스를 따르기도 하며, 또는 자연에 내재한 질서의 근원에 대한 판단을 유보한다. 그러나 질서를 부여하는 이 질서 없이 자연속의 질서를 생각할 수 있을까? 이는 우리가 자연에 내재한 질서를 통해 의미하는 바에 의존한다. 만일 그것이 계획의 의미를 가진다면, 이것은 창조자가 가진다고 믿는 이성을 준다. 그러나 자연물들은 어떤 계획에 의하여 방향 잡힌 것처럼 확실한 방식으로 발달해 갈 것이지만, 거기에는 어떤 계획도 없다.

진화론은 자연법론에 도전하는 것으로 나타날 것이다. 만일 사물의 존재하게 되는 방식이 많은 기회변수라면, 우연적인 것 이외의 다른 것이 될 수 있겠는가? 신학자들은 진화 그 자체를 신의 계획의 일부로서 해석한다. 그러므로 우연도 방향이 없는 것을 의미하지 않는다. 19세기 미국 철학자 라이트(Chauncey Wright)는 다원론에 대해 다음과 같이 설명한다. "우연('chance)"은 "무원인(uncaused)"을 의미하지 않는다. 그것은 단지 원인이 우리에게 알려져 있지 않다는 것을 의미한다.

【존재에서 당위를 유도할 수 있는가?】

자연법 이론에 있어서 사물이 존재하는 방식은 본질적으로 그들이 마땅히 존재해야할 방식의 토대를 제공한다. 분명히 이것이 옳은 것으로 여겨지지는 않을 것이다. 단지 구체적으로 존재하는 것이기 때문에 반드시 그것이 선하다는 것을 의미하지는 않는다. 홍수, 기근, 질병 등 모두 존재하는 것들이지만, 존재한다는 이유만으로 이들을 선한 것으로 보기는 어렵다. 흄에 따르면, 존재로부터 당위는 파생될 수 없다. 사실적 문제들은 평가로부터 완전히 단절된다. 다른 도덕철학자들도 이에 동의하여왔다. 우리가 어떤 것이 사실이라는 것을 알 때도, 그것이 선인지의 여부는 여전히 열려진 문제로 남아있다. 그러나 자연법은 자연이 목적적이고 자연이 어떤 방향성을 가진다고 확신한다. 아리스토텔레스의 개념에 있어서, 자연은 자연적 목표, 궁극목적(final purpose)을 향하여 움직여간다.

그러나 17세기의 과학혁명의 시기로부터 그런 궁극목적은 의심되기 시작하였다. 이제 자연의 방향성을 항상 관찰할 수도 없으며, 그것은 다른 관찰되지 않은 정신들과 관련됐다. 만일 자연법 이론이 자연속의 목적적 존재에 의존하고 있다면, 그것은 이들이 어떻게 이런 위기들에 대응할 수 있는지를 설명할 수 있어야 한다. 신자연법이론으로 분류되는 현대도덕철학자들의 견해로서 현상에서 당위의 추론 가능성에 관한 필리파 풋(Philippa Foot)의 관점을 살펴보자.[128]

---

128) '자연주의적 오류(사실판단에서 가치판단의 추리 문제)'에 대해, 오히려 그 논리적 정당성을 주장하는 필립 풋은 설(John R. Seare)의 입장을 지지한다. 그는 그 가능성을 5단계로 나누어 설명한다. ①존스는, "스미스, 나는 이것을 가지고 자네에게 5달러를 지불하기로 약속하겠네."라고 했다. ②존스는 스미스에게 5달러를 지불하겠다고 약속했다. ③존스는 스미스에게 5달러를 지불해야 한다는 의무를 받아들인다. ④존스는 스미스에게 5 달러를 지불해야 할 의무가 있다. ⑤존스는 스미스에게 5달러를 지불해야 한다. ① "약속한다."고 하는 말의 사실(존재) → ②약속의 성립 → ③의무의 수용 → ④의무의 존재 → ⑤당위의 성립(당위). 이와 같은 유도에서 【.... 이다.】 로부터 【...해야 한다.】 는 것이 불가능하다는 흄의 법칙은 논파되었고, 필립 풋은 이러한 가능성을 다시 확인해 준다. 여기서 '약속'의 성격에 대한 해석의 차이점이 발견된다. 흄은 '약속이다'는 표현에서 '... 해야 한다'는 당위의 추론은 불가능하다고 주장한 데 반해 설은 존재의 언어이지만 당위의 가능성을 평가언어로 분석하였다. 이러한 측면에 대해 맥키(Mackie, John: Inventing Right and Wrong, 1971)는 사실과 제도적 사실은 구분되어야 하며, 약속은 제도적 사실에 해당되어 존재와 당위를 연결 짓는 최대 공약수 기능을 발휘할 수 있다고 해석한다.

2. 신자연법이론의 추론

지난 반세기 동안의 윤리학에 있어서 가장 큰 발전은 자연주의(naturalism)의 반박이라고 본다. 이러한 논의가 다시 재연된 것은 고무적인 일이 아닐 수 없다. 여기서는 논증이 전개된 가설에 관해 비판적으로 살펴보는 데 초점을 둘 것이다. 필리파 풋은 윤리학이 '사실(fact)'과 '평가(evaluation)'의 진술에 대조를 조명하는 학문이라고 볼 수 없다. 예를 들면 사실이 진실이라는 것은 증거물로 증명할 수 있다. 그 증거물이 사실이라는 것을 표현한다. 그러므로 두 명이 완전히 다른 두 사물을 보고 같은 사물이라고 말 할 수는 없다. 왜냐하면 그 결론은 더 이상 적합한 결론이 아니기 때문이다. 하지만 평가는 다르다. 평가는 그것이 근거한 사실적인 발언에 부합되지 않을 수도 있다. '사실과 좋다'는 개념은 연관성이 크지 않다. '선'이라는 단어를 어울리지 않는 곳에 써도 그것은 무의미한 것이 아니다. 왜냐하면 그것은 행동을 유도할 수 있기 때문이다. 또한 그것은 '실제적'인 기능을 하기 때문이다. 우리가 선호하는 태도에 따라 사실과 다르게 좋다든가 나쁘다든가 평가내릴 수 있는 데, 이는 곧 사실과 수반되는 진술은 아니다. 『도덕적 믿음(*Moral Beliefs*』의 주장에서 필리파 풋의 논의를 중심으로 자연주의적 오류, '현상에서 당위추론 가능' 논증의 논리적 타당성을 살펴보자.[129]

증거를 확보할 수 없는 가치

평가의 방법에는 두 가지 가정이 있다고 생각한다. 이 두 가지를 가정(1) 가정(2)라고 부르고자 한다. 가정(1)은 개인적인 것으로, 남들이 증거 할 필요가 없는 전제에서 논리적 오류를 범하지 않고 어떤 사물을 가정함이다. 가정(2)은 남들이 보여 주는 평가적 전제를 증거로 삼는다. 남들이 증거로서 인정하지 않는다면 결국 결론을 철회할 수 밖에 없는 경우이다.

번저 가정(1)에 대해 알아보자. 첫째, 이러한 가정법은 선이라는 불변의 의미에도 불구하고, 선에 대한 선호도에 따른 사실의 의미부여가 달리져서 그 대상은 바뀔 수 있다는 생각이다. '선'은 일반적으로 좋다고 볼 때 좋다고 보이지만 개인적인 상황판단이다. 그래서 이런 법칙은 아무리 성격이 이상한 사람도 수용할 수 있다. 상황판단을 내리기 위해서 손뼉을 치거나 그렇지 않거나 최소한 행동으로 보일 수 있어야 하고 선택을 할 수 있어야 한다. '선'의 개념이나 그 가정은 어느 사물과 그 대상이 적절한 연관성이 있어 일반 원칙을 적용할 수 있을 때만 사용할 수 있다. 이런 이론을 지지하는 사람들은 헤어(Hare)의 이론에 동의할 것이며,[130] 스티븐슨(Stevenson)의 이론에 반대할 것이다.[131]

---

129) Phillippa Foot, "Moral beliefs", *Proceedings of the Aristotelian Society*, 1959. pp.59 ff.

130) 『자유와 이성』에서 헤어(R. M. Hare)는 윤리학의 기능이 "도덕적 사고가 표현된 언어의 논리적 구조를 드러냄으로써 도덕적 물음에 합당하게 생각하도록 하게 것."이라고 밝히고 있다. 도덕 판단은 규정적 판단이며 보편화가 가능하다. 아울러 처방적인 것으로서의 도덕 판단을 "보편적 처방주의"라고 부르고 이는 곧 도덕 원리를 갖기 위해서는 서술어를 가져야 하고, 그 단어를

사실근거는 관찰이나 실험 등의 경험적인 방법으로 그 타당성을 검토한다. 원리근거는 그것이 함축하는 구체적인 규정 진술을 우리가 받아들일 수 있는지를 검토함으로써 그 타당성을 검토한다. 만약 원리근거가 반증에 견뎌낼 수 없으면 수정하고, 견뎌낼 수 있으면 새로운 반증사례가 발견될 때까지 잠정적으로 받아들인다. 이와 같은 방법은 과학에서의 탐구방법과 유사하다. 과학에서의 법칙도 반증사례(법칙의 논리적 결과로, 법칙을 반박할 수 있는 구체적인 관찰진술)가 발견되면 수정해야 하듯이 도덕원리도 새로운 반증사례, ◀구체적 규정 진술▶이 발견되면 수정해야 한다. 이점에서 과학의 법칙과 마찬가지로 도덕원리는 절대적일 수 없으며 어디까지나 잠정적인 것이다.

앞서 언급한 질문을 논하기 전에 그 사물과 내적으로 관계되어 있는 부분에 대한 태도에 대해 알아볼 필요가 있다. 사물과 감정과의 관계를 명확히 하고 싶다. 예로 드는 것들은 반발을 일으킬지 모르지만 결국은 받아들여질 수 있을 것이다. 사실 서로 관계가 있다는 그 자체를 모를 수 있기 때문이다. 자부심을 예로 들어보자. 사람들은 자부해야할 것들이 정해져 있다고 생각한다. 웃으면서 걸어 다니고 손에는 어떤 것을 들고 다니는 것, 또는 그저 내적인 느낌이고 자기 자신의 가슴을 치면서 내가 자부심을 느낀다고 말하는 것, 이런 것들도 모두 자부심일 수 있다. 어떤 행동을 보면 그가 자신감을 갖고 있다는 것을 느낄 수 있다. 이런 판단은 정확할 수도 있고 아닐 수도 있다. 그 행동이 과연 자부심에서 나온 행동일 것인가를 가려내야 한다. 가려내기 위해서는 그가 어떨 때 자부심을 느끼는지 알아봐야 한다. 행동이 자신감 있어 보여도 자신이 그렇게 느끼지 않으면 그것은 자만심이 아니다.

또한 두려움을 들 수 있다. 두려움은 떨거나 도망가거나 창백해지는 것이 아니다. 그것은 사람마다 다르다. 어떤 것을 보고 그것이 좋다고 느끼면 다른 사람들이 그것이 무섭다고 하더

보편화해야 하며, 그 단어에 처방적인 의미를 부여해야 한다고 주장하고 있다. 헤어에 의하면 자연주의와 정서주의는 모두 도덕 판단의 논리적 속성을 제대로 규명해주지 못하고 있다. 그에 의하면 도덕 판단은 기술적 의미와 아울러 평가대상을 권장하거나 어떤 선택을 하도록 안내하는 규정적 의미를 동시에 지닌다. 도덕 판단이 기술적 의미를 지니기 때문에 그것이 보편화가능을 내포한다. 도덕 판단의 보편화가능성은 규정성과 함께 그것의 합리성을 확보하기 위한 하나의 필요조건이다.

131) C. L. 스티븐슨은 비인지론 관점에서 에이어와 달리 도덕가치 판단을 단순히 '감탄적의 발언'이나 '감정의 표현'으로 간주하지 않는다. 반면에 윤리진술은 그것들이 이루어지는 정서적(emotive) 의미와 서술적 (descriptive) 의미를 가진다. '이것이 좋다.'는 말은 '나는 이것을 좋아한다. 너도 이것을 좋아하라.'는 말과 같다. 도덕불일치는 '소견 불일치'를 수반할 수 있지만 '태도의 불일치'를 의미한다. 도덕적 훈계는 태도의 변경을 요청하는 것으로 이해되어야 하고 도덕 의무나 도덕원리로 간주해서는 안 되고, 오직 시인의 문제로 간주되어야 한다. 결국 규범윤리학은 사실의 불일치를 해결하려는 것이 아니라 태도의 불일치를 해결하려는 것이다. 의미 있는 윤리진술은 태도에 관한 진술이다. 그는 '설득적 정의(persuasive definition)'는 서술의미와 정의의미가 결합되어 있다고 본다. 이는 타인의 태도 변화를 일으키기 위해 소견을 바꾸는 합리적 방법을 사용할 수 없을 때, 사용되는 방법이다. 설득이 합리적인 것이 아니라는 것이 바로 비합리적임을 의미하진 않는다. '태도'는 윤리적 판단에 의해서만 바뀌는 것이 아니고 정의(定義)에 의해서도 바뀔 수가 있다. 스티븐슨의 경우에는 기술적 의미와 도덕 판단의 관계는 엄밀히 말해 논리적인 이유의 관계라기보다는 심리적인 인과의 관계이다. "그 사람은 친절하기 때문에 좋은 사람이다."고 판단을 내릴 때, '때문에'라는 말은 논리적 이유가 아니라 심리적 인과관계를 함축한다.

라도 자신한테는 무서운 것이 아니다. '기뻐할 순간에 불안에 떨고 있네!' 라는 표현은 좋은 일이 일어나도 왠지 안 좋은 일이 일어날 것 같은 상황에서 쓴다. 하지만 사람들은 두려움이나 자부심을 단순한 감정이라고 생각하고, 칭찬에 대한 적절한 유추는 아니라고 본다. 마찬가지로 위험이라는 단어는 경고하기 위해 만든 말이다. 남들이 그 곳을 가지 못하게 하고 심지어 다른 방향으로 도망가게끔 만들기 위해 만든 단어다. 위험의 개념은 사람마다 다르기 때문에 아무렇지 않은 것도 어떤 사람에게는 위험해 보일 수도 있다. 그 사람은 그 아무렇지 않은 것에 대해 공포감을 느끼고 남에게 경고를 한다. 상식적으로 두려운 대상이 없다면, 그것에 대해 경고도 필요 없게 된다.

그러나 위험을 느끼는 것과 자부심을 느끼는 것, 두려움을 느끼는 것과는 차이가 있다. 어떤 것이 위험하다고 할 때는 그는 어떤 증거를 보여 줘야 한다. 하지만 그가 자부심을 느낀다고 할 때 굳이 그 이유를 제시할 필요는 없다. 그가 만약 자부심을 느낀다고 하고, 잠시 후에 자부심이 사라졌다고 해도 괜찮다. 자신을 정당화시킬 필요가 없다. 하지만 어떤 것이 위험하다는 것은 잘못 말하면 누군가 다칠 수 있다. 이런 경우 잘못 말했다고 사과할 필요가 있다. 상품을 주는 사람이 착각을 해서 다른 사람에게 상품을 주더라도, 원래 상품을 받아야 할 사람은 자부심을 느낄 수 있다. 왜냐하면 그럴 만한 이유가 있다. 이것을 보면 사실과 느낌이 다를 수 있다. 사람들은 어떤 사람이 좋은 행동을 하거나 무엇을 이루어 낼 때 자부심을 느끼고, 이상한 것을 볼 때 놀란다고 생각하고, 악한 것을 볼 때 두려워한다고 느낀다.

이제 상처에 대해 살펴보자. 우리가 상처 났을 때, 더욱 몸이 악화되는 쪽으로 간다. 자연적으로 생긴 것은 상처가 아니다. 몸에 이상한 문신이 있으면 적당히 씻어도 그것은 쉽게 없어지지 않는다. 다리, 눈, 귀, 손, 근육, 심장, 뇌, 척추 대부분 이런 부위를 다친다. 눈을 다치면 시각에 영향을, 손을 다치면 잡기가 힘들어지고, 다리를 다치면 움직이기 힘들거나 몸을 부축이기 힘들 것이다. 그리고 폐를 다치면 숨 쉬는 게 힘들어진다. 두개골은 뇌를 보호한다는 기능은 있지만 그 자체는 특별기능을 안 한다. 그래서 다친다고 하기보다는 상처를 입었다고 표현한다. 수염을 자르는 것을 상처라고 보지 않는다. 여기서 신체적으로 다친 것을 상처로 말하지만 사람이 필요한 것을 잃는 것도 상처라고 할 수 있다. 상처라고 부를 수 있는 것의 범위가 매우 좁게 제한되었기 때문에, 위험이라는 말은, 그것이 상처와 연결되는 경우로 제한된다. 사람이 단순히 어떤 것을 위험하다고 결정할 수 없다.

이제까지 자부심, 공포, 그리고 그들 대상에 대한 상관관계를 가지고 있는 것이 위험한지에 대해 논의해 왔다. 지금 우리는 이러한 태도와 믿음이 도덕 철학자들의 연구와 유사한지 아닌지, 혹은 '평가하는 것', '좋다고 생각하는 것', '칭찬하는 것'과 같은 것들이 무엇이든 다른 대상과 논리적으로 결합될 수 있는 가능성을 고려해야한다. 한 시간에 세 차례 악수하는 것이 좋은 것이라 생각하는 사람은 먼저 '당신 손뼉은 무엇을 의미하는가?'라는 질문에 대답해야 할 것이다. '이것은 명확한 의미를 지닌 것이 아니다. 주제가 도덕 철학이기 때문에, 어떤 계획의 과정에서든 분별 있는 행동을 해온 사람이 듣는 것과 같이 그것은 행동하기에 바람직한 것'이라는 의미를 나타내지 않는다.

우리의 태도를 '좋음이라는 말의 도덕적 사용'으로 정의할 경우, '이것은 훌륭한 행동이다.'는 것은 그것들 중의 하나를 구분해 내는 것이 아니다. 우리는 '당신이 무엇을 의미하는가?'를 요구해야한다. 예를 들면 아이에 대한 부모의 의무 혹은 부모에 대한 아이의 의무와 같은 것은 의무로 이행하는 의미들에서다. 우리는 철학자들이 훌륭한 행동을 언급할 때 이러한 것들을 포함해야 한다고 말할 수 있다. 어떤 것은 자비와 같은 미덕에서 온다. 다른 것들은 용기와 절제의 미덕을 요구하는 행동들이다. 그리고 여기의 도덕관점은 공포 또는 기쁨의 유혹에도 불구하고 그들이 행하고 있다는 사실 때문이다.

그들은 어떤 사실 또는 상상의 선을 위하여 진정으로 행동해야 한다. 용기는 특별히 다른 사람들의 삶에서 절제를 추구하는 것으로, 그들이 나누는 음식, 음주를 하지 않는 것과 연관되어 있지 않다. 일의 미덕은 모든 종류의 유용함이다. 여기서는 제안한 것을 포함하는 다양한 것들이 있다. 우리가 무엇을 의미하는 것인지 요청함이 없이, 우리는 그것을 적용하여 생각하는 것을 거부하는 '좋은 행동'이라는 표현에서 그러한 의견을 제안한다. 그리고 누군가가 '한 시간에 세 번 악수하는 것이 좋은 행동이다'라고 말하도록 제안을 받았을 때, 우리는 지금 무엇을 의도하는지를 물어보아야 한다. 만약 그러한 특별한 배경이 존재하지 않았다면, 그 사람이 악수를 세 번 해야 하는 의무는 갖지 않는다.

이제 이에 수반되는 반론이 제기될 것이라고 생각한다. 물론 한 시간에 세 번 악수하는 것을 '옳은 행동이 아니다.'라고 말하는 것은 오직 현재의 도덕기호에 의한 것이다. 논리적으로 우리는 이름조차 갖지 않기 때문에 매우 다른 도덕기호와 미덕을 가질 수 있는 가능성이 있다. 이러한 반대상황은 만족스러운 미덕의 개념을 필요로 하기 때문에 적절히 대답할 수 없다. 그러나 한 시간에 세 번 악수를 하는 것이 한번 악수를 하는 것과 관련된 새로운 선의 개념을 설명하기 쉽다고 생각하는 사람은 먼저 시도해 봐야 한다. 이는 공동체에서 악수를 하는 것과 관련해서, 특별한 신조가 존재하거나 혹은 이것이 어떤 특별한 효과를 지니는 것으로 생각되었다는 것도 알게 될 것이라 생각한다. 그 어려움은 '핵심이 무엇인가?'라는 질문에 대답할, 가능성의 특별 단서가 별로 없다는 사실과 관련되어 있다. 문제는 만약 우리가 그 핵심에 대해 말할 수 없다면 어떻게 그러한 서술(기술)을 할 수 있느냐는 것이다. 악수를 하는 것은 진동의 소리를 만든다. 그러나 그것의 핵심은 무엇인가? 물론 도덕적 선은 인간의 이익과 해로움에 관련되어야 한다. 실제로 누가 좋아하는 어떤 것을 지칭하여 '옳거나 그르다고 평가하는 것'은 불가능하다. 예를 들어 어떤 사람이 바닷물을 일반 물통에 받았기 때문에 해로움을 끼쳤다고 주장한다면, 보통 상식적인 상황에서 생각해보는 것이 가능하다. 이제까지의 가정(1)은 정말로 의심스러운 것으로 결론 내릴 수 있다. '평가', '칭찬' 또는 '선호도'의 의미를 이해한다면, 이와 관련된 행동이 무엇이든 쉽게 우리는 *존재에서 당위를 추론*할 수가 없다.

평가적 증거의 가치

이제 가정(2)라고 부르는 것을 생각해 본다. 이 가정은 다른 사람이 인정하지 않을 경우는 항상 가치에 관한 논쟁의 결론을 내릴 수 없다는 것이다. 왜냐하면 다른 사람들이 중요하다고 생각하는 대상에 대해 당사자는 중요하지 않다고 간주할 수 있기 때문이다. 가정(1)이 비록 틀렸을지라도, 도덕적 질문을 말하는 특정가치의 질문이기 때문에 가정(2)는 받아들여 질 수 있다. 이 논쟁은 적절한 증거의 특별 부분들과 그 밖의 모든 사람에게 동일한 의미를 보증받는 부분들의 결합이다. 우리는 사소한 감각에서, 누군가가 어떤 결론을 도출하는 것을 거절할 수 있다는 말이 곧 '모든 사람이 그 결론을 도출하는 것을 거절할 것이다.'와 동일한 의미는 아니라고 본다. 그 핵심은 가치의 평가가 항상 어떤 사실의 상황을 벗어나는 것처럼 간주되는 것에 있다. 그는 사실적 전제를 받아들이는 이유와 평가된 결론 개념을 거절하는 이유를 함께 갖추고 있다. 이런 방법으로 논쟁하는 이들에게 그것은 가정의 실제적 함축을 뒤따르는 것으로 보인다. 사람은 '좋음'과 같은 단어를 평가에 사용하지만, '사소한 감각'에 동원하지는 않는다. 필연적으로 뒤따르는 것은 사실과 가치 사이의 논리적 틈새이다. 어떤 것을 그렇다고 시인하는 경우에는 그것에 관해 특별한 태도를 가지고 있기 때문이다. 이 경우에 도덕적 어구 사용의 실재적 함축은 잘못 사용된 것이다. 만약 옳게 서술되어 진다면 사실적 전제와 도덕적 결론 사이의 논리적 틈새가 사라질 것이다.

사람은 그의 몸이 손상되거나 일상적 기능을 잘 수행할 수 없으면 언제든지 위험에 처한다. 그는 무능력과 책임져야 할 것들로 인해 고통이 뒤따른다. 다친 손을 가지고는 어떤 것을 드는 것, 잡는 것, 묶는 것, 젓가락질 하는 것들을 잘못하게 된다. 결함이 있는 눈을 가지고는 그가 할 수 없는 수천가지 것들이 있다. 그리고 두 경우 모두 우리는 자연스럽게, 그는 자주 그가 원하는 것을 얻지 못하고 그가 피하고 싶은 것을 피할 수 없다고 말한다. 철학자들은 '원한다(욕구한다)'는 단어에 관심을 둔다. 그리고 사람은 그가 얻고자 하는 것을 방해하는 상태에서 그 징표로 어떤 상처가 몸에 생기는 것을 가정해본다면, 우리는 이미 '찬성태도'에 있음을 가정할 수 있다. 그리고 이러한 일들이 발생하지 않길 바라는 이들은 여전히 '상처'의 사용을 그 규범과 '행동안내' 감각으로 비추어 볼 때, 거절로 판명하려고 한다. '상처'와 '피하게 되는 것'사이의 필요한 관계를 만드는 유일한 방법은 말하는 사람이 피하려는 의도가 있다는 것을 적용 할 때만, '행동안내'의 감각으로 사용할 수 있다. 그러나 우리는 이 논쟁에서 결정적인 움직임을 주의 깊게 보아야 한다. 손과 눈을 사용할 필요를 느낄 때, 누군가에게 아무것도 원하지 않는다는 가정에서 의문을 제기해 보자. 손과 눈은 귀와 다리 같이 오직 그가 아무것도 원치 않을 때는 필요 없다는 말을 들을 수 있는 부분이다.

이 제안을 부정하는 사람은 마음속에 무엇을 가지고 있는지를 알지 못한다. 아마도 그는 인간 존재의 사실변화를 생각하고 있을 것이다. 만약 단지 바라기만 하면서 목소리 상태로서 세상이 따라오기를 바랄 수 있는 것인가? 좀 더 유사하게 비유해 볼 때, 일상적 사회의 구조에서 그가 왕자라면 자신의 눈과 손을 사용하지 않고, 그의 신하들이 곡식을 뿌리고 거둘 것이며 그를 위해 그것을 가져오고 운반하며 서비스를 위해 그들의 손과 눈을 사용할 것이다. 이러한 사실 때문에 그는 그의 손과 눈을 사용할 필요가 없다는 예를 제시하면서 어떠한 개인의 특수한 존재 상황을 말하려고 한다. 이러한 이야기들을 사람들의 삶에서 찾아보자. 우리가 어떤 사람이 상처를 피해야할 이유가 있다고 말할 수 있음에도 불구하고 이점은 명백하다. 왜냐하면 그의 인생 종말에서 순환장애로 결코 그의 눈과 손을 사용할 필요가 없다는 것이 확인될 수 있을 지라도 이것은 예견할 수준의 문제가 아니다. 오직 인간 존재사실을 좀 더 변화하는 것에 의해서 예견되는 변화를 모두 제안하는 것에 의해서 이러한 가정이 만들어 질 수 있다.

이것은 상처가 필연적인 해로움보다, 더 부차적인 이익을 가져온다고 말하는 것은 아니다. 독특한 환경에서 이러한 이익은 확실하게 예견된다. 즉 사람에게는 상처를 피하는 것보다 구하는 것이 훨씬 나은 이유를 찾을 수 있다. 이런 점에서 '상처'라는 말은 '불의(injury)'라는 말과 다르다. '상처'의 실제적 힘은 누구나 '상처'를 피할 이유를 가지고 있다는 것을 의미한다. 그가 그렇게 할 최우선의 이유를 가지고 있다는 것은 아니다. '행동안내'의 계산과 '상처'의 힘은 실제의 어떤 행동보다 행동하는 이유와 연결된다. 그런데 나는 이것이 '행동안내'라는 도덕적 용어를 약화시키는 태도라고는 생각하지 않는다. 만약에 '좋음'이라는 것이 사실의 가정으로 사용된다면, 실제의 행동을 요구한다고 제안하는 철학자들은 의지결단의 어려움을 겪게 될 것이다. 그리고 그들은, 만약에 사람이 선을 추구하고 악을 피하기 위한 이유를 가진 것을 보여 줄 수 있다면, 그것으로 충분할 것이라고 확실하게 동의한다. 그러나 만약 우리가 선과 악으로 간주되는 종류의 것들에 대해 생각한다면 이것은 거의 불가능한 어려움이 아닌가? 예를 들어 기본적인 선, 신중함, 절제, 용기, 정의를 생각해보자. 정확하게도 사람들은 신중함을 덕목으로 말하지만 즐거움의 유혹에 저항할 필요가 있는 해로움이 포함되어 있을 때는 어떠할 것인가? 어떤 좋은 것의 이익에 대하여 결코 두려움을 느낀 적이 없었던 이에게 그것은 어떻게 논박될 것인가? 만약 그가 절제와 용기를 탁월성이 아니라고 말한다면, 이들 단어에서 풍기는 '찬양'의 느낌 때문이 아니라 *용기, 절제의 품성* 때문에 그가 의미하는 바는 명확하지 않다.

이제 칭찬의 개념과 '찬성태도'의 개념을 보여주는 것들을 예시로 사용하고 싶다. 이러한 것들에 대하여 말하는 사실들이 받아들여진 후에도, 갑은 위험한 산을 오르기로 된 착한 사람인데, 임금인상을 요구하여 성마른 고용주에게 반항한다. 그리고 일반적으로, 그가 가치 있다고 생각하는 것을 위해 무서운 사람들을 대면한다. 여기에 칭찬과 평가의 문제가 남아있을 것이라 말한다. 만약 용기라는 말이 사용된다면, 그들은 다른 이들이 용기를 발휘할 것이라고 기대하는 사람이 그를 칭찬하는지 아닌지를 물어볼 것이다. 만약 우리가 '예'라고 답한다면 그들은 용기에 관한 판단은 사실범주를 넘어선다고 말할 것이다. 그리고 그런 까닭에 그렇게 하기를 거절하는 이에게 반박을 받을 것이다. 만약 우리가 '아니다'라고 대답한다면 그들은 '용기'가 단순히 기술적으로 사용된 점, 또는 '왜곡된 상식'에 쓰이는 것에 대해 논쟁할 것이다. 그리고 우리가 얻지 못한 평가적인 언어사용의 예는 도덕 철학자의 특별한 연구 몫이다. '그는 칭찬하는가?'라는 질문은 어떤 의미를 만들 수 있는가? 사실들이 입증된 후에도 사용될 수 있거나 사라지게 하는 특별한 요소는 무엇인가? 이것은 용기를 가진 이를 좋아하거나, 그를 모두 좋다고 생각하는 것의 문제가 아니라 '특정인의 용기 때문에 특정인을 칭찬하는 것'

에 대한 타당성의 문제이다. 어떻게 우리가 그것을 하기로 되어 있는가? 물론 내가 완전한 겁쟁이며, 변화를 보일 결심을 하지 않고 있다는 것을 알고 있는 동안에도 타당하게 그것을 선으로 인식할 수 있는 것이다. 나는 만약 내가 용감하다면, 내가 보다 좋은 처지를 만들어야 하고, 용기를 신장 시켜야 할 이유를 가지고 있다는 것을 안다. 그러나 나는 또한 용감한 어떤 것도 하지 않을 수도 있음을 알고 있다.

만약 누군가가 용기가 선이 아니라고 말한다면, 그는 어느 사람이 잘 행동하는 것에 관해 그의 성품이 탁월한 것이 아니라고 말해야 할 것이다. 또한 그는 누군가가 그의 용기 때문에 처지가 더욱 안 좋아 질 수 있을 것이라고 생각할 것이다. 이것은 우연하게도 해로움이 발생할 수 있기 때문에 사실이다. 예를 들어 용기 있는 사람은 위험을 무릅쓰고 비겁한 사람이 피해오던 어떤 재난에도 뛰어들 수 있다.[132] 왜냐하면 비겁한 사람은 어떤 위험에도 대처할 준비가 전혀 되어 있지 않기 때문이다. 그리고 다른 덕목처럼 그의 용기는 그에게 해로운 것의 원인이 될 수 있다. 왜냐하면 그것에 접근하면서 그는 어떤 비참한 상태에 빠지게 될 수도 있다. 비슷하게, 절제의 덕에 의문을 제시하는 이들은 거의 덕 자체만을 생각하지 않는다. 그러나 사람들이 절제의 미덕을 지니고 있을 때는, 어떤 환상의 선을 위해서 쾌락에 저항할 수 있거나 그들 자신의 덕성에 대한 대단한 자부심을 유지하는 등의 자질을 발휘할 것이다. 이처럼 칭찬의 태도와 무관하게 타인이 동일하게 평가하지 않는다고 해서 특정덕성의 객관성마저 훼손되는 것이 아니다.

3. 보편적 처방주의

헤어는 명령에 관해 논리적으로 탐구하는 데 있어서 선구자였다. 『도덕의 언어』에서 도덕 논변의 형식은 도덕적 전제에서 사실적 소전제로부터 도덕적 결론을 도출하는 것이라고 보고, 사실에서 가치로 넘어가는 경우에 논변에 간극이 나타날 수 있음을 시인한다. 정서주의자들처럼, 그는 '연쇄적 추론에서 선언적 주장에 대처하는 것은 논변을 통해서가 아니라 오직 그에 대응하는 선언적 주장을 통해서만 가능하다'고 약간 후퇴를 보였지만, 『자유와 이성』에서는 도덕적 보편화 가능성으로부터 도덕적 원칙을 도출할 수 있다고 보았다. 헤어의 보편적 처방(규정)주의는 나의 도덕적 가치평가 이면에 내 자신의 선택보다 더 큰 권위를 가진 것은 존재하지 않는다는 논변을 담는다.

주관주의자나 정서주의는 도덕적 문제가 합리적으로 해결될 수 있다는 생각에 대하여 부정적이다. 도덕 판단은 어떤 대상에 대하여 좋아하거나 싫어하는 감정을 진술하거나 표현하는 것에 지나지 않는다고 그들은 주장한다. 기술주의자나 자연주의자는 이와 반대로 도덕적인 문제에 대한 해결은 합리적인 활동이라고 본다. 그러나 이들은 도덕적 문제에 대한 해결에 있어서 행위자 자신의 자유를 인정하지 않는다. 자연주의자는 사실판단으로부터 도덕 판단을

132) Aquinas, *Summa Theologica,* Ⅰ-Ⅱ, p.55.

논리적으로 연역할 수 있다고 본다. 헤어(R. M. Hare)에 의하면 우리 인간은 도덕적 문제에 대하여 우리 자신의 견해를 형성할 수 있는 자유가 있다. 그렇다고 이것이 우리가 도덕적 문제에 대하여 제멋대로 결정할 수 있다는 것을 의미하지는 않는다. 도덕적 문제에 대하여 대답하는 것은 합리적인 활동이다.

헤어 분석을 따르면, 규정성(prescriptivity)과 보편화가능성(universalizability)이라는 두 가지 논리적 속성을 통해 도덕 판단을 평가한다. 도덕 판단이 규정성(처방성)을 지니고 있기 때문에 우리는 자신의 도덕적 견해를 형성할 수 있는 자유를 지닌다. 또 도덕 판단이 보편화가능하기 때문에 도덕적 사고가 합리적이라고 말할 수 있다. 도덕 판단의 처방성과 보편화가능성은 도덕적 사고가 자율적이면서 합리적인 것이 되기 위한 필수 조건이다. 전형적인 도덕적 추론은 사람들 간의 이익이 상충할 때 그것을 조정해 준다. 헤어에 의하면 그것은 어떤 받아들여진 원리로부터 도덕 판단을 이끌어내는 직선적(linear) 추론이 아니라, 도덕 판단 또는 원리가 받아들여질 수 있는지를 결정하는 '*황금률 논증*'(golden rule argument)이다.

도덕적 갈등은 두 사람 사이에서만 일어나지 않는다. 여러 관련 당사자들의 이익 갈등을 조정하기 위하여 황금률 논증을 일반화할 필요가 있다. 황금률 논증이 적용될 수 없는 도덕적 상황이 있다. 도덕은 이익의 갈등이 발생할 때에만 관련되는 것은 아니다. 넓은 의미에서의 도덕은 이익 갈등의 조정과 함께 이상(ideal)의 추구도 포함한다. 이상들끼리 서로 충돌할 때에는 황금률 논증이 적용될 수 없다. 이상들 간에 갈등이 일어날 때에는 어느 이상이 더 나은가를 결정할 수 있는 논증 방식은 없다. 이상들끼리 서로 충돌할 때에는 타인의 이익을 침해하지 않는 한, 관용이 요구된다. 물론 이상과 이익이 충돌할 때에는 황금률 논증이 적용될 수 있다. 그러나 이상이 사람들의 이익에 대한 고려보다 우선해야 한다고 생각하는 광신주의자(fanatic)에게는 황금률 논증이 힘을 발휘하지 못한다. 다음에 평가 언어가 갖고 있는 두 가지 의미 즉 기술적 의미와 처방적 의미의 성격을 밝힌 다음, 기술적 의미가 도덕 판단의 보편화가능성과 어떤 연관성을 갖는가, 그리고 보편화가능성의 원리를 통해서 도덕원리가 어떻게 귀결되어 나오는가를 헤어의 논의를 따라 살펴볼 것이다. 이어서 도덕원리를 비판하고 선택하는 도덕적 논증 즉 황금률 논증의 구조를 구체적으로 밝히고자 한다.

기술 의미와 처방 의미

자연주의자들에 의하면 도덕 판단은 '기술 의미(descriptive meaning)'만을 지닌다. 다시 말해 도덕적인 용어는 어떤 사실적인 말로 고스란히 정의될 수 있다. '좋은'이라는 말이 사람에 적용될 경우, 그것은 '남에 대한 배려심이 많고, 남을 잘 도와주는 등의 성격을 가진'과 같은 어떤 기술 또는 사실 의미를 가진 말로 정의할 수 있다. 따라서 "그 사람은 좋은 사람이다"라는 도덕 판단은 '그는 남에 대한 배려심이 많고, 남을 잘 도와주는 등의 성격을 지니고 있다'와 같은 사실판단으로 환원된다. 자연주의자를 따르면 "그 사람은 좋은 남편이다"라는 도덕 판단은 '그는 아내를 사랑하고 집안일을 많이 도와준다.'와 같이 어떤 사실만을 기술하고 전달해주는 기술 의미만을 지닌다.

이에 반해 정서주의에 의하면 도덕적 언어를 포함한 평가적 언어는 평가 대상에 대한 평가자의 감정을 표현하는 '정의적 의미(emotive meaning)'만을 지닌다. '좋다' 또는 '나쁘다'와 같은 평가 언어는 기술 의미를 갖지 않으며, 그런 말을 통해 평가자는 평가 대상에 대하여 좋아하거나 싫어하는 등의 주관적인 감정만을 표현할 뿐이다. 헤어에 의하면 두 입장의 어느 것도 평가 언어 또는 도덕 개념의 의미를 정확하게 규명해주지 못하고 있다. 평가 언어는 기술의미와 아울러 '처방의미(prescriptive meaning)'를 지니고 있다. 도덕 판단이 규정적 의미 또는 규정성을 갖는다는 말은 그것이 다른 사람에게 평가대상을 권장하거나 어떤 행위를 하도록 권고한다는 것을 의미한다. 우리가 "그 사람은 좋은 사람이다"라고 말할 때 '그는 남에 대한 배려심이 많고 남을 잘 도와준다.'는 등의 사실적 또는 기술의미를 설명하고 있는 것만은 아니다. 우리는 그 말을 통해서 도덕교육(moral instruction)을 하고 있는 것이다. 다시 말해 어떤 도덕원리를 가르치고 있는 셈이다. 어떤 종류의 인간이 되도록 권장하고 모방하도록 규정하고 있는 것이다.

헤어에 의하면 '좋다'와 같은 평가 용어가 기술적 의미와 규정적 의미를 동시에 지니고 있지만, 처방의미가 기본적(primary)임에 반해 기술의미는 부차적(secondary)이다. 그 이유로 두 가지를 들 수 있다. 첫째, '좋다'라는 말의 처방의미는 그 말이 적용되는 모든 대상에 대하여 일정하다. 사람을 좋다고 평가하건 자동차나 그림을 좋다고 평가하건 우리는 그 모두를 추천 또는 권장하고 있다. 그러나 그 대상들을 추천하거나 권장하는 근거 즉 기술적 의미는 평가 대상에 따라 다르다. 좋은 사람의 평가 기준과 좋은 자동차 또는 좋은 그림의 평가 기준은 각기 다를 수밖에 없다.

처방의미가 기본적이고 기술의미가 부차적인 또 다른 이유는, 평가 언어의 처방의미가 그 기술의미, 즉 평가 기준의 변화에 영향을 준다는 것이다. 훌륭한 아내의 기준은 시대나 사회에 따라 다를 수 있다. 옛날에는 남편에게 희생하고 순종적인 아내가 훌륭한 아내로 평가받았을지 모르지만 요즈음에는 그러한 아내를 훌륭한 아내라고 보는 것 같지 않다. 도덕개혁론자가 이제는 이러 이러한 아내가 훌륭한 아내라고 주장하면서 훌륭한 아내의 기준을 바꾸려고 한다면 '훌륭한 아내'의 규정적 의미를 이용하여 그 기술적 의미를 변화시키려 한다고 볼 수 있다. 그는 '훌륭한 아내'의 규정적 의미 즉 권장의 의미는 그대로 유지하면서 평가기준인 기술적 의미에 변화를 가하려고 하는 것이다.

그런데 이와 반대로 처방의미가 기술의미에 부수적인 평가 언어가 있다. '좋은', '옳은'과 같은 일차적인 평가 언어와 달리, '부지런한', '정직한'과 같은 이차적인 평가 언어에서는 처방의미가 기술의미에 부수적이다. 대부분의 사회에서는 부지런한 사람을 칭찬하고 권장한다. 그래서 "그 사람은 부지런한 사람이다"라고 말하면, 그 사람은 어떤 경험적인 특성(예를 들면 몸과 정신 활동이 활발하고 생산성이 높고 등등)을 갖고 있다는 것을 암시하면서 그는 훌륭하다고 칭찬 또는 권장하는 것이다. 그러나 부지런한 것을 귀찮게 생각하고 부정적으로 생각하는 사회에서는 '부지런한 사람'의 기술의미 즉 부지런한 사람의 특성은 변함이 없지만 그 처방의미는 다르게 된다.

보편화가능성과 도덕원리

위에서 논의한 바와 같이 도덕 판단은 기술적 의미와 아울러 처방의미를 지닌다. 기술적 판단 즉 사실판단은 규정적 의미는 없으며 기술적 의미만을 갖는다. 어떤 판단이 보편화 가능한 것은 그것이 기술적 의미를 지니고 있기 때문이다. 기술적 판단은 그것이 기술적 의미를 지니고 있기 때문에 보편화 가능하다. 이를테면 "이 꽃이 붉다"고 판단할 때, 그 꽃이 p, q 등의 속성을 갖고 있다는 사실에 근거하여 "이 꽃이 붉다"라고 판단한다. 이 경우 '그 꽃이 p, q 등의 속성을 갖고 있다는 것'이 그 판단의 기술적 의미이다. 그리고 적합한 측면에서(이 경우에는 색깔의 측면에서) 그것과 같은 속성(p, q 등)을 갖는 어떠한 것도 마찬가지로 붉다고 말하고 있다는 의미에서 그 판단은 보편화 가능하다. 이 때 "p, q 등의 속성을 갖는 대상은 붉다"와 같이 '붉음'의 의미규칙을 언명하고 있다. 그러한 보편적인 의미규칙 때문에 어떤 대상이건 p, q 등의 속성을 갖고 있으면 우리는 그것을 붉다고 말해야 한다.

도덕 판단을 포함한 가치판단도 그것이 기술의미를 지니고 있기 때문에 보편화 가능하다. 어떤 사람이 "갑은 좋은 사람이다"라고 말했다 가정해 보자. 왜 갑이 좋은 사람인가 하고 물을 때, 갑은 이해심이 많고 남을 잘 도와준다고 말한다면 '갑이 이해심이 많고 남을 잘 도와준다는 사실'이 그 도덕 판단의 기술적 의미이다. 이 기술적 의미를 염두에 두면서 그는 "이해심이 많고 남을 잘 도와주는 사람은 좋은 사람이다"라고 그 도덕 판단을 보편화하고 있는 것이다. 그러나 기술적 판단을 보편화할 때와 달리, 도덕 판단을 보편화할 때에는 단순히 '좋음'의 의미규칙을 언명하고 있는 것이 아니라 도덕원리를 지지하고 있는 것이다. 헤어에 의하면 보편화가능성의 원리는 '좋다'라는 평가언어 뿐만 아니라 '옳다', '해야 한다'와 같은 평가언어를 포함하는 가치 판단에도 적용된다. 어떤 행위와 관련하여, 내가 어떤 상황에서 특정인에게 "당신은 진실을 말해야 한다."라고 언명하면, 그와 같은 상황에 있는 사람은 누구나 진실을 말해야 한다고 보편화하고 있는 것이다. 이처럼 특정인에게 내린 도덕 판단이 같은 상황에 있는 모든 사람에게 보편화되면 그 결과는 *보편적인 도덕원리*로 나타난다.

보편화가능성의 원리는 어떤 상황에 대하여 도덕 판단을 내리면 그것과 적합한 측면에서 유사한 모든 상황에 대하여도 같은 판단을 내려야 한다고 요구한다. 보편화가능성의 원리 자체는 도덕적인 원리가 아니라 논리적 원리이다. '갑이 좋다'라는 도덕 판단이 보편화 가능하다는 것은, '갑이 좋다'라고 말하면 갑과 적합한 측면에서 똑같은 어떠한 것도 좋다고 말해야 한다는 것을 의미한다. 만약 '갑은 좋다'라고 말하면서, 그것과 적합한 측면에서 똑같은 것을 좋은 것이 아니라고 말하면 자기모순을 범하고 있다는 뜻에서 이것은 논리적인 위반이며 합리성에 대한 위배이다. 그것은 도덕적인 위반 즉 도덕원리의 위반은 아니다. 보편화가능성의 원리는 한 마디로 "똑 같은 경우에는 똑 같이 대우해야 한다."는 뜻을 지닌다.

보편화가능성의 원리를 황금률(golden rule)과 혼동해서는 안 된다. 만약 황금률이 "다른 사람이 자신을 대우해야 하는 바대로 다른 사람을 대우해야 한다."(다른 사람이 자신을 어떤 방식으로 대우해야 한다면, 그 방식대로 다른 사람을 대우해야 한다)고 해석한다면, 이는 보편화가능성의 원리와 다를 바 없다. 그러나 황금률이 "*다른 사람이 자신을 대우해주기를 바*

라는 바대로 다른 사람을 대우해야 한다."고 해석한다면 이는 도덕원리가 될 것이다. 도덕원리로 해석된 황금률은 보편화가능성의 원리에 욕구의 요소가 결합되어 있다는 점에서 순전히 형식적이며 논리적인 보편화가능성의 원리와 차이가 있다. 헤어에 의하면 보편화가능성의 원리는 또한 칸트의 정언명법의 한 형식인, “네 의지의 준칙이 보편적 법칙이 되기를 바랄 수 있도록 행위 하라."는 *'보편화 원리(universalization principle)'*와도 구별되어야 한다. 이 원리가 "네가 어떤 식으로 행동해야 한다면 다른 사람도 마찬가지로 똑같이 행동해야 한다."와 같이 해석될 수 있다면 보편화가능성의 원리와 같을 것이다. 그러나 칸트의 원리는 그처럼 단순하지가 않다. '의욕 할 수 있다'라는 말이 여러 가지로 해석될 소지가 있다. 그것은 '논리적으로 의욕 할 수 있다'로 해석될 수도 있고, '과학적으로 의욕 할 수 있다'(자연의 법칙과 일치한다)로도 해석될 수가 있으며, '합리적으로 의욕 할 수 있다'로도 해석될 수가 있다. 헤어는 '바란다.'는 말과 '명령에 동의한다.'는 말을 대충 같은 것으로 본 점에서 세 번째 해석을 택한 것으로 보이며, 이 점에서 칸트의 정언명법을 헤어는 단순한 보편화가능성의 원리가 아니라 실질적인 내용을 가진 도덕원리로 해석하고 있다.

도덕적 논증(황금률 논증)

자연주의는 사실적 전제로부터 도덕적 결론을 이끌어낸다. 예컨대 "행복은 사람들이 바라는 것이기 때문에 좋은 것이다"라고 추론한다면, "행복은 사람들이 바란다."는 사실판단으로부터 "행복은 좋은 것이다"라는 도덕 판단을 이끌어 내고 있는 것이다. 그러나 이러한 자연주의적 추론은 타당하지 않다. '좋다'라는 도덕적 용어를 '사람들이 바란다.'라는 사실언어로 정의를 내릴 수 있는 경우에만 그러한 추론이 타당하다. 만약 '좋다'라는 평가 용어가 '사람들이 바란다.'라는 사실적 언어로 고스란히 정의될 수 있다면 "어떤 것을 사람들이 바란다. 그렇지만 그것이 좋은가?"라는 물음은 우스운 질문이 되어야 할 것이다. 그러나 그 질문이 의미가 있다는 것은 그러한 정의가 잘못되어 있다는 것을 말해준다. 이러한 물음은 평가 용어에 대한 모든 자연주의적 정의에 대하여 자연스럽게 던질 수 있을 것이나. 헤어의 분석에 따라 해석한다면, 평가 용어는 기술적 의미와 아울러 규정적 의미도 포함하고 있다는 것을 자연주의자는 간과하고 있기 때문이다.

헤어에 의하면 실제적인 도덕 문제에 대한 도덕적 추론 또는 사고는 두 개의 수준으로 구분된다. 그 하나가 직관적 사고(intuitive thinking)이며 다른 하나가 비판적 사고(critical thinking)이다. 우리는 대개의 경우 어릴 때의 양육과 과거의 의사결정 경험을 통해서 배운 비교적 단순하고 일반적인 도덕원리에 따라 도덕적 사고를 한다. 이와 같이 일반적이며 직관적인 *'우선조건 (prima facie)'* 도덕원리에 따라 판단을 내리는 도덕적 사고를 직관적 사고라고 한다. 직관적 사고는 나름대로의 역할이 있다. 일반적인 도덕원리에 따라 사고를 함으로써 도덕발달과 인격형성이 가능하고 도덕적 학습이 용이하다. 또한 유사한 상황에서 새롭게 생각할 필요가 없으며 다른 문제에 대해 생각할 시간적 여유를 가질 수 있다. 또 일반적 원리가 없으면 자신의 이익에 맞도록 제멋대로 도덕적 사고를 할 가능성도 있다.

헤어에 따르면 직관적 사고에서 사용되는 비교적 단순한 원리가 인간의 도덕적 사고에 필요하기는 하지만 그것만으로는 충분하지 않다. 우리는 항상 이전과 다른 새로운 상황 즉 직관적 원리들이 서로 충돌하는 새로운 상황에 직면할 수 있다. 이러한 갈등 문제를 해결하기 위해서는 비판적 사고가 필요하다. 우리의 직관을 형성한 과거의 양육이 최선의 것이었는지, 과거의 의사결정이 옳은 것이었는지, 그리고 설령 그렇다 치더라도 그 때 형성된 직관적 원리가 새로운 상황에 적용되어야 하는지를 물어야 한다. 비판적 사고는 직관적 원리들에 대한 비판적 기능을 가지며 아울러 그 원리들이 충돌할 때 그것을 해결하는 역할을 갖는다.

비판적 사고에서는 도덕적 직관에 호소하지 않는다. 비판적 사고에서는 도덕개념의 논리적 속성과 비도덕적인(non-moral) 사실의 제한만을 받는 조건에서 원리를 선택 또는 결정한다. 그러나 여기서 선택된 도덕 원리는 직관적 수준에서 사용되는 도덕 원리와 성격이 다르다. 두 가지 원리는 보편적 규정이라는 점에서 논리적으로 유사하다. 그러나 일반성-구체성의 차원에서는 차이가 있다. 직관적 도덕원리는 그 기능 또는 역할을 달성하기 위해서 비교적 단순하고 일반적이어야 한다. 그러나 비판적 사고에서 선택된 원리 즉 비판적 도덕원리는 아주 구체적일 수 있다.

헤어에 의하면 비판적인 사고는 도덕적 추론의 전형이다. 전형적인 도덕적 추론은 칼 포퍼(Karl Popper)가 제시한 과학적 탐구절차와 유사하다. 과학자들의 전형적인 탐구절차는 가설을 제안하고 그것을 검사하는 방법을 찾는다. 그것이 거짓이라면 그렇다는 것을 보여주는 실험을 한다. 만약 가설이 거짓이라는 것을 우리가 아무리 증명하려고 해도 증명하지 못할 때에는 그것을 잠정적으로 받아들인다. 물론 나중의 실험이 그것을 반박한다면 그것을 버릴 준비가 되어 있다. 그러나 관찰 결과로부터 가설이 참이라는 것을 증명할 수는 없다. 과학적 탐구는 일종의 탐색이다. 다시 말해 실험의 검사를 견뎌낼 수 있는 가설을 찾는 것이다.

전형적인 도덕적 추론은 이미 받아들여진 도덕원리로부터 도덕 판단을 직접 이끌어내는 직선적 추론이라기보다는 과학적 탐구에서처럼 반증사례에 견뎌낼 수 있는 도덕 판단이나 도덕원리를 탐색하는 활동이다. 도덕추론은 도덕판 단이나 도덕원리를 마치 가설처럼 가정하고 그것의 논리적 결과를 검사함으로써 그 타당성을 알아보는 방법을 취한다. 헤어에 의하면 구체적인 상황에서 어떤 행위를 할 것인가를 결정하는 도덕적 추론은 결국 도덕원리의 결단이다. 도덕원리를 결단한다는 것은 자신을 포함한 모든 사람에게 그 원리가 적용된다는 것을 의미한다. 어떤 행위를 할 것인가를 결정하는 도덕적 추론은 나의 행위준칙을 보편적인 원리로서 내가 의욕 할 수 있는지를 검토하는 황금률 논증의 형식을 취한다. 이와 같은 도덕적 추론의 골격은 헤어가 소개한 하나의 우화를 통해서 잘 이해될 수 있을 것이다. A는 B에게 빚지고, B는 C에게 빚지고 있다. 그런데 법에 따르면 채권자는 빚을 받아내기 위해 채무자를 감옥에 보낼 수 있다. B는 자신에게 묻는다. "나는 A로부터 돈을 받아내기 위해 A한테 그러한 방법을 취해야 한다고 말할 수 있는가?"

"A는 나에게 진 빚을 갚지 않았기 때문에 나는 그를 감옥에 넣어야 한다."라고 주장한다면, 이 주장은 "나와 같은 입장에 있는 어떠한 채권자도 채무자가 빚을 갚지 않는다면 그를 감옥에 넣어야 한다."는 원리를 받아들인다는 것을 함축한다. 그렇다면 C가 B(자신)와의 관계에서 채권자의 입장에 있으므로 결국 C는 B를 감옥에 넣어야 한다는 것을 주장하는 셈이다. 그리고 "C는 나를 감옥에 넣어야 한다."는 도덕 판단을 받아들이게 되면 "C로 하여금 나를 감옥에 넣도록 하라"는 단칭규정을 B는 받아들이지 않을 수 없다. 만약 B가 그것을 받아들일 준비가 안 되어 있다면, 그(B)는 "A가 빚을 갚지 않았기 때문에 그를 감옥에 넣어야 한다."는 원래의 판단을 받아들일 수 없는 것이다.

과학탐구와 도덕탐구의 중요한 차이점은 과학탐구에서의 검토 대상은 관찰을 통해 그 진위를 가릴 수 있는 경험적 진술이지만 도덕탐구에서의 검토 대상은 규정적 진술(C로 하여금 나를 감옥에 넣도록 하라)이다. 【과학적 탐구에서 반박하는 자료는 단칭(singular) 사실진술이지만, 도덕추론에서는 단칭 규정 진술 즉 단칭명령】이다. 과학적 탐구는 가설을 찾고 그것의 결과가 거짓이라는 것을 증명함으로써 그것을 검사하려고 하지만, 도덕적 탐구 또는 추론은 원리를 찾고 그 결과를 받아들일 수 있는지를 확인함으로써 그것을 검사하려고 한다. 헤어에 따르면 도덕적 논증 즉 황금률 논증은 몇 개의 필수요소를 포함한다. 그 첫 번째 요소가 논리적 속성으로서 앞에서 언급한 보편화가능성과 처방성이다. "A는 나(B)에게 진 빚을 갚지 않았기 때문에 나는 그를 감옥에 넣어야 한다."라는 주장은, '해야 한다'라는 말의 보편화가능성 때문에 "나와 같은 입장에 있는 어떠한 채권자도 채무자가 빚을 갚지 않는다면 그를 감옥에 넣어야 한다."는 원리로 보편화할 수 있다. 따라서 만약 B가 C와의 관계에서 빚을 지고 그 빚을 갚지 않는 경우 "C는 나(B)를 감옥에 보내야 한다."는 것을 받아들이게 되는 셈이다. 이 경우 '해야 한다'는 말의 규정성 때문에, 결국 B는 "C로 하여금 나를 감옥에 넣도록 하라"는 단칭명령을 내리고 있는 것이다.

도덕적 논증의 두 번째 요소는 상황과 관련되는 사실이다. 앞의 우화에서는 A가 B에게, B는 C에게 빚지고 있다는 것이 사실이다. 그리고 채무자가 빚을 갚지 않을 경우에는 법적으로 채권자가 그를 감옥에 보낼 수 있다는 것도 사실이다. 이해 관심(interest) 또는 성향(inclination)도 도덕적 논증의 필수적인 요소이다. 우화에서 관련되는 성향은 감옥에 들어가고 싶어 하지 않는 성향이다. 물론 광신수의자처럼 감옥에 들어가는 것에 신경을 쓰지 않는 사람이 있을 수 있다. 이러한 사람은 황금률 논증에 영향을 받지 않는다.

도덕적 논증의 마지막 요소는 *상상력*(imagination)이다. 우화에서는 B가 채권자이면서 동시에 채무자의 입장에 있다. 그러나 B가 C와의 관계에서 실제적인 채무관계에 있지 않다 할지라도, B가 "나의 경우에는 내가 A에게 하는 방식대로 다른 사람(C와 같은 채권자)이 나에게도 한다는 것(감옥에 보낸다는 것)에 대하여 두려할 필요가 없다"고 말할 수는 없다. 왜냐하면 도덕적 논증은 그러한 실제적 관계에 의존하지 않기 때문이다. B가 실제로는 다른 사람과 채무 관계에 있지 않다 해도 채무자인 A의 입장에서 그의 성향과 이익을 마치 자신의 것처럼 중요시하는 상상력이 요구된다. 우화의 경우에는 실제로 B 자신이 채무자의 입장에 있기 때문에 상상력이 거의 필요 없겠지만, 대부분의 정상적인 도덕적 상황에서는 자신을 상대방의 입장에 놓고 생각해 보는 상상력이 필요하다.

헤어에 의하면 도덕적 논쟁 즉 의견의 불일치는 위에서 열거한 요소들의 차이 때문에 발생한다. '해야 한다'라는 말이 보편성과 규정성을 갖는다는 것에 동의한다 해도 다른 요소들의 조합에 의해 도덕적 의견이 다를 수 있다. 즉 사실에 관한 의견 차이 때문에, 또는 성향의 차이 때문에, 아니면 둘 중 한 사람이 상상력이 부족하기 때문에 사람들 간에 무엇을 해야 할 것인지에 대하여 의견 차이가 생긴다. 두 사람이 '해야 한다'라는 말을 같은 방식으로, 즉 *보편성과 규정성(처방성)*을 갖는 것으로 이해한다면, 도덕적 불일치의 다른 요소는 비교적 쉽게 제거할 수 있다고 헤어는 생각한다.[133] 사실은 논쟁 당사자들이 인내성을 갖는다면 확인할 수 있다고 그는 본다. 그리고 사람의 성향, 특히 인생에 있어서 가장 중요한 문제에 관한 성향은 똑 같다고 생각한다. 예를 들면 굶어 죽거나, 오토바이에 치여 죽거나 하기를 원하는 사람은 거의 없다는 것이다. 이처럼 *상상력*은 배양될 수 있다.

133) 메리 워녹(Mary Warnock)은 헤어의 보편적 처방주의의 애매함을 비판한다. 헤어는 분명히 처방적이지 못하고 비평가적인 용례들이 있음을 인식하면서도, 직관적인 이해방식으로 그 반증사례를 간과한 점이 드러나고 있다. 필리파 풋은 *'조건부적인 설득력을 가지는'(prima facie convincing) 반증*을 통해 헤어의 주장에 반론을 제기한다. '무례한'이나 '용기 있는'과 같은 말은 사실적인 전제에서 *가치평가적인 결론*을 바로 도출할 수 있다고 본다.

제 5장 의무 윤리론

제 5장 의무윤리론

의무윤리론은 칸트의 윤리학에 잘 나타나 있으며, 윤리적 형식주의에 해당한다.[134] 의무윤리이론의 근거는 인간의 선의지에 달려 있다. 선의지는 옳은 행동을 오로지 그것이 옳다는 이유에서 항상 택하는 의지이다. 그것은 행위의 결과를 고려하는 마음이나 또는 자연적인 경향을 따라서 옳은 행동에로 쏠리는 의지가 아니라, 단순히 어떤 행위가 옳다는 바로 그 이유로 말미암아 그 행위를 택하는 의지이다. 선의지란 의무 그 자체를 존중하는 마음에서 의무를 수행하고자 하는 뜻이다. 칸트는 오직 그것이 의무라는 생각에 아무런 감격도 느낌도 없이 남을 도울 때만이 참된 도덕적 가치를 지닐 수 있다고 말한다. 하지만 인간에 있어서 어떤 행위를 함에 있어 감정은 무시될 수 없다.

따라서 칸트의 윤리관은 비윤리적이라고 말할 수 없다. 단지 비현실적이라고 말할 뿐이다. 비현실과 현실을 구분할 수 있는 요소는 아마도 그 윤리관을 행동의 기준으로 삼았을 때 개인에게 얼마나 큰 부담으로 작용하는가 하는 것이다. 인간의 실천이성은 경험적 요소의 사상을 기본 방침으로 하는 보편성과 필연성을 가진 무제약적 실천법칙에서 출발해야한다. 이런 실천법칙은 오직 선험적 입법형식의 제약만을 받고 성립해야하는데 이의 기본원리가 실천이성의 근본법칙이다. 도덕실천법칙은 정언명법이 아니면 안 된다. 실천적 판단력이 개별적 행위의 보편적 원칙에 대한 적부를 판정할 수 있으려면 예지계와 감성계를 연결하는 매개가 있는데 칸트는 자연법칙을 전형으로 삼는다.

하지만 감정에 의해 생명을 해치는 사례도 얼마든지 일어날 수 있고 이미 그러한 자연이 성립되어 왔다. 인류 전체가 자살한 후에도 자연은 여전히 존립할 것이다. 만약 지킬 의사도 없는 약속을 함이 보편적 법칙이 된다면 약속은 제구실을 하지 못하므로 거짓말 약속은 어떤 경우에도 옳지 않다고 말할 것이다. 그렇지만 우리는 약속을 믿지 않으면서 돈을 꾸어주는 경우가 있으며 또 남의 약속이 진정인지 거짓인지 모르는 경우도 있으므로 거짓말 약속이 허용된다고 해도 약속이라는 현상이 없어진다고는 볼 수 없다. 환경과 현재 자기 삶에 있어서 부족함이 없어서 자기의 재능을 연마하지 않고 향락을 일삼아도 되는가? 이성자로서 인간이 필연적으로 의욕 하는 것은 자기가 가진 모든 능력을 발휘함인데 이는 보편적 자연법에 어긋남으로 옳지 않다. 모든 인류가 동일하게 그 법칙을 욕구한다 치더라도 그러한 심리사실이 그 법칙의 타당성을 완전히 논증하는 근거가 될 수 없다.

★ 탐구문제

134) 칸트의 의무윤리가 윤리적 형식주의로 분류되는 근거에는 세 가지가 있다. 첫째, 보편화가능성의 개념이 도덕적 의무의 충분조건으로 간주된다. 둘째, 도덕법칙을 선천적 보편성과 필연성에 관한 고찰을 통해 이끌어낸다. 셋째, 도덕은 근본적으로 실천이성을 가진 존재자들 사이에 성립하는 관계로서 파악한다.

1. 선의지의 특징과 명제적 성격을 제시하면?
2. 정언명령의 형식과 그 타당성은 어떻게 입증할 수 있는가?
3. 의무이론을 구성하는 준칙(공리)의 성격과 한계점은 무엇인가?
4. 정언명법과 가언명법의 차이점을 밝히고, 정언명법 사례에서 문제점은?
5. 도덕적 판단체계가 가언명법이라는 주장은 타당한가?
6. 도덕적 판단의 당위적 진술과 실제상황은 어떠한 차이점을 보이는가?
7. (가), (나)의 내용을 쓰고, (다)에 해당하는 것 중에서 2가지만 밝히시오(06' 임용고사)

칸트(I. Kant)는 (가) 첫 번째 정언 명령을 끌어내기 위해, 금전적 압박 때문에 약속을 지킬 의도가 전혀 없으면서도 거짓 약속의 유혹에 빠지는 상황을 예로 든다. 곤경에 처한 사람이 약속을 지키려는 의도가 없이 자기에게 이익이 될 약속을 한다는 격률(준칙)이 보편화된다면, 결국에는 약속 자체와 약속의 목적 모두가 불가능해지는 내적 모순에 이르게 된다고 칸트는 주장한다. 그럼에도 불구하고 계속해서 우리는 왜 거짓 약속으로 말미암은 내적 모순을 피하여 진실을 말해야 하느냐고 물을 수 있다.

여기서 비로소 (나) 두 번째 정언 명령에 이르게 된다. 칸트와는 달리 다수의 공리주의자들에게 도덕 규칙이란 대략적인 규칙이며, 그 규칙의 준수는 그로 말미암아 선을 극대화할 수 있다는 믿을만한 근거가 있을 때에만 이루어진다. 따라서 언제나 규칙을 지켜야 하는 것은 아니며, 언뜻 보면 규칙은 쉽게 위반될 수도 있다. 그러나 무어(G. E. Moore)의 주장에서 보듯이, “진실을 말하라”는 도덕 규칙을 어길 때의 예상치 못한 나쁜 결과들을 고려한다면, 이 도덕 규칙은 결국에는 최선의 규칙으로 판명된다. 그래서 이 규칙은 아직도 통용되고 있는 것이다. 따라서 (다) 몇 가지 사항을 충분히 고려한다면, 도덕 규칙을 어겨도 될 때가 있다는 생각은 거의 틀림없이 잘못이다.

8. 다음대화를 읽고, (을)과 (병)을 대표하는 윤리설의 명칭과 특징을 쓰시오.(04′임용고사)

(갑) : 나는 도대체 왜 도덕적으로 행동해야 하는지 그 이유를 모르겠어. 우리 사회를 보면 도덕적인 사람보다 부도덕한 사람들이 더 많고, 더 활개 치며 사는 것 같아. 그런데도 내가 왜 도덕적이어야 하지? (을) : 그건 도덕적으로 행동하면 결국은 보상을 받을 수 있기 때문이지. 도덕적 행위의 대가는 언젠가 받게 되어 있어. (병) : 내 생각은 달라. 그건 이 세상에는 우리가 어겨서는 안 될 어떤 도덕규범이 있기 때문이야. 그걸 지키는 데는 다른 이유가 없어.

1. 선의지와 정언명령

칸트에 있어서 목적개념이 완전히 부인된 것은 아니다. 그에게 있어서 도덕법칙 자체가 이미 인간완성이라는 목적을 떠나서는 불가능한 것이었다. 칸트의 철학을 단순히 형식주의 내지는 의무주의로 처리해버리기보다 "인간성의 완전한 실현'을 목표로 삼고 결과로서 주어지는 행복을 고려하는 목적주의 도덕철학으로 보는 것도 가능하다. 이성적 존재로서의 인간의 품위를 확립하고 그 자율성을 중시한 점이나, 완전한 선을 위한 그의 의지와 이러한 도덕철학적 체계는 가장 대표적인 윤리학적 토대로서 중요한 가치를 지니지만 그에 대한 비판도 다양하게 이루어져 왔다.

칸트 윤리사상에 대한 입문서는 『도덕형이상학의 근본원리』이며, 『도덕형이상학의 근본원리』의 전반적 목적은 "의무의 근거를 인간의 본성이나 인간이 사는 세계의 환경에서 찾아서는 안 되고, 실천적으로 순수이성의 개념 속에서 찾아야 된다."는 것을 입증하는 일이다. 도덕형이상학이란 도덕규칙의 타당성에 대한 궁극적 기준을 세우는 것을 과제로 하는 윤리학의 분과이다. 그가 의미하는 바는 도덕의 형이상학은 어떻게 궁극적인 기준이 경험적인 고찰이 전혀 없이 선천적으로 확립될 수 있는가를 입증해야 한다는 것이다. 이런 기준이 순수이성에 기초되어 있다는 것이 입증되면, 그 기준을 개별적인 규칙과 행동에 적용할 때 실제세계의 인간과 그의 상황에 관한 경험지식이 요구된다. 선의지에 대하여 세 가지 명제를 제시한다.

◇ 첫 번째 명제: *"행동의 동기는 전적으로 개인의 성향과 자기 이익으로부터 분리되어야 한다."* 즉 옳은 것을 행하는 것은 단지 그것이 옳기 때문이지 어떤 다른 이유가 있어서가 아니다. 그가 옳은 행위를 하는 유일한 동기는 그 행위가 옳은 행위라는 것을 인식하는 것임을 의미한다. 옳은 것을 행하는 것이 단지 자기성향이나 자기이익과 관련이 된다면, 그 결과가 어떻든 그 행위는 도덕과 무관한 행동이 된다. 그러므로 선의지를 갖는 것은 좋은 인간이 되기 위한 필요조건이다. 비록 개인의 의무가 요구하는 바를 완전히 수행할 수 없는 경우라고 할지라도 "그의 능력으로 할 수 있는 모든 수단을 동원한다면" 그는 도덕적 관점에서 좋은 사람이라고 판단될 것이다. 이것은 우리가 좋은 의도를 가져야 될 뿐만 아니라 의지력과 결단을 모두 기울여 우리의 의무를 위한 의무를 수행하려고 노력한다는 것을 의미한다. 이 점에서 선의지는 좋은 인간이 되기 위한 충분조건이다.

◇ 두 번째 명제: 선의지의 도덕적 가치에 관하여, *"선의지는 무조건적인 가치를 가지며 그 때문에 그 가치는 어떠한 목적이나 용도의 달성에 의존할 수 없다."* 왜냐하면 그런 경우 선의지는 단지 그러한 목적의 수단으로 판단될 것이고 그리고 선의지의 가치는 목적의 가치뿐만 아니라 목적달성에 의존하는 조건적인 것이 되기 때문이다.

◇ 세 번째 명제: 선의지에 동기 유발된 사람의 정신 상태를 지배하는 내적 태도에 관하여,

칸트는 *"선의지의 인간이 갖는 주된 태도는 오직 도덕법칙을 준수하려는 깊은 의무감일 수 있다"*고 믿으며 그는 그것을 *"도덕법칙에 대한 존경심(respect for the law)"*이라고 부른다. 그래서 만약 선의지를 가진 사람이 왜 그렇게 행동했는가를 설명하고자 한다면, 우리는 그가 도덕법칙에 대한 존경심 때문에 그렇게 행위를 한다고 말하면 될 것이다.

선의지에 대한 칸트의 개념에서 분명한 것은 옳은 행동의 표준이 무엇이든 간에 그 표준은 어떤 결과를 산출하는 그 행동의 유용성이 될 수 없다는 점이다. 도덕적 의무로서 모든 인류에게 구속력을 가지려면 어떤 조건들을 만족시켜야 하는가? 규칙이 타당하기 위해서는 최고원리의 척도 또는 도덕의 궁극적 기준, 즉 칸트에 있어서 선천적인 도덕법칙을 만족시켜야 한다. 칸트는 이 도덕법칙을 정언명법이라고 부른다. 그 법칙은 개별적인 목적의 달성과는 관

계없이 이성적 존재자인 개인이 다른 모든 사람이 따라 행위를 할 수 있는 규칙으로 규정될 수 있는 격률이나 원리에 따라 행위를 해야 한다는 것을 요구할 뿐이다. 정언명법은 세 가지 형식으로 이루어진다.

□ 첫째 형식: "*네 의지의 준칙이 항상 동시에 보편적 법칙이 될 수 있도록 행위를 하라*" 이는 *보편적 법칙의 정식*이다. 다시 말해 어떤 규칙이 도덕규칙이 되려면 그것은 일관성 있게 보편화 가능해야 함을 말한다. 그 이유는 다음과 같다. 만약 규칙이나 격률에 따라 행동하는 이유가 그 규칙이 보편적 법칙이 될 수 있다는 사실이 아니라면 도덕규칙의 궁극적 척도 위에 경험적 조건이 놓여서 그 규칙은 선천적 필연성과 보편성을 잃게 될 것이다. 그러므로 이 조건은 그 규칙이 자기모순을 일으키지 않고 모든 사람의 행동지침으로 규정될 수 있음, 보편화 가능함을 의미한다.

□ 둘째 형식: "*너 자신의 인격에 있어서나 모든 타인의 인격에 있어서 인간성을 단순히 수단으로서 사용하지 말고 동시에 목적으로 사용하도록 행위를 하라*" 어떤 규칙이 도덕규칙이 되기 위해서는 만약 모든 사람들이 그것을 따른다면 그들은 서로를 수단으로서가 아니라 목적 자체로서 대하게 될 규칙이어야 한다. 이는 *인간 존엄성에 대한 존중의 정식*이다. 그 이유는 다음과 같다. 도덕규칙은 이성적 존재인 인간에게 구속력을 갖는다. 이성적 존재는 그가 자신을 대하는 것과 똑같이 항상 다른 이성적 존재를 생각할 것이다. 또한 모든 이성적 존재는 자신이 목적으로서 절대적인 가치를 가지고 있다고 생각하지 어떤 목적에 의존하는 상대적인 가치를 가지고 있다고 생각하지는 않을 것이다. 이성적 존재로서의 모든 인간에게 보편적으로 규정된 어떠한 행위규칙도 타인을 단지 수단으로서 대하는 행동을 규정할 수 없다.

□ 셋째 형식: "*너의 준칙을 통하여 너 자신이 항상 보편적인 목적의 왕국의 입법가로서 행위를 하라*" 어떤 규칙이 도덕규칙이 되려면 각자가 그 규칙을 보편적으로 입법화할 때, 즉 각자가 그 규칙을 자신과 타인들의 행위에 대한 지침으로서 채택하기로 결정할 때, 각자의 의지에 의해 자신에게 부과할 수 있는 규칙이어야 한다. 이는 *의지의 자율과 도덕공동체를 위한 입법의 정식*이다. 그 이유는 다음과 같다. 도덕규칙을 따라야 할 의무의 원천은 다른 어떤 사람의 의지가 아니라 자신의 의지이다. 자신이 규칙을 자기 자신에게 규정한다는 말과 같다. 그 규칙은 한 개인으로서가 아니라 이성적 존재로서의 그에게 구속력을 가진다. 따라서 자신에게 그 규칙을 복종할 의무를 부여함으로써, 모든 사람에게 자신에게 부여하는 의무와 똑같은 의무를 부여한다. 즉 도덕규칙은 보편적으로 입법화하는 의지에 의해 스스로 부여된 규칙이다.

이와 같이 모든 구성원이 도덕행위자인 공동체, 즉 모두 도덕법칙의 영역 내에서 행위를 하는 사람들로 구성된 공동체가 목적의 왕국이다. 목적의 왕국에 대한 개념은 현재 사회의 도덕규범이나 또는 미래의 실현될 유토피아 이상이 아니라 현재 그리고 과거와 미래에 있어서 모든 인간 존재자를 일련의 구속력을 가진 규칙아래에 통합시키는 도덕질서에 대한 칸트의 분석이다. 그의 관점에서, 우리 모두는 ① 도덕 행위자이며 ② 도덕법칙의 입법자로서 이러한 도덕공동체, 즉 '목적왕국(kingdom of ends)'의 일원이 될 수 있다.

이러한 정언명령이 모든 이성적 존재에게 정말 타당하다는 것을 입증하기 위한 단계는 세 단계로 구성되며, 정언명령의 실천적 적용범위에 대한 결론을 유도한다. 첫 단계는 이와 같다.

① 모든 이성적 존재는 반드시 자기 자신을 자유롭다고 인식해야 한다.

② 만약 어떤 존재라도 자신을 자유롭다고 인식해야 한다면, 그는 실천적 관점에서 자유롭다.

③ 그러므로 모든 이성적 존재는 *실천적인 관점에서 자유롭다*.[135] 둘째 단계는 이와 같다.

④ 자유롭다는 것은 의지의 자율을 갖는 것이다.

⑤ 의지의 자율은 정언명령의 원리를 표현하는 한 방법이다.

⑥ 그러므로 자유롭다는 것은 *정언명령에 예속된다*는 것이다. 다음과 같은 결론을 내린다.

⑦ 모든 인간은 실천적인 관점에서 자유롭다 【③→】

⑧ 그러므로 모든 인간은 실천적인 관점에서 정언명령에 예속된다. 【⑥→】

그리고 셋째 단계는 인간이 실천적인 관점에서 자유로운 존재임을 보이기 위해 인간의 본성을 어떻게 이해해야 하는가를 증명하려는 단계로서 이와 같다.

① 첫째 관점: 우선 과학적 또는 심리학적 관점을 취할 수 있는 데 이 관점으로부터 우리는 행동과 사고의 원인을 이해하려고 한다. 우리는 그의 행동과 사고가 경험적 자연세계의 질서에 어떻게 조화되는지를 설명하는데 관심을 가진다. 인간을 현상세계 즉 우리가 감관을 통해 알게 되는 세계의 한 일원으로서 이해한다.

② 둘째 관점: 또한 *도덕적 또는 실천적 관점*을 취할 수 있는 데 이 관점을 취할 때 우리는 인과적 설명에는 관심이 없고 그 대신 인간은 무엇을 해야 하는가? 그리고 그것을 해야 하는 이유가 무엇인가를 묻는다. 우리는 도덕 판단을 하고 이를 정당화하며, 우리 자신과 타인에게 행동에 대한 규정을 내리는 도덕담론을 할 때마다 이 관점을 취한다. 이 테두리 안에서 자유로운 존재로서의 인간은 선택할 수 있는 여러 가지 행위에 대해 심사숙고할 수 있고 또 자신의 심사숙고에 따라 행위를 결정할 수 있다. 인간을 예지계의 한 일원 즉 선택에 직면하며 동시에 도덕규칙의 구속을 받는 이성존재로서 이해한다.

이를 입증하려는 『도덕형이상학의 근본원리』의 내용 가운데, 선의지를 다룬, <도덕의 일반적 합리지식에서 철학으로 전환(Transition from the Common Rational Knowledge of Morality to the Philosophical)>, 정언명법을 다룬 <대중도덕철학에서 도덕형이상학으로 전환(Transition from popular moral philosophy to the metaphysic of morals)>을 차례대로 살

135) 칸트는 항상 "실천적인 관점에서"이라는 제한적 구절을 함께 사용하면서 인간은 자유롭다는 주장을 한다. 그것은 비록 인간들이 자기 자신을 자유로운 존재로 인식하는 것이 잘못일 수 있다 하더라도, 실제생활에서 자신들을 이런 방식으로 생각해야하기 때문이다. 더욱이 우리의 이성은 우리가 우리 자신을 자유롭다고 믿는 것이 잘못되었음을 입증해줄 수 없다. 우리는 자유를 보증하기 위해 경험적인 논의나 선천적인 논의를 제시할 수 없지만, 그 어느 것도 우리가 자유롭지 않다는 논의에 의해 확증될 수 없다는 것은 사실이다. 그러므로 우리는 우리 자신을 자유로운 행위자라고 여김에 있어서 정당화될 수 있다. 왜냐하면 우리 삶을 영위하는 데 있어서, 우리는 이런 방식으로만 인식할 수 있으며, 자유를 부정할 어떤 이유도 갖고 있지 않기 때문이다.

펴본다.136)

도덕의 일반적 합리지식에서 철학으로 전환

세상 또는 심지어 그 밖의 어느 것도, 선의지(good will)를 제외하고는 자질 없이 선(좋은 것)이라 부를 수 있는 것은 없다. 지성, 위트, 판단, 다르게 명명될지 모르는 다른 재능, 그리고 용기, 결심, 인내가 기질의 품성으로서 의심할 여지없이 좋은 것이고 존경을 바랄만한 것들이다. 그러나 만약 의지가 좋지 않은 성격이라 불리 우는 것들로 구성되고 사용된다면 본성의 자질은 극도로 나쁘고 유해하게 될지도 모른다. 그것은 행운의 선물과도 같다. (좋은 본성에도 동일하게 적용된다.) 만약 이러한 마음의 영향에 적합하도록 하고 또한 행동의 전체 원리를 조정하며 최종적으로 그것을 적용시키려는 선의지를 통해서, 힘과 부, 명예, 건강 그리고 행복이라 불리는 상태에서의 일반적인 복지와 만족 등은 마침내 자부심을 불러일으키고 가끔은 확신을 수반하게 될 것이다. 부서지지 않는 번영을 즐기는, 순수와 선의지의 단일한 특징으로 장식되지 않는 존재의 시각은 결코 공명정대하고 합리적인 관중에게 즐거움을 줄 수 없다. 이와 같이 선의지는 심지어 행복할 만한 가치가 있는 것에게 필수적인 조건을 구성하는 것처럼 보인다.

이 선의지 자체에 유용성을 부여하는 데는 몇 가지 특질이 있다. 그리고 행동을 수월하게 할지라도 내재적인이며 무조건적인 가치를 가지고 있지 않지만 항상 선의지를 예상하고 그것을 올바르게 가지는 것을 존중하며, 절대적으로 선한 것으로서 그것들을 간주하는 것을 허락하는 경우도 나타난다. 애정과 열정에서의 중용, 그리고 자제와 고요한 숙고는 단지 다양한 존경 면에서 좋을 뿐만 아니라 심지어 사람의 본질적 가치의 일부를 구성하는 요소처럼 보이기까지 한다. 비록 그들이 예전에는 무조건적으로 칭찬받았지만 실제로는 자질 없이 선이라 부를 가치가 있는 것과는 거리가 있다. 선의지의 작용이 없다면 극도로 악해질 수 있고, 나쁜 사람의 냉정함은 그를 더욱 위험하게 만들 뿐만 아니라, 선의지가 수반되지 않는다면 직접적으로 우리 눈에 더욱 혐편없는 모습으로 비쳐질 것이다.

선의지는 기대된 목적을 달성하기 위한 적합성이나 그것의 수행, 효과 때문에 좋은 것이 아니라, 어떤 경향성에서 야기되어지는 모든 것들, 심지어 모든 경향성들의 총합보다 선의지 그 자체로서 고려되는 것이 훨씬 더 높은 가치를 지닌다. 비록 그것이 행운을 빗겨가고 냉대하는 계모 본성처럼 인색하고, 대단한 노력에도 불구하고 아무것도 달성하지 못하더라도, 단지 선의지≪단순한 소망이 아니라 분명히 우리 힘으로부터 모든 수단을 집결하는 것≫만 남는다면, 그것은 보석과도 같이, 그 자체로서 총체적 가치를 가지는 것으로서 자신의 빛을 계속적으로 발휘할 것이다. 이 선의지는 그것의 유용성이나 또는 무익성으로 말미암아 이 가치에서 어떤 것도 더할 수도 뺄 수도 없다. 말하자면, 그것은 우리로 하여금 그것을 통상적인 장사수단에서 더욱더 편리하게 할 수 있는 상태로서 만들거나, 혹은 전문가가 아닌 사람들의

136) I.Kant, Fundamental principles of the Metaphysic of Morals," in *Kant's Critique of Practical Reason and Other Works on the Theory of Ethics* (London: Longmans, 1909), pp.9-22, pp.29-59. I. Kant,

주의를 이끌어낼 수 있는 상황이거나 아니면 그것을 진실한 전문가들에게 추천하는 등의 방식으로 삼아 그것 자체의 가치를 결정할 수는 없다.

이제 우리는 그것 자체의 가치를 높게 평가 받아 마땅한 그리고 더 나아간 다른 관점이 없이 좋은, 우리의 자연적인 이해 속에 이미 있는 관념인, 생각되길 보다 명료하게 되길 필요로 하는, 그리고 그것 안에서 항상 머리가 되는 우리행동의 가치를 측정하는 그리고 다른 나머지의 상태도 구성하는 의지의 개념을 개발해야 할 것이다. 이것을 하기 위해서는, 의무라는 개념을 알아야한다. 이 개념은 비록 주관적인 한정과 장애를 내포하지만, 선의지의 개념을 포함한다. 그러나 이것들은 은폐시키거나, 그것을 식별할 수 없게 하거나 하는 등과는 거리가 멀고, 오히려, 대조적으로 그것을 더욱 확실히 나타내고, 더욱 밝게 빛나도록 할 것이다.

의무와 일치하지 않는 것으로 이미 인식되어진 모든 행위들은 여기서는 생략하겠다. 비록 그것들이 이러저러한 목적들에 유용하지만 말이다. 왜냐하면, 그것들을 통해서는, 그것들이 의무 때문에 이루어졌는지에 대한 의문들이 전혀 일어나지 않기 때문이다. 왜냐하면, 실제로는 의무를 따르지만, 사람들이 직접적인 의향을 가지거나, 또 다른 여러 의향들 때문에 억지로 해야만 하기 때문에 행하는 행위들은 여기서 제외할 것이다. 왜냐하면, 이런 경우에는, 우리는 쉽사리 의무와 일치하는 행위들이 의무 때문에 발생했는지, 또는 행위 주체가 그것을 이기적인 관점에서 행동했는지를 구별할 수 있기 때문이다. 예를 들어, 상인이 경험 없는 구매자에게 지나치게 비싼 값을 지불토록 하지 않아야 되는 것은 항상 의무의 문제이다. 그리고 거래가 상당히 활발한 곳은 어디서나, 신중한 상인은 비싼 값을 요구하지 않고, 누구에게나 정해진 가격을 유지한다. 이 경우에는 어린이도 다른 사람처럼 그 상인에게서 물건을 제대로 구입할 수 있다. 사람은 따라서 정당한 대우받는다. 그러나 이것이 바로 그 상인이 정직이라는 원리와 의무 때문에 행동했다고 믿기에는 약간 부족하다. 그 자신의 이득이 그것을 요구했기 때문이다. 이런 경우에, 말하자면, 그 상인이 다른 사람보다 특별히 누군가를 애착하기 때문에, 구매자들에 이끌리는 직접적 경향에서 이루어진 행위로 가정하기란 불가능하다. 따라서 그 행위는 의무나 직접적인 경향성 때문에 일어난 행위라기보다, 단지 이기적 관점에 따라 발생한다.

반면에, 생활을 꾸려나간다는 것은 의무이다. 그리고 덧붙이자면, 모든 사람들은 그렇게 해야 할 직접적인 경향성을 가지고 있다. 그러나 이러한 이유 때문에, 대부분의 사람들이 흔하고, 열정적으로 생활을 꾸려 나가는 것의 본질적인 가치는 없다. 그리고 그들의 행동원리에는 도덕적 의미를 내포하지 않는다. 그들은 의무가 요구하기 때문이 아니라 분명히 의무가 요구하는 그러한 삶을 사는 것으로 가치가 있다. 반면에 역경이나 무기력한 슬픔이 삶에 대한 흥미를 앗아가 버리고 오히려 죽음을 갈망하며, 자신의 운명에 분노가 나지만, 확고한 의지의 소유자는 더 이상 낙담하거나 실망하지 않고 비록 자신의 인생을 사랑하지 않지만 그 삶을 지탱해나간다. 이러한 경우, 경향성이나 공포 때문이 아니라, 의무로부터 일어났고, 그러한 행동원리는 도덕 가치를 가진 것으로 간주할 수 있다.

능력이 있을 때 인정이 많다는 것은 의무이다. 이것 외에도, 허영심이나, 이익의 동기 없이 자기 주위의 사람들에게 기쁨을 나누는 것에 즐거움을 찾는 동정심이 있는 체질의 소유자들이 있다. 그들은 타인을 돕는 것이 자기의 일이 되는 한 타인의 만족에서 기쁨을 느낄 수 있다. 그러나 그와 같은 경우에, 이런 유형의 행위는 아무리 적절하거나, 상냥하더라도, 그럼에도 불구하고, 진정한 도덕적 가치는 없다고 여겨진다. 하지만, 다른 경향성과 동등한 수준으로, 즉, 명예에 대한 의향이, 만일 실제로 공리수준이고, 의무와 일치하고, 그 결과로서 존중할 만하다면, 칭찬과 격려는 받을 수는 있겠지만, 존경까지 받는 것은 아니다. 왜냐하면, 그러한 행동원리에는 도덕적 취지에 있어 부족함이 남아 있다. 그와 같은 행위들은 경향성 때문이 아니라 의무에서 이루어진 행위일 경우에 비로소 자비로움이 비교할 수 없을 정도로 탁월하게 도덕적 기질을 갖춘 소유자로 인정될 수 있다.

자신의 슬픔 때문에 마음이 우울한 박애주의자의 마음을 가정해보자. 그는 타인에 대한 모든 동정심을 상실해버렸다. 그는 여전히 비탄 속에서 타인을 이롭게 해줄 능력은 있는 반면, 그는 자신의 문제에 너무 깊숙이 생각하기 때문에, 타인의 문제에는 무감각한 상태이다. 그리고 지금, 그가 죽음과도 같은 무감각 때문에 자신을 괴롭히고 있지만, 경향성에 따른 감정의 흔들림 없이 박애행위를 한다고 가정 해보면, 그때 처음으로 그의 행위는 진정한 도덕 가치를 가지게 된다. 조금 더 나아가 보자; 만약 자연이 이 사람 혹은 저 사람에게 약간의 동정심을 느낀다고 한다면; 이 경우 성정이 곧은 사람으로 하여금 자신의 관점에서 바라보면, 그 자신이 이러한 강인함과 인내심을 지니고 있기 때문에 다른 사람들도 자신처럼 똑 같은 기질을 가지고 있어야 한다고 생각할 것이다. 그러한 사람이 확실히 스스로를 자연의 중용적 산물이 아니라고 생각하거나, 자연이 그 사람을 박애주의자로 만들지 않았다고 간주할 경우, 그 사람은 훌륭한 성정의 사람이 지닐 수 있다는 것보다 훨씬 더 가치 있는 자질을 아직 그 자신 속에서 발견하지 못한 것이 아닌가? 의심할 필요도 없이, 이러한 인물에게는 도덕 가치가 모든 것 중에서 비교할 수 없이 가장 상위에서 나오게 된다. 즉, 그는 경향성에서 아니라 의무감에서 자비로운 사람이다.

한 사람이 행복을 확보하는 것은 최소한 간접적으로 하나의 의무이다; 그것은 한 사람이 불만족스러운 요구 속에서 그리고 많은 근심의 압박 속에서 자신의 조건에 대한 불만족이 쉽게 의무에 대한 방해나 도전이 되었을지도 모르기 때문이다.; 그러나 여기서 다시, 이는 단지 모든 기질들은 전체적으로 하나로 통합되기 때문이라는 생각에 있기 때문에, 의무에 대한 고려 없이 모든 사람이 이미 행복에 대해 가장 강하고 그리고 가장 내면적인 기질을 지니고 있다고 생각해 볼 수도 있다. 그러나 행복의 개념은 흔히 대개 몇몇 기질들과 충돌한다. 우리는 행복이라 부르는 모든 것들 속에서 명확하고 확실한 총체적인 만족의 개념을 형성할 수 없다. 이는 곧 약속하는 것에 관해서나 만족하는 시간에 관해서 모두 명확한 성품의 인격이 그러한 동요되는 생각들을 극복할 수 있다는 것과 구분된다. 예를 들어 중풍에 걸린 환자가 스스로 좋아하는 것을 즐길 것을 선택하는 것과 혹은 이 경우에 최소한 그의 판단에 따라 그의 건강 속에서 찾게 되는 행복에 대한 기대 때문에 지금 이순간의 쾌락을 희생하며 스스로 고난을 감수하는 것을 선택하는 것이 이상하게 여겨지지 않는다. 그러나 심지어 이 경우에서도, 이러한 특별한 경우의 건강이 그의 판단에 필수적인 요소가 아니라고 가정하면서, 행복에 대한 일반적 갈망이 그의 의지에 영향을 미치지 않았다면, 모든 다른 경우들처럼 그는 그의 행복을 기질에서가 아니라 의무에서 증진시키려 함이 되며 그의 이러한 행동은 마침내 진정한 도덕 가치를 획득할 것이다.

의심할 것도 없이 우리는 우리의 이웃을 심지어는 우리의 적까지 사랑해야 한다는 성서 속의 글들을 이해해야 하는 방식에 있다. 애정처럼 사랑은 강요될 수 없지만 의무감으로 인한 자비는 강요될 수 있기 때문이다. 우리가 비록 어떠한 기질 때문에 강요받지 않는다고 할지라도, 아니 우리가 어떠한 자연적이고 극복하기 어려운 혐오에 의해 강요된다 할지라도; 만약 온화한 동정이나 행위의 원칙에 내재해 있는 감각의 경향들 속에 있는 것이 아니라, 의지에 기초한 사랑이라면 이러한 사랑은 병적 사랑이 아니라 실천적 사랑인 것이다.

이 두 번째 명제는 다음과 같다: *의무에서 온 행동은 도덕적 가치를 이끌어낸다.* 도덕적 가치는 그것을 통해 획득할 수 있는 *목적에서 오는 것이 아니라,* 그것이 이루어지며, 따라서 행동의 목적을 실현하는 데 의존하지 않는다는 격률에서 나온다. 다시 말하면 그것은 오로지 행동이 일어나는 *의지 원리(principle of volition)*에 의해서이며, 욕망이라는 객체와 관련은 없다. 우리의 행동 속에서 고려하고 있는 목적들과, 의지의 목적과 원천으로 여겨지는 그것들의 결과는 행동들에 어떠한 무조건적이고, 도덕적인 가치를 부여하지 못한다는 것은 먼저 이야기 했던 것을 보면 분명히 알 수 있다. 만약 이것이 그 의지와 예상효과에 대한 판단으로 이루어지지 않는다면, 그들의 가치는 무엇에 기초하고 있는가? 이것은 아무데나 놓여 질 수 있는 것이 아니라 행위에 의해 획득될 수 있는, 그 결말에 대한 고려 없이 그 의지의 원칙에 기초한다. 그 의지가 마치 두 길의 사이처럼 무언가에 의해 결정되어야 하듯이, 선험적 원칙과 실질적인 이후 원칙 사이에 서 있기 때문에, 의무 때문에 행위가 이루어질 경우 모든 실질적 원칙이 부수적으로 수반되는 *의지의 형식원칙*에 의해 이루어진다.

세 번째 명제는 다음과 같이 표현 된다 : *의무는 법에 대한 존중에서 나오는 필연적 결과이다.* 나는 아마 이미 제시한 행동의 결과로서의 목적을 위한 경향을 가지고 있을지도 모른다. 그러나 단지 이것이 의지의 동력이 아닌 하나의 결과라는 이유 때문에 나는 이에 대한 존경심을 가질 수 없다. 비슷하게, 나는 내 자신의 것이든 다른 사람의 것이든 기질을 존중할 수 없다; 내 자신의 기질이라면 나는 잘해야 그것을 인정할 수 있을 뿐이다; 만약 다른 사람의 것이라면, 나는 때때로 그 기질을 사랑할 수 있다. 즉, 나 자신의 관심에 대한 호의로 이것을 주목하게 된다. 이는 단지 나의 기질을 보조하는 것이 아니라 그것을 짓누르며 혹은 최소한 선택해야 할 경우 판단에서 제외되는 결과, 즉 다른 세계에서는 의지의 목표이며 그자체가 법이며, 결과로서가 아니라 원칙으로서 나의 의지와 연관되는 것이다. 그래서 객관적으로는 법 그 자체, 주관적으로는 이 실제적 법에 대한 *순수한 존경,* 그리고 결과적으로 모든 나의 기질의 좌절에도 불구하고 이 법을 따라야 한다는 주관적 실천원칙을 제외하고는 아무 것도 그 의지를 결정할 요소는 남아 있지 않다.

그래서 한 행동의 도덕적 가치는 그 행동으로 인해 예상되는 결과 위에 놓여 있는 것이 아니고, 그 예상되는 결과로부터 그의 동기를 차용하도록 요구하는 행위원칙 위에 놓여 있지도 않다. 한 사람의 조건에 대한 이해나 다른 사람의 행복의 증진이라는 이 모든 결과들은 다른 원인들로 인해서도 초래될 수 있기 때문에, 월등하고 무조건적인 선은 이 속에서 발견될 수 있는 반면에, 이성적 존재로서의 의지에 대한 요구는 필요 없을 것이다. 그 예상되는 결과가 아니라 이 법 개념이 그 의지를 결정하는 한, 우리가 도덕이라고 부를 수 있는 이미 【보편화된 선은 오로지 *이성적 존재에서만 가능한 법 개념 자체로서만* 이루어져】 있다. 이는 적절하게 행동하고 있는 사람 속에 이미 나타나 있는 선이다. 그리고 우리는 이것이 처음으로 그 결과로 나타나기를 기다릴 필요가 없다.

대중도덕철학에서 도덕형이상학으로 전환

자연 안에서 모든 것은 법칙에 따라 움직인다. 이성적 존재들은 원칙을 따르는 즉 의지를 가지고 있는 법칙의 개념에 따라 움직이는 능력을 가지고 있다. 원칙에 따른 행위에 대한 유추는 이성을 요구하기 때문에 그 의지는 실천이성 이다. 만약 이성이 오류를 범하지 않고 그 의지를 결정할 수 있다면, 객관적으로 필수적으로 인식되는 행위들은 주관적으로 판단하는 경우에도 역시 필수적이다. 즉, 의지는 기질로부터 독립적인, 이성이 실질적인 필수요건에 해당되는 선을 인식하고 선택하는 능력인 것이다. 그러나 이성 자체가 충분히 의지를 결정하지 못한다면, 그리고 만약 의지가 다른 객관적 조건들과 항상 함께 발생하지 않는 주관적 조건들에 의존적이라면; 이 세계에서, 만약 그 의지가 그 자체적으로 완전히 이성을 따르지 않는다면, 객관적으로 필수적이라고 인식되는 그 행위들은 주관적으로는 우연적이며, 객관적 법칙들에 따르는 의지의 결정은 의무이다. 즉 말하자면 객관적 법률과 온전히 선이라고 할 수 없는 의지와의 관계는 천성적 의지가 필수적으로 수반하지 않는 이성원칙에 의한 이성존재의 의지결정으로 인식된다. 하나의 객관적 원칙의 개념은 의지에 복종적인 범위에서 '명령'이라고 지칭되며, 이 명령방식은 정언적이라고 지칭된다.

모든 명령은 당위를 뜻하는 단어로 표현되며, 의지의 주관적 구성이 필수적으로 의무에 의해 결정되지 않는 바, 의지에 대한 이성의 객관적 법률관계를 나타내는 관계로 드러난다 사람들은 무엇이 해야 할 바인지 혹은 하지 말아야할 것인지를 말하지만, 사람들은 해야 할 선으로 인식되기 때문에 그것을 항상 하지만은 아니하는 것을 지칭하여 의지라고 말한다. 그러나 실질적으로 이것은 이성의 개념이라는 수단에 의해 그 의지를 결정하며, 결과적으로는 주관요인들로부터가 아니라 객관요인들로부터 그러한 이성적 존재들에게 유효한 원칙에 입각한 것을 선이라고 말한다. 이는 단지 주관요인들로부터 나오는 감각이라는 수단에 의해 그 의지에 영향을 미치거나, 이성원칙에서 모두를 위한 향유의 기쁨과도 구별된다. 모든 명령은 당위를 뜻하는 단어로 표현되며, 의지의 주관적 구성이 필수적으로 의무에 의해 결정되지 않는 바, 의지에 대한 이성의 객관적 법률관계를 나타내는 관계로 드러난다. 사람들은 무엇이 해야 할 바인지 혹은 하지 말아야할 것인지를 말하지만, 사람들은 해야 할 선으로 인식되기 때문에 그것을 항상 하지만은 아니하는 것을 지칭하여 의지라고 말한다. 그러나 실질적으로 이것은 이성의 개념이라는 수단에 의해 그 의지를 결정하며, 결과적으로는 주관요인들로부터가 아니라 객관요인들로부터 그러한 이성적 존재들에게 유효한 원칙에 입각한 것을 선이라고 말한다. 이는 단지 주관요인들로부터 나오는 감각이라는 수단에 의해 그 의지에 영향을 미치거나, 이성원칙에서 모두를 위한 향유의 기쁨과도 구별된다.

그러므로 완벽하게 선한 의지는 객관적인 법률에 똑같이 의존적일 것이다. 오로지 선의 개념에 의해서만 결정될 수 있는, 의지의 주관구성 때문에 적법하게 행동하기 위해서는 의무라고 인식되지 않을 수도 있다. 그러므로 어떠한 명령도 하늘의 의지 혹은 일반적으로 성스런 의지를 위해 지탱되지 않는다. 당위성은 논외이다. 왜냐하면 결단은 법과의 조화 속에서 필수적으로 이미 그 자체 내에서 이루어진다. 그러므로 명령은 이러저러한 이성적 존재들, 즉 인간의지의 주관적 불완전성에 대해 이루어지는 모든 결단의 객관적 법률의 상관관계를 표현하기 위한 방식이다.

이제 모든 명령은 가언적으로 또는 정언적으로 작용한다. 가언명령은 적어도 인간이 아마도 의지를 가질지도 모르는, 또는 의지가 있는 어떤 것에 대한 수단으로서, 가능한 행위의 실제적인 필요성을 표상한다. 정언명령은 즉 객관적 필요로서 또 다른 목적과는 관계없이 그 자체의 필요성으로서 이루어지는 행위를 나타내는 것이다. 모든 실제적인 법은 가능한 선인 행위를 표상한다. 이성이나 필요에 의해 실제적으로 결정할 수 있는 주체에 대해서, 모든 명령들은 일부 관점에서 지금 행위가 단지 다른 것에 대한 수단으로서 선이라면, 그때의 명령은 가언적이 된다. 만약 그 행위가 그자체로서 선으로 인식이 되고, 따라서 결과적으로 필연적으로 그 자체가 이성에 부합하는 의지원리가 된다면, 그러면 그것은 정언명령이 된다. 따라서 그 명령은 내가 하는 가능한 어떤 행동은 선이라고 선언한다. 그리고 그 행위를 수행하지 않는 의지에 관련된 실천적인 규칙을 제시한다. 왜냐하면, 그것은 선이기 때문이다. 아울러 그 주체가 항상 그것이 선인지 알 수는 없기 때문이거나, 또는 비록 그 사실을 알고 있다하더라도, 그 격률은 실천이성의 객관적 원리에 반할수도 있기 때문이다.

따라서 가언명령은 가능할 수도 있고 현실적인 여러 목적들에 대해 이루어지는 행위들이 선이 될 경우에 한정된다. 첫 번째 경우, 그것은 의심스럽다. 둘째 번 경우, 정언적이고 실천적인 원리이다. 정언명령은 어떠한 목적에 관계없이, 즉, 여타 다른 목적 없이 그자체로서 객관적 필요를 위한 행위임을 선언한다. 그것은 정언법칙(필연 원리)으로서 효력이 있다. 일부 이성적 존재의 힘에 의해서만 가능한 것은 무엇이든지 일부의지의 가능한 목적으로 또한 표현될 수 있다. 따라서 일부 가능한 목적을 획득하기 위해 필요한 수단에 관한 행동원리는 사실상 무한하게 많다. 모든 과학 분야는 실제적인 분야를 가지고 있고, 몇몇 목적들은 우리에게 가능한 것으로 표현되고, 그것을 어떻게 획득할 수 있는지를 지시하는 명령의 문제들로 구성된다. 이것들은 아마도 기술의 일반 명령으로 부를 수 있다. 여기서, 목적이 이성적인지 선인지에 대한 질문은 문제가 되지 않지만, 그것을 획득하기 위해 누군가 행동을 해야 한다는 것은 문제가 된다. 의사가 환자를 완전히 건강하게 만들려고 한다든지, 독살해자가 확실한 죽음을 보장하려는 그와 같은 예들은 이 점에서 동등한 가치를 지니고 있고, 각각은 그 목적을 완벽하게 달성하기 위한 역할을 한다. 어린 시절에는 인생에서 어떠한 결말이 우리에게 올 거라는 것을 잘 모를 수 있기 때문에, 부모들은 자녀들이 많은 것들을 배우게 하려고 하고, 향후 자녀들에게 하나의 목표가 될 수 없는 다양한 종류의 뜻하지 않은 결말에 대비하기 위해서, 또는 자녀가 뜻하는 모든 일들을 가능하게 만들게 하기 위해 여러 수단을 통한 능력을 제공하려 한다. 그리고 이러한 근심이 너무 커서 그들은 대개 목적으로서 선택될 수 있는 사물들의 가치에 대한 그들 판단력을 형성하거나 수정하는 것을 소홀히 다룬다.

그러나 ◆명령이 의존적 존재인 그들에게 적용되는 한◆ 모든 이성존재에게 실제로 그럴 것이라고 받아들여지는 목표로, 또는 이성적 존재들에게 자연적 필연에 의해 실제로 수반되는 목적이 있다. 그것은 행복이다. 행복의 진전에 대한 수단으로서 행위의 실질적 필요성으로 표현되는 이 가설명령이 바로 단정적이 된다. 우리는 불확실하고 단지 가능한 목적을 위한 필요로서 이를 제공하는 것이 아니라, 그 자신의 존재에 속하기 때문에 이를 제공해야 한다. 장 큰 복지의 수단에 대한 선택의 기술은 협의의 감각에서 '신중'이라고 부를 수 있는 것이다. 그래서 한 사람의 행복, 즉 신중의 교훈에 대한 수단의 선택으로 일컬어지는 이 명령은 항상 가설적이다. 그 행위는 절대적으로 요구되는 것이 아니라 또 다른 목적에 대한 수단으로서 요구되는 것이다.

마지막으로 조건으로서 이것에 의해 획득되어야 하는 다른 어떤 목적이 없이 어떤 행위를 즉각적으로 요구하는 명령이 있다. 이 명령은 정언적이다. 이는 행위의 문제나 이 행위가 의도하는 그 결과에 관심을 갖는 것이 아니라 명령의 형태와 이 명령 자체인 원칙에 신경을 쓰는 것이다; 그리고 이 명령 속에서 본질적으로 선인 것은 그 정신적 기질을 구성하고, 그 결과가 바로 그 명령이 되게 한다. 이 명령은 도덕의 명령이라고 부를 수 있다.

의지의 의무 사이에 불협화음이 존재하는 데, 이는 곧 결단력의 차이에서 기인하며 크게 세 가지 원리에 따른 차이를 보여준다. 기술의 규칙, 신중함의 조언, 도덕의 명령(법칙)에 따라 이것은 구분되며 이에 상응하는 이름이 요청된다. 오직 결과적으로 보편적 유효성을 지닌 무조건적이고 객관적인 필연성의 개념을 수반하는 경우는 도덕의 명령(법칙)에 국한한다. 그리고 그 명령들은 반드시 복종해야 하는, 즉 경향적으로 반대일지라도, 반드시 따라야 하는 법이다. 실제로 조언은 필연성을 내포하지만 단지 경험적이고 주관적인 조건에서만, 바꿔 말하면, 그들은 이 사람 혹은 저 사람이 이것 혹은 저것을 행복의 부분들로 판단하는 우연적 조건에서만 유지될 수 있다. 반대로, 도덕의 명령에 의한 정언명령은 비록 실질적이며 필연적으로 적절하게 명령이라고 불릴지라도, 절대적 존재로서 어떠한 조건에 의해 제한받지 않는다. 언급된 첫 번째 종류의 명령을 기술적 명령(예술영역), 두 번째 의무를 실용적 명령(복지영역), 세 번째 의무를 도덕적 명령(도덕영역)이라고 부를 수 있다.

어떻게 이 모든 명령들이 가능한 것인가 하는 의문이 지금 발생한다. 이러한 질문은 명령이 규정하는 행위의 성취를 어떻게 생각해낼 수 있느냐를 알고 싶어 하는 것이 아니다. 그것은 단지 어떻게 명령이 함축하는 의지의 의무를 어떻게 생각할 수 있느냐는 것이다. 어떻게 명령 기술이 가능한지를 보여주기 위한 특별한 설명은 필요가 없다. 그런 목적을 원하는 사람은 누구든지, 그의 행위를 결정해주는 한, 거기에 필요불가결하게 필요한 그의 힘 속에 내재하는 수단을 원한다. 이 명제는 의지작용으로 간주되고, 분석적이다. 나의 결과로서 목적을 의욕할 때는 나의 행동원인으로서 나 자신의 인과관계를 이미 생각해놓았기 때문이다. 즉, 수단의 사용을 의미한다. 그리고 명령은 목적의지 개념으로부터 이 목적에 필요한 행위의 개념을 이끌어낸다. 종합명제는 의심할 바 없이 제안된 목적을 이루기 위한 수단을 정의할 때 사용되어야 한다. 그러나 그들은 원리와 의지의 행동과는 연관이 없고, 대상과 그것의 실현에 관심을 갖는다. 극단적인 두 가지 교차하는 원호를 통해 정확한 원리에서 객체를 끌어내야만했다. 이것은 틀림없이 종합명제로서 단지 수학을 통해서만 배울 수 있다. 그러나 만약 내가 이것이 단지 이러한 과정을 통해서 의도된 작업이 수행될 수 있고, 그리고 그 작업을 완전히 의욕한다면, 나는 그것에 요구되어지는 행위를 의지화 할 수 있다. 이 경우는 분석적인 명제이다. 왜냐하면, 그것은 어떤 방법으로 내가 만들어 낼 수 있는 수단에 속하며, 이러한 방식에서 이루어진 행위는 자신의 마음에 품고 있는 어떤 것과 유사한 것이 되기 때문이다.

만약 그것이 행복이라는 명확한 개념을 내리는 것과 동등하게 쉬운 것이라면, 신중함의 명령은 기술 명령과 정확히 일치하게 될 것이고, 마찬가지로 분석적인 것이 될 것이다. 그와 같은 이런 경우에, 목적을 의지화 하려는 사람은 누구나, 또한 필요한 이유의 명령에 따라, 그의 힘 속에 존재하는 필요불가결한 수단을 의지화 할 수 있다. 그러나 불행히도, 행복의 개념은 너무나 애매하기 때문에, 비록 모든 사람들이 그것을 획득하기를 원한다고 하더라도, 그는 결코 명확히, 일관되게 그가 진정으로 원하며, 의지화 하려는 내용이 무엇인지 말할 수는 없다. 이것이 이 개념에 속해있는 모든 요소들을 경험으로부터 차용할 수 있다면, 이성을 통해 알 수 있다. 그럼에도 불구하고, 행복은 절대적인 전체, 즉 나의 현재와 모든 미래의 상황의 복지의 격률을 요청한다.

지금은 가장 총명하고, 동시에 가장 힘 있는 존재(한정된 것으로 가정된)이지만, 자기 자신에게 그가 전체 속에서 진정으로 의지화 하려는 것의 명확한 개념의 틀을 잡아주기란 불가능하다. 그는 부를 원할까? 얼마나 많은 걱정, 질투, 함정을 그는 그 때문에 그의 양어깨에 올려두려고 하지 않을까? 그는 지식과 통찰력을 드러내길 원할까? 아마 그는 자신으로부터 숨겨진 악이 많아질수록, 그리고 피할 수도 없는, 또는 그에 충분한 걱정거리를 이미 제공하는 그 자신의 욕구에 대한 더 많은 필요성을 강요하는 악들이 더 많아질수록, 그가 단지 눈이 하나밖에 없다는 것으로 증명하려고 할 것이다. 그는 오래 살고 싶어 할까? 누가 그에게 이것이 그리 긴 고통이 아닐 것이라는 것을 보장하는가? 그가 최소한 건강을 유지할 수 있을 것인가? 얼마나 자주 몸의 불편함이 완벽한 건강이 사람에게 허용했을 지도 모르는 과도함을 제약해왔을까? 등등. 간단하게 말해서, 그는 어떤 원칙에서도 확신을 가지고 무엇이 그를 진실로 행복하게 만드는지 결정할 수 없다; 왜냐하면 그렇게 하기 위해 그는 매우 박식해야 할 필요가 있기 때문이다. 우리는 그러므로 행복을 확보하기 위해 어떤 명백한 원칙들 위에서 행동할 수 없고 검소, 예의, 준비 등 경험이 하도록 가르치고 평균적으로 대부분 행복을 증진시키는 경험적 조언을 받아 행동하게 된다.

그러므로 이러한 신중함의 명령은 엄밀히 말해 전혀 명령할 수 없는 것, 즉 그들은 객관적으로 실질적이며 필요한 행동을 제시하지 않고, 이성개념보다는 오히려 조언으로 간주되어야 한다는 것, 확실하고 보편적으로 어떠한 행위가 이성적 존재의 행복을 증진할 것인가에 대해 결정하는 문제는 완전히 풀 수 없다는 것, 그리고 결과적으로 이를 존중하는 어떠한 명령도 매우 엄밀하게 행복하게 만드는 명령을 내릴 수 없음이다. 왜냐하면 행복은 오로지 경험적 바탕에 의존하며 이성의 생각이 아니고 상상의 생각이며, 진정으로 끝없는 일련의 결과들 전체를 얻을 수 있다는 것이기 때문에, 하나의 행위로 그것을 규정하려고 기대하는 것은 헛된 것이기 때문이다. 그러나 만약 우리가 행복을 위한 수단들이 확실히 배분된다는 것을 가정한다면, 이 신중함의 명령은 분석적 교훈일 것이다; 왜냐하면 후자에서 그 결말이 단지 가능하다는 것과 전자에서 이것이 주어진 것이라는 것에 의해서만 기술의 명령으로부터 구별되기 때문이다; 그러나 이 둘 모두가 하나의 결말로서 의지를 가져야 하는 것에 대한 수단을 규정하듯이, 이는 곧 그 결말을 의도하는 사람에 대한 수단의 의지를 규정하는 명령으로서 두 경우 모두가 분석적다. 그래서 이들 두 종류 명령의 가능성에 관해 생각하는 것은 아무런 어려움이 없다. 반면에 도덕적 명령이 어떻게 가능한지는 분명 해결을 요하는 문제이다.

2. 의무이론 비판

인간의 도덕적 사고가 확실히 실리를 추구한다고 보기는 어렵다. 다시 말해서 인간은 모든 실용주의자들의 입장과 다른 어떤 원리를 선호하는 것이다. 이는 세금을 횡령한 경우에서 살펴볼 수 있다. 어떤 사람이 세금을 횡령하기로 결정한 다음 이렇게 말할 것이다. “나의 세금 횡령으로 인해 정부는 어떤 피해도 받지 않을 것이다. 결국 정부가 거둔 총 세금에 비해 나의 세금은 극히 적다. 이와는 달리, 내가 돈을 쓸 수 있다면 더없이 행복할 것이며 나의 세금 횡령으로 인해 어떤 사람도 손해를 보지 않을 것이고 보다 나은 삶을 살 것이다. 그래서 나는 세금을 내는 것보다 횡령을 하는 것이 낫다”

위와 같은 추론으로 우리는 다음과 같이 말 할 수 있다. “세금을 횡령해서 보다 나은 삶을 살 수 있을 것이다.” 또는 “정부는 아무 것도 모를 것이다.” 이와 같은 추론에도 불구하고 그 인간의 행동은 잘못이다. 왜냐하면 모든 인간들이 세금 횡령을 하면 정부는 곧 파산지경으로 갈 것이기 때문이다. 따라서 다른 사람이 세금을 횡령하는 것을 보기를 원하지 않을 것이다.

만약 당신의 세금 횡령이 다른 삶에게 영향을 미친다고 생각하면 이것은 실용주의자들의 생각을 반영하는 것이다. 우리는 세금 횡령자가 자신의 격률을 잘못 생각하고 있다고 이해할 것이다. 정부는 결국 파산의 지경으로 가기 때문에 세금 횡령의 행위는 낮은 격률이 되는 것이다. 그러므로 위에서 언급한 반응들이 실용주의자들의 고려사항에 근거한 것이 아님을 인식하는 것이 중요하다. 물론 그의 횡령이 다른 사람에게 해를 끼치지 않을 수도 있다. 그럼에도 불구하고 그의 횡령은 나쁜 것이다. 왜냐하면 그가 횡령을 하면 정부는 파산하기 때문이다. 그가 의도한 바대로 다른 사람이 행동하기를 원하지 않기 때문에 그런 식으로 행동하면 안 된다고 추론되며, 그런 횡령행위는 도덕적으로 나쁜 것이다.

또 다른 지적 사항은 횡령 자체가 나쁘기보다 횡령행위에 내포된 일반규칙에 정립에 따른 반응에서 결과적으로 부당하다는 사실이다. 예로 당신이 의도한 것이 남을 속이는 것일 수 있다. 이것은 나쁜 것이다. 남을 속이는 것이 나쁜 것이라는 원칙은 간단한 문제가 아니다. 당신이 어떤 행동을 다른 사람이 하질 않기를 바란다면 당신은 또한 당신 스스로 그러한 행동을 바라지 않을 것이다. 이런 일반적인 원칙은 우리의 도덕적인 추론에는 널리 사용되어왔다. 어떤 이가 자신의 자동차에서 오염조정 장치를 제거한다면 그의 친구는 확실히 이렇게 말 할 것이다. "만약 누군가 그것을 했다면?" 만약 어떤 사람이 오염 조정 장치를 제거했다면 이는 다른 사람의 차에게까지 영향을 미쳤을 것이다. 그래서 결국 환경의 파괴에까지 이를 것이다. 이러한 관점은 친구들이 자신들이 원하는 방식으로 행동하기를 원하지 않으면 그러한 방식으로 행동하기를 원하는 것에 잘못이 있다는 것을 말해준다. 이러한 원칙은 다른 사람에게 자선을 베푸는 것을 삼가는 사람에 대해서도 적용되는 원리이고 국가가 위급한 상황에서 징병을 피하기 위한 사람에게도 적용이 되며 나쁜 점에서 벗어나기 위해 거짓말을 하는 사람에게도 해당이 되며 새롭게 씨가 뿌려진 잔디밭을 걸어가는 사람에게 해당된다. 이러한 모든 경우에서 우리는 그의 행동이 불운을 초래하기 때문이 아니라, 그가 행동하는 방식으로 다른 사람이 행동하기를 원하지 않기 때문이라는 것임을 알 수 있다.

이러한 매우 잘 다듬어진 비실용적인 원칙이 칸트의 의무이론의 핵심을 이룬다. 칸트의 원리는 다소 복잡하다. 부분적으로 이해하기 힘들다. 어느 부분은 생소한 기술적인 용어가 쓰여 있다. 어느 부분은 형이상학과 인식론을 담고 있다. 여기서 우리의 주요 목적은 그의 복잡한 이론을 간단하고 간략하게 제시하는 것이다. 프레드 펠드만(Fred Feldman)은 칸트의 의무이론들을 다양한 방식으로 공식화함으로써 그의 의무이론을 비판적으로 논증한다.[137]

<칸트 의무이론의 단순화>

너의 공리가 보편 법칙이 되는 것 이외의 다른 행동을 해서는 아니 된다.

네가 동시에 할 수 있는 것은 보편 법칙이 되어야 하며 이런 공리로 행동하라.

너의 의지가 마치 자연의 보편 법칙을 통해서 이루어진 것처럼 행동해라.

우리 행위가 보편법칙이 되도록 하는 공리를 통해 모든 도덕행위의 준거 틀이 된다.

우리는 행동의 공리가 보편적인 원리가 되어야 한다는 것으로 행동할 수 있어야한다. 이것은 도덕적인 행동의 판단의 일반적인 축이 되어야 한다. 우리가 칸트의 원리를 평가하기 전에 우리는 그가 의도하는 것을 해석하는 데에 관심을 기울여야 할 것이다. 먼저 의무이론의 공리(준칙), 보편법칙, 그리고 의지작용, 정언명법에 관해 알아보자.

137) Fred Feldman, *Introductory Ethics* (Englewwd Cliff, NJ: Princeton Hall, 1978),pp.97-9, 101-117.

의무이론의 공리(준칙)

칸트는 *공리(준칙)란 주관적인 의지의 원칙*이라고 정의했다. 그러나 이 정의는 이해하는데 거의 도움을 주지 못한다. 먼저 약간의 배경지식을 알아보자. 실제적인 행동을 할 때 사람은 일반적인 원리대로 행동을 한다. 만약 내가 돈이 필요하다면 나는 다른 사람에게 돈을 빌릴 수 있다. 심지어 내가 갚을 수 없다고 해도 나는 친구에게서 돈을 빌린다. 여기서 우리는 공리란 일반적인 것이라는 점을 유념해야 한다. 만약 내가 이것을 받아들인다면 내가 돈이 필요할 때마다 또는 다른 사람이 만족할 때마다 이러한 방식으로 행동할 것이다. 이런 점에서 공리란 단지 한 가지 경우에만 이용할 수 있는 세부적인 이유가 아니라 일반적인 행동의 원리를 의미한다. 그래서 공리란 어떤 일반적인 상황을 묘사해야 하고 그런 다음 상황에 맞는 어떤 행동을 제안하는 것이다. 공리라는 것을 적용하기 위해서는 어떤 상황이든 그 상황에 맞게 행동하는 것이다.

칸트는 비록 공리에 대해서 명백하게 설명할 수 없어도 모든 상황은 공리가 있다는 것을 말하는 것 같다. 우리가 행동이라고 말할 때 행동유형보다 행동조짐 또는 구체적이며 독특한 행동자체를 의미한다. 우리는 실제적인 행동과 단순히 육체적인 움직임의 행동을 구별해야 한다. "내가 가려울 때, 나는 긁는다." 이것은 단순히 가려우니깐 긁는 것으로 공리가 될 수 없다. 그러나 반대로 다른 사람으로부터 돈을 공손히 빌리는 사람은 칸트의 해석대로 그러한 행동에는 공리가 수반되어야 한다.

우리가 행동을 하기 전에 의식적으로 항상 우리의 행동에 공리를 형성해야 한다는 것은 믿기 어려운 것이다. 우리는 행동할 때 행동하기 전에 의식적으로 생각하지 않고 행동한다. 우리는 보통 우리의 행동을 끝내는 데만 신경을 쓴다. 그럼에도 불구하고 우리가 일을 행동을 한 후에 요청을 받으면 우리는 일반적인 원칙 즉, 공리에 따라 실제로 행동하는 것을 종종 인식한다. 예를 들어, 당신이 시험을 치르고 해당하는 질문에 정확하게 대답을 하면 당신은 아마도 공리를 의식하지 않을 것이다. 당신은 아마도 시험을 푸는데 정신이 없을 것이다. 만약 누군가 당신이 하는 것을 설명해달라고 요청한다면, 당신이 하고 있는 것은 어떤 원칙에 근거하는지를 설명해달라고 할 때, 비로소 당신은 이미도 공리대로 행동하고 있었다는 것을 깨닫게 될 것이다. "내가 시험을 볼 때 마다 정확하게 답을 맞혔다고 믿을 것이며 내가 취하는 것을 정확하게 답할 것이다." 그래서 사람은 심지어 의식적으로 문제를 생각하지 않아도 공리대로 행동할 것이다.

어떤 면에서는 공리가 틀릴 수 있다. 공리는 행위자가 처해있는 상황을 표현해주지 않는다. 예를 들어, 나는 예금통장에 돈이 많이 있으나 나는 그 사실을 모두 잊어버리고 있을 수 있다. 나는 무일푼이 될 수 있다. 내가 친구에게서 돈을 빌리러 갈 때, 공리는 이렇게 말할 것이다. "내가 무일푼이어서 나는 어떤 방법으로도 돈을 빌릴 수 없다. 나는 친구에게서 돈을 빌릴 것이다." 이런 경우, 나의 공리는 나의 실제 상황과 맞지 않다. 나의 실제 상황은 내가 파산한 경우이기 때문이다. 그러나 내가 실제 상황에 있다면 공리는 그 실제 상황에 적용된다. 왜냐하면, 나는 내가 파산했다고 믿어서 나는 어떠한 방식으로 돈을 빌릴 수 없다고 생각한다.

그래서 공리란 행위자기 처해있는 상황에서 행동하고 수행하는 것을 설명해주는 일반적인 원칙이라고 인식하는 것이 중요하다. 사실, 실생활과 행위자가 처해있는 상황사이는 행위자가 그렇게 하고자 하는 의도와 차이가 난다.

공리에 대한 또 다는 견해는 외면적으로 비슷한 행동은 실제로 다른 것임을 인식해야 한다. 여기에 두 명의 식료품 상인이 있다. 금씨와 후씨이다. 금씨는 인생에서 목표가 부자가 되는 것이다. 여러 가지 생각 끝에 그는 정직이 최상의 정책이라고 생각하여 손님들의 잔돈을 꼼꼼하게 계산했다. 금씨가 정확하게 손님들에게 잔돈을 거슬러 줄 때, 공리대로 행동한 것이다.

공리-1 내가 정확하게 손님들에게 잔돈을 줘서 사업상 좋은 명성을 얻을 수 있을 때, 나는 확하게 잔돈을 줄 것이다.

반대로, 후씨는 손님들에게 잔돈을 잘못 계산해서 주는 것은 잘못된 행동이라고 생각해서 정확하게 계산을 하고 잔돈을 주기로 결정했다. 그는 그의 행동이 결국에 가서 사업상 유리하게 작용하는 것에는 관심이 없다. 심지어 사업상 정직이 최상의 방책이라는 것을 몰라도 그는 손님들을 정직하게 대할 것이다. 후씨는 명백하게 이 같은 공리대로 행동한다.

공리-2 내가 정확하게 계산해서 잔돈을 줌으로써 도덕적으로 올바르게 행동할 수 있을 때, 나는 정확하게 계산해서 잔돈을 줄 것이다.

금씨의 명백한 행동 즉, 손님들에게 정확하게 잔돈을 주는 것은 후씨가 정확하게 손님들에게 잔돈을 주는 것과 같다. 손님들은 그들의 공리가 같다고는 말 할 수 없다. 그러나 우리가 볼 수 있는 것과 같이, 금 씨의 행동은 후씨의 공리와는 다르다는 것을 알 수 있다. 이를 위해서 우리는 칸트가 사용하지 않는 개념을 소개하겠다. 이것은 일반화된 공리의 형태이다. 내가 어느 날 잠자러 간다고 가정하고 이런 행동에는 다음과 같은 공리가 있음을 알아보자.

공리-3 나는 피곤하면, 잠자러 간다.

나의 공리는 이러한 상황에서 명백한 지시로 다가온다. 거기에는 '나' 에게 두 가지 사건이 함축된다. 나의 공리의 일반 형태는 나의 공리가 마치 모든 사람에게 적용되는 것처럼 나의 공리를 수정하면서 얻게 되는 공리이다. 공리의 일반적인 형태는 다음과 같다.

일반 공리-3 누군가 피곤하면, 그는 잠 잘 것이다.

일반적으로 우리는 이러한 방식으로 공리의 형태를 제시 할 수 있다.

(공리) 내가 ---- 할 때마다, 나는 --- 할 것이다.

실제 공리는 첫째 빈칸에 오는 상황과 두 번째 오는 상황으로 묘사된다. 공리의 일반적인 형태는 이러한 방식으로도 제시 될 수 있다.

(일반 공리) 누군가 --- 할 때마다, 그(녀)는 --- 할 것이다.

보편법칙

칸트가 정언명법에 대해 얘기 할 때 그는 아마도 그의 마음속에 두 가지 의미를 말하는 것 같다. 하나는 자연의 보편법칙을 얘기하는 것 같고 또 하나는 자유의 보편법칙을 얘기하는 것 같다. 자연의 법칙은 어떻게 사물들이 존재하며 어떻게 존재해야 하는 지를 설명하는 일반적인 진술이다. 예를 들어 보자! 밀폐된 용기에 가스의 온도가 올라가면 그 압력은 역시 증가할 것이다. 이 진술은 정확하게 밀폐된 용기에 가스의 행동을 표현한 것이다. 그러나 이것을 넘어서 행위가 필요하다는 것을 설명한다. 양이 똑같고 온도가 올라갔다면 압력은 올라 가야 하고 증가해야 한다. '해야 한다'는 표현은 논리적이거나 정신적인 필요성이 아니라 물질적인 필요성을 나타낸다. 자연의 법칙은 일반적으로 물리적인 필요성을 완전히 표현하는 것이다.

자유의 보편적인 법칙이란 사람들이 어떤 환경에서 이렇게 행동해야 한다는 것을 설명하는 보편적인 원리이다. 이것은 법으로 정해질 필요는 없다. 더욱이, *자유의 보편법칙은 항상 일정하게 유지되는 것이 아니다.* 만약 그것이 사실이라면 모든 약속은 지켜져야 된다. 이것은 자유의 보편법칙이다. 어떤 사람이 약속을 했다면 그는 그것을 지킨다. "당신이 약속을 했다면 당신은 그것을 지켜야 한다."라는 진술에서 "해야 한다"는 논리적이거나 물리적인 필요성을 표현하는 것이 아니다. 이것은 도덕적인 필요성을 표현하는 것이다. 도덕적 필요성이라는 개념에서 우리는 자유의 보편법칙은 도덕적 필요성을 충분히 표현하는 것이라고 말 할 수 있다.

칸트의 정언명령은 자연의 보편법칙이라는 용어와 자유의 보편법칙으로 설명된다. 우리는 자연의 법칙이라는 용어를 고려할 것인데, 칸트는 이와 연관된 중요한 예를 들어 담론하기를 선호하기 때문이다.

의지작용

어떤 사람은 전 세계 어디에나 평화가 있을 것이라고 바란다. 그러나 자신의 힘으로 희망을 가져올 수 없다는 것을 알면 전 세계 어디에나 희망이 있다는 생각은 하지 않을 것이다. 어떤 사람이 어떤 사건이 될 수 있는 것을 의도하는 것이 언제인지를 말하는 것은 쉽지 않을 것이다. 이런 관점에서, 자발적 의지는 당신 스스로 어떤 것을 사건화 할 수 있는 것과 같이 사건이 어떤 무엇인가를 말하는 것이다. 내가 나의 팔을 올린다고 의도하면 그것은 내 스스로 나의 팔을 올린다는 것을 명령하는 것이다. 칸트의 개념에 따르면, 자발적 의지는 뭔가를 이뤄지게 하는 무언가 이다. 심지어 무언가가 이뤄지지 않는다 할지라도 말이다. 예를 들어, 우리는 모든 사람들은 자신들의 약속을 지킨다고 의도하고 있다고 말 할 수 있다.

의도대로 이루어지는 것이 어떤 사건의 상태에서는 불가능하다. 그들은 발생할 수가 없다. 예를 들어, 당신이 움직임이 없이 위 아래로 뛴다고 가정하자. 그것은 있을 수 없는 일이다. 그러나 충분히 바보 같고 비합리적인 사람은 이러한 경우가 일어날 수 있다. 움직임 없이 위 아래로 뛰는 것은 말도 안 되는 말이다. 그 자체로 모순된 행동을 한 사람이라고 칸트는 말했을 것이다. 우리도 또한 이런 사람들은 비논리적으로 행동했다고 말했을 것이다. 이런 것은

또 다른 유형에서 살펴볼 수 있다. 어떤 사람이 움직이지 않겠다고 의도했다고 가정하자! 그는 결단을 바꾸지 않지만, 움직이지 않는다는 자발적 의지를 고수한다. 그러나 동시에 그는 위 아래로 뛰기 시작한다. 이 의지가 그 자체로 자기 일관성이 있다고 해도 그것을 동시에 이루기는 어렵다. 의지가 일어난 다음에 일어나는 경우이다. 이것은 모든 사람이 항상 의도해야하는 어떤 것들이 있을 때 일어나는 것이다. 예를 들어 우리는 강한 아픔은 피해야 한다는 것을 의도해야 할 것이다. 어떤 사람이 해야 한다는 어떤 것과 일치하지 않는 것을 의도하는 사람은 상반되게 의도할 것이다.

세 번째 방식으로 의지가 일어날 수 있다고 칸트의 예는 제안한다. 비합리적인 형태는 다소 설명하기에 복잡하다. 어떤 사람이 월요일 날 보스턴에 있기를 가정하고 화요일 날 샌프란시스코에 있기를 의도한다고 가정하자! 게다가 항공문제로 인해 보스턴에서 샌프란시스코에 화요일 날 도착한다는 것이 불가능하다고 가정하자! 이런 경우 칸트는 그런 사람을 비합리적으로 행동했다고 말 할 것이다. 일반적으로, 우리는 어떤 사람이 갑이라는 경우를 그가 의도했다면 혹은 을이라는 경우를 의도했다면, 갑과 을이 동시에 일어나는 것은 불가능 하다고 말할 수 있다.

정언명법

모든 것을 살펴볼 때, 우리는 칸트 정언명법의 첫 번째 경우를 설명할 수 있을 것이다.

CI-1 행동을 하는 행위자가 그 행동 공리의 일반적인 형태가 자연법칙이 되도록 행동할 경우만, 그 행위는 도덕적으로 정당하다.

우리는 단순히 널리 쓰인 기술적인 용어를 설명하면서 우리의 형태를 단순화 할 수 있다. 공리로서 일반화 할 수 있다는 것과 지속적으로 공리대로 행동을 할 수 있다면 그것의 일반화된 형태는 자연의 법칙인 것이다. 이러한 새로운 용어의 사용으로 우리는 첫 번째 정언명법에 대한 정의를 다시 내릴 수 있다.

CI-1′ 그 행동의 공리가 보편타당화 될 때만, 그 행동은 도덕적으로 정당하다.

여기에서 명확하게 말한 것처럼 정언명법은 행동의 도덕적 정당성을 위해 필요한 진술이고 충분한 조건들이다. 몇몇 주석가들은 칸트가 그의 원리를 이러한 방식으로 의도하지 않았다고 주장한다. 그들은 칸트가 도덕적으로 올바른 행동을 위해 충분한 조건이 아니라 필요한 조건으로써 단순하게 이해되기를 바란다고 제안한다. 그래서 그들은 다음과 같이 공식화하기를 선호했다.

CI-1″ 공리가 보편타당화 될 때만, 그 행동은 도덕적으로 정당하다.

이런 식으로 이해했다면 정언명법은 행동을 할 때 피해야 할 한 가지를 제시한다. 이것은 보편타당화 할 수 없는 공리는 피해야 한다는 것을 말하는 것이다. 그러나 이것은 우리가 하는 행동의 특성을 구별해야 하는 것을 말하는 것이 아니다. 그래서 이것은 우리에게 도덕적으로 올바른 행동에 대란 기준을 제시하는 것이 아니다. 왜냐하면 칸트는 그의 원칙을 도덕성의 최고의 원칙이라고 강조하며 도덕적으로 올바른 행동을 위해 필요하고 충분한 조건으로 받아들이는 것을 의도한 것으로 가정하는 것이 합리적이라고 주장하기 때문이다. 이러한 경우, 우리는 정언명법이 CI-1"보다 CI-1이라는 것으로 받아들일 것이다. 정언명법은 절대로 올바른 행동의 기준이 아니라는 것을 주목하는 것은 흥미로운 것이다. 정언명법이란 공리의 정확성의 기준으로써 이해되는 것으로 의도한다고 주장한다. 이러한 해석은 다음과 같이 공식화 될 것이다.

CI - 1''' 공리가 보편타당화 될 때만, 공리를 받아들일 수 있다.

이러한 해석은 다양한 반대의 의견이 있을 수 있다. 첫 번째 부분은 텍스트에 나온 것이 아니다. 정언명법이란 우리가 기본적인 원리에 의해 자신의 행동을 평가하는 것으로 칸트는 반복해서 말한다. 게다가, 그는 정언명법의 형식을 제시할 때, 올바른 도덕적 행동에 대한 원리로 말한다. 처음에는 CI-1'''로 그의 원리들을 이해하기는 다소 어렵다. 왜냐하면 그것은 올바른 행동에 대한 이론으로 구성된 것이 아니고 선한 사람이나 도덕연구의 주제로 전통적으로 추구한 다른 사람을 위해 구성된 것이다. 반면에, CI-1은 행위 공리주의와 규칙 공리주의 그리고 다른 전통 도덕이론과 직접적으로 경쟁하게 된다. 더 나은 통찰을 얻기 위해서 다소 혼란스러운 황금률을 비교해 볼 만하다. 황금률은 다양한 방식으로 공식화되어왔다. 그러나 그것은 다소 다음과 같이 보인다.

GR 행위자가 행동을 할 경우 다른 사람들이 그에게 하기를 원하지 않는 행동을 스스로 삼가 행동하지 않을 경우에만, 그 행동은 도덕적으로 정당하다.

GR에 의하면, 상대방이 당신에게 거짓말하는 것을 원하지 않다면 당신이 상대방에게 거짓말하는 것이 잘못된 것임을 말한다. 상대방이 당신을 존경심으로 대해 주기를 원하면, 당신 또한 상대방을 존경심으로 대하는 것이 옳다. 칸트는 그의 정언명법이 황금률과 동등하다는 관점에 반대한다. 그는 두 가지 원칙이 여러 가지 면에서 다르다는 것을 지적한다. GR이 단지 한사람 경우에게만 해당되지 않을 수 있다. 어떤 사람이 자살을 하면 그는 자신이 한 것처럼 상대방을 그렇게 대하지 않을 것이다. 그러므로 어떤 사람이 자살을 하지만 다른 사람이 자신을 그렇게 대하기를 원하지 않을 것이다. 그러므로 GR에 의하면, 자살을 하는 사람은 도덕적으로 올바르게 행동하는 사람이다. 이와는 달리, CI-1에서는 이와는 다르다. 왜냐하면 어떤 사람이 자살을 하면 상대방이 포함 되든 말든 그 사람은 자신의 공리대로 행동하는 것이다. 그의 공리는 일반 법칙일 수 있거나 그렇지 않을 수도 있다. CI-1이면 그의 행동은 옳지 않은 것이다. 이런 점에서 CI-1은 GR과는 다르다.

칸트는 또한 두 가지 원리가 다르다는 것을 제시한다. 어떤 사람이 자신에 관해 자기 만족한다고 가정해보자. 그녀는 다른 사람으로부터 어떤 도움을 요구하지 않을 것이다. 그럼 GR

에서는 그녀가 다른 사람에게 친절하지 않는 것을 설명하지 못한다. 결국, 그녀는 다른 사람에게서 친절하지 않는 방식으로 대우 받기를 거절할 이유가 없다. 그래서 GR은 그녀의 행동은 도덕적으로 올바르다는 것을 수반한다. 반대로 CI-1은 이러한 결과가 나타나지 않는다. 그러므로 CI는 행위자가 그것을 좋아하든 아니든 감정을 배제한다. 비슷한 예가 피학대 음란증 환자에게도 적용이 된다. 그녀의 행동은 GR에서는 적용이 안 된다. 우리는 피학대 음란증 환자가 다른 사람을 땅위에서 고문하는 것을 바라지 않을 것이다. 그 환자는 다른 사람에 의해서 고문 당하는 것을 반대할 이유가 없다. 피학대음란증의 특이한 바램은 CI-1에서 특별한 위협으로 놓이지 않는다. GR과 CI-1는 다음과 같다. GR에 따르면, 올바른 행동을 유발하는 것은 행위자가 자기 자신에게 무엇인가 하게 하는 것에 반대하지 않는 것이다. 이러한 경우에 행위자가 학대당하는 것을 예견하는 원인 때문에 학대에 반대할 의사가 없다는 것으로 잘못 결론을 내리기 쉽다. CI-1에 따라 올바른 행동을 유발하는 것은 일반화 될 수 있는 수행을 하는데 있어서 행위자의 공리에 있다는 것이다. 그래서 특정인이 다른 사람에게서 학대를 당하는 것에 반대하지 않는다고 해서, 모든 사람이 똑같은 방식으로 다른 사람을 학대하려는 의지는 비합리적이며 도덕적으로 정당화 될 수 없음이 판명된다.

칸트의 네 가지 사례

『도덕형이상학의 근본원리』의 제 2장 유명한 구절에서 칸트는 객관적 규범에 관한 예들을 설명했다. 칸트는 여기서 도덕적으로 틀린 것이고 공리(준칙)는 일반화될 수 없다고 한다. 그러므로 칸트는 각각의 이러한 행동은 틀린 것이라고 말한다. 만약 칸트가 이것에 대해서 옳다고 말한다면 그는 우리에게 4가지 긍정적인 그의 이론의 예들을 제시해 주는 것이다. 그러나 불행하게도 그의 이론은 설득력이 없다. 칸트는 "자기 자신에 대한 의무"와 "다른 사람에 대한 의무"를 구별한다. 그는 또한 "완벽한"과 "불완전한" 의무를 구별한다. 이러한 구분으로 칸트는 4가지 의무를 정의한다. "자신에 대한 완벽함"과 "다른 사람에 대한 완벽함" 그리고 "자기 자신에 대한 불완전함" 그리고 "다른 사람에 대한 불완전함."으로 나눈다. 칸트는 각각의 의무에 예들을 제시한다. 여기서 "완벽한 의무"에서는 "좋아하는 관심에는 예외가 없다는 것을 인정한다."는 의무를 부각시킨다. 칸트는 다음과 같은 것을 생각한 것처럼 보인다. 어떤 사람이 어떤 행동에 완벽한 행동을 한다면 그는 항상 기회가 생길 때마다 항상 그러한 행동을 해야 한다는 것이다.

예를 들어 우리는 자살을 하지 말아야 한다는 것이다. 이것은 완벽한 의무일 수 있다. 반면에 어떤 사람은 어떤 행동에 있어서 불완전한 행동을 한다면 그는 기회가 생길 때마다 그러한 행동을 최소한 가끔 해야 된다는 것이다. 예를 들어 다른 사람이 곤란할 때 우리는 불완전하게 돕는다고 칸트는 주장한다. 우리는 최소한 자비로운 활동으로 우리의 시간을 할애해야 한다. 우리는 이러한 일에 우리의 시간을 할애하는 데에 반대할 이유가 없다. 완벽함과 불완전함의 구별은 여러 가지 방식으로 그려진다. 그것들 중 어느 것도 확실하지 않다. 어떤 주석가들은 말한다. 어떤 사람이 어떤 행동에 완벽한 의무를 가진다면 거기에는 어떤 다른 사람도 따라야 한다. 이것은 칸트의 두 번째 사례에 해당한다. 그러므로 우리가 이러한 방식으로 이해하기는 어렵다. 비록 완벽함과 불완전함에 대한 규정이 그 자체로 흥미롭지만 이것은 칸트의 주요한 이론이 아니다. 칸트는 그의 주요한 이론을 규정하기 위해 다른 종류의 의무를 설명할 것이다.

칸트의 첫째 사례는 CI-1의 경우에 해당이 된다. 즉, 자기 자신에 대한 완벽한 경우-자살을 하지 않는다는 자기 자신과의 약속-가 여기에 해당된다. 칸트는 자살을 고려하는 사람의 불쌍한 상태를 그리면서 그의 객관적 규범은 자기 자신의 인생을 영위하지 말아야 된다는 것을 보여주고자 노력했다. 우리의 토론을 간단히 하기 위해서 "a-1"을 자살을 시도하는 사람에게 적용하자. 칸트에 따르면 모든 사람은 공리를 가져야한다고 한다. 이 공리를 간단하게 정의해 보면, 다음과 같다.

M(a- 1) 계속해서 살려고 할 때 그러한 의지는 기쁨 보다 고통으로 다가온다.
나 자신을 사랑하기 위해서는 오히려 자살을 선택하리라.

이러한 공리의 일반화한 형태는 다음과 같다.

GM(a- 1) 누구나 살고자 할 때는 기쁨보다 고통이 따른다. 그러므로 결국 그는 자애심에서 자살을 택할 것이다.

칸트는 자살이란 잘못된 것이라고 믿었기 때문에 그는 이러한 원리를 보여주기를 시도한다. a-1은 틀렸다는 객관적 규범을 보여준다. 물론 이를 보여주기 위해 그는 a-1의 행위자는 GM(a-1)이 자연 법칙일 수 없다는 것을 보여주길 원한다. 칸트는 다음과 같이 보여주기를 원한다 칸트의 일반적인 개요는 명백하다.

<u>자살의 사례</u>
(1) *GM(a- 1) 자연의 법칙이 될 수 없다.*
(2) *GM(a- 1) 이 자연의 법칙이 될 수 없다면, a- 1의 행위자는 GM(a 1) 이 자연의 법칙이라는 것에 지속적으로 의도할 수 없다.*
(3) *a- 1의 행위자는 GM(a- 1) 이 자연법칙으로 지속적으로 의도할 때만, 도덕적으로 옳다.*
(4) *그러므로 a- 1은 도덕적으로 옳지 않다.*

칸트가 정말로 그의 이론에서 a-1의 행동이 옳지 못하다는 것을 보여주기를 바란다면 이런 주장을 면밀히 살펴보자. 우선 우리의 목적을 위해서 우리의 논증이 정당하다는 것에 동의할 수 있다. 전제가 사실이라면 그 주장에서 자살한 사람이 옳지 않다는 것을 보여준다. 전제 (3)에서 사용한 것처럼 a-1의 행동은 옳지 않다는 것을 보여주게 된다.

우리는 칸트의 CI-1의 이용에 대해 대단한 관심을 보이므로 그것의 장점을 말할 때는 감정을 억누를 수 있다. 두 번째 전제는 꽤 그럴 듯 해 보인다. 비합리적인 사람이 거의 모든 것을 함에도 불구하고, 완벽하게 합리적인 사람이 자연의 법칙으로 수용하는 의도를 따라가기란 어렵다. 더욱이 행위자가 지속적으로 의도하는 것은 어렵다. GM(a-1)이 자연의 법칙일수 없을 때, GM(a-1)이 자연의 법칙이 되도록 결단하는 것은 불가능하다. 처음 전제에 문제점이 있다. 칸트는 명백하게 자신을 사랑하는 것은 인생에 대한 증진의 자극으로써 작동한다고 주장한다. 아마도 칸트는 주어진 감정은 두 가지 반대의 기능을 가질 수 없다고 한다. 그러나 GM(a-1)이 만약 자연의 법칙이라면 자신을 사랑하는 것은 어떤 면에서 자기 자신을 파괴하는 방향으로 가야 한다는 것이다. 그래서 칸트는 다음과 같이 결론을 내리는 것 같다. GM(a-1)은 자연의 법칙이 될 수 없어서 우리는 첫 번째 전제를 가져야한다.

만약 이것이 칸트의 추론이라면 이것은 명료하지 않다. 우리가 자기 자신을 사랑한다는 것은 삶을 증진시키는 기능을 가져야 하기 때문에 이것은 확실하지 않다. 왜냐하면 어떤 것도 그렇게 작용하지 않기 때문이다. 자기 자신을 사랑하는 것이 이 두 가지 기능을 한다고 볼 수 없다. 아마도 자기 자신을 사랑한다는 것은 계속적인 삶이 즐거울 수 있을 때 살게 하는 동기를 준다. 반면에 삶이 즐겁지 않을 때는 우리의 삶을 포기하게 한다. 왜 우리는 이것이 불가능한가?

그러므로 칸트의 첫 번째 설명은 성공적이지 못한 것처럼 보인다. 우리가 두 번째 설명으로 넘어가기 전에 더 나은 설명이 대기하고 있을지 모른다. 어떤 철학자들은 칸트의 철학이 실패했다고 말할 수 있을 것이다. 가령, 칸트의 자살에 대한 설명은 틀렸다는 것이다. 자살하는 것은 도덕적으로 나쁜 것이다. 어떤 면에서는 자살이란 개인적인 문제이다. 이러한 도덕주의 관점에서는 이렇게 말 할 수 있을 것이다. 칸트의 자살이론은 결함이 있다고 말 할 것이다. 칸트가 자신의 이론에 이러한 함축성을 보여주는 데에 성공적이지 못 했기 때문에 그의 이론이 어떠한 결함도 보여주지 않은 것처럼 보인다. 또한 언급할 점은 칸트는 자살이란 항상 잘못된 것이라고 설명하지 않았음을 아는 것이 중요하다. 아마도 칸트의 개인적인 견해는 자살이란 옳지 않다는 것을 말해준다. 그러나 이 구절에서 그는 자살이란 공리에 근거해서 자살을 하는 행동이 잘못됨을 보여준다. 칸트는 정언명법에 의한 다른 공리에 의해 자살이 허용될 수 있음을 열어두고 있다.

이제는 두 번째 설명으로 살펴보자. 내가 경제적으로 어렵다는 것을 느끼고 돈을 친구에게서 빌리는 것이 유일한 방법이라고 결정했다고 가정하자. 비록 내가 그렇게 할 수 없다고 해도 내가 돈을 갚아야 한다고 깨닫는다. 왜냐하면 지금 보다 나중에 나의 경제 상황이 더 나쁠 수 있다는 것을 예견하기 때문이다. 내가 이러한 행동을 수행한다면 -잘못된 전제로 수행한다면(a-2) - 나는 다음과 같은 공리로 행동할 것이다.

(M(a-2)) *내가 돈이 필요할 때 나는 잘못된 가정으로 돈을 빌릴 수 있다. 심지어 내가 갚질 못한다는 것을 알더라도. 다시 갚는다는 약속을 하면서 나는 돈을 빌릴 것이다.*

다음은 일반화 된 공리이다.

(GM(a-2)) *어떤 사람이 돈이 필요할 때마다 잘못된 가정으로 돈을 빌릴 수 있다. 심지어*

그가 돈을 갚을 수 없다 하더라도, 다시 갚는다는 약속을 하면서 그는 돈을 빌릴 것이다.

칸트가 여기에서 얘기하는 것을 명확하게 정의하는 것이 중요하다. 그는 내가 거짓말을 하면 다른 사람은 곧 자신감을 잃을 것이고 결국에는 나의 약속을 믿지 않을 것이라는 것에 반대하고 있다. 나의 거짓말이 믿음과 약속을 어긴다는 결과를 초래한다고 칸트는 주장하지 않는다. 이러한 것은 공리주의자들의 주장이다. 칸트의 주장은 더욱 미묘하다. 모든 사람은 돈이 필요할 때 거짓 약속을 한다. 이것이 자연의 법칙이다. 아마도 칸트의 주장은 이러한 것이다. 그러나 모든 사람이 돈이 필요할 때 거짓 약속으로 돈을 빌린다는 것은 명백히 자기모순이다. 이것은 비합리적인 것이다. 어떤 사람도 지속적으로 이런 상황을 만들지는 않는다. 내가 GM(a-2)를 자연의 법칙이라고 의도하면, 이것은 단지 불가능한 일이 일어나기를 내가 의도하는 것이다. 그래서 일반화된 공리가 자연의 법칙일 수 없다. CI-1에 따르면, 나의 공리대로 지속적으로 행동하지 않으면 올바르지 않다. CI-1에 따르면, 잘못된 가정으로 돈을 빌리는 행위는 도덕적으로 올바르지 않다. 우리는 더욱더 간결하게 이러한 논의를 다시 해야 한다.

거짓말을 하는 사례

(1) *GM(a-2)이 자연의 법칙이 될 수 없다.*

(2) *GM(a-2)이 자연의 법칙이 될 수 없다면, 나는 GM(a-2)이 자연의 법칙임을 지속적으로 의도할 수 없다.*

(3) *GM(a-2)이 자연의 법칙임을 지속적으로 의도할 수 있을 경우에만, a-2가 도덕적으로 옳게 된다.*

(4) *그러므로 a-2는 도덕적으로 옳지 않다.*

첫 번째 전제는 모든 사람이 돈이 필요할 때 거짓말을 하면서 돈을 빌리는 자기모순에 다소 빠질 수 있다는 견해이다. 여기서 그 자체의 공리의 일반화된 형식은 자연의 법칙이 될 수 없다고 말한다. 두 번째 전제는 앞의 두 번째 전제와도 같다. 이것은 다소 비합리적인 것에 근거한 것이다. 이것은 심지어 내가 나중에 돈을 빌릴 수 없다는 것을 알면서도 돈을 갚겠다는 거짓말은 자연의 법칙일 수 없다. 세 번째 전제는 정언명법이다. 이것은 다소 합리적인 결론이다. 몇몇 독자들은 칸트주의에 따라 항상 거짓 약속을 한다는 예를 명백하게 받아들인다. 아마도 칸트는 이런 결론에 도달했을지 모른다. 그 논쟁은 단순히 하나의 구체적 행동이 거짓 약속을 하게 했다는 것이 틀리다는 것을 보여준다. 하나의 행동은 잘못된 것이다. 왜냐하면 공리는 주장에 의하면 일반화 될 수 없다는 것이다. 거짓말을 만드는 다른 행동도 따로 평가를 받아야 한다. 아마도 거짓말을 하는 모든 행동은 일반화 될 수 없는 공리를 가진다. 그렇다면, CI-1를 새롭게 제시한다. 그들 모두가 틀렸다고 제시한다. 그러나 지금까지, 우리는 이것이 틀린 경우라고 생각할 겨를도 없이 받아들었다. 다른 비평가들은 말한다. 칸트가 a-2가 도덕적으로 틀렸다는 것을 설명하는 것에 성공하지 않았다고 한다. 그들은 그 첫 번째 전제가 틀렸다고 주장한다. 모든 사람이 돈이 필요할 때 거짓말을 하는 것은 자연의 법칙일 수 있다.

세 번째 사례로 넘어가자. 칸트는 지금 불완전한 의무를 정언명법에 적용하려고 설명한다. 칸트는 한 사람이 자신의 자연스런 재능을 하찮게 생각하는 것은 나쁜 것이라고 말한다. 물론, 한사람이 여러 가지의 재능을 가지고 있다면 그는 자신의 모든 것을 계발 할 수 가 없다. 그래서 칸트는 이러한 불충분한 의무를 중요시 한 것이다. 왜냐하면 사람은 자신이 계발할 것과 쓸모없는 것을 버릴 것 가운데서 선택할 자유를 가지기 때문이다. 자신이 안정적인 것처럼 다른 누군가 안정적인 사람의 경우를 상상한다. 이 경우 그의 공리는 다음과 같다.

(M(a-3)) 내가 편안할 때, 나는 나의 재능을 녹슬게 할 것이다.

일반적인 공리: *(GM(a-3)) 누군가 편안할 때마다, 그는 그의 재능을 녹슬게 할 것이다.*

칸트는 GM(a-3)는 자연의 법칙일 수 있다고 주장한다. 그래서 그의 주장은 어떤 면에서 앞의 두 가지 면과 다르다. 그러나 칸트의 주장이 다소 의심스러울 수 있다. 우리가 우리의 재능을 녹슬게 한다면 우리는 재능들을 계발시킬 것이거나 계발하지 않을 수도 있다. 행위자는 그의 재능을 지속적으로 녹슬게 할 수 없다. 그의 행동을 녹슬게 하는 a-3는 잘못일 수 있다. 다음논쟁을 살펴보자.

<u>재능을 녹슬게 하는 사례</u>

(1) *모든 사람은 자신의 재능이 모두 계발되어야한다고 생각한다.*

(2) *모든 사람이 자신의 재능 모두를 계발되어야 한다고 생각하면, a-3의 행위자는 GM(a-3)이 지속적인 자연법칙이 될 수 없다.*

(3) *a-3의 행위자는 지속적으로 GM(a-3)이 자연의 법칙이 될 경우만, 도덕적으로 옳다.*

(4) *그러므로 a-3가 도덕적으로 옳지 않다.*

이런 논의는 다른 것과 비교해 볼 때 덜 강압적이다. 제시된 지문에서 칸트는 첫 번째 전제에 대한 반론을 보여준다. 칸트에 따르면, 남해 섬사람들은 자신의 재능을 계발하지 않을 것이다. 이는 우리의 모든 재능을 계발하는 것은 모순이라는 것을 보여준다. 사실 칸트의 섬사람에 대한 생각이 잘못 되었어도 그의 첫 번째 전제는 믿기 어렵다. 몇몇 철학자들은 칸트의 예들이 성공했다면 자신의 예들이 더 나빠졌을 거라고 느낀다. 이 철학자들은 우리는 우리의 재능을 계발할 도덕적 의무가 없다고 말한다. 만약 칸트의 이론이 이런 논리가 있다고 주장하면, 그들은 아마도 칸트의 이론은 결함이 있다고 말할 것이다.

칸트의 네 번째 설명은 정언명법이 다른 사람에 대한 불완전한 의무에 적용된다는 것이다. 그의 공리는 다음과 같이 설명될 수 있다.

(M(a-4)) 내가 부유하고 다른 사람이 힘들 때, 나는 자선을 베풀지 않을 것이다.

일반적인 공리는 다음과 같다.

(GM(a-4)) 어떤 사람이 부유하고 다른 사람들은 힘들 때, 그는 자선을 베풀지 않을 것이

다.

불완전한 의무에 대한 다른 예로써, 칸트는 GM(a-4)이 자연법칙이 될 수 없다고 인정한다. 그러나 칸트는 그것이 자연의 법칙이 될 수 없다는 것에서 행위자는 지속적으로 의도하지 않음을 다시 한 번 주장한다. 여기에서 칸트의 요점은 다음과 같다. GM(a-4)는 자연의 법칙이 될 수 없다. a-4는 옳지 않다는 정언명법이 성립된다. 만약 이것이 칸트의 논리라면 그의 논리는 결함이 있는 것이다. 왜냐하면 우리는 이 사실에서 더 이상 추론 할 수 없을 것이다. 칸트의 네 번째 예는 성공적이지 못하다.

그 밖의 사례

정언명법에 적용되는 명확하고 설득력 있는 예들을 칸트는 우리에게 제시하지 않았다. 이런 점에서 사람들은 정언명법이 가치 없는 것이라고 느낄 것이다. 이러한 극단적 판단은 아마도 시기상조일 수 있다. 만약 칸트가 자살을 표현하는 것에 성공을 했다면, 혹은 재능을 썩게 하는 것이 분명하게 틀렸다면, 그의 주장의 타당성은 약화될 것이다. 이러한 행동의 규범 상태는 칸트가 제시하는 것처럼 명백하지 않다. 두 번째로 칸트 설명의 실패는 다소 이상한 공리의 선택에 기인다. 이제부터 정언명법이 적용할 수 있는 좀 더 그럴듯한 논의를 시도해 보자. 이러한 시도에서 우리는 정언명법이 정확하게 작용할 수 있는 가장 중요한 기회를 상징한다고 볼 수 있다. 이러한 경우에서 중요한 특징은 행위자는 자신이 행위 하고자 하는 대로, 다른 사람이 행동한다면 지속적으로 의도하지 않다는 것이다. 만약 그들이 이런 식으로 행동한다면 그렇게 행동하게끔 그의 기회를 빼앗을 수 있다. 여기에 좋은 예가 있다.

(M(a- 5)) 강의 논문이 필요하지만 쓰고 싶지 않을 때, 나는 논문을 사서 제출을 할 것이다.

일반화된 공리는 다음과 같다.

(GM(a- 5)) 강의 논문이 필요하지만 쓰고 싶지 않을 때, 그는 사서 제출할 것이다.

칸트의 이론에 따르면 a-5는 도덕적으로 옳다. GM(a-5)가 자연의 법칙이라면 무엇이 일어날 수 있을까? 결론적으로 GM(a-5)는 자연의 법칙이 아니다. 또한 CI-1도 도덕적으로 틀린 것이다. 이런 예 중에 가장 문제가 되는 것 중의 하나는 정언명법이 어떻게 지름길이 될 수 있는지를 보는 것이 쉽다.

(M(a- 6)) 내가 강의 논문이 필요하지만 쓰고 싶지 않을 때, 가게에서 사서 제출하면 아무것도 일어나지 않을 것이다. 나는 강의 논문을 사서 직접 제출할 것이다.

M(a-6)는 M(a-5)와 어떤 면에서는 다르다. M(a-6)는 내가 가게에서 산다면 어떤 변화도 일어나지 않을 것이라는 것이고, CI-1에 따르면 가게에서 산 것을 제출하는 행위는 다소 M(a-5)라기 보다 M(a-6)이다. 이것은 틀린 것처럼 보인다.

통장에 많은 돈을 가지고 있는 한 사람이 있다. 그는 주식이 1000포인트까지 도달하기를 바란다. 그래서 은행에서 돈을 인출하기를 결심한다. 이것은 도덕적인 견지에서는 받아들일 만하다. 그러나 CI-1이 도덕적으로 틀렸다는 결과를 가져오게 한다. 왜 그런지 살펴보자. 은

행에서 돈을 인출하는 그 남자의 행동을 "a-7"이라고 하자. a-7의 공리는 다음과 같다.

(*M(a-7)) 주가가 1000포인트로 올랐을 때 나는 은행에서 나의 돈을 인출 할 것이다.*

a-7의 일반화한 공리: ***(GM(a-7))** 주가가 1000포인트 오를 때마다, 모든 사람은 은행에서 자신의 돈을 인출할 것이다.*

GM(a-7)가 자연의 법칙이라 말 할 수 없다. 모든 사람이 은행에서 돈을 인출했다면 아마도 그 은행은 망했을 것이다. 모든 사람이 동시에 돈을 인출 할 수 없다. 그래서 GM(a-7)는 자연의 법칙이 될 수 없다. 그래서 행위자는 그것이 그렇다고는 지속적으로 의도할 수 없다. CI-1에서 보면 그 남자는 그의 공리대로 자신의 돈을 은행에서 인출하는 것이 옳지 않다. 확실히 거기에는 뭔가 도덕적으로 맞지 않는 것이 있다. CI-1는 그러한 행동이 옳지 않다고 말해준다. 어떤 사람이 그들이 성교를 할 때마다 피임기구를 항상 정확하게 사용하는, 그런 공리로 행동을 했다면 CI-1의 논리에 따라 그녀는 올바르게 행동한 것이 아니다. 그녀가 하는 것처럼 모든 사람이 했다면 전혀 거기에는 인간미가 없을 것이다. 그래서 칸트는 생각했다. 이것은 이성적인 행위자가 아닌 사람은 지속적으로 행위 하는 것에 문제가 있다.

이런 불합리한 결과로서 CI-1에는 심각한 문제점이 있다는 것을 보여준다. 일반적으로 그 문제는 왜 공리가 보편타당성을 확보하지 못하는 데는 여러 가지 다른 이유가 있을 것이다. 이 이유들 중에 몇 가지는 도덕성과는 관련이 없다. 그러나 『도덕형이상학의 근본원리』에서 인식 할 수 있는 것처럼, 칸트는 선하지만 보편타당성을 확보할 수 없는 경우와 악하면서 보편타당성을 확보할 수 없는 경우를 구분하는 어떠한 시도를 하지 않는다. 이러한 구분없이 CI-1는 분명히 수많은 부정확한 결과를 만들 것이다. 우리는 CI-1에는 심각한 문제가 있다는 결론을 내릴 수 있다. CI-1은 칸트 정언명법의 적당한 해석이 아니다. 만약 CI-1이 칸트의 이론이 아니라면, 그의 이론이 무엇을 의미하는지 알기는 힘든 작업이 될 것이다.

3. 가언명령 체계로서 도덕

우리가 어떤 행동을 할 때 칸트의 순수한 선의 개념으로 현대사회에서도 행동하기를 기대하기는 대단히 곤란하다. 칸트가 정립한 정언명령체계로써의 도덕은 이념적 장점이 있음에도 불구하고 실제적으로 그 실현성이 애매모호한 점이 있다는 것을 밝혀볼 필요가 있다. 현대사회의 맥락에서 도덕을 가언명령의 체제로써 이해하여 자유의 가능성을 넓힌 가운데 자율적인 행위 선택이 폭 넓게 이루어지기를 기대하는 것이다. 이를 필리파 풋의 논의를 중심으로 살펴보고자 한다.[138)]

칸트의 도덕철학에는 많은 난해함과 모호함이 있고 극소수의 도덕주의자들만이 그것을 모

138) Philippa Foot, "Morality as a System of Hypothetical Imperatives", in *Philosophical Review,* vol. 8, no.3(1972), pp.305-16 그는 도덕을 실천 이성의 요건으로 정당화시키려는 일체의 기도를 배격한다. 이성적 추론 없이 도덕적일 수 있는 가능성을 제시한다. 도덕규칙과 이성은 별개이며 예절을 통해 정언명법의 유용성의 한계점을 보여주고 있다.

두 지지하려고 시도한다. 예를 들면 많은 이들은 칸트의 보편적인 법의지로 표현된 단순한 법 형태에서 의무를 도출하는 것에 반대하는데 동의한다. 그럼에도 불구하고 그들 자신을 그의 추종자로 칭하는 것은 생각지도 않는 사람들조차도 칸트가 제시한 한 가지는 의심할 여지없이 성립했다고 생각한다. 즉 도덕적 판단과 가언명령의 구분의 필요성이다. 도덕적 판단이 가언명령이 될 수 없는 것은 의심할 바 없이 진실인 것으로 보이지만, 여기서 우리는 그것이 진실이 아님을 담론하게 될 것이다.

가언명령의 의미

가언명령의 개념 같은 칸트의 개념을 철저히 논의함에 있어서 자연스럽게 칸트 자신이 의미한 가언명령은 무엇을 의미하는지를 물음으로써 시작된다. 그리고 칸트의 논문에 나타난 명령의 개념에 대해 이야기하는데 유용할지도 모른다. 명령에 대해 쓰는데 있어서 칸트는 명령법으로 표현되는 명령(금지)처럼 최소한 그렇게 해야 하거나 그렇게 되어져야하는 것에 대한 많은 진술들로 간주하는 것으로 보인다. 심지어 그는 명령을 어떤 것을 해야 하는 것 또는 하는 것을 삼가는 것이 선하다는 단언으로 기술하고 그것을 선한 일로 나타나기 때문에 어떤 일을 항상 행하는 것은 아닌 의지로 설명한다. 이것은 이성명령의 힘을 지니고 있는 것이다. 그러므로 우리는 칸트의 명령을 무엇인가 행해져야 하거나 뭔가를 함으로써 선한 것이 된다는 취지의 진술로서 생각할지도 모른다. 칸트의 윤리학에서 중요한 부분을 차지하는 <가언명령과 정언명령>의 구별은 도덕의 형이상학의 기초에 나와 있는 다음 구절에서 특징이 나타난다.

모든 명령은 가언적으로 혹은 정언적으로 명한다. 전자는 어떤 사람이 바라는 것 또는 어쩌면 바랄지도 모르는 것을 성취하기 위한 수단으로써 가능한 행동의 실질적인 필요성을 시사한다. 정언명령은 다른 어떤 목적과는 상관없이 객관적으로 그 자체로서 필요한 행동을 시사한다. 어떤 행동이 단지 다른 어떤 것에 대한 수단으로써만 선한 것이라면 그 명령은 가언적이지만 그 자체가 선한 것으로 이 의지의 원리로서 이성에 따르는 그 자체의 의지의 필요로 간주되어지면 그 명령은 정언적이다.

칸트가 그것을 정의하는 것처럼, 가언명령은 단지 그 행동이 어떤 목적에서 선한 것이라고 말하고 그는 그 목적이 가능할 수도 실제적인 것일 지도 모른다고 설명한다. 실제적인 목적에 관계된 명령들 속에서 칸트는 신중함의 규칙을 언급한다. 왜냐하면 그는 모든 사람들은 필연적으로 그들 자신의 행복을 추구한다고 믿기 때문이다. 이런 관점에 우리입장을 표명하지 않은 채 어떤 것을 원하기 때문에 그가 해야 한다고 말하는 명령들과 자신의 이익에 바탕을 두어 그가 해야 한다고 말해주는 명령들을 가언명령으로 분류하는 칸트의 방식을 따르는 것이 유용할 것이다. 공통된 의견은 도덕적 인간은 자신의 이익이나 욕망이 무엇이건 간에 의무규칙을 수용해야 한다는 칸트의 주장에 동의한다.

칸트의 가정명령 분류의 대략적 기술을 했듯이 그 안의 이질적인 것을 지적하는 것이 유용할지도 모른다. 때때로 어떤 사람이 해야만 하는 것은 그의 일시적인 기호에 좌우된다. 그가 따뜻한 커피를 원할 때 그는 커피주전자를 데워야 한다. 그것은 그 순간의 감정이나 기호는 관계가 없이 장기간의 계획에 좌우된다. 어떤 사람이 존경받는 철학자가 되길 원한다면 그는 아침 일찍 일어나 어떤 일을 해야 한다. 비록 존경받는 철학자가 되려는 생각은 그가 그 일을 해야만 하는 순간에는 아무런 감명을 주지 않을지라도. 그 순간 존경받는 철학자가 되기를 원한다고 말하는 것은 사실이고 이것은 욕망에 의존하는 가언명령의 기초가 될 수 있다. 가언명령의 본래적 설명에서 사용되어진 '욕망'이라는 용어는 문법적으로 욕구의 편리한 대체물을 의미했고 장기간의 목표나 계획이라기보다는 현재의 기호에 어떤 암시를 부가하자는 의미는 아니었던 것이다. 심지어 엄격하게 인용된 기획이라는 단어는 바람직하지 않은 제한을 이끈다. 만약 어떤 사람이 그의 가족이나 조국 혹은 다른 어떤 요인에 헌신한다면 당해의 것에서 기호나 계획 없이도 그가 원하는 특정한 어떤 것이 가언명령의 기초일지도 모른다. 가언명령은 심하게 다양하게 보여 진다; 더욱 중요한 것은 개인과 관계된 가언명령과 집단과 관계된 가언명령들 사이의 구별이다. 가정명령이 의존하는 욕망은 한사람의 것들이거나 어떤 공통된 계획에 관련되거나 공통된 목표를 공유하는 다수 사람들에게 속하는 것이 당연한 것들일지도 모른다.

도덕 판단의 범주

도덕 판단이 가언적이 아닌 정언명령이라고 하는 칸트주장은 옳은 것일까? 우리는 우리의 언어에서 칸트의 가언명령과 정언명령에 대응되는 '해야 한다'는 단어의 두 가지 다른 사용을 발견하고 정언적인 측면에서 도덕적 판단을 발견하기 때문에 그가 옳은 것처럼 보인다. 예를 들어 우리가 한 여행자에게 그가 그의 집으로 여행할거라 믿어서 특정한 열차를 타야한다고 충고했다고 가정해보자. 만약 그가 다른 곳으로 가기로 결정했다는 사실을 우리가 안다면 우리는 우리가 말한 것을 철회해야만 할 것이다: 그 당위성은 이제 지지되지 않고 지지의 필요성에 놓이게 된다. 마찬가지로 행동과 목적사이에서 올바른 관련성이 유지되지 않다-그가 원하는 것을 얻는 어떤 방법도 없다는 것 또는 가능한 수단 중에서 가장 적격인 것도 없다는 것이다-는 것을 알게 되면 우리는 그가 '해야 한다'고 한 우리의 진술을 철회할 준비를 해야만 한다. 그러나 도덕적 맥락에서 '해야 한다'의 사용은 매우 다르다. 어떤 사람이 어떤 것을 해야만 한다고 말하고 도덕적 판단을 의도했을 때 우리는 그의 이익이나 욕망에 대한 숙고에 의해서 우리가 말한 것을 자세히 설명할 필요는 없다; 만약 그 어떤 연관성도 찾을 수 없다면 그 '해야 한다'는 말은 철회되어야 할 필요가 없다. 따라서 도덕적으로 말하자면 행위자가 그 행동이 그의 이익이나 욕망에 부수적인 것이 아니라는 것을 보여줌으로써 그가 해야만 하는 것에 대한 주장을 반박할 수 없다. 그런 연관성 없이 그 '해야 한다'는 지지되고 지지의 필요성에 있지 않다. 그것이 필요로 하는 지지는 또 다른 종류이다.

그래서 이제까지 논의한 도덕 판단과 가언명령의 분류사이에는 하나의 명백한 차이점이 있다. 후자에서 '해야 한다' 는 정의되어진 면에서 가언적으로 쓰였고 만약 칸트가 단지 언어적 용법의 이 부분에 관심을 돌리고 있다면 그의 요점은 쉽게 증명된다. 하지만 명백하게 칸트는 이것 이상의 것을 의미했다. 도덕적 판단을 비가언적으로, 즉 정언명령으로서 기술하는 데서 그는 이 용법이 줄 수 없는 특별한 위엄성과 필요성이 정언명령에 속한다고 생각한다. 예를 들어 현대의 철학자들은 도덕적 판단에 표현된 무조건적인 요구에 대해 말하는 데에 칸트를 따른다. 정언명령들은 우리이익이나 욕망이 무엇이든 우리가 해야 하는 것에 대해 말해주고 그것은 가언명령과 불가피하게 구별된다.

문제는 도덕적 판단의 이런 중요한 특징에 대한 증거를 찾는 것이다. 만약 어떤 사람이 채워야하는 간격을 볼 수 없다면 우리가 정언명령에 의해 전달되어지는 특별한 위엄성과 필요성을 부여할 수 없는 몇몇의 비도덕적 진술들에서 비가언적으로 사용된 '해야 한다'를 발견하게 된다는 것을 그에게 지적하는 것은 유용할 것이다. 예절 규칙에 대해 선언하는 문장에서 이 '해야 한다'는 비가언적 사용을 발견한다. 예를 들면 삼자의 초대는 삼자의 입장에서 답해져야 하며 그 규칙은 이치에 맞지 않는 것을 무시하기 위한 그 자신의 타당한 이유를 가진 누군가에게 또는 예절의 관점으로부터 그저 그가 해야 하는 것에 대해 신경 쓰지 않는 누군가에게도 적용된다.

마찬가지로 클럽규칙과 같은 어떤 것이 문제시되는 맥락 속에서'해야 한다'의 비가언적 사용이 있다. 한 회원에게 여성을 흡연실로 데리고 오면 안 된다고 말해온 클럽의 비서는 이 회원이 내일 그만두고 그 클럽 내에서 그의 평판에 대해 전혀 신경쓰지 않는다는 것을 알았을 때에도 "미안하지만 제가 실수 했네요" 라고 말하지 않는다. 행위자의 욕구나 관심과의 연관이 부족하면서 이 '해야 한다'는 명제가 지지될 필요가 없다; 그것은 단지 규칙의 지지를 요구할 뿐이다. 그러므로 '해야 한다'의 사용은 정의된 의미에서는 비가언적이다. 따라서 만약 '해야 한다'의 가언적 사용이 가언 명령을 부여해 주고 '해야 한다'의 비가언적 사용이 정언명령을 부여해 준다면 예절이나 클럽의 규칙에 기초한 '해야 한다'의 진술은 정언명령인 것이다. 이것은 이런 다른 '해야 한다'는 진술들이 가언 명령을 부여한다고 주장하는, 윤리학에서 정언명령의 옹호자들에 의해 받아들여지지 않을 것이기 때문에 그들은 몇몇 다른 의미에서 이 표현들을 사용하고 있음이 틀림없다.

그러므로 우리는 그들이 "당신은 삼자의 입장에서 답해야 한다." 는 것이 가언명령이라 말할 때 그들이 의미하는 것이 무언인지 물어봐야 한다. 간략하게 이 생각은 어떤 사람이 행해져야 하는 것에 대해 왜 걱정해하는지를 합당하게 물어봐야 하는 것처럼 보인다. 그리고 그런 생각은 이유가 보여 지지 않는다면 그런 고려는 주목의 가치가 없다. 그래서 비록 사람들이 예절이 요구한다는 사실을 어떤 것을 행하는 그들의 이유로써 제시할지라도 그 자체로써 우리에게 행동할 이유를 준다고 생각되지 않는다. 예절에 대한 고려는 그 어떤 자동적인 이성을 지니지 않으며 어떤 사람이 행해야 하는 것에 대해 그가 이유를 가지고 있다고 그가 부인한다면 그 사람이 옳을지 모른다.

대조적으로 도덕적인 고려가 필수적으로 어떤 사람에게 행동에 대한 이유를 준다고 여겨지므로 이는 우리를 그 문제의 중심으로 이끄는 것으로 보인다. 물론 이 어려움은 설명되기보단 반복되는 이 명제를 옹호하는 것이다. 만약 모든 '해야 한다'의 진술들이 도덕적 판단에 특별한 정언적인 자격을 할당하는 낡은 문제를 남기는 행동에 대한 이유를 제공한다고 말해지지 않으면 우리는 다른 종류의 규범적인 진술에서 보여 지는 '해야 한다'와 적절하게 도덕적인 '해야 한다'를 다르게 만드는 것이 무엇인지를 들어야만 한다. 때로 몇몇 비합리성이 도덕성의 '해야 한다'를 무시하는 것과 관련된다고 보여주는 시도들이 있어왔다: '부도덕한'-그래서 뭐? 하고 말하는 데에서 예의에 맞지 않아 라고 한사람이 말했고 "그래서 뭐?"라는 식이다.

그러나 내가 아는 한 이것들은 모두 추론을 그르친 가정에 기초를 두어 왔다. 예를 들면 행동의 어떤 부분이 부도덕적이라는 것에 동의하지만 그것에 주목하지 않는 도덕과 무관한 사람이 있고 그가 수락한 행위의 규칙을 비 일관되게 무시하고 있다고 생각하는 것 또는 그가 사람들에게 하기를 제안한 것을 자신에게는 하지 않기를 바라는 것이 비 일관적이라고 생각되듯이. 그 규칙을 지켜야할 이유가 없다고 보기 때문에 도덕성을 거부한 사람은 무뢰한으로 여겨질 수는 있어도 일관성 없는 사람으로는 여길 수 없다. 또한 그의 행동은 반드시 비이성적이지는 않을 것이다. 비이성적인 행동은 어떤 방식으로 그의 원래의 목적에 어긋나고 그의 목적을 좌절시키거나 불리하게 여겨지는 것을 하는 것을 하는 것이다. 부도덕성은 반드시 그런 것을 포함하는 것은 아니다.

도덕 판단의 규범적 특징

도덕 판단의 규범적 특징은 그것의 이성적 힘을 보증하지 않음이 명백하다. 도덕 판단은 규범적이지만 예의의 판단, 클럽 규칙의 진술과 다른 많은 것들 역시도 규범적이다. 다른 많은 규칙들이 주지 않는데 왜 도덕 판단이 행동에 대한 이유를 주어야만 하는가? 모든 경우에 비가언적 '해야 한다'가 사용될 수 있는 가르침의 배경이 있기 때문이다. 행동이 단순히 권유되어지는 게 아니라 요구되어졌지만 왜 우리가 우리에게 요구되어진 것을 해야만 하는 가에 문제가 남는다. 도덕적 판단은 종종 예절규칙보다 더 엄격하게 강요되어지는 것이 사실이며 예절의 비가정적 '해야 한다'를 우리가 주장하는데 꺼리는 것이 우리가 예절규칙을 가언명령으로 생각하는 이유일지도 모른다.

하지만 우리 도덕의 가르침의 상관적인 설득력을 제외하고 도덕적인 판단이 정언명령이라는 개념 뒤에는 아무 것도 없다고 말할 수 있는가? 난 이것이 정언명령의 옹호자들이 받아들이고 싶어 하는 것 이상의 문제와 더 많은 관련이 있을 지도 모른다고 믿는다. 만약 우리가 옹호의 입장에서 제기된 경우를 본다면 우리는 이런 설득력 있는 가르침이 이식한 그 느낌과 그것들을 연관하지 않고는 그 단어들이 의미하는 것에 대해서 어리둥절해하는 우리를 발견하게 되기 때문이다. 예를 들면 사람들은 도덕의 구속력을 말하지만 우리들 자신이 회피할 수 없다는 것을 느끼지 않는다면 이것이 의미하는 것이 무엇이지 명확하지 않다.

실제로 도덕 요구의 불가피성은 종종 그것들이 가언명령과 대조될 때 인용된다. 어느 누구도 특정한 이익이나 욕망을 갖느냐 갖지 않느냐에 따라서 윤리의 요구를 피하는 사람은 없다고들 한다. 한 가지 방법으로 취해진 이것은 도덕성의 '해야 한다'와 가언적인 '해야 한다' 사이의 대조를 반복하고 예절규칙과 나란히 도덕성을 놓는다. 행위자가 그것들의 목적과 그것들을 모욕하여 초래할 불찬성에 무관심하기 때문에 행동이 도덕 또는 예절을 위반하는 것을 그치지 않는 면에서 둘 다 불가피하다. 하지만 도덕은 어떤 특별한 방식 면에서 불가피하며 단지 도덕은 가르쳐진 방식의 반영으로 판명될지도 모른다. 물론 우리는 일시적인 생각을 표현하는 다른 방법을 시도해야 한다.

예를 들어, 도덕 판단은 우리의 이익이나 욕망이 무엇이든지 우리가 해야만 하는 것을 말하기 때문에 일종의 불가피성을 가지고 있다고 말해진다. 다시 이런 면에서 모호하다. 때론 우리가 그와 같은 표현을 사용할 때 우리는 신체적이거나 정신적 강제를 언급하고 있다.(어떤 사람이 힘이 센 사람들에 의해서 당겨지고 있다면 그는 따라가야 하고, 인내의 범위를 넘어선 고통이 가해지고 있다면 그는 굴복해야 한다.) 하지만 그것은 단지 도덕적 판단이 적용하는 그런 조건의 부재다. 그 단어들의 또 다른 그리고 많은 상식은, "난 독감에 걸려서 침대에서 쉬어야 한다."와 같은 장래에 그렇게 하지 않으면 처벌받는 문장에서 찾아볼 수 있다. 그러나 도덕적으로 행동하는 것에 대한 필요성은 그런 처벌에 좌우된다고 추정되지 않는다. 꼭 벌과 반드시 관련이 있는 것은 아니라는 또 다른 범주의 예들은 어떤 계획이나 역할을 의심할 바 없이 수용하는 곳에서 찾아볼 수 있다. '간호사가 어떤 특정한 시간에 회진을 해야 한다'고 말을 하거나 특정기차를 타기 위해서 달려야 한다고 말할 경우이다. 이것들은 현재의 맥락에서는 상관성이 없다. 수용조건은 항상 취소될 수 있기 때문이다.

'마땅히 해야 한다'는 단어의 어떤 다른 면에서 도덕이 요구하는 것을 해야만 한다는 암시할 것이라는 데는 의심할 여지가 없다. 하지만 왜 그것이 무엇인지에 대해 말하기 어렵다고 증명될 때 그런 의미가 있음에 틀림이 없다고 주장을 하는가? 우리가 난해한 생각이라고 여기는 것들은 실제로 단지 도덕에 대한 우리의 감정 반영 일뿐이라고 가정해 보자. 아마도 우리가 도덕법을 따라야하고 그 도덕은 어떤 특별한 식으로는 불가피하다고 말하는 것은 이치에 맞지 않을 것이다. 어떤 사람이 자신이 아래쪽으로 움직이고 있다고 믿지 않고는 마치 자신이 떨어지고 있나고 느낄지도 모르는 것처럼 어떤 사람은 마치 자신이 신체직 혹은 심리적 강제 하에 있거나 따르지 않으면 벌을 초래한다고 민지 않으면서 도덕적으로 요구되어지는 것을 해야만 한다고 느끼는 것과 같다.

만약 떨어진다는 단어가 자신의 감정을 표현하는 것에 사용된다면 그것이 특별한 의미로 사용되어지고 있다고 생각하는 사람은 없을 것이다. 그러나 이런 종류의 실수는 도덕성이 요구하는 것을 해야만 하는 것에서 특별한 의미를 찾으려는 것과 연관되어 있을지도 모른다. 우리가 도덕적으로 행동해야만 한다고 느끼고 도덕적인 행위에 대한 학습의 심리적인 조건들이 주어져서 우리가 그런 감정을 갖는 것이 자연스럽다는 생각에 대해서는 어려움이 없다. 우리가 할 수 없는 것은 정언명령의 교리를 지지하는데에 그것들을 인용하는 것이다.

당위진술과 사실의 괴리

우리가 내려야 하는 결론은 '도덕적 판단이 예절의 문제에 대한 진술과 마찬가지로 정언명령이라고 주장할 뿐'이라는 것이다. 사람들은 실제로 왜 그것들이 그래야 하냐고 묻지 않고 예절이나 도덕을 따를지도 모르지만, 똑같이 그것들은 그런 것이 아닐지도 모른다. 그들은 이유를 요구할지도 모르고 만일 그 이유를 찾을 수 없게 되면 그것을 따르는데 있어서 합리적으로 거절할지도 모른다.

도덕적 고려의 이런 관점은 전체적으로 도덕성에 파괴적임에 틀림이 없다고들 할 것이다. 왜냐면 그 어떤 사람도 그 자신에게 충분한 행동에 대한 이유로써 그런 고려를 받아들이지 않는다면 도덕적으로 행동할 수 없기 때문이다. 진실로 도덕적인 행동은 "그것자체를 위해서", "그것이 옳기 때문에" 행해져야지 숨겨진 목적 때문에 행해지면 안 된다. 우리가 면밀하게 검토해야 하는 이런 논쟁은 정언명령의 교리로써 그것 자체의 설득력을 가진다. 진실로 도덕적인 사람은 도덕법에 대한 존중해서 행동을 하고 그것이 도덕적으로 옳기 때문에 도덕적으로 옳은 일을 한다는 명제가 말하는 것은 무엇인가? 외견상으론 절대적이지 않은 그런 명제는 도덕적 판단이 그가 행한 것뿐만 아니라 행동의 이유와 관련이 있다는 사실에 좌우된다. 법과 예절은 단지 어떤 것이 행해지거나 행해지지 않은 채 남겨지는 것을 요구하지만 사람들의 칭찬을 위해 자선을 베풀었다면 그 누구도 자비로운 사람으로 여기지 않으며, 단지 정직함이 자신에게 이익이 되기 때문에 정직한 사람은 정직의 덕을 갖고 있지 않은 것이다.

이런 종류의 고찰은 칸트의 도덕철학을 형상화하는데 매우 중요하다. 그는 수없이 도덕법을 중시하는 행동과 이면의 동기로부터와 자기 이익적인 것에서 나오는 행동을 대조시켰다. 초기 윤리학 강의에서 어떤 사람이 거짓말하는 것이 해롭다면 거짓말하지 말라는 식으로 가언명령 체계에서 진실을 말하는 원리를 제공했다. 도덕의 형이상학에서 그는 윤리가 어떤 사람이 자신에게 제안한 목적으로부터 출발할 수 없음을 말했다. 왜냐하면 이것들은 모두 이기적이기 때문이다. 실용적 이성의 비판에서 그는 도덕적 법에 대한 존중에서가 아닌 단지 물질적 격률에 의한 행동은 사람들이 그들 자신의 기쁨이나 행복을 위해 하는 행동이라고 명시적으로 논하고 있다.

모든 물질의 실용적인 규칙들은 자기애 또는 자신의 행복의 일반적인 원리에 속한다. 실제로 칸트는 도덕법을 위해 행해지는 것을 제외한 모든 행동측면에서 심리학적 쾌락주의자 이고, 인간본성에 대한 그릇된 이론은 그가 도덕적 선이 정언명령의 거부와 양립될 수 있을지도 모른다는 것을 보지 못하게 한 것 중의 하나였다. 만일 이 인간행동의 이론을 제쳐두고 그것의 목적일지도 모르는 목적으로 허용한다면 상황은 변할 것이다. 의무의 사고를 별개로 하고 그는 타인의 고통을 걱정하고 그들과 동일성의 감정을 갖고 자신이 할 수 있다면 돕기를 원할지도 모르는 것이 확실히 허용되어질 것이다. 물론 그는 단순한 그들 자신의 선을 제외하고는 다른 이들 돕는 유쾌한 역할 또는 자선의 명성을 원하지 않아야 한다. 만약 그가 원하는 것이 이와 같다면, 그는 자선의 덕에 대한 적절한 목적에 메어있을 것이고 이면의 동기로부터 행한 것은 부적당한 것이다. 자선의 규칙에 대한 그의 행동 순응은 단지 우연적인 것은 아니다. 정직한 행동은 한사람의 출세를 우연히 조장할지도 모른다. 자선적 행동은 타인의 선을 우연히 조장하는 것은 아니다.

단지 가언명령만을 받아들이는 사람은 자선의 덕에 다른 덕을 소유할 수 있는가? 그는 정의롭거나 정직할 수 있는가? 이 문제는 더 복잡하다. 왜냐하면 다른 선들이 자선과 관련이 되있듯이 덕에 관련된 목적은 거의 없다. 그러나 만약 그가 진실과 자유를 사랑하고 모든 사람이 최소한의 존경으로 대접받길 원하기 때문에 정의롭게 행동한다면 그 사람을 정의로운 사람으로 부르는 것을 거부하는 데 어떤 이유가 있을까? 그리고 왜 진정 정직한 사람은 정직한 태도가 사람들에게 가져다주는 선 자체를 위해서 정직을 따라서는 안 되는 것인가? 물론 개인의 정직한 행동에서 선 예견되는 선은 없는 경우에서 일반적인 어려움이 제기될 수 있다. 그러나 한 사람의 욕망이 심지어 여기서 그에게 정직하게 행동할 이유를 줄 수 없다는 것은 명백하지 않다. 그가 개방적으로 이웃과 신뢰하면서 살기를 원한다. 거짓말하는 것과 감추는 것은 그에게 똑같지는 않다.

많은 사람들이 예절규칙을 행동의 가언 규칙으로 받아들이는 것처럼 도덕적 원칙을 행동의 가언 규칙으로 받아들이는 진실로 도덕적인 사람이 일 수 있는지를 알기 원한다면 적절한 종류의 예를 고려해야 한다. 도덕이 자기 이익 하에 놓이기를 원하는 사람은 훌륭한 후보자가 될 수 없으며 그가 그런 기분동안에만 정직하거나 자비로운 사람이 될 준비가 되어 있는 사람도 좋은 후보자가 될 수 없다. 정의와 같은 대의는 정력적인 요구를 하지만 이것은 도덕에 특별하지 않으면 인간은 도덕에 의해 승인되지 않은 많은 목적을 성취하기 위해 수고할 준비가 되어 있다. 그들이 예를 들면 자유나 정의 같은 도덕적인 목적을 위해서 싸울 준비가 되어 있다는 것은 이것들이 헌신을 일으키는 목적들이라는 사실에 좌우된다.

예절을 위해 상당히 희생하는 것은 강조적인 '해야 한다'에 묶일 필요가 있을 것이다. 일반적인 사람은 예의에 맞게 행동하는 것에 거의 헌신할 수 없다. 윤리학에서 가언명령에 찬성을 주장하는 모든 것에도 불구하고 나는 많은 사람들이 납득되지 않았다고 도덕적 덕에 필수적인 어떤 요소가 여전히 빠져있음을 논쟁할 것이라는 것을 확신하다. 이 빠진 요소는 우리가 도덕적 인간에게 부여하는 그런 목적을 채택할 의무의 인식이다. 우리는 그가 다른 사람들을 걱정하고 자유와 정의와 같은 대의에 대해 신경 쓰고 있다고 말했고 이는 그가 도덕성의 체제를 수락할 것이라는 것을 설명한다. 하지만 그가 그런 것들에 대해 전혀 신경을 쓰지 않는다면 어떻게 될까? 아니면 그가 신경 쓰는 것을 그만두면 어떻게 될까? 이것이 바로 칸트가 얘기하고자 했던 것이다. 비록 때때로 그는 마치 도덕이 목적과 관계된 것이 아니라고 말했었지만 다른 때에는 타인의 행복이 도덕에 의해 지시된 것이란 것과 같은 목적의 채택을 주장했다. 이 명제가 도덕법의 구속력에 대한 모든 말을 거부하는 사람에게는 어떻게 여겨질까?

그는 도덕적인 사람은 도덕적 목적을 가지고 있고 고통이나 부정의 와 같은 문제들에 무관심할 수 없다는 데에는 동의할 것이다. 게다가 그는 어떤 사람이 이런 것들에 걱정해야만 한다는 진술 속에서 그 사회의 요구를 표명하려는 사회에 의한 비가언적 명법으로 도덕적 '해야 한다'의 정확한 사용을 인식할 것이다. 그러나 그는 특정한 목적을 그것들을 채택할 그 자체로써의 이유로 가져야 한다는 사실을 받아들이지는 않을 것이다. 만약 그 자신이 도덕적인 사람이면 그는 그런 것들에 대해 신경을 쓴다. 그가 해야만 하기 때문이 아니라. 그가 도덕과 무관한 사람이라면 그는 그가 이런 저런 도덕적 요구로 머리 아파할 어떤 이유가 있다는 것을 부인할지도 모른다. 물론 그는 실수한 것일지 모르고 다른 사람의 삶뿐 아니라 그의 삶까지도 그의 이기심 때문에 매우 슬프게 망가질지 모른다. 하지만 이것은 그들이 '해야 한다'는 강조에 의해 문제를 종결할 수 있다고 생각하는 사람들에 의해 주장된 것이 아니다. 나의 논쟁은 그들이 마치 도덕적인 '해야 한다'에 마법적인 힘을 주려고 노력하는 것처럼 그들이 망상에 의존하고 있다는 것이다.

이미 말했듯이 이 결론은 위험스럽고 도덕을 파괴하는 것으로 보일지도 모른다. 우리는 우리들 자신 또는 다른 사람들이 우리가 걱정하는 것들에 대해서 걱정하는 것을 멈출지도 모른다는 생각에 당황하기 쉽고 정언명령이 우리에게 상황에 대한 통제를 주고 있다고 느낀다. 하지만 레닌그라드 사람들은 다른 시민들이 포위의 끔찍스런 수년 동안 그들과 독일인 사이에 위치했었던 도시에 대한 애착과 충성을 공유했다는 우연적 사실에 의해 유사하게 마음이 끌리지 않았던 것은 흥미로운 일이다. 아마도 우리는 도덕적 대의의 결핍에 대한 두려움에 의해서 보다 덜 고통을 받았을 것이다. 사람들이 자신 스스로를 반인도주의의 압박에 항거하고 자유와 정의를 위해 싸우기 위해 함께 단결한 지원자로서 생각한다면 우리는 그것을 두려워할 이유가 적어야 한다. 비록 모호할지라도 도덕에 관한 공식적인 방향에는 속임수 요소가 있다고 종종 느껴진다. 어떤 이들은 도덕법의 권위에 대해 얘기함으로써 설득 당하는 반면, 다른 이들은 불신감을 가지고 이를 외면하게 된다.

제 6장 덕성함양론

◇◇ 좋은 씨앗에 물주기 ◇◇

틱낫한은
명상이야말로
'좋은 씨앗에 물주기'라고 말한다.
그는 우리의 마음을 '밭'에 비유하며, 그 밭에는
사랑과 미움· 분노· 희망· 열정· 자비와 폭력 등의 다양한 형태의 씨앗이
섞여 있다고 생각한다. 거기에서 부정적인 씨앗을 솎아내고
긍정적인 씨앗에 물을 주는
과정이 명상이다.

【김수병의 《마음의 발견》 중에서】

제 6장 덕성 함양론

윤리학에서 덕성함양이론은 인간행위가 도덕적으로 옳은지 어떤지는 그가 행한 것의 옳고 그름이나 그 결과에 달려있지 않으며, 그의 개성이나 동기에 달려있다고 말하며, 인간의 품성을 고양하고 발전시키는 것에 관심을 두기 때문에 인격적 품성함양에 관심을 부여한다. 특히 아리스토텔레스는 『니코마코스 윤리학』에서 덕의 실천윤리 성격을 밝히고 있다. 그는 인간의 궁극적인 선이 행복을 추구하는 것이며 그 행복은 쾌락이나 부유함, 명예를 추구하는 데 있는 것이 아니라고 말한다. 덕의 완전한 탁월성을 발휘하는 이성적 영혼의 특성에서 행복이 가능함을 밝히고, 우정, 정치력, 아름다움 같은 외적 요건들은 행복실현에 필요조건으로 거론하였다. 또한 과도함과 부족함의 극단을 피할 줄 아는 중용의 도리를 특성으로 삼아 덕성함양의 가치를 밝히고, 강간이나 도둑, 살인 같은 행위는 어떤 결과를 초래하든 항상 부도덕한 일임을 분명히 하였다. 그러나 아리스토텔레스와 그 추종자들은 덕과 행복의 개연적 의존성은 인정하면서 필연적 상호관계를 밝히는데는 한계가 있다고 할 것이다.

반면에 현대윤리학의 맥킨타이어(Alasdair MacIntyre)는 '덕의 본성(The Nature of Virtues)'에서 덕의 상대적 개념을 밝히고 있다. 그는 덕의 개념을 실천의 역사적 맥락의 차이에 따라 덕의 전제가 상대적임을 부각시키고 있다. 호머(Homer)의 경우에서 보듯이, 덕은 개인으로 하여금 사회역할을 충실히 행하도록 하는 자질로 볼 수 있지만, 아리스토텔레스와 성경에서는 이와 다른 특성을 드러낸다. 이 경우는 자연적이든 초자연적이든 인간의 목적을 실현하는 방향의 독특성을 보여준다. 이와 달리 벤자민 프랭클린(Benjamin Franklin)의 유형에서는 그의 저술에서 드러나듯이, 덕은 세속의 성공이나 천상의 길로 들어가는 데 필요한 효용성을 구비한 것으로 파악한다.[139]

여기서 맥킨타이어는 덕은 그 내면적 특성, 품성이 외적인 행동체계를 이루게 하는 '실천'의 가치를 강조하며, 언급된 첫 번째와 두 번째 유형을 통해서는 탁월성을 발휘하는 데 반해, 반면에 세 번째 유형에서는 공리적 개념으로 결과의 고려 없이 과정의 효율성을 나타내기 때문에 덕성함양이 특히 요청되는 바, 전체적으로는 덕의 실천에 대한 상대주의적 성격을 담론으로 표현했다.

우리는 '덕성 윤리체계 비평(A Critique of Virtue-Based Ethical Systems)'이라는 시각을 통해, 의무론과의 대비를 통하여 덕성 함양의 가치와 의미를 밝힌 프랑케나(William Frankena)에게서 품성의 계발 필요성과 도덕적 이상 및 함양될 기질에 관하여 자세히 살펴볼 수 있다. 그는 덕의 윤리와 의무의 윤리는 동일한 도덕성의 상호 보완적 체계로 파악한다. 그에 따르면, 모든 도덕원리는 기질을 이루는 도덕적인 선한 특성을 나타내거나 도덕원리에 따라 실천하려는 경향성으로 파악하고 있다. 친절한 행위는 친절의 도덕원리를 그 자체대로 표

139) Alasdair MacIntyre, *After Virtue*(Nortre Dame, IN: University of Ntre Dame Press, 1984).

현하는 것이며, 칸트의 의무론을 역설적으로 표현하여, 프랑케나는 【'덕성 없는 도덕원리는 공허하며(impotent), 도덕 원리 없는 덕성은 맹목적(blind)'이다】 고 진술하였다. 먼저 덕의 윤리 일반을 살펴보고, 중용의 품성의 가치를 이해한 다음, 덕성 윤리체계에 비판적 관점을 세워보게 된다.

★ 탐구문제

1. 덕의 윤리와 의무 윤리의 상관관계는?
2. 덕의 종류와 그 기능적 특성은?
3. 중용의 성격과 가치는?
4. 니코마코스 윤리학에서 행복의 의미는?
5. 덕성으로 함양될 기질의 종류는?
6. 품성의 도덕성에 대한 원리의 도덕성을 비교하면?
7. 다음 글을 읽고 물음에 답하시오.(03' 임용고사)

(준호) : 덕은 선과 행복을 효과적으로 산출한다. 선(좋은 것)이 무엇인지를 아는 사람은 필연적으로 그것을 산출한다. 왜냐하면 (가)누구든지 알면서 고의적으로 악을 행하는 사람은 없기 때문이다. (유미) 도덕적인 덕은 중용의 상태를 말한다. 그러나 (나) 어떤 일에서 중용을 발견한다는 것은 항상 어렵다. 예를 들면, 누구나 원의 중심을 발견할 수 있는 것이 아니라, 다만 그것을 아는 사람만이 할 수 있기 때문이다. (경수) : 인간은 고통, 슬픔보다는 쾌락, 기쁨을 선호하는 것이 일반적인 경향이다. 그러므로 인간 각자는 자신에게 쾌락과 기쁨을 가져다주는 행위를 해야 한다. (지연) 가치는 사유작용이 아닌 가치 감정이라는 지향적 작용에 의해 파악되는 객관적인 것으로서 (다) 위계적인 특징이 있다.

① (가)의 견해가 갖는 약점이 무엇인지를 쓰고, (나)와 관련하여 아리스토텔레스가 주장하는 중용의 의미와 중용적인 삶을 살기 위해 필요한 요소에 대해 쓰시오. 경수와 같은 논리를 행동의 기준으로 삼을 때, 많은 문제들이 발생할 수 있다.

② 지연이가 말한 (다)를 근기로 경수의 관점을 비판하시오.

8. 아리스토텔레스의 관점에서 이 군인이 어떤 선택을 할 것인가를 쓰고, 그 근거를 밝히시오.(06' 임용고사)

<불우한 처지의 군인 한 사람이 있다. 그는 조국을 위해 싸우다 비참하게도 적국의 포로가 되어 생사의 기로에 서 있다. 그는 조국의 운명을 결정짓는 중대한 기밀을 알고 있다. 그는 자국의 군사 기밀을 넘겨주면 살아서 귀환할 수 있도록 해주겠다는 제안과 함께, 만약 그러한 제안을 거부하면 처형시킬 것이라는 최후통첩을 받는다. 그에게는 아직도 살아갈 날이 더 많고 조국에는 노모와 처자식이 기다리고 있다. 이제 그에게는 중대한 기밀을 넘겨주든가 아니면 침묵하다가 죽음을 맞이하는 일만 남아 있다.>

1. 덕성 윤리

도덕성은 규칙이나 원리가 아닌 기질의 교화나 인격의 습성으로 이해해야 한다고 말한다. 플라톤이나 아리스토텔레스도 이런 방법으로 도덕성을 이해하였다. 왜냐하면 그들도 무엇이 권리이고 무엇이 의무인지 보다는 덕과 덕스러움이 무엇인지를 주로 언급하였기 때문이다. 아리스토텔레스는 플라톤의 형상이론(사물의 본질을 이상적이고 영원불변하는 형상으로 파악하며 그러한 형상은 일상적인 대상들의 세계와는 분리된 비공간적이고 초월적인 영역에 존재한다고 주장하는 이론)을 단호히 거부하였다. 그리고 물리적 대상의 형상, 즉 개별적인 사물에 구조를 부여하며 그것을 파악 가능한 것으로 만들어주는 형상이 바로 그 사물의 본질의 개념이라고 생각하였다. 그는 플라톤에 비하여 감각적이고 경험적인 지식을 훨씬 더 중요시하게 되며, 플라톤이 생각한 다소간 신비주의적인 선의 형상이라는 개념을 거부하며 자신은 우리가 현실의 구체적인 삶을 살면서 어떻게 좋은 삶에 도달할 수 있는가를 탐구할 것임을 밝힌다. 그에 따르면 두 가지 근본적인 형태의 탁월성 또는 덕이 존재하는데, 지적인 덕과 도덕적인 덕이다. 지적인 덕은 이해력, 이성, 판단력 등과 같은 정신의 우수성이다. 그는 이런 경향은 선생으로부터 배운다고 보았다. 도덕적 덕은 우리가 잘 행위 하도록 한다. 이런 덕들은 가르침이 아니라 반복에 의해 습득된다. 이를테면 용기나 정직을 실천함으로써 우리는 더 용감해지고 정직해진다.

연습을 통해 악기연주가 더 능숙해지는 것과 마찬가지로 정직한 행위를 반복함으로써 더욱더 정직해진다. 정직의 덕을 소유한 사람은 그런 덕을 갖지 않은 사람보다 훨씬 더 정직해지기 쉽다. 그것은 그에게 제2의 천성이 된다. 동일한 것이 반대의 덕, 악에도 적용된다. 거듭해서 거짓말을 하는 사람은 점점 더 거짓말이 쉬어지고, 진실을 말하는 것이 점점 더 어려워진다. 사람들은 좋은 습관(virtue)과 마찬가지로 나쁜 습관(vice)도 가질 수 있다. 철학자들은 서로 다르게 덕과 악을 작성하고, 분류하여왔다. 아리스토텔레스 덕의 목록에는 용기, 절제, 정의, 자부심, 관용이 포함된다. 그는 덕은 두 가지 극단사이의 중간을 의미한다. 용기의 덕은 두개의 극단, 너무 적은 용기인 비겁과 과도한 용기인 만용사이의 중간으로 생각된다.

흄의 경우에도 비록 자비심과 정의 같은 도덕적 습성과 함께 활기나 위트와 같은 도덕과 무관한 습성을 융합시켰지만 결과적으로 이와 비슷한 용어를 사용했다. 이 견해를 지지하는 사람들은 의무 윤리, 원칙, 또는 행위에 반하여 미덕의 윤리 혹은 존재(being)를 옹호한다. 그리고 우리는 여기서 비록 윤리적 이론들이 비난받든지 옹호 받든지 모든 것이 의무 윤리로서 기술되어짐을 주목해야 한다. 덕의 윤리라는 개념은 그것의 긴 역사 때문만이 아니라 '신도덕성(the new morality)' 주장자들도 이것을 신봉한다는 이유에서라도 재고할 가치가 있다.

그렇다면 덕의 윤리라는 것은 무엇인가? 물론 덕의 윤리는 우리가 행해왔던 대로, 도덕성의 기본으로서 의무론적 판단이나 원리들을 채택하지는 않을 것이다. 대신에 이것은 "그것은 용감한 행위였다.", "그의 행동은 고결했다.", 또는 "용기는 미덕이다."와 같은 직접 판단을 채택할 것이며, 의무론적 판단이 파생되어졌거나 전적으로 불필요한 것으로 주장할 것이다. 따라서 의무의 도덕성과 법칙 그리고 미덕의 도덕성 또는 인격의 습성을 우리가 선택해야할 갈등으로 생각하지 말고, 도덕성의 상호보완적인 면으로 고려할 수 있을 것이다. 모든 법칙에는 종종 같은 이름으로 불리는, 그것에 따르는 행위를 하도록 하는 경향이나 기질을 이루는 도덕적으로 선한 습성이 있을 것이다. 선한 습관은 행위의 종류를 한정하는 규칙이 있다.

우리가 옳은 것이 무엇인지 발견하기 위해 정해진 기질을 명확하게 하고 개발하는 것이며 가능하다면 그것을 행하는 것이다. 이러한 관점에서 한 개인은 반드시 "어떠한 행동을 행하라"는 말보다는 "이러한 방식으로 존재하라"는 것이 유효하다. 그렇지만 행위가 수반되지 않는 존재는, 실천이 따르지 아니한 믿음과 같이 죽은 것이다. 최소한 이러한 토론으로부터 확실한 것은 의무의 윤리나 원리가 미덕에서 중요한 자리를 차지하며, 도덕 교육과 개발의 부분으로서 그것의 교화적 기능에 우선권을 부여해야 한다는 것이다. 도덕에서 차지하는 위치와 미덕은 덕의 윤리에 의해 그들을 일치시키는 것에 따라 달라진다. 의무의 윤리를 옹호하는 이론적 관점에서 논하자면, 우리는 만약 우리가 무엇을 행하고 또는 하지 말아야 할지에 대한 지침을 마련할 때, 그 대답은 최소한 두 가지 의무론적 규칙과 그에 수반되는 선행의 규칙과 동등한 취급을 하는 가에 달려 있다.

덕성 이론은 인간의 행위가 도덕적으로 옳은지 어떤지는 그가 행한 것의 옳고 그름이나 그 결과에 달려있지 않으며, 그의 개성이나 동기에 달려있다. 이를테면, 어떤 사람이 전적으로 의무감이나 옳은 일을 하려는 욕망에서 행동의 동기화가 되었다면 행위자와 그의 행동은 도덕적으로 옳다고 말할 수 있다. 칸트주의에 따르면, 의무감이나 또는 옳은 것을 행하려는 욕망에서 동기화되었다면 도덕적으로 옳다는 견해를 고수하는 반면에 덕성이론에서는 의무적이며 동시에 목적론적 성격을 보여주고 있다. 따라서 한 사람의 행동이 도덕적으로 진실하다면, 옳은 것을 행하려는 욕망이 너무 강해서 그의 의무를 다하도록 부추긴다거나 그의 실제의 동기가 어떠하든 간에 도덕적으로 옳다는 것이다. 어떤 행동이 그 결과 때문에, 예시되는 규칙 때문에, 또는 동기나, 의도 또는 연관된 개성의 특징이 도덕적으로 옳은지 또는 그른지 때문에 옳거나 그른 것으로 판단되는지에 대한 질문을 다룰 수 있다. 그 해답은, 어떤 행동이 규칙에 대한 관련성에 의해 또는 일련의 규칙에 의해 옳고 그른지 판단된다는 것이다. 비록 우리가 그 결과 때문에 그것이 옳은지 또는 그른지 판단한다면, 이것은 유용성의 규칙이나 또는 다른 목적론적 규칙에 의해 옳고 그름이 됨을 의미한다. 그러나 어떤 행동이 선한지 악한지, 칭찬받을만한지, 비난받아야하는지, 고귀한 것인지 비열한 것인지 판단되어질 수 있고, 이것의 도덕적 자질은 행위자의 동기, 의도 또는 그것을 행하는 기질에 달려 있을 것이다.

또 다른 중요한 질문이 여기 있다. 무엇이 '도덕적 선성(moral goodness)'인가? 언제 사람은 도덕적으로 옳으며 언제 그의 행동이나, 기질, 동기 또는 의도가 도덕적으로 선한가? 그가 실제로 옳게 행했을 때, 나쁜 동기에서 옳은 것을 행했을 수 있으므로, 이 경우 그는 도덕적으로 선하지 않으며, 그는 그것을 진정으로 하려고 했을지라도 옳은 것을 행하는데 실패할 수 있다. 이 경우 그는 도덕적으로는 나쁘지 않다. 그와 그의 행위가 도덕적으로 옳은지 어떤

지는 그가 행한 것의 옳고 그름이나 그 결과에 달려있지 않으며, 그의 인격이나 동기에 달려있다. 그래서 흄이 강조한 바는 옳다. 그러나 언제 그의 동기와 기질이 도덕적으로 선한가? 어떤 사람들은 전적으로 의무감이나 옳은 일을 하려는 욕망에서 동기화되었다면 그것 자체로 한 개인과 그의 행동이 도덕적으로 옳다고 말한다. 스토아 철학자와 칸트 같은 이들은 종종 이러한 극단적인 견해를 채택하는 것 같다.

다른 사람들은 비록 다른 동기가 존재하더라도 한 사람과 그의 행동이 주로 의무감이나 또는 옳은 것을 행하려는 욕망에서 동기화되었다면 도덕적으로 옳다는 견해를 고수한다. 여전히 아리스토텔레스와 더불어 일부의 사람들은 최소한 그러한 면에서나 욕망에서 부분적으로 동기화되지 않는다면 도덕적으로 선하지 않다고 논쟁한다. 좀 더 책임감 있는 견해는, 내 생각에, 한 사람과 그의 행동이 도덕적으로 만약 그것이 진실하다면, 옳은 것을 행하려는 그의 의무감이나 욕망이 너무 강해서 의무를 다하려고 노력하도록 부추긴다면 그의 실제 동기가 어떠하든지 도덕적으로 옳다는 것이다.

사실 옳은 것을 하려는 의지를 제외하고는 어떤 기질이나 동기도 선하거나 또는 미덕적인 것이 아니라는 것을 믿기 어렵다. 이것이 도덕적으로 선한 기질이나 개성 습성의 두 종류를 좀 더 유사하게 구별하는 것이다. 첫 번째로, 보통 이것들은 도덕적 미덕이라고 불리며 옳은 것을 행하려는 의지를 포함하며, 두 번째로, 순수한 자연스러운 친절함이나 감사와 같은 것은 그것들이 우리에게 도덕성이 요구되는 행동을 하도록 하기 때문에 도덕기반이며, 의무감을 넘어서는 모성애의 경우에 행해지는 경우에 흔히 발견된다. 의무감만으로 행동하려는 기질의 개념에서 양심이나 도덕적 선함은 옳거나 미덕이 아니고 우정이나, 감사, 존경, 사랑과 같은 동기에서 사람들을 행동하게 만드는 것이 좀 더 바람직하다고 주장된다. 이러한 견해에 대해 비록 이것이 훌륭한 도덕적 용기와 도덕적 이상주의에 좀 더 다가가려는 고귀함을 무시할지라도 말하는 뜻은 있다. 그러나 칸트 믿음처럼, 양심이나 선의지가 무조건적으로 옳은 유일한 것이 아닐지라도, 또한 루소의 주장처럼, 그것이 본질적으로 가장 훌륭한 것은 아닐지라도, 그것은 분명히 도덕적 관점에서 선한 것임에 틀림없다.

오늘날의 덕목은 아리스토텔레스와 다르다. 오늘날은 충성심과 정직함이 포함될 수 있다. 만일 충성심이 덕목이 된다면 너무 많은 충성심이나 너무 적은 충성심이라는 것이 있을 수 있는가? 다시 말해 모든 종류의 덕목들이 두 극단사이의 중용으로서 말할 수 있는 것이 아니다. 만일 정의가 덕이라면, 지나치게 정의롭다든지 지나치게 정의롭지 못하다는 것이 있을 수 있는가? 우리는 아리스토텔레스의 덕목들을 당대의 시민적 덕으로 생각할 것이다. 우리시대의 덕목은 우리시대를 반영해야 할 것이다. 현대의 도덕철학자 매킨타이어(Alasdair MacIntyre)는 덕이 문화나 사회를 구성하는 실천에 달려 있다고 생각한다. 전시사회는 영웅적 덕목을 가치게 여기지만 평화로운 사회에서는 관용을 특별히 중요한 덕목으로 생각할 것이다. 자신의 자연법 윤리학과 일관성 있도록, 이들은 덕을 인간존재에게 특수한 것이게 해야하며, 그렇지 않으면 인간의 탁월성에 대해 말할 수 없다는 것이다.[140]

140) 이성이 인간의 고유한 특성이라면 이성의 활동에 있어서의 탁월함은 곧 인간의 기능을 탁월

2. 중용의 덕성이론

아리스토텔레스의 중용의 덕성이론은 도덕성 계발이론이다. 여기서 도덕성이란 각 개인의 활발한 자기 계발과 관련되는 문제이며 인간으로서 우리에게 주어진 본성적인 선을 추구하는 문제이다. 인간으로서 지니는 수많은 잠재성들을 완전히 실현하는 것이 우리의 목표이며 본성적인 인간의 선에 도달하는 것이 도덕의 궁극적인 목적이다. 인간의 궁극적 선이란 인간의 본성만이 지니고 있는 고유한 측면을 반드시 반영해야 한다. 우리는 직관적으로 선이란 우리의 고유한 것이며 우리로부터 쉽게 떼어낼 수 없는 어떤 것이라고 믿는다. 이제 덕성함양이론의 고전인 『니코마코스 윤리학』에 나타난 덕의 윤리적 기초를 살펴보자.

인간행위의 구조와 목적론적 접근

인간의 행위를 이해하는 하나의 방식은 행위를 하게 한 목적이 무엇인지 밝히는 것이다. 병원에 가는 사람의 행위를 보면 아프지 않으면서 병원을 단지 구경할 목적으로 가는 것인지 아니면 아파서 치료받을 목적으로 가는 것인지가 그 행위를 이해하는데 중요한 차이를 만들기 때문이다. 이러한 방식으로 인간의 행위를 설명하는 사람에게 행위는 주로 그것이 지향하는 목적을 통해 이해되고 설명된다. 아리스토텔레스의 『니코마코스 윤리학』은 인간적 행위의 이러한 목적 지향성에서 출발한다. 선은 아리스토텔레스 자신의 표현을 빌리면 어떤 목적으로 이해될 수 있다. 그는 신중하게 행해진 인간의 모든 행위는 그 특성상 목표 지향적 또는 목적을 추구하는 행위라고 주장한다. 그는 인간의 행위를 이해하는 문제와 관련해서는 자연과학이 택하고 있는 기계론적인 입장에 반대한다. 그와 그의 추종자들은 한 개인의 의도와 행위 근거를 더 나아가서 행위의 목표 또는 목적을 동일시하는 것이 왜 그 개인이 그러한 행위를 행하는가를 설명해 주는 최선의 방법이라고 주장한다. 그는 우리가 행위를 통해서 추구하는 몇몇 목적들 또는 선들은 더 이상의 다른 어떤 선을 얻기 위해서 필요한 것이거나 필요한 행위라는 점을 지적한다. 도구적인 선과 대조적으로 본래적 가치를 지니고 있다고 생각될 수 있는 것들도 존재한다. 즉 그 자체로서 가치 있는 것으로 여겨지는 행위나 대상 또는 사건의 상태 등이 존재한다는 것이다.

그런데 하나의 행위를 설명하는 목적에 대해 다시 그 목적을 정당화하는 상위의 목적을 물을 수 있다. 병원에 가는 행위를 '질병의 치료'라는 목적을 가지고 설명했다면 다시 '질병의 치료'는 '건강의 회복'이라는 보다 상위의 목적을 가지고 설명될 수 있기 때문이다. 그런데 보통 목적을 가지고 행위를 설명할 경우 행위 자체는 그 목적을 위한 수단으로 이해되는데, 예를 들어 병원을 가는 행위는 '질병치료'라는 목적을 달성하기 위한 수단이다. 인간 행위를 수

하게 수행하는 것이며 이 탁월함은 그리스인들이 arete, 즉 덕이라고 불렀던 개념이다. "각각의 기능은 거기에 알맞은 적절한 덕과 더불어 완전하게 표현될 경우에만 가장 잘 완성된다." 이처럼 아리스토텔레스는 고전적 가치관에서 행복과 덕이 서로 밀접하게 연결되어 있다고 생각한다.

단과 목적의 관점에서 분석하는 사람에게는 어떤 행위의 목적은 동시에 다른 보다 상위의 목적을 위한 수단일 수 있다. 공부를 하는 것이 사범대생의 경우 대부분 자신이 원하는 교사임용시험에 합격하는 것, 다시 다른 것, 예를 들어 확실히 교사가 되기 위한 수단이다. 그런데 여기서 좋은 직장을 얻는 것의 목적을 다시 묻고, 대답으로 주어진 것에 대해 다시 그 목적을 묻는다면 어떻게 될까? 보다 상위의 목적에 대한 질문과 대답은 무한히 계속될 것인가 아니면 어느 순간 더 이상의 목적을 얘기할 수 없는 곳에 이를 것인가? 아리스토텔레스는 이러한 질문과 대답이 무한히 간다면 우리가 무엇인가를 선택하는 일, 우리의 욕구 자체가 공허하고 쓸 데 없는 것이 된다고 하면서 어디선가는 더 이상 상위의 목적을 얘기할 수 없는 지점에 이른다고 말한다.

안정된 직장을 얻는 것은 '남부럽지 않은 삶'을 살거나 '인간다운 삶' 혹은 '보람 있는 삶'이라는 목적을 위해서라고 대답할 수 있을 것이며 무엇 때문에 혹은 무슨 목적으로 '인간다운 삶'이나 '보람 있는 삶'을 살아야 하는지에 대해서는 더 이상의 상위의 목적을 얘기하기 어려울 것이다. 만약 그렇다면 '인간다운 삶'이나 '보람 있는 삶'은 더 이상 다른 것의 수단이지 않으면서 오직 목적으로만 주어지는 것이 될 것이다. 아리스토텔레스는 이러한 목적을 '궁극목적'이라고 부른다.

이 궁극목적을 그는 '최상의 선', 또는 '행위를 통해서 추구되는 모든 선들 중 최고의 것'이라 부르는데 이는 결국 그 궁극목적이 최고선이라고 말한다. 최고선이 존재한다면 그것을 분명히 파악하는 것은 매우 중요하며 그렇게 함으로써 우리는 그것에 도달하려는 우리의 노력을 올바르게 인도할 수 있다. 그러한 최고선은 바로 행복이라는 것이다. 더욱이 모든 사람들이 행복을 "잘 살고 잘 행하는 것'과 동일시한다고 그는 주장한다.141)

행복의 윤리학

아리스토텔레스는 이 궁극목적을 어떤 이름으로 부르는가와 관련해서 대부분의 사람에게서 동일한 대답을 듣는다고 한다. 다시 말하면, 궁극목적의 이름은 '행복(eudaimonia)'이라는데 의견의 일치를 보인다는 것이다. 문제는 '행복'이라는 이름으로 무엇을 이해하고 있는가, 즉 행복의 구체적 내용에서 차이를 보인다는 점이다. 당대의 통념은 부(富)나 명예, 쾌락과 같은 것을 행복의 내용으로 놓지만 아리스토텔레스는 분석을 통해 이러한 것들은 진정한 행복의 내용이 될 수 없음을 보여준다. 부는 그것 자체가 목적이 아니라 다른 어떤 목적을 위해서만 유용하다는 단순한 이유로 궁극목적이 될 수 없다. 또 행복은 우리에게 고유한 것이며 쉽게 박탈될 수 없는 것이어야 되는데, 명예의 경우 명예를 받는 사람이 아니라 주는 사람이 더 결정적이기에 명예 또한 행복의 내용을 이루지 못한다. 쾌락을 극대화 하는 삶은 짐승들에

141) 행복이 최고선의 기준이 될 수 있는가? (1) 최고선은 우리 인간이 오직 그것을 위하여 다른 모든 것을 추구하는 그러한 목적이 되어야 한다. (2) 최고선은 무조건적으로 완전하여야 한다, 본래적 가치를 가져야만 한다. (3) 최고선은 자기 충족적이어야 한다. 자기충족적인 목적이란 거기에 다른 어떤 것이 더해지지 않더라도 그 자체만으로 삶을 더욱 바람직한 것으로 만드는 목적이며 행복은 세 가지 조건 모두를 만족시키며, 우리는 다른 어떤 것을 위해서 행복을 바라지 않는다.

알맞은 삶이며 욕망의 노예가 될 뿐 보람된 삶이 될 수 없다는 이유로 역시 거부된다.

인간은 이성이라는 영혼을 소유하고 있다.[142] 먼저 인간에게는 능동적인 사고와 추론을 담당하는 이성적인 부분이 있다. 다음으로 비이성적인 부분이 있는데 이는 영양을 담당하는 부분과 욕구를 담당하는 부분 모두를 포함한다. 이는 영양을 담당하는 부분과 욕구를 담당하는 부분 모두를 포함한다. 욕구를 담당하는 부분은 그 자체가 직접 추론에 관여하지 않기 때문에 이성과 무관한 부분이지만 이 부분은 또한 이성으로부터 상당한 영향을 받을 수 있으며, 이성에 따르거나 이성의 명령을 받아들일 수 있다. 영양과 관련되는 부분은 이성의 범위를 넘어서는 것이며 우리의 도덕적 삶에 있어 어떠한 역할도 하지 않는다. 아리스토텔레스는 이렇게 기존의 통념과 철학적 논변을 검토하면서 행복의 토대가 되는 의미를 확보한 후 인간의 '고유한 기능(ergon)'을 통해 행복을 정의한다.

기능논변에 따른 행복의 정의

우리는 어떤 외과 의사를 보고 훌륭한 외과의사라고 하는 이유는 무엇인가? 그의 외모가 멋있어서 혹은 그가 여가시간에 운동을 잘 해서 훌륭한 외과의사라고 불리는 것이 아니다. 그가 외과수술을 잘 해서이다. 혹은 어떤 목수를 보고 좋은 목수라고 하는 이유는 무엇인가? 그가 들고 다니는 연장가방이 멋있기 때문이라거나 보통사람보다 밥을 많이 먹어서가 아니라 목수로서의 일을 잘 해내기 때문이다. 이렇게 우리는 수행해야 할 기능 혹은 해야 할 행위를 가지고 있는 사람에 대해서 '잘' 한다거나 그 분야에서 '좋은' 혹은 '훌륭한' 사람이라고 얘기할 경우 기준이 되는 것은 바로 그 기능 또는 해야 할 행위이다. 외과의사로서의 기능 혹은 목수로서의 기능을 잘 수행해 내는 사람이 '훌륭한 외과의사'이거나 '좋은 목수'이다.

아리스토텔레스는 이렇게 목수나 외과의사가 갖는 특수한 기능과 행위를 넘어 인간으로서 갖는 기능을 물음으로써 '훌륭한 인간' 혹은 '좋은 인간'을 얘기하는 기준이 무엇인지를 찾고자 한다. "눈이나 손이나 발이 그리고 일반적으로 신체의 부분들의 하나하나가 분명히 어떤 기능을 가지고 있듯이, 우리는 이와 마찬가지로 인간에게도 이 모든 것들 이외에 어떤 무언가의 기능을 상정해야 하지 않는가?" 아리스도텔레스는 이렇게 전체로서의 인간이 갖는 기능을 삶에서 찾기 시작하지만 식물이나 동물과 공유하는 삶의 기능, 즉 성장이나 감각 내지 감각에 수반되는 욕구는 배제한다. 인간의 기능은 인간에게만 고유한 것, 혹은 인간만이 잘 할 수 있는 것이어야 하는데 성장이나 감각 등은 식물, 동물의 삶과 공유하는 것이기 때문이다. 이러한 탐구를 거쳐 남게 되는 것은 영혼의 이성적 부분에 의해서 규정되는 삶이다.

인간의 고유한 기능은 이성 능력을 현실화하는 삶이다. 좋은 혹은 훌륭한 하프 연주자가 하프를 잘 연주하는 사람이듯이 훌륭한 인간도 인간의 고유한 기능인 이성적 삶을 잘 살아내는 사람이다. 만약 인간 고유의 기능 중의 하나가 마땅히 분노를 느껴야 할 때 마땅한 정도로 분노를 느끼는 것이라면, 또 다른 사람과의 거래에서 마땅한 것 이상으로 너무 많은 이득

142) 첫째, 추론능력 - 영혼의 이성적 부분에 속하는 것, 둘째, 이성에 따를 수 있는 능력 - 영혼의 비이성적 부분 중 욕구와 관련되는 영역에 속하는 것을 말한다.

이나 너무 적은 이득을 취하지 않는 것이라면, 인간에게 열려있는 그 모든 행위와 태도의 가능성에서 가장 좋은 행위와 태도를 취하는 것이 인간 기능의 탁월한 발휘일 것이다. 용감할 수도 있고 비겁하거나 무모할 수도 있는 순간에 용감하게 행위 하는 것, 탐욕스럽거나 매번 다른 사람의 탐욕의 희생양이 되어 너무 적게 받을 수도 있지만 정의롭게 처신하는 것이 인간 기능을 잘 발휘하는 것이지만, 발휘의 기회가 오면 언제나 잘 처신할 수 있는 품성상태에 따라 그렇게 처신하고 행위 하는 것이 인간의 기능을 최고로 발휘하는 것이다.

이와 같이 주어진 기능 발휘의 기회가 오면 언제나 잘 발휘할 수 있는 영혼의 품성상태가 곧 덕(arete)이므로 덕은 자신 속에 '잘함' 혹은 탁월성의 계기를 함축한다. 인간 고유의 기능을 어쩌다 한번 탁월하게 발휘하는 것이 아니라 기회만 주어지면 언제든지 탁월하게 발휘할 품성상태에 따라 발휘하는 것, 그것이 바로 덕에 따른 활동이다. 행복은 인간 영혼의 덕에 따른 활동이다. 즉 인간 고유의 기능을 발휘하되, 발휘의 기회가 오면 언제든지 잘 발휘할 수 있는 품성상태에 따라 발휘하는 활동이라고 말할 수 있다.

덕의 특성

궁극목적으로서의 행복이 '덕에 따른 영혼의 활동'으로 정의되면, 행복을 이해하기 우해 필요한 다음 단계의 과제는 당연히 '덕'이 무엇인가의 문제이다. 이성적 삶이라는 인간의 고유한 기능이 어떤 방식으로 수행되는 상태가 '덕'에 따른 활동인가? 아리스토텔레스는 영혼을 크게 이성적 부분과 비이성적 부분으로 나누되 비이성적 부분 중 일부는 이성을 가지고 있지는 않지만 이성의 얘기를 듣고 따를 수는 있다고 한다. 이 비이성적 부분이 어떤 방식으로 이성에 의하여 설득된다는 사실은 우리가 훈계를 하고 꾸짖고 권고를 하는 관행을 보면 알 수 있다는 것이다. 이 부분의 영혼이 보여주는 기능은 인간에게 '품성' 혹은 '성격'으로 나타난다.

어떤 사람은 절제 있는 혹은 온화한 품성 혹은 성격을 가질 수도 있고 무절제한 품성 혹은 화를 잘 내는 성격을 가질 수도 있다. 따라서 이런 영혼의 부분이 담당하는 기능을 잘 발휘하는 품성상태, 혹은 성격이 바로 품성의 덕이다. 어떤 사람이 '절제'라는 품성의 덕을 가졌다는 말은 그러니까 자신의 육체적 쾌락에 대한 욕구가 지나치게 풀어놓거나 지나치게 억누르지 않는 적절한 방식으로 통제할 수 있으며 바로 이런 방식에서 인간 고유의 기능을 잘 발휘하는 성격을 가졌다는 말이다.

마찬가지로 어떤 사람이 '용기'라는 품성의 덕을 가지고 있다는 말은 두려움이라는 감정과 관련해서 지나치게 겁을 먹거나 지나치게 무모하지 않은 적절한 상태에서 행위 할 수 있다는 말이며 이런 방식으로 인간이 갖는 고유한 가능성을, 언제든 발휘의 기회가 오면 잘 발휘할 수 있는 성격을 가지고 있다는 뜻이다. 아리스토텔레스는 이런 관점에서 품성의 덕이 지나침과 모자람이라는 두 악덕들 사이의 중용이라고 정의한다.[143]

143) 중용으로서의 덕이 지니고 있는 특성 중 하나는 그것이 절대적인 산술적인 중간점이 아니며 모든 사람에게 동일한 어떤 것이 아니다. 중용은 우리들 각각에 따라 달라지는 상대적인 중간점이다. 상대적인 것으로서의 중용은 사람에 따라 달라질 수 있으며 각자가 지니고 있는 변화하는 욕구나 상황에 따라서도 서로 달라진다. 각 개인은 각자에게 주어진 상황에 비추어 무엇이 중용

구체적인 경우에 있어서 어떤 것이 너무 지나치지도 않고 너무 모자라지도 않는 중용인지를 결정하는 것은 실천적 지혜(phronesis)이며 이것이 처음에 지적했던 영혼의 이성적 부분에 속하는 덕이다. 실천적 지혜라는 사유의 덕이 주로 행위와 관련해서 중용을 결정하는 기능을 수행한다면, 기술 혹은 기예(techne)라는 사유의 덕은 제작과 관련해서 인간의 고유한 이성적 기능을 잘 발휘하는 이성의 상태를 말한다. 마찬가지로 철학적 지혜(sophia)라는 사유의 덕은 수학적 대상이나 형이상학의 대상과 같이 그 원리가 다르게 있을 수 없는 대상들에 대한 관조와 명상이라는 순수이성적인 기능을 담당한다. 이처럼 아리스토텔레스의 윤리학의 중심개념인 행복을 구체화하는 것이 덕이므로 아리스토텔레스가 제시하는 덕들이 무엇인지 살펴본다.

(1) 품성의 덕

품성의 덕을 규정하는 방식은 덕과 악덕이 일반적으로 칭찬과 비난의 대상이라는 점에 착안한다. 덕이 고유한 기능과 관련되어 정의되며 덕의 규정 안에 이미 탁월성의 계기가 함축되어 있음을 상기한다면 왜 덕과 그것의 반대로서의 악덕에 칭찬과 비난이 결부되는지를 어렵지 않게 이해할 수 있을 것이다. 아리스토텔레스는 영혼 안에 있는 세 가지 것으로 능력, 감정, 품성 상태를 들고 칭찬과 비난의 관점에서 능력이나 감정 모두 덕과 악덕을 설명할 수 없으므로 덕은 품성상태라는 것이다. 덕에 대한 설명에서 이미 언급되었듯이 덕과 악덕은 인간 고유의 기능이 탁월하게 발휘되는 상태인가 아닌가에 달려있는데, 탁월하지 않은 발휘는 주로 지나치거나 모자라는 쪽에서 나온다. 그렇다면 탁월한 발휘의 품성상태, 즉 덕은 지나치지도 모자라지도 않은 중간적 상태일 것이다. 품성의 덕은 결국 우리와의 관계에서 성립하는 중용 안에 있으면서 합리적 선택을 하는 품성상태이다. 올바른 행위를 함에 있어 한 개인의 품성이 잘 작용하도록 심사숙고함으로 이러한 자신의 덕을 드러내게 된다.

아리스토텔레스는 품성의 덕을 다시 무엇에 관계한 기능의 발휘인가로부터 세 무류도 나눈다. 그 첫 번째는 우리의 감정을 대상으로 하는 품성의 덕으로 용기와 절제를 포함한다. 그 두 번째는 명예나 재물과 같은 외적인 선을 대상으로 하는 품성의 덕이나. 명예를 대상으로 하는 품성의 덕이 포부나 명예심이며, 재물을 대상으로 하는 품성의 덕이 호기와 관대함이다. 그 세 번째 부류는 사회적 관계를 대상으로 하는 품성의 덕이다. 타인에 대한 분노에 대한 품성의 덕이 온화이며, 말과 행위로 교제하는 경우에 진실성이라는 품성의 덕이, 여흥이라는 구체적 교제관계에서의 덕이 재치이며 여흥 이회의 일상생활에서의 교제에서 발휘되는 덕이 필리아(philia) 혹은 우애이다.

(2) 이성의 덕

품성의 덕이 주로 습관화의 결과로 얻어진다면 사유의 덕은 주로 가르침에 의해 얻어진다.

인가를 판단함에 있어 항상 이성의 판단에 따라 무엇을 행하고 어떻게 느낄 것인가를 결정해야 한다.

아리스토텔레스는 사유의 덕을 다섯으로 분류하는데, 그 다섯은 학문적 인식(episteme), 기예(techne), 실천적 지혜(phronesis), 직관적 지성(nous), 철학적 지혜(sophia: 이론적 지혜를 드러내는 덕성 상태)이다. 아리스토텔레스 자신은 설명하지 않았지만 영혼의 이성적 부분을 둘로 나누었던 첫 번째 분류와 지금의 다섯으로의 분류를 대응시키기는 어렵지 않다. 그 원리들이 달리 있을 수 있는 그러한 존재자들을 성찰하는 사유의 덕은 실천적 지혜와 기예일 텐데, 기예는 제작과 구별되는 행위 자체에 관심을 갖는 윤리학 논의에서 비교점만 제공하고는 사라지고 결국 실천적 지혜만 남게 된다. 단순한 규칙의 파악으로 이러한 실천적 지혜를 터득할 수 없다.144)

그 원리들이 달리 있을 수 없는 그러한 존재자들을 성찰하는 사유의 덕은 학문적 인식과 직관적 지성, 철학적 지혜인데, 설명과정에서 원리에 관한 직관적 통찰을 주로 의미하는 직관적 지성과 원리로부터의 추론을 담당하는 학문적 인식을 통합한 철학적 지혜가 대표의 자격으로 남는다. 사유의 덕에 관한 마지막 물음은 철학적 지혜와 실천적 지혜의 관련으로 향하는데 이 물음은 영혼의 이성적 부분의 근원적 통일성에 관한 물음으로 들린다.

예를 들어 수학에서 이성의 기능을 탁월하게 발휘하는 사유의 덕과 도덕적 실천에서 이성의 기능을 탁월하게 발휘하는 것 사이에 접점이 있는가? 이에 대한 아리스토텔레스의 대답에서 우리는 플라톤과는 다른 방식으로 형이상학과 윤리학이 만나는 모습을 볼 수 있다. 이성적 부분의 기능을 담당하는 덕들 사이의 통일성을 물을 수 있듯이 영혼의 이성적 부분과 품성의 부분적 통일성도 물을 수 있을 것이다. 구체적으로 실천적 지혜는 어떻게 품성의 덕들과 하나가 되는가? 이 문제에 대한 해답을 우리는 '합리적 선택'(prohairesis)에서 발견하게 된다.

합리적 선택과 실천적 지혜

아리스토텔레스는 품성의 덕을 지나침과 모자람의 중간적인 것, 중용으로 규정하면서 이 중간적인 것이 '올바른 이성(orthos logos)'이 얘기하는 것이라고 정의했었다. 그러나 중용을 추구해야 품성의 덕에 이르고 중용의 상태를 올바른 이성이 규정한다는 일반적 원칙에 관한 앎만 가지고는 충분하지 않다. 따라서 어떤 것이 올바른 이성인지 그 정의(定義)는 무엇인지에 대한 앎이 요구되는 것이다. 이 올바른 이성은 사유의 덕에 관한 6권의 검토에 따르면 바로 실천적 지혜이다. 아리스토텔레스는 행위를 구체적으로 일어나게 한 원리는 일차적으로 우리의 합리적 선택(prohairesis)이라고 한다.

그러나 그 합리적 선택의 원리는, 다시 말해서 우리가 왜 그러한 합리적 선택을 했는지는

144) 행위를 결정하는 데 있어서 일반적 규칙에 의존할 수 없는 이유는 이와 같다. (1) 일반적인 것으로서 규칙은 그 자체만으로 우리가 어떤 특수한 행위를 해야 하는지를 확인해 주지 않는다. (2) 어떤 규칙도 특수하고 끝없이 변화하는 행위를 둘러싼 모든 세부적인 상황을 포괄할 수 없다. (3) 규칙들은 항상 특수한 상황들에 적용되어야만 하는데 기계적으로 이루어지지 않으며 특수한 상황에서 무엇이 요구되는지를 파악하기 위한, 즉 상황을 올바르게 인식하기 위한 눈을 필요로 한다. 올바른 결정에 도달하기 위하여 우리는 직접적인 통찰에 의존해야 하며 이것은 이미 파악된 복잡한 상황의 특수성에 비추어 그런 상황에서는 과연 어떤 행위와 감정이 중용이 될 것인가를 깨닫는 것을 의미한다.

다시 욕구와 '어떤 목적을 지향하는 이성(logos ho heneka tinos)' 없이는 설명될 수 없다고 한다. 목적을 지향하는 이성과 욕구는 따라서 행위를 직접적으로 불러일으키는 합리적 선택을 움직이게 한다는 관점에서 행위의 원리가 되는 것이다. 합리적 선택을 욕구의 지성으로 규정하건 혹은 사고의 욕구로 규정하건 변함이 없이 확실한 논점은 욕구의 요소와 사유의 요소를 동시에 조화하지 않고는 한 행위의 설명이 온전하기 어려울 것이라는 사실이다.

아리스토텔레스가 이러한 실천적 행위의 원리로 인간을 지목하는 것은 바로 인간이 이 두 요소를 동시에 품고 있기 때문이다. 결국 이러한 분석에 따르면 인간의 고유한 기능은 서로 상관없는 영혼의 두 부분에서 각각 발휘되는 것이 아니다. 품성의 덕이 자신의 목표에 적절히 도달하기 위해 실천적 지혜가 필요한 만큼 실천적 지혜 역시 자신의 성립을 위해 품성적 덕의 도움을 필요로 한다. 가치중립적인 영리함이 나쁜 목적을 위해 수단을 강구하는 '교활함'이 아니라 좋은 목적을 향한 '실천지혜'가 되려면 '바라보는 목표를 올바르게 만들어주는 덕'을 필요로 하는 것이다. 목표를 이렇게 올바르게 만들어 주는 덕이 없이는, 즉 좋은 사람이 아니고서는 실천적 지혜가 있는 사람일 수 없다. 그래서 아리스토텔레스는 다음과 같이 말하는 것이다.

"우리는 실천적 지혜와 품성의 덕을 따라 고유한 기능(ergon)을 성취한다. 왜냐하면 덕은 바라보는 목표를 올바르게 만들어 주고, 실천지혜는 이것을 위한 수단들을 만들기 때문이다."

쾌락과 방종(자제력 없음)의 현상

『니코마코스 윤리학』 6권까지의 논의를 거쳐 행복과 덕에 관한 대강의 얘기를 한 다음 아리스토텔레스는 7권에서 지금까지의 접근 방법과는 다른 방식으로 문제에 접근한다. 지금까지 주로 추구의 관점에서 어떤 것이 추구해야 할 목표이며 품성 상태인지를 살폈다면 이제는 거꾸로 회피의 관점에서 무엇이 피해야 할 성품(ethos)인지를 살피는 것이다. 피해야 할 세 가지 성품 중 악덕의 경우는 지금까지 탐구해 왔던 덕의 반대이기에 어렵지 않게 이해되고 짐승 같은 상태도 그렇게 길지 않은 설명으로 처리된다

7권에서 주로 문제가 되는 피해야 할 성품은 바로 '자제력 없음'(akrasia)이다. 자제력 없음은 자신이 최선이라고 알고 있는 것에 반하는 행위를 하는 현상을 의미한다. 담배를 피우면 건강에 해롭다는 것을 알면서도 담배를 피우는 일 과 같다. 자제력 없음에 관한 그의 논의는 통념의 점검과 소크라테스의 '자제력 없음'의 부정론이 가져오는 역설 현상의 분석, 연관되는 주제인 무절제와의 세심한 분석을 통해 자제력 없음의 위치를 잡아주고 있어서 아리스토텔레스 윤리학의 고유한 방법을 충분히 음미할 수 있게 한다. 아리스토텔레스와 소크라테스 사이의 충돌을 '자제력 없음'에 관계하는 앎의 성격과 무지의 성격을 분석함으로써 중재하려 한다.[145]

145) 무지한 채로 한 행위와 무지로부터 한 행위는 구별된다. 무지로부터 한 행위는 반자의적 행위이며 무지한 채로 한 행위는 자의적 행위이다. 반자의적 행위는 항상 후회나 고통의 결과를 낳는 것이며, 행위의 원인이 내부적인 것이거나 어떤 방식으로 행위를 통해 쾌락을 얻게 된다면

자제력 없음이 관련하는 대상을 분석하는 과정에서 쾌락과 고통이 중요하게 등장하고 그렇기에 동일한 대상에 관련하는 무절제와의 비교가 피할 수 없게 된다. 이 비교의 과정에서 아리스토텔레스는 왜 무절제는 악덕이지만 자제력 없음은 악덕은 아니고 피해야 할 상태인지를 논증할 수 있게 된다. 자제력 없는 사람은 "마침내 올바른 이치를 따라 행동하지는 않을 정도까지 감정에 지배당하지만, 그러한 여러 가지 쾌락을 무한정으로 추구해야만 된다고 설득당할 수 있을 만큼 감정에 지배되지 않기 때문"이다. 무절제한 사람이 아예 쾌락을 지나치게 추구하기로 합리적으로 선택해서 이미 설득되어 있는 반면, 자제력이 없는 사람은 그러한 합리적 선택과 설득의 계기가 없다. 그는 그러고 싶지 않은데 그럴 수 없을 뿐이다. 자제력 없음은 외적인 감정이 행위자가 원래 내렸던 합리적 선택에 반하여 행위의 주인이 되는 사태이지만 합리적 선택이 악을 향하지 않은 한 그 원리 내지 단초를 여전히 보전하고 있는 사람이다.

심사숙고와 실천 삼단논법

우리가 결정한 것은 특수한 행위를 하거나, 감정을 느끼기 위하여 간접적인 단계를 취하도록 한다. 이 단계들을 구체적으로 확인함에 있어 심사숙고는 실천적 삼단논법의 형태를 취한다. 이것은 전형적으로 어떤 종류의 것을 선 또는 욕구의 대상으로 규정하는 대전제, 이러한 선에 도달하는 방법 중의 하나를 제시하는 소전제, 그리고 우리에게 어떤 행위를 할 것을 요구하는 결론으로 구성되며 이러한 심사숙고는 어떤 목표에 도달하기 위한 수단을 산출하는 문제인데 이 경우 목적은 덕이 있는 행위 또는 행복이다. 실천적 추론이 옳은 것이 되기 위한 조건은 다음과 같다.

(1) 행위자로 하여금 진정으로 선한 것을 목표 삼도록, 행복을 구성하는 행위나 감정에 도달하기 위한 수단을 추구하도록 인도해야 한다.

(2) 선이 직접적으로 성취될 수 없는 것이라면 심사숙고는 그것을 성취하기 위해 거쳐야하는 간접적인 과정들을 확인해주는 것이어야 한다.

의지의 나약함은 욕망이 우리의 인식을 가리는 문제로, 현재 상황에서 무엇을 행해야 하는가를 결론으로 도출하는 실천적 삼단논법의 과정에서 소전제에 대한 지식이 가려지게 된다. 나의 욕구가 존재하지 않거나 존재하더라도 잘 조절된다면 자신은 위험한 상태에 놓여있음을 충분히 깨닫고 이런 상태를 개선하기 위해 무언가를 할 것이며 그렇지 않다면 자신의 의지는 나약한 것이다.

두 가지의 인식능력을 발휘함으로써 이론적 지식에 도달할 수 있는데 그것은, (1) 논리적으로 생각하는 능력이 존재하는데 이는 공리들로부터 정리를 이끌어내고 그 후에는 보다 일반적인 정리들로부터 보다 특수한 정리들을 이끌어 내는 능력(과학적 능력), (2) 공리들이 자명하게 참이라는 사실을 파악하는 능력 또한 갖추어야 하는데 이는 일종의 지적인 직관 또는

그런 행위는 결코 본의 아니게 행해진 것이 아니다. 고통을 겪지 않는다면 우리의 행위는 자의적인 것 또는 자의와 무관한 것으로 분류될 수 있을 것이다.

정신적 지각을 통해서 이루어진다. 이러한 능력을 발휘하는 것을 이해라고 하며 이론적 인식은 이해에 과학적 인식능력이 더해져서 형성된다. 이성이 이론적 능력을 잘 발휘하여 이해와 과학적 인식에 도달하게 되면 그것은 지혜의 덕을 드러낸다. 지혜는 보편적인 것에 대한 인식으로 구성된다. 과학적, 이론적 인식은 진리를, 사물의 일반적 본성이 무엇인가를 논증하는 것이 목표이다. 사고나 과학지식은 그 자체만으로는 아무 것도 움직일 수 없으며 그것은 단시 사물들의 영구한 본성을 밝힐 뿐이며 오직 실천적 지식만이 행위 하도록 동기를 부여한다.

형이상학

그에 따르면 자연은 수많은 개별적인 실체들로 이루어지는데 이들은 공간과 시간상에 존재하는 실재로서 최소한 우리의 사고 작용 또는 추상화의 과정상에는 두 가지 요소로, 즉 물질적인 기초와 감각적이고 파악 가능한 형상으로 나누어 생각될 수 있다. 개별적 실체의 형상은 바로 그 실체를 그러한 종류의 것으로 만들어주는 것이며 영원하고 비공간적이며 현실과 분리되어 있는 형상(이데아)이 존재한다는 플라톤의 생각을 이어받은 요소이다. 그러나 그는 이를 현실적인 것으로 끌어내려 우리가 지각할 수 있고 파악할 수 있는 개체의 특성으로 즉 개체가 어떤 종류에 속하는 것인지를 구별하고 확인해주는 속성으로 간주한다. 실체의 질료는 그 실체를 구성하는 재료에 해당하며 있는 그대로의 질료에 어떤 형상이 부여됨으로써 구체적이고 특수한 고유한 어떤 실체의 모습이 드러내게 된다.

제 1 질료는 어떤 형상도 더해지지 않은 질료를 의미하며 이 반대쪽 끝에는 순수형상이 존재한다. 순수형상은 어떤 질료를 통해서도 실체화되지 않은 형상 자체이다. 그는 이것을 신과 같은 존재라고 생각한다. 모든 개별적인 실체들은 변화하며 하나 또는 그 이상의 형상을 잃기도 하고 다른 형상을 얻기도 한다.

인간의 삶을 생각해 보면, 사람은 이미 그가 존재하는 바대로 그가 잠재적으로 존재하는 바대로 되어가는 것이며 변화는 자신이 지닌 잠재성들을 실현해 나가는 과정이며 잠재적으로 존재하는 자신을 현실적으로 존재하는 자신으로 바꾸어 나가는 문제이다. 그에 있어서 도덕적 삶은 어떤 본성에 노날하기 위한 삶, 즉 이떤 느낌과 감정, 행위들이 더해져서 탁월한 지적인 삶을 살아가기 위하여 노력하는 것이며, 이러한 삶의 목표는 실현 또는 현실화, 즉 우리를 본질적으로 자신을 만들어 주며 우리를 실천적이고 이론적인 이성을 갖춘 존재를 규정해주는 형상들을 실현하는 것이 된다.

현대사회의 의미

이처럼 아리스토텔레스의 『니코마코스 윤리학』은 궁극목적으로 설정된 '행복'의 진정한 내용이 무엇인지 그 목적으로 이끌어주는 영혼의 '덕'에 따른 활동이 무엇인지를 하나하나 설명하고 있는 작품이다. 이러한 설명에 따르면 이성이라는 인간의 고유한 기능을 잘 발휘해서 자신의 욕구와 감정을 잘 설득하는 품성상태를 갖는 것은 자신에게 달린 문제가 된다. 인간에게 자연적으로 주어진 것 이상을 논의에 도입하지 않는다는 점에서 그의 논의는 자연주의적 지평에 머물고 있다고 할 수 있다. 물론 아리스토텔레스는 이러한 인간적 노력들이 외적인 상황에 의해 심각한 영향을 받을 수 있다는 사실을 잘 알고 있었다.

인간이 사회적 동물인 한 행복한 삶에는 말과 행동을 함께 나누는 친구의 존재도 필요한데, 그러한 친구가 불의의 사고로 먼저 세상을 떠나는 일은 나의 노력을 가지고 어찌할 수가 없는 일이기 때문이다. 아리스토텔레스는 소위 '운명'이 개인의 행복에 심각한 영향을 줄 수 있음을 인정하지만 그럼에도 불구하고 운명의 노예가 되지는 않을 가능성을 역설함으로써 행복의 불완전성을 변호한다. 아들을 잃은 슬픔으로 영향을 받지 않을 수 없지만 그렇다고 자신의 인생을 포기하는 사람이 인간 고유의 기능을 잘 발휘하는 사람은 아니기 때문이다.

궁극목적에 대한 숙고 없이는 어떻게 살아야 할 것인가의 문제에 대한 답이 나올 수 없다는 그의 통찰은 이후의 중세에 이르기까지 윤리학적 사유를 지배했던 통찰이었다. 앞에서 지적했던 운명개념이 신의 섭리로 포섭되면서 죽음 이후의 세계를 포괄하는 보다 큰 궁극목적의 체계가 등장하기도 하지만, 이것은 아리스토텔레스는 의도하지 않았던 초자연적 지평이 이론적 반성 안으로 들어와야만 가능한 일이었다. 근세의 인간중심주의는 이러한 초자연적 지평의 도입에 반대하지만 이 일은 동시에 행복 개념 자체가 상당 기간 동안 윤리학에서 사라지는 결과를 낳았다. 20세기에 들어와서 다시 행복 개념을 윤리적 사유의 중심에 놓으면서도 초자연적 지평으로 가지 않는 방식을 모색하는 과정에서 아리스토텔레스의 『니코마코스 윤리학』은 다시 주목 받는 것이다.

3. 덕성 윤리체계 비평

도덕성과 품성(Traits)의 계발

우리의 현재의 관심은 도덕 원리나 비도덕적 가치들에 있는 것이 아니라 도덕적 가치, 즉 무엇이 도덕적으로 선하고 악한지에 있다.[146] 역사를 통틀어 도덕성은 특정한 기질의 계발 또는 "인격성" 내지 정직, 친절, 그리고 양심과 같은 "덕목"(구식이긴 하지만 유용한 개념인) 속의 품성에 관심을 기울여왔다. 덕은 전적으로 선천적 기질이나 특성이 아니다. 덕은 부분적으로는 가르침이나 연습 또는 아마도 자신의 노력(grace)에 의해 획득되어짐에 틀림없다. 덕은 또한 매력이나 수줍음과 같은 개성적 특성이기보다는 인격적 특성이며, 특정 방법으로 생각하거나 또는 느끼는 것이 아니라 특정 상황에서 특정의 행위를 하도록 하는 경향을 포함한다. 그것은 지능이나 목수일과 같은 단순한 능력이나 기술이 아니다.

도덕성은 규칙이나 원리가 아니라, 품성의 계발이나 인격의 특성들로 이해해야 한다고 시사되어져 왔다. 플라톤이나 아리스토텔레스도 이런 방법으로 도덕성을 이해한 것으로 보이는데, 그 이유는 그들은 무엇이 권리이고 무엇이 의무인지 보다는 덕과 덕스러움이 무엇인지를 주로 언급하였기 때문이다. 흄의 경우에도 그가 비록 자비심과 정의 같은 도덕적 특성과 함께

146) William Frankena, *Ethics*(Engkewood Cliffs, NJ: Prentice Hall, 1973), pp.63-71.

활기나 위트와 같은 도덕과 무관한 품성을 융합시켰지만 이와 비슷한 용어를 사용했다. 좀 더 최근에는, 스테판(Leslie Stephen)이 아래와 같은 말로 견해를 피력했다.

'… 도덕성은 내적인 것이다. 도덕법은 … "행위 하라(do this)"의 형태가 아니라 "존재하라(be this)"의 형태로 표현해야 한다. …진정한 도덕법은 "살인하지 말라" 대신에 "증오하지 말라"고 말한다. …도덕법을 표현할 수 있는 유일한 방법은 인격의 규칙(a rule of character)이어야 한다.'147)

품성의 윤리(Ethics of Traits)

이 견해를 지지하는 사람들은 의무 윤리, 원칙, 또는 행위에 반하여 덕의 윤리(ethics of virtue) 혹은 존재(being)를 옹호한다. 그리고 우리는 여기서 비록 윤리적 이론들이 비난받던지 옹호되던지 모든 것이 의무 윤리로서 기술되어지며, 그들은 또한 덕의 윤리로 고쳐 쓸 수 있다는 것을 주목해야 한다. 덕의 윤리라는 개념은 그것의 긴 역사 때문만이 아니라 신도덕성(the new morality)의 몇몇 대변인이 이것을 신봉한다는 이유에서라도 여기서 재고해볼 가치가 있다. 덕의 윤리라는 것은 무엇인가? 물론 덕의 윤리는 우리가 행해왔던 대로, 도덕성의 기본으로서 의무론적 판단이나 원리들을 채택하지는 않을 것이다. 대신에 이것은 "그것은 용감한 행위였다.", "그의 행동은 고결했다.", 또는 "용기는 미덕이다."와 같은 '덕성 판단'을 채택할 것이며, 의무론적 판단이 덕성에서 파생되었거나 전적으로 불필요한 것으로 주장할 것이다. 더욱이, 덕의 윤리는 행위에 대한 종합 판단을 부차적인 것으로 간주할 것이며, 행위자와 그의 동기 또는 인격적 특성들, 품성(traits)에 대한 종합 판단에 기초한다고 간주할 것이다. 흄은 다음과 같이 기술하였다.

'우리가 어떤 행위를 칭찬할 때, 우리는 오직 그것의 동기만을 본다. 외면적인 성취는 아무런 의미가 없다. 모든 고결한 행위는 덕의 동기에서만 그 진가를 발휘한다.'148)

그러면 덕의 윤리로서, 도덕성의 기본은 "자비심은 선한 동기이다.", "용기는 미덕이다." 또는 "도덕적으로 선한 사람은 모든 사람에게 친절하다." 간단히 말해서, "사랑하는 존재구나!"과 같은 판단이지 우리가 어떻게 행위 해야 하는지 또는 우리의 의무가 무엇인지에 대한 원리나 판단은 아니다. 그러나 물론, 이러한 기본적인 교훈들(instructions)이 우리가 어떤 존재인지 뿐만 아니라 무엇을 행해야 하는지에 관해 우리를 이끌어 줄 것이다. 결국 칸트의 담론형식을 빌리면, '덕성 없는 도덕원리는 공허하며(impotent), 도덕 원리 없는 덕성은 맹목적(blind)'이라고 할 것이다.

---

147) Leslie Stephen, *The Science of Ethics*(New York: G. P. Putmam's Sons, 1982), pp.155.158

148) David Hume, *Treatise of Human Nature*(1739), Book 3, Part 2, 1절의 서문

존재와 행동에 대하여: 품성의 도덕성에 대한 원리의 도덕성

우리는 이제, 비록 우리가 그것에 대해 완전하게 토론하지는 못할지라도 스테판(Stphen)의 인용에 의해 제기되어진 문제로 돌아가야겠다.

'…도덕성은 내적인 것이다. 도덕법은 … "행위 하라(do this)"의 형태가 아니라 "존재하라(be this)"의 형태로 표현해야 한다. …진정한 도덕법은 "살인하지 말라" 대신에 "증오하지 말라"고 말한다. …도덕법을 표현할 수 있는 유일한 방법은 인격의 규칙(a rule of character)이어야 한다.'

존재(Being)냐 행위(Doing)냐 그것이 문제이다. 우리는 도덕성을 특정 원리의 부산물(primarily a followimg)이나 또는 특정 기질과 품성의 계발로서 해석해야 하는가? 둘 중 하나를 선택해야 하는가? 원리의 도덕성이 원리에 부합되도록 행동하는 품성의 계발 없이 어떻게 밑바닥에서 벗어나는지를 알기는 어렵다. 또한 모든 행위의 동기유발은 신중하던지 충동적으로 이타적이던지 간에 특별한 종류의 것임에 틀림없다. 게다가, 도덕성은 규칙에 단지 부합하는 것에 만족할 수 없으며, 비록 이것이 법의 정신에 관심이 없고 글자 자체에만 있더라도 자발적이며 자각적일 것이다. 한편으로는, 특정 상황에서 특별한 방법으로 행동하려는 경향과 기질을 포함하지 않고 인격의 특성을 이해할 수 없다. 증오는 살인을 하거나 상해를 입히는 것과 같은 경향성을 포함하며, 존재(being)정의의 원리에 부합하는 행동을 하려는 경향성을 가진다. 또한, 우리는 우리가 예를 들어 유용성의 법칙이나 자비심과 정의의 법칙에 동의하지 않는다면 어떤 특성이 용기를 주는지 또는 설득을 하는지 알기 어렵다.

그러므로 나는 우리가 의무의 도덕성과 법칙 그리고 덕의 도덕성 또는 인격의 특성을 우리가 선택해야할 갈등의 것으로 생각하지 말고, 도덕성의 상호보완적인 면으로 고려하길 제안한다. 그러면, 모든 법칙에는 종종 같은 이름으로 불리는, 그것에 따르는 행위를 하도록 하는 경향이나 기질을 이루는 도덕적으로 선한 특성이 있을 것이다.; 그리고 모든 도덕적으로 선한 특성은 그것을 표현하는 행위의 종류를 한정하는 규칙이 있을 것이다. 칸트의 유명한 금언을 역설적으로 말하자면, 품성 없는 규칙은 무기력하며, 규칙 없는 품성은 장님이다.

비록 우리가 이러한 이중적인 도덕성의 개념을 채택하더라도, 우리는 여전히 도덕성이 정직하고, 양심적인 존재에 프리미엄을 주어야 하는데 동의한다. 만약 동기유발의 원천이나 허용이 전적으로 외적이지 않거나(예를 들어, 칭찬받거나 비난받거나 보상받거나 또는 타인에 의해 처벌받으리라는 예상) 또는 우발적(예를 들어, 타인에 대해 순수한 본능적인 사랑)이지 않다면, 밀(Mill)이 언급했듯이 적절한 '내면적 제재(internal sanctions)'를 갖는다면, 도덕성은 언급되어왔던 기질이나 습관의 함양을 장려해야만 한다. 비록 이것이 우리에게 실질 의무의 고정화된 원리들을 제공할지라도 그 규칙에 단순히 부합하는 것에 만족하기는 어렵다. 그러한 부합은 전적으로 비본질적이거나 또는 비도덕적 고려에서 유도되어질 수 있다. 이것은 시련의 순간에 중요시되지 않는다. 게다가, 도덕성이 우리에게 실질 의무의 고정화된 규칙을 제공할 수 없기 때문에, 이 법의 자구에 만족할 수 없지만, 주요한 의무의 원리들이 갈등하는 사이에서 우리가 선택해야 할 결정의 시간에 또는 옳고 그름의 실용적 규칙을 수정하기 위해

노력해야 할 때 우리를 지탱하게 하는 기질을 함양해야 한다.

우리 자신과 타인의 독특한 인격적 품성을 계발해야 하는지 또는 왜 우리는 어떤 종류의 인간이어야 하는지에 대한 또 다른 이유가 있다. 비록 도덕성이 우리가 행동하는 방식에 연관되어 있고, 그러한 방식이 좀 더 분명하게 한정되어 질 수 있더라도, 정확히 그러한 방식으로 행동한다고 보기는 어렵다. 우리는 그가 특정 법칙에 부합하도록 행동하거나 또는 하지 않는다고 칭찬하거나 비난하거나 또는 행위자에 대해 다른 제재를 가할 수는 없다. 이것은 옳지 않을 것이다. 오류 없이, 행위주체는 모든 연관된 사실을 알기 어려울 것이다. 상황이 요구하는 도덕성의 원리가 그에게는 명확하지 않을 것이며, 오류 없이는 그는 그의 의무에 대해 잘못을 범하고 있는지도 모른다. 그가 행해야만 했던 행위는 그의 측에서도 참을 수 없는 희생을 가져왔을 수도 있다. 그는 심지어 그것을 하지 못했을 수도 있다. 그러므로 도덕성(morality)은 다양한 종류의 변명과 참작할 수 있는 상황을 인식해야만 한다. 그러면 특정의 비판적인 경우를 제외하고, 진정으로 주장할 수 있는 것은 우리가 옳은 것이 무엇인지 발견하고 만약 가능하다면 그것을 행할 수 있는 적합한 기질을 명확하게 하고 개발하는 것이다. 이러한 관점에서 한 개인은 반드시 "무엇을 행위라"보다는 "이와 같이 존재하라"여야 한다. 그러나 "존재하는 것, 또는 존재"는 최소한 "행위를 하려는 것"이 포함됨을 기억해야 한다. 행위 없는 존재는, 실천 없는 믿음과 같이 죽은 것이다.

적어도 이러한 담론으로부터 확실한 것은 의무의 윤리나 원리가 덕을 위해 중요한 자리를 차지하며, 도덕 교육과 함양의 한 부분으로서 그것의 계발에 프리미엄을 주어야 한다는 것이다. 도덕에서 차지하는 위치와 그리고 미덕은, 그러나 덕의 윤리에 의해 그들을 일치시키는 것에 따라 달라진다. '의무의 윤리(an ethics of duty)'를 옹호하는 이론적 관점에서 논하자면, 우리는 만약 우리가 무엇을 행하고 또는 하지 말아야 할지에 대한 안내를 요구한다면, 그 대답은 최소한 두 가지 의무론적 규칙과 그에 수반되는 결과, 즉 실행의 규칙과 동등한 취급을 담고 있다고 할 수 있다. 주어진 이 두 가지 의무론적 규칙과 더불어 사고의 필수 불가결한 명료성과 실제적 지식이 이들 사이의 갈등의 경우를 제외하고 우리가 도덕적으로 행해야 할 바와 하지 말아야 할 바를 알게 한다. 우리는 또한 두 가지 미덕, 남에게 친절한 일을 하고자 하는 품성(자비심)과 사람을 동등하게 대우하는 품성(공명정대함)을 배양해야 함을 알 수 있다. 그러나 이러한 미덕을 얻는다는 점이 좀 더 고차적인 안내나 교훈이 되지는 않는다.; 의무의 윤리에서 미덕의 기능은 우리에게 무엇을 해야 하는지를 말해주는 것이 아니라 우리에게 우리가 맞닥뜨리는 상황이 무엇이든지 기꺼이 그것을 하리라는 확신을 준다. 덕의 윤리에서, 반면에, 덕은 이중적 역할을 한다.-우리가 무엇을 하도록 우리를 움직이는 것 뿐 아니라, 무엇을 해야 하는지를 우리에게 알려준다. 테니슨(Alfred Tennyson)경의 말을 빌자면, 이와 같다.

'행하거나 또는 죽음을 선택하거나 하는 그 순간에는 그것에 상응하는 명분이 따른다.'

도덕적 이상들

여기서 우리는 도덕성의 한 부분인 도덕적 이상(ideals)에 대해 언급하게 된다. 아마도, 사람들은 도덕적 이상(moral ideals)을 도덕 규칙(moral principles)으로 인식할 수 있을 것이다.

그러나 좀 더 적절히 말하자면, 도덕적 이상은 행위보다는 존재하는 방식이다. 도덕적 이상을 갖는다는 것은 특정의 사람이 되기를 바라는 것이며, 다른 것보다는, 예를 들어, 도덕적 용기나 완전한 성실성과 같은 특정의 인격적 특성을 갖길 바라는 것이다. 이것이 도덕 교육과 자기 계발의 중요한 부분을 차지해온 소크라테스나 예수, 그리고 마르틴 루터 킹과 같은 인물들을 본보기로 사용하는 이유이며, 비록 그들 모두가 영웅이나 성인이 아닐지라도 도덕적 인물로 묘사되는 전기, 소설, 서사시를 읽고 쓰는 이유이다.

종종 그러한 개인의 도덕적 이상이 요구되어지는 바를 뛰어 넘거나 의무적인 것으로 여겨지기도 한다. 그러나 모든 개인적 이상이 도덕적인 것은 아니라는 것을 기억해야만 한다. 아킬레스나 헤라클레스, 나폴레옹 그리고 프린스 차밍(Prince Charming)은 이상적인 인물로 여겨질 수는 있으나, 그들이 제시하는 이상이 비록 부도덕(immoral)인 것은 아닐지라도 반드시 도덕적인 것도 아니다. 몇몇 이상들, 예를 들어, 기사도와 같은 것은 부분적으로는 도덕적이나 부분적으로는 비도덕적(non-moral)이다. 여기에 왜 사람들이 도덕적 이상만큼이나 비도덕적(non-moral)것을 추구하는지에 대한 이유가 있다.

어떤 사람이 도덕적 인물이 되길 원하면서, 도덕적 이상을 가질 때, 그는 최소한 그러한 방식으로 살아가야 할 몇몇 동기를 가지게 된다. 그러나 또한 생활에서 그를 이끄는 다른 것도 가지고 있다. 여기서 미덕의 윤리는 한 가지 방향을 가지게 된다. 사람들은 물론 의무감에서 그의 의무를 항상 다하는 좋은 사람이 되려는 개인적 이상을 가질 수 있고 경우에 따라 다른 경우도 있을 수 있다. 그렇다면 개인의 길잡이는 전적으로 한 개인의 규칙과 의무의 원칙에서 분명하게 나온다. 그러나 사람들은 타인이나 심지어 그 자신에 의해 주목되어질 수 있는 것을 넘어선 이상을 가질 수 있다. 그러나 이것은 사람들에게 도덕적으로 요구되어 지는 것은 아니다. 덕의 윤리는 이러한 열망을 의무의 윤리나 규칙보다는 좀 더 자연스럽게 제공할 수 있으며, 적절한 도덕성은 그러한 사고를 따를 수 있는 여지를 줄 수 있어야 한다. 그 점에서 단순히 착한 사람을 뛰어 넘는 도덕적 영웅이나 성인이 있어야 한다. 이 모든 것을 인정하지만, 여전히 나에게는 개인의 이상이 진실로 도덕적이라면, 이전에 언급되어진 넓은 개념에서 우리가 행해야만 하는 규칙으로서 여겨지는 정의나 선행의 규칙으로 감싸지지 않는 것은 없는 것 같다.

함양될 기질들

자비심이나 정의 외에 함양될 또 다른 도덕적 미덕이 있는가? 이런 관점에서 미덕이 하나인지 아니면 여러 개인지에 관한 소크라테스의 질문에 대한 우리의 대답은 두 가지이다. 그러나 우리는 선행이나 평등의 원리가 진실을 말하거나, 약속을 지키거나 하는 것 등과 같은 필연적 결과를 갖게 됨을 보았다. 정직(honesty)이나 충실함(fidelity)과 같은 인격적 기질이 덕이라는 것을 따르며, 하급의 것일지라도 반드시 획득되어지고 함양되어야 한다. 우리의 주요한 원리들의 다른 당연한 결과(corollaries)에 상응하는 다른 또 다른 미덕이 있을 수 있다. 주요한 것이든, 중요한 것이 아니든, 일 순위의 도덕적 덕 등 모든 덕을 살펴보자. 이러한 것과 같은 일 순위의 덕 외에, 함양되어져야 하는 다른 도덕적 덕이 있다. 양심(conscientiousness)은 그러한 덕 중 하나이다; 이것은 도덕적 삶의 한 부분으로 한정되어지지 않고, 도덕적 삶 전체에 걸친 덕이다. 도덕적 쟁점이 문제될 때, 도덕적 용기(moral courage)나 용기(courage)는 또 다른 부차적 미덕이다; 이것은 도덕적 삶의 모든 부분에 속한다. 다른 것으로 이것과 중복되는 것은 고결함과 선의지, 도덕법을 존중하는 칸트의 견해에서 선의지(good-will)에 대한 이해이다.

이러한 견해에서 우리는 두 가지 다른 차선의 특성(second-order traits)을 열거해야 한다.: 관련된 사실을 존중하고 발견하려는 기질과 사고를 명료하게 하려는 기질. 이것들은 단순한 능력이 아니라 인격적 특성이다; 사람들은 그러한 기질의 사용 없이 지적으로 생각하는 능력이 있을 수 있다. 그러므로 이들은 지적인 미덕(intellectual virtues)일지라도 도덕적인 덕은 아니다. 여전히, 비록 그들의 역할이 도덕적 삶에 한정되어지지 않더라도, 그들은 필수 불가결한 것이다. 좀 더 일반적으로 말하자면, 우리는 그것이 지적인 능력이며 도덕적 삶에 필수적인 덕에 포함된다고 여겨지는, 플라톤이 지혜(wisdom)라고 명명하고 아리스토텔레스가 실천적 지혜(practical wisdom)라고 말한 덕을 함양해야 한다.

다른 2순위 특성들은 여전히 덕(virtues)이라기보다 능력(abilities)이지만, 도덕적 삶에서 반드시 함양되어져야 하는 '도덕적 자율(moral autonomy)'이고, 도덕적 결정을 하는 능력이며 만약 필요하다면 다른 사람의 규칙을 수정하는 능력이다. 그리고 타인의 "내면적 삶(inner lives)"을 상상이나 느낌으로, 생생하게 이해하는 능력이다. 만약 우리의 도덕성이 내재된 규칙이나 원리에 부합하는 것 이상이라면, 만약 이것이 이러한 규칙과 원리의 초점을 이해하는 것에 기초한다면, 그리고 만약 이것이 어떤 종류의 사람의 존재를 포함하고 어떤 종류의 일을 행하는 것이 아니라면, 우리는 어느 정도 개인으로서 타인을 인식하고 그들의 삶에 우리의 행동이 미칠 영향과 그들의 관심사를 이해하는 능력을 개발하고 획득할 수 있어야 한다. 이러한 필요는 특히 로이스(Josiah Royce)와 제임스(William James)에 의해 강조되었다. 이 두 사람은 어떻게 우리가 종종 타인의 존재에 대해 단순히 외부적으로 인식하고 개인적 경험의 내적이고 특별한 세계에 대한 이떤 인식도 없이 바쁘고 자기중심적인 방식으로 살아가는지를 지적한다. 그리고 이 두 사람은 인간에 대한 특정의 무지를 꿰뚫는 "내적 중요성의 보다 높은 시각(higher vision of an inner significance)"의 가능성과 필요를 강조하고 우리로 하여금 전적으로 다른 방식으로 타인의 존재를 이해하도록 한다.

그러면 당신의 이웃은 어떠한가? 그 또한 경험과 사고와 욕망의 종합체이다. 당신은 그것을 믿는가? 이것이 무엇을 의미하는지 확신하는가? 이것은 그를 향한 당신의 행동의 전환점이 된다.

이것은 로이스(Royce)의 재미나지만 오래된 말이며 제임스의 좀더 현대적인 인용이 여기 있다.

우리가 무의미한(dead) 외적인 방식으로만 인식해왔던 내적 중요성의 보다 높은 시각(higher vision of an inner significance)이 종종 갑자기 한 사람에게 찾아온다. 그리고 그렇게 행했을 때, 이것은 그의 역사의 신기원이 된다.

로이스는 우리 이웃에 대한 좀 더 완벽한 인식을 "도덕적 통찰(moral insight)"이라고 했으며 제임스(James)는 실제적 부산물(practical consequence)에 관해, "개인의 신성함에 대한 민주적 존중(the well-known democratic respect for the sacredness of individuality)"이라고 했다. 제임스의 말을 다시 인용하면,

'우리 모두는 강렬하게, 정서적으로, 그리고 중요한 방식으로 각자를 인식해야 한다.'

고 했으며. 이것을 행하는 것은 도덕적 관점을 채택하는데 연관되는 부분이다.

두 가지 질문

우리는 이제 종종 제기되어지는, 어떤 행동이 그 결과 때문에, 예시되는 규칙 때문에, 또는 동기나, 의도 또는 연관된 인격적 특성이 도덕적으로 옳은지 또는 그른지 때문에 옳거나 그른 것으로 판단되는지에 대한 질문을 다룰 수 있다. 그 해답은, 어떤 행동이 규칙에 대한 관련성에 의해 또는 일련의 규칙에 의해 옳고 그른지 판단된다는 것이다. 비록 우리가 그 결과 때문에 그것이 옳은지 또는 그른지 판단할지라도, 이것은 유용성의 규칙이나 또는 다른 목적론적 규칙에 의해 옳고 그름이 됨을 의미한다. 그러나 어떤 행동이 선한지 악한지, 칭찬 받을 만한지, 비난받아야하는지, 고귀한 것인지 비열한 것인지 판단되어질 수 있고, 그 도덕적 자질(quality)은 행위자의 동기, 의도 또는 그것을 행하는 기질(disposition)에 달려 있을 것이다.

다른 중요한 질문이 여기 있다 : 무엇이 '도덕적 선함(moral goodness)'인가? 언제 사람은 도덕적으로 옳으며 언제 그의 행동이나, 기질, 동기 또는 의도가 도덕적으로 선한가? 그가 실제로 옳게 행했을 때 뿐 만 아니라, 그가 나쁜 동기에서 옳은 것을 행했을 수 있으므로, 이 경우 그는 도덕적으로 선하지 않으며, 그는 그것을 진정으로 하려고 했을지라도 옳은 것을 행하는 데 실패할 수 있다. 이 경우 그는 도덕적으로 나쁘지 않다. 그와 그의 행위가 도덕적으로 옳은지 어떤지는 그가 행한 것의 올바름이나 그 결과에 달려있지 않으며, 그의 인격이나 동기에 달려있다. 그래서 Hume이 인용한 바는 분명히 옳다. 그러나 언제 그의 동기와 기질(disposition)이 도덕적으로 선한가? 어떤 사람들은 만약 그들이 전적으로 의무감이나 옳은 일을 하려는 욕망에서 동기화(motivated)되었다면 한 개인과 그의 행동이 도덕적으로 옳다고 말한다.; 스토아학파와 칸트는 종종 이러한 극단적인 견해를 채택하는 것 같다.

다른 사람들은 비록 다른 동기가 존재하더라도 한 사람과 그의 행동이 주로 의무감이나 또는 옳은 것을 행하려는 욕망에서 동기화 되었다면 도덕적으로 옳다는 견해를 고수한다.; 여전히 아리스토텔레스와 더불어 일부의 사람들이 그것이 어쨌든 그들이 최소한 그러한 면이나 욕망에서 부분적으로나마 동기화 되지 않는다면 도덕적으로 선하지 않다고 논쟁한다. 좀 더 책임감 있는 견해는, 한 사람과 그의 행동이 도덕적으로 만약 그것이 진실하다면, 옳은 것을 행하려는 그의 의무감이나 욕망이 너무 강해서 그가 그의 의무를 다하려고 노력하도록 부추

긴다면 그의 실제적 동기가 어떠하든지 간에 도덕적으로 옳다는 것이다.

사실, 나는 옳은 것을 하려는 의지를 포함한 기질 또는 동기화를 제외한 도덕적 견해로부터 기질이나 동기부여 없음이 선하거나 또는 덕 있는 것이라는 점을 믿기 어렵다. 이것이 도덕적으로 선한 기질(disposition) 또는 인격적 특성의 두 종류를 좀더 그럴듯하게 구별하는 것이다. 첫 번째로, 보통 이것들은 도덕적 덕이라고 불리며 옳은 것을 행하려는 의지를 포함하며, 두 번째로, 순수하게 자연스러운 친절함이나 감사와 같은 것은 도덕과 무관한 것이긴 하지만, 이런 것들은 우리에게 도덕성이 요구되는 행동을 하게 할 마음이 생기도록 하고, 심지어 행동들을 수행하게 하기 때문에 여전히 도덕성의 조력자이며, 예를 들어 의무의 요청을 넘어서 훌륭하게 존재하는 모성애의 경우가 그러하다.

의무감만으로 행동하려는 기질(disposition)의 막연한 느낌에서 양심이나 도덕적 선함은 옳거나 미덕이 아니며, 우정이나, 감사, 존경, 사랑과 같은 동기에서 사람들을 행동하게 만드는 것이 무미건조하고 억지스런 의무감에서 행동하는 것보다 좀 더 바람직하다고 주장되었다.

이러한 견해에 대해 비록 이것이 훌륭한 도덕적 용기와 도덕적 이상주의에 좀 더 다가가려는 고귀함을 무시한다 하더라도 뜻하는 바가 있다. 그러나 양심이나 선의지가 칸트의 믿음처럼 무조건적으로 옳은 유일한 것이거나, 또는 루소의 사고처럼 본질적으로 가장 선한 것은 아닐지라도, 이것은 분명히 도덕적 관점에서 선한 것임에 틀림없다. 어쨌든 의무의 윤리로서, 사람들이 그자신의 이익을 위해 옳은 일을 하는 것, 특히 그들이 기꺼이 그것을 행하는 것은, 교육자가 그것이 옳기 때문에 옳은 행동을 기꺼이 실천하려는 것처럼 바람직한 일임에 틀림이 없다.

아리스토텔레스는 귀납법과 연역법을 모두 학문의 방법으로 제시하면서도 귀납법은 사고의 시발점으로서 역할밖에 하지 못하는 것이고, 삼단논법을 주축으로 하는 연역법만을 학문의 참된 방법으로 삼았다. 아리스토텔레스에 있어서도 덕은 탁월성의 의미로 사용된다. 그리고 인간의 탁월성은 이성적인 데 있다. 자기의 장점인 이성을 충분히 살려 나가는 것은 인간으로서의 행복이기도 하다. '행복'은 그 어떤 것의 수단일 수 없는 인간의 최고신이다. 이처럼 행복에 있어서, 쾌락이나 명예는 인간의 본성적 요구를 충족시키는 불충분한 것이기 때문에 인간의 참된 행복으로 자리 잡을 수가 없다.

이에 반하여 이성에 따라 행위를 하면 우리의 행동과 정서가 알맞게 조절되어 행복을 기약하는 것이 된다. 즉 이성의 덕은 중용이다. 덕이란 중용을 선택하는 품성의 상태이다. 그리고 중용이란 우리에 대하여 상대적이며, 이성적 원리에 의하여 결정되는 것이고, 실천적 지혜를 가진 사람이 준거하는 원리이다. 그것은 두 개의 악, 즉 과도의 악과 부족의 악의 중간에 놓여 있다. 그러나 덕은 반드시 과·부족의 산술평균과 같은 것에 불과한 것이 아니다. 그것은 "올바른 시기·경우·대상인물, 그리고 올바른 방법"에 의하여 적절한 행동과 정서를 취하는 것이라야 한다. 더욱이 덕이나 행복은 일시적으로 이성적 생활을 하는 데서 성립하는 것이 아니다. 꾸준한 실천으로 덕이 몸에 배어 습관이 되어야 비로소 유덕한 사람이 될 수 있다.

아리스토텔레스는 비록 지적인 의지에 관한 소크라테스의 주장에는 반론을 제기했지만, 자유의지를 논함에 있어서는 결과적으로 소크라테스와 같은 입장을 취하고 있다. 또한 아리스토텔레스의 윤리이론은 당시의 부유층의 행동양식에 적용된 윤리기준을 일반적인 것으로 제안한 데 불과하다는 점에서 많은 비판을 받았다. 이 비판은 아리스토텔레스가 대부호들에게만 적용되는 덕이라고 규정한 관용의 덕을 생각해 보면 분명히 타당성이 있다. 더욱이 아리스토텔레스는 그 시대의 편견에 사로잡혀 인류를 자유민과 노예라는 별개의 두 종류로 구분하는 관점을 선택함으로 덕성 함양이론의 한계를 보여주고 있다.

제 7장 공리주의론

제 7장 공리주의론

공리주의(Utilitarianism)는 행위의 기준을 '유용성의 원칙(principle of utility)'에서 찾고, 최대다수의 최대행복, 즉 사회의 최대다수 구성원의 최대한의 행복을 구하는 윤리˙정치관이다. 주로 19세기 영국에서 유행한 윤리로서, 정치학설에서 공중 쾌락주의와 같은 뜻이다. 목적론적 윤리의 한 형태이지만, 이기적이 아니라 보편적이며, 또 내면적 윤리에 대해서 사회적˙외면적 도덕의 경향을 나타낸다. 17~18세기의 고전경험론과 신학자˙고전경제학자, 19세기의 급진주의자에게서 이 주의를 찾아볼 수 있으나, 이를 단순 명쾌하게 정식화한 사람은 J.벤담이며, J. S.밀이 계승하였다. 또 밀 이후에도 진화론적 윤리학, H.시지윅, G. E.무어, 현대 영국 분석철학자의 규범의식 속에서도 그 경향이 보인다. 벤담과 밀은 행복과 쾌락을 동일시하였지만, 벤담은 쾌락의 계량가능성을 주장하고 쾌락계산의 구상을 내건 양적 쾌락주의자이며, 밀은 쾌락의 질적 차이를 인정하여 질적 쾌락주의의 입장을 취하였으며, 또 내면적인 동기 · 양심 · 자기 도야의 중요성도 인정하여, 심정주의 도덕에 접근하는 경향을 보였다.[149] 공리주의는 결과주의로서 효과도 있지만, 반면에 그 결함도 발견된다. 먼저 공리주의 정의와 유형을 살펴보고, 도덕성의 흠결 및 결과주의 함정을 비판적으로 담론한다.

★ 탐구문제

1. 공리추론의 유비의 오류는?
2. 공리주의의 기본원리와 정의는?
3. 규칙공리주의 타당성과 한계점은 무엇인가?
4. 공리주의에서 결과주의로서 효과는 어떤 것이 있는가?
5. 공리주의의 부정적 측면에 대한 구체적인 사례를 제시한다면?
6. 공리주의를 유형별로 구분해 보면 몇 가지로 나누어 살펴볼 수 있는가?
7. 다음을 읽고, 쾌락 혹은 쾌락주의에 대해 (가)는 어떤 오해를 하고 있는지 <보기>에서 2개를 선택하여 그 개념을 중심으로 서술하시오.(06' 임용고사)

어떤 사람은 책을 읽으면서 쾌락을 찾지만 또 어떤 사람은 매우 사교적이어서 다른 사람들과 교제하면서 쾌락을 찾기도 한다. 그런데 쾌락주의에 따르면, 쾌락이란 책을 읽는 것과도 같지 않으며, 다른 사람들과 교제하는 것과도 같지 않다. 그럼에도 불구하고 다음과 같이 말하는 사람이 있다. "그러면 어떤 행복이 참된 것인가? 쾌락이 행복을 가져다주기 때문에 선이라고 생각하는 사람이 있는데 이런 사람을 쾌락주의자라고 부른다.(가)

149) 소 광희 외, 『철학의 제 문제』, '공리주의,' 서울: 지학사, 1994.

모든 쾌락은 그 자체로서 좋은 것이라고 주장한다. 그러나 쾌락은 종류에 따라 좋은 것도 있고 나쁜 것도 있다. 가령 다른 사람을 도와줌으로써 맛보는 즐거움, 훌륭한 예술품을 감상함으로써 누리는 즐거움은 좋은 것이나, 남을 괴롭힘으로써 즐거워하는 가학성 기질을 가진 사람의 쾌감, 부정한 욕망이나 욕정을 충족시킴으로써 얻는 쾌감은 그 자체로 좋은 것일 수 없다." <(보기)쾌락, 양적 쾌락주의의 열세, 쾌락주의의 역설, 쾌락의 원천>

8-1. 다음은 밀이 인간이 쾌락을 추구하고 고통을 피한다는 것을 주장하기 위해 제시한 예문이다. 이것을 특히 무어는 어떤 오류라고 비판하였으며 그 내용은 무엇인가?(01' 임용고사)

<인간은 자기에게 도움을 주는 것은 좋아하고 피해를 주는 것은 싫어한다. 인간은 바람직한 것은 좋아하고 바람직하지 않은 것은 싫어한다. 이러한 사실을 보았을 때 인간이 쾌를 추구하고 고통을 싫어하며 인간은 바람직한 행위를 한다.>

8-2. 이러한 공리주의 입장을 비판하시오. <어떤 사람이 치명적인 병에 걸렸지만 다른 각 부위는 정상이다. 이것을 공리주의자들은 이 사람을 살리는 것보다는 이 사람이 죽음으로써 팔과 눈, 다리 등을 다른 이에게 주어 이식할 수 있기 때문에 이익이라고 한다.>

1. 공리주의 정의와 유형

벤담에 의하면 인생의 주요 목적은 쾌락이다. 이 쾌락은 계산으로 그 정도를 확인할 수 있는데, 쾌락과 고통을 양으로 나타내어 계산하되 주관적 평가를 피하고 객관적 표준에 의하여 도덕의 내용에 보편타당성을 주려고 하였다. 문화 가치는 부정되고 다만 강도, 지속성, 확실성, 범위를 기초로 계산하여 그 결과 가장 많은 쾌락으로 나타나는 행위가 곧 선이 된다. 밀은 공리성의 개념에 의거하여 쾌락이 선이고 고통이 악이라고 한 점은 벤담과 동일하지만, 쾌락을 모두 계산할 수 있다는 것을 부정하여 어떤 종류의 쾌락은 다른 쾌락보다도 질적으로 우세하다고 하여 쾌락을 단순한 감각적 쾌락에서 정신적 쾌락에까지 확대하였다. 그는 쾌락의 본질을 자율과 책임 위에서만 존재한다고 보고, 또한 사회적 공익이 개인의 쾌락보다 앞선다고 하였다. 벤담이 쾌락의 양적 측면에 다소 구애되는 면이 있었다면, 밀은 질적 차이를 주장함으로써 벤담의 공리주의를 보완하였다. 이렇게 질적인 쾌락을 인정함으로써 개인이 공익을 위해서 행위 할 수 있는 근거를 마련하였다.150)

150) J. S. Mill, *Utilitarianism*, London: Longmans, Green Co., 1863, part.2.3. 밀은 순전히 개인적인 일과 관련해서는 스스로의 행복에 대해 가장 큰 관심을 가지고 있는 개개인의 자유가 절대적으로 존중되어야 한다고 본다. 사상과 양심의 자유 같은 것에 대해서는 어떤 제한도 정당화될 수 없을 것이다. 그러나 다른 사람의 이익을 해치는 행위에 대해서는 개인도 책임을 부담해야 되고 이에 따른 어떤 종류의 징벌도 불가피하다. 그 어느 누구도 개인의 행위가 사회적 해악

☆ 공리주의 기준

① 유용성(utility) : 행위 자체는 아무런 본질적 가치도 가지지 않으며, 단지 좋은 결과를 위한 수단으로서 유용성만을 가진다. 따라서 결과들을 평가하는데 문제가 되는 유일한 것은 행위들이 산출하는 결과의 유용성이다. 옳은 행위들이란 최고의 공리를 낳게 하는 행위들이다.

② 공평성(fairness) : 어떤 사람의 이익도 다른 사람의 이익보다 더 중요한 것으로 계산되어서는 안 된다. 모든 사람의 이익은 공평하게 고려되어야 한다.

③ 유정성(sentience) : 도덕적 배려의 대상으로 쾌, 불쾌, 고통과 행복, 선호나 욕구능력을 구비한 존재는 인간이건 비인간이건 동물이건 모두 도덕배려의 대상이다.

◎ 공리주의 분류

① 쾌락주의 공리주의(hedonistic utilitarianism) ; 만약 한 행위가 쾌락을 가져다준다면 그것은 옳다. 고통을 초래하는 그것은 그르다. 만약 한 행위가 고통을 막는다면 그것은 옳다. 쾌락의 초래를 막는다면 그것은 그르다. 여기서 밀의 개인주의는 도덕적 개인주의로서 그 초점은 개인의 질적 쾌락과 자유, 자율의 도덕적이고 정치적인 가치를 강조하는 데 있다.

② 행복주의 공리주의(eudaimonistic utilitarianism) ; "쾌락"을 "행복"으로 "고통"을 "불행"으로 바꾸어 놓고 평가한다. 볼 수 있을 때 보고, 들을 수 있을 때 듣게 된다. 이와 마찬가지로 바라게 될 때 바람직한 것이 되며 이는 곧 행복이 된다. 이러한 증명방법으로 행복이나 쾌락은 내재적 가치가 되며 다른 것은 수단적 가치가 된다. 이러한 유비의 논리에서 오류는 '할 수 있는'것과 '하는 것'을 동일시하는 것이다. '행복을 바랄 수 있는 것이라고 하더라도 반드시 바라는 것이 행복이라는 논리는 잘못된 것이다. 이는 곧 현상에서 당위를 추론하려는 자연주의적 오류를 범하게 된다. 밀은 이에 관하여 행복은 보편적이며 자신의 경험에 비추어서도 타당하다고 말한다. 그는 우리가 알고 있는 것은 경험적인 검증 이전의 문제라고 말한다.

③ 이상적 공리주의(ideal utilitarianism or agathistic utilitarianism) : "쾌락"을 "본래적 선"으로 "고통"을 "본래적 악"으로 바꾸어 놓고 평가한다.

◇ 공리의 정의와 증명

① 유용성의 목적 또는 본래적 좋음: 공리 또는 유용성은 어떤 좋은 목적 또는 좋은 결과를 달성하기 위한 수단으로 유용한 것. 즉, '본래적 좋음'에 대하여 유용한 것이다. 따라서 본래적 좋음의 표준이 무엇인가에 따라서 유용성에 대한 정의도 달라진다.

②밀의 유추적 증명[151] : 쾌락과 행복의 심리적 동일성

을 초래하는 데에도 그것을 개인의 자유의 영역이라며 국가의 개입을 반대해도 좋을 그런 권리는 갖고 있지 않다.

"어느 대상이 보이는 것을 증명하기 위하여 할 수 있는 유일한 증거는, 사람들이 그것을 실제로 보는 것이다. 그와 마찬가지로 어떤 소리가 들린다는 유일한 증거는, 사람들이 실제로 그것을 듣는다는 것이다. 우리의 경험이 다른 여러 원천에 관하여서도 역시 그러하다. 같은 방법으로 이해한다면, *바랄만한 어떤 것에 대한 유일 가능한 증명은 사람들이 실제적으로 그것을 바라는 것이다.* 만약 공리이론에서 그 자체 목적이라고 주장하고 있는 것이 실제적으로 이론, 관행, 그리고 목적으로 인식되지 않는다면, 그것이 목적이라는 것을 누구에게도 납득시킬 수가 없다. 모든 사람이 각각 자기 자신의 행복을 바라고 있고, 성취가 가능하다고 믿고 있다는 사실이외에는 어째서 일반적인 행복이 바람직한 것인가에 관한 어떠한 이유도 찾을 수 없다. 그러나 이것은 사실이므로 우리는 *행복이 선*이라는 것에 관해서 이 경우에 주어질 수 있는 모든 증명을 가지고 있을 뿐만 아니라, 또한 필요한 증명도 가지고 있다. 각자의 행복은 그 사람에게 있어서의 선이고, 따라서 *일반의 행복은 모든 사람의 집단에 있어서도 선*이다. 따라서 행복이 행위의 여러 목적을 한 가지 목적으로 만들 자격을 갖추고 있다. 결과적으로 도덕기준의 한 가지로서 자격까지도 갖추게 된다.

그러나 단순히 그것만으로는 아직 행복이 그것의 유일한 기준이라고 하는 증명이 되지 않는다. 그것을 할 수 있게 하기 위해서는 앞의 규칙을 따라서, 사람은 단순히 행복을 바랄 뿐만 아니라, *행복 이외에 아무 것도 바라지 않는다는 것을 보여주는 것*이 필요하다. 그런데 그들이 명백하게 바라는 것은 사람들이 일상 언어에서 확실히 행복과 구별을 짓고 있다. 예를 들어 사람은 덕을 바라고 악덕이 없기를 바란다. 그것은 사람이 쾌락을 바라고 고통이 없기를 바라는 것과 조금도 다르지 않다. 사람이 덕을 바라는 것은 행복을 바라는 것만큼 보편적인 사실은 아니다. 그러나 그것이 믿을만한 사실의 것으로서 행복을 바라는 것만큼 자명한 것이다. 그래서 공리주의의 기준에 반대하는 사람은 이 사실로부터 추론하여 사람 행위의 목적은 행복 이외에도 존재하고, 행복은 행위를 칭찬하거나 또는 비난해야 할 기준이 되지 않는다고 주장할 권리가 있다는 것이다.

그러나 대체 공리의 도덕실은 사람이 덕을 바란다는 것을 부인하는 것인가 아니면 덕이 구해져서는 안 될 것이라고 주장하는 것인가? 사실은 그 반대다. 그것은 덕을 단순히 추구해야 하는 것임을 주장할 뿐만 아니라 공정하게 곧 그것 자체를 위하여서 추구해야 되는 것을 주장하는 것이다. 덕이 덕을 만드는 근원적 조건에 관하여서 공리주의 도덕을 주장하는 사람들이 어떻게 생각한다고 할지라도, 의향이나 행위가 덕이 높다고 일컬어지는 것은 덕 이외의 다른 목적이 성취되는 것에 있다고 믿는다고 할지라도, 그리고 이렇게 단정하는 것은 현실에 있어서 덕이 어떠한 종류인가를 고찰한 결과에 근거하는 것이라 할지라도, 일단 이 사실을 인정하고 나서, 그들은 덕을 최종 목적의 수단으로서 선 가운데서 최고로 자리 잡게 한다. 그 뿐만 아니라 심리적 사실로서는 덕이 모든 사람에 대해 그것 스스로 선, 곧 그것 이외의 목적을 고려하지 않고 선이 될 수 있다는 것을 인정하는

151) J. S. Mill, *Utilitarianism*, London: Longmans, Green Co., 1863, part 4.

것이다. 그들은 덕을 그러한 방법으로서 사랑하지 않는 사람을, 자세히 말하면 각각의 경우에 있어서 그것이 원래 덕이라고 일컬어지고 있는 여러 가지 바랄만한 결과를 낳지 않았다 하더라도 그것을 그것 자체에 있어서 바랄만한 것으로서 사랑하는 태도를 취하지 않는 사람을 향하여, 바른 마음상태를 갖지 않는 사람, 공리에 적합한 상태에 있지 않는 사람, 일반적 행복을 제대로 증진하는 상태에 있지 않은 사람이라고 생각하는 것이다.

그러나 이러한 견해는 행복의 원리로부터 결코 이탈한 것이 되지 않는다. 행복의 내용이 되는 것은 매우 다양하고, 그들 각자는 *그것 자체로 바랄만한 것*이다. 어느 집합체를 크게 만드는 것으로 생각될 때만 바랄만한 것이 되는 것은 아니다. 공리의 원리는 한 가지 주어진 쾌락, 이를테면 음악, 혹은 한 가지 주어진 고통으로부터의 해방, 이를테면 건강을 행복이란 이름 의 집합적인 목적에 도달하는 수단으로서 보거나, 혹은 이 어느 것을 위하여 행복을 추구해야 한다고 주장하는 것은 아니다. 이들의 쾌락이나 고통으로부터의 해방, 그것 자체로나 그것 자체를 위하여 추구되고, 바랄 수 있는 것이어야 된다. 그것들은 수단인 동시에 목적의 일부인 것이다. 덕에 대해 말하면, *공리의 원리는 덕을 자연적으로나 근본적으로나 목적의 일부인 것이 아니라, 그 자체 목적이 될 수 있는 것*이라고 생각한다. 그들에 있어서 덕은 행복으로의 수단이 아니라 행복의 일부로서 욕구되고 또 바라게 되는 것이다. 이는 동일한 심리적 사실을 부르는 두 개의 다른 형식이다. 단지 그 결과 때문에 욕구 하는 것이 아니라면, 어느 한 가지 대상을 바랄만한 것이라고 생각하는 것과, 그것을 유쾌하다고 생각하는 것은 쾌락의 비율에 있어서 다소 차이가 날 수 있지만 심리적으로 동일한 사실이다.”

이와 같이 밀은 질적 쾌락이 행복이며 행복의 극대화에 공리적 관심을 두면서 유비적 증명을 시도한 반면에, 본래적 좋음의 표준에 따라 다르게 유형화를 시도한 경우들이 나타난다. 즉 쾌락의 극대화는 벤담의 양적공리주의, 질적 쾌락(행복)의 극대화는 밀의 질적 쾌락주의, 본래적 선의 극대화는 무어(Moore, G. E.)의 이상적 공리주의, 고통의 회피/고통의 최소화는 포퍼(K.Popper)의 소극적 공리주의, 선호 만족의 극대화는 선호 공리주의 형태로 유형별 특징을 보여주고 있다.

☆ 양적 공리주의 유형

① 쾌락주의

가) 심리적 쾌락주의: 모든 인간은 쾌락을 추구하고 고통을 회피하고자 하는 심리적 성향, 인간의 모든 행위는 쾌락과 고통에 의해서 좌우된다. 인간은 쾌락과 고통이라는 두 주인의 노예이다. 따라서 쾌락이 유일한 선이고 고통이 유일한 악이다.

나) 양적 쾌락주의: 쾌락에는 단지 한 가지 종류밖에 없으며 단지 양에서만 차이가 있을 뿐 질적인 차이는 없다. 쾌락은 즐거운 것이며, 그것이 시를 감상하면서 느끼든 어린아이의 엉덩이를 핀으로 찌르면서 느끼는 쾌락이든 마찬가지의 쾌락이다.

다) 쾌락의 계산법: 강도, 지속성, 순수성, 확실성, 근접성, 생산성, 파급범위의 7가지 기준에 의거, 쾌락의 양을 측정한다.

② 공리의 원리: 최대다수 최대행복을 행위의 옳음 기준으로 삼는 원리

③ 공평성의 원리: 모든 사람은 하나로 전제되어야 하며 도덕적 고려의 평등이 중시된다.

④ 4가지 제재 : 인간의 이기적 성향을 억제하고 공리주의적 행동을 하기 위해서는 이기적 행동에 대한 제재가 필요하다. 그 제재방법으로 신체적, 정치적, 도덕적, 종교적 제재가 있다.

⑤ 비판 : 벤담은 쾌락의 질적 차이를 무시하고 모든 쾌락이 질적으로 동등하고 양에서만 차이가 난다고 주장한 점에서 천박한 돼지의 철학이라는 비난을 받는다. 쾌락은 직접적으로 추구할수록 만족에서 멀어지는 속성을 지니고 있다. 쾌락의 직접적 극대화를 추구하는 이론은 그 자체로서 쾌락의 극대화에서 점점 멀어진다는 역설에 직면하게 된다. 실천적인 자멸성의 역설을 포함하고 있는 결함 있는 윤리이론이다. 인간의 모든 행동이 쾌락과 고통에 의해서 동기 유발된다는 것은 지나친 단순화이다. 인간은 쾌락과 고통 이외의 또 다른 요소에 의해서 동기 유발 될 수 있는 존재이다. 쾌락을 추구하고 고통을 피하고자 하는 것은 인간을 행동을 움직이는 중요한 힘이기는 하지만 유일한 힘은 아니다. 쾌락을 측정하기는 어렵다. 쾌락공리주의는 실천적 적용 가능성에서 심각한 결함을 가지는 환상윤리학이다. 선을 쾌락과 동일시함으로써 벤담은 무어가 주장하는 자연주의의 오류를 범하고 있다.

◎ 질적 공리주의 유형

① 질적 쾌락 공리주의 : 밀은 “진보하는 존재인 인간의 영원한 관심에 기조한, 넓은 의미의 유용성”에 호소하여 개인의 자유의 중요성을 정당화하려 한다. 쾌락은 양적으로 구별될 뿐만 아니라 질적으로도 구별된다. 고질의 소량의 쾌락이 다량의 저질의 쾌락보다 더 바람식하나. “배부른 돼지보다 베고픈 인간이 더 낫고, 만족한 바보보다는 불만에 찬 소크라테스가 더 낫다.” 도덕적으로 옳은 행위를 한 고질의 쾌락의 극대화를 산출하는 행위이다.

② 쾌락의 질 판정 : 고질의 쾌락과 저질의 쾌락 모두에 익숙한 쾌락 전문가에게 맡겨져야 한다. 쾌락의 질의 판정은 쾌락 전문가 또는 합리적인 추론 의해서 이루어져야 하지만 쾌락 전문가들 사이에서도 이견이 있을 가능성이 있다. 밀은 행복과 만족을 구별하고, 인간이 자신의 존엄성을 유지하기 위하여 행복을 희생하여야 한다는 주장을 반박한다. 즉 인간의 존엄성이라는 질적으로 높은 쾌락을 발생시키는 것은 행복의 일부분이며, 결코 희생되어질 성격의 것이 아니라고 주장한다. 물론 밀은 불완전한 사회에서 행복이 불가피하게 희생되어야 하는 경우가 있을 수도 있다는 점을 인정한다. 또 비자발적으로 행복의 포기를 강요당하는 노예의 삶을 사는 야만인 시대가 인류사에 있었다는 점도 인정

한다. 역설적으로, 행복을 포기함으로써 더 큰 행복을 얻을 수 있다는 점도 인정한다. 밀이 부정하는 것은 행복의 희생 그 자체가 선하다는 주장이다.

③ 규칙 공리주의 : 결과의 예측에 기초한 사려 깊은 격률에 따라 행동해야 한다는 일종의 맹아적 규칙공리주의에 관심을 가졌다. 공리주의가 인간에게 너무 많은 것을 요구한다는 비판에 대해서, 밀은 이러한 비판이 도덕기준의 의미에 대한 오해 그리고 행위의 규칙과 행위의 동기를 혼동하는 오류에 기인하는 것이라는 주장을 편다. 공리주의는 모든 인간이 항상 공리주의적 동기에서 행동할 것을 요구하는 것이 아니라, 우리의 행위를 인도해주는 규칙이 최선의 결과를 낳는 방향으로 제정될 것을 요구한다. 여기서 그는 우리가 위험에 처한 사람을 구하는 동기가 의무에서건 돈을 받기 위해서건 그 행위는 옳다고 주장한다.

④ 두 가지 제재: 밀은 벤담의 4가지 제재를 내적 제재와 외적 제재, 두 가지로 줄였는데 이중에 내적인 제재를 중요시하였다. 외적 제재란 자신에게 불리한 여론이나 신의 응징에 대한 두려움과 같이 개인의 행동을 제약한 외적인 힘을 말한다. 내적 제재란 의무감 혹은 의무의 요청을 말한다. 밀이 우려했던 '다수의 전제'는 무엇보다도 사회에서 사람들이 다른 사람들의 시선을 의식하고 무비판적으로 사회적 관습과 관행, 편견 등을 수용함으로써 자신만의 의견과 삶의 방식을 택하지 않고 일반적인 분위기나 여론에 편승하려하기 때문에 생길 수 있다

⑤ 비판 : 밀도 벤담과 마찬가지로 쾌락주의의 역설과 쾌락측정의 난점을 공유하며 심리학적 쾌락주의를 근거로 선을 쾌락 또는 바람직한 동일시했다는 점에서 무어로부터 자연주의적 오류를 범했다고 비판받는다. 그런데 밀이 대부분의 경우에 정신적 쾌락이 육체적 쾌락보다 많은 양의 가치를 가진다는 사실을 인정하면서도, 더 나은 방법으로 질적 차이의 개념을 도입한다는 점은 주목할 만하다. 밀이 양적 차이를 전혀 도외시한다고 생각할 수 없다. 질적 차이는 양자를 모두 경험한 사람의 판단과 선호에 의해서 인정된다는 사실이다.

그는 형이상학적으로 초월적인 새로운 기준에 의존하지 않았다. 그는 이러한 현명한 판단자의 판단은 초월적인 것에 기초한 것이 아니라 자신의 숙고된 경험에 기초한 것이라고 주장한다. 만약에 여러 사람의 의견이 상이할 경우에는, 다수결에 따를 수밖에 없다고 주장한다. 일부 비판가들이 지적 엘리트들의 독재를 밀이 옹호한다고 주장하지만, 밀은 분명히 지식을 소유한 자와 그렇지 못한 자를 구별하면서도 독재가 아니라 민주적인 방식으로 갈등을 해결한다.

◇ 이상적 공리주의 유형

① 선의 정의 불가능성 : 무어에 의하면 단순 개념은 정의가 불가능한데 선은 노랑과 같아서 단순개념이다. 선은 정의가 불가능하다. 선을 정의하고자 하는 모든 시도는 정의할 수 없는 것을 정의하고자 하는 오류에 빠지게 된다.

② 직관주의 : 직관에 의한 선한 것의 인식, 선 자체, 본래적 선은 정의 불가능하지만 '선한 것'들이 어떤 것인가는 직관에 의하여 알 수 있다.

③ 가치계열: 내재적 가치로서 순수한 선은 인격적 교제의 즐거움, 미적 감상을 포괄한다. 그리고 혼합 선은 용기, 연민 등으로 전체적으로 선이지만 본질적 요소로서 악을 포함하는 경우이다. 마지막으로 대악은 전체적으로 악이며 부분적 선을 함축하는 경우다.

④ 이상적 공리주의 기준: 옳은 행동은 본래적 선의 극대화, 선의 정의 불가능성과 옳음의 정의 가능성 : 선은 정의 불가능하지만 옳음은 선에 의해서 정의된다. 옳음은 선의 극대화이며 최선의 결과를 산출함이다. 실제 결과 공리주의에 해당한다. 이는 곧 어떤 행동의 실제 결과가 다른 대안적 행동보다 최소한 같거나 그 이상으로 선을 산출하는 경우에만 옳다. 여기서 옳음은 적어도 다른 대안적 행동만큼은 선을 생산하는 행동을 말하고, 의무는 어떤 대안적 행동보다 많은 선을 산출하는 행동을 말하는데, 의무는 반드시 행동화해야 한다.

⑤ 비판 : 직관주의의 주관성에 대한 비판이다. 즉 에이어(Ayer A. J.)에 따르면, 직관은 인식의 공인된 통로가 부재하기 때문에 일종의 신비주의이다. 신실재론으로서도 비판받는다. 즉 무어의 선 개념은 현대판 플라톤주의의 재판이다. 선의 존재론적 위상을 증명할 수 있는 방법이 없다. 내재적 가치의 갈등에서 해결 불가능의 문제가 있다. 즉 무어의 윤리 체계 내에서는 가치들 간의 갈등을 해결할 합리적 방법이 부재한다. 실제 결과주의에 대한 비판으로 실제의 좋음 결과만이 옳은 행위의 기준이라는 무어의 주장은 행동의 의사결정에 아무런 지침도 제시하지 못하는 결점을 지니면서, 실제로 나타난 결과는 비교의 대상이 없기 때문에 옳고 그름을 분별하는 기준역할을 할 수 없는 어려움이 있다.

▲ 소극적 공리주의 유형

① 유용성(공리)은 고통의 최소화를 말한다. 좋음(쾌락, 행복)의 극대화를 산출하기 위한 효용성이 아니라 고통(불행)을 극소화하기 위한 효용성이다. 소극적 공리주의는 행복의 극대화라는 수장 대신에 고통의 극소화라고 주장한다.

② 쾌락과 고통의 비대칭성

가) 인식론적 비대칭성 : 행복에 대해서는 합의가 어렵지만 불행(고통)이 무엇인가에 대해서 합의는 쉽다. 따라서 행복의 극대화를 추구하는 것보다는 불행의 극소화를 추구하는 것이 실천적으로 더욱 용이하다.

나) 도덕적 호소력의 비대칭성 : 고통은 쾌락에 비해 직접적인 도덕적 호소력이 있다. 고통은 쾌락보다 더 큰 도덕적 호소력을 가지기 때문에 고통과 쾌락은 도덕적 고려에서 동일한 비중을 가질 수 없다. 행복(쾌락)의 극대화를 추구하는 공리주의보다 고통(불행)의 극소화를 추구하는 소극적 공리주의가 도덕적 우수성과 실천적 우선성을 가진다.

다) 최소 수혜자 최대이익 보장성: 최대다수의 최대행복 대신에 모든 사람에게 피할 수 있는 불행을 줄이자는 보다 소박한 주장을 펴야 한다.

③ 비판 : 소극적 공리주의는 공리주의의 궁극적 원리는 될 수 없지만 행복의 극대화라는 공리주의의 목표를 실현하기 위한 가장 효과적인 실용적 수칙이 될 수는 있다. 불행의 극소화도 궁극적으로는 행복의 극대화를 위한 것이지 그 자체가 궁극적 목적은 될 수 없다. 단지 실천적 우선성이 주어질 뿐이다.

▽ 선호 공리주의 유형

① 유용성은 선호 만족의 극대화이다. 어떤 행동이나 도덕 규칙이 관련된 당사자들 모두를 고려하여 최대의 선호 만족을 산출하는 결과를 가져오거나, 최소한 다른 대안적 행동이나 대안적 규칙과 같은 정도의 선호 만족을 산출하는 결과를 가져오면 옳다.

② 선호의 범주 : 타인의 선호 만족을 증진시키는 선호, 타인의 선호 만족에 중립적인 선호, 타인의 선호 만족을 감소시키는 선호가 있다.

③ 선호 공리주의의 장점 : 선호는 쾌락과 고통에 대해서 중립적이기 때문에 '쾌락주의의 역설'이나 '쾌락과 고통의 비대칭성'이라는 비난으로부터 면역효과가 있다.

◆ 행위 공리주의와 규칙 공리주의(도덕표준의 차이)

① 행위 공리주의(AU : Act - utilitarianim): 도덕표준에서 공리의 원리를 개별행위에 직접 적용하여 공리를 극대화하는 행위는 옳은 행위로 삼는다. 그 장점은 의사결정 절차가 분명하고, 도덕적 딜레마 해결에 용이하다. 반면에 그 단점은 역직관성에 있다. 즉 행위공리주의는 때때로 우리의 일상적인 도덕적 신념과 상치되는 결론을 산출한다. 예를 들어 잔디밭 가로지르기, 절전 운동기간에 전기 쓰는 행위, 선거 날에 소풍가는 행위, 등 타인의 규칙준수를 악용하여 자신의 유용성을 극대화하는 행위가 행위공리주의에서는 도덕적으로 옳은 것이 될 수 도 있다. 또한 단점으로 비효율성을 들 수 있다. 즉 공리주의 비용 수익 분석은 매 경우마다 적용하는 것은 오히려 간단한 규칙을 근거로 행동하는 것보다 비효율성을 산출한다.[152)]

② 규칙공리주의(RU : Rule - utilitarianim) : 도덕표준에서 공리의 원리를 개별 행위가 전제하고 있는 규칙에 적용하여 최대의 수용공리를 산출하는 규칙에 따르는 행위는 옳은 행위로 간주한다. 규칙공리주의의 이중 구조는 규칙선정, 규칙 준수 행동의 두 가지를 들 수 있다. (1) 규칙선정 : 공리의 원리에 따라 일반적으로 적용되었을 경우에 최대의 수용공리를 산출하는 규칙을 선정한다. (2) 규칙 준수 행동 : 선정된 규칙에 따라 행동하는 것.

③ 규칙공리주의의 장점

가) AU의 역직관성의 극복 : 일반적으로 준수될 경우 최대의 수용공리를 산출하는

152) 정보의 부족, 시간의 부족, 명료한 사고력 부족, 타인을 고려하는 성향 부족, 자기기만의 가능성 등의 인간의 나약함 때문에 매 경우마다 비용 수익 분석을 적용하여 유용성을 극대화하는 행위를 선정하여 행동하는 것의 비효율성이다.

규칙들은 거의 대부분 일상적 도덕직관과 일치하기 때문에 행위공리주의의 역직관성을 극복할 수 있다.

나) AU의 비효율성 극복 : 매 경우마다 비용-수익 분석을 할 필요가 없이 선정된 규칙을 근거로 행동하기 때문에 효과적이다.

다) 도덕적 동기 유발에 유리 : 규칙 준수의 중요성을 강조하기 때문에 상황의 임의성에 따라 규칙을 왜곡하는 행위공리주의의 단점을 피할 수 있다.

④ 규칙공리주의의 단점

가) 규칙을 지나치게 강조하면 규칙 숭배에 빠지게 된다.-규칙의 개선이 어렵다.

나) 일반적 규칙은 일반적 상황이나 일상생활에서는 유용하지만 상황의 복잡성이나 구체성을 적절히 반영할 수 없기 때문에 역동적인 도덕적 상황을 다루는데는 불충분하다.

다) 행위공리주의로 환원: 규칙의 상충을 해결하기 위해서는 AU에 호소할 수밖에 없다. 역동성을 발휘하려면 규칙의 상세화가 필요한데 규칙을 구체적으로 상술할 경우 구체적 규칙공리주의와 행위공리주의는 구분되지 않는다.

⑤ 행위 공리주의와 규칙 공리주의의 외연적 동치: 행위 공리주의와 규칙 공리주의의 차이는 단지 규칙 기술상의 문제 일뿐 행위공리주의와 규칙 공리주의는 외연적으로 일치한다. 따라서 행위 공리주의와 규칙 공리주의의 차이는 구체적 규칙 공리주의와 일반적 규칙 공리주의의 차이일 뿐이다.

⑥ 공리주의의 의사결정 절차

가. 행위공리주의의 의사결정 절차 :◎어떤 행위와 그 행위의 대안 확인→◎행위에 영향 받는 사람들이나 동물들을 확인하고, 그것들이 영향 받는 방법 확인→◎최대의 전체 공리를 산출하는 행위 확인→◎최대의 전체 공리를 산출하는 행위는 도덕적으로 의무로 보며, 다른 대안적 행동보다 전반적으로 적은 공리를 산출하는 행동은 도덕적으로 허용이 불가능하다. 둘 이상의 행동들이 동일한 공리를 산출한다면 모두 도덕적으로 허용이 가능하다.

나. 규칙 공리주의의 의사결정 절차 :◎도덕 규칙 및 가장 합당한 대안적 규칙 정하기→◎규칙에 영향 받는 사람들이나 동물들을 확인하고, 그것들이 어떻게 영향 받는지를 확인→◎최대의 전체 공리를 산출하는 규칙 확인→◎최대의 전체 공리를 산출하는 규칙은 도덕적으로 의무로 보며, 다른 대안적 규칙 보다 전반적으로 적은 공리를 산출하는 행동은 도덕적으로 허용이 불가능하다. 두 개의 규칙들이 똑같은 공리를 산출하거나 어떤 이유에서건 규칙을 정할 수 없을 때, 행위 공리주의에 호소하게 된다.→◎도덕적 의무인 규칙이나 허용이 가능한 규칙을 개별적 행위에 적용 →◎규칙에 일치하는 행동은 옳은 행동이고, 위반되는 행동은 그른 행동으로 간주하게 된다.

■공리주의 이론에 대한 평가

① 공리주의의 단점

가) 결과에 대한 고려는 도덕에서 중요하지만 유일한 고려 사항은 아니다. 공리주의는 도덕에서 결과의 가치만을 지나치게 강조한다. 따라서 목적을 위해서 정의롭지 못한 수단을 사용하는 경우를 도덕적으로 정당화해주는 경우가 종종 있다.

나) 결과 계산의 난점 : 공리주의가 하나의 윤리체계로서 정상적으로 작동하기 위해서는 결과에 대한 정확한 예측과 계산이 가능하여야 하는 데 결과의 무한한 연쇄를 정확히 예측·계산하는 것은 매우 어려운 과제이다.

다) 역직관성 : 공리주의 윤리학은 정의, 권리, 특수한 인간관계의 의무 등을 제대로 다루기 어렵다. 공리주의는 필요하다면 유용성 극대화를 위해 무죄 사람의 처벌이나 노예제도를 정당화한다.

② 공리주의 윤리학의 의의

가) 도덕적 딜레마 해결의 유용성 : 공리주의 윤리학은 도덕적 딜레마 사태를 유용성의 원리라는 단일한 척도에 의해서 해결할 수 있다.[153]

나) 공리주의 윤리학은 도덕적 배려의 범위를 동물들에게로 확대했다. 동물보호의 윤리학적 정당성을 입증하는 데 공리주의 윤리학은 다른 윤리학 이론보다 우위에 있다.

다) 공평성의 원리 이론의 중심으로 삼아서 모든 존재의 이해관심에 동등한 비중을 주기 때문에 윤리의 본질을 충분히 반영한다.

라) 인간의 자기이익 추구 성향과 공익의 조화를 고려한다.

마) 결과의 도덕적 중요성 및 결과에 대한 책임의 중요성을 강조한다. 오늘날처럼 인간의 행위능력이 증대되어서 많은 사람에게 엄청난 영향을 줄 수 있는 상황에서는 행동의 동기나 행동 자체의 도덕성보다도 결과의 도덕적 중요성이 점점 더 큰 의미를 획득해 가고 있다. 공리주의 윤리학은 이러한 상황에 다른 윤리이론 체계보다 더욱 정합적이다.

2. 공리주의 도덕성 담론

공리주의의 함축적 의미

전통적인 도덕성과 공리주의에서는 보수주의나 도덕적 절대주의 입장과 결과주의·공리주의의 입장이 상호 대립된 도덕적 선택의 문제 상황임을 검토하면서 종국적으로 결과주의·공리주의를 회피할 수 있는지를 다루게 된다. 우선 보수주의·도덕적

153) 밀은 쾌락의 양적 계산 가능성을 부인함으로써 실질적으로는 쾌락주의 자체를 부인한 결과가 되도 말았다. 또한 그는 쾌락의 질을 평가함에 있어 고상한 사람들의 식견이나 도덕적 감수성을 내세우는데, 그것은 그 사람들의 문화적, 사회적 여건에 따라 변할 수 있는 주관적 기준에 불과한 것이 될 수 있다. 공리주의에 대한 가장 흔한 비판은 그것이 쾌락주의를 표방함으로서 결국 정신적이고 문화적인 가치를 소홀히 하게 되는 결과를 초래한다는 것이다. 또 다른 비판은 공리주의의 이론적 약점에 대한 것으로서, 공리주의는 경험적 사실에 근거하여 도덕적 가치를 도출해냄으로써 논리적 비약을 하고 있다는 것이다.

절대주의자들은 '도덕규범·규칙에 일치하는 행위는 옳으며, 그러한 규범·규칙에 어긋나는 행위는 그르다'는 입장이다. 이러한 입장을 원칙주의 윤리설이라 하는데, 이것은 '도덕규범·규칙에 근거해서 자신의 도덕적 판단을 정당화하는 입장이다. 이들의 입장에 따르면 언제나 도덕규범·규칙에 따라야만 하고, 설혹 그에 따르는 행위가 다소 나쁜 결과를 가져온다고 할지라도 이를 논외로 제외시키게 되며 이에 따른 긍정적 관점에서 공리주의 담론을 전개한다.154)

공리주의 관점은 "인간이면 누구나 태어날 때부터 쾌락을 추구하고 고통을 피하고자 하는 경향을 가진다."는 인간관에서 출발하였다. 그리하여 인간의 행동의 옳고 그름이 그 행동이 결과한 쾌락의 유무 혹은 많고 적음으로 결정된다고 생각하였다. 그리고 자신의 행복만을 만족시키는 것이 아니라 '최대 다수의 최대 행복'을 강조했다. 공리주의자는 한 행위의 옳고 그름을 판정할 때 '행위자의 의도나 동기보다는, 최선의 결과를 가져오는 행위는 옳고 그렇지 못한 행위는 그르다'고 주장하는 입장이다. 이러한 입장을 결과론적 또는 목적론적 윤리설이라 한다. 이것은 '행위의 결과나 목적에 의거해서 자신의 도덕적 판단을 옹호하는 입장으로 이러한 입장에 따르면 우리는 최선의 결과를 가져오는 행위를 해야 한다. 결과적으로 도덕규범을 어기는 문제는 부수적인 문제이다. 행위 결과에 비추어 볼 때, 도덕규범에는 예외가 있을 수 있다.

이러한 결과주의의 성격 때문에 무고한 사람을 해치고 고문, 살인, 괴롭힘이 정당화되었다. 카이널슨은 이러한 보수주의 관점과 결과주의 관점을 각각 살펴보고 이해하기 쉽도록 상황의 예시를 제시했다. 그는 여러 예시들과 비교함으로써 다룰 때 더욱 쉽게 본질적 개념과 도덕적 요점을 만들어 낼 수 있기 때문이다. 물론 결과주의자들의 견해가 정당화되어질 수 있지만, 유신론자 혹은 의무론자의 면죄 혹은 개인의 선호도에 따라 결과주의를 거절하는 것은 바람직하지 않을 것이다. 아울러 우리는 '도덕적 급진주의'에서 허용되는, 도덕적 난폭성(본능적으로 보수적이고 무분별한 도덕적 태도들)을 경계할 필요가 있을 것이다.

우리는 살아가면서 여러 도덕적 신댁 상황에 직면하게 된다. 선택의 순간 우리는 도덕원칙이 먼저인가? 공익의 결과가 먼저인가? 도덕 규칙을 따르는 것이 최선의 결과를 가져오는 행위보다 우선시되어야 하는 경우는 어떤 때인가? 그리고 최선의 결과를 가져올 행위가 도덕 규칙을 따르는 것보다 우선시되어야 하는가? 등을 고민하게 된다. 이 경우 우리는 적절한 이성적 추론을 제시할 필요가 있다.

윤리에 대한 모든 결과주의 관점은 지지되지 않는 도덕성을 구상하는 기괴한 함의를 지닌다. 이런 주장에 따르면, 우리는 모든 유형의 결과주의를 거부하고 이른바 "보수주의"나 "도덕적 절대주의"를 받아들여야 한다. 여기서 보수주의는, 어떤 규범적 윤리이론이 특권이 주어진 도덕원칙이 존재한다고 주장하면서, 그 결과에 상관없이 원칙에 어긋나는 행동은 항상 그릇된 것으로 간주한다. 이러한 원칙에 대한 한 가시 중요한 예는 무

154) Kie Nielsen, "Traditional Morality & Utilitarianism", in *Ethics*, vol.82,1972.pp.142-151

고한 사람을 죽이는 것은 죽이지 않을 경우의 결과와 관계없이 항상 잘못된 행동이라는 주장이다. 한편 결과주의는 도덕적으로 터무니없는 의미를 내포하지 않으며 명백한 도덕적 잘못을 용납하지 않는다고 주장할 것이다.

결과주의자는 행동, 규칙, 정책, 관행, 도덕원칙이 궁극적으로 특정 결과에 의해 판단되어 진다고 주장한다. 다시 말해, 가장 영향력 있는 결과주의의 경우, 행동, 규칙, 정책, 관행, 도덕 원칙 그 이상의 행위나 적어도 그 밖의 다른 행위(대안적인 행동, 규칙, 정책, 관행, 도덕원칙에 준하는)에 의해 관계된 모든 이들의 전반적인 만족이 극대화되고 불만이 극소화된다. 결과주의가 추구하는 관심사는 인류를 위해 가능한 한 최대한으로 만족을 극대화하는 것이다. 이런 말이 매우 인간적이며 인도주의적으로 들리겠지만, 그 의미를 따져보면 거센 논박을 당하게 되고 실은 비인간적이며 도덕적으로 용납되지 않는다는 뜻을 내포한 것으로 간주될 것이다. 결과주의 관점을 고수하는 이가 무고한 사람을 처벌하거나 죽이고 괴롭히며 고의로 해치는 특정 상황은 정당화되었지만 그 결과는 도덕적으로 말해서 받아들일 수 없다고 주장해야 할 갖가지 상황이 야기될 수 있다. 앤스콤(Anscombe)은 “누구든지 재판에 의해 죄 없는 사람을 처형하는 행동에 대한 섣부른 의문을 공공연히 제기할 생각이 실제로 있다면 고려대상에서 완전히 제외시켜야 한다. 나는 그런 사람과 논쟁을 벌이고 싶지 않다. 그는 부패한 마인드를 보이기 때문이다”라고 언급한 바 있다.155)

부패한 마인드나 얄팍한 결과주의 도덕성을 과시하는 것으로 간주될 위험에 처한 경우, 앤스콤이 믿는 것처럼 세상사가 그렇게 단순하지도 간단하지도 않다고 주장하게 된다. 물론, 모든 도덕적 인간은 재판에 의한 무고한 이의 처형이나 처벌, 고문, 살인에 분명 간담이 서늘해지는데, 실제로 이러한 현상은 도덕적 행위자(moral agent)가 된다는 것이 무엇을 의미하는가를 어느 정도 규정한다. 그리고 결과주의자는 그렇게 등골이 오싹해지는데 대한 매우 타당한 공리주의 근거를 제시하고 있는데, 그것은 바로 고통을 가하는 행위 자체가 항상 잘못되었다는 것이다. 하지만, 이러한 사실은 앤스콤과 같은 보수주의 입장을 결과주의 관점에서 분리하는 핵심적인 고려사항에 미치지는 못한다. 심사숙고해야 할 까다로운 사례들이 제시되며 보수주의자든 결과주의자든 관계없이 사려 깊은 사람이 그 사례들의 함의를 여러모로 살펴본다. 이로써, 우리는 보수주의와 결과주의의 사이에 놓인 문제의 중심에 도달할 수 있다. “공정한 전쟁(just war)”이라는 문제를 놓고 야기된 다음의 보수주의와 결과주의의 충돌을 생각해 보자.

“우리가 고의로 민간인들을 폭격한다면, 우리는 그들도 순수한 전투원이라는 부당한 주장을 하지는 않지만, 그러한 폭격이 적들을 보다 빠르게 소탕하여 주위의 고통을 최소화할 것이라고 주장한다. 모든 유형의 공리주의가 어떻게 앤스콤의 반대를 피할 것인지는 파악하기 힘들다. 우리는 분명 무고한 사람들을 죽이고 있지만, 이는 살상을 위한 살상이 아니라 다른 무고한 사람들의 목숨을 구하기 위해서다. 내가 생각하기로, 공리주의자들은 이를 갈면서 그러

155) Elizabeth Anscombe, "Modern Moral Philosophy", *Philosophy 23,* January 1957, pp.16-17.

한 반대를 전체적인 전쟁 상황에 대한 판단의 일환으로 견뎌낸다. 물론, 앤스콤과 의견을 같이 하는 모든 사람들은 민간인들에게 죄를 묻는 상황을 다시 설명해야 하며, 그렇지 않을 경우 그러한 유형의 군사전술을 단순히 잘못된 것으로만 받아들여서는 안 된다."156)

여기서 확실한 점은, 우리는 앤스콤과 반대되는 의견을 느낄 수밖에 없다는 것이다. 하지만, 누군가가 그 자체로도 소름끼치는 폭격이 결국에는 전체적인 고통의 양과 사망자 수를 감지할 수 있을 정도로 매우 확실하게 줄여준다고 옹호하거나, 죄가 없는 것으로 추정되는 모든 사람들(아동 등)이 어느 정도 떳떳하지 못한 것으로 판단되는 상황으로 그런 민간인 폭격이 해석되지 않을 만큼 확실한 행동을 취한다면 그가 부패한 마인드를 보인다고 말할 수 있을까? 그가 취한 군사적 행동은 결코 도덕적으로 정당화되지 않는다는 주장을 거부한다면 그의 도덕 감성은 부패한 걸까? 이는 적절한 도덕적 인식이 완전히 결여된 광신자의 기괴한 관점일까? 반드시 그렇다고 보기는 어렵다.

국가 해방 전에 참전한 게릴라 요원들과 테러리스트들의 매우 유사한 행동을 생각해보자. 거의 불가피한 특정 상황에서, 그들은 무고한 사람들을 고의로 죽여야 한다. 여기서 우리는 몇몇 사례를 구체적으로 살펴 필요한 문맥상의 예비지식을 확보해야 하는데, 이와 관련하여 편의상 알제리 전투(*The Battle of Algiers*)란 영화를 들 수 있다. 이 영화에서 우리는 무거운 마음으로 폭탄을 설치【당연히 그들이 믿기에는 아동을 포함하여 무고한 사람들을 살해하기 위함】하는 알제리 여성들【직접 자식을 기르는 온화하고 친절하며 도덕적 민감성을 지닌 꾸밈없는 사람들】을 보았다. 우리는 또한 한 프랑스 장군을 보았다. 도덕적 기질과 신의를 지닌 하나의 인간인 그가 아랍 테러리스트들의 고문을 명령했고 테러리스트들이 은둔하고 있었지만 무고한 시민들<아동 포함>도 살고 있던 가옥 폭격으로 위협을 주었다. 실제로 수많은 사람들이 잔인하며 무자비하고 도덕적으로 무관심하며 결정적으로 도덕적 포용력이 없는 그러한 행동에 휘말린다. 하지만, 알제리 전투에서 언급했던 등장인물들은 그 정도는 아니었다. 그들은 고도의 민감성을 지닌 순수한 도덕적 행위자였지만, 무고한 사람들을 고의로 살해하거나 살해할 준비가 된 상태였다. 불필요한 변화가 나타나는 이런 사례는 극도의 상황에서의 되풀이되는 인간 생활상을 보여주며, 결코 사막 섬이나 비밀장소의 얘기가 아니다.

그런 행동이 항상 도덕적으로 잘못되었는가, 즉 그 누구도 알제리 여성이나 프랑스 장군처럼 행동해선 안 되는지는 실제로 논쟁의 여지가 있다. 하지만, 앤스콤이 그 어떤 상상의 나래를 펼친다 해도 정당하게 받아들일 수 없는 사실은 알제리 전투의 등장인물들은 부패한 마인드를 과시했다는 것이다. 그러나 아마도 도덕적 잘못은 있었을지 모르지만, 도덕적 부패는 없었다고 본다. 도덕적 부패에 대한 비난을 퍼붓지만 무엇이 옳은가에 대한 도덕적 문제에 매달린다면, 결과주의 입장이 우리로 하여금 특정 상황에서는 무고한 사람들에 대한 그런 폭력을 묵인할 수 있을 뿐만 아니라 실제로 지지해야 한다는 결

156) Alan Ryan, "Review of Jan Naverson's *Morality and Utility,*" *Philosophical Books* 9, no 3, p.14.

론에 논리적으로 도달하게 된다.

결국 상황이나 결과를 떠나 그런 폭력을 묵인, 지지, 자행하는 것이 항상 잘못됐다고는 말할 수는 없지 않은가? 이러한 물음에 대한 확실한 해답은 앤스콤이 옹호하는 도덕적 절대주의나 보수주의에 있다. 여러 다른 해법을 감안한다면, 그토록 보수적으로 행동하거나 적어도 특정한 의무론의 원칙은 절대 무시되면 안 된다고 주장할 필요는 없지 않을까? 이제 몇 가지 사례를 더 다루고자 하는데 유사한 결과를 낳는 더욱 단순한 사례를 제시할 것이다. 앞서 제시한 사례와는 달리 이들은 꾸며낸 사례다. 더 간소해져서 통제할 변화가 적고 개념적, 도덕적 필수 사항을 보다 쉽게 만들 수 있기 때문에 이들 사례를 이용한다. 이 사례에서 우리의 논변이 옳다면, 사용된 추론라인은 더욱 복잡한 사례에 적용될 수 있을 것이다.

죄 없는 뚱보 사례

해안 동굴의 입구에 끼인 뚱보 이야기를 생각해 보자. 그가 앞장서서 사람들을 이끌고 동굴을 나오려고 할 때 그의 몸이 해안 동굴 입구에 끼였다. 이내 높은 파도가 그들을 덮칠 것이며, 당장 그의 몸을 빼내지 못한다면 머리를 동굴 바깥으로 내밀고 있는 그를 제외한 모든 사람들이 익사할 판이었다. 하지만 다행한 일인지 불행한 일인지, 누군가가 다이너마이트 하나를 지니고 있었다. 문제의 핵심은 다이너마이트를 이용해서 그 죄 없는 가련한 뚱보를 동굴 밖으로 날려버리지 않는다면 모두 익사한다는 것이다. 즉, 한 사람의 목숨이냐 수많은 이의 목숨이냐 그것이 문제였다. 아마도 보수주의자들은 모든 것은 신의 손에 달렸다는 입장을 취해 죄 없는 사람을 죽이는 것은 항상 잘못된 것이므로 신은 절대로 그를 밖으로 날려버려선 안 된다고 말할 것이다. 도덕적 인간은 그런 결론에 도달해야 하는가?

이 첫 번째 이야기는 "무고한 사람을 죽이겠다는 노골적인 의도는 결코 정당화될 수 없다"는 원칙에 따라 정상적이며 즉각적이면서 다소 절대적인 도덕적 반응을 문제 삼아야 한다는 점을 보여주기 위해 창안되었다. 여기서 결과주의자는 "도덕적 급진주의(moral radicalism)"에 대한 강한 입장을 취하므로 우리가 우리의 도덕적 폭행(자연 발생되는 보수주의적, 무분별한 도덕적 반응)을 경계해야 된다는 점을 시사했고 차후에 입증할 것이다. 두 번째 사례는 유신론적 · 의무론적 절대주의를 선택하거나 결과주의를 거부하는 행동은 정당화되지 않는다는 것이다.

판사와 위협적 폭도의 사례

한 판사가 범인인도를 요구하는 통제 불능의 폭도들로부터 매우 큰 위협을 받고 있다. 범인을 찾아내서 곧바로 재판을 하여 처형하지 않으면 그들이 직접 나서서 소수의 힘없는 동네사람들을 상대로 피의 복수(광포한 학살)를 감행할 것이라고 한다. 그 판사는 진범은 밝혀지지 않은 상태이며 수사당국은 진범을 가리기 위한 쓸 만한 단서 하나도 확보하지 못했다는 것을 알고 있다. 하지만, 판사는 이점도 알고 있다. 아무런 죄가 판명되지 않았지만 평판이 나쁘고 철저히 배척되는 쓸모없는 한 인간을 끌어들여 모함에 빠뜨려 즉각 처형한다면 폭도들이 그를 진범으로 확신할 것이라는 사실을 예단하고서. 이렇듯 단순히 어떤 무고한 한 사람을 모함에 빠뜨림으로써 광폭한 학살 발생을 막을 수 있다는 사실을 깨달은 그 판사는 그를 모함에 빠뜨려 명색뿐인 재판을 한 뒤 처형하고 말았다. 우리 대다수는 그런 모함과 처형을 완전히 용인할 수 없는 행위로 간주한다. 결과가 어떻든 간에 이는 도덕적으로 변명여지가 없는 분명히 잘못된 행위라고 말할 수도 있을 것이다. 결과주의자들에게 있어 두 번째 사례는 하나의 문제로 남아 있다. 그렇지만, 지조 있는 결과주의자로 남기를 바란다면 그런 문제에 대한 해결 방안을 모색할 수 있고, 명백한 도덕신념을 지속적으로 유지할 수 있다고 생각된다.

우선, 마지막 사례를 고찰하는데, 결과주의자가 명백한 도덕적 신념을 고수하는 여러 타당한 이유가 제시되기 때문이다. 판사가 완고하지만 도덕적 양심을 지닌 결과주의자면, 양심적 결과주의 토대 위해서 그는 그 무고한 사람을 모함하고 처형하는 것을 끝까지 거부할 수 있었을 것이며, 그러한 행위가 폭도들을 자유롭게 만들어 더 큰 고통과 더 많은 사망자를 야기할 것이란 사실까지도 인식할 수 있었을 것이다. 판사의 특정한 도덕적 입장에 대한 이론적 해석은 이러하다. 그는 모함하고 처형함으로써 그 결과로 나타날 정의제도에 대한 부패한 효과를 통해 훨씬 더 큰 고통을 야기했을 것이다. 즉, 해당문제에서 나타난 그런 전반적인 관심사와 연관된 경우, 관심사가 없다면 학살을 막거나 그런 극단적인 조치와 연관된 문제가 전혀 발생치 않을 것이다.

무고한 사람을 모함했고 법 자체를 악용했다는 사실이 결국 폭로되어 다른 상황에서의 폭도들의 행동이 자극을 받고, 재판과정의 청렴결백이나 심지어 그 신빙성에 대한 회의가 심화되며, 다소 바인드가 부패하거나 비인간적인 판사를 위한 위험한 전례가 만들어 졌을 것이다. 이렇듯 정의가 부패될 가능성을 감안해서, 공리주의 선호의 판사는, 훌륭한 결과주의 토대 위에서, 무고한 사람을 모함하는 것은 부도덕한 행위라고 주장할 수 있다. 그런 희생양이 제공되지 않아 폭도들이 날뛴다면 이는 어쩔 수 없다.

그렇다고 해서 공리주의자 혹은 결과주의자는 꼭 그런 결론에 도달해야 하는가? 그렇지 않다. 가장 논리적인 결론이긴 하지만, 꼭 그런 결론에 도달해야 된다는 것은 지나친 주장이다. 결과주의자는 상기의 완고한 공리주의 입장을 취함에 있어 우리가 재판과정의 부패한 효과를 부풀렸다고 일관적으로 주장할 수 있다. 판사가 처한 상황은 극한 상황이었다. 즉, 재판에 의해 무고한 사람을 살해함으로써 하나의 전례를 만들었다 하여도 자주 되풀이되지 않을 그런 상황이다. 명백한 도덕성에 대한 요구에 다른 대다수의 공리주의자들보다 더 회의적인 공리주의자는 그 자체가 비열하다해도 재판에 의한 무고한 사람의 처형이 약한 해악이라고 추론할지도 모른다. 그는 결과주의 토대 위에 섬으로써 더 작은 해악이 더 큰 해악보다 항상 선호될 것이라는 자신의 '도덕 성상파괴운동(moral iconoclasm)'을 고집할 것이다.

결국에는 다른 결과주의자들이 그러하듯 공리주의자들은 도덕적으로 우리에게 필요한 것이 무엇인가에 대한 서로 다른 의견을 제시할 수 있다. 동일한 유형의 공리주의자들 혹은 결과주의자들 간의 그러한 이견은 기본적인 도덕원칙과 무관하지만, 경험적 사실에 대한 이견은 어떤 행동이 결국에는 모든 사람들에게 최소의 고통과 최대의 행복을 가져다 줄 것인가와 연관된다. 하지만, 재판에 의해 무고한 사람을 고의로 처형하는 행위에 대한 지지가 무고한 사람에게 해를 가해선 안 된다는 사람들의 명백한 도덕적 신념에 미치는 영향을 감안한다면, 명백한 도덕적 신념의 중요성을 옹호했던 공리주의자는 한 가지 명백한 공리주의 문제를 실제로 안고 있었을 것이다. 명심할 중요사항은 위협적인 폭도들에 대한 판사의 굴복을 도덕적으로 용납할 수 없는 행위로 간주하기 위해 공리주의를 거부하고 몇몇 형태의 유신론 혹은 의무론적 절대주의를 인정할 필요는 없다는 것이다.

그러나 그런 입장을 취함에 있어 여전히 우리는 무고한 사람의 재판과정에 대한 도덕적 보수주의자의 반대와 정면으로 맞서지 않고 있다는 점이 논란이 됨을 알 수 있다. 결과주의자로서 는 적어도 논리적 가능성에 관한 한 그런 재판과정이 정당화될 상황이 존재할 수 있다고 시인하지만, 실제 사회에서는 결코 정당화되지 않을 것이란 것도 인정한다. 하지만, 보수주의자의 논지는 그 어떤 상황【실제 혹은 가상】에서도 정당화될 가능성은 없다는 것이다. 즉, 결과에 관계없이 재판과정은 부당하며 그 과정이 정당화될 지도 모르는 상황은 현실에는 존재하지 않는 사막 섬이나 비밀의 곳과 같은 상상의 세계에서나 나타나는데, 이는 도너건(Alan Donagan)의 주장에 의하면, "시즈위크(Henry Sidgwick)와 같은 총명한 공리주의자들이 인정한 '도덕이론은 선험적(priori)이다'라는 사실에 기인한다. 레스브니(Lesbnie)의 주장에 따르면, 그 사실은 "있음직한 모든 세상의 진리"[157]이므로, 상반되는 사례가 실제로 절대 실행되지 않거나 실행될 가능성이 없는 조건에 대한 결과주의자의 호소를 저지했다는 이들의 주장은 적절치 못한 셈이다. 도덕이론이 옳은가 그른가하는 것은 있음직한 모든 세상에 대한 도덕이론의 함의의 참됨에 좌우된다. 따라서 공리주의가 옳은가 그른가하는 것은 실제 세상이 어떠한가에 의해 좌우될 수 없다. 논리적으로 생각할 수 있는 상황【결과주의가 기괴한 함의, 가령, 재판에 의한 무고한 사람의 유익한 살해】을 지닌다면 거짓으로 판명되어야 하는 상황을 열거할 수 있다.

공리주의 이론의 함정

우리는 결과주의 지름길을 가지 말아야 하는데, 도덕이론이 선험적이라는 도너건(Donagan)의 참된 주장은 이상한 결과주의를 거부하거나 심지어 포기할 것이다. 도덕이론의 선험적 본질에 대한 주장을 손상하는 것은 거짓이기 때문이다. 도덕이론이 선험적이란 말이 옳을 지도 모른다. 그것이 경험적 혹은 비도덕적 이론적 진술은 고집하면서

157) Donagan, "Is There a Credible Form?" p.189.

공통의 도덕적 주장을 부인하거나 반대로 공통의 도덕적 주장은 고집하면서 경험적 혹은 비도덕적 이론적 진술을 부인하는 행위는 모순이어서 공통의 도덕적 주장 【기본적인 도덕적 진술】 이 경험적 진술이나 비도덕적 이론적 진술로부터 추론될 수 없다는 점을 의미한다면 말이다.

이러한 기본적 측면에서, 도덕이론이 자율적이며 선험적이란 주장은 조리가 서며 정당하다. 도덕적 진술 자체가 경험적 진술은 아니라는 점에서도 도덕이론은 선험적인데, 즉 "누군가가 그 어떠한 민감한 생물도 괴롭혀선 안 되며 무고한 사람을 죽여서도 안 된다"고 주장한다면 사람들이 취하거나 취할 수 있는 행동을 예측하거나 설명하려고 하는 것이 아니라 취하게 될 행동을 단언하고 있는 것이다. 또한 어떤 도덕적 진술이 사실이라면, 있음직한 모든 세상에 적용될 수 있는데, 이는 그러한 세상에서 발생하는 여러 상황이 그 진술에서 특정 지워진 부류의 상황과 정확히 일치할 경우에 가능하다. 특정 상황을 위한 참된 진술은 다른 모든 상황에도 적용된다. 하지만, 당신은 시종일관 특수한 상황에서 A가 마땅히 B를 해야 한다고 주장할 수도, 특수상황과 같은 상황에 처해서는 마땅히 B를 거부할 수도 있다는 점을 부인할 수는 없다.

이러한 관점에서, 도덕적 주장과 도덕이론은 참으로 선험적이다. 하지만 그러한 시각 중 결과주의, 공리주의적 논변과 관계된 것은 전혀 없을 것이란 점도 명백하다. 결국, 결과주의자는 전형적으로 그러했듯이 윤리적 중립이 될 필요는 없다. 즉, 그는 도덕적 주장이 사실에 근거한 주장에서 파생될 수 있다거나 경험적 진술의 아종이라고 생각할 필요가 없고, 우리는 시종일관 T라는 상황에서 A가 마땅히 B를 해야 한다고 주장할 수도, T와 똑같은 상황에 처한 A가 마땅히 B를 해서는 아니 된다는 주장을 인정할 수도 있고 실제로 반드시 인정해야 된다. 이는 간과할 수 없는 하나의 자명한 이치다. 하지만 그는 합리적인 인간이 그 내용이나 내용이 전개되는 상황에 관계없이 도덕적 주장을 펼쳐야 하며 심지어 펼칠 용의가 있다는 점을 부인할 수도 있고 또 부인해야 한다. 우리는 속도 제한을 초과해선 안 되고, 빙판 길에선 천천히 달리고, 서로에게 칼을 던져서는 안 된다고 말한다. 하지만, 인간들이 무쇠로 된 외골격을 지니고 있어 그들에게 꽂힌 칼이나 차량충돌에 의해 상처를 입거나 심각한 불편을 겪지 않는다면, 적어도 우리는 그런 과속이나 칼 던지기가 잘못된 행위라는 주장에 대한 타당한 근거를 찾지 못할 것임이 분명하다. 이런 상황에서는 그런 행위가 부당하며 비도덕적이라는 것도 불투명해 질 것이다.

이러한 시각에서 우리는 우리가 윤리적 언변을 전개하는 상황을 설명하기로 결정한다. 세상은 어떻고, 인간은 어떤가에 대한 우리의 지식은 그런 결정을 함에 있어 중요하다. 하지만, 그러한 상황이나 인간의 본질과 동기에 대한 우리의 이해는 그와 관련된 우리의 도덕적 사례구성에 영향을 미칠 수 없다고 결과주의자는 주장하고 있다. 이 세상에는 재판에 의한 살인은 도덕적으로 용납될 수 없다는 주장에 대한 타당한 근거가 존재할지언정. 이와 관련하여 도덕적 판단의 '보편화 가능성(universalizability)'을 전적으로 부인하지는 않는데, 이는 곧 그 자신이 그러한 도덕적 판단에 역행하거나 제한하게 될 곳에서는 다른 상황이 전개되어야 하기 때문이다. 그는 단지 상황이 같거나 서로 유사하고 사람들도 서로 유사한 세상에서는, 한 사람이 도덕적 행동을 취한다면 다 같이 도덕적 행동을 취해야 한다고 주장한다. 그러나 결과주의자는 재판에 의해 무고한 사람을 살해하는 것은 언제나 그릇된 행동이며 사리에 맞게 확정된 행동이라 할지라도 그것이 상황이나 결과에 관계없이 있음직한 모든 세상에서 부당하게 인식되며 도덕적으로 용인될 수 없는 행동(가령, 무고한 사람을 죽이는 것)이라면 불합리한 도덕적 판단이라고 주장할 수 있다.

도덕이론의 선험적 본질에 대한 도너건(Donagan)의 주장은 결과주의자의 주장의 오류 가능성을 보여주진 않지만, 그런 오류 인식을 위한 최소한의 이유를 제공한다. 예컨대, 재미 삼아 어떤 사람에게 칼을 던지는 잔인하고도 비열한 행동은 그 사람의 외골격이 무쇠로 되어 있어 그 칼을 맞아도 상처를 입지 않는다면 정당화 될 것이다. 마찬가지로, 재판에 의해 무고한 사람을 죽이는 도덕적으로 용납할 수 없는 행위도 허용되어야 하는 환경이 존재한다.

이러한 이유는 공리주의자나 결과주의자는 도덕이론 전개를 어필하기 위한 확고부동한 근거로 들먹거리는 우리가 공통으로 지닌 도덕성에 대한 단순한 주장에 회의적이라는 사실을 뒷받침한다. 하지만, 우리가 우리의 광범한 잔인성을 용납하기 시작한다면, 사실 그러한 잔인성보다 더 광범한 삶에 대한 무정함이 야기될 것이다. 어떤 규범적 윤리이론이 특정 상황에서 재판에 의한 살인을 허용한다면, 살인에 대한 우리의 도덕적 비난이나 위대하든 비천하든 모든 인간은 마땅히 존경받아야 된다는 절대적인 도덕원칙이 약화될 수도 있을 것이다. 물론 이러한 사실은 심지어 우리의 숙련되지 않은 도덕적 감정의 무시할 수 없는 중요성과 더불어 공통의 도덕성 지시에 크나큰 공리적 중요성을 부여하기에 충분하다.

도덕적 급진주의의 경계

이제까지, 판사와 위협적인 폭도라는 사례를 통해 결과주의자들이 얼마나 온당하게 그들의 규범적 윤리이론을 명백한 도덕적 신념의 중요범위에 포함시킬 수 있는지를 보여주려고 했음을 알 수 있다. 이제부터는 죄 없는 뚱보의 사례를 통해 그런 기본적인 공통의 도덕적 신념이 항상 "도덕적 사실" 혹은 도덕적 토대로 작용하여 규범적 윤리이론이나 입장을 검증해야 하는지와 연관된 적어도 하나의 심각한 문제가 존재한다는 사실을 확증하고자 한다. 또한 그런 문제에 대한 철저한 관심은 모든 도덕적 결정을 위한 그런 규범적 문제에 대한 공통의 도덕적 추론에서 구현된 다양한 원칙을 취하는 행동이 정당화되지 않는다는 것을 보여준다는 사실을 확증하고자 한다. 특정 규범적 윤리이론이 몇 가지 형태의 공통의 "도덕적 직관"(도덕적 감정 혹은 신념)과 양립할 수 없다는 사실로 그 규범적 윤리이론이 거부되는 것은 아니다. 죄 없는 뚱보의 경우를 생각해 보자. 그를 빼낼 다른 방법이 정말로 없거나 그를 밖으로 날려버리지 않을 경우 모두 동굴 안에서 익사하게 된다면, 죄가 있든 없든 다이너마이트를 터트려 그를 밖으로 날려버려야 한다. 실제로, 이는 무고한 사람을 고의로 죽여선 절대 안 된다는 도덕원칙을 무시한 처사지만 삶에 대한 냉담함이 드러나진 않는데, 동굴 안 사람들은 그런 극단적인 조치를 취하지 않으면 수많은 사람들이 목숨을 잃고 더 큰 불행이 닥칠지도 모르는 절박한 상황에 처해 있기 때문이다. 더구나 그 사람들이 그런 잔인한 짓을 한다고 해도 인간의 생명이나 고통을 무시할 가능성은 없다. 무시한다면, 여생동안 그들의 머리에 맴돌면서 도덕적 민감성이 오히려 강화될 것이다. 그런 절박한 행동을 취한다고 인간에 대한 존경심이 결여되었다고 말하는 것도 잘못된 것이다. 우리는 그 뚱보를 단순히 하나의 수단으로 취급하고 있는 것이 아니다. 그의 인격은 중시된다. 그를 죽이는 것은 가장 크게 망설여지는 부분이다. 다른 사람의 목숨을 구할 수 있는 다른 방법이 전혀 없다는 것이 매우 확실해 질 경우에 한해 그런 극단의 행위가 정당하게 수행된다.

앤스콤과 마찬가지로 도너건(Alan Donagan)은 "공익을 위해 무고한 사람을 악용하는 행위는 그를 단순한 수단으로 격하시키는 것과 직접적으로 연관"되며 이런 행위는 물론 인간은 단순한 수단이 아닌 목적(마땅히 존경받아야 할 사람)으로 간주되어야 한다는 도덕원칙에 위배된다고 주장한다. 하지만, 상기 언급했듯이, 절박한 상황에서 죄 없는 뚱보를 살상함에 있어 우리가 그를 단순히 수단으로 취급했다고 볼 수는 없다. 이런 행동은 보편적 가능성이 있는 그의 목숨을 살릴 온당한 대안적 행동이다. 그리고 그를 폭파하려는 행동은 그의 고통에 대한 무정함과 냉담함을 최소화시킨 상태에서 절박한 최후의 통첩으로만 실행된다. 그가 당한 일을 생각한다면, 사실 이런 말은 아이러니컬하게 들린다. 하지만, 그런 참혹한 상황이 발생한다 하더라도, 잔인한 일을 다소 인간적으로 처리할 수 있는 방법은 항상 존재할 것이다. 그리고 뚱보를 더 인간적으로 대함에 있어, 우리는 그의 인격에 대한 존경을 표한다.

공익을 추구할 뿐 아니라 다른 사람들의 죽음(뚱보의 죽음보다 더 큰 해악)을 막기 위해 그들이 자신도 뚱보와 같은 처지에 있었다면 그와 같은 희생을 치러야 한다는 사실을 깨달아야 그들 개개인을 위한 정의요구가 무시되지 않는다. 결국, 부당함에 대한 문제는 없다. 하지만, 분명 우리는 여기서 여러 가지 해악들 중 하나를 선택해야 한다. 그런데, 피할 수 없는 해악을 자행하고 묵인할 때 더 작은 해악을 선택하는 것 보다 더 정당하고 도덕적으로 적절한 것이 있지 않을까? 다시 말해, 더 작고, 더 큰 해악 모두 피할 수 없으며 둘 중 하나를 택해야 할 때 항상 더 작은 해악을 선택할 필요는 없지 않은가? 뚱보가 고통당하며 죽어야 하는 것이 아닌 다른 무고한 사람들이 고통당하는 것을 더 큰 해악이라고 못 박을 수 없지 않은가? 뚱보를 날려버리는 발상은 정말로 극악무도한 것이다. 하지만, 그를 그대로 방치해 두어 다른 사람을 익사시키는 것은 훨씬 더 끔찍하다.

여기서 결과주의자는 강력한 도덕적 토대 위에 있고, 그의 사려 깊은 도덕적 신념이 인간의 숙달되지 않은 도덕적 신념과 사려 깊은 신념 중 그 어느 것과도 부합하지 않는다면, 그의 명백한 도덕적 신념은 상당히 약화된다. 혹자는 사뭇 다른 의도로 여기에 도너건의 주장을 실용적이며 적절하게 적용할 수 있다. 결과주의의 포용성, 개연성과 전반적인 합리성을 감안한다면, 깊이 있는 도덕적 신념조차도 그런 이론에 어긋난다면 당연히 무시될 것이지만, 그것이 만약 이치에 맞지 않거나 수없이 많은 우리의 신념을 짓밟는다면 이는 또 다른 문제가 될 것이다.

반결과주의자들은 종종 그런 무고한 사람의 살인을 허용하려는 사람들의 잔인함을 지적하는데, 훨씬 더 많은 사망자와 훨씬 더 큰 불행을 허용하고도 그런 사망과 불행을 의도한 것이 아니라 그것을 방지하기 위해 참고 있었다고 변명하는 이들의 회피성과 결합된 훨씬 더 지독한 잔인함을 언급한다면 찬사를 받을 수 있을까? 이런 맥락에서, 그런 해명과 인내는 도덕적 회피에 포함되는 듯싶다. 저자가 볼 땐, 규범적 상황에서 냉혹한 마음을 먹고 취하는 끔찍하며 비열한 행동이 냉혹한 도덕적 필연일 때 사람들은 회피적인데, 그들은 그런 행동을 방지할 수 있는 힘을 갖게 될 때는 이미 상황이 수차례에 걸쳐 악화된 상태라고 시인한다. 그들은 철저한 도덕적 실패와 키에르케고르가 불렀던 "*우유부단함(doublemindedness)*"를 희생하여 "도덕적 청결"을 유지하고 "더러운 손(dirty hands)"을 피하려고 노력한다. 이렇듯 사람들의 도덕적으로 회피적인 행동은 납득이 가지만, 정당한 행동은 아니다.

죄 없는 뚱보와 같은 상황에 대한 결과주의 추론이 매우 위험한 전례의 시발점이 된다는 이유에서 반대에 부딪히는 경우가 매우 잦다. 사람들은 그런 상황에 나타나는 자신의 행동을 무분별하게 합리화시킨다. 이런 합리화를 피하기 위해, 우리는 의무론적 원칙을 고수해야 할 뿐 아니라, 사람들이 단순히 무언가를 참아내기 위해 지식을 이용한다면 훨씬 더 큰 해악을 방지하기 위한 극단의 행동이 아무런 필요가 없게 될 때가 매우 빈번하게 유발된다는 점을 인정해야 한다. 무고한 사람의 살상을 금지하는 일반적인 도덕원칙은 엄격하며 포악한 마음【원시인이나 야만인의 마음과 같은】을 인간화하는데 매우 중요한 역할을 하므로 결과주의자는 추론을 통해 그런 금지사항에 대한 의문을 실제적으로 제기하지 못하는데, 이는 논쟁소지가 있다.

하지만, 이와 관련하여 도덕적 보수주의자는 자신의 논점을 뒤바꿨고, 직접 결과주의 논거에서 우리는 비결과주의적 도덕원칙을 절대적인 것【너무도 참담한 결과만을 야기하므로 실제로 합리적인 도덕적 관점으로부터 결코 무시될 수 없는 원칙과 같은】으로 취급해야 한다고 주장하고 있다. 비록 나쁜 전례가 만들어질 수 있다는 것을 인식하고 있지만, 더 불확실한 상황에 대한 그런 도덕적 판단이 이루어져선 안 된다. 두 가지 사례를 다소 구체적으로 언급하고 대조한 목적은 부수적인 이론적 해석을 이용하여 의무론적 원칙의 위배가 확실히 정당화될 수 있는 상황, 정당화된 상황, 정당화될 원인이 제시된 상황 등의 상황종류를 명백히 나타내는 것이었다. 그런 문제에 처했을 때 우리가 공통으로 지닌 도덕적 신념을 마땅히 버려야 하는 상황, 적어도 행동의 정당화가 불투명한 상황, 우리의 행동이 그다지 정당화되지 않는 상황 등을 일일이 열거하는 것이 중요하다고 생각된다.

사람들의 두뇌가 명석하여 이런 문제를 충분히 받아들일 수 있다면, 그들은 두 가지 사례에 상대적인 차이점이 존재한다는 것을 알 수 있을 것이다. 하지만, 필요에 의해 "도덕적 급진주의"가 다른 보다 복잡한 상황으로 확장되지 않도록 주의를 기울이고 있다. "도덕적 급진주의"가 사회에서 범람할 발판을 얻게 된다면 또 다른 불투명하고 부당한 상황에까지 넘쳐나서 이 사회가 파괴적이고 비인간적인 결과를 야기할 거라는 확고한 증거가 제공될 때 이제까지 옹호했던 상황에서의 "도덕적 급진주의"에 대한 결과주의 옹호의 정확성 여부가 규명될 수 있을 것이다.[158]

3. 공리주의의 결과론 비판

윌리엄스는 공리주의가 결과를 중시하다보니 결과에 따르는 책임이나 의무에 대해서는 매우 소홀하고 소극적이라는 것에 대해서 비판하고 있다.[159] 조지와 짐의 경우를 예를 들어 공리주의의 소극적인 책임감에 대해서 비판한다. 조지는 가족의 생계유지조차 시급한 상황에서 구직이 시급하다. 그러나 개인의 신념과 배치되는 직업상황 때문에 좋은 일자리를 포기하고 만다. 결과적으로 보면 그의 가족들의 앞날을 생각하면 조지가 선택을 잘못했으나 개인의 신념에 비추어보면 개인의 신념에 위배되지 않았으므로 잘못한 선택이라고 할 수 없다. 전체사회의 선을 극대화하기 때문에 개인의 존엄성을 차선책으로 생각할 수 있다.

공리주의관점에서 어떤 행동의 선택을 하게 되는 경우에는 정당한 행동이 행위자 자신뿐만 아니라 어떤 방식으로든 그 행동의 영향을 받는 사람들 모두를 위해서 최대의 행복을 산출하는 것이라고, 또 최대로 가능한 전체의 행복이나 효용-이것은 때때로 최대다수의 최대행복 이라고 말한 것에 대해서 스스로의 모순에 빠지게 된 것은 아닌가 하는 생각이 든다. 공리주의자들에게 중요한 것은 산출된 결과이지 그 결과가 나오기까지의 동기나 과정에는 관심이 없다. 어떻게 보면 좋은 결과는 당연히 좋은 과정에서 나오겠거니 하는 무관심한 생각과 과정이 어떻든 결과만 좋으면 되지 하는 안일함 때문인지도 모르겠다.

그러나 공리주의자들처럼 동기나 과정이 아닌 결과만이 중시된다면, 이 사회는 선의 극대화는커녕 오히려 서로가 좋은 결과만 얻기에 이전투구장이 될 위험성이 있다. 게임

---

158) Ross의 Prima facie obligation(직견적 의무론)을 제시할 수 있다. 이는 칸트의 의무론적 입장을 계승하면서도 그의 절대적이고 무조건적인 견해를 완화하여 의무들 간의 상충문제를 해결하는 구체적이고 현실적인 의무론을 전개하기 위한 방안으로, 언제나 행해야 하는 절대적이고 무조건적인 의무가 아니라 그 보다 도덕적으로 더 비중이 큰 다른 의무와 상충되지 않는 한, 즉 조건부로 우리의 실제적 의무가 되는, 그런 의미에서 절대적인 의무가 될 수 있는 경향을 갖는 상대적 의무이다.

159) Bernard Williams, *Against Utilitarianism*(Cambridge University Press,1973). pp.92-9.

이론에서도 그렇듯 실제 사회에서는 서로가 이기는 것보다 이기는 사람이 있으면 반드시 지는 사람이 있게 마련이 경우가 더 많다. 그리고 이것은 누군가를 밟고 올라서야 자신의 길을 찾을 수 있는 사회와도 깊은 연관이 있다. 이런 사회에서 결과가 좋길 바라며 그 과정을 무시한다면, 과연 지려는 사람이 누가 있는지 의문이다. 사회 전체적인 선을 도모하려다가 가장 기본적인 개인의 존엄성이나 자유를 무시할 수 있는 역설적인 상황에 당면하게 될 수도 있는 것이다.

공리주의는 가능한 대안적 행위들 중 최선의 결과를 가져오는 행위에 관심이 많다. 산출되는 결과가 '현실적인 결과'인가 '추정된 결과'인가 하는 문제가 있다. 최선의 결과가 나오겠지 하는 추정적 작정으로 나쁜 동기를 가졌을 때, 이것은 공리주의 입장에서 도덕적으로 비판받게 되는 문제이다. 확실하게 현실적으로 최선이 될 수 있는 결과인지도 모른 상황에서 추정적으로 믿고 행하는 나쁜 동기는 수용되어서는 안 된다. 그러한 추정적인 결과를 산출해놓고 그것에 대한 책임을 전가하는 행위는 비판받아야 할 것이다.

자신이 해야 할 의무를 충실히 이행하고 자신이 도출한 것에 대해 책임을 지는 것은 당연한 것이다. 이를 무시하고 결과만을 중시하는 공리주의의 단점은 시정되어야 할 것이다. 이 경우에 비로소 개인적인 자유가치들을 희생시켜 공리주의 최대행복실현의 직관에 위배되는 일이 없을 것이며, 소수자 존중의 원리와 최대 행복과 최대 다수의 원리가 서로 조화를 이룰 수가 있다.

부정적인 결과의 사례

결과주의는 본질적으로 상황이 내가 무엇을 하든 무관심하다. 예를 들어 다른 사람들이 내가 그들로 하여금 어떤 것을 하도록 시키거나, 허락하거나 격려하거나, 할 기회를 주는 상황들을 포함할 정도로 그 개념은 광범위하다. 그러한 결과주의에서 관심을 갖는 것은 내가 무엇을 하는 것의 결과가 되는 행동들의 이해이다. 전제된 결과들이 행동에서 오히려 먼 관계에 있는 사례들이 있는데, 그 행동들은 때때로 실제적인 관점에서 평가하기 어려운 사례들이 있다. 그러나 그것은 현재의 연구를 위한 어떠한 매우 흥미로운 질문도 하지 않는다. 예를 들면 내가 어떤 것을 하면 이러한 상황은 일어나고 하지 않는다면 그것은 일어나지 않을 것이라는 것은 명백하고 아주 합리적이다. 그래서 결과론자의 관점에서 그것은 내게 일어날 수 있는 상황들을 따르는 결과들의 산출을 철저히 조사한다. 그러나 몇 가지에서, 적어도 비결과론자들의 관점과 차이점이 있다. 자세히 말하면 궁극적인 결과의 산출에 대한 생생한 연계의 약간은 다른 사람들의 행동에 의해 규정된다.

결과주의, 즉 모든 원인의 결합들이 같은 수준에 없었더라면 그리고 그것이 진행되는 한 주어진 상황들의 원인이 다른 행위자에게 있든 없든 간에 결과주의는 어떤 차이점도 만들지 못한다. 유사하게 다른 행위자의 간섭 없이 그리고 다른 행위자의 간섭에 의해 발생되는 다른 것 없이 나에 의해 발생되는 상황에는 어떤 차이점도 없다. 왜냐하면 비록 가치의 차이를 포함하는 몇 가지의 원인이 되는 차이점이 그것에 일치할지라도 그런 차이점은 산출되어지는 상황의 열거들이며 포함되어질 것이기 때문이다. 상황이 보통 그리고 평가적인 말들로 알맞게 묘사되어 진다면 그것은 행위자들이 결과를 산출하는 더욱 더 이해할 수 없는 차이를 만든다. 결과주의는 궁극적으로 상황에 대한 가치를 문제 삼기 때문에 그것의 관심은 세계가 어떤 상황을 포함하고 있는지에 있다. 그것은 본질적으로 소극적인 책임성의 관점을 수반한다.

내가 매일 매일의 제한된 감각 안에서 내 스스로 일으키는 것들을 위해 존재함에 따라 나는 받아들이거나 회피하기에 실패한 것들에 대한 책임 속에서 존재하는 것이다. 그러한 것들은 또한 같은 기반에서 책임감 있고 도덕적인 행위자로서 나의 행위를 생각하게 한다. 어떤 사건이란 세계가 포함하는 어떤 상황들이고 만약에 그것이 행해졌다면 정해진 행동의 측면에 있는 문제들은 실현되는 것이다. 그리고 그러한 것들은 특별히 결과가 다른 행위자에 의해 부분적으로 생산되어지는 것에 의한 우연한 결합의 성격에 의해서 본질적으로 영향을 받는 것이 아니다.

어떤 사건이란 세계가 포함하는 어떤 상황들이고 그래서 만약에 그것이 행해졌든 행해지지 않았든 정해진 행동의 측면에 있는 문제들은 실현되는 것이다. 그리고 그러한 것들은 특별히 결과가 다른 행위자에 의해 부분적으로 산출되어지는 우연한 결합의 성격에 의해서 본질적인 영향을 받는 것이 아니다. 소극적 책임성에 대한 유력한 학설은 상황에 대한 궁극적 가치를 결과주의자들이 담당하는 것으로부터 직접적으로 도출된다. 다른 관점에서 본다면 사람들에 의해 두둔되어지는 것들의 특별한 적용으로 볼 수 있다. 도덕적 견해들은 그것 자체가 결과론주의자들이 아니다. 실제로 몇몇의 사상가들은 공명정대의 원칙 몇 가지를 도덕성 자체의 본질로서 간주하는 경향이 있다. 그러한 원칙은 일반적인 조건에서 쉽게 설명할 수 있는 것에서가 아닌 진실 있는 도덕적 관점으로부터 어떤 차이가 없다는 것을 주장할 것이다.

그러한 장점과 해는 결코 도덕적으로 이해할 수 없는 이유가 되는 사람들보다는 오히려 한사람에게 일어난나. 이익과 해로움의 수용에 주목하는데 익숙한 이러한 원칙에 의하면 어떤 사람들이 그것을 발생시키는 것보다 오히려 내가 어떤 결과를 산출하는데 있어서 아무런 이해할 수 있는 차이가 없다는 그들의 결론을 확장하는 결과주의자들을 볼 수 있다.

(1)화학분야에서 박사학위를 받은 조지는 직장을 구하는 것이 극도로 어렵다는 것을 알았다. 그는 건강하지 못해서 그가 만족스럽게 할 수 있는 일들을 상실했다. 그의 부인은 생계를 유지하기 위해 일하려 밖으로 나갔고 그것은 그들이 어린 아이들을 기르고 그들을 돌보는데 심각한 문제가 생기는 이래로 많은 긴장의 원인이 되었다. 특히 아이들에게 있어 이러한 모든 일들의 결과는 상처가 되었다. 이러한 상황을 아는 어느 노화학자가 조지가 실험실에서 정당히 돈을 받는 직업을 갖게 해줄 수 있다고 말했다. 전투에 관한 연구를 하는 조지는 그가 화학적이고 생물학적인 전쟁에 반대하므로 그것을 받아들

일 수 없다고 얘기했다. 그 노학자는 그곳에 들어오는 것 자체에 너무 민감하다고 말했으나 결국 조지의 거절은 직업을 구하지 못하게 했고 그 실험실은 멀리 사라졌다. 이러한 상황은 그가 마침 만약에 조지가 그 일을 거절하면 그것은 반드시 조지의 현실로 돌아갈 것이라는 것을 알았다는 것의 이상의 의미가 있다. 조지는 어떠한 망설임에 의해 방해받지 않았고 조지가 처한 상황보다 더 큰 열의를 가지고 있는 연구를 추구하는 것에 지정되기를 희망했다. 정말로 그것은 단순히 조지와 조지의 가족에 대한 염려가 아니라 열의에 대한 다른 사람들의 과잉에 관한 약간의 경고이다. 노학자가 조지가 일을 얻는데 그의 영향력을 사용하기를 제공하는 것으로 이끄는 것과 같은 그가 정말로 애착심을 갖게 했던 조지의 부인은 적어도 학내의 연구에 특별한 오점이 없다는 것을 따르는 관점을 가진다. 그는 무엇을 해야 하는가?

(2)짐은 작은 남부 미국인 마을의 중심 광장에 있는 자신을 발견했다. 벽을 뒤로한 채 묶인 20명의 인디언들이 일렬로 있었다. 매우 끔찍하게도 몇몇의 전투복을 입은 인디언들이 일렬로 있었다. 땀 얼룩에 찌든 카키색 셔츠를 입은 범죄자는 무리 중에서 우두머리로 앞으로 나왔고 짐에게 많은 질문 후에 그가 식물탐험동안의 사고에 의해 거기에 도착했다는 것을 확증했고 정부에 대항한 인디언들은 하잘 것 없는 거주자들의 그룹이라고 설명했다. 그리고 그들은 다른 가능한 항변하는 이들에게 항변하지 않은 것의 이점을 깨닫게 하기 위해 죽음을 당할 예정이었다. 그러나 짐은 다른 지역으로부터의 명예로운 방문자이기 때문에 그 우두머리는 그에게 인디언들의 한 명을 직접 죽일 수 있는 손님의 특권을 주는 것을 행복해 하였다. 만약에 짐이 받아들인다면 그 경우의 특별 징후로써 그 다른 인디언들은 풀려날 것이다. 물론 짐이 거절하면 특별한 경우도 없고 짐이 도착했을 때 하려고 했던 것은 페드로는 실행할 것이고 그들 모두를 죽일 것이다. 남학생 소설의 약간의 흐릿한 회상과 함께 만약에 그가 총을 잡는다면 그는 그 우두머리와 페드로와 그 병사들의 나머지를 협박하기 위해 잡을 수 있을 것이라는 것을 궁금해졌다. 그러나 그것은 그러한 종류의 아무것도 일어나지 않을 것이라는 경향에서 분명해진다. 그런 종류의 어떤 시도는 모든 인디언들이 죽는 것을 의미하고 그가 죽는 것을 의미한다. 벽에 기대어진 사람들과 시민들은 그 상황을 이해하고 분명히 그가 받아들이기를 바란다. 그는 무엇을 해야 할까?

이러한 딜레마에서 첫 번째 경우에 공리주의는 조지가 그 일을 받아들여야 한다고 응답하는 것처럼 보이고, 두 번째 경우에 짐은 그 인디언을 죽여야만 한다고 응답하는 것처럼 보인다. 공리주의가 이런 대답을 줄뿐만 아니라 다른 특정한 요소가 없다면 바른 대답이라는 생각을 하게끔 한다. 그러나 우리들은 그것이 결국 바른 대답이라는 생각의 조지와 견해를 같이 하거나, 그것이 바른 대답이 아닐 수 있다는 짐에 대해 반론을 제기하는 등의 반응을 보일 것이다. 이러한 질문의 답변이 옳거나 질문이 명백하지 않음에 문제가 있다. 또한 그것은 어떤 종류의 고찰을 통해 그 해답을 찾을지는 또 다른 질문이다. 공리주의 입장은 다른 사람들을 위해 그들이 무엇을 할 것인가의 고려보다 그가 한 행동에 대해 어떠한 책임을 질 것인가에 초점을 맞추고 단순화시켜 고찰할 경우, 바라보는 경우수에 따라 관점이 달라 질 수 있음을 고려하지 않는다. 그러한 고찰은 통합성의 가치와 밀접하게 연관되는 생각이다. 그것은 종종 공리주의에서 적어도 그것의 직접적인 형태에서 통합성을 식별할 수 없는 것으로 만드는 경향이 있음을 말한다. 내가 비록 옳다고 느껴도 공리주의 입장에서는 나의 계획과 다수의 계획 간의 관계를 의식하여 논리적 정합성이 없다면, 통합성의 문제가 생겨 나의 행동으로 결단하여 단순하게 행동으로 옮길 수 없다고 본다.160) 우리는 상황에 대한 자신의 도덕적 결단과 그 결단이 미치는 영향의 관계를 깊이 고려하지 않을 때, 효용의 가치와 진실의 가치 사이에 괴리를 발견할 수 있다. 조지의 소신과 조지의 가정에 끼치는 영향은 통합적으로 고려될 문제이다. 이를 충분히 고려하지 않으면 약속을 파기하면서도 그것을 정당화시키거나 인격파탄의 상황이 사회공리의 증진으로 둔갑할 수 있다.

한 가지 이유는 그들이 행동에 대한 양자택일의 진행범위를 독립적으로 떼어두고 제한하는 것이다. 이 이의는 특히 두 가지 예의 첫 번째에 대립된다. 두 번째 이유는 그들이 필연적으로 진행 중인 관계에 있는 상황과 함께 하나를 제시하고 어떤 것이 그 행위자가 그 속에서 존재하는가에 관한 문제와 두 번째와 관련하여 발생하는 것 같은 도덕적인 고려와 상응하게 되는 문제를 떼어놓는다는 것이다. 그러나 이 어려움은 단지 받아들여져야 하고 누군가가 이 예들의 결점이 있는 것을 알아낸다면 그 때 그는 그 자신의 사고 안에서 그것들이 더 온전하고 덜 문제적인 형태가 되도록 개정해야만 한다. 만약에 그가 상상되어진 상황의 어떠한 제시가 다른 사람이 도덕적으로 잘못 인도된 것보다 다른 것에 있고 실제로 도덕적인 상황의 복잡성을 경험하는 증거를 대신할 것이 없다고 느껴진다면 그와 함께 이 토론은 확실히 멈춰야 된다.

매우 오랫동안 우리는 몹시 추상적인 수준에 머물러 있었다. 이것은 결과주의와 다른 견해의 차이에 대한 일반적 조건을 분명히 하기 위해 필수적이다. 만약에 우리가 어떤 특징이 사람들을 우리의 사고에 따른 어떤 결과로 이끄는지를 알기 원한다면 목적이 중요하다. 그러나 시금 두 가지 예에서 더 현실적으로 보이게 하는 것은 공리주의가 사람들에 대해 말하려 하는 것이고, 공리주의에 대해 말하려고 하는 가장 중요한 것은 상황에 대한 사고의 불확실한 방법에 의해 암시되는 것이다. 그 예는 필연적으로 도식화되고, 그것들이 해명하는 많은 의문만큼이나 추구해야 할 문제들에 노출되어있다. 도덕철학 내부에 중요한 문제를 구할 수 있는 특별한 두 가지가 있다. 물론 그것이 옳다 하더라도 그것은 필수적으로 우리가 공리주의를 배척한다는 것을 의미하는 것이 아니다. 왜냐하면 아마도 공리주의자가 때때로 제시하는 것으로써 우리는 일반적인 선에 대한 고찰로써 그런 것에 대한 호의 속에서 통합성에 대해 웃어야만 하기 때문이다. 그렇다고 공리주의자들이 통합성을 이해하지 못하는 이유가 어떤 사람의 계획과 그의 행동사이의 관계를

160) 이 통합성의 맹점은 밀이 우려했던 '다수의 전제'와 유사하며, 무엇보다도 사회에서 사람들이 다른 사람들의 시선을 의식하고 무비판적으로 사회적 관습과 관행, 편견 등을 수용함으로써 자신만의 의견과 삶의 방식을 택하지 않고 일반적인 분위기나 여론에 편승하려 하기 때문이다.

밀접하게 묘사할 수 없는 것에 있다는 것은 아니다.

두 종류의 원격효과

우리는 나의 상황과 다른 사람들의 상황 사이의 관계에 대한 질문에 대해 말해야 할 것들이 많다. 하지만 그러기 전에 우리는 딜레마가 올 수 있는 공리주의적 해결을 너무 서둘러서 종결짓는 것은 아닌지 물어봐야 할 것이다. 가능한 결정의 더욱 직접적인 영향이라는 것, 거기엔 정말로 다른 경우들의 대답에 대해 많은 의심을 드러내는 것으로 보이지는 않는다. 하지만, 그것은 더욱 간접적으로 영향을 계산하는 것이 공리주의의 흐린 관점을 찾을 것이라고 말할 지도 모른다. 그러므로 일을 갖기 원해 결정한 조지에게 영향을 끼치거나 그의 결정을 아는 사람들에게 영향을 끼치는 것이다.

장애가 되거나 실격이 되는 것으로부터 미래에 더욱 선을 행하는 일을 할 가능성은 앞으로 언급해야 할 것이다. 그러한 영향은 부분적이고 행위자의 특성에 가능성 있는 영향, 그리고 큰 공공의 영향-거짓말이나 약속을 깨는 것-에 대한 문제를 다루고 있는 공리주의자들에 의해 종종 요청되었고, 약간의 유사한 고찰들도 여기서 요청됐다. 거기에는 이러한 종류의 찬성에 대한 가치를 만드는 것을 매우 기본적으로 말하고 있다. 그 가능성 있는 영향은 보통 낮은 즐거움이라는 것에 대한 필연성인데 몇몇 경우들에서 정말로 요청되는 것은 부분적으로 거짓말하는 사람이 진실을 말하는 세계의 기질을 일깨우는 데 영향을 끼친다는 엉뚱한 공상이 표준이 되는 것이다. 이를 통해 훌륭한 도덕적 해결을 추구할 필요가 없어진다.

관습에 얽매이지 않는 믿음보다 더 온화한 부분적인 행동에 대해서 믿음의 필연성이나 가능성을 요구한다. 그것은 관습적인 이유로 친절을 베풀 수 있기 때문에 이것이 어떠한 것인지 말해야 할 것이다. 하지만 만약 공리주의가 이미 모든 행동의 결과를 적용하지 않는 방향을 제시하지 않는다면 아주 일반적인 점에서 벗어나 나는 공리주의자들에 의해 요청된 것의 2가지 유형의 영향을 생각해보길 원한다. 그리고 공상적인 경우들로 연결해보기를 요청한다. 그러한 태도나 행동은 때때로 특수하게 보일지 모르는 영향을 요청하는 것을 포함하고 있다.

첫째로 행위자의 심리학적 영향이 있다. 우리의 이러한 상황의 묘사는 조지나 짐의 계산과는 멀리 떨어져 있지 않다. 지금 이러한 영향의 공리주의자들을 위한 한 유형이 잇다. 몇몇의 혼란은 수용되어져야 한다. 즉 그가 잘못한 것을 생각하기 때문에 행위자가 안 좋게 느끼는 것, 그에게 이어서 일어나는 행위 관계는 무력하게 된다. 만약 결과의 균형이 그가 잘못하지 않은 것보다 이러한 영향을 요청하기 전에 나타난다면 말이다.

그래서 그 영향에 대한 변형은 이성적으로 공리적인 행위자가 되며 옳고 그름에 대한 판단을 가능한 한 다르게 만들 수는 없을 것이다. 그러나 아마도 그는 그가 결정하는 것에 대해 철저하게 합리적인 행위자가 아니고 나쁜 감정을 느낄 것이다. 지금 비합리적으로 보이는 엄격한 공리적 관점이 그런 느낌이다. 시종일관 공리주의적 계산에서 부담을 기분 좋게 가질 수는 없다. 그것 속에 모든 부담을 지지 않는 제안에 찬성하는 것을 잠시 생각해 볼 것이다. 하지만 짧게 그 공리주의는 그러한 느낌이 용기를 북돋우어 주지 않음을 느끼는 것을 합리적으로 말할 수 있다. 심지어 우리가 그들의 존재를 받아들이고 그들에게 용기를 많이 주면서 그들의 존재를 받아들이는 것조차도 말이다. 그렇지 않으면 최선의 방법으로 그들이 똑바로 그리고 계산에서 어떠한 할인도 없이 그들의 부담은 작아야만 하다. 그들은 결국 인간의 느낌 중 최상으로 느껴야 한다.

그러한 생각은 짐의 경우에서 부분적인 힘을 가지고 있는 것처럼 보일지도 모른다. 조지의 경우에서는 그의 느낌이 부담보다 더 큰 비율로 표현되거나 알맞다. 그러나 짐의 경우 그의 느낌은 매우 적은 부담으로 다른 것들과 비교된다. 힘 있게 인식되도록 요구한다. 제멋대로 하고 신경질적인 짐에 의한 거절로서 말이다. 그러한 것은 공리주의자들보다 다른 사람들에게 더 잘 나타나는데 공리주의자들에 의해 시종일관 동일하게 만들어 질 수 없는 것이다. 본질적으로 명예로운 것을 수용하려 할 때, 어떤 변형은 친숙해 진다. 강력한 공리주의의 무기라고 말할 수 있을 것이다. 그것은 성취를 할 수 있든지 없든지간에 명백해야 할 것이다. 그것을 최상으로 할 수 있는 것, 볼 수 있는 만큼 멀리 보는 것은 얼마나 주의 깊게 생각하느냐하는 것이 문제이고 그 이유가 무엇인지, 뭐가 잘못된 건지 생각하는 것이고 부분적으로 공리주의 관점에서 그 질문을 생각해보는 것이다. 행위자가 공리주의 관점에서 보지 않을 때 그러한 현상은 그가 하려는 것 앞에 나타날 수 없다.

그리고 만약 그가 공리주의 관점에서 보려고 한다면, 실질적으로 하는 대로 나타나는 것은 없다. 만약 그가 공리주의자 관점에서 그것을 보지 않는다면 그는 초대를 거절하는 것에서 그것을 보지 않을 것이고 그 안 좋은 느낌으로 연결 지어 받아들이지도 않을 것이다. 단지 그에게 동의할 수 없는 경험일 뿐이다. 그들의 형상은 다소 잘못 받아들여진 생각의 표현이다. 그는 받아들여지는 것으로써 물을 지도 모른다. 그가 옳은지 아닌지 생각해보고 또 정말로 완전히 진지한 것인지 아닌지 그 안에서 생각한다. 하지만 나타나는 주장은 그가 제멋대로 지나치게 까다로운 것이 되고 질문에 대한 자체의 해답, 혹은 그 해답에 대한 도움조차 되지 않을 것이다. 그것은 본질적으로 그에게 그의 느낌이 불행한 경험으로 느끼고, 또 할 수 없다는 것으로 말하기 때문이다.

그러나 그가 생각하는 것이 옳은지 그른 것인지 표시하는 것은 받아들여진다. 만약 그가 그의 불행한 경험을 느끼는 것으로 간주하기보다 공리주의자의 관점으로 그 주변을 본다면 가능하다. 그 까다롭지 않게 나타나는 것은 지금까지 무시되어 왔던 생각 속에 더해진 동의는 아니다. 그것은 그 상황의 생각을 하도록 불러 온 것이고 공리주의적 관점으로부터 온 자신의 느낌이다. 까다로운 호소가 공리주의적 숙고에 반하여 방종에 빠져드는 암시에 의해 매우 불안정하고 무기력해질 수 있는 이유는, 우리가 도덕적인 감정에 부속되는 공리주의적인 가치가 불확실한 사람들이기 때문이 아니라, 적어도 부분적으로는 공리주의자가 아니기 때문이며, 그리고 적어도 우리의 도덕 감정을 공리주의 가치목표로 간주할 수 없기 때문이다.

왜냐하면 세계에 대한 도덕적인 연관들은 부분적으로 그런 감정들에 의한 것이고, 그리고 우리가 공존할 수 있는가 없는가에 대한 감각에 의한 것이다. 그런 감정들을 순수한 공리의적 관점 즉 도덕적 자아의 외부에서 발생한 것으로 간주하는 것은 우리의 도덕적 정체성에 대한 감각을, 좀 더 정확히 하자면 자신의 통합성을 잃는 것이다. 이점에서 공리주의는 인간의 도덕적 감정을 소원하게 한다. 그렇다면 만약에 인간이 진실로 자신의 감정을 엄격한 공리주의적 관점에서 본다면, 짐은 스스로에게 아주 약간의 부담만 받으면 된다. 사실 한번이라도 그가 전혀 부담을 갖지 않는다는 관점에서 본다면 아주 꼴불견인 일이다. 조지의 경우에는 일들이 약간씩 다른 느낌을 받는다. 하지만 이것은 흥미로운 면이 있는데, 그 한 가지 이유로 근본적으로 영향을 받는 사람은 그의 부인이라는 점은 공리주의자에게 아주 모호하게 처리하기 때문이다. 조지의 부인은 조지의 통합성과 그것에 대한 그녀의 생각이라는 면에서 몇 가지 흥미로운 점이 있다. 인디언은 전혀 짐의 부인에게 관심이 없다. 그러나 공리주의가 그것의 차이를 어떻게 묘사할지는 전혀 명확하지 않다.

논쟁과 강력한 무엇으로서의 엄격한 공리주의는 이런 종류의 감정에 대해 옳고 그름의 계산으로서의 아주 미약한 부담을 주는 것이 아니라 그것에 대해 전혀 부담을 느끼지 않는 것이다. 만약 이런 식의 행동이 고려되기 전에 먼저 공리적으로 선호된다면 이런 종류의 행동에 관한 나쁜 감정은 불합리한 공리주의적 관점에서 나오는 것일 것이다. 만약 그렇다고 생각한다고 해도, 그런 감정들이 공리주의 척도에서 고려된 것이 아니라는 것은 아니다. 세계에서 최선을 찾는 것 그리고 행과 불행을 고려하는 현실적인 모습은 무엇보다도 잘 알려진 공리주의의 자랑거리이다. 공리주의가 공리적으로 불합리한 또는 적어도 불쾌한 감정의 발생의 감소를 강구하는 동안에도 그것이 존재하는 경우 심사숙고해야 한다. 이것은 의심의 여지없이 고전 공리주의 원칙이다. 그러나 갑작스런 거절이나 아마도 자기방어적인 결과 없이 그것을 고수할 수 없을 것이라고 여겨진다.

어떤 소수인종 사회를 가정해보자. 그들의 감정에 반하는 다른 시민의 아주 일반적인 관심을 고려해 본다면, 이 소수사회는 특별한 해가 없다. 또 다른 큰 혜택 또한 없음을 가정할 수 있다. 그것의 존재는 온건한 혜택의 중간관계에 들어간다. 이 조직의 다른 한편에서는 그들 존재를 아는 것만으로도 매우 불쾌한 것이다. 이 소수인종을 제거하려는 제안이 만들어 질 것이다. 만약 우리가 다양하고 아주 그럴듯한 것을 가정해본다면, 다수사회의 감정을 변화시키려는 프로그램이 지체되고 비효과적인 것처럼, 소수인종 제거가 소수사회에게는 불쾌한 것일지라도 공리주의적인 척도에서는 이 단계를 끝까지 선호할 것이다. 특별히 다수사회에게 아주 심각한 편견이 있다면, 즉, 소수인종의 존재가 아주 불편한 것이 되고, 공리성에 반하기 때문이다.

공리주의자는 당황스러운 결론에 도달할 것이다. 그것의 본성 때문이 아니라 도달한 것의 근거 때문이다. 비록 공리주의자가 어떤 다른 편견의 일련의 결과를 고려한다고 예상한다 해도, 다수사회의 편견은 소수사회에 대한 불쾌한 행동으로 표현될 것이다. 그리고 그에 따라 공리주의자는 편견을 가진 사람들의 불쾌한 경험을 조금이라도 받아들일 수 있는지 의심하게 될 것이다. 만약에 공리주의자가 조금이라도 그들을 받아들일 수 없다면, 다시 적응하려 했던 일반적인 도덕적 사고로부터 스스로 분리되게 되는 것이다. 또한 그의 관점에 저항하는 기로에 서게 되는 것이다. 이 감정의 일면을 본다면 그것은 공리주의적 관점에서 불합리한 것이다. 그리고 공리주의자들 전체를 통하여 그렇지 않은 것이고, 만약에 그것을 거부하려고 한다면 결국 그것을 깎아 내리려 들 것이다.

이성적인 공리주의자가 스스로 그것을 깎아내려 하는 것과 같은 감정에 의문을 품게 되기 때문에 사회에 대한 그의 척도로 그것을 깎아내리려 한다고 가정하는 것은 맞는 것이다. 그는 그렇게 많은 감정에 무게를 느끼는 것을 불합리하게 볼 것이다. 그들의 입장에서 고려해본다면, 그것을 가진 경험에 대해 반드시 회상할 것이다. 그것은 불합리한 공리주의적 관점에서 나온 것에 기초한 것이고 공리주의 원칙에 따르는 것이다. 이것을 인정한다면, 도덕적 사고를 그에게 맞는 다른 면에 포함시키는 것이 합당해 보일 것이다. 그리고 완전히 그들의 입장에서 무고통과 불쾌하지 않음이라는 원칙에서 이런 감정들을 깎아내리는 것은 공리성의 총계에 포함시키는 것이다. 그것은 단지 불합리한 공리주의적 기준에 의한 관점을 견지하기 때문이다. 그러나 만약 그가 그것을 수용하며, 우리가 현재 전혀 추가부담을 고려하지 않는 상황이라면, 조지나 짐의 선택에 나쁜 감정을 배제할 것이다. 만약 그들 선택의 그런 감정들을 배제한다면 무엇보다도 공리적으로 합리적인 것이다.

통합성

언급된 두 상황이 공통성이 있는데 그것은 만약 행위자가 어떤 불유쾌한 짓을 하지 않았다면 다른 누군가가 했을 것이고, 적어도 결과상 짐의 상황에서는 다른 사람이 행동한 후의 일의 상태일 것이고, 그가 그렇게 했다면 짐이 행동한 뒤보다 더 악화될 것이다. 조금 적은 척도로, 동일함은 조지의 경우 진실성이다. 이미 말했던 바와 같이 그것은 부정적 의무의 강한 원칙을 제공하는 결과주의의 고유한 점이다. 만약에 내가 갑을 행할 경우에 1이 되고, 그리고 갑을 하지 않으면 2가 되리라는 것을 안다면, 2는 1보다 더 나쁜 것이다. 그리고 만약에 내가 자발적으로 갑을 하지 않는다면 2는 나에게 책임이 있는 것이다. 만약에 다른 인디언들의 친척들에 의해서 그가 거절을 했다면, '당신은 막을 수도 있었어.'라고 말하는 것은 진실로 짐에게 해당하는 것이다.

현재 상황에서, 2상태는 1보다 더 나쁜 결과를 초래하는 다른 행위자를 포함한다고 가정해 보자. 내가 을을 하지 않음으로서 발생되는 더 나쁜 결과로서의 이 지점까지 2가 확인되지 않는 동안에는 그 다른 것이 초래하는 것은 2라고 말할 수 있다. 그러나 그 상황을 간과할 것이다. 만약에 짐이 행동을 억제해서 단지 20명의 인디언이 죽은 것이 아니라, 페드로가 20명의 인디언을 죽이는 일이 일어났다면 그것은 페드로가 초래한 결과가 아니다. 비록 인디언들이 죽었지만, 우리는 이렇게 말할 수 있다. 다른 누군가의 행위가 누군가의 행위의 결과에 포함될 수 있는 동안에는 누군가의 행위는 누군가의 행위의 결과에 포함되지 않는다. 지금 한 말과 같이 그렇기 때문에 단지 아주 미약한 상황만이 만족될 수 있다. 왜냐하면 페드로의 인디언 살해는 짐의 거절의 결과이기 때문에 만약 짐이 거절하지 않았다면 페드로는 하지 않을 것이라는 가정은 단지 우연한 진실이 될 뿐이다.

어떤 의미에서는 그것이 일어났다면 그 결과에 대한 짐의 책임에 대해 충분히 말할 수 있을 것이다. 그러나 그것은 분명히 충분하지 않고 다만 짐이 그것을 일어나게 할 것에 대해서는 말할 가치가 있다. 그것들의 발생에 대해 이 방식을 용인한다면, 그는 단지 페드로가 발사하게 하는 것으로 말미암아 그것들을 발생시킬 수 있을 것이다. 그러나 그 거절이 바로 페드로가 발사하게 했다는 것은 받아들일 수가 없다. 만약에 대장이 짐의 거절에 대해 '너는 떠나야만 한다.'고 말했다면, 그 어구를 쓰는 대부분의 사람처럼 그는 거짓말을 했을 것이다. 비록 죽음과 살해가 짐의 거절로 인한 결과일지라도, 페드로의 행동에 대한 매개물 역할로서, 짐의 세상에 대한 영향은 결국 오도되는 것이다. 왜냐하면 페드로에 대한 짐의 계획을 예측하는 경우, 꾸밈과 의도를 가진 악역으로서의 페드로를 제외하는 것이기 때문에 짐의 결정에 대한 페드로의 기획이 미치는 영향을 제대로 폭로할 필요가 있는 것이다.

공리주의에서는 사람을 행복하게 하는 것이 다른 사람을 행복하게 하는 것뿐만 아니라, 어떤 광범위한 계획 혹은 복음적이고 교화적인 참여의 말이 미치는 효과의 범위까지 포함하는 것을 인정한다. 사람은 인격으로서, 원인으로서, 단체로서, 직업인으로서, 천성으로서, 혹은 위험한 추구와 같은 것들을 이행할 수도 있다. 이것들 중에 그 자체가 행복의 추구인 것은 아무것도 없다. 매우 고전적인 단조로움에 의해서, 그것이 단지 그렇다는 이유로 어떤 것이 될 수 있거나, 적어도 성공할 수 있는 아주 적은 기회가 될 수 있는가는 전혀 명확하지 않다. 행복은 다소 어떤 것에 몰두되거나 적어도 만족함을 필요로 한다. 공리주의자들이 이 점을 수용 하는 것이 불가능한 것이 아니다. 그것은 욕망과 행복사이의 관계에 관한 지성의 고지식하고 불합리한 철학에 짐을 지울 필요는 없다. 만약 그런 이행들이 가치가 있는 것이라면 그것들에 수반되는 계획을 추구함과 그런 계획들을 깨닫는 것이, 가치 있는 사람들을 행복하게 해줄 것이라는 것이다. 그렇게 주장하는 것이 여전히 틀릴 수도 있다. 이행은 그를 행복하게 해주는 그의 생각과는 무관하게 그를 이해할 수 있게 해준다. 그러나 그것이 현재의 초점은 아니다. 우리가 공리주의를 수용한다면 모든 가치 있는 사람의 계획은 하나 혹은 다른 방법으로 행복으로 인도해 줄 것이다. 문제는 그것이 진실일지라도 그것을 현재 따를 수가 없으며 진실이 될 수 없다는 것이다. 그런 계획들이 스스로의 행복을 추구하는 계획일지라도. 그 이외의 것들을 믿거나, 혹은 조금이나마 원하거나, 아니면 정말 조금이라도 만족하려면, 현재 만족함을 믿어야 한다.

공리주의에서 행복을 극대화하려는 일반적인 목표가 모든 사람의 행위가 단지 행복추구를 함축하는 것은 아니라는 것에 기꺼이 동의할 것이다. 반대로, 사람들은 다른 것을 추구한다. 추구하는 다른 것이 무엇일지라도 공리주의자들은 전문적인 경험의 발걸음을 내딛고 그것을 찾도록 제대로 준비해야 한다. 확실히 몇몇의 가능한 계획은 저지해야 될 것이다. 물론 다른 것들에 대한 행복추구의 하향 평균적 요소는 배제시켜 나가야 될 것이다. 비록 그렇다 해도, 엄격한 공리주의자의 깜빡이지 않는 감시관의 눈은 파괴적인 매개물의 만족을 긍정적인 면에 포함시키려 할 것이다. 그 이외에는 대체로 이롭고 적어도 해가 없는 계획이 다양하게 요청되는데, 이는 곧 '나은 행복'을 준비하기 위함이다.

우리가 여기서 말하는 '나은 행복'이라는 말은 수용을 위해 심사숙고할 필요가 있다. 예를 들어서 그런 사람들은 덜 좌절하거나 자살을 더 이상 고려하지 않게 된다. 그러나 어떤 기준에 의해서 공리주의적 관점으로부터 승인된 가정의 이 과잉 요소들을 위치시킬 것인가? 더한 만족의 정도를 제외하고는 엄격한 공리주의적 관점에서는 그것에 대한 근거가 없다. 그러나 유용성이 없거나, 혹은 문제가 발생하지도 않을 것이다. 공리주의적 관점에서는 근본적인 기피사항은 불합리하거나 오류에 근거한 것이 되기 때문이다. 이제 공리주의의 대리인으로, 그리고 바람직한 결과를 최대화하려는 높은 수준의 계획으로 되돌아 가보자. 이 수준에서, 단지 다음의 것을 수행할 것이다. 실제로 구성되는 결과가 완전히 사실들에 의존하는가, 스스로를 찾을 수 있는 곳의 근처에 있는 원인이 되는 장치의 계산할 수 있는 영역에 있는 계획과 잠재만족을 가진 사람은 어떤 사람인가. 그만의 실질적인 계획과 수행이 들어가게 되면 단지 다른 것들 사이의 큰 하나이다. 그가 그렇게 된 곳으로부터 도울 수 있는 것들 사이의 어떤 형태의 만족을 잠재적으로 제공한다. 그는 특정한 시간의 특정한 지점에서 일어나는 만족체계의 대리인이다. 짐의 경우에는 남아메리카에 있었다. 공리주의 대리인으로서 그의 결정은 그가 있는 곳으로부터 영향을 받을 수 있는 만족의 작용이다. 그리고 이것이 의미하는 바는 다른 사람의 계획은 불확실하게 엄청난 범위로 그의 결정과 구별된다.

이것은 긍정적이거나 부정적일 수도 있다. 만약에 결정의 원인영역 안에 있는 대리인이 적어도 무해한 계획을 가시고 있다면 그리고 도움이 된다면 긍정적이 될 것이다. 똑같이 부정적일 수도 있는데, 만약에 해로운 계획을 가진 대리인이 원인영역에 있다면 그렇게 될 것이다. 그리고 만족스런 결과의 최대화를 망칠 것이다. 짐과 병사 페드로가 그래서 그렇게 된 것이다. 공리주의적 관점에서 보면, 많은 결정으로서의 다른 사람들의 불만족스런 계획은 부정적인 방법으로, 만족할 만한 것으로서의 어떤 이의 결정은 긍정적으로 된다. 만약 그 사람들이 다른 계획을 가지고 있는 것이 아니라면, 원인관계는 달라질 것이다. 그리고 그것은 결정을 구별 짓는 실제적인 원인관계의 상태인 것이다. 다른 사람의 계획에 의한 결정의 무한정도의 구별은 단지 그들의 계획에 의한 꽤 넓은 범위로 형성된 원인체계에서의 최고를 실현하기 위한 자신의 무한책임의 또 다른 국면일 뿐이다.

그렇게 구별된 결정은 공리주의에게는 옳은 결정이다. 그러나 그것이 나의 어떤 계획과 상충된다면 어떻게 할 것인가? 공리주의자는 이렇게 말할 것이다. 이것은 이미 다루어진 것으로 당신의 계획을 충족시키는 만족 그리고 다른 사람에 대한 당신 행동의 어떤 만족은 이미 평가 장치를 통과했고, 그리고 불충분하다고 알고 있다. 여러 종류의 계획들에서 그것은 아주 합리적인 일련의 대답이다. 그러나 내가 '수행'이라고 부르는 일련의 계획들의 경우에 있어서, 그것들은 더 깊고 넓게 포함되고 확인된 것이다. 이것은 단지 그 자체로 충분한 대답이 되지는 않는다. 그리고 충분한 대답이 없을지도 모른다. 왜냐하면 최대의 사례들을 보아도, 어떻게 인간이 공리주의자로서, 공리주의 대리인으로서, 다른 사람과 중요치 않은 것과 그리고 그가 세운 그의 인생의 행동 계획을 만족한 것으로 간주할 수 있겠는가? 그것은 어떤 누군가의 계획에서 어떻게 공리주의 총계가 산출되겠는가?

여기에서의 논점은 공리주의자들은 서둘러 말할지도 모르지만, 만약 태도계획이 인생의 중심이 되고, 그리고 그것을 포기한다면 그에게는 매우 불쾌한 것이 될 것이고, 또 공리의 큰 손실이 포함될 것이다. 이미 말했듯이 그것은 그런 게 아니다. 반대로 일단 그가 그것은 그렇게 보려고 한다면 많은 중대한 사례에서의 논쟁은 어쨌든 끝난 것이다. 문제는 어떤 경우에는 깊은 수준에서 심각하게 받아들이는 계획과 태도의 흐름으로서, 그의 인생에 관한 행동으로서 인지한다는 것이다. 인생의 국면으로서 어떤 경우에는 심각함이 지속적으로 같이 유지되지 않는다. 그런 사람에게 요구한다는 것은 불합리한 것이다. 다른 사람의 계획과 부분으로 구별되는 공리집합으로부터 총계가 산출될 때, 그는 단지 자신의 계획과 결정과 공리주의 계산이 필요로 하는 결정의 인지로부터 한걸음 옆으로 비켜서면 된다. 그것은 자신의 것을 포함해서 모든 사람의 계획의 입력과 낙천주의적 결정의 산출사이의 경로로 그를 집어넣는 것이다. 그러나 이것은 그가 가장 가깝게 인지한 계획과 태도로부터 나온 일련의 흐름으로 그 대상에 대한 행동과 결정범위를 무시하는 것이다. 따라서 이것은 문자적인 의미로 자신의 정체적 통합성에 대한 공격이 된다.161)

이 일련의 숙고들은 그 자체로 우리 예에서 제시되는 것과 같은 실제적인 딜레마에 대한 답을 주지는 못한다. 그러나 그것들에 대해 다른 방법의 사고를 제시하는데 도움이 될 것이라 믿는다. 사실, 조지의 경우에 이 시각으로부터의 관점에서는 공리주의적 해결이 틀렸을 것이라고 가정하기는 어렵지 않다. 짐의 경우는 다르고 또 어렵다. 그러나 만약에 공리주의가 이 경우에 옳은 것이라면, 단지 공리주의의 의문에 대한 묻는 것으로는 알 수 없다. 내가 누군가를 살해하는 것과 누군가 살해된 것이 나의 행위로 말미암은 것 사이에는 중대한 구분이 있다. 그 구분이 근거하는 것은 유위와 무위 사이의 구분이라기보다는 나의 계획과 누군가의 계획 사이의 구분이다. 공리주의자가 아닐 경우에 이러한 차이점을 중대하게 받아들이는 데서 출발할 것이다. 그러나 왜 그 구분이 덜 되는지, 혹

161) 자신을 더욱 행복하게 만들 것이라든지, 그렇게 하는 것이 현명하거나 심지어 정당하다고 한다든지 하는 등의 이유로 인해서, 어떤 행동을 하거나 자제하는 것을 강제하는 것이 정당화될 수는 없다. 물리적 강제력을 정당화하기 위해서는, 그가 행하지 못하도록 제지당하는 행위가 타인에게 해악을 조장할 것이라는 사실이 예측되어야만 한다. 어떤 개인의 행위 중에서 사회에 책임을 져야 할 유일한 부분은 타인과 연계되어 있는 부분이다. 단순히 자신에게만 연관된 부분에 한해서, 개인의 독립성은 절대적이다. (『자유론』, 김형철 역, 서광사, 1992, 22-23쪽)

은 다른지를 묻는 것에서 성립될 것이다. 이 경우는 조지의 경우보다 더 설득력 있다. 여기서 질문을 하나 한다면, 사실 단지 살해되는 것에 대한 거부와 살인을 범하는 것에 대한 반감의 차이이기도 하다. 이것의 또 다른 특징은 위험에 처한 사람들의 현실성이, 가정 혹은 미래의 불투명한 위험보다 얼마나 심각한지를 짐작하는 일이다.

그런 질문들에는 많은 고찰이 있다. 그러나 이 모든 것의 즉각적인 문제는 공리주의와는 대조되는 특별한 것을 유인한다. 그런 경우에 토대가 되는 결정에 도달하기 위해서는 어떤 이의 반응, 욕구, 공리양식에 맞닥뜨려 깊이 행해진 계획, 아직 추가되지 않은 것을 폄하된 문제로 취급하지 말아야 한다. 그러나 첫 번째 예에서 그들을 이해하려 해야 한다. 물론 시간과 상황으로 적어도 짐의 경우에는 가능하지만, 토대가 되는 결정을 내리지는 못한다. 합리적이고 체계적인 방법으로서의 사고 대신에 공리에 관한 것이든, 인간생활의 가치에 관한 것이든, 생명이 위협받은 사람들의 관련 등등, 위험에 처한 사람은 그것의 영향을 받는다. 즉각적인 것의 중요함이 과소평가 되어서는 안 된다. 공리주의자뿐만 아니라 철학자들은 반복적으로 세계의 내부 본질을 볼 것을 주장하지만, 그 내부를 보려는 상태가 좋은 것만은 아니다. 만약 우리가 우주적 만족 체계의 행위자가 아니라면, 우리는 본래 어떤 가치체계의 수문장도, 심지어는 우리 자신의 수문장도 아니다. 아주 종종, 단지 우리가 처해있는 상황에서 어쩌면 혼란스런 결과로서 행동한다. 공리주의라는 명분으로 개인의 존엄성과 가치를 폄하하는 일이 자행되어서는 아니 될 것이다.

공리주의는 산업혁명으로 인한 빈부 차와 무절제한 경쟁 등의 문제점을 해결하고자 등장한 것이다. 그 기본사상은 '인간이면 누구나 태어날 때부터 쾌락을 추구하고 고통을 피하고자하는 경향을 가진다.' 라는 긍정적 인간관에서 출발하였다. 그리하여 행동의 옳고 그름이 그 행동이 결과한 쾌락의 유무, 혹은 많고 적음으로 결정된다고 생각하였다. 이들은 인간 삶의 목적이 쾌락이나 행복의 추구에 있다고 보았지만, 개개인 모두가 저마다 자신만의 쾌락이나 행복을 추구하면 사회는 혼란에 빠지게 되므로 다수의 최대 행복을 강조하며 부각시켰다. 여기서의 공리주의의 행동강령은 이와 같다.

첫째, 인간임을 기억하며 공익을 우신시하라.

둘째, 실제생활에서 적용된 것처럼 똑같은 기준과 행동을 고수하라.

셋째, 현재 자신이 어떤 곳에 접속해 있는지 알고, 그곳 문화에 어울리게 행동하라.

제3의 물결을 이끈 학문분야는 화학이며, 이것을 토대로 한 응용학문은 전자공학 이었다. 새로운 생활양식과 핵가족과 다른 새로운 가족 형태, 전자 주택이라고 할 만한 새로운 직업과 주택의 일치 생활들이 나타나고, 규격화와 동시성화, 중앙집권화라는 산업 사회의 제약을 뛰어넘어 에너지와 부, 권력의 집중화를 뛰어 넘는 여러 모습이 확인된다. 정보나 지식은 태도나 가치관 등 사회상징물은 물론 정보와 데이터, 상징과 표상을 포함한다. 제 3물결 시대의 새로운 계급은 과연 누구이겠는가? 창의적 지식을 행동과 결합시키는 혁신자일 것이다. 새로운 조직의 탄생을 볼 수 있는데 자발적인 팀이 그러하다. 앨빈 토플러(Alvin Toffler)의 세 권의 저서, 『미래 쇼크(future shock)』, 『제 3물결(The Third Waves)』, 『권력이동(power shift)』의 내용 가운데, 『미래쇼크』는 *변화의 과정*에 중심을 두고 변화가 인간과 조직체에 어떠한 영향을 미치는가에 대해, 『제 3물결』에서는 *변화의 방향*에 중심을 두고 오늘날의 변화가 우리를 어디로 데려가는가에, 그리고 『권력이동』은 *변화의 통제*에 대해, 즉 앞으로의 변화를 누가 어떻게 통제할 것인가에 대해 각각 표현한다. 현대의 공리주의 정신은 이러한 변화의 과정, 방향, 그리고 통제와 밀접하게 연관을 맺고 있다.

오늘날 우리는 제3물결문명의 새로운 정보영역을 구축해 가는 과정에서 우리주위의 죽은 환경에 생명대신에 지능을 부여하고 있다. 이의 주역은 단연 컴퓨터로서 초기 중앙집권적 거대 형태의 집중 두뇌로부터 이제는 한곳에 집중화하지 않고 분산되기에 이르렀다. 이 같은 컴퓨터의 용도는 세금계산이나 기록에서 각종 정보의 제공, 개개인간의 통신교환을 통한 공동관심사를 가진 사람들로 구성된 전자공동체를 만들어 낸다. 새로운 정보영역이 가져올 변화의 보다 큰 중요성은 매체의 탈대중화와 이에 수반하는 컴퓨터의 등장이 우리의 사회적 기억을 변화시킨다는 점이다.

인간이 사회적 기억을 만들고 저장하고 사용하는 방법을 변경하는 것은 인류 운명의 근원 자체를 변경하는데 해당한다. 최초에는 역사 신화 민담과 같은 것을 현인 연장자가 기억함에 그쳤고 산업사회의 문명은 인간의 두뇌에서 기억을 끌어내어 활자화 하여 도서관 박물관에 저장 하였다. 그러나 제3물결 문명은 그 기억의 방대함과 함께 생명력을 불어넣고 있다. 우리는 컴퓨터에게 생각할 수 없는 것 또는 생각지 못했던 것을 생각하도록 만들 수가 있다. 이 때문에 새로운 아이디어와 이론, 이데올로기, 여러 방면의 혁신들이 쏟아져 나올 수 있게 되었으며 컴퓨터는 이처럼 역사변화를 가속화시키고 제3물결사회의 다양화를 추진하는 원동력을 제공해주고 있다.

이처럼 제3물결은 국가 차원을 초월하는 이해관계를 지닌 집단들을 만들어 내고 있다. 이러한 집단들이 '지구의식' 이라고 불리는 세계주의 이데올로기 출현의 기초가 되고 있다. 그리고 세계주의의 출현은 하나의 진화론적 필연으로서 전체 우주까지를 포용하는 '우주의식(cosmic consciousness)'에 한 걸음 더 다가선 것이라고 간주된다. 이러한 공리주의 의식에 이르기 위해서는 역설의 논리가 【미래를 다시 생각해보기 위한 여섯 가지 단계】(Six steps to rethinking the future)에서 특히 강조된다.[162]

---

162) 공리원칙을 다시 생각해보는 것은 우리의 조직, 사회, 개인 생활을 이끌어주었던 원칙들을 새롭게 보는 것이다. 그것은 우리가 미래를 창조할 힘을 가지고 있다는 것을 인식하며, 우리가 살고 있는 불확실한 세계에서 의미를 찾는데 초점을 맞추고 있다. 또한 역설을 통해 활로를 찾는데 실질적인 도움을 제공한다. 현재는 우리의 삶을 인도해주었던 원칙이지만, 어떻게 될지 모르는 불확실한 미래에서는 공리원리 자체에 변화가 있을 수 있다는 점이 역설논리로 간주된다.

제 8장 메타윤리론

◇◇ 풀잎에도 상처가 있다 ◇◇

풀잎에도
상처가 있다
꽃잎에도 상처가 있다
너와 함께 걸었던 들길을 걸으면
들길에 앉아 저녁놀을 바라보면, 상처 많은 풀잎들이
손을 흔든다. 상처 많은 꽃잎들이
가장 향기롭다

【정호승의 시집《너를 사랑해서 미안하다》에 실린
시 <풀잎에도 상처가 있다>중에서】

제 8장 메타윤리론

논리실증주의 분석적인 방법을 윤리학 또는 가치론에 적용함으로써 생긴 윤리이론을 우리는 메타(meta)윤리라고 부른다. 현대의 정서주의 윤리가 그 대표적 사례라고 할 것이다. 이는 논리실증주의의 영향을 받고 있는데, 완성된 철학 체계의 이름이 아니라 하나의 철학적 방법을 가리킨다. 이처럼 논리실증주의에 따르면 철학의 사명은 궁극적 실재를 밝히거나 가치근거로서의 '절대자'를 파악하는 일이 아니라, 사상의 의미를 논리적으로 명백히 함에 달려 있다. 그 올바른 방법은 사상전달에 사용되는 언어분석을 하는 것이다. 따라서 검증가능성이 있는 명제와 동의어반복을 제외한 모든 발언은 인식론 견지에서 볼 때, 무의미하다는 견해에 도달하며 '도덕 판단'이 동의어 반복이 되어 분석판단대상 아님이 분명해진다.

따라서 그것이 학문연구의 대상이 되려면, 검증기준에 의해 객관적 타당성을 가져야 할 것이다. 그러나 정서주의 '도덕 판단'에는 보편타당한 검증 가능성에 대한 다양한 의문과 반론이 제기된다. 즉 도덕 발언은 경험세계의 현상을 서술하지 않고, 당위의 추상논리에 근거하여 정당성을 주장함으로 서로 다른 관점의 사람에게 많은 상처를 안겨준다. 그 예로써 "약속은 지켜야 한다."는 발언은 발언자의 감정을 표명하면서 듣는 이의 사정을 고려하지 않은 채 감정을 유발시킨다. 그러나 관점과 해석을 달리하면, 공허한 당위의 메아리가 되어 객관사실에 있어서는 명료한 대상으로 검증받을 수가 없다. 현대의 메타윤리의 등장에 따라 도덕적 불일치와 윤리이론의 갈등현상이 윤리담론으로 형성된다. 먼저 정서주의 도덕론을 살펴보고, 도덕적 불일치와 정서주의, 현대윤리이론의 분열에 대해 차례대로 살펴보게 될 것이다.

☆ 탐구문제

1. 메타윤리 판단에서 주요 관심사는 무엇인가?
2. 윤리적 판단이 사실진술과 차이가 발생하는 이유는 무엇인가?
3. 메타윤리에 대한 논리실증주의의 영향을 말하고, 윤리적 개념의 타당성의 기준과 검증가능성에 대해 구체적으로 설명한다면?
4. 윤리학 연구에 종사하는 사람들이 도덕과 무관한 활동을 할 수 있는가?
5. 전쟁불가피론에 대한 논쟁의 타당성과 토론의 의미는?
6. 도덕적 불일치의 주요 원인은 무엇인가?
7. 현대사회의 도덕 해이현상과, 현대 윤리이론 분열의 주요 원인은?

8-1. (가)에 근거한 인간관을 받아들일 때 나타날 수 있는 문제점을 2가지만 쓰시오

【서양 윤리 사상은 인간의 본성을 이성에 의한 사유 활동과 (가) 감각적이고 육체적인 본능이나 욕구를 충족시켜 나가는 활동에 근거하여 설명하였다. 이러한 논의는 고대 그리스 철학으로부터 시작되었다. 그리스 철학자들은 세계를 두 가지로 나누었다. 하나는 이성에 의해 알 수 있는 세계이고, 다른 하나는 감각에 의해 알 수 있는 세계라고 하였다. 그리고 (나) 행복

한 삶은 인간의 이성 활동에 의해 감각적 충동이나 정념(情念) 등을 억제하고 선과 덕을 실천할 때 이루어진다고 보았다.】(02'임용고사)

8-2. (나)의 경우 도덕적 가치의 성격을 어떻게 규정할 수 있는지 서술하시오.

1. 정서주의 도덕론

정서주의의 대표적인 인물이 에이어(A. J. Ayer)이다. 그는 언어를 논리적으로 분석함으로써 윤리학을 비판하고 있다. 왜냐하면 어떤 문장이 의미를 가지려면 그 문장은 그 문장에 사용된 술어정의에 의하여 진위분석을 할 있는 비사실적 · 논리적 진술이거나, 또는 경험적 관찰을 통하여 그 진위를 확률적으로 밝힐 수 있는 사실진술이라야 한다. 그러나 이른바 '도덕판단'은 위의 두 가지 판단 가운데 어디에도 속한다고 말할 수 없는 없기기 때문에, 윤리학은 학문적 필요충분조건을 충분히 갖추지 못했다고 본다. 윤리명제로서 평가적 언어에는 서술적 의미는 없고 오직 정서적 의미만이 남아 있다.

다시 말하면, 평가적 발언은 그 발언자의 감정을 표명하거나 듣는 이로 하여금 어떤 감정을 느끼도록 유발하는 구실을 할 뿐, 사실에 관해서는 아무것도 알려 주지 않는다고 한계를 갖는다. 현대 윤리학자, 에이어(A. J. Ayer)는 이전의 관점에서 많은 학자들이 사실판단과 가치판단이 문법적으로 같은 구조언어로 표현된다는 사실에 현혹되어 이 두 가지 판단들의 논리성격의 차이를 간과했기 때문에 윤리학적 혼란을 가져왔다고 비판하고 있다. 그러나 윤리명제에 정서적 의미밖에 없다는 정서주의의 주장은, 도덕문제를 둘러싼 사람들의 대립이 오직 욕구와 기호 또는 감정대립을 의미할 뿐, 거기에는 아무런 신념(belief) 대립도 나다나지 않는다는 결론에 봉착함으로 신념체계에 대한 왜곡현상이 심각하다. 따라서 에이어의 주장에서는 도덕 가치는 결코 알려질 수 없다는 가치 회의주의에 빠지거나, 가치 허무주의로 귀착되는 자각당착에 이르게 된다. 이른바 '선결문제 요구'의 오류를 범하고 있다고 비판을 받는다. 그럼에도 불구하고 도덕문장의 분석에 대한 에이어의의 새로운 시도는 윤리학의 신선한 탐구방법의 인식지평을 열어 주고 있다고 말할 수 있기 때문에 그의 주장을 경청해 본다.[163)]

윤리적 판단의 정의

모든 종합적 명제는 경험가설이라는 견해가 정당하다고 말하기 이전에 이를 좌우하는 또 다른 반론에 주목하게 된다. 이 반론은 우리의 사변지식이 판명한 두 가지 종류, 【경험적 사실문제에 관한 것·논리적 가치문제에 관한 것】에 관한 공통적 추측이 있다. 가치진술은 종합명제라고는 말할 수 있지만 그것은 어떤 정당성을 표시하기 위해 가설로서 표현할 수 없다. 여기서 가설은 감각작용과정을 예견하는데 사용된다. 그리고 사변지식의 한

163) A. J. Ayer, 'The Emotive Theory of Morality', *Language, Truth and Logic* (New York: Dover,1952)

분야로서의 윤리학이나 미학은 경험주의자들의 주장과 상치되는 측면이 부각된다.

이러한 반론이 있음에도 불구하고, 스스로 만족하면서 경험론자의 일반원리에서 볼 때도 일치하도록 가치판단을 담론하는 것이 우리의 임무이다. 즉, 우리는 가치판단이라고 하는 것이 중요한 의미를 가지는 한에서, 그것은 보통 말하는 과학진술에 해당되지만, 그것이 과학적이 아닌 경우에는 *참이나 거짓이 될 수 없는 단순감정*의 표현에 지나지 않는다는 것을 주장할 수 있다. 이러한 견해를 주장함에 있어, 우리는 윤리진술의 경우에 국한될 것이다. 이에 관한 것을 적절한 변경을 하여 미학진술의 경우에도 적용할 수 있다.

윤리학자들의 여러 저서에서 나타나듯이 윤리학 일반체계가 동일한 통일성을 이루기에는 아직 무리가 따른다. 일반적 윤리체계를 보면 단편적으로는 형이상학이 내포되어 있는가 하면, 경우에 따라서는 비윤리적 개념분석도 함축하고 있다. 이처럼 사실윤리내용에는 다양성이 드러나며 이를 우리는 네 가지 분류로 나눌 수 있다.

첫째, 윤리용어에 대한 정의를 표명하는 명제들이다. 정의의 정당성을 다루는 명제들이다.

둘째, 도덕경험 현상과 그 인과관계를 기술하는 명제들이다.

셋째, 도덕적 판단에 대한 권고 명제들이다.

넷째, 사실적 윤리 판단 명제들이다.

불행하게도 이 경우에 있어서 네 분류간의 엄격한 구별이 존재하지만, 고전 윤리학자들은 이를 등한시 하였다. 그렇기 때문에 고전 윤리학자들의 저서와 그 학자들이 발견하고 논증하려는 것이 과연 무엇인가를 식별해 내기란 대단히 어려운 일이다.

사실적으로 네 가지로 분류된 가운데. 첫 번째는 윤리용어의 정의에 관한 명제를 포함으로 이들 명제는 도덕철학을 구성하는 것이 분명하다. 두 번째의 도덕경험 현상 및 인과관계를 기술하는 명제는 심리학이나 사회학에 일임하여야 한다. 그리고 세 번째의 도덕관점에 대한 권고는 명제라기보다 오히려 독자로 하여금 어떠한 종류의 행동을 하게끔 하는 절규의 표현이나 명령에 해당한다. 따라서 그것은 철학이든가 혹은 과학 분야에 속하지는 않는다. 넷째 번의 윤리판단의 표현에 관해서는 그 표현을 어떻게 분류할 것인가를 결정하기란 결코 쉽지 않다. 이러한 윤리판단은 분명히 정의에 대한 설명이 아니며 인용어도 아니기 때문에, 그것을 도덕 철학에 속한다고 단정할 수가 없다. 그렇기 때문에 윤리학에 관한 엄밀한 의미에서의 철학논설은 윤리적인 발표와 무관하다. 그렇지만 그것은 윤리용어를 분석함으로써 그러한 발표가 속해 있는 범주가 무엇인가를 제시할 수 있게 될 것이다. 이것이 바로 우리가 지금 하려는 작업과제에 해당한다.

간혹 윤리학자 간에 논의되는 문제는 모든 윤리용어를 한 두 개의 기본용어로 환원할 수 있는 정의를 발견하는 것이 과연 가능한지의 물음이다. 그러나 이 문제가 틀림없이 도덕철학에 속한다 할지라도 우리가 현재 요구하는 바와는 상관관계가 없는 것이다. 지금 우리 과제에서는 윤리용어의 범주에 있어서 과연 어떠한 용어가 기본적으로 취해져야 하는지를 밝히는 것과 무관하다. 그 기본적인 것은, 선이라는 말이 정의라는 말로서 규정될 수 있는지 혹은 정의라는 말이 선이라는 말, 또는 선이라는 말과 정의라는 말이 가치라는 말로서 규정될 수 있는지를 살펴보는 것이다. 우리가 흥미를 느끼는 것은 모든 윤리용어가 비윤리 용어로 환원될 수 있는 가능성에 관한 것이다. 우리가 요구하는 바는 *윤리 가치진술이 경험 사실진술*로서 설명될 수 있느냐의 여부이다.

그 진술이 이와 같이 설명될 수 있다는 것은 보통 주관적 입장에 있는 윤리학자와 공리주의자들이 다 같이 주장하는 경우이다. 왜냐하면 공리주의자들은 행동의 타당성이라든가 목적에 대한 선성을 표현할 수 있는 쾌락, 행복 혹은 만족이라는 용어로 규정하며, 주관주의자들은 어떤 사람 혹은 일군의 사람들이 그 타당성, 또는 선성에 대해서 찬성의 감정으로서 규정하기 때문이다. 이와 같은 종류의 정의라고 하는 것은 도덕 판단을 심리적 판단이나 사회적 판단에 놓기 때문에, 이런 현상은 우리가 대단히 주목할 바이다. 왜냐하면 어느 편이 정당하다고 한다면, 윤리주장은 그와 상반되는 사실주장과 다르지 않다는 결론이 되며, 우리가 이미 경험가설에 관하여 한 설명도 이와 같이 적용될 것이다.

그렇지만 우리는 윤리용어에 관한 주관론자의 분석이나 공리주의자의 분석을 취하려는 것이 아니다. 오히려 우리는 하나의 행동을 정의라든가 혹은 어떠한 것을 선이라는 것을 일반적으로 시인하려는 주관주의자들의 견해를 배척한다. 왜냐하면 일반적으로 시인되어 있는 행동은 정의가 아니거나 선이 아니라고 말하는 것 자체는 하등 자가당착이 아니 되기 때문이다. 우리는 어떠한 행동을 정의 혹은 선이라고 주장하는 사람의 경우에 있어서, 【선악을 인정하려고 고백하는 사람은 그 자신 스스로 모순이 아니라는 근거에 입각한다.】 그것을 스스로 당연시함으로써 선언적 주관주의 견해를 취하는데 여기서는 이를 배척하고자 한다. 이러한 논리는 공리주의자에 있어서도 마찬가지이다.

우리가 '어떤 행동을 정의라고 하는 것'은 그러한 조건 아래서 가능한 행동 가운데 그 행동이 가장 큰 행복 혹은 고통을 벗어나는 쾌락의 조화원인이 실제적으로 될 것이기 때문이다. 이것이 때로는 악이 될 수 있다는 것으로 이들 상관관계가 절대모순이 되는 것은 아님을 우리가 알고 있기 때문이다. 그리고 어떤 쾌락일지라도 선이 아닌 경우가 있으며, 어떤 악일지라도 그것을 스스로 요청하는 경우, 자기모순에 반드시 빠지는 것이 아니다. "x는 선이다."는 문장은 "x는 쾌락이다."든가 혹은 "x는 요청된다."고 하는 것과 결과적으로 동치라고는 말할 수 없다. 그 밖의 여러 공리주의에 대해서도 이러한 반론이 이루어질 수 있다. 그러므로 윤리판단의 타당성은 인간의 감정 성질도 아니며, 행동의 미묘한 경향성으로 말미암아 결정될 성질이 아니다. 그것은 "절대적" 혹은 "참된 것"으로 인정을 통하여 결정되는 것이며, 경험적으로 예측하거나 예상할 수 있는 범주에 속하지는 아니한다.

물론 우리가 이렇게 말한다고 해서 모든 윤리상징을 비윤리적인 용어로 한정할 수 있다는 말은 아니다. 우리가 부정하려는 것은 윤리진술을 비윤리적 진술로 돌려 환원하려는 것이다. 즉 이것은 우리가 공리주의나 주관주의를 부정하는 것이 현존 윤리개념을 새로운 윤리개념으로 대치하기 위한 대안의 성격을 갖지 않음의 의미를 나타낸다. 우리의 주장은 단순히 우리 언어로서 정상적 윤리상징을 내포하는 문장자체가 심리적 명제, 혹은 경험명제를 나타내는 문장과 동등하지는 않다는 사실이다.

여기서 우리가 주장하려는 바는 실제적으로 사용하는 윤리용어는, 규정할 수 없는 표준적 윤리상징일 뿐이며 기술적 윤리상징은 아니라는 것을 밝히는 데 있다. 이러한 두 유형의 상징은 가끔 혼동될 우려가 있다. 왜냐하면 그것은 같은 종류의 감각형식 기호로 되어 있기 때문이다. 이렇기 때문에 "x는 악이다."는 복합기호는 어떠한 유형행동에 관한 도덕 판단을 표현하는 문장이거나, 혹은 어떠한 유형행동이 특정 사회의 도덕의식과 상반되는 의미를 나타냄을 의미한다. 뒤의 경우에 있어서는 "악"이는 상징은 기술적(記述的) 윤리상징에 해당되며 그러한 문장은 보통 사회명제를 표현한다. 앞의 경우에 있어서 "악"이라는 상징(象徵)은 정상적인 윤리표상으로서 그러한 문장은 우리가 말하는 경험명제를 표현하는 것이 아니다. 우리가 현재 관련 맺는 것은 정상적 윤리학 범주이며 윤리적 표상이 언설과정에서 무조건적 사용될 때 그것을 정상적 표상으로 설명되어야 함을 말한다.

규범윤리 개념이 경험개념으로 환원될 수 없다는 것을 인정함으로써, 우리는 윤리학에 대한 절대주의 견해를 밝힐 수가 있다. 그 견해는 가치진술이 보통 경험명제와 같이 관찰에 의해서 지배되는 것이 아니라 신비스러운 "지성적 직관"에 의해 이루어지는 것이다. 이러한 견해를 주장하는 사람들에게 좀처럼 인정되기 어려운 이론의 특징은 가치진술은 논증할 수 없다는 사실이다. 왜냐 하면 한 사람에 대해서 직관적으로 확실한 것 같지만 다른 사람에게 대해서는 의심스럽고 거짓일지도 모르기 때문이다. 우리는 상반되는 직관 사이에 있어 해결할 수 있는 어떤 기준을 설정하는 것이 실제로 가능치 않기에, 직관에 대한 단순한 호소는 한 명제에 대한 객관적 타당성 자체를 시험할 수 있는 가치를 상실한다.

도덕 판단에 있어서 그와 같은 기준은 있을 수 없다. 어떠한 도덕지식인들은 자신의 도덕 판단이 정당하다고 믿음으로써 그 명제의 본질을 해결하려고 주장하지만, 그러한 주장은 완전히 심리적 관심에 지나지 않으며 도덕 판단의 타당성을 증명하는 측면과는 상관성이 없다. 왜냐하면 의견을 달리하는 도덕지식인들은 제각기 자기의 윤리견해가 정당하다고 인식하기 때문이다. 따라서 주관적 확실성에 관한 한, 그러한 주관성은 실제적으로 하등 취할 바가 없다. 이러한 의견차이가 보통 경험명제와 관련하여 일어날 때는 어떤 연관성이 있는 적절한 경험적 시험, 혹은 실제적 체험으로 그것을 해결하려고 도전할지 모른다. 윤리진술에 관한 절대주의 혹은 주관주의의 이론에 관해서는 적절한 경험적 시도가 이루어지지 않는다. 그러므로 우리는 여기서 윤리진술은 논증할 수 없는 것이라고 주장하여도 무방할 것이다. 물론 그것은 진정한 종합명제에 해당하는 것이다.

종합명제가 경험적으로 논증 될 수 있다면, 그것은 중대하고 의미 깊은 것이다. 윤리학에 관해 절대주의 이론을 인정하려는 것은 우리의 주요 논지를 손상하게 하리라는 점이 명백하다. 그리고 우리는 윤리학에 있어서는 일반적으로는 절대주의에 대하여 양자택일해야 하는 자연주의 이론을 배척하기 때문에 결과적으로 아주 곤란한 입장에 처할 것 같다. 윤리진술의 정당한 취급이 제삼의 이론에 의하여 이루어진다고 제안함으로써 또 다른 난관에 봉착하는 것 같다. 그 제삼의 이론이라는 것은 전체적으로 근본적으로 경험주의와 양립할 수 있다.

윤리적 개념의 타당성 검증

우리는 기본적인 윤리개념이 발생하는 판단의 타당성을 시험할 수 있는 기준이 없기 때문에 기본적인 윤리개념은 분석할 수 없다는 것을 전제로 한다. 여기까지는 절대주의와 일치한다. 그렇지만 절대주의와 다른 것이 있는 바, 우리는 이러한 윤리개념에 대한 사실을 설명할 수 있다는 것이다. 우리가 윤리개념을 분석할 수가 없다는 이유는 그것이 다만 헛된 개념에 지나지 않기 때문이라는 것이다. 한 명제에 있어서 윤리상징의 표현이라는 것은 하등 사실적 내용에 대해서 도움 되는 바가 없다.

따라서 만약에 내가 "너는 그 돈을 훔치는 나쁜 행동을 했다."라고 어떠한 사람에게 말을 하였을 때, 나는 단순히 "너는 그 돈을 훔쳤다."라는 메시지 이외에 아무 것도 아닌 진술이다. 나는 그 행동이 나쁘다고 하는 이외의 하등 상세한 아무런 진술도 하지 않고 있는 것이며, 나는 단순히 그에 대한 도덕적 불찬성을 표시한데 지나지 않는다. 그것은 아주 특별히 놀라운 어조로서 감탄 부호를 사용하여 내가 "너는 그 돈을 훔쳤다."고 한 것과 같다. 그 어조라든가 감탄 부호라는 것은 그 문장에 있어서 문자 그대로의 의미에 대해서 아무런 의미도 나타내지 못하는 것이며 그 표현은 말을 한 사람의 어떠한 감정표출에 지나지 않는 것이다.

만약 내가 지금 먼저 말한 바를 종합하여 "돈을 훔치는 것은 나쁘다."라고 한다면 나는 사실적인 아무 의미도 없는 문장을 만든 셈이다. 그 문장이라는 것은 참이나 혹은 거짓이 될 수 있는 명제를 표현하고 있지 못한 셈이다. 그것은 다만 "돈을 훔치다니!"라고 말한 것이나 마찬가지로서 즉 어떠한 감탄 부호라든가 그 정도라고 하는 것은 적당한 협약에 의하여 특수한 종류의 도덕적 비난이 표현되는 감정을 나타내고 있는 것에 불과하다. 다른 사람은 이미 내가 말한 바와 같이 훔친다고 하는데 관해서 같은 감정을 가지고 있을지 모르며, 따라서 나의 도덕 감정 때문에 나와 상반될지도 모른다는 견지에서 훔치는 죄악성에 관하여 나와 의견을 달리 할 수 있다. 그러나 엄격히 말한다면 나와 반대될 수는 없는 것이다.

왜냐하면 어떤 종류의 행동이 선 혹은 악이냐를 말함에 있어 나는 아무런 사실적 진술을 하지 않고 있으며 나의 마음속에 생각하는 것에 관해서도 아무런 발도 하지 않고 있기 때문이다. 나는 단순히 어떤 도덕적 감정을 나타내고 있을 따름이다. 그리고 표현적으로 나에게 반대하는 사람도 다만 자신의 도덕적 감정을 나타내고 있을 뿐이다. 따라서 어느 것이 정당하냐고 묻는 것은 분명히 무의미한 것이며 그것은 아무도 진정한 명제를 주장하지 않기 때문이다.

우리가 마침 악이라는 상징을 말한 것은 모든 규범적 윤리상징에 의한 것이다. 이러한 규범적인 윤리상징은 때로는 이러한 사상에 관한 윤리 감정을 나타내는 이외에 일반적인 경험사실을 기록하는 문장에서 찾아 볼 수도 있다. 또한 아무런 사실의 진술도 하지 않고 어떠한 유형의 행동 혹은 입장에 관한 윤리감정을 단순히 표현하는 문장에서도 찾아볼 수 있다. 그러나 윤리판단을 하려는 모든 경우에 있어서 윤리용어의 적절한 기능은 *"정서적"*(Emotive)라는 것이다. 그것은 어떠한 대상에 대한 정서(감정)을 나타내며 그 대상에 관한 주장을 하려는 것이 아니다.

윤리용어는 감정을 나타내는 데만 필요한 것은 아니라는 것을 밝힐 필요가 있다. 그 용어는 또한 감정을 일으켜서 행동을 자극하는 데도 적합한 것이다. 또 경우에 따라서는 윤리용어를 사용한 문장에 명령형식을 부여하는 방법으로 사용할 수도 있다. 이와 같이 "참을 말하는 것이 너의 의무이다."는 문장은 성실에 관한 어떤 종류의 윤리감정의 표현이다. 또 "진리를 말하라."는 명령의 표현도 볼 수 있다. "너는 진리를 말해야 한다."라는 문장은 "진리를 말하라."하는 명령을 의미하지만 그 어조는 강한 것이 아니며 "진리를 말하는 것은 좋은 일이다."라는 문장에 있어서 그 명제는 다만 암시에 지나지 않는다. 이와 같이 윤리적 사용법에 있어서 "선"이라고 하는 말의 의미는 "의무"라든가 "당위"라는 의미와는 구별되어야 하는 것이다. 사실에 있어서 우리는 그 윤리용어가 보통 표현하고 있는 다른 감정과 분노를 일으키는 다른 감응에 관한 말로서 여러 가지 윤리적인 말의 의미를 규정할 수도 있다.

여기서 우리는 윤리 판단을 결정하는 기준을 발견해 내는 것이 어째서 불가능하다는 것을 알 수가 있다. 즉 그것은 윤리 판단이라고 하는 것이 이상하게도 보통 감각경험과는 무관한 절대적 타당성을 가지기 때문이 아니라, 객관적 타당성이 없기 때문인 것이다. 만약에 하나의 문장이 아무런 진술도 하지 않는다면 분명히 그 문장이 말하려는 것이 참이냐 혹은 거짓이냐 묻는다는 것은 무의미한 노릇이다. 그리고 우리는 단순히 도덕 판단을 표현하는 문장은 아무런 의미도 나타내지 않는다는 것을 알았다. 그 문장이라고 하는 것은 순전히 감정 표현일 뿐이며 따라서 진위의 범주밖에 있다. 그 문장은 고통에 대한 아우성 소리라든가 혹은 명령에 관한 말이 논증할 수 없는 것과 마찬가지 이유에서 논증할 수 없다. 【왜냐하면 그것은 진정한 명제를 의미하지 않기 때문이다.】

이러하기 때문에 윤리학에 관한 우리의 이론이라고 하는 것이 근본적으로 주관주의와 같다고 하여도 무방하겠지만, 대단히 중요한 점에 있어서 정통파 주관주의의 이론과는 다른 것이다. 왜냐 하면 정통파의 주관주의는 우리가 부정한 바와 같이 도덕을 설명하는 사람의 문장이라고 하는 것은 진정한 명제를 표현하는 것을 부정하지 않기 때문이다. 주관주의자가 부정하는 바는 그 문장이라고 하는 것은 독특한 비경험적 성격의 명제를 표현하고 있다는 것이다. 그 자신의 견해를 문장으로 표현하되 말하는 사람 자신의 감정에 관한 명제를 표현하는 것이다. 만약 그렇다고 한다면, 윤리판단은 분명히 참이냐 혹은 거짓인지로 판명될 수 있을 것이다. 즉 말하는 사람이 타당한 감정을 가지고 있다면 그 판단은 참이고 그것을 가지고 있지 않다면 위(僞)이다. 그리고 이것은 또한 원칙적으로 경험적 논증이 될 수 있는 사실이다.

그 뿐만 아니라 윤리판단은 극단적으로 상반될 수 있다. 왜냐하면 만약 나는 「관용은 덕이다.」라고 하고, 어떤 사람은 「너는 그것을 찬성하지 않는다.」라고 대답한다면, 그는 주관주의의 이론에 있어서 나와 상반한다고 할 것이다. 우리의 이론에 대해서는 그는 상반되지 않을 것이다. 왜냐하면 「관용은 덕이다.」라고 함에 있어서 나는 나 자신의 감정이나 혹은 어느 다른 감정에 대해서 아무런 진술도 하지 않기 때문이다. 나는 단순히 나의 감정을 표명하지 않는다. 그 감정이은 내가 감정을 가지고 있다는 것과 같은 것이 아니니다.

감정의 표현과 감정의 주장의 차이는 어떠한 감정을 가지고 있다는 주장이 때때로 그 정의 표현을 수반하는 수가 있으며, 또 감정표현의 요소가 되기 때문에 대단히 복잡하다. 따라서 나는 동시에 권태를 나타낼 수도 지루하다고 말로 표현할 수도 있다. 이러한 경우에 「나는 지루하다」라고 말로 하는 것은 권태를 표명 혹은 표시 하고 있다는 것을 참일 수 있게 하는 하나의 조건이다. 그러나 나는 내가 지루하다는 것을 실제로 말로 하지 않고 권태를 표명 혹은 표시하는 것을 참을 수 있게 하는 하나의 조건이다.

그러나 나는 내가 지루하다는 것을 실제로 말로 하지 않고 권태를 표현할 수가 있다. 즉 권태와는 아무 관계없는 어떠한 감정을 가지고 있다고 하는 주장이 언제나 그 감정의 표현을 의미한다고 할지라도 한 감정의 표현으로 그 감정을 가지고 있다고 하는 주장을 의미하지는 않는다. 이것이야말로 우리와 주관주의 이론 간의 차이를 생각하는데 있어서 파악해야 할 중요한 점이다. 왜냐 하면 주관주의자는 윤리진술을 실제로 어떠한 감정의 존재를 주장하는 것이라고 하는데 대하여, 메타윤리 입장은 윤리진술은 아무런 주장도 하지 않는 감정표현이나 흥분이라고 주장하기 때문이다.

우리는 이미 보통 주관론자의 이론에 대한 반대로서 윤리적 판단의 타당성은 작가(作家)의 감정의 성질에 의해서 결정되지 않는다고 말했다. 그리고 이것은 우리의 이론이 회피하고 있는 반대요소다. 왜냐 하면 그것은 아무런 감정이라도 있어야 한다는 것은 윤리적 판단의 타당성에 대한 필요하고도 충분한 조건이라는 것을 의미하지 않기 때문이다. 오히려 반대로 그것은 윤리 판단은 아무런 타당성도 가지지 못한다는 것을 의미하는 것이다.

그러나 우리의 이론에서 회피하지 않으려는 주관론자의 이론에 대한 유명한 논법이 있다. 만약에 윤리진술이 다만 말하는 사람의 감정에 관한 진술에 지나지 않는다면, 가치문제에 관하여 논하는 것은 불가능하다. 하나의 모범적인 예를 들어 본다면. 만약 한 사람은 절약이 덕이라고 하고, 또 한사람은 그것은 악이라고 한다면 그들은 이 이론에 관해서 서로 다룰 수 없다 한 사람은 절약을 찬성한다고 할 것이며, 또 한 사람은 찬성치 않는다고 할 것이다. 그리고 이러한 두 가지 진술이 참이 되어서는 안 된다고 하는 이유도 없다. 무어(Moore)는 우리가 지금 가치문제에 관하여 논하고 있는 것은 사실이며, 그가 논하고 있는 주관주의의 특수형식은 잘못이라고 말하고 있다.

가치문제에 관하여 논하는 것은 불가능한 일이라는 결론은 우리의 이론으로서도 분명히 추론될 수 있다. 왜냐하면 우리는 「절약은 덕이다.」 또는 「절약은 악이다.」와 같은 문장은 아무런 명제도 표명하지 않는다고 주장하기 때문에 우리는 분명히 그 문장들은 양립할 수 없는 명제를 표현한다고 주장하지 않는다. 그런고로 우리는 만약에 무어의 이론이 참말로 주관론자의 이론을 반박한다면 그 이론은 또 우리의 이론도 논박하는 것으로 보아야 할 것이다. 그러나 사실에 있어서 그 이론이 보통 주관론자의 이론까지도 논박하려는 것을 부정하는 바이다. 왜나 하면 우리는 가치문제에 관하여서는 절대로 논의하지 않는다고 주장하기 때문이다.

가치문제 담론의 특징

얼핏 보면 이것은 불합리한 주장 같을지도 모른다. 왜냐하면 우리는 분명히 가치문제에 관한 토론으로서 보통 볼 수 있는 토론을 취급하기 때문이다.

그러나 모든 이러한 경우에 있어서 만약 우리가 그 명제의 본질을 엄밀히 생각해본다면 그 토론이 참말로 가치문제에 관한 것이 아니라 사실문제에 관한 것이라는 것을 알게 되는 것이다. 어떠한 사람이 어떠한 행동의 도덕적 가치라든가 혹은 어떠한 종류의 행동에 관해서 우리와 일치하지 않을 때는 우리는 그를 우리의 사고방식으로 끌어 놓기 위하여 논증으로 호소하는 것이다. 그러나 우리는 그가 누구의 성질을 정확하게 이해했느냐 하는 점에 관해서 그가 그릇된 윤리감정을 가졌다고 하는 것을 이론적으로서 제지하려고 하지 않는다. 우리가 제시하려고 하는 것은 그가 그 경우에 있어서의 사실을 왜곡하고 있다는 것뿐이다. 그렇지 않으면 우리는 어떠한 종류의 행동이 초래할 결과에 관하여 혹은 언제나 그 행위에 있어서 나타나는 성질에 관하여 한층 일반적 이론을 사용한다.

우리는 우리가 사용한 바 그 사실에 대하여 그가 같은 도덕적 태도를 취하며 경험적 사실의 성질에 관하여 우리와 일치하는 상대자를 얻을 것을 기대하며 그것을 사용하는 것이다 그리고 또 우리와 함께 논의하고 있는 사람들은 일반적으로 우리들 자신과 마찬가지 도덕적 교육을 받아왔고 같은 사회제도 밑에서 살아왔기 때문에 우리의 기대는 보통 정당화되는 것이다. 그러나 우리의 상대방이 우리와 다른 도덕적 조건의 과정을 경험하여 모든 사실을 알고 문제의 행위의 도덕적 가치에 관하여 우리와 일치하지 않을 때는 우리는 구태여 이론으로까지 납득시키려고 하지 않는다. 그러한 사람하고는 그가 도덕의식을 곡해하고 확실히 하지 못하기 때문에 그와 함께 논의한다고 하는 것은 당치 않은 일이다.

그가 말하는 도덕의식이라는 것은 단순히 우리와는 다른 가치 군을 택하였다는 의미 이외는 아무것도 아니다. 우리는 우리 자신의 가치체계가 가장 우수하다고 느끼며 따라서 그와 같은 가치는 아주 낮게 평가하는 것이다. 그러나 우리는 또 우리의 체계가 우수하다는 것을 나타내기 위하여 어떠한 논의를 주장할 수도 없다. 왜냐하면 그것은 그렇다고 하는 우리의 판단은 그 자신 하나의 가치판단이며 따라서 논의할 필요가 없다. 우리가 결국 아무거나 마구 남용을 할 것 같으면 사실문제와 다른 순수 가치문제를 처리할 때 그 이론은 실패로 돌아갈 것이다.

간단하게 말한다면 만약에 어떠한 가치체계가 가정된다면 그 논의는 도덕문제에 관해서 가능하다는 것을 알게 될 것이다. 만약에 우리의 반대자가 주어진 갑 유형의 모든 행동에 관하여 도덕적 불찬성을 표시함에 있어 우리와 일치한다면 우리는 을이 갑 유형에 속한 것이라는 것을 주장함으로서 그 특수한 을 행동을 비난할 수도 있다. 왜나 하면 을이 그 유형에 속하느냐 아니하느냐의 문제는 명백한 사실상의 문제이기 때문이다. 우리는 어떠한 사람이 어떠한 도덕적인 원리를 가지고 있다면 그 사람은 그것을 시종일관하기 위하여 어떠한 방법으로서 어떠한 것에 대하여 도덕적으로 반응을 하여야 한다고 주장하는 바이다. 우리가 논의하지도 않고 또 논의할 수도 없는 것은 이러한 도덕적 원인의 타당성이다. 우리는 단순히 우리감정에 비추어 그것을 찬양하거나 비난할 뿐이다.

만약에 누구를 막론하고 이러한 도덕논쟁에 관한 설명의 정확성을 의심한다면, 그로 하여금 그 정확성 자체를 논리학의 문제나 혹은 경험사실의 본질에 관한 이론으로 환원할 수 없다는 가치문제에 관해 상상적 이론일지라도 구상하여 보라는 것이다. 우리는 그가 단 하나의 예도 구상하지 못하리라고 확신한다. 이러한 경우라면 순전히 윤리적 이론의 불가능성을 의미한다는 것이다. 무어가 생각한 바와 같이, 우리 이론에 대한 반대할 것이 아니라, 오히려 찬성해야 한다는 점을 비로소 인정하게 될 것이다.

우리의 이론을 위협하는 비판에 대해서 우리의 이론을 유지하려면 모든 윤리적인 요구에 관한 성질을 규정하는데 우리의 이론을 적용할 수 있어야 한다. 우리는 도덕철학이라는 것이 윤리개념은 거짓된 개념이며, 따라서 분석할 수 없다는 것을 알고 있다. 서로 다른 윤리용어가 서로 다른 감정을 표시하고 있고 또 언제나 서로 다른 반작용을 일으키고 있는 것을 상세히 기술하는 것은 심리학의 임무이다. 만약에 윤리과학이라고 하는 것이 도덕의 참다운 체계에 관한 역작을 의미한다면 그와 같은 윤리과학이라는 것은 있을 수 없다.

왜냐하면 우리는 윤리판단은 단순히 감정의 표현인 것과 같이 어떠한 윤리체계의 타당성을 결정하는 방법이라고 하는 것은 있을 수 없으며, 윤리체계라는 것은 어떠한 것에 대하여 그것이 참인가 아닌가를 묻는 의미이며 이러한 것은 있을 수 없다는 것을 알기 때문이다. 이것과 연관하여 정당하게 연구할 수 있는 것은 주어진 사람 혹은 집단의 도덕 습관이라고 하는 것은 무엇이며, 이러한 습관과 감정을 정확하게 가지게 하는 것은 무엇이냐고 하는 것이다. 그리고 이러한 연구는 전체적으로 현재의 사회과학에 속하는 것이다.

그리고 윤리학은 지식의 한 분야로서 심리학이나 사회학 이외의 아무것도 아닌 것 같다. 그리고 누구를 막론하고 우리의 결론을 개괄한다고 생각할 때, 그 결론은 과학이 아니라 단순히 주어진 도덕체계의 구조에 관한 분석적 연구라는 것을 환기해야 할 것이다. 환언하면 그것은 형식논리학에 속한다. 윤리과학을 구성하고 있는 심리적 연구를 할 때, 직접적으로 칸트학파와 윤리학에 관한 쾌락주의이론을 설명치 않을 수가 없다. 왜냐하면 노녁적 행위의 중요한 원인의 하나는 의식적이건 무의식적이건 신의 불쾌를 두려워하는 것이며 사회의 보복을 두려워하는 것을 알기 때문이다. 그리고 이것은 참말로 노녁개념이 질대적인 명제로서 어떠한 사람에게나 나타나는 것이다.

그리고 또한 사회의 도덕규범은 그 사회 자체의 행복조건에 관하여 그 사회를 믿음으로서 어느 정도 결정 되는 것이다. 환언하면 한 사회는 전적으로 그 사회에 대한 만족의 신용을 추락시키거나 혹은 향상시키는데 따라 도덕적인 상벌을 가함으로서 어떤 종류의 행위에 용기를 주거나 실망을 준다는 것도 알고 있다. 그리고 이것이야말로 이타주의가 대부분의 도덕규범에서 환영을 받고 이기주의가 비난받는 이유인 것이다. 진술한바 칸트의 도덕이론이라고 하는 것이 어떠한 사람에게는 아주 엄한 명령의 힘을 가진다는 사실에 입각한 것과 마찬가지로 쾌락주의 혹은 행복의 도덕 이론은 전적으로 도덕과 행복간의 관계를 관찰하는데서 발생한다.

이러한 이론은 다른 이론의 기초가 된다는 사실을 무시하기 때문에 그 양 이론은 일방적인 것으로서 비판을 받을 수 있다. 그 이론의 근본적인 결함은 그것이 마침 윤리개념의 정의인 것같이 우리의 윤리감정의 원인과 속성에 관한 명제를 취급하는 것이다. 따라서 그 이론은 윤리개념이라고 하는 것은 거짓 개념이며 규정할 수 없다는 것을 인정할 수는 없다.

정서주의 평가

논리실증주의의 검증가능성의 원리의 전제는 이 원리에 바탕을 둔 어떤 진술이 의미 있는 진술이 되려면, '경험적으로 검증 가능한 것이다.' 혹은 '선험적 의미에서 분석적으로 검증 가능한 것이어야 한다.' 그런데 윤리문장들은 감정적으로 의미 있는 것들이지만 의미 있는 문장들은 아니다.

◆ 정의주의 윤리이론의 특징

① 도덕 판단은 정의적이며, 태도를 설득하기 위한 표현으로 참・거짓이 될 수 없다.

② 전통적 윤리이론을 네 범주로 분류된다.

㉠ 윤리적 용어에 대한 정의를 표명하는 명제들: 진정한 도덕 철학 구성

㉡ 도덕경험과 그 현상 및 원인을 기술하는 명제들: 이 과학은 사회학, 심리학이다.

㉢ 의무나 덕을 고취시키는 훈계를 담은 문장은 명제라 볼 수 없다. '감탄'에 해당한다.

㉣ 실제의 윤리적 판단을 담은 문장들은 도덕철학과 관계없다.

③ 에이어는 '윤리용어를 윤리와 무관한 용어로 환원하는 메타윤리 작업과제를 중시했다.

④ 주관주의와 공리주의를 배격한다.

⑤ 규범적인 윤리상징들은 직관적으로 파악되는 것으로 검증 불가능한 가치진술들이다.

⑥ 어조 또는 감탄 부호는 문장의 진정한 의미에 있어서 아무 것도 보태지 않는다.

◆ 정서주의와 대비되는 회의주의 특징

① 도덕 가치는 알려질 수 없다는 가치회의론, 도덕원리는 존재하지 않는다는 가치허무주의.

② 명령은 명제로서 아무런 의미가 없다.

③ 도덕철학은 단지, 윤리개념이 사이비 개념이며 분석 불가능하며 정의 불가능함을 밝힌다.

◆ 에이어의 수정된 정의주의

① 도덕 판단을 단순한 행위의 표현으로 간주하는 것도 문제를 지나치게 단순화한 것이다.

② 철학자의 관심사는 도덕 태도 과학적 분석이 아니라 "윤리언어의 용법에 대한 분석"이다.

③ 도덕 판단은 어떤 의미로 태도이고, 태도의 설득적 표현이며 사실에 대한 진술은 아니다.

④ 윤리학자임무는 도덕과 무관한 활동, 도덕 판단을 분석하는 메타윤리학에 종사한다.

◆ 정의주의에 대한 비판

① 브랜드 블랜샤드: 어떤 것도 실제로 '다른 어떤 것보다 더 좋다거나 더 나쁘다거나 하지 않다.' 즐김에 있어서의 유일한 선은 그것에 대한 우리의 태도이며 따라서 즐기는 것에 대한 우리의 관심이 소멸됨에 따라 선 또한 사라진다. 어떤 경험이 현재로서 더 이상 존재하지 않을 때는 그 가치를 설명할 길이 없다. 정의주의는 가치를 그것이 속하고 있는 영역으로부터 이탈시킨다. 고통과 죽음 혹은 이것을 타인에게 가하는 일은 악한 것도 그런 것도 아니다.

도덕태도는 임의적인 것이다. 윤리적 믿음의 타당성이나 가치에 대한 두 사람간의 일치나

불일치는 있을 수 없다. 도덕적 진보를 이루는 일은 불가능하다. 아무도 윤리적 판단에 대해 적절한 찬반논증을 할 수 없다. 윤리적 논쟁을 해결해 줄 객관적인 최고 법정은 없다. 정서주의는 도덕적 관념들에 대한 정확한 해명이나 설명을 하지 못한다.

② C.I.루이스 : 정서주의는 도덕적인 냉소주의뿐 만 아니라 실제적 냉소주의를 함축한다.

③ S. L. Hart : 정서주의의 마비된 무관심을 정신적 착란과 도덕적 무감각의 탓으로 돌렸다.

④ 조드 : 논리실증주의 전반을 비판, 무의미한 도덕용어로서 윤리판단이 어떻게 형성되나?

⑤ 마틴 다키(M. D'arcy) : 정서주의로 사회가 큰 피해를 입는다.

⑥ G. E. Moore와 P. Wheelright : 무엇 때문에 윤리명제에 대해 왈가왈부 하는가?

⑦ 인식론의 회의주의는 자가당착, 결국 회의주의도 정당성 획득을 위해서 가치에 의존한다.

⑧ John Wisdom : 검증가능성의 원리는 논리적 결함이 있다. 형이상학적이라는 이유로 도덕원리들이 거부된다면 논리실증주의 전체와 정서주의 이론 자체가 붕괴된다.

2. 도덕적 불일치와 정서주의

도덕적인 발언에서는 의견의 차이들이 존재한. 이 의견의 차이는 끝없이 이어지는 특성이 있다. 저자는 이를 설명하기 위해 세 가지 예를 들어 설명하였다. 첫 번째 담론은 평화와 전쟁에 대한 내용이다. 갑은 현대 전쟁이 공정한 전쟁이 아닐 수 있다. 따라서 우리 모두는 평화주의자가 되어야 한다고 주장하고 있고, 을은 우리가 평화를 원한다면 전쟁에 대비하라는 내용이다. 평화를 유지하는 유일한 길은 잠재적인 공격자를 지지하는 것이기 때문이다. 전쟁에 있어서 불가피성을 폐지하고, 싸움의 한계를 명확하게 하고 완벽하게 준비하지 않으면 전쟁은 피할 수 없고 패배하게 될 것이라고 주장한다. 병은 강대국사이의 전쟁은 완전히 파괴적이며, 전쟁은 인류와 행복 사이에 서 있는 착취적 통치의 파괴를 의미한다고 주장한다. 맥킨 타이어의 주장에 따라 이 문제를 추론해 보자.[164]

두 번째의 담론은 낙태에 대한 내용이다. 갑은 모든 사람은 자신의 신체와 인격을 비롯한 어떠한 권리를 지니고 있다. 그리고 태아도 엄마의 한 부분이기에 낙태는 엄마가 결정할 수 있다고 주장한다. 반면에 을은 태아가 죽거나 엄청난 위험에 처한 경우를 제외하고는 낙태는 금지되어야 한다고 주장하나 낙태를 범죄적인 관점으로 보지는 않는다. 마지막으로 병은 살인이 잘못된 것이며, 낙태도 하나의 순수한 생명을 앗아가는 것이기 때문에 낙태는 도덕적으로 범죄일 뿐 아니라 법적으로도 금지되어야 한다고 주장한다.

세 번째의 담론은 자유와 평등에 대한 내용이다. 갑은 정의는 가능한 한 많은 시민들의 행

164) Alasdair Maclntyre, 'Moral Disagreement Today and the Claims of Emotivism', *After Virtue* (Nortre Dame, University of Notre Dame Press,1984). p.6-18.

복과 개개인의 재능과 잠재력을 개발할 수 있는 공평한 기회부여를 요구한다. 그리고 건강정책과 교육을 위한 서비스를 요구한다고 주장한다. 즉 평등을 더 강조하는 것이다. 반면에 을은 모두는 자신이 바라는 것에 대한 의무를 가질 수 있는 권리가 있다. 병은 모든 사람은 자신의 마음대로 할 권리와 의무가 있다고 함으로서 자유를 강조하는 모습을 볼 수 있다. 이 세 가지의 예를 생각해 볼 때 도덕적인 의견은 일치점이 없이 서로 전진해 가는 모습을 나타내고 있다. 이런 도덕적인 의견의 불일치는 어떠한 특징들을 가지고 있는 것인가?

첫째, 철학적 과학으로부터 나오는 상대방의 논쟁의 비교할 수 없는 개념을 어떻게 부를 것인가? 등등의 의문의 특징을 가지고 있다. 앞에서 든 예처럼 정의와 순수함을 상기시키는 전제들은 성공을 자극하는 전제와 차이가 난다. 그리고 권리를 요청하는 전재와 일반화 보편화된 것을 기원하는 전제가 차이가 난다. 마지막 예인 평등과 자유에 대한 요구에서 우리사회에는 끊임없이 이어지는 도덕적인 논쟁에 대한 요구들 사이에서 특별히 정해진 방향이 없기 때문에 서로의 개념에 대해서 무엇이 옳은지에 대한 명백한 정의가 없게 되는 것이다.

둘째, 이런 불일치가 존재하는 논의의 지속적인 특징이 대개 비인격적인 것에 어울리는 방식으로 존재했다는 것이다. 여기에서 예를 든 것처럼 명령을 받은 그 사람도 독립적으로 자신의 생각에 대해 고려할 이성을 소유하고 있음에도 불구하고 명령하는 사람은 그에게 아무런 이유를 알려주지 않고 명령이나 요구를 전달했다. 즉 이런 방식이 불일치를 가지고 왔다는 것이다. 또한 현대의 특징은 우리의 언어가 가지고 있는 분별능력을 표현하는 방법이 객관적인 기준을 나타내는 의미를 구현하는 것이라는 점이다.

현대에 논의되는 도덕특징은 처음의 두 가지와 밀접히 연결되고 있는 점이다. 처음 것은 아리스토텔레스의 도덕변증에 뿌리를 내리고 있다. 두 번째 기원은 비스마르크와 마카아벨리즘에 기원을 두고 있다. 세 번째 기원은 마르크스의 이론에 기초하고 있으며, 더 깊은 원리는 피히테의 이론에서 찾을 수 있다. 현대 도덕의 불일치는 결론을 맺지 못할 것이다. 왜냐하면 그것이 과거이든, 현재이든, 혹은 미래이든 어떤 시대이던 도덕적 불일치는 결론을 내려고 할 것이기 때문이다. 감정주의는 모두 재판으로 검증된 이론이다. 특별재판들은 도덕과 사실적 요소들의 연합으로 나타날 수도 있다. 주관적인 것보다는 객관적인 방법에 의존해야 한다. 우리가 사용하는 것에 대한 이론으로 제의되지 않는 것, 즉 목적으로 할 것인지 기능으로 할 것인지 그들이 말한 의미보다 확실한 계층의 멤버들, 의식, 그리고 참고에 의한다고 프레게(Frege)가 주장한 것을 포함하여 여러 가지를 생각할 필요가 있다.

정서주의는 경험적 이론이거나 경험적 이론들을 스케치한 준비된 이론임이 판명된다. 그것은 나중에 심리학과 사회학, 역사적 관점에 의해 보충되어져야 함이 판명된다. 정서주의의 이해는 납득의 이론을 사용하며 도덕적 발전의 특별한 장의 사람들이나 부패된 자들, 현세대에 일찍 우리의 문화 세계로 영입된 장의 사람들보다 납득이론을 펴고 있음이 판명된다. 오늘날 도덕 발언의 가장 주목할 만한 특징은 의견의 차이들을 표현하는데 많이 사용된다는 것이다.

이들 의견의 차이들이 나타나는 토론들의 가장 주목할 만한 특징은 그것이 끝없이 이어지는 특성이 있다는 것이다. 여기서 말하고 싶은 것은 이것에 의해 단지 그런 그 토론이 그들이 말하는 것처럼 계속해서 나아간다고 하는 것이 아니다. 그들 또한 명백한 종점을 발견할 수 없을 것이다. 그것은 마치 우리 문화에서 도덕적 합의를 안전하게 하는 어떤 감정적인 방법이 없는 것처럼 보인다. 이런 특징을 지닌 언어로 형성되는 현대 도덕 담론과 유명한 경쟁적인 도덕적 담론에 대한 세 가지 예를 고려해보자.

① 전쟁담론 ⇒

(갑) 공정한 전쟁은 이뤄지는 선이 전쟁을 수행하는 것에 관계하고 있는 악보다 중요하다는 것과 그리고 전투원과 무고한 비전투원들 사이에서 명백한 구별이 이루어질 수 있다는 것을 내포하고 있다. 그러나 현대 전쟁에서는 미래에 전쟁의 확산에 대한 계산은 결코 신뢰할 수 없고 전투원과 비전투원의 어떤 실제적으로 적용할 수 있는 차이는 만들어질 수 없다. 그러므로 어떤 현대 전쟁은 공정한 전쟁이 아닐 수 있다. 그리고 우리 모두는 지금 평화주의자가 되어야 한다.

(을) 만일 당신이 평화를 바라면, 전쟁에 대비해라. 평화를 이루는 유일한 길은 잠재적인 공격자를 저지하는 것이다. 그러므로 당신은 당신의 군대를 증강하고 어느 특별한 규모의 싸움에 가는 것은 당신의 정책에 의해 반드시 제외되지 않는 것을 명백하게 하라. 이것을 명백하게 만드는 데 꼭 필요한 부분은 싸움에서는 국지전을, 그리고 이것만이 아니라 뒤에는 어떤 기회 때에 핵을 쏠 수 있는 양쪽 모두를 준비해야 한다. 그렇지 않다면 당신은 전쟁을 피할 수 없고 당신은 패배하게 될 것이다.

(병) 전쟁은 완전히 파괴적이다. 그러나 제3의 세계에서 압박받던 그룹을 자유롭게 만들기 위해 수행하게 되는 전쟁들은 필요하다. 그러므로 인류와 행복 사이에 서 있는 착취적인 통지를 파괴하면서 전쟁은 정당화된다.

② 낙태담론 ⇒

(갑) 사람은 남녀 모두 자신의 신체를 포함하는 인격을 비롯한 어떤 권리를 가지고 있다. 그것은 태아가 본질적으로 임산부의 신체의 부분인 단계에서 자율적인 권리를 가지고 있기 때문에, 태아는 엄마의 신체의 부분이기에 유산을 하든 말든 하는 것은 그녀의 권리이다. 낙태는 도덕적으로 허가할 수 있고, 법률에 의해 허용되어야 한다.

(을) 만일 태아가 죽거나 큰 손상을 입게 될 것이라는 확실한 가정을 제외하고 나는 나의 어머니가 나를 가졌을 때에 나를 낙태해야만 한다고 의도할 수 없다. 그러나 내 경우에서 내가 이것을 요구할 수 없으면서 내가 끊임없이 다른 사람의 삶에 대한 권리를 주지 말라고 할 수 있겠는가, 내가 내 삶은 요구하면서? 그렇다면 내가 어머니에게 낙태에 대한 일반적인 권리가 있다는 것을 부정하지 않는 한 나는 이른바 황금률을 위반한 것이다. 나는 물론 유산은

법률적으로 금지되어야 한다는 것에 대해서는 개의치 않는다.

(병) 살인은 잘못된 것이다. 살인은 무고한 삶을 앗아가는 것이다. 태아는 개인과 동일시 할 수 있으며 태어난 유아와 다른 점은 어른이 되는 과정 중 좀 더 앞 단계에 위치하고 있다는 것이다. 생명이 중요한 것처럼 태아의 목숨도 중요하다. 유아살인이 살인과 마찬가지로 낙태도 살인이다. 따라서 낙태는 도덕적으로 잘못된 것이며 마땅히 법적으로 금지되어야 한다.

③ 정의담론 ⇒

(갑) 정의는 가능한 한 많은 시민들의 행복과 개개인의 재능과 잠재력을 개발할 수 있는 공평한 기회부여를 요구한다. 그러나 그런 기회 균등의 준비를 위한 전제 조건은 보건과 교육에서 같은 접근의 준비를 포함해야 한다는 것이다. 그러므로 정의는 건강과 교육서비스에 대한 정부의 준비를 필요로 한다. 세금에 의해 운영이 되도록 하는 경우이다. 그리고 정의는 어떤 시민이라도 불평등한 서비스를 받아서는 안 된다. 그리고 사립학교와 개인적 의학실습 폐지를 요구한다.

(을) 모두는 자신이 바라는 것에 대한 의무를 갖는 권리가 있다. 그들은 자신이 바라는 것에 대해 자유로운 접근이 가능하며 그들 자신의 자유로운 선택에 따라 그것들을 결정 할 수 있다. 그러므로 그들이 바라는 것에 대한 것과 같은 관계에서 의사는 병원을 개업하는 것에 자유로울 것임에 틀림없다. 그리고 환자도 자신의 필요에 따라 의사들 중에 선택을 하는 것이 가능하다. 마찬가지로 선생님들도 그들의 선택과 학생에 대해 자유가 있으며, 부모들도 교육을 위해 필요한 곳을 갈 자유가 있다. 그리하여 자유는 의학에 있어서 사적인 실행과 교육에 있어서 사립학교만이 자유가 아니라 더 나아가서 공립학교들, 미국의학연합, 그리고 주의 여러 기관에서 행해지는 규제, 승낙에 의해 이루어지는 이런 억제들의 폐지를 하는 것도 또한 자유이다.

도덕담론의 주요 특징

이런 담론들은 우리 사회에 널리 영향을 주는 것을 인식하는데 도움을 주기 위해 진술된 것이다. 이 담론들은 물론 그들의 명료하고 전문적인 주장이 있다. 그러나 이것은 신문사설이나 고등학교 토론, 라디오 토크쇼, 하원의원에게 보내는 편지, 법정에서, 회의실에서의 그들의 경험이 그들을 이 논제에 대해서 중요하게 만든다. 이런 담론과 의견의 차이의 두드러진 특징은 무엇일까?

그 특징은 세 가지가 있다.

① 철학적 과학으로부터 나오는 표현에 적응되어 있는 이런 각각 세 가지로 나타나는 상대방의 논쟁과 *상호 소통될 수 없는 개념*을 어떻게 부를 것인가 하는 점이다. 이 논쟁의 각각의 주장들은 논리적으로 근거가 확실하고, 만들어질 때처럼 쉽게 확장된다. 그리고 결론은 전제에서부터 나오게 된다. 그러나 경쟁적인 전제는 우리가 서로 상반되는 주장의 요구들을 평

가할 이성적인 방법을 소유하지 못한 것과 같다. 따라서 각각 다른 논쟁자들은 각각 조금씩 다른 기준 또는 다른 곳에서 나오는 개념을 높이 평가하게 되고, 따라서 그 주장들이 우리를 완전히 다른 종류의 주장을 갖게 하는 것이다.

예를 들어 첫째 논쟁에서 정의와 순수함을 상기시키는 전제들은 다음에 나오는 성공을 기원하고 살아남기 위한 전제와 차이가 난다. 마찬가지로 두 번째 논쟁에서는 권리를 요청하는 전제와 일반화, 보편화된 것을 기원하는 전제의 차이가 난다. 셋째는 평등과 그것에 대응되는 자유에 대한 요구이다. 이것은 정확하다. 왜냐하면 우리 사회에는 이들 끊임없이 이어지는 도덕적인 논쟁에 대한 요구들 사이에 특별히 정해진 것이 없기 때문이다. 우리는 우리와 반대쪽에 있는 결론에서부터 반대되는 의견의 전제에 대해 논의할 수도 있다. 그러나 우리가 우리 전제에 대한 담론의 매듭, 또는 우리의 주장과 상대방의 주장의 기원에 도달할 경우, 그것은 완전한 주장과 그것에 반대되는 주장사이의 문제가 될 뿐이다.

따라서 대중의 논의를 위한 공개토론회에 대변인이 참여할 때 어느 때든지 그는 이미 그럴듯하게, 명쾌하게 또는 암시적으로 그 문제에 대하여 확립된 걱정이 그의 마음속에 있다. 만일 아직 우리가 누구도 부정할 수 없는 *보편타당한 기준*을 가지고 있지 않다면, 우리 의견의 반대자를 설득할 보편타당한 이유를 설정하지 못하는 것이고, 이것은 또한 자신의 의견을 호소하기 위한 기준이나 이유를 갖지 못하면서 자신의 주장을 형성해나가는 것이다. 만일 내가 나와 반대되는 의견을 갖은 사람에게 대항하기 위한 타당한 이유가 부족하다면 그것은 나의 주장에 대한 나의 근거가 부족하다는 것과 같다. 그것은 내 위치에서 기본적인 것이 어느 정도의 비합리적인 결정을 채택한 것과 같이 보인다. 즉 끊임없는 공공의 논제에 대응하는 것에는 사적인 독단의 불안감의 표현도 존재하는 것이다. 우리가 방어적이 되고 그 결과 날카로운 소리를 내는 것은 조금도 놀랄 일이 못된다.

이런 담론의 지속적인 특징은 그래도 역시 그들이 객관적인 이성에 근거하여 담론을 표명하는 것과 동등하게 중요한 것은 그러한 특징이 대개 비인격적인 것에 어울리는 방식으로 존재했다는 것이다. 그런 방식이란 무엇인가? 내가 어떤 특정한 행동을 할 수 있는 어떤 사람에게 빵 굽는 것을 명령하는 두 가지 다른 방법에 대해 생각해 보자. 내가 할 수 있는 첫 번째 종류의 말은 '그렇게 하라'는 것이다. 그 사람은 "내가 왜 그렇게 해야 합니까?"라고 답변할 것이다. 나는 "왜냐하면 내가 그것을 원하기 때문이다"라고 대답한다. 여기에서 그 사람도 독립적으로 나의 생각에 대해 고려할 이성을 소유하고 있음에도 불구하고 나는 그에게 이유를 주지 않고 명령이나 요구를 전달했다.

만일 내가 상사라면, 또는 권위를 유지하기 위하여, 또는 당신이 나를 사랑하거나 또는 나에게 두려움이 있을 때, 또는 나에게서 무엇인가를 바랄 때 그때에 나는 "왜냐하면 내가 그것을 원하기 때문이다"라고 말할 수 있을 것이다. 비록 내가 그에게 명령을 한 것에 대한 충분한 이유는 되지 않지만 그래도 나는 *사실이유*를 당신에게 설명하는 것이 된다. 이 예에서 내 말이 당신에게 이유를 주었든지 그렇지 않든지 간에 내가 당신에게 말한 것을 듣거나 배울 때 특별한 특징이 존재하게 되는 것을 주목해라. 명령에 영향력을 주는 이유 제시는 개인적인 내용의 발언을 의지한다.

이 부류의 경우에서 "왜 그렇게 해야 합니까?"라는 질문에 상반되는 대답은 "왜냐하면 내가 원하기 때문이다"가 아니라 "왜냐하면 많은 사람에게 즐거움을 주기 위해서이다" 또는 "왜냐하면 그것은 너의 의무이기 때문이다."라는 발언이다. 이 부류의 경우에서 이유는 행동을 하거나 하지 않거나에 영향을 주며, 좋은 이유는 그것을 말하거나 그 행동을 지시하는 부류에 대해 독립적으로 그 행동을 할 수 있도록 도와준다. 게다가 수반되는 호소력은 말하는 사람과 듣는 사람간의 독립적인 관계를 생각하도록 해준다. 이것은 일반적인 비평의 존재를 가정하는데 사용된다. 일반적인 비평, 그 존재는 독립적인 선호, 또는 화자와 청자 사이의 태도, 정의의 기준, 또는 관대함 또는 의무이다. 발언상황과 개인이 좋아하거나 열망하는 것에 대한 설명의 정당성을 부여하는 것 사이의 특정연결고리는 도덕적인 것과 다른 가치 있는 담론에 결정적 도움을 주게 된다.

② 현대의 도덕적인 발언과 담론에서의 두 번째 특징은 첫 번째 것과 연관시켜 볼 때에 현대 도덕의 의견의 불일치에 대한 *역설적인 태도*를 알리는 것이다. 왜냐하면 만약 우리가 첫 번째의 특징을 생각해 볼 때, 가장 먼저 나타나는 논쟁은 급속히 의견의 불일치로 진행하는 길에 있다. 그러면서도 우리는 아마도 의견의 차이는 있지 않을 것이라는 결론을 생각한다. 그러나 상반되는 주장간의 충돌은 존재하며 그것은 개개인의 자유로운 선택에 있는 것들을 결정한다.

그러나 이런 두 번째 특징에서 우리의 언어 중 뚜렷이 구별되는 기능을 가진 표현을 사용하는 것은 객관적인 표준을 호소하도록 주장하는 것이다. 논쟁을 표면으로 표출하는 것이 다지 하나의 가식이라 할지라도, 그 질문은 "왜 이것이 겉치레인가"라는 질문을 남긴다. 도덕적인 갈등에 참여하는 사람에 의해 꾸며진 것 중 매우 중요하여 거의 우리 문화 전체에서 나타나는 이성적인 논쟁이 무엇인가? 이 제안이 우리 문화의 도덕적 논쟁의 최소한의 목표 또는 우리의 삶의 영역에서 *합리적 태도*를 나타내는 것은 아닌가?

③ 현대에 두드러지게 논의되는 도덕적 담론은 처음의 두 가지와 밀접히 연결되어 있다. 그것을 알기란 어렵지 않은데 즉 그것은 이런 논쟁들을 전개한 상대방의 담론들을, 비교할 수 없는 전제의 개념들을 다루는 광범위한 역사개념과는 구별된다는 사실이다. 처음에 논의한 정의 개념은 아리스토텔레스의 도덕적 변증에 그 뿌리를 두고 있다. 두 번째의 논의의 기원은 비스마르크와 마키아벨리즘의 기지에 기원을 두고 있다. 그것은 세 번째 논의의 자유에 대한 개념으로서 마르크스의 피상적인 이론에 기초하고 있으며, 더 깊은 원리는 피히테의 이론이다. 로크가 전제한 권리의 개념은 칸트가 보장한 보편적인 관점에 반하는 이론이다 그리고 도덕적 규범을 나타내는 것은 토마스주의이다. 세 번째 논의는 그린(T.H. Green)의 주장이며 조상으로서 아담 스미스와 경쟁한 루소의 주장이다. 이 분야의 위대한 이름들은 전달하는 바가 크다.

그러나 그것은 두 가지 면에서 잘못 지도 될 수도 있다. 개인적인 이름들을 인용하는 것은 우리로 하여금 역사적인 복잡성을 과소평가하기 쉽고, 이런 조상들의 주장들 그리고 그것이 우리들로 하여금 역사, 고대의 철학자들이 쓴 작품들, 이런 복잡한 이론들을 대체할 이론들, 인간 문화로 구성된 실행들, 철학자들에 의하여 조잡한 믿음들, 어느 한 분야의 이론들과 선택적 방법이 과소평가 될 수 있다는 사실이다. 그러나 이름들이 뜻하는 범주는 얼마나 광범위하고 다양한 도덕적 자료를 이질적으로 하는가가 우리가 물려받은 것의 범주이다. 우리의 문화의 외형적 웅변은 이것과 연계된 도덕적 다원론을 다양하게 말하기 쉽다는 것이다. 그러나 다원론의 개념은 너무 불명확하다. 왜냐하면 그것은 엇갈리는 담론관점에서 명령하는데 적용하기 쉽고 불협화음으로 뒤섞여진 잘못된 주장들에 적용하기 쉽기 때문이다.

그 의심되는 바는 이런 것인데 잠깐 동안 그것이 의심되어질 수 있는 즉 우리가 다루는 글이 우리가 인식할 때 높게 다뤄지는바 그것은 우리에게 도덕적으로 나타나는 다양한 개념들의 큰 이론이 가정에서 기원되었다는 점이다. 그리고 그것들이 한 가지의 역할을 즐긴 실행이고, 그들이 빼앗은 상황에 의해 제공된 기능들이라는 점이다.

무엇보다 그 우리가 고용한 개념들은 지난 300년 동안 그들의 개성을 바꾼 최소한 약간의 개념들이다. 검증된 표현들은 우리가 쓰는바 그들의 의미가 바꾸어 졌다. 다양한 상황으로 변화된 그들이 살고 있던 시대에 그들의 가정으로부터 시작한 개념들 즉“덕목” 그리고 “정의” 그리고 “경건” 그리고“의무” 또한 “당위” 그들이 살기 이전부터 있었다. 이런 역사적인 변화를 우리는 어떻게 기록해야 하겠는가?

그것은 이 질문에 답하기 위하여 노력하는 것으로, 현대의 도덕적 논쟁의 태도에 명확하게 말한 관점에서 초기의 가정과 연결된다. 왜냐하면 만약 내가 옳다고 생각하는 것 즉, 질서 상황에서 무질서의 상황으로 지나간 *도덕언어*들이다. 이 장에서는 그런 변화의 의미들, 그 분야의 실제적인 구성들을 반영할 것이다. 무엇보다, 내가 동질화시킨 우리들의 도덕적 논증에 특색이 있다면, 매우 두드러진 사실이다, 그것은 우리의 합리적인 실행 능력과 단지 나타내는 단언들인데 도덕무질서의 증상들이 있다. 그리고 우리는 참된 역사적인 해석을 할 수 있어야 한다. 그것은 초기의 도덕적 논증의 장에서 등장한 것으로 매우 다양한 종류이다. 과연 우리가 그것을 할 수 있을까?

우리의 이런 작업을 방해하는 한 기지는 현대철학자들의 작품내용과 그 주제들을 교육하면서 도덕철학으로 다루어지고 계속 자행되어온 비역사적인 작업들이다. 우리 모두는 아직까지 지나간 도덕 철학자들의 상대적인 하찮은 주제들을 단 하나의 논쟁을 할 만한 공헌으로 다루고 있는데, 플라톤, 흄, 그리고 우리들과 동시대 혹은 다른 시대의 사람으로 밀을 다룬다. 이것은 그 문화로부터 이런 작품들을 모호하게 하며 그들이 살던 시대 사회적 상황, 그리고 그 나머지의 문화로부터 거짓 독립을 인식하게 함으로 그런 역사를 모호하게 만든다. 칸트는 프러시아의 역사를 중지시켰고, 흄은 더 이상 스코틀랜드 사람이 아니다.

우리가 도덕철학의 기준으로부터 이런 특징들을 생각하는 것은 타당치 못한 짓이다. 제국의 역사는 한번이지만 철학은 상당히 차이가 난다. 그러나 우리는 우리가 약정한 학문훈련간에 분리를 이해 할 수 있는 능력이 있다는 말인가? 도덕이 나타내는 역사와 학문적 교육과정의 역사 간에 연계가능성이 있는가를 다시 고찰해 보자.

아직 이 분야에서 가능한 언어들을 간직하고, 의심도 하며, 가정도 한다. 여러분은 믿어지지 않는 여러분의 처음의 제의들을 수락한다. 여러분은 최소한 이런 면에서는 옳다. 왜냐하면 역사에 대한 추측을 재분류하는 것은 필요하지 않기 때문이다. 여러분들이 문제를 제기한 방법은 실수이다. 현대의 도덕적 논쟁은 상대적으로 끝없는 것이다. 왜냐하면 모든 도덕담론의 가치가 검증되었다 손치더라도 그것들은 항상 상대적으로 무한하다. 현대도덕의 그런 종류의 불일치는 결코 결론을 맺지 못할 것이다. 왜냐하면 어떤 시대이던 도덕적 불일치는, 그것이 과거이든지, 현재이든지, 혹은 미래라고 할지라도 결론을 내려고 할 것이기 때문이다. 우리문화의 불확실한 모습으로 현대의 모습은 무엇인가? 그것은 아마 역사적인 설명이고, 검증됨으로 나타난 모든 문화에 대해 필요한 모습이다. 그것은 이 논쟁의 초기 무대에서 피하여질 수 없는 도전이다, 여러분도 거기에서 실패할 것인가?

정서주의와 불일치

우리가 특별히 직면한 이런 도전의 철학적 이론은 정서주의(emotivism)이다. 정서주의는 모두 재판으로 검증된 이론이다. 특별한 모든 도덕적 재판들은 아무 것도 아니다. 그러나 나타난 것들은 고려할만하고, 태도의 현현이거나, 느낌이며, 그것들이 도덕적인가 그런 면에서 평가 되었는가 와는 무관하다. 특별한 재판들은 도덕과 사실적 요소들의 연합으로 나타날 수도 있다. 도덕적 재판의 그런 요소는 항상 사실로부터 날카롭게 나누어지기 때문이다. 사실적 재판들은 참으로 거짓된 것들인데, 그것들은 거기 사실의 왕국들이 무엇이 참이고 무엇이 거짓인가 우리가 보호하려는 동의의 의미에 의하여 합리적인 비판이기 때문이다.

그러나 도덕적 재판들은 어떤 현현이나 느낌의 태도라 할지라도, 참도 거짓도 아니다. 그리고 도덕적 재판의 일치는 어떤 합리적인 방법도 보호하지 못하는데 그것은 아무것도 아니기 때문이다. 그것은 보호되어져야 한다. 그렇지 않다면, 감정에 대한 비합리적인 영향의 생산이나 그것을 동의하지 않는 자들의 태도에 의하여 공격을 받기 때문이다. 우리는 우리자신의 느낌들이나 자세들을 나타내는 것 뿐 만이 아니라 그것들이 타인에게 미치는 영향들을 전제한다.

이런 감정적 이론들을 의미하는 이론이 있다. 그러나 느낌의 표현이나 태도는 하나의 특별한 기능인데, 그것들은 문장들의 의미가 아니라, 특별한 경우에 사용되어 지는 것이다. 교사들에 대한 분노로, 셈하기에 틀린 작은 소년에게 “일곱 번씩 일곱 번 곱한 것은 49와 똑같아!”라고 큰 소리를 지르는 것 같은 모험일지도 모른다. 그들은 감정을 나타내기 위하여 이런 문장을 쓰거나, 그 의미를 이행하기 위하여 아무 것도 하지 않는 태도를 취한다. 이런 제의들은 우리가 감정적 이론들을 반대하기 위하여 단순히 객관적인 방법에 의존하여야만 하는 이유를 제시해준다.

그러나 우리가 고려해야 하는 바는, 우리가 사용하는 것에 대한 이론으로 제의되지 않은 것 즉 목적으로 할 것인지 기능으로 할 것인지, 그들이 말한 의미보다 확실한 계층의 멤버들, 의식, 그리고 참고에 의한다고 프레게(Frege)가 주장한 모든 것을 포함, 모든 것들을 생각할 필요가 있다.

누군가가 이것이 옳고 저것이 좋으냐에 대해 도덕적인 심판을 말할 때에 나는 그렇게 좋은 것인가 아니면 이것이 매우 좋다는 혹은 정서주의자들에 의하여 제의된 것과 같은 다른 어떤 시도들을 인정하는 것과는 거리가 먼 논쟁임이 명백하다. 그러나 그런 문장들을 의미하는 것이 정서주의 이론으로 간주되는 다른 어떤 것보다도 문장 적인 의미라 할지라도 그것은 그럴듯하게 선포될 수 있고, 그 증거가 적합하다면, 그것은 그 의미가 무엇이든지 간에 그것을 나타내는 언어에 쓰이며 그 후원은 그가 느끼는 것을 나타내거나, 태도들, 느낌의 영향의 시도, 다른 태도들보다도 아무것도 아니라는 사실이다. 이렇게 해석되는 감정적 이론이 선택되어 진다면 그 의미, 도덕적 표현의 용법, 아니면 최소한 표현된 것들, 합리적으로 다른 것과 불일치한 것들이 따라야만 한다.

우리는 누군가가 도덕적 심판 그가 말한 것을 들은 것에 대하여 단지 행하여진 도덕적 심판에 대해 추측할 수 없다. 무엇보다, 후원자 그들 자신은 그 의미에 보증되어져 사용하고 있는 자들을 위한 사람들을 잘되게 할 수 있었다. 그는 그들을 잘 되게 하였는데, 그것은 그가 사용한 언어의 의미에 대해 그 자신이 그것을 인식했기 때문이다. 그리고 그가 하는 모든 사실이 여러 가지 방식으로 타인들에게 느끼는 느낌을 나타낼 때에 독립적이고 인격적인 비판이 나타나는 것을 원했기 때문이라는 사실을 확신하기 때문이다.

이런 설명에 대한 정서주의는 경험적 이론이거나 경험적 이론을 스케치한 예비이론임이 판명된다. 생각건대 그것은 나중에 심리학과 사회학, 역사적 관점에 의해 보충되야 함이 판명된다. 여기에 대해 계속 도덕용법을 주장하고 평가방법을 주장하는 자들에 대해, 어떤 잃어버린 비판을 모두 잡으려 할 때 그들의 주장, 비인격적인 비판이 객관적으로 통제된다면, 정서주의는 이런 설명으로 판단될 수 있다.

그러므로 우리는 그런 유형의 이론을 반응하는 특별한 지역상황을 나타내는 그런 유형의 정서주의자들이 주장하는 이론과 실행을 기대하지 않으면 안 되는데, 그것은 무어의 직관적인 태도의 확실한 열쇠모습이라는 사실을 보여준다. 이리하여 정서주의의 이해는 거짓의미의 이론보다 인지이론을 사용하며, 도덕발전의 특별한 부류의 사람들이나, 부패한 군상들, 현세대에 일찍부터 우리의 문화세계로 영입되어 편승한 사람들보다 인지이론을 나타내고 있음이 판명된다.

3. 현대윤리이론의 분열

인간은 동기구조와 이성간의 괴리를 통해 사회적, 정신적 병폐를 나타낸다. 이런 병폐를 통해 우리는 심리지 이기주의자와 쾌락적 이기주의자의 특징을 통해 이해할 수 있지만 그들의 삶은 무엇인가 상실되어 있다. 그것은 사랑이다. 사랑을 통해 우리는 누군가에게 소중한 사람이 되길 원하며 또한 가장 사랑하는 사람이 되길 원한다. 그러나 이기주의자들의 삶을 통해 알 수 있는 것은 자신에게 어떠한 영향을 미치는 개체들에 대해서만 관심을 가진다는 것이다. 즉 자신에게 특별한 의미를 부여하는 것에 관심과 사랑을 베풀지만 시간이 지나 자신과의 관계가 미흡해지면 예전의 그러한 마음이 없어질 수 있으며 다른 사물에게로 그 사랑과 관심이 돌아갈 수 있다는 것이다. 이에 들이 삶에 있어 진정한 행복을 누리기 위해서는 이기적인 동기를 버려야 할 것이다. 합리적 판단력과 이성을 동기나 목적의 차원으로 구현시키지 못하면, 이성과 동기간의 윤리분열 현상을 겪게 된다.165)

그런데 행위가 만족스럽기 위해서는 행위가 쾌락과 고통의 분기점상에 놓여 질 수 있다는 것이다. 문제는 쾌락을 단순하게 유일한 선으로 받아들일 수 없다는 것이다. 이것을 우리는 형식적 공리주의를 통해 알 수 있다. 이른바 자기중심주의와 공리주의는 원인과 동인간의 분열을 요구한다. 현대윤리 이론들은 자기 자신을 사랑하고 걱정하는 가치를 중요시하고 있음에도 불구하고 그러한 가치관의 주체에 대한 생각을 깊게 다루지 않는다. 물론 이기주의자들에게서 있어서도 그들의 가치를 인정할 수 있을 것이다. 그렇지만 이 경우에 사랑, 우정, 애정, 동정, 그리고 공동체 의식은 본질적으로 동기를 포함하고 있지만 정당화, 목표, 윤리적 이론들의 동기들은 제외된다. 이에 따라 현대 윤리적 이론들을 담론하면서 위대한 선을 얻기 위한 원인과 동인간의 간극이 필요함을 인식해야 할 것이다.

이성과 동기의 갈등

예외의 경우를 제외하고는, 대부분의 현대 윤리학 이론들은 이성, 가치체계, 정당화를 주제로 다룬다. 이런 이론들은 인간 행동의 동기, 동기구조 그리고 도덕적인 삶을 제약하는 요건들을 밝히는 데는 실패하였다. 이런 문제들을 검증하지 못한 현대 이론들은 윤리학 이론으로서 그 이론적 토대가 미약하다고 할 수 있다. 그래서 두 가지 상관적인 과제를 시도해 보려고 한다. 첫 번째 과제는 인간의 행동 동기가 윤리적 이론과 삶에 동기가 부여하는 제한성을 제시하는 것이며 두 번째 과제는 이성과 동기 사이의 관계를 보다 명확하게 이해하는 것이다.

인간 사회에서 올바르고 행복한 삶의 지표 중의 한 가지는 동기 구조와 이성의 조화, 가치와 정당화이다. 반면에 만약 사람들이 스스로 선하고 옳고 정당하며 가치 있다고 생각하는 것이 있으면서도 그 방향으로 행동하지 않거나 또는 인간의 행동을 야기하는 동인이 올바르지 않은 것이라면 그것은 인간의 정신, 영혼의 병폐를 의미한다고 볼 수 있다.

이것은 인간의 *동기구조와 이성간의 괴리*를 나타내는 것으로, 우리는 이러한 사회적, 정신적 병폐를 윤리적 분열 현상이라고 부른다. 이러한 *윤리적 분열증*의 극단적인 예로는, 우리가 악하고 위험하며 비도덕적이라고 판단을 하면서도 그 방향으로 행동하는 경우 또는 우리가 실행하길 원하는 행동에 대해서 스스로가 가끔 당혹감이나 혐오감을 느끼는 경우를 들 수 있다. 그러나 아마도 이런 경우는 매우 드물다. 다시 말하자면, 이성과 동기 구조 사이의 일반적인 분열 현상은 인간 의지의 나약함으로의 볼 수 있고, 우유부단함, 죄의식, 수치심, 자

165) Michael Stocker, 'The Schizophrenia of Modern Ethical Theories', *Philosophy and Public Affairs*, vol.13(1984), pp.134-163

기기만 그리고 자기 합리화 등으로 해석될 수 없다.

이성과 동기사이의 불일치, 부조화의 의미는 에고이스트, 쾌락적 에고이스트의 특징을 연구함으로써 보다 잘 이해할 수 있다. 사랑, 우정, 애정, 동료애 그리고 공동체 의식은 인간의 즐거움, 기쁨의 중요한 원천이다. 그렇다면 과연 에고이스트는 이런 쾌감들을 느끼고 얻을 수 있을까? 아니다. 아마도 이기주의자들이 기쁨 그 자체를 본질적인 동기로 고수하지 않는 한, 그들은 진정한 기쁨을 얻지 못할 것이다. 이것은 에고이스트들이 다른 사람들과 어울리기거나 사랑으로 더불어 사는 방법을 알지 알리 못해서가 아니다. 분명히 그들도 타인들과 유대관계. 애정 관계를 맺고 살아간다. 그리고 그런 기쁨들을 얻기 위해 진지한 대화, 사랑, 즐거운 식사, 그리고 영화 감상 등 계획된 수많은 일들을 실행해 나간다.

그럼에도 불구하고, 이기주의자들의 삶에는 분명히 무엇인가 결핍된 것이 있다. 그것은 바로 진정한 사랑이다. 사랑의 개념에 있어 필수적인 요소는 인간은 누구나 사랑 받기를 원하고 바라며 항상 타인의 소중한 사람, 가장 사랑하는 사람이 되기 위해 행동한다는 점이다. 좀 더 명확하게 말하자면, 우리는 타인의 소중한 사람, 가장 사랑하는 사람이 되는 것을 궁극적인 인생의 목표로 삼아야 하고 그것은 우리의 행동과 관심의 최종적인 목표가 되어야 한다는 것이다.

상대방에 대한 우리의 관심과 배려의 범위 또는 상대방을 행복하게 해주려는 우리의 노력범위는 자신의 만족하고 행복한 삶을 유도하려는 사람들의 의지, 바램정도에 따라 달라진다. 즉, 간단히 말해서 우리는 상대방의 이익을 목적으로 행동하는 것이 아니라 나 자신의 기쁨과 행복. 즐거움 획득을 궁극적인 목표로 삼고 타인을 향해 행동한다는 것이다.166)

이렇게 생각해 볼 때 우리는 왜 이기주의자 종종 외롭다고 하는지 그 이유를 이해할 수 있을 것이다. 그것은 분명 타인과의 외면적인 관계와 관련이 있는 것이다. 여기서 말하는 외면적인 관계란 이기주의자들에게 있어서 이 세상의 어떤 사람, 어떤 사물도 다른 것보다 좀 더 특별하거나 소중하지 않다는 것을 의미한다. 이기주의자들에게는 각각의 개체들은 큰 의미가 없고 단지 그 사람들이 자신들에게 어떤 효과와 영향을 주는지에 대해서만 관심을 갖는다.

각각의 개체들은 같은 효과와 영향을 주는 다른 개체로 언제든지 교체될 수 있다는 것을 의미한다. 이런 개념은 개인적으로 참을 수 없는 발상이라고 생각한다. 여러분들이 스스로를 이렇게 생각하거나 또는 우리가 사랑하는 사람이 우리를 이렇게 하찮은 존재로 여긴다고 생각하면 그건 정말 견딜 수 없이 참혹하고 비참할 것이다. 실제로 이런 심리적인 이유 뿐 만 아니라 개념적인 이유들로 인하여 그것은 사랑의 개념과 양립할 수 없다.

혹 어떤 사람들은 이기주의자들의 이런 종류의 사랑을 시시하다고 주장할 수가 있다. 그러

---

166) B. Brandt가 말하듯이, 효용가치의 최대화는 도덕 규칙에 의해 윤리적 의무가 결정된다. 규칙 공리주의는 사회를 전제로 한 이상적인 코드 이론(칸트의 정언명법과 같은 성격)과 달리, 통용성, 인습과 규칙의 구별의 명료화, 사회에 미치는 코드의 상대적인 효용성의 평가로 이루어진다. 우리의 도덕 이무들이 최대의 효용가치를 지니는 도덕규칙에 의해 결정된다는 것이다.

나 이런 주장은 매우 잘못된 생각이다. 왜냐하면 여기서 사랑이라 함은 단순히 현대의 로맨틱한 또는 성적인 사랑만을 의미하는 것이 아니라 가족 구성원들 간의 사랑 그리고 절친한 친구와의 사랑 등 좀 더 포괄적이고 광범위한 사랑까지도 포함하기 때문이다. 만약 어느 누구에게도 사랑받지 못하는 사람이 있다면 과연 그 사람의 삶은 어떤 모습일까? 그리고 아무도 자신을 순순한 맘으로 사랑하는 사람이 없다고 느낀다면 우리의 삶은 어떻게 될까?

다른 목적을 성취하기 위한 수단으로 어떤 일을 행할 수 있다는 생각 또는 개인적인 목적, 이익을 위해 다른 사람을 사랑할 수 있다는 개념은 이기주의자들의 연애관에 있어서 매우 중요한 요소이다. 또한 이러한 원리는 우정, 그리고 모든 애정 어린 관계에도 동일하게 적용된다. 만약 이런 원리, 개념이 없었더라면 우리는 가장 순수하고 가장 본질적인 사랑. 우정의 관계를 맺을 수 있었을 것이다.

여기서 논지를 전개하기에 앞서, 우선 이기주의자에 대한 이런 비평을 보다 보편적 가치관과 함께 대조해 보도록 하자. 본인은 쾌락주의 이기주의자 자신의 삶의 방식, 행동 양식을 정당화할 수 있는 그럴듯한 논리를 가지고 자신들만의 기쁨, 즐거움, 행복을 느끼고 살아간다고 본다. 다시 말하면, 그들도 분명 개개인의 삶 속에서 가장 큰 행복은 사랑, 우정, 애정, 그리고 동료애. 공동체 의식이라고 인식하고 있으며 이런 건전한 사고력과 이성을 바탕으로 타인과 관계를 맺고 살아간다는 것이다.

그러나 그들은 이런 기쁨과 즐거움을 자신의 삶의 본질적인 목적, 동기로 여기지는 않는다. 즉 이기주의자들은 타인과 공존하며 타인의 사랑을 받고 우정을 쌓아 가는 것을 인생의 일차적인 목적으로 생각하지 않는다는 것이다. 아마도 그들이 인생의 진정한 행복을 얻기 위해서는 이런 이기적인 동기를 과감히 버려야만 할 것이다. 이렇게 볼 때 이기주의자들은 그들의 이성을 동기에서 구현하지 못하는 것 같다. 그들의 이성과 동기가 그들의 도덕적인 삶을 분열적으로 만든다,

이기주의의 난점

이기주의자들에 대한 보편적인 비평은 그들은 자신에게 도움이 되지 않는 선행은 절대로 실현하지 않고 그들의 행동의지가 그런 인간관계를 차단한다는 점이다. 사실 이런 비판이 항상 옳은 것은 아닌데 이는 이기주의자들이 종종 자신들이 이기주의자라는 사실을 망각하는 논리를 도입하는 경우가 있기 때문이다. 이런 논리는 이기주의자들로 하여금 삶의 궁극적인 목적을 사랑으로 여기게 한다. 우리는 위와 같은 경우에 대해 몇 가지 의문점이 생긴다. 이런 변형적인 논리를 도입한 사람도 이기주의자라고 볼 수 있는가? 또는 이런 변형적인 논리는 단순히 이기주의자에 대한 변명, 방어수단으로 보아야 하는가? 물론 이기주의자로서 자신에 대한 의식적인 통제. 조절을 잃고 이기적인 목적, 동기에서 벗어나 상대방에 대한 순수한 사랑을 인생의 본연으로 목적으로 여겼다는 사실은 큰 의미를 지닌다.

그러나 그런 이기주의자들은 자신의 변형된 자아가 이기적인 목표를 제대로 성취하고 있는지 아닌지를 어떻게 확인하고 점검할 수 있을까 하는 의문이 생긴다. 혹 그들이 충분한 행

복을 느끼지 못했을 경우 새로운 자아를 만들기 위해 순간순간마다 그들의 의식을 깨우는 정신적 경보기가 존재하는 것일까? 본인은 이것이 가능하다고 본다. 그러나 분명 이것은 이상적이거나 만족할 만한 삶이라고 보기는 어렵다. 상대방으로부터 자신의 인성이나 자아를 숨겨야만 한다는 사실은 도덕적으로 옳지 못하다. 만약 이기주의자들의 자아의 변형이 자유롭다면 이것은 또 다른 비판의 대상이 될 것이다. 하지만 그것은 본인이 여기서 논하고자 하는 바는 아니다. 본인의 비평의 대상은 이기주의자들이 그들의 건전한 이성과 판단력을 동기, 목적의 차원으로 구현시키지 못한다는 점과 인생의 행복 즐거움을 성취하기 위해 양분되고 분열된 삶을 유도한다는 점이 그러하다.

이것은 이기주의(egoism)와 같이 단지 윤리적 이론의 결점으로 생각할 수도 있다. 그러나 공리주의를 생각해 볼 수 있다. 공리주의는 어떠한 행위가 옳고, 의무적이라는 점이 있다. 그러나 만약 그것이 쾌락 그리고 고통, 또는 이것들에 대한 지나친 기대와 관련하여 긍정적일 때, 그리고 오직 그럴 때에만, 필요충분조건의 측면에서 그 어떤 것이라도 공리주의가 될 수 있다. 이러한 관점이 나타내는 것은 행위에 대한 유일한 만족스러운 이유는 쾌락에 대한 고통이며, 사랑, 우정, 애정, 동정 그리고 공동체 의식에 매우 높은 가치를 주어야 한다는 것이다. 이제, 어떤 사람에 대한 당신의 행위와 생각들 속에 들어있는 당신의 동기로써의 이러한 공리적인 이유를 구체화한다고 가정해보자. 그 사람과 당신이 어떠한 관계에 있든 간에 그것은 반드시 사랑이 아니다. 또한 우정, 애정, 동정, 그리고 공동체의식도 아니다. 당신이 사랑하고 있다고 가정할 수 있는 사람은 당신의 생각과 행동에 연관되어 있는데, 그것은 그를 위한 것이라기보다 오히려 쾌락의 원천으로써의 생각과 행동과 관련하는 것이다.

문제는 쾌락을 단순히 유일한 선 그리고 유일하게 올바른 것이라고 받아들일 수 없다는 것이다. 이것을 이해하기 위해 무어(G. E. Moore)의 형식적 공리주의에 대해 생각해 보라. 그것은 우리에게 최대화된 선에 대해 이야기해주고 있으며 그 선은 모든 선에 대해 밝힐 것을 주장하고 있지 않다. 내가 말했고 무어도 동의한 바대로 만약 사랑과 관련된 것이 손이라면 어떻게 여기서 불협화음, 부조화, 불일치가 있을 수 있겠는가? 무어가 동인이라고 그리고 심지어는 사랑이라고 정당화한 이유를 구체화시키는 것은 불가능한 것인가? 그렇게 생각되지 않는다.

우선, 당신이 선을 목적으로 어떠한 관계를 유지시키려고 한다면, 그러한 행위에는 본질적으로 구속이 존재하지 않는다. 또한 그 관계에 개입되어 있는 그 사람에 대해서는 더더욱 구속이 있을 수 없다. 선이 개입되어 있는 한, 당신은 스키 타기 또는 시 쓰기 또는 맛있는 음식을 맛보기 등을 또한 사랑할 지도 모른다. 아마도 그러한 선에 대해 어떤 특별한 무언가가 있다고 대답할 수 있을 것이다. 여기서의 선은 사랑에 대한 선이며 그것은 이제 선으로써가 아니라 선한 것 또는 '이러한 선(this good)'으로 간주한다. 그러나 이러한 경우에 개인이 관여되는 한 다시 비인간성이 존재하게 된다. 상당 부분 이러한 선에서 도출된 어떤 다른 인간은 사랑 받는 존재만큼이나 사랑의 대상으로도 적합할 것이다.

이것을 뒷받침하기 위해, 다음과 같은 대답을 할 수 있다. 개인적인 그리고 개별적인 특징

【그 특징들이 이러한 사람들을 한데 묶는다】에 대해 강조하면서 추구되는 것이 바로 그 선이라고 말이다. 그러나 이제 어떤 의미에서 선이 추구되고 있는지 확실하지 않고 또한 그 이론은 여전히 우리에게 최대화된 선에 대해 말해주지 못하고 있다. 그 이론이 우리에게 이러한 선을 야기하는 것에 대해 말해 준 다는 것은 사실이나 이제 우리는 선한 것, 즉 사랑을 그것의 '선성'(goodness)으로부터 구분할 수가 없게 되었다. 그리고 이것의 단순성은 무어의 형식적 공리주의가 아니다.167)

이기주의와 공리주의의 관계

이기주의주의와 공리주의는 원인(reason)과 동인(motive) 간의 분열을 필요로 한다. 원인과 동인이 사랑, 우정, 애정, 동정 그리고 공동체 의식을 인정할 수 없듯이, 지금의 규칙 공리주의 또한 그렇다. 그리고 현재의 의무론 또한 그렇다. 이러한 이론에서 결여된 것은 단순히(그렇게 단순한 것은 아닐 수도 있지만) 인격이다. 왜냐하면, 사랑, 우정, 애정, 동정 그리고 공동체 의식은 모두 필수적인 부분으로써 다른 인격을 필요로 한다. 그 사람은 반드시 존중되어야 한다. 단지 그 사람의 일반적인 가치 때문에도 아니고 일반적인 가치의 생산자 또는 소유자로써의 사람으로도 아니라 그 사람 자체가 존중되어야 하는 것이다. 한 가지 사례를 들어, 사랑과 관련한 이러한 이론의 결점은 그들이 사랑을 존중하지 않는 다는 것이 아니라 그들이 사랑 받는 것을 존중하지 않는다는 것이다. 정말로, 단순한 사랑(즉, 일반적인 사랑 또는 심지어 이 사람에 의해 예시된 일반적인 사랑)에 가치와 목표를 두는 사람은 내가 비판했던 이론의 지지자가 그랬던 것처럼 작정하고 있는 받는 사랑에 대해 간과하고 있다.

그러나 이러한 이론들의 문제점은 다른 사람들을 가치 있는 존재로 여기고 있지 않다는데 있다. 그것은 단순히-혹은 그렇게 단순하지 만도 않은-사람들을 가치 있게 여기고 있다. 이러한 이론들이 다른 사람들과 비교하였듯이, 현대의 도덕 이론들은 우리들이 우리 자신을 사랑하고, 걱정하고 가치를 부여하지 못하도록 막고 있다. 우리의 일반적인 가치 또는 일반적 가치의 생산자 혹은 소유자로써의 우리자신을 사랑하고, 걱정하고, 가치를 부여하는 것에 대립하여-. 이러한 형식주의에 얽매인 이론들 속에서 자아는 다른 사람들에 비해 상당부분 소멸되거나 혹은 존재하지 않는다. 그들의 외재성에 속박된 우주(내재적 가치)는 자기중심적이지 않으며 오히려 그들은 모든 사람들에 대해 간과하고 있다.168)

사람들을 이러한 식으로 다루는 것이 어려운 일이라는 것은 자명한 이치이다. 사람들 자체에 관심을 갖기란 정말 어려운 일이다. 그것은 정신적으로 지치고 소모적인 일이다. 그것은 우리로 하여금 너무나 오픈 되어 있고, 너무나 취약성이 있는 위치에 놓이게 한다. (즉, 사람

167) 사랑과 삶을 어떠한 관계에서 내재적으로 가치 있는 것이라고 여기는 것은 이성적으로 행동하는 것에 대한 다양한 관점이 간과하는 것들을 알 수 있도록 도와준다. 아울러 가치의 차이점에 주의를 기울이고, 이성적으로 행동하기 위해 그들과 그들의 중요성에 활기를 부여하면서, 다른 사람과의 사랑의 관계가 현재의 사랑보다 더 나은 것인지를 점검하는 어떤 한사람을 생각해 보자.

168) 무어가 우정을 내재적 선으로 여기는 것은 예외이다. 그러나 만약 무어의 이전 비평을 계속 주장한다면 그가 취한 우정은 그의 이론에 일치하지 않는 심각한 오점을 나타내게 된다.

들에 대해 다루게 되면 그 특성상 굉장히 취약점을 많이 갖게 된다는 것이다) 그러나 또한 반드시 생각해봐야 하는 것은 무엇인가 하니, 그것이 본질적으로 대체가 가능하고, 단순히 일반적이고 불특정한 가치의 도구 또는 저장소로써 다른 사람들을 외적으로 바라보고, 다룰 수 있게 해준다는 것이다. 그리고 또 한 가지 이러한 방식으로 인격이 다루어지며 또는 우리가 다루어진다고 믿게 해주는 것이다.

어쨌든 이러한 방식은 인간성을 말살시키는 것이다. 이것에 대한 좀 더 자세한 설명을 위해서는 전면적인 철학적 인류학이 필요하다. 사랑, 우정과 같은 이러한 인간적 관계가 어떻게 가능한지 그들이-아마도 오직 그들 홀로-인간의 삶의 더 넓은 방향, 구조와 어떻게 관련하고 있는지 그리고 인간의 삶을 가치 있을 수 있게 구성하는 그러한 관계들의 발전을 어떻게 인정하고 있는지 다시 말해, 그들이 어떻게 훌륭한 삶, 즉 행복한 삶의 총체를 만들어 내기 위해 그들이 어떻게 작동하고 있는지 보여주어야 하기 때문이다.

이것에 대해 논의할 때, 사람에 가치를 부여한다는 개념에, 가치 있는 인격의 개념에 많은 불분명성과 어려움이 존재한다는 것을 인정해야만 한다. 우리가 이것에 대해 생각할 때【예를 들어, 우리가 무엇에 가치를 부여하고 왜 가치를 부여하는지에 대해 생각할 때】, 우리는 사람에 대해 고려하는 것을 생략하거나 일반적 가치의 생산자 혹은 소유자로써의 사람 또는 사람의 일반적인 가치에서 결론을 맺으려 하거나 또는 그것들을 생략하고 순전히 특정한 자아에서 결론을 맺으려고 하는 것 같다.

이러한 모든 것을 고려할 때, 우리는 이기주의자들에게서 무언가를 배울 수 있을 것 같다. 최소한 그들의 본능은 틀림없이 그들 자신에게 그들의 가치를 인정하게 할 것이다. 불합리의 위험을 무릅쓰고-정말로, 그들의 관점이 호소하는 바를 철저히 잃을 위험을 무릅쓰고-자기 자신을 위한 선에 대해 그들이 매력적이고 훌륭한 것이라고 발견한 것은 틀림없이 선뿐만 아니라 현저하게 자기 자신을 위하는 것이다.

이 시점에서, 우리가 하려고 시도했던 것과 그러지 못했던 어떤 것들에 대해 다시 언급하는 것이 도움이 될 것이다. 시종일관하여 나는 만약 그들이 사랑, 우정, 애정, 동정, 그리고 공동체 의식에 대한 위대한 선을 깨닫는 다면 과연 이때 어떤 종류의 동기를 사람들이 가질 수 있는지에 대해 관심을 가져왔다. 그리고 만약 우리가 그런 다양한 것들【최근의 윤리 이론들이 궁극적으로 선하거나 옳다고 여기는 것들】을 동기로 생각한다면 우리는 분명 그러한 동기를 가질 수 없게 될 것이라고 주장하였다.

여러 가지 말과 행동들과 마찬가지로 사랑, 우정, 애정, 동정, 그리고 공동체 의식은 본질적으로 어떤 동기를 포함하고 있으며 또한 본질적으로 어떤 다른 것들을 제외하고 있다; 제외되는 것들 중에는 정당화, 목표, 그리고 오늘날 가장 뚜렷한 그러한 윤리적 이론들을 포함하는 동기들이 있다. 한 사람의 동기 속에서 현재의 윤리적 이론을 구체화하는 것은 바로 사람들을 외적으로 다루고 사랑, 우정, 애정, 동정, 그리고 공동체 의식을 제외시키는 것(다른 사람들 그리고 자기 자신 둘 다를 제외시킴)이다. 그러한 현재의 윤리적 이론들을 주장하면서 이런 위대한 선을 얻기 위해서는 원인과 동기간의 분열(schizophrenia)이 필요하다.

만약 당신이 사랑에 대한 성공적인 관계, 그리고 성공적인 우정을 가지고 있다면 당신은 앞서 이론들이 가정한 정당화, 목표, 선을 성취할 수 있다고 주장하는 바이다. 당신은 그것들을 이룰 수가 있다. 그러나 그것은 당신이 전적으로 그 이론이 말하는 바대로 살려고 노력해서가 아니라 정확히 말하면, 어느 정도 그 이론에 따라서 살고, 선을 이루는데 실패하는 정도에 따라서 그것들을 이룰 수가 있다.

제 9장 성윤리담론

제 9장 성윤리담론

성윤리에 관해 담론하기 위해서는, 주제에 관한 예비사고를 하는 것이 좋다.169) 우리가 성적 쾌락, 성적 욕망 또는 성적 행위에 대해 말할 때 무엇에 대해 말하는 것인가? 우리가 성적 행위에 대해 "쾌락을 느낄 수 있는 육체와 다른 육체가 만나는 것"이라고 말하면, 그것은 매우 광범위한 정의이다. 그것은 격정적 포옹과 키스 또한 성교를 포함한다. 그것은 다른 개별적 행위 【자위행위나 흥분 시키는 사진을 성적으로 바라보는 것】 는 제외된다. 또한 에로틱한 춤이나 에로틱한 대화 등의 활동은 신체접촉을 하는 것이 아니므로 성적인 것에 포함되지 않는다. 이런 정의는 협의의 용례이다.

모든 키스나 포옹이 그것이 비록 육체적이며, 즐거움을 줄지라도 성적인 것은 아니다. 흔히 말하는 "성적 영역" 【성적으로 민감한 신체 부분】 을 포함하는 즐거움을 성적 쾌락이라고 보는 것이 합리적이다. 그래서 생물학적인 발전 단계 후에 우리는 성적 열망이나 느낌이 가능해지는 것이다. 성은 자연의 육체를 필요로 하는 것인가? 우리가 몸이 없는 유령이나 정령이라고 생각해보자. 그럼 우리는 성적 존재가 될 수 있는 것인가? 이 경우에 우리는 성적 욕구를 경험할 수 있는 것인가? 만약 우리가 그럴 수 있다면 성적 욕구를 경험하는 데 육체가 꼭 필요한 것은 아니라는 것이다. 이 장에서 성윤리와 타인이용의 문제, 동성애의 편견, 음란물, 시민권, 언론의 문제를 살펴본다.

☆ 탐구문제

1. 성행위 평가를 위한 칸트 윤리의 일반적 의미는?
2. 타인을 성적 도구로 이용하는 두 가지 기본 방법의 의미는?
3. 성행위를 위한 타인이용의 유형별 주요 특징은 무엇인가?
4. 합리적인 평가에 기초하여 항상 부자연스럽기 때문에 동성애가 옳지 않은가?
5. 동성애자가 된 것은 선택의 문제라는 주장에 대해서 어떻게 생각할 수 있는가?
6. 성적 불평등 역할로서의 음란물의 게재 의미는?
7. 음란과 외설의 차이점은 무엇인가?
8. 다음의 글을 읽고 포스트모던 사회가 표방하는 윤리적 입장 4가지를 기술하시오(00' 임용고사).

<오늘날의 우리 청소년들은 여러 영역에서 다양한 행태들을 표출하고 있다. 그리고 그러한 행태들은 때때로 기성세대들과 마찰을 일으키기도 한다. 이것은 대체로 모더니즘의 사유의

169) 성윤리담론은 다양한 전제를 내포한다. 첫째, 전통적 성욕구의 의미, ①자녀 생산의 목적, ② 부부간 애정을 돈독함에 있어서 도덕적 의미를 부여하는 경우가 있다. 둘째, 1960년대 이후의 성 혁명을 통해 인위적 피임, 혼외의 성관계, 동성애, 성적 쾌락만을 위한 성관계도 용인되어야 한다는 주장이 제기되었다. 또한 성 해방을 주장하는 사람들에 의하면, 당사자가 합의하는 한 어떠한 성적 표현이나 행위도 허용되지 않을 이유가 없다는 것이다. 셋째, 자유연애를 옹호하는 입장은 전통적 가족 제도의 붕괴, 상업주의에 편승한 성의 상품화 현상, 쾌락만을 위한 성관계에서의 비인간화 현상 등을 조장한다는 비판을 받는다.

틀을 지닌 기성세대와 포스트모더니즘의 사유의 틀을 지닌 청소년들과의 갈등관계로 분석될 수 있다. 따라서 청소년 세대를 이해하고 지도하기 위해서 기성세대는 모더니즘(혹은 모던 사회)과 대비되는 포스트모더니즘(포스트모던 사회)의 특징적인 면모들을 이해하여야 할 필요가 있다. 요컨대 포스트모더니즘이 지향하는 윤리적 입장은 모더니즘이 표방하는 윤리적 입장과 다르다.>

1. 성윤리와 타인이용

성윤리의 관점

우리는 더 많은 개념의 퍼즐에 주목한다. 많은 사람들이 성교를 "사랑 만들기"라는 말로 언급한다. 어떤 사람들은 성교는 사랑의 표현을 수행하는 것이라고 하지만, 어떤 사람들은 그것이 꼭 필요한 것이 아니라고 믿는다. 간단히 누군가를 사랑하는 것은 누군가와 사랑을 나누는 것과 다르다. 이러한 차이점을 고려해보자. 누군가를 사랑하는 것은 긍정적으로 생각된다. 이와 비슷하게 사랑에 빠지는 것은 인간에게 해당된 일이다. 누군가를 사랑하는 것은 인간의 선함을 의미한다. 포괄적인 사랑에 대한 개념에는 *아가페와 에로스*가 함축된다.[170]

아리스토텔레스가 우정에 관해 쓴 『니코마코스 윤리학』에서, 그는 진정한 우정은 유용성이나 친구를 통해 얻는 쾌락과 차이가 있다고 말한다. 진정한 친구는 친구 그 자체를 위해 배려하는 것이다. 아리스토텔레스에 의하면 "친구 그 자체를 위해 잘 되길 희망하는 사람이 가장 진정한 친구이다."라고 한다. 그가 생각하기에는 이것이 가장 영구적일지라도 가장 흔치 않는 것이라고 믿는다. 성이 사랑과 함께 행해져야 한다는 고려라면 의존된 사랑의 종류에 관해 생각해보아야 한다. 그것은 또한 성관계와 우정에 기초한 사랑에 관한 연결 가능성에 관해도 생각해봐야 한다.

이러한 개념의 명백함을 위해서는 확실한 사실적인 문제들이 우리가 성윤리 문제에 대해 말하는 것과 매우 밀접하다. 성 억압과 예술의 근원에 대한 프로이드의 이론은 확실히 도전적이다. 그것은 또한 심리적이고 육체적인 영향과 성 억압과 성적 난잡함 양쪽으로 효과를 나타냈다고 알고 있는 성 담론에 유용함을 줄 것이다. 성, 육체적 쾌락과 다른 양상과의 분리는 보다 전체적이고 만족할만한 성 경험의 능력에 영향을 주지 않는다. 게다가 에이즈와 같은 치명적인 질병에 걸리는 실질적 문제는 성이 갖는 도덕특성을 말하기 위해 중요하다. 많은

170) 니그렌(Nygren, Anders Theodor Samuel)은 성서에서 아가페는 인간에게 오시는 하나님의 길이며 하나님은 오셔서 인간으로 하여금 하나님과 사귐을 갖게 한 것으로 보았다. 아가페의 내용은 첫째, 아가페는 자발적이다. 둘째, 아가페는 가치 중립적이다. 죄인임에도 불구하고 사랑한다. 셋째 아가페는 창조적이다. 에로스 개념은 첫째 취득적인 사랑, 둘째 신을 향해 나아가는 인간적인 방법이다. 셋째, 자기중심적인 사랑이다. 이웃에 대한 사랑의 경우, 아가페는 이웃 자체를 직접사랑의 대상으로 삼는 반면에, 에로스는 이웃 자체를 위해서라기보다 자신의 향상을 위한 수단으로 이웃을 사랑한다.

실제적이고 경험적인 문제의 결론은 성윤리에 관한 언급에 대해 큰 영향을 준다. 성윤리담론의 평가는 적어도 그것으로부터 얻어지는 이익과 해로움에 의해 결정된다.

그러나 실질문제는 그들의 결과에 기초한 행위의 도덕성을 판단하는 것과 관련이 있다. 만약 우리가 칸트와 같은 비결과주의 도덕이론을 채택한다면 우리관심은 성적 행위의 결과가 아니라 쾌락수단으로 인간성을 이용하는 것인지에 관심을 두게 된다. 만약 우리가 자연법 이론을 채택한다면, 우리의 관심은 이와 다른 차이를 갖게 될 것이다. 우리는 확실한 성적 행위가 인간성에 적합한지 아닌지에 대해 알아보게 된다.

우리가 지지하게 될 도덕이론이 성에 대한 도덕적 물음을 어떻게 주장할지 먼저 결정해야 한다. 우리가 결과주의 도덕이론이나 공리주의를 지지한다면, 우리는 성행위가 좋은지 나쁜지, 더 좋은 것인지 더 나쁜 것인지 여부로 도덕문제를 주장할 것이다. 만약 우리가 의무의 원리를 지지한다면, 성행위가 옳은지 그른지, 정당화될 수 있는지, 그렇지 못한지를 결정할 것이다. 그리고 자연법이론에 근거한다면 우리는 특별한 성행위가 자연적인지 아닌지, 적합한지 아닌지, 변태적인 것인지를 알고 싶어 할 것이다. 성윤리담론에 대한 도덕적 인식 차이는 크게 네 가지로 드러난다.

㉮ <u>극단적 보수주의</u>

서구의 보수적 크리스트교 윤리, 전통적 유교 윤리이며, 성이라 결혼 및 자녀 출산과 관련을 가질 경우에만 도덕적이고 온전한 것으로 간주한다. 청소년에게는 혼전 금욕과 절제의 삶을, 결혼한 성인에게는 배우자에 대한 성적 지조를 지킬 것을 요구한다. 이에 대한 비판으로 자유주의자들은 부수주의자 성 관념은 보다 바람직한 성, 보다 훌륭한 성에 입각한 것이 아니라, 단지 안정적 삶의 파괴라는 성, 두려워하는 보수적 심리를 반영하고 있다고 비판한다. 그리고 성 해방 물결이 밀려오고 있는 오늘날 극단적 보수주의자들의 주장은 비현실적이다.【금욕과 절제의 삶을 강요】

㉯ <u>온건한 보수주의</u>

혼전의 성관계를 용인하되, 그 안에는 사랑이 전제되어야 한다고 주장한다. 또한 사랑하는 사람들 사이의 성애는 서로의 관계를 돈독히 하는데 필수적이며, 성적 쾌락을 그 자체로 즐기는 데 있어(출산이나 피임등과 관련된) 어떤 제약도 있을 수 없다고 생각한다. 이들은 전통적 규범으로부터 해방된 존재들로 여기지만, 다른 한편으로는 '참된 사랑이 동반되지 않은 성은 옳지 않다.'는 보수적 입장을 지니고 있다. 이에 대한 비판으로, 자유주의자 입장에서 볼 때 이 입장은 아직도 보수주의의 굴레에서 벗어버리지 못한 태도를 지니고 있다고 보고, 자유주의자들은 보수주의자들이 성애에 사랑의 족쇄를 채움으로써 세상에서 누릴 수 있는 성적 환희를 놓치고 있다고 비판한다.(도덕적 삶과 성을 충분히 누리는 삶은 서로 별개의 문제) 성을 사랑을 위한 것으로 본다.

① 성은 단지 생물학적(자연적 본능)의 측면뿐만 아니라 인간의 전체성, 즉 인간의 생각, 감정, 의지와 깊이 연관되어 있다.(책임감, 수치심, 가치의식, 인간 존엄성 등 윤리적 측면과 관련)

② '성적 수치심'은 성이 지닌 윤리적 측면(본능적이지 않으려는 자기방어의 기제)

③ 성행위는 남녀가 서로 자신을 증여하는 헌신영육의 표현, 상호완성에 이르기 위한 행위.

④ 처음부터 자제와 헌신과 같은 윤리적 성격을 지니고 있다.

⑤ 따라서 성은 쾌락만을 위한 것이 되어서는 안된다.

⑥ 도색물 비판-상업적 이익 추구, 여성의 육체를 성적으로 대상화 한다. 여성이미지가 왜곡되고 비하되기 때문이며 문화의 쇠락을 초래함이다.

㉰ <u>온건한 자유주의</u>

성은 일차적으로 쾌락을 위한 것이다. 하지만 성은 자신이 성택한 행위에 대한 충분한 분별력과 책임의식을 지닌 성인들 사이에 이루어져야 한다고 본다. 그리고 반드시 양쪽 모두의 합의 아래 이루어져야 하며, 그것이 타인에게 해악을 끼쳐서는 안 된다는 것이다. 위의 조건을 충족시킨다면 혼전의 성이건, 혼외의 성이건, 동성애건 간에 하등의 문제가 될 것이 없다. 이들은 성에 반드시 사랑이 전제되어야 한다는 등의 제약을 둘 필요가 없다고 주장한다. 성은 마치 그때그때 스포츠를 즐기는 것과 같다. 한마디로 성을 쾌락을 위한 것으로 보며 그 특징은 다음과 같다.

① 성은 상대의 아름다움에 대한 단순한 이끌림, 관심, 호감, 우정의 표현일 수 있으며, 상호간의 욕구와 동의에 입각한 신체적 호응의 결과일 수 있다는 것이다.

② 따라서 성과 사랑을 결부시킬 필요가 없으며 타인을 수단화 하는 것으로 볼 필요가 없다.

③ 쾌락과 만족감이라는 관점에서 볼 때 사랑과 무관한 성이 사랑과 관련된 성보다 더 낫다고 주장한다. 후자는 책임과 헌신의 부담감을 수반, 전자는 부담 없이 낭만적인 더 큰 즐거움 제공.

④ 프로이트의 견해를 폭넓게 수용함-성적욕망을 충족시키는 것은 좋은 것이며, 성적 욕망을 억제하는 것은 부자연스러운 것이므로 정신분열증고 우울증을 유발하는 나쁜 것이다.

⑤ 도색물은 반드시 부정적인 것만은 아니다. 성적 호기심과 욕구를 충족시켜 주기 때문이다.

⑥ 오히려 도색물은 부부의 성적 문제의 해결, 부모 자식 간의 성에 대한 격의 없는 대화를 촉진함으로써 긍정적인 영향을 준다고 본다.

㉱ <u>극단적 자유주의</u>

성이 쾌락을 위해 있다는 자유주의자 일반의 주장에 동조한다. 그리고 이들은 한걸음 더 나아가 성적 즐거움을 추구하는 데 있어 어떤 제약도 둘 필요가 없다는 입장을 취한다. 어떤 유형의 행위든, 상대이든 상관이 없다. 이제 성윤리의 도덕원리를 살펴본다.

결과주의와 공리주의의 고려

만약 우리가 결과주의 입장이나 공리주의 관점에서 말한다면 우리는 우리의 행동이나 우리가 어떻게 성적 행위를 할 것인가 결정하는데 판단될 것이다. 각각의 경우 우리의 대안과 그들이 영향 받게 될 모든 결과를 고려해야 한다. 각각의 경우 우리는 이익이나 고통, 이익을 주는 경우와 고통을 주는 경우를 고려해야 한다. 성 관계에 있어서 우리는 육체적인, 정신적인, 사회적인 결과를 고려해야 한다. 이 관점에 의하면 성적 관행이나 관계는 더 좋은 결과를 주는 것을 다른 가능성보다 선호한다. 좋은 결과보다 더 나쁜 결과의 비중이 큰 관행은 도덕적으로 문제가 있는 것이다.

신체적 피해라는 부정적 결과는-매독이나 임질, 에이즈와 같은 성관계의 질병을 포함하는 신체적인 피해-피해져야 한다. 정신적 고통도 실질적인 것이다. 원치 않는 성관계나 강제된 성에 의한 충격은 당황의 원인이 된다. 또한 실망과 기대를 충족시키지 못한데서 오는 낙오의 느낌 또는 기만 등이 고려되어야 한다. 좋은, 이익이 되는 상황으로 고려될지도 모를 임신이 다른 상황에서 원치 않았고, 중요한 고통을 수반하기도 한다. 어떤 성적 관행이 가족들에게 부정적인 결과를 가져올 수도 있다. 결과주의의 이유로는 모든 결과가 계산되어야 하고, 짧은 기간의 기쁨 또는 쾌락이 긴 기간의 고통과 고생보다 더 무거울지도 모른다고 한다.

또한 성 관계나 성행위로 인한 긍정적인 결과나 이익은 많다. 모든 성적 쾌락 그 자체를 들 수 있다 게다가 우리는 성적 욕망과 욕구의 배출구로서 신체적으로와 심리적 모두 이익이 있다. 그것은 우리에게 다른 사람을 감사하는 마음과, 더 열정적이고 아마 동정심을 많게까지 할 것이다. 그것은 세계에 대한 우리의 지각을 넓히기까지 할지도 모른다. 많은 사람들은 친밀한 성관계가 인간관계의 장애물을 깨부수는 것을 향상시킬 수 있다고 말한다.

성행위에 관한 결혼과 자녀의 맥락은 무엇인가? 결과주의의 관점에서 볼 때 인간의 본성이 이성애이고, 결혼한 사이에서 발생한 것이고, 아이를 만들 목적이어야 할 필요는 없다고 본다. 어떤 경우, 그 결과가 더 좋은 것일 때, 성행위는 결혼 관계 이후로 연기해야 할 것이다. 그러나 이는 다른 경험으로 인해 어떻게 영향을 받는지가 다른 다양한 사람들에게는 늘 그런 것만은 아니다. 이는 동성애에 관해서도 마찬가지 일 것이다. 사회적 수용성이나 치욕은 그들의 행하는 것이 행복한지 아닌지에 따라 사람들마다 다르게 적용될 것이다.

결론적으로 결과주의는 무엇이 좋은지, 나쁜지 그리고 무엇이 더 좋은지, 더 나쁜지에 의해서 뿐만 아니라 무엇이 가장 나쁜지, 가장 좋은지를 판단하는 것을 근거로 삼는다. 공리주의자들은 최대 기쁨과 전체 행복에의 최대 생산성을 최고로 본다. 성행위를 판단하는 결과주의자들의 관점은 권리를 피해야만 하기 위해서가 아니라 최고를 위한 바램과 목표를 위해서여야 한다고 본다. 게다가 공리주의자들도 늘 행복이나 즐거움에 의해서 판단해야 한다고 본다.

비결과주의 고려

칸트와 같은 비결과주의 도덕이론은 성행위를 평가 내림에 있어 결과주의 이론과는 아주 다른 방식으로 지시한다. 이것은 참여자들의 동의에 의한 어떤 성행위는 허용할 수 있는 성관계라고 본다. 이 때 제 1의 관심은 그 동의가 사실인지 아닌지에 관한 것이다. 예를 들어 우리들은 참여자가 충분히 정보를 제공하고, 관련된 것을 충분히 알고 있는지 아닌지를 알기를 원한다. 거짓말은 확실히 도덕적인 반론을 제기할 수 있다. 정보를 주는 것을 거부하고 기만하는 다른 어떠한 형태들도 마찬가지이다. 또한 전염병 걸린 것을 말하지 않고 하는 결혼도 반론을 제기할 수 있는 기만의 형태라고 할 수 있다.

게다가 성관계는 자유로움 속에서 이루어져야 한다. 칸트의 입장에서 볼 때 어떠한 형태의 강제도 반대의 여지가 있다. 일반적인 경우, 구체적인 경우 모두 기만과 강제를 구분해서 말하기가 쉽지 않다. 분명하게 그녀 또는 그의 의지에 반대하여 성 관계를 요구하는 것은 강제이다. 그러나 몇몇의 경우 "설득"의 형태이나 강제가 될 수 있다. 해가 될 것을 협박하는 것도 강제이다. 예를 들어 고용이나 승진을 위해 성관계를 요구하는 것은 강제이다. 그러나 이보다 더 강제를 구분하기 힘든 형태도 있다. 절망적 상황을 이용하는 것이 그것이라고 할 수 있다.

또한 성행위의 계시에 관해 부르너(Emil Brunner)는 두 각도에서 계시를 논한다. 첫째, 하나님의 창조행위와 관련하여 하나님의 본성의 현시이며 동시에 사랑의 계시이며 활동이라고 볼 수 있다. 둘째, 구약의 언약의 계시는 자기를 주는 사랑에서 기원과 의미를 갖게 된다. 사랑의 명령에서는 이웃을 사랑하라는 계명이다. 이웃사랑에 대한 도덕법은 자체라기보다 하느님과 그 인간 사이의 본래적인 관계의 결과로부터라고 간주한다. 윤리행위의 동기로서 사랑은 신적 사실에서 기인한다는 점에서 객관성을 갖고, 사랑의 인격적 체험에 의해서 인식된다는 점에서 주관적이다. 하느님의 사랑의 계시행위는 바로 예수그리스도의 희생과 십자가에서 나타났다. 그러므로 모든 윤리적 행위의 동기와 판단은 자기 추구의 에로스에 있지 않고 자기 헌사의 아가페에 있다고 간주한다.

자연법에 대한 고려

자연법이론은 인간 본성에 근거를 둔다. 인간 본성을 신장시켜주는 것이나 이에 부합하는 것은 좋은 것이고, 인간 본성과 일치하지 않거나 이를 좌절시키거나 압력을 가하는 것은 도덕적으로 반론을 제기할 수 있거나 나쁜 것이다. 이 이론에서 성행위에 대한 도덕적 판단은 어떻게 이루어지는 것일까? 확실히 그 열쇠는 인간 본성에 대한 기술에 있다. 자연법 이론이 강조하는 인간 본성의 생물학적 측면을 생각해보자. 피임, 자위행위, 동성애 관계는 자연성에 반하는 것이다. 우리는 인간 본성에 대한 개념의 다소간의 차이에 기초한 또 다른 자연법에 기초하여 논의할 수 있다. 예를 들어 우리는 자연적인 성 관계의 목적인 쾌락에 대해 논의할 수 있다. 게다가 성교의 친밀성과 자연적 경향의 측면은 그들의 동일시의 표현과 서로 가까워짐을 가져다주는 자연적인 경향의 기초를 제공한다는 것이다. 전통적인 자연법 이론에 의하면 인간이 공유하는 일반적인 인간 본성에는 여러 면에서 개별적인 차이가 있다. 나의 개별적인 경향이 나에게는 자연스러운 것일지라도 남들에게는 그렇지 않을 수도 있다. 광의의 선의 관점, 즉 열정적이고 감정적이고 사회적인 측면에 있어 많은 사람들의 일반적인 측면이 자연법이 되는 것이 옳다는 관점에서 볼 때는 동성애도 여기에 포함하게 된다.

성행위가 인간 본성과 자연적인 것과 일치한다고 믿는 것은 또한 성행위가 인간 본성과 일치하지 않거나 비자연적인 것이 될 수도 있는 것이다. 성도착 행위는 성행위의 규범과는 거리가 멀다. 우리는 그것을 비정상이라고 부른다. 여기서 규범이란 행위의 일반적 타입을 의미하는 것이 아니다. 규범이나 반-규범은 도덕적 기순과 일치하는 것을 의미하는 것이다. 성도착 행위에는 드라이브 섹스, 이성 구두 애착 증세, 동물과의 성 욕구, 시체와의 성 욕구 등이 있다. 성도착과 규범적 성 욕구 및 성행위의 개념은 도덕규범으로서 인간 본성을 고려하는 전통보다 유연할 수 있다. 마찬가지로 공리주의자와 칸트의 도덕 전통, 자연법 이론 또한 서로 다른 방식으로 다른 행위를 판단하는 것처럼 성행위를 판단한다. 성행위를 판단하는 이 세 가지 방식은 모순될 필요는 없다. 성행위가 자연법에도 맞지 않을뿐더러, 인간으로 대우하는 것보다 다른 이를 사물처럼 이용하는 것을 포함하며, 게다가 이것이 나쁜 결과를 초래하는 경우를 찾아볼 수 있다. 가장 인간 본성에 맞는 것이 가장 좋은 결과를 주고 동시에 그를 존경하기 때문에 인격적으로 대우해주는 경우를 찾아볼 수 있다.

순결은 성 바오로가 성령의 선물 중에 넣는 절제에 포함되는 반면에, 그는 육욕을 그리스도인에게 특히 부당한 죄악이고, 천국에의 입장을 배제하는 죄악이라고 단죄한다. "음행을 피하고, 각자 존경하는 마음을 가지고 거룩하게 자기 아내의 몸을 대하고, 하느님을 알지 못하는 이교도들처럼 욕정에 빠지지 않도록 하십시오. 이런 일로 형제를 속이거나 그의 권리를 침범하거나 해서는 안 됩니다. 하느님께서는 거룩하게 살라고 부르신 것입니다. 그러므로 이 경고를 거역하는 사람은 사람을 거역하는 것이 아니라 성령을 주시는 하느님을 거역하는 것입니다." "탐욕을 부리는 자는 우상을 숭배하는 자입니다. 여러분은 아무한테도 허황한 이론에 속아 넘어가지 마십시오. 여러분은 전에는 어두움의 세계에서 살았지만 지금은 빛의 자녀답게 살아야 합니다. 빛은 모든 선과 정의와 진실을 열매 맺습니다." 이는 곧 신법의 속성에 해당되는 자연법에 토대를 둔 *순결정신*이다.

포르노그래피

포르노그래피를 성윤리 문제에 포함시키는 것이 문제성 있는 것처럼 보일지 모르지만 보통 성적인 명확성에 의해서 정의되기 때문에 이는 합리적이다. 이러한 포르노그래피가 특별히 도덕적으로 문제시되는 이유는 해악이 없는 성적인 기회 이상으로 보기 때문이다. 포르노그래피에 관한 도덕성에 관한 질문과 더불어 우리는 우리가 일반적으로 성윤리에 관해 제기하지 않았던 문제를 제기할 수 있다. 즉, 우리는 법이 포르노그래피를 어떤 방법으로 규제하는지 왜 하는지 등을 물을 수 있다. 포르노그래피와 그에 따른 법에 관해 논하기에 앞서 우리는 용어를 먼저 정의해야 하겠다. 포르노그래피는 그리스어에서 유래되었다. 또한 이것에 대해 몇몇 사람들은 여성들이 성적인 종사자, 서비스 제공자로 취급당하므로 매춘의 기능과 같다고 했다.

포르노그래피의 법적인 정의는 예술로부터 포르노그래피를 분리시키려고 시도했다. 첫 번째로 우리는 포르노그래피를 성적으로 명백한 자료로 정의한다면 그것의 주된 목적은 성적 흥분이나 흥미를 자극하는 것일 것이다. 이런 정의와 비교하여 두 번째는 포르노그래피를 말로 나타내고 그림이 있는 명백한 성적 행위의 표현으로 보기도 한다. 즉, 여성들을 단순히 성적으로 대상으로 보고 있다고 했다. 첫 번째 정의는 도덕적으로 중립적이다. 그것을 서술적 정의라고 하고 이는 꽤 넓고 폭력적이거나 그렇지 않은 포르노그래피를 모두 포함한다. 두 번째 정의는 도덕적으로 중립적이지 않다. 여기에서는 포르노그래피 정의가 정상적이고 가치를 수반한 정의이다. 또 다른 정의로 법적인 문제와 관련이 있다. 여기에서는 포르노그래피를 외설로 정의한다. 1954년의 미국법률 기구<American Law Institute>와 1973년의 캘리포니아 대법정에선 포르노그래피를 묘사로써 외설이라 하였다. 결국 어떤 경우에 우리는 포르노그래피가 품위를 떨어뜨리고 부도덕적이라고 하던지 또 다른 경우에 중립적이라고 하든지 포르노그래피를 규제하는 법률은 열려있어야만 한다.

자유를 제한하는 원칙

법이 포르노그래피를 규제해야 하는지 안하는지 결정하기 위해 우리는 어떤 종류의 포르노그래피를 규제할 것인지 말 것인지 생각할 필요가 있다. 만약 법의 힘에 의해 그들의 행동을 규제할 이유가 없다면 기초적인 자유에 대한 원칙을 가정해보고 사람들이 그들이 선택한 것에 대해 해야만 하는 것을 가정해 보자. 일반적으로 이런 질문에 대해 생각하기 위해서 포르노그래피 문제와 관련지어 보면 몇 가지 가능한 선택권을 고려해 볼 수 있는데 이를 장유를 제한하는 원칙이라 한다. 왜냐하면 법이 우리의 자유를 규제하는 때와 이유를 결정하기 위해 원칙이나 규범이 있어야 하기 때문이다.

해악원칙에 따르면 법은 해악적인 것으로부터 사람들을 보호하기 위해 각자가 원하는 것을 제한한다고 했다. 밀에 따르면 이것이 우리가 법의 힘에 의해 사람들의 행동을 규제하는 유일한 이유라고 했다. 해로움의 개념은 육체적 해로움이다. 어떤 사람의 팔, 다리를 자르거나 그녀의 몸을 손상시키는 것은 그녀에게 해로운 것이다. 또한 어떤 사람의 삶에 위협을 가하기 위해 그 사람을 괴롭히는 것은 그들에게 정신적으로 해를 끼치는 것이다. 이러한 원칙을 적용하는데 우리는 법의 힘에 의해 사회가 개인을 보호해야 할 정도로 해로움이 심각한 때를 결정해야 한다

그럼 여기에서 자유를 제한하는 원칙이 어떻게 포르노그래피에 적용될 수 있을까? 한 가지 적용은 포르노그래피 자료는 사람들을 해롭게 하는지를 결정해야 한다는 것이다. 예를 들어 우리는 보여지는 폭력적 포르노그래피가 사람들을 성적으로 폭력적 행동을 하게 만드는지를 알 필요가 있다. 폭력적 포르노그래피가 성적으로 어떤 사람들을 자극한다는 것은 명백하다. 그러나 그것이 실제 폭력으로 이루어지는가? 114명의 죄가 있는 강간 행위자를 인터뷰했는데 그들은 폭력적 포르노그래피가 묘사한 장면에 의해 그들이 범죄를 일으키게 되었다고 했다. 만약 어떤 폭력적인 포르노그래피의 효과가 진실이라면 해악적 원칙에 의해 그것을 금지시키는 것은 정당하다.

한 가지 비판적인 문제는 증거의 형태와 정도이다. 만약 죄가 있는 강간 행위가 아닌 사람보다 포르노그래피를 더 많이 접했다면 포르노그래피가 충분하게 강간을 야기 시킨 주된 요인으로 충분할까? 단지 어떤 것이 또 다른 어떤 것을 따르는 것이 그것을 따르게 만들었다는 것을 의미하는 것은 오류이다. 예를 들어 화요일은 월요일의 뒤에 오지만 그렇게 되도록 만드는 것은 아니다. 이는 비록 폭력적 포르노그래피와 성폭력 사이에 관계가 있다 할지라도 원인은 폭력적 포르노그래피에 대한 욕망과 성폭력을 저지르도록 이끄는 어떤 것일 것이다. 그러

므로 해악적 원칙의 적용에 따라 우리는 다른 사람에게 악영향을 끼치는 것으로부터 사람들의 홍미를 보호하기 위해 행동을 규제할 것인지 말 것인지 고려해야 한다. 즉, 홍미의 가치와 규제의 가치를 비교해 보는 것은 요구된다. 그러나 어떤 사람들은 포르노그래피를 규제하는 것은 법적으로 인정한 표현의 자유를 규제하는 것이라 하였다. 그러나 우리는 여기에서 표현의 자유의 가치를 결정할 필요가 있다. 만약 정치적 힘과 같은 표현의 자유의 목적이 있고 성 표현이 이런 목적을 숨기고 제공하지 않는다면 논쟁에서 포르노그래피를 규제하는 것이 옹호를 받게 될 것이다.

해악 원칙 가운데 두 번째의 사회 해악 원칙이라고 하는 것은 때때로 해악원칙 그 자체와 구별되지 않아 혼란스럽다. 이것은 자유를 제한하는 원칙과도 연결되는데 이는 법이 그들의 행동이 사회적 악영향을 끼쳤을 때 그들이 원하고 선택한 것으로부터 사람들을 막는다는 것을 말한다. 예를 들어 만약 민주주의 사회라면 정치적으로 결정을 내리는데 참여한 공공적인 참가자들을 억제하는 것이 사회에 대한 위협이다. 그럼에도 불구하고 해악 원칙으로부터 사회적 해악 원칙을 구분하는 것은 필요하다. 사회적 해악 원칙이 포르노그래피의 법적 규제에 어떻게 적용될 수 있을까? 포르노그래피는 사회에 대한 위협으로써 볼 수 있다. 한 측면에선 어떤 종류의 포르노그래피가 사랑과 성의 연결을 약하게 하고 가족 구조 역시 약하게 한다고 주장한다. 만약 사회가 본질적으로 평등주의자들로 이루어져 있다면 우리는 포르노그래피가 여성을 복종자로 보는 경향이 강하므로 포르노그래피가 있다는 것 자체로 위협이 될 것이다. 게다가 자유를 제한하는 원칙에서는 우리는 먼저 원칙이 아닌 인간의 자유를 규제하는 것에 대해 합당한지 아닌지 결정할 필요가 있다고 했다.

공격적 원칙은 사회가 다른 사람에게 해를 끼치는 것을 막기 위해 그들이 원하는 것을 해야 할 선택권을 규제한다는 것을 수용한다. 즉, 타인에게 해가 되는 것은 규제되어야 한다는 것이다. 예를 들어 우리는 공공장소에 나체화를 진열하는 것은 이러한 행동을 규제해야 할 정도로 다른 사람에게 해를 끼친다고 생각한다. 이때 공격의 심각성이나 얼마나 폭넓게 퍼져 있는지를 결정해야 한다. 게다가 몇몇 사람들은 이러한 원칙이 적용하려면 또 다른 요소인 도피라는 것을 포함해야 한다고 주장했다. 다시 말해서 다른 사람들이 단지 피할 수 없다는 것이라면 이는 규제될 수 있다.

이러한 원칙이 포르노그래피에 어떻게 적용될 수 있을까? 여성들이나 특정한 인종단체에서 볼 때 심각하게 죄가 있고 공격성이 있으면 법적 규제의 충분한 기초가 된다. 다른 기준인 도피에 관해서 만약 성관계 장면이나 자료가 특정한 도시의 구역에서 제한된다면 공격적 원칙이 정당화되는데 사용되지 못한다. 왜냐하면 이 구역에선 공격적인 사람들을 피해서 있을 수 있기 때문이다. 그러나 만약 사람들이 피할 수 없는 공공장소나 슈퍼마켓에 진열되어 있다면 그런 공격적인 진열은 이 원칙에 의해서 규제받을 수 있다.

*법적 간섭주의 원칙*에 따르면 사람들의 자유는 또한 해로운 것들을 사람들에게서 막기 위해 제한되어야 한다고 했다. 해로움의 종류와 정도는 특정화되어야 하고 이 원칙에서 중요한 요인은 개인들에게 적용하는 것이다. 예를 들어 법은 내가 운전할 때 안전벨트를 매거나 오토

바이를 탈 때 헬멧을 써야 한다고 나에게 말해줄 수 있는가? 몇 가지의 법률 뒤에는 비간섭주의 이유들이 있을지 모른다. 만약 차 사고가 나서 다쳤다면 다른 사람들에게도 해악을 끼친다. 왜냐하면 그들은 당신의 치료비를 지불해야만 하기 때문이다. 또한 구속에 대한 간섭 주의적 이유들이 있을 수 있다. "너에게 해로운 것을 없애고 싶다" 이 법의 제안자, 지지자들이 말했다. 이 원칙은 포르노그래피를 제한하는데 정당화되건 안 되건 어떻게 규제하건 간에 다루기 힘든 문제이다. 만약 사람들이 포르노그래피 활동에 관여한다면 이 참가자들은 그들 자신에게 해로울 것이다. 법적 간섭주의 원칙이 좋은 원칙인지 아닌지 결정하기 위해 우리는 개개인의 시민과 관련지어 행동해야 하는 사회적 역할을 결정할 필요가 있다. 그러므로 상표 붙이기나 광고하는 데 진실을 요구하는 법은 여전히 적합할 것이다.

자유를 제한하는 원칙의 결정적인 것은 *법적 도덕주의*이다. 법은 틀림없이 사람들이 부도덕적인 것을 하는 것을 막으면서 행동하게 할 것이다. 왜냐하면 그것은 부도덕적이기 때문이다. 이런 원칙을 해악적 원칙과 함께 혼란스럽게 생각하기 쉽다. 우리는 다른 사람에게 해악을 끼치는 것을 부도덕적이라는데 동의할 수 있다. 그러나 우리는 법이 이런 행동을 규제할 수 있다고 말하기 위해 사람들에게 해를 끼치는 것을 부도덕적이라는데 초점을 맞출 필요는 없다. 법적 도덕주의의 원칙은 법의 목적의 개념과 다른 것을 포함한다. 예를 들어 청교도 인들은 하나의 목적을 가지고 즉, 다른 나라들의 도덕적 본보기가 되는 새로운 나라를 건설하기 위해 미국에 왔다. 그러나 미국은 청교도인의 시대 이래로 도덕이나 종교와 주 사이의 관계는 약하게 되었다. 법은 교회와 주의 분리를 촉진시켰다.

포르노그래피에 대한 이러한 원칙의 적용은 기본적으로 다음을 따른다. 만약 어떤 종류의 포르노그래피가 도덕적으로 품위를 떨어뜨리거나 적절하지 못한 성관계를 보여주는 것으로 생각되어 진다면 포르노그래피는 법적으로 규제될 수 있다. 이 원칙을 지지하는 사람들은 또한 그른 것의 심각성을 고려하기를 원할 것이다. 모든 옳지 못한 행동이 법적 처벌을 받는 것은 아니기 때문이다. 그러나 다른 원칙들의 경우에서 보면 첫 번째 질문은 그러한 원칙이 그 자체로 정확한지 아닌지에 관한 것이다. 우리는 행동의 부도덕적인 성격이 그것을 법에 의해 또는 법적 처벌의 강제에 의해 규제될 수 있는 이유가 되는지 아닌지 물어야 할 것이다. 약물 사용, 지속적인 담배의 사용, 안락사나 낙태에 관한 법률들이 법적 규제를 받건 안 받건 간에 법과 도덕에 관해 우리는 말하는 것에 의존하기엔 약간의 문제가 있다. 당신은 지금 안락사와 낙태에 관해 나온 글로 되돌아가서 보고 적용될지도 모르는 특정한 자유를 제한하는 원칙에 관해 물어볼 수 있다. 비록 이런 원칙들에 의해 법과 도덕의 관계에 대해 생각하는 것이 문제를 수행하는 유일한 길은 아니나 그것은 우리의 생각을 명확히 하는데 도움을 줄 수 있는 하나의 길잡이이다.

페미니즘과 포르노그래피

여러 해 동안 많은 페미니스트들은 포르노그래피에 대해 이야기해오고 써 왔다. 어떤 페미니스트들은 포르노그래피의 어떤 형태에 반대하지 않는다고 주장한다. 그러나 현대의 많은 포르노그래피가 페미니스트들이 믿기에 많은 문제점이 있다. 그들은 여성을 포함하는 포르노그래피가 종종 여성을 종속하는 사람이나 강간되거나 상처가 나길 원하는 여성으로써 품위없는 묘사를 한다고 믿었다. 뮤직 비디오나 앨범 표지나 서정시는 오늘날 이런 예를 보여준다. 페미니스트들이 반대하는 것은 단지 품위를 떨어뜨리거나 학대하는 성의 묘사가 아니다. 포르노그래피의 형태가 널리 퍼지고 대량으로 생산된다면 페미니스트들은 여성들을 해롭게 하는 태도가 유지되는 풍토가 생기게 될 것이라 했다. 이러한 태도들은 여성들이 평등권을 갖지 못하도록 막을 수 있고 또한 여성 학대에 대한 사회의 적절한 반응의 부족을 가져올 수 있다. 뉴욕의 작가인 안드레 드워킨(Andrea Dworkin)에 따르면, "포르노그래피는 여성을 제2의 시민계급으로 유지시키는 태도를 만든다고 했다. 포르노그래피는 사람들이 그들의 타고난 태도를 비난하게 하도록 가르친다고 했다“

캐더린 맥키넌(Catharine Mackinnon)은 포르노그래피에 반대하는 지방법령을 촉진시키기 위해 시민의 권리와 차별 반대의 법을 사용하도록 시도해 왔다. 그들은 포르노그래피를 동등한 시민으로써 대우받는 그들의 권리는 포함한 여성의 시민적 원리에 반하는 것으로 보고 있다. 왜냐하면 그것은 생물학적 성 안에서 우성과 열성을 만들기 때문이라고 보았다. 몇 가지 경우에서 법은 제정되어 왔으나 후에 표현의 자유를 침해해왔다고 법정에서 고난은 겪어왔고 뒤집혔다. 자기 표현이 본질적으로 옳은가 혹은 표현의 자유가 생각의 교환이라는 자유를 촉진시키기 때문에 혹은 정치적 자유를 촉진시키기 때문에 옳은가? 만약 옳은 이유가 후자라면 포르노그래피를 표현의 자유로써 법적 보호 아래 두어야 한다는 것은 믿기가 어려울 것이다. 오히려 그것은 그것을 촉진시키는 목적이라는 면에서 판단해야 할 것이다. 만약 이 목적이 여성의 평등이나 존엄성을 몰래 손상시키는 것을 포함한다면 그것을 보호하기란 매우 어려울 것이다.

성행위 담론

사람들은 은연중에 성에 대한 이야기를 더 듣고 싶어 하고 성에 대한 모든 것이 우리 자신에 대한 것이므로 성에 대한 지식의 갈망은 곧 자신을 알려고 하는 것과 마찬가지이다. 종교적인 양심이 생기기 이전의 원시 사회에서는 인간의 성의 표현이 훨씬 자유로웠을 것이다. 그러나 프로이트가 지적하는 바와 같이 문명의 발달과 함께 인간의 본능은 억압되기 시작했으며, 결국 성에 대한 표현이 여러 가지 변형된 모습으로 금기된 것이다. 현대사회에서 우리들의 성에 대한 태도나 행동들도 대부분 이 시대에 학습되어진 사회적이고 문화적인 현상들인 것이다. 성인들 간의 정상적인 성 행위는 자발적인 행위이고, 서로의 동의에 의해 이루어지므로 기쁨을 얻는 것이며, 서로의 자존심도 고양시켜 주고, 죄의식을 전혀 느끼지 않는다는 것에 대해서는 공통적이다. 그 반면에 수동적이거나 충동적인 상태에서 발생하는 성 행위는 상대방에게 이용당하는 느낌을 준다.

인간의 성 행위에 대한 사회적인 정의나 개념은 시대에 따라 조금씩 변하고 있다. 지금은 포스터 모더니즘의 시대적 영향이 크다. 포스트모던 시대는 J.데리다, M.푸코, J.라캉, J.료타

르에 이르러 시작된다. 니체와 프로이트의 영향을 받은 이들은 계몽주의 이후 서구의 합리주의를 되돌아보며 하나의 논리를 새우기 위해 어떻게 반대논리를 억압해왔는지를 제시한다. 데리다(Derrida, Jacques)는 어떻게 말하기가 글쓰기를 억압했고, 이성이 감성을, 백인이 흑인을, 남성이 여성을 억압했는지 이분법을 해체시켜 보여주었다. 푸코는 지식이 권력에 저항해왔다는 계몽주의 이후 발전논리의 허상을 보여주고 지식과 권력은 적이 아니라 동반자라고 말하였다. 모두 인간에 내재된 본능으로 권력은 위에서의 억압이 아니라 밑으로부터 생겨나는 생산이어서 이성으로 제거되는 것이 아니라는 것이다. 라캉은 데카르트의 합리적 자아에 반기를 들고 프로이트를 귀환시켜 주체를 해체한다. 주체는 상상계와 상징계로 되어 있고 그 차이 때문에 이성에는 환상이 개입된다는 것이다. 료타르(Jean-Francois Lyotard) 역시 【숭고(the sublime)라는 설명할 수 없는 힘】으로 합리주의의 도그마를 해체한다. 따라서 철학에서의 포스트모더니즘은 근대의 도그마에 대한 반기였다.

문화예술의 경우는 시기구분이 세분화된다. 19세기 사실주의(Realism)에 대한 반발이 20세기 전반 모더니즘(Modernism)이었고 다시 이에 대한 반발이 포스트모더니즘이다. 사실주의는 대상을 그대로 옮길 수 있다는 재현(representation)에 대한 믿음으로 미술에서는 원근법을 중시하고 어떻게 하면 실물처럼 그릴까 고심했다. 문학에서는 저자가 객관적인 실재를 그릴 수 있다는 믿음으로 줄거리가 인물을 조정하여 원근법과 같은 효과를 나타내었다. 이런 사실주의는 20세기에 들어서 베르그송의 시간의 철학 ·실존주의, 아인슈타인의 상대성이론 등 객관진리, 단 하나의 재현에 대한 회의가 일어나면서 도전받는다. 대상은 보는 자의 주관에 따라 다르다는 전제도 미술에서는 인상주의로부터 시작되어 입체파 등 구상보다 추상으로 옮아가고 문학에서는 저자의 서술 대신 인물의 서술인 독백으로 '의식의 흐름'이 강조되어 나타난다

포스트모더니즘의 기저가 되는 이념들, 이론들, 그리고 본능들은 이질적이며, 그 작품들의 기교는 자주 다양한 기원을 갖고, 패러디로 풍부하며, 콜라주인 것이었다. 일시적인 것과 도피적인 인각(registration)은 최상의 특질이 되었다. 무정부주의와 혁명적인 주관주의는 정형화된 형식이나 신화적 일관성의 개념들을 대체하였다.171) 구조주의와 해체론자의 출현은 주요한 역사적 사실의 분열에 대한 신념과 기호(sign)의 가속화된 붕괴에 공감하였다. 기호-가치는 다의성이라는 딜레마에도 불구하고 기표의 자유로운 작용에 억압적 힘을 발휘하는 의미에 대한 규제들이 있다. 아마 가장 강력한 규제는 물적 세계자체의 존재일 것이다. 그 규제가 위계적인 권력의 구조라는 사실을 수용할 때만 포스트모던 입장은 상당히 가치를 지닌다.172)

각 영역에서의 특징을 살펴보면 다음과 같다. 미술에서는 추상 대신에 대중성을 띠고 다시 구상이 등장하였다. 그런데 팝아드처럼 같은 대상을 여러 번 찍어 '다르게 반복하기'를 선보이는 경우, 모나리자 등 친숙하고 고유한 원본을 패러디하여 '다양한 재현들'을 선보이는 경우,

171) 권덕영, 『포스트 모더니즘이란 무엇인가-자연주의에서 미니멀리즘까지』 민음사, 1993. pp.36-38

172) 데이비드 R. 디킨스·안드레아 『포스트모더니즘과 사회논쟁』 옮김, 현대미학사, 1996, pp.257-258

예술가의 권한을 축소한 미니 예술 등, 단 하나의 절대재현을 거부한다. 팝아트는 특히 영국의 지식인들과 예술가들 사이에서 시작되었다. 이들은 미국의 대중문화를 무의식적으로, 그리고 선형적인 기호로서 받아들였다. 그들은 '독립파'를 중심으로 모였고, 새로운 대중매체-텔레비전, 영화, 광고, 대량 생산된 기계류-를 통해 믿음을 전파하고 의식을 형성했다. 그들은 대중매체의 단편들을 모아 그것들을 게시판에 병렬로 늘어놓고 이 구성 뒤에 숨어있는 이론적 해석을 표현했다. 이러한 방법에서 자연적으로 콜라주 기법이 발달하게 되었다.

문학에서는 인물의 독백이 사라지고 다시 저자가 등장하는데 더 이상 19세기 사실주의와 같은 절대재현을 못한다. 작가가 자신의 서술을 되돌아보고 의심하는 자의식 서술(메타 픽션), 현실과 허구의 경계와해, 인물과 독자에게 선택권을 주는 열린 소설, 보도가 그대로 허구가 되는 뉴저널리즘, 작가의 권한을 최소화한 미니멀리즘 기법 등이 쓰인다. 영화와 연극 역시 사실주의의 패러디로서 환상적 기법, 자의식 기법을 사용한다. 서사(narrative), 기호학 등 비평이론의 경계와해는 공연예술에서 탈장르로 나타난다. 포스트모던 건축은 기능주의적이고 중앙집권적인 밋밋한 건축에서 장식과 열린 공간을 중시하고 분산적이며 옛것에 현대를 접합시킨 패러디가 유행한다.

*개성 · 자율성 · 다양성 · 대중성*을 중시하는 포스트모더니즘은 절대이념을 거부했기에 *탈이념*이라는 이 시대 정치이론을 낳는다. 또한 후기산업사회 문화논리로 비판받기도 한다. 산업사회는 분업과 대량생산으로 수요에 의해 공급이 이루어지던 시대이다. 이제 컴퓨터 · 서비스산업 등 정보화시대에 이르면 공급이 넘치고 수요는 광고와 패션에 의해 인위적으로 부추겨진다. 빗나간 소비사회는 때로 포스트모더니즘의 실험적이고 긍정적인 측면을 무력하게 만들기도 한다. 탈이념, 광고와 패션에 의한 소비문화, 여성운동, 제3세계운동 등 포스트모던시대의 사회정치현상은 한국사회와도 무관하지 않다. 미술 · 건축 · 무용 · 연극에서는 실험과 저항이 맞물려왔고 1980년대 말 동구권의 사회주의 몰락과 문민정부의 출현은 한국 문학과 예술에도 포스트모던 바람을 일게 하였다. 근대나 현대는 서유럽에 비하여 짧고 급속히 이루어졌기에 시민의식과 기술 산업사회가 균형을 이룰 수 없었다. 서유럽과 한국사회를 똑같이 볼 수 없는 여러 상황에 의해 한국사회에서 포스트모더니즘은 영역에 따라 큰 차이를 보인다.

모더니즘이 독립성과 순수성을 강조하고 유일무이한 가치로서 평면성을 상정하였을 때 포스트모더니즘의 표상인 미니멀리즘은 회화가 회화이기를 포기하고 그저 하나의 무작위적인 대상이 될 때까지 회화의 조건을 무한정으로 후퇴시킨 것으로 간주될 수 있다. 리차드 볼하임(Richard Wolihem)의 언급대로 '미니멀아트'란 작품의 내용을 최소화 할 뿐 아니라 작업을 최소화함으로써 회화의 조건을 무효화한 지점에 이른 예술형태이기 때문이다. 회화의 조건을 최소화한 결과 더 이상 남은 것이 아무것도 없게 되어버린 상황이 모더니즘의 종언을 의미한다는 비판적인 시각도 있다. 그러나 평면으로서의 회화의 조건을 뛰어넘어 '특수한 사물' 이라는 새로운 영역을 개척한 것이라는 것이 포스트모더니즘의 가능성을 제시한 것이라는 긍정적인 시각이 교차한다.

포스터 모던 시대에는 사랑하는 사이라면 어느 편이든 상대에게 성 관계를 제안할 수 있다. 하지만 중요한 것은 이 관계는 전적으로 두 사람의 동의 아래 이루어져야 한다는 것이다. 성 관계란 당사자들이 주체적으로 결정했다면 특별히 문제가 되지 않으며 하지만 상대의 자발적 동의 없이 성 관계를 감행한 경우는 분명히 성폭력으로 간주해야 한다. 이처럼 성 관계는 사랑이 있고 또 상호간의 자발적 동의가 있을 때 이루어져야 한다. 이럴 때 서로 존중받을 수 있으며 또한 개인적・사회적으로 올바른 성도덕을 확립시킬 수 있을 것이라 생각한다. 토마스 맵스의 관점을 통하여 우리는 성윤리에 관한 올바른 견해와 타인을 이용하는 성행위의 모순을 살펴보고자 한다.[173)]

타인이용의 도덕적 의미

다른 사람을 이용하는 것은 도덕적으로 중요한 의미를 지닌다. 역사적으로 칸트의 원리에 따르면 자신의 목적을 위해서 다른 사람을 수단으로 사용하는 것은 도덕적으로 그릇된 일이다. 그런데 삶의 보통 과정에서 우리는 각기 우리의 다양한 목적을 이루기 위한 수단으로서 다른 사람을 이용하는 것은 확실히 불가피하다. 교사는 자신의 생계를 꾸려나가기 위한 수단으로서 학생을 이용하고, 학생은 지식과 기술을 얻는 수단으로서 교사를 이용한다. 그런 인간의 상호작용은 아마도 각자의 자발적인 참여에 기초할 것이며 인간에 대한 존중의 생각과 양립할 수 있다. 그러나 인간에 대한 존중은 그들이 적당하다고 생각하는 것에 따라 그들의 삶을 영위하기 위해 사람이 합리적 존재로서 올바른 권위를 가진다는 것을 인식해야 한다.

다른 사람을 이용하는 것은 두 가지의 중요한 경우에서 일어날 수 있다. 그것은 자발적 동의와 강제에 의한 것이다. 후자는 자발적인 동의의 형성된 성질을 손상시키는 속이는 것에 의한 것이다. 우리는 카르도즈(Justice Cardozo) 대법원의 유명한 이야기에서 환자의 자율이 확인된 것을 찾을 수 있다. 성인이며 건강한 마음의 모든 인간은 자신의 몸을 어떻게 할 것인지에 대한 권리를 갖고 있다. 왜냐하면 그것은 개개의 자율에 대한 경의와 사람에 대한 경의의 본질적인 부분이기 때문이다. 만일 의학 전문가가 받아들일 수 있는 면에서 그들의 환자들과 상호작용 한다면 그들은 개인의 자율을 존중해야만 한다. 즉 그들은 환자/대상자가 자신의 몸을 어떻게 할 것인지 결정하는 개인의 권리를 존중해야만 한다. 이것은 자발적으로 형성된 동의의 요청을 모독하는 면에서 그들이 행동해서는 안 되는 것을 의미한다. 즉 의료 과정을 자격 있는 환자의 동의 없이 수행되어서는 안 된다. 인간을 대상으로 하는 연구는 포함되는 대상의 동의 없이 수행되어서는 안 된다는 것이다. 더욱이 동의는 자발적일 것임에 틀림없어야 하며 강제는 개개의 자율을 손상시킨다. 관계가 있는 정보에 대해 거짓말하거나 보류하는 것은 그것으로 말미암아 합리적인 의사 결정, 개인의 자율을 손상시킨다.

이용하는 것의 개념을 더욱 명백히 하기 위해 인간을 대상으로 포함하는 연구의 문제를 더 상세하게 살펴볼 것이다. 연구자/대상자의 상호작용에서 인간의 성적 작용은 비도덕적으

173) Thomas A. Mappes, *Social Ethics: Sexual Morality and the Concept of Using Another Person* (New York: McGraw Hall, Inc., 1992), pp.203-216

로 다른 사람을 이용하는 많은 경우가 있다. 연구원이 인간을 대상으로 포함하는 연구에 종사하고 있다면 우리는 연구원의 목적이 연구의 성공적인 완성이라고 추정할지도 모른다. 연구원은 어떤 이유를 위해 이 특별한 목적을 바랄지도 모른다. 속이는 것을 경유해서, 연구원은 위험을 포함한다는 것에 대해 거짓말 할 것을 선택할지도 모른다. 예를 들면 잠재적인 대상은 조사 참가와 관련되는 어떤 심각한 위험도 없다고 명백히 이야기 할 수 있다. 반면에 연구원은 단지 위험의 완전한 명시를 보류할 수 있다.

배려가 모자라는 연구원이 어떻게 강제를 경유하여 비도덕적으로 다른 사람을 이용하는 것이 가능한지 설명하기 위해 강제의 두 가지 기초적인 형태를 식별하는 것은 도움이 된다. 우발적 강제는 완력의 사용을 포함하고 의도적 강제는 해로움의 조짐을 포함한다. 만일 내가 침입자에 의해 나의 사무실에서 강제로 팽개치게 되면 나는 우발적 강제의 피해자이다. 반면에 만일 침입자가 총으로 위협하는데 사무실에서 나오지 않는다면 의도적 강제의 희생자가 되는 것이다. 우발적 강제의 희생자는 어떤 일에서 선택권이 없다. 이와 대조적으로 의도적 강제의 희생자는 행동의 확실한 과정을 선택한다. 그러나 그 사람의 선택은 해로움의 조짐에도 불구하고 다소 자발적이다.

기만과 성윤리

실제로 거짓말이 기만의 유일한 형태가 아니다. 특정한 상황 아래 단순한 정보의 보류는 기만의 형태로 고려될 수 있다. 따라서 다른 사람을 성적으로 이용하는 것은 문제가 되는 사실들에 대해서 거짓말을 하거나 문제가 되는 사실들을 드러내 보이지 않음으로써 가능할 수 있다. 만약 B라는 사람이 A와 성 관계에 동의하는 것을 거절했는데 A가 B의 동의의 획득성을 높이기 위해 사실에 입각한 어떤 정보를 탄로하는 것을 보류한다고 하자. 이때 만약 B가 동의한다면 A는 속임수에 의하여 B를 성적으로 이용한 것이다. 하나의 예를 들면 충분할 것이다. A라는 남자와 B라는 여자가 술집에서 만났다고 가정해보자. A라는 남자는 B라는 여자가 C라는 여자의 자매인줄 즉시 알았는데 C라는 여자는 오랜 시간 동안 A와 성적으로 연루되었던 여자이다. A는 만약 그녀가 A가 그녀의 언니와 연루되었다는 것을 알게 되었을 때, B가 성관계에 동의한다는 것은 정말 생각지도 못할 일이라는 것을 알면 그 정보를 폭로하지 않을 결심을 한다. 만약에 B가 결국은 성관계에 동의한다면 B의 동의는 A의 술수에 결과로서, 그것은 분명히 그녀가 그에 의해 성적으로 이용되어 왔다고 생각된다.

강제와 성윤리

이제부터의 작업은 더욱 어려운 강제의 경우를 고려하는 것이다. 속이는 것이 자발적인 동의를 훼손시키는 반면, 강제는 동의 【우발적 강제】 를 말소하거나 동의 【의도적 강제】 의 자발성을 훼손시킨다. 강간은 가장 눈에 띄며, 잔인하고, 강제를 매개로 다른 사람을 성적으로 사용 방법이다. 강간은 우연적 강제 또는 의도적 강제를 포함할지도 모른다. 여자를 강탈하는 남자는 완력을 이용해 여자를 강탈하거나 힘으로 제압하여 우발적 강제를 사용한다. 이 같은 경우 문자 그대로 성적 상호작용은 없다. 단지 성폭행 범인의 하나의 행동이다. 결코 여성은 성적 활동을 동의하지 않거나, 참여하지 않는다. 그녀는 일어나는 것에 대해 선택할 수 없고, 오히려 물리적 강제는 그녀의 선택을 요점에서 빗나가게 한다. 강간목적의 우발적 강제사용은 그 기간 가장 강한 감각에서 희생자를 "사물화"한다. 그녀는 신체의 물건처럼 취급된다. 한가지, 신체와는 상호작용하지 않는다. 완전히 일상적 감각에서 우리는 신체를"이용"한다. 그러나 성폭행의 희생자가 그녀가 신체적 물건으로 취급당할 때, 그것은 우리가 다른 사람을 비도덕적으로 사용하는 선명한 예가 된다.

강제적 강탈은 우발적 강제뿐만 아니라 의도적 강제를 포함한다. 의도적 강제는 신체적 강제뿐만 아니라 해로움의 위협이 명백한 요인이 된다. 강탈자는 그의 희생자를 즉각적으로 진지한 신체상의 해로움으로 위협한다. 예를 들면, 만일 그녀가 그의 성적 요구에 저항하면 남자는 죽이거나, 여성을 때린다고 협박한다. 그녀는 "동의한다." 즉 그녀는 그의 요구에 복종한다. 그는 아마도 수동적 참여 또는 적극적 참여를 요구할지도 모른다. 우발적 강제에서 희생자의 동의는 오로지 무시된다. 의도적 강제는 희생자의 동의가 무시되지 않는다. 그것은 강제이다. 의도적 강제는 동의의 자발성을 훼손시킨다. 즉각적이고 심각한 신체상의 해로움으로써 희생자의 의지를 돌릴 수도 있다. 그는 희생자의 동의를 얻을지도 모른다. 그러나 동의가 강제되기 때문에 다른 사람을 이용하는 것이다.

의도적 강제는 이제 우리의 중심 관심이 된다. 즉각적이고 심각한 신체상의 해로움의 위협이 성적 상호 작용의 강제 동의의 가장 잔인한 방식이긴 하지만 우리는 같은 결과를 가져오는 위협 다른 종류를 사용하는 것을 무시해서는 안 된다. 한 사람에게 효과적으로 해를 주거나 위협을 주는 것에는 여러 방법이 있다. 예를 들면 성적 상호 작용에 대한 승낙은 누군가의 평판을 훼손한다고 협박하는 것에 의해 강제될지도 모른다. 만일 사람이 그 해로움을 피하기 위해 성적 상호 작용에 동의하면, 그 사람이 성적으로 의도적 강제성을 경유하여 사용된 것이다. 지금 각각을 다음 경우로 생각해 보자.

♡<u>경우 1</u> 방 감독은 종업원 고양에게 계속해서 미묘한 성적인 관심을 제의한다. 이 같은 진전을 종업원은 일관되고 확실하게 거부한다. 결국, 방 감독은"성적 호의"를 들어주는 것이 그녀의 계속되는 고용의 조건임을 명백하게 만들었다.

♡<u>경우 2</u> 최 양은 신씨 채권자에게서 그녀가 1년 이내에 그것을 갚을 것이라는 조건으로 상 당한 합계의 돈을 빌렸다 그 사이, 그녀는 그에게 성적으로 끌렸으나 그는 그러하지 않았다. 1년 기간의 끝에, 신씨가 채무인, 최 양에게 돈을 돌려줄 것을 당부하자 그녀는 그가 그녀와 성적 관계를 맺기로 동의하면 그녀가 돈을 갚는 것도 기쁨이 될 것이라고 말한다.

♡<u>경우 3</u> 탁씨는 유명한 연극 티켓 2장을 가지고 있다. 그는 그가 성적으로 찾는 매혹적인 여성에게 소개되고, 극장에 대한 그의 관심을 공유한다. 그들의 대화 도중, 그녀는 모두가 말하고 있는 연극의 표가 다 팔렸다고 실망을 한다. 그녀는 그것을 보는 것을 좋아할 것이다. 이 점에서, 탁씨는 그녀에게 극장에 같이 가자고 제안한다. 그는 "나는 항상 데이트에서 성

관계로 발전하기를 기대한다."라고 말한다.

♥경우 4 정양은 유럽으로의 여행을 계획하고 있다. 그녀는 그녀에게 거의 관심을 보여주지 않았던 남자와의 성관계를 진전시키려고 잠시 동안 노력하고 있었다. 그러나 그녀는 그가 항상 유럽에 가고 싶어 하는 것과 그가 단지 돈의 부족으로 가지 못하고 있음을 알고 있다. 정양은 그가 그녀의 여행 동료가 된다면 모든 비용을 지불할 것을 제안하며, 성 관계가 타협의 일부처럼 표현하였다.

♥경우 5 마 교수는 학생에게 그녀의 일이 학급에서 B의 등급을 얻을 정도지만 만약 그녀가 성적 상호작용에 동의하지 않으면, 그녀는 D 등급을 받을 것이라고 말한다.

♥경우 6 마 교수는 학생에게 그녀의 일이 그녀에게 B의 등급을 얻을 권리를 줄 정도지만 그녀가 성적 상호 작용에 동의한다면 그녀는 A 등급을 받을 것이라고 말한다.

상황적 해석

경우 1과 경우 2는 또 다른 사람을 성적으로 사용할 시도를 하지만 경우 3과 경우 4는 하지 않는다. 두 종류의 제안의 차이를 소개하는 본질적 사항은 위협과 제안의 차이이다. 위협의 논리적인 형태는 제안의 논리적인 형태와는 다르다. 다음과 같이 위협은 "만일 당신이 내가 당신이 하라고 제안하고 있는 것을 하지 않으면, 나는 당신을 위해 바람직하지 않은 결과를 초래할 것이다." 제안은 "만일 당신이 내가 당신이 하라고 제안하고 있는 것을 하면 내가 당신을 위해 바람직한 결과를 초래할 것이다." 이 사람은 동의를 강제하려고 한다. 제안을 하는 사람은 승낙을 승낙에 바람직한 대안을 붙임으로써 얻으려고 한다. 이 사람은 강제를 시도하지 않고 동의를 유발한다.

위협과 제안의 차이가 분명한 관점에서, 지금부터는 경우 1과 경우 2는 왜 또 다른 사람을 성적으로 사용할 시도가 포함되고 경우 3과 경우 4는 아닌지 명백하게 해야 한다. 경우 1과 경우 2는 위협을 구체화 한다 그런데, 경우 3과 경우 4는 제안을 구체화한다. 경우 1은, 감독자가 종업원에게 성적 상호 작용을 제안하는 것, 그리고 승낙을 얻기 위한 노력으로, 그녀에게 그녀의 직업을 잃은 것으로 위협하는 것이다. 감독자는 종업원의 대안(비승낙의 길)으로 어느 바람직하지 않은 결과를 붙인다. 위협의 전형적인 상황인 그의 제안은 그녀의 거부로 더 나쁘게 되는 결과를 가져온다. 그는 그녀를 성적으로 사용하는(의도적)강제를 경유하여 시도하고 있다. 경우 2의 상황은 위와 유사하다.

경우 3과 경우 4는 제안을 구체화한다. 다른 사람을 성적으로 사용할 시도를 포함한다. 탁씨는 단지 그가 방금 성적 상호 작용의 제안을 받아들이게 하기 위해 만났던 여성에게 동기를 준다. 그는 그녀에게 모두가 말하고 있는 연극을 볼 기회를 제공한다. 승낙의 대안으로 바람직한 결과를 붙이고, 그는 잠재적인 동료에게 위협 또는 강제의 시도를 하지 않는다. 그녀는 지금 새로운 기회를 가지고 있다. 만일 그녀가 이 기회 없이 지내기로 결심하면 그녀가 전혀 더 나쁘게 벗어나지 않는다. 경우 4의 상황은 위와 유사하다.

경우 5가 다른 사람을 성적으로 사용할 시도를 한 것은 명백하다. 그러나 경우 6은 그렇지 않다. 경우 5에서 마 교수가 학생에게 그녀가 받을 가치가 있는 등급을 빼앗는다고 협박한다. 경우 6 에서 그가 그녀가 보수 받을 가치가 있는 것보다 높은 등급을 주겠다고 제안한다. 경우 5에서 학생은 마 교수의 제안을 거부했을 때 더 나쁠 것이다. 경우 6 에서 그녀가 그의 제안을 거부할 때 더 나쁘지 않을 것이다. 경우 6 이 다른 사람을 성적으로 사용할 시도를 하지 않는다고 말하는 것에서, 마 교수가 도덕적으로 합법인 방법에서 행동하고 있는 것을 나타내지는 않는다. 그녀가 받을 등급보다 더 가치가 있는 것을 제안하여 그는 그의 제도상의 권위를 혹사하는 것이 유죄이다. 그는 학교 과정 표준에 의해 정의되는 것에 따라 학생들이 버는 등급을 할당하기 위해 의무가 있다. 경우 5 와 대조적인 경우 6 에서, 그가 그의 제도상의 권위를 혹사하고, 다른 사람을 성적으로 사용하려고 한다고 말하는 것은 우리는 그의 도덕적 실패는 그의 제도상의 권위를 남용한 것에 있다고 말할 수 있다.

그러나 경우 6 에서 다른 사람을 성적으로 사용할 시도를 구체화할지도 모른다는 의심이 남아 있다. 마 교수가 학생에게 위협이 아닌, 문자 그대로 논리적인 형태를 가진 제안을 했다는 것에는 의심할 여지가 없다. 그럼에도 불구하고, 이러한 경우에서 학생이 위협된다고 느낄지도 모른다면 어떻게 될까? 마 교수는 성적 상호 작용에 대한 승낙을 안전하게 하기 위해 그녀가 받을 등급보다 더 높은 등급이 받을 것이라고 알려준다. 그녀는 정말로 상당한 위험 없이 그를 거절할 수 있을까? 그에게는 그녀에 대한 지배력이 있다.

마 교수는 학생이 상황에서 은연중에 위협이 내재한다는 것을 알지도 모른다. 아마 그러한 경우 학생은 성적 상호 작용에 마지못해 동의한다. 우리는 그가 그녀를 무의식적으로 사용했더라고 말하고 싶어 할지도 모른다. 아마도 마 교수는 학생이 그의 제안을 받아들일 방법을 알고 있었을 것이다. 그는 위협을 말로 나타낼 필요가 없다는 것을 알고 있다. 정말로, 심지어 그가 그의 지하의 평판을 의식하는 경우일지도 모른다. "모두는 마 교수가 하는 작은 제안에 거절하는 여성에게 무엇이 일어나는지를 안다." 더 나아가 마 교수가 경우 6에서 위협을 전달하려하고 강제를 매개로 다른 사람을 성적으로 사용하기 위해 시도하고 있다. 이와 같이 다른 사람의 강제에 의해서 이용되는 성의 전체적 근거에 대해서 이야기하였다. 이 부분에서 나는 제안된 근거에 대한 제한 또는 확대의 필요성을 고려하겠다. 그 전에 살펴 본 확실한 사례연구는 출발점의 단서로서 제공될 것이다.

강제적인 제안의 관념

♡<u>경우 7</u> 매혹적이고, 부유하고, 높은 성공을 거둔 모델인 서양은 유명한 영화배우가 되는 것을 가장 원한다. 유명한 프로듀서인 문 감독은 은 서양을 스크린 테스트를 위해 그의 사무실로 초대하였다. 스크린 테스트 후에, 문 감독은 서양에게 자신이 그녀를 스타로 만들어줄 준비가 되어있다고 이야기하였다. 그 상태에서 그녀는 그와 성적으로 연루되는데 동의했다. 그녀는 그에게 성적으로 전혀 끌리지 않았다. 크게 마음이 내키지 않은 상태로 그녀는 그의 제안에 동의하였다.

♥<u>경우 8</u> 천씨는 3명의 아이를 양육하는 젊은 홀아비다. 천씨는 직장에서 해고되었다. 그

리고 다른 직장을 구하지 못하고 있다. 실업수당은 끊겼고 친척들은 경제적으로 그를 도울 처지가 아니다. 만약 그가 융자 상환금을 지불할 능력이 없다면, 그는 자신의 근사한 집을 잃게 될 것이다. 오양은 같은 지역에서 살고 있다. 천씨의 부인이 사망하고 난 직후, 그녀는 계속해서 그의 지시대로 성적인 제안을 하였다. 그리고 그는 그녀와의 성적인 관계에 관심이 없다고 분명히 하였다. 그에게 성적인 관계에 대한 동의를 얻어내기 위해, 오양은 천씨를 위해 융자 상환금을 변제할 것을 제안한다.

문 감독은 성적으로 서양을 이용하였는가? 아니다. 그는 그녀가 제안을 수용하지만 마지못해 응한다. 매우 다르다. 만약 그의 제안을 받아들이기 전, 그녀는 본인을 스타로 만들어 주겠다는 것에 대해 자격이 있는 지에 대해 믿는 것이 그럴듯하게 들렸다면 상황은 매우 달라질 것이다. 그 후 우리는 소송사건 7 경우를 읽을 수가 있었다. 왜냐하면 그가 그녀는 자격이 없었다는 이유로 그녀로부터 무엇인가를 박탈하겠다고 위협했기 때문이다. 그는 그녀를 위협하지 않는다. 그는 그녀에게 제안을 한다. 그가 강제적인 동의를 요구한 것에 대해 유죄가 인정된다고 생각하는 것은 실수다. 하지만, 어떤 사람들은 문 감독의 제안은 강제적인 요구의 본보기라고 주장할 것이다. 결국 서양은 저항할 수 없는 유인에 직면하기 때문이다.

제안을 거절할 수 없는 사람은 협박을 거절할 수 없는 사람처럼 마지못해 행동할 수도 있다. 강간과 부녀유괴사이에 존재하는 차이점을 생각해 보아라. 한 경우에서는 제한과 협박이 효과를 발휘하고, 다른 경우에서는 유도와 제안이 효과를 발휘한다. 유인의 정도가 부녀유괴의 경우처럼 충분하다면, 관련된 강제정도에 있어서 차이점은 거의 없을 수도 있다. 두 가지 경우에 있어서, 사람들은 각자의 의지에 반하여 행동할 수 있다.

확실히, 칼끝에 마지못해 인정하는 강간희생자들은 그녀의 의지에 반하는 강요된 행동이다. 하지만, 서양은 의지에 반하여 행동하는가? 우리는 그녀가 성적인 관계에 마지못해 동의하지만, 그녀는 의지에 반하여 행동하지 않는다고 말해왔다. 그녀는 영화스타가 되기를 무척 원했다. 그녀는 원하는 것을 달성하기 위한 수단으로 문 감독을 성적으로 연관시켰던 것에 대해 후회하고 있다.

비록 강제가 언제나 틀린 것은 아닐 지라도 그것은 매우 분명하다. 사람은 어린아이들에게 고속도로를 횡단하지 않도록 강요한다. 아니면 살인자에게 무기를 버리라고 강요한다. 그것에 반하는 추측이 있다. 이러한 것은 근본적이고 윤리적인 원칙들의 기초를 두고 있다. 윤리적인 수준에서 결론 내려지는 것은 우리가 강제적인 것을 행사하지 않기 위해 의무감과 비슷한 측면이 있다. 그 제안에 대한 매우 유혹적인 특징이 그러한 상황을 강요적으로 만들기에 충분하다는 것이 사실이 아닐지라도, 우리는 결코 강요적인 제안감각으로부터 생겨날 수 없다는 결론에 도달할 필요가 없다. 사실상, 강요적인 제안의 감각이 포착되는 것처럼 보이는 중요한 사회현실이 존재한다. 그리고 현실에 대한 통찰은 우리를 "강요적인 제안"이라는 언어로 유도하는 사건의 종류를 인식함으로써 얻어진다.

제안을 받아들이는 사람은 실질적으로 곤궁한 상황에 처해있고, 그러한 제안에 대한 수용은 그러한 곤궁한 처지를 완화하기 위한 유일한 현실적인 가능성을 제공하는 것처럼 보인다는 것은 사실이 아니다. 이러한 종류의 소송이 문제의 본질이라는 것을 가정하면, 우리는 실질적으로 곤궁한 처지와 단순한 희망사항(결핍, 부족함)사이에 존재하는 몇 가지 차이점에 대한 도출을 피할 수 없는 것처럼 보인다. 그녀가 스타가 되기를 원한다 할지라도, 나는 서양이 스타가 될 필요가 없다는 사실을 모든 사람들이 인정할 수 있다고 생각한다. 따라서 문감독이 그녀에게 강제적인 제안을 한다는 생각에 대한 가능성은 거의 없다. 대조적으로 다음사례는 강제적 제안을 구체화하는 것으로 고려 될 수 있다.

경우 8에서 오양은 성적으로 천씨를 이용하려고 시도하는가? 비록 우리가 그녀의 제안은 단순한 제의일 뿐이지 협박이 아니라는 결론을 수용해야 한다 할지라도 정답은 "예"이다. 만약 오양이 천씨를 협박하고 있었다면, 그녀의 제안은 불복종한다는 것으로 인해 그를 더욱 곤경 하게 만들 수도 있는 결과를 낳을 것이다.

사실상 오양이 천씨를 협박한다는 점에 있어서 거부당할 수도 있다. 그녀는 그에게 자격이 있는 어떠한 것을 빼앗겠다고 협박한다. 즉 실질적인 곤궁함을 완화시켜주는 것을 말한다. 하지만, 그녀의 제안을 수용하기 전에, 만약 그가 그녀에 의해 곤궁한 처지를 완화하기로 했다면 이러한 접근은 방어할 수 있다. 하지만, 그녀가 그를 위협하지 않는다 하더라도 그녀는 그를 성적으로 이용하려 하고 있었다. 어떻게 이러한 결론이 다른 사람을 성적으로 이용하려는 전반적인 상황설명에 조화될 수가 있는가? 우선 오양의 제안을 강요적인 것으로 결정하건 아니하든 그러한 것에 대해 집착하지 않는다는 사실을 주장하고 싶다.

강요적인 제안 이상으로 중요한 것은 우리로 하여금 적절한 라벨을 생각하게 만들어 주는 사회적인 현실에 대한 이해다. 우리가 천씨는 그러한 제안을 받아들이고 난 후 말하고 싶은 것에 대해 숙고를 할 때, 강요적인 제안은 스스로 자명해진다. 천씨의 선택은 절박한 상황에 의해 심각한 압박을 받았다. 반면에 서양의 상황은 그렇지 않았다. 오양의 입장에서, 우리는 그녀의 접근을 천씨의 절박한 상황을 이용하는 어떤 감정으로 설명할 수 있을 것 같다. 우리는 협박이라는 상황에서 흔히 말하듯이, 그녀가 그를 강요해서 동의를 얻어낸다는 것이 아니라 오히려 그녀는 그가 이미 "강요적인 상태"에 있다는 사실을 이용하여 동의를 얻어내는 그녀의 목적을 달성한 것이다. 즉, 그의 선택은 궁박함에 의해 압박을 받았다.

만약 우리가 발생했던 사건을 강요적인 제안으로 설명하기로 선택한다면, 우리는 천씨가 자신의 절박한 상황과 아마도 오양 혹은 그녀의 제안에 의해서라기보다는 내재하는 그의 상황 속에 숨어있는 요인들에 의해 강요받는 다는 사실을 기억해야 한다. 설령 우리가 강요적인 제안이라는 라벨을 수용하는 데 준비가 되어있다 하더라도(오양이 천씨를 강요하기로 했다는 사실을 말하는 것이 매우 합당하지 않기 때문에) 우리는 단지 그녀가 강요를 통해 그를 성적으로 이용하려 하고 있다고 말할 수 없다. 오양이 성적으로 천씨를 이용하려 시도한다는 방법에 대한 적절한 상황설명은 다소 다르다. 그녀가 그의 절박한 상황을 이용하여 그를 성적으로 이용하려 시도한다는 상황에 대해 말해보자.

누군가를 성적으로 이용한다는 이러한 분명한 방법 뒤에 숨어있는 감정은 어느 한 사람의 선택적인 상황이 때때로 성적접촉에 자발적인 동의 가능성이 배제되는 심각한 사전압박에 노출될 수도 있다는 것이다. 앞에서 살펴본 것처럼 A는 B에게 접근하여 성적인 접촉에 대한 B의 마지못해 하는 동의를 얻어내기 위해 계산된 제안을 한다. B는 자신의 절박한 상황을 완화하는 확실한 방법을 가지고 있지 있다. 하지만, 이러한 것은 성적인 접촉에 대한 동의와 관련한 부수적인 기회를 만들고 있다.

그러한 경우에 있어서, 우리는 단지 가능성이 희박할 때 B의 절박한 상황은 자발적으로 A의 제안을 수용할 수 없는 B의 상황에 이르게 된다고 말하지 말아야 하는가? 따라서 A는 B가 거절할 수 없는 제안을 할 때(설령 B를 강요하지 않을 지라도), 의도적으로 A와의 B의 성적인 접촉은 B의 자발적인 동의에 근거하고 있다는 필요조건을 위반하는 방식으로 행동한다. 따라서 A는 B를 성적으로 이용한다. 이러한 경우의 핵심은 A는 성적으로 B를 이용하고 있다는 것이다. 만약 A가 의도적으로 필요조건을 위반하는 방식으로 행동한다면, A와 B의 성적인 접촉은 B의 자발적인 동의에 근거한다. 분명히, 기만과 강요는 성적 이용을 통해 발생하는 중요한 메커니즘이다. 하지만 사건 8 에 대한 숙고는 우리로 하여금 다른 메커니즘의 실체를 규명해왔다. 결과적으로 완전히 능력 있는 성인 상대방과 성적인 접촉사례에 관심을 갖게 되면, A는 B를 속이거나 강요하기보다는 B의 절박한 상황을 이용하여 성적으로 B를 이용할 수 있다.

성윤리교육의 의미

이처럼 토마스 맵스의 논의에서 드러나 것처럼, 성윤리 교육을 확립시키기 위해서는 가장 중요한 것이 강제성을 배제한 가운데 성적 자율성과 주체성을 키울 수 있도록 교육하는 것이다. 성적 주체성이란 협의의 의미로는 성에 대한 자기결정권을 뜻하지만, 포괄적인 의미로는 삶에 대한 자율성과 자기결정권을 뜻한다. 성적 주체가 된다는 것은 자신의 삶에서 성적 주인이 되는 것이다. 따라서 성적 주체가 된다는 것은 성적 만남과 관계를 통해 자율성과 자기결정권을 배우고 자기와 타인, 공동체를 존중하고 배려하는 당당한 인격을 갖추는 것을 뜻한다. 성적 주체성 교육에는 대체로 다음과 같은 수련과정이 필요하다.

① 성적 한계의 설정 및 성적 의사결정 훈련을 포함한 *인간관계 수련*이 필요하다. 이 과정에서는 기본적으로 자기와 타인에게 공통적으로 적용되어야 할 성적 권리, 즉 자기 몸에 대한 권리가 무엇인지 알고, 자기와 타인을 동시에 존중하는 태도가 요구된다. 성적 의사결정 과정에서도 자기와 타인 간에 성을 이해하는 언어와 입장의 차이를 확인하고 이러한 차이를 전제로 한 상호간의 의사소통 과정은 중요하다. 성적 의사결정 수련은 우리 사회의 성문화 읽기 과정과 함께 진행되어야 한다.

② 실제적인 성지식 혹은 정보(피임과 성병, 그리고 생물학적 지식, 성 관련 정보물), 자신과 타인을 함께 존중할 수 있는 *성윤리의 습득 및 처리 능력*을 키워줘야 한다. 성관계에서 자기 욕망을 관리할 능력을 당사자들이 갖추지 못했다는 것, 그리고 여성의 성적 의사 결정권과 몸에 대한 권리에 대한 존중감이 확대되도록 수련해야 한다.

③ 우리 사회의 *성문화를 읽어내는 능력*이 요구된다. 따라서 성적 주체성 훈련에서 가장

우선되어야 할 것은 자신이 몸담고 있는 사회의 성문화의 구조를 파악하는 것이다. 이 사회에서 어떠한 성규범, 가치관을 제공하고 있는지에 대해 비판적으로 사고하고 심층적인 의미를 읽어내는 과정이 필요하다. 성문화 읽기 과정' 은 어떠한 남녀관계의 규범을 가지고 살아가는가, 그리고 자신의 성의 사회화 과정을 성찰하는 데 필수적이다.

④ 성문화 읽기 훈련을 통하여 학생들은 '지금의 나는 성과 사랑을 매개로 어떻게 인격적 형성이 되었는가?' , '어떻게 성적 주체성을 확립할 것인가?'를 탐색할 수 있다. 한 사회에서 여성 혹은 남성으로서의 *존재 방식을 학습해나가는 구조*를 객관화하고 성찰할 수 있어야 성윤리에 관한 올바른 선택 및 의사결정이 가능하다.

이와 같이 청소년이 성적 주체로서 자각할 수 있도록 성교육을 바로 세우려면, 성적인 내면화 수련을 통한 자율적 가치관 함양이 우선적 과제라고 할 것이다. 성적 만남과 성숙된 관계를 통해 인간이 자율성을 배우고 타인지향의 윤리관을 내면화 하여 타자를 배려하는 당당한 인격체로 성장할 필요가 있는 것이다. 올바른 성교육이 이루어질 때, 우리는 왜곡되지 아니한 바람직한 성문화를 이 사회에 정착시킬 수 있을 것이다.

2. 동성애의 편견

게이와 레즈비안의 증대

만일 게이가 사회적으로 받아들여지면 일반 사회는 그 자체가 문명의 파괴를 초래하게 할 것이라고 주장하게 된다. 로마에서의 경험을 들어 동성애를 반대하지만 실제로, 로마의 타락은 무성하게 많았던 동성애가 아니라 크리스트교적 황세의 억압 때문이었다. 동성애를 허용한다면 미국이 망할 것이라는 것은 미국의 성급한 예측이다. 미국의 전통적 참여문화는 개인의 프라이버시를 존중했고 또 개인적 자유를 존중했다. 모든 사회에서 열린 조직성과 유연성을 가지고 있던 것이 지금까지의 미국을 유지하게 만들었다. 그들이 게이라는 것을 숨기기 위해서 쓰는 에너지를 개인적 풍요로 사용하게 된다. 이 해방은 파생적인 이익이 이로부터 나온 것이다. 자기은폐의 에너지가 인간풍요로 나타날 수도 있다. 이러한 문제점을 리차드 몰의 관점을 통해 살펴보자.174)

1948년, 킨제이(Alfred Kinsey)가 12,000명의 백인의 남성의 성생활에 관한 연구서를 출판했다. 그 방법은 사회 과학을 넘어 통계조사에 버금가는 기준이 될 정도로 정확했다. 그러나 그 결과는 국민에게 충격을 주었다. 남자의 37퍼센트는 그들의 성인 인생에서 적어도 한번은 동성에게 성적 흥분을 경험한 적이 있고, 추가 13퍼센트는 동성애에 대한 환상을 가졌다. 4퍼센트는 동성애를 배타적으로 생각했다. 또 다른 5퍼센트는 사실상 전혀 이성에 대한 경험이 없었다. 그리고 거의 5분의1은 적어도 이성에 경험만큼 많은 동성애경험이 있었다. 8,000명의

174) Richard D. Mohr, "Prejudice and Homosexuality", *The Little Book of Gay Rights* (Boston, MA: Beacon Press,1994), pp.23 ff.

여성의 성생활에 관한 킨제이의 1953년도 연구보고서에서는 남자에 비해 반 정도 규모의 레즈비언을 발견할 수 있었다.

차별의 대상으로서 게이와 레즈비안

게이는 고용에서 광범위하게 미치는 차별의 대상이다. 정부는 범죄자를 여기에서 끌어내고 있다. 정부는 그들 스스로도 차별을 하고, 다른 사람들이 차별하기를 요구하고, 민간 부문에서 차별을 찬성하고 있는 선례를 설정한다. 레즈비언과 게이는 군복무에 제한이 가해진다. 연방의 정부는 또한 CIA, FBI, 국가 안전 보장기관과 국무성의 부문에서 게이들의 고용을 거절했다. 정부는 게이에게 비밀 사항 취급 허가를 주는 것을 거부하고, 국가의 중요한 민간 부문 군대와 항공우주 산업 계약자에게 게이로 알려진 종업원들을 해고할 것과 게이를 고용하지 말 것을 강요했다. 국가는 게이 교사, 경관, 소방관, 사회 복지사를 비롯한 대중과의 접촉을 가지고 있는 누구라도 일률적으로 해고한다. 게다가 주립의 사전 허가제법은 직업과 전문직의 광대한 배열-의사, 법률가, 회계원, 간호사에서부터 미용사, 장의사, 심지어 중고차 상인에게까지 모든 직업에서 게이를 일률적으로 해고한다.

게이는 민간 부문 고용을 포함하는 가지각색의 다른 방법의 차별, 공공 적응, 주택, 모든 타입의 보험, 관리, 채용과 "독신" 또는 "연관되지 않은" 커플을 함께 사는 것에서 내쫓기는 지역할당제 규칙에 종속된다. 의회의 기술 평가 당국에 의한 1988년의 연구 보고서에서는 미국의 세 번째 보험 회사가 레즈비언과 게이를 냉대한다는 것을 공공연히 인정한다는 것을 보여준다. 미국 주의 거의 반에서, 동성애 행위는 불법이다. 의미 있는 삶에서 성의 중심적 역할은 공식적으로 레즈비언과 게이를 거부하기 때문이다. 불법적 차별과 동성연애자에 대한 사회의 반감은 그들의 융화를 저해한다. 게이와 레즈비언들이 능력을 발휘하는 것과 사적으로 소중한 사랑을 유지하는 것을 방해한다. 삶의 모든 면에서 차별의 영향을 받는다. 단지 가장 강제적인 이유만이 그것을 정당화한다.

게이 부도덕성의 실체

많은 사람들은 게이가 상당히 부도덕하다고 생각하기 때문에 게이에 대한 사회의 취급이 정당화된다고 생각한다. 이 주장을 평가하기 위해, '도덕'의 의미들이 구별되어야만 한다. 때때로 '도덕'은 사회의 구성원에 의해 일반적으로 지키게 되는 가치이다. 이런 이해를 바탕으로 한다면, 게이는 확실히 도덕적이지 않다. 많은 사람들이 그들을 혐오하고 사회풍습은 게이에 대한 비난으로 구성되었다. 여기서 문제는 도덕의 의미가 단지 기술적인 하나라는 것이다. 나치 당원 사회에서도 그러하다. 그곳에서 인종적 차별주의와 군중의 규칙은 "도덕"의 중심적 특징이라는 의미에서 이해되었다. 칭찬할 행동이나 비난할 행동을 하는 도덕의 관념을 사용하기 위해서 필요한 것은 규범적이거나 표준적인 도덕의 의미이다.

나치의 예가 확실하게 보여주는 것처럼, 서술적으로 도덕적인 믿음이나 주장이 표준적으로 도덕적인 것을 수반하지는 않는다. 사회의 많은 사람들은 어떤 것이 좋다고 말하거나 현세의 많은 사람들이, 심지어는 내세에서까지도 무엇이 옳다는 말을 하고 있다. 그런 기준을 만들지 말아야 한다. 사회적으로 인가된 긴 역사를 거절하는 것과 주의 강제적 노예제도의 역사는 이런 원리의 좋은 예가 될 것이다. 거의 비록 모두가 그것을 좋아했더라도 노예 제도는 틀릴 것이다. 그래서 일관성과 공정성의 측면에서 볼 때 단지 대부분의 사람들이 게이들을 인정하지 않거나 좋아하지 않는다는 이유로 게이가 비도덕적이라고 믿는 것을 버리도록 한다.

게다가, 최근의 역사적이고 인류학적인 조사는 게이에 관한 의견이 결코 보편적으로 부정적이 아니었던 것을 나타냈다. 그것은 심지어 기독교의 시대의 더 큰 일부 내에서 그리고 심지어 그 자체가 교회 안에서 넓게 다양했다. 심지어 현대사회에서는-한 가지 흐름으로- 동성애의 행동이 허용될 뿐만 아니라 보편적으로 남자의 사회적 성숙을 위해서 의무적인 부분이다. 만약 대중적인 견해와 관습이 동성애에 대한 도덕적 비난의 배경이 되는데 충분하지 않다면, 아마도 종교는 배경이 될 수 있을 것이다. 그런 논쟁은 보통 두 가지 선을 따라 진행된다. 비난은 성경을 통한 하나님의 직접적인 계시라는 한 가지 주장이 있고, 또 한 가지는 자연에서 증명하는 것으로써 하나님의 계획안에서 비난을 발견할 수 있다는 주장이다. 동성애는 "자연과 반대된다."고 주장된다. 최근의 구약성서 해석학자들은 소돔에서의 롯의 이야기가 오히려 동성애보다는 아마도 불친절한 대접을 비난하기 위해 계획된 것이었을 거라고 지적했다.

명백한 것은 동성애와 같은 활동을 비난하기 위해 성경을 규칙적으로 인용하는 사람들이 그것을 선택적으로 읽는다는 것이다. 레위기에서 동성애에 대한 비난을 인용한 성직자들은 그들의 삶이 깨끗하고 생활에서 레위기의 규정입법에 따르는가? 만일 그들이 소돔에서의 롯 이야기를 동성애를 나무라기 위해 인용한다면, 그들은 또한 동굴에서 롯의 이야기를 근친상간의 강탈을 칭찬하기 위해 인용한 것인가? 사회의 동성애에 대한 좋지 않은 견해는 성경을 해석하는 것에 달려있는 만큼, 성경은 동성애에 대한 비난의 배경이 될 수 없을 것이다.

비록 비난의 일관된 묘사를 성서에서 이끌어 낼 수 있었더라도, 거기에 어떤 사회적 의의가 주어져야만 하는가? 정부에 대항한 억제의 조직으로써의 사회를 이끄는 하나의 원리는 사회적인 정책에 영향을 주는 결정은 종교적 배경에서 만들어지지 않는다는 것이다. 종교의 권리는 성애 문학과 게이 예술에서, 그리고 학교 교과 과정에 게이적 요소의 소개를 막는 것에서, 남색 법 개혁을 방해하는 것에서 성공적이었다. 만일 정부에 의해 게이를 냉대하기 위해 불러내어지는 주장되는 부도덕의 배경이 종교라면, 국가의 주요행위들 중 한 가지는 침해당한다. 종교적 믿음은 다른 누군가의 삶을 조직하는 무서운 도구일 때를 제외하고 그 자신의 삶을 조직할 수 있을 때 멋진 지도자이다.

게이에 대한 자연법 이론 적용의 한계

사람들은 또한 게이가 사회에서 받는 대우를 게이가 부자연스럽다고 말하는 것에 의해 정당화하려고 노력한다. 비록 부자연스러움의 비난이 기발해 보일지라도, 동성애에 적용될 때 장래에 대한 증오가 함께 주어지게 된다. 이것은 높은 감정적인 비난, 보통 표현하는 불쾌감과 불안을 가져온다. 아마 이것은 감정적 비난 외에는 아무 것도 아니다. 사람들에게는 완전히 자연적이어서 도덕적 비난의 주제가 아니었던 온갖 종류의 것들도 똑같이 불쾌감을 느낀다. 적절한 이유를 제시하지 못하면서 격한 감정적인 반응을 나타낼 때, 그들은 도덕적으로 반응했다기보다는 강박적이고 광적인 것이었다. 게이에게 갖는 혐오감은 부도덕에 대한 비난에 입각한 것이 아니다.

"자연"이 일반적 용어보다 기술적으로 사용될 때, 이것은 또한 동성애적 부도덕성에 대한 비판의 배경이 될 수 없다. 부자연스러운 이란 뜻이 "기술에 의한" 혹은 "인위적인" 것이라면, 이러한 의미에서 사실상 삶에 유용한 모든 것들은 부자연스러운 것이라고 지적할 수 있겠다. 사람을 다른 동물과 구별해내는 주된 특징은 사람에게는 전 세계에 걸쳐 그들의 열망과 필요를 만나게 해줄 능력이 있는 것이다. 실제로 사람들의 행복은 이러한 자연으로부터의 출발에 의존한다. 이런 인류자연과 자연에 대한 바탕 위에서, 동성애는 완벽하게 비도덕적이다; 이것은 단순히 사람들이 그들의 필요와 욕망을 채우기 위해 자연에 순응하는 것을 의미한다.

자연에 대한 다른 기술적 의미는 어떤 것이 만약 자연에서 어떤 기능을 채워준다면 그것은 자연적이며, 그래서 좋다. 이런 견해에서 동성애는 아기를 갖는 성기의 기능을 어기기 때문에 부자연적 이다. 이 견해와 관련된 하나의 문제는 많은 신체적 부분은 많은 기능을 갖고 있으며 어떠한 행동은 한 가지 기관으로서만 만족될 수 있기 때문에 이 행위는 다른 기관의 기능이 비도덕적이라고 비난 할 수 없다. 그래서 아이를 갖지 않는 성기의 사용을 더 이상 성기를 다른 목적, 즉 말하자면 희열이나 친밀감을 느끼기 위한 수단으로 쓰는 것을 비난할 수 없다. 자연에 관한 기능적 견해는 만약 많은 사용이 기대되는 어떤 한 물건이 다른 가능한 기능을 배제하고 한 가지 고유한 기능만이 있다면, 부자연적인 것에 대해 오직 도덕적으로 비난의 의미만을 제공할 것이다. 기능에 대한 견해는 도덕적 권위의 배경인 것처럼 보여 진 대신에 이것은 도덕적 권위는 고유의 기능을 정의하는 것이 요구되는 것으로 전환되었다.

어떤 사람들은 이 도덕적 권위를 신체기관의 "디자인"이나 "질서"를 호소함으로써 설명하려고 시도한다. 이를테면 성기는 출산의 목적으로 "디자인"되었다. 이들이 만약 "누가" 디자이너이고 명령자인지 명백히 밝히지 못한다면 그들은 지적으로 속이게 되는 것이다. 만약 그 "누군가"가 신이라면, 우리는 처음으로 되돌아간다. 한 사람의 고유한 종교적 믿음을 가늠할 수 있는 다른 사람들을 보유하는 것으로 각인된다. 한편, 만약 사람들이 그들 스스로 모형을 찾는다면 놀라운 변화를 찾을 수 있을 것이다. 사회의 이데아로서 동성애 관계를 포함할 수 있을 것이다. 5세기 아테네에서 동성애는 사회적인 명령이다. 사람이 사람에게 기대를 걸 때 사회관습과 역사, 그리고 금기의 층을 벗겨 없애는 것은 불가능하다. 분명히 나타난 정도를 보기 위해 사람들은 추상적인 생각이 있는 것을 보기 위해서 창조된 세계를 넘는다. 이것은 중립의 원리가 동성애를 비난하는 인간성에 기초하고 있다는 의식을 일으키는 것이다.

반면에 인간의 모형과 떨어져서 자연을 본다면, 가능성은 흔들린다. 성을 바꾸는 물고기가 그들의 생애 위에 있다 : 우리는 자연을 따라야 한다. 그러면 우리는 성전환자가 되어야 하는가? 유전적으로 우리의 전 단계인 오랑우탄은, 온갖 종류의 사회적 조직 없이 완전하게 단독의 삶을 산다. 자연을 따라갈 필요가 있다 이때 우리는 은둔자가 되어야 하나? 많은 종 가운데오직 두 개의 멤버에 의하여 한 세대가 생산되는 경우가 있다. 자연에서 찾는 목적 활동을 위해서 어떤 모형이 발견되는데 이것은 도덕적 지도자를 없게 할 것이다.

게이의 가족형성

게다가 출산에 대한 보통의 도덕적 태도가 생식을 위해 성기를 사용하도록 하는 긍정적인 의무를 야기할 거라는, 필요한 보충설명을 해주지 못할 것이다. 비록 지역적인 예외는 있으나, 아이가 없는 커플-아이를 가질 수 있는 커플일지라도-에 대한 사회의 일반적인 태도는 비난이 아닌 동정이다. 그 동정은 냉담한 것이 될 수 있으며 이는 사람들로부터 환영받지 못한다. 하지만 다른 사람들을 필요로 하게 만들지는 않는다. 아이를 가질 수 없다는 것을 알게 된 커플은 그 때문에 빚이 취소되었다기보다는 삶의 어떤 풍요함 없이 지내야 한다고 생각될 수 있다. 지체 장애인이 건너뛸 어떤 도덕의무가 면제되었다기보다는 삶의 어떤 풍요함을 잃은 것으로 생각될 수 있는 것과 같다.

많은 게이들은 아이들을 입양해서 키우고 싶어한다. 아마도 놀라운 숫자의 게이들이 키우는 아이는 가족에게 두들겨 맞거나 가족에게 내 밀려진 아이들일 것이다. 그리고 실제로 현재 레즈비언과 게이 커플들은 건강한 아이를 키운다. 아이들이 양자결연을 축복해주는 행복한 가정이다. 그 가정은 인공적으로 수정을 하거나 남을 위해 아이를 갖는다. 나라는 게이와 레즈비언이 베이비붐에 접근하는 것을 경험하는 중이다.

그러나 그것은 게이들 마음대로의 방법이 아닌가? 유전자, 호르몬, 시상하부, 쌍둥이, 빠른 유년기 발달, 등에 관한 계속해 일어나는 논쟁은 그것이 현재 비결정적인 만큼 불필요하다. 문제에 답하기 위해 필요한 현재의 사회에서 레즈비언과 게이의 실제 경험을 본다. 그리고 성적 적응이 선택의 있음직한 문제가 아닌 것은 꽤 명백하게 된다. 한편 성적 파트너의 성의 '선택'은 특징 없는 욕망을 나타내는 것처럼 보이지 않는다. 물적 욕망의 단순한 대리에 의해서 쉽게 이룬다. 게이들이 게이상태에 머무르는 일은 사람들의 박해에 직면하기 때문에 쉬운 선택의 문제가 아닌 것이나.

반면에, 성적 오리엔테이션을 확립하는 것은 비교적 특징 없는 선택을 하는 것 같지 않다. 아마도 진지한 삶을 만드는 것과 같은 관련이 있다. -개인적인 선택- 약간을 차지하는 그들 스스로의 지위를 확립하려고 한다. 만일 다시 게이 경험을 조사하면, 이것은 일반적인 것이 아닌 것처럼 보인다. 사실상 동성애자가 되어 가는 것을 절대 어느 누구도 구분 지어보지 않는다. 이 방법대로라면 사람들은 의사와 법률가와 벽돌공이 되는 것을 구분 지으며 본다. 사람들은 게이를 고르는 약간의 방법을 찾을 수 없다. 【장래 나는 동성애자가 되고 싶다】라고 말하지 않는다. 길에서 법률가가 되고 싶어 한다고 말하고 있는 사람들을 만나고, 그 다음 그들이 계획하는 과정과 기질, 습관과 발달하는 기술의 안에서 정리하는 것이 법률가가 되기 위해서 그들이 계획하는 것을 본다. 게이들의 적응을 인정하기 위해 천천히 가게 되는 사람에게 갑자기 알리지 말아야 한다. 그 결과 자신이 커밍아웃하는 경험은 선택구조가 아니라 근본구조이다. 그리고 부도덕에 신호하는 상태로부터 멀리 떨어져 있으며, 다른 것에게 나타나는 것은 항상 관료적이고 기술적이고 사회적이어서 커밍아웃은 명백한 용기에 비해 약간의 가능적 기회만을 제공한다.

동성애의 사회적 수용과 반응

만일 게이가 사회적으로 받아들여지면 일반 사회는 어떻게 변할까? 게이에 대해서 사회적 정책을 바꾸는 제안은 그 자체가 문명의 파괴를 초래하게 할 것이라는 주장의 불변함을 경험하게 된다. 결국 그것은 로마에서 했던 것이 아닌가? 그런데 실제로, 로마의 타락은 무성하게 많았던 동성애가 아니라 크리스트교적 황제의 억압 때문이었다.

동성애를 허용한다면 미국이 망할 것이라는 것은 미국의 성급한 예측이다. 미국의 전통적 참여문화는 개인의 프라이버시를 존중했고 또 개인적 자유를 존중했다. 모든 사회에서 열린 조직성과 유연성을 가지고 있던 것이 지금까지의 미국을 유지하게 만들었다. 그러므로 지금 미국이 열린 세계관으로 게이를 받아들인다고 하여도 미국이 망하지는 않을 것이다. 그리고 이것 때문에, 지금 게이에 대한 사회적 정책의 변경 개혁이 일반 사회에 가지고 올지도 모르는 것에 관하여 깊이 언급할 필요가 없다. 많은 개혁에 대해 벌써 신용할 수 있게 되었다.

캘리포니아 버클리에서는 뉴욕을 포함한 다른 도시를 따른다. 심지어 “가정 내의 파트너” 법률은 게이에게 이성적으로 결혼한 사람들과 같은, 최소한의 이익에 대한 권리를 준다. 만일 그런 개혁이 증명하면서 건네줄 것, 공정한 이혼의 유용성이 이상을 적게 할 것인 같은 무서운 예측이 미국 가정을 붕괴시킬 것이라는 그 예측은 잘못된 것이 증명되었다. 만일 현재의 구별, 게이를 쫓고 감추고 그리고 그들은 익명의 관계를 지니는 상황이 사라지면 게이는 더욱 가까이 형성될 것이다. 사실상 모든 게이는 영원한 연인을 가지고 싶은 욕망을 가지고 있다. 그러나 현재 사회의 그 차별적 추진력은 게이들의 연결을 매우 어렵게 한다. 사람들이 외부에서 그들의 성적 적응을 공공 영역에서 지각하도록 시키고 있고, 그렇게 구별의 과녁이 되고 있는 커플로서 함께 사는 것은 어렵다. 숨는 것으로서의 삶은 억압받는 존재로 다른 사람들과 쉽게 삶을 공유하지 않는다.

만일 차별이 끝나면, 게이와 레즈비언은 인간사회에 공공연하게 주류로 들어오고 스스로를 존경할 수 있다. 전형적인 게이가 매일매일 걱정하고 변장하는데 필요한 낭비는 해방될 것이다. 융성한 발전을 위해 해방하는데서 발생하는 이익의 창출은 개개인이 번창할 때 생길 것이다. 사회는 인간의 다른 상이한 관점을 인정할 때 풍요로워 진다. 게이와 같은 가구는 거짓말과 두려움보다 오히려 진리와 신뢰에 의거하는 관계를 진전하게 될 것이다. 그리고 대다수의 이성애적 관계는 게이의 친구와 이웃을 더 이상 짓밟지 않을 때 더욱 형편이 나아질 것이다. 마지막으로 게이의 권리가 연장되면 우세한 문화를 위한 이익이 예약되며, 국가는 그들을 봉화로서 나아가게 한다.

동성애에 관한 공리주의적 평가

몰(Mohr)은 미국인이기 때문에 그 상황에 초점을 맞추어 동성애를 평가한다. 이러한 관점은 동성애자들에 대한 한국사회의 문제와 크게 벗어나지 아니한다. 예를 들어, 연예인 홍석천의 커밍아웃 이후 그를 TV에서 보기가 힘들어졌다. 우리나라에서 처음으로 공개적으로 자신이 동성애자임을 밝혔음에도 불구하고 그의 그런 큰 용기에 비하여 그는 너무나 많은 것을 잃게 되었다. 우선적으로 그가 연예계 활동을 원했지만, 타의에 의해서 거의 쫓겨나다시피 했으며 사람들의 비난을 받아야만 했다. 이는 곧 한국적 문화상황에서 이루어진 동성애에 대한 편견과 사회적 냉대를 단적으로 보여주는 사례가 되고 있다.

협의의 자연스러움에서 보면 그들은 부자연스러운 것이지만, 광의의 자연스러움으로 보면 동성애자들도 충분히 자연스럽다. 성기의 문제만 하여도 그 성기의 의미를 아이를 생산해내기 위한 수단으로 생각하면 동성애는 악이지만, 쾌락이라는 목적에서 사용한다면 동성애는 선이다. 이것과 같이 문화 상대주의 관점에 서면 동성애 현상은 선이 될 수도 악이 될 수도 있다. 그렇게 때문에 동성애를 지금의 모습과 같이 무조건 나쁘다고만 볼 수 없다. 최근 영국 하원은 2002년 11월 4일, 동성애자 커플과 미혼 커플도 아이를 입양할 수 있도록 하는 법안을 통과시켰다. 현재 영국의 법은 동성애자나 이성애자 단독으로는 입양을 허용하나 동성애자 커플이나 미혼 커플에게는 금지하고 있다. 한편 일부 보수당원들은 이 법에 반대하라는 당론을 거부하고 찬성표를 던졌다. 이스라엘 국민은 게이 커뮤니티가 주류 사회에서 급격히 자리를 굳혀가는 것을 목격해왔다. 지난 6월에는 최고 4천명에 달하는 남녀 동성애자들이 첫 번째 게이대회가 열린 예루살렘 거리를 활보했다. 동성애는 이스라엘에서 범죄로 여겨지지 않고 있으며, 심지어 법정에서도 게이커플들의 인권이 재인식되고 있다.

세계 현상에서 보듯이 인간의 다양성을 존중한다면 개인의 취향인 동성애도 이해받을 여지를 남기고 있다. 동성애자들도 사회에서 꼭 필요한 일을 할 수 있는 능력을 가지고 있고, 그들이 숨어사는 것보다는 그들을 인정해주고 그들이 사회에서 당당히 활동할 수 있도록 도와주는 것이 공리주의 관점에서 이익이 될 것이다.

3. 음란물 · 시민권 · 언론문제

포르노의 문제인식

포르노는 단지 포르노만의 문제가 아니다. 거기에는 남녀 성의 차별과 지배로서의 사회 질서와 구조, 그리고 각 개인을 연결하는 다양하고도 복잡한 문제가 얽혀 있다. 그 결과에 따라서 포르노는 사회를 전혀 다른 모습으로 형상화한다. 이런 형상화된 사회를 사람들은 무의식적으로 받아들이고, 그것은 잘못된 인식을 심어주게 되어 가치관의 문제가 생기게 된다. 포르노는 상업적인 면과 맞물려 더 자극적이고 흥분을 유발할 수 있는 장면들이 묘사되어 왔다. 이는 기본적으로 동물적인 본능 중에서도 성욕을 가지고 있는 인간이기에 가능했던 일인 것 같다. 이러한 인간의 성 욕구와 사회와 문화의 영향으로 인하여 그 성 욕구 탈출구로서의 포르노가 사라지는 것은 어렵다고 하겠다. 사회 지배와 구조를 깨뜨리는 것이 그리 쉬운 일은 아니기 때문이다. 따라서 개인적인 차원을 통한 성 욕구의 감소를 현실화하여야 할 것이다. 덕성 함양과 극기를 통한 성적 욕망의 극복이 필요하다. 바람직한 성적 표출은 인간의 존엄성과 성에 대한 존경심을 바탕으로 할 때 이루어질 수 있을 것이다.

포르노의 내용에서, 여성은 강탈과 잔학을 실질적으로 바란다. 필사적으로 구속되고, 마구 때리게 되고, 고문당하고, 자존심을 상하게 되고 싶어 한다. 정복과 기쁨에 넘쳐서 포기되는 자결은 여성의 성적 욕망과 필요성의 내용이다. 여성은 남성을 홀리고 강간당하며 남성은 홀림을 당하고 강간을 한다. 포르노는 비록 그들이 항상 성을 통한 것이지만 다양한 포르노의 장르나 주제는 불평등이 더해진다. 나이, 무능, 동성애, 동물, 물건 등 다양하게 등장한다. 이러한 것들이 부가적으로 포르노를 따른다.

포르노가 하는 것은 그 내용을 넘어선다. 그것은 성적으로 계층을 자극하고 그것은 불평등하게 남녀를 구분한다. 그것은 지배와 복종에서 성을 만든다. 힘의 현실과 함께 가는 자유는 일하는 것에서 중심이 된다. 아마 이것이 중산 계급의 문화이기 때문에 희생자는 자유로워 보여야하고 자유로이 행동하는 것처럼 나타나야 한다. 선택은 그녀가 한 것이다. 그녀는 그녀가 평등할 때 하려고 할 것이다. 포르노는 이 견지에서 강요되는 성의 형태, 성적 정치적 연습, 성불평등의 기구다. 맥키넌은 이것이 포르노에서 필요한 내용이라고 생각한다.[175)]

포르노의 성적 불평등성

이 전망에서 포르노는 자연적이고 건강한 성적 상황을 부정하고 혼란을 야기하는 무해한 공상이다. 그것은 남자의 최고성별의 제도이고 남성과 여성의 사회적 건설에 지배와 복종을 융합시켰다. 그것은 왜곡, 반사, 투영, 표현, 공상, 표현 또는 상징도 아니다. 그것은 성적 현실이다. 안드레 드워킨(Andrea Dworkin)은 포르노에서 남성은 여성을 억압한다고 말한다. 그 자체가 성별을 땅에 떨어뜨리게 되는 사회적 구조물이다. 포르노가 구성적인 연습이 성 불평등 안에서 드워킨은 포르노가 그 의미를 생산하는 방법으로서 남녀불평등 사회를 건설한다고 말한다. 성은 그 패권이 건설하는 사회적 현실 이외의 아무것에서도 어떤 기초도 가지고 있지 않다. 성은 성이 의미하는 것이다. 그러나 포르노에서는 남성과 여성을 성의 기준으로 파악하는 것이 아니라 지배자와 피지배자로 봄으로써 성의 역할 인식에 부정적 영향을 미친다.

이 접근에서 소비 포르노는 공상 또는 시뮬레이션, 카타르시스가 아니고 남성청중의 경험이다. 따라서 남성에 의해 만들어지고 지배당하는 성 억압이다. 중요한 것은 그 자체가 포르노가 그것을 소비하는 사람들이 원하는 것을 제공하는 길이다. 포르노는 그 청중의 에로티시즘에 접근하기 쉬운 성적 물건을 만드는 것을 통하여 관여한다.

우리가 성적으로 사용될 수 있는 방법에 따르면 우리가 보는 방법에 의해 음란물은 여성을 정의하는데 이는 여성을 보는 방법을 기호화한다. 성적 대상은 성적 즐거움을 위한 그 편리함에 관해서 그것을 보는 것을 기초로 하여 정의된다. 이것이 페미니스트들이 정의한 성적 대상

175) Catharine Mackinnon, "Pornography, Civil Rights, and Speech" *Feminism Unmodified* (Cambridge: Harvard University Press,1987), pp.172-176

의 의미이다. 이 감각에서 삶 속의 성은 예술에 있는 것보다 약하게 조정한다. 남성은 그들의 여성의 이미지와 함께 성을 가진다. 그리고 그 욕망은 지배와 복종에 대한 절망으로서 나타난다.

포르노는 남성지상우월주의를 퍼뜨리고 세계에 포르노 장소를 만들어 주는 것에 있어서의 그 성공 때문에 해로움을 남긴다. 특히, 만일 보이고, 중립적으로 접근하게 되면 그것이 "포르노는 매우 많기 때문에 그 해로움은 식별될 수 없고, 표현 되지 않을 것이다." 바꾸어 말하면, 음란물이 사회적 현실을 건설하는 것에 성공한다는 정도에 있어서, 그것은 해로움으로 보이지 않게 된다. 만일 우리가 포르노가 남자의 지배되었던 상황으로 사람의 힘을 통하여 만드는 세계에 살면, 그 논점은 포르노의 해로움인 것이 아니라 그 해로움이 눈에 보이게 되는 방법이다.

음란과 외설

음란물의 문제의 매우 다른 분석과 개념을 제공한다. 음란성에 관한 기준에 근거해 살펴본다.

① 심의규정 제15조 제1호에 해당하는 내용

ⓐ 신체노출

가. 남녀의 성기, 국부, 음모 또는 항문이 노출되거나 투명한 의상 등을 통해 비치는 내용

나. 착의상태라도 남녀의 성기 등이 지나치게 강조되거나 근접 촬영되어 윤곽/굴곡이 드러난 내용

ⓑ 성행위

가. 이성 또는 동성 간의 정사, 구강성교, 성기애무 성행위를 직접적으로 묘사한 내용

나 신체의 일부 또는 성 기구를 이용한 자위행위 묘사 내용

다. 성행위시 기성을 수반한 신음소리를 묘사한 내용

라. 수간, 혼음, 성고문 등 변태성욕을 묘사한 내용

마. 성폭력, 강간, 윤간 등 성범죄를 구체적·사실적으로 묘사하거나 미화한 내용

ⓒ 기타

가. 어린이 또는 청소년을 성 유희의 대상으로 묘사한 내용

나. 남녀의 성기를 저속하게 표현한 내용

다. 불륜관계, 근친상간 등 패륜적·반인륜적 성행위를 자세히 소개하거나 흥미위주로 묘사한 내용

라. 매춘 등 불법 성행위를 정당하게 묘사한 내용

마. 신체부위에 과도한 문신·낙인, 변태적 복장·장신구 등을 부착하여 혐오감을 주는 내용

바. 방뇨·배설시의 오물, 인체에 부착된 오물, 정액 및 여성생리 등을 묘사하여 혐오감을 주는 내용

사. 출산상황을 저속·흥미위주로 묘사하여 혐오감을 주는 내용

아. 매춘, 사이버섹스, 노골적인 성적대화 등 성적유희 대상을 찾거나 매개하는 내용

자. 음란정보 또는 퇴폐업소가 있는 장소를 안내 또는 매개하는 내용

② 심의규정 제7조 제3항의 내용

청소년에게 유해하다고 인정되는 내용은 다음 각 호와 같다.

ⓐ 신체노출

가. 남녀의 둔부 또는 여성의 가슴이 노출되거나 투명한 의상 등을 통해 비치는 내용

나. 착의상태라도 지나친 다리 벌림, 여성의 둔부를 강조하는 자태,
홍분상태의 표정 등 성욕을 자극시키는 내용

다. 상식적으로 노출을 금하고 있는 공공장소에서 신체부위를 과잉 노출한 내용

ⓑ 성행위

가. 전라의 뒤엉킨 장면은 물론 반라, 착의의 경우라도 하반신이 얽혀있는 체위의 구체적 묘사내용

나. 착의상태라도 포옹, 애무 장면을 지나치게 선정적으로 묘사한 내용

ⓒ 기타

가. 성행위에 이르기까지의 방법, 과정, 작업, 감정을 구체적으로 음란하게 묘사한 내용

나. 남녀의 성기 등을 편집처리로 가린 내용

다. 일반작품은 물론 예술작품이라도 극도로 선정적인 내용

라. 결혼 및 가정생활의 상식적인 관례를 벗어나는 행동을 묘사한 내용

마. 성폭력 사건 등을 구체적·홍미위주로 묘사한 내용

바. 성교육 등을 위해 필요한 경우라도 성관련 정보를 지나치게 홍미위주로 묘사한 내용

③ 정보내용을 편집처리 하여 일부분을 가렸더라도 기술적으로 복원이 가능한 경우, 복원된 상태의 내용에서는 제1항 내지 제2항을 적용한다. 외설의 법적인 정의는 평균 사람, 현대 지역 공동체 표준을 발견하고 호색에 관심을 갖게 하였다. 외설의 감상 시에는 누군가의 미란다(Miranda) 권리를 읽고 있는 경찰관인 것처럼 느낀다.

적용 가능한 법에 의해 정의되는 성적 행동, 그리고 진지한 문학적이거나 예술적이거나 정치적이거나 과학적인 가치가 없는 성적 행동, 남녀 동권주의로 인하여 성적 구별이 없는 평균 사람이 존재하는지 의심스럽다. 그것은 지역 공동체 표준인 것을 정의하는 내용과 과정에 대한 의문이 들게 한다. 그 법은 성, 그리고 폭행과 위법을 정의한다. 그러나 성 불평등 기구로서의 포르노는 제시하고 있지 않다. 아마도 문학, 예술, 과학, 정치에서의 존재 기준을 언급하지 않고 작업이 가치를 다시 생각하는 것은 여성에 대한 상처를 높여주는 일이다. 페미니스트들의 시각에서 생각하는 것은 포르노주의자들의 방법, 의미, 메시지와 일치한다. 실제로 가장 중요한 것은 이것의 육체적인 주제가 저항할 수 없는 여성일지라도 우리가 보는 그대로 성으로서의 평등에서 보는 바와 같이 그것의 주제는 대부분 여성의 몸이다. 외설에 관한 법은 포르노에 대한 여자의 견해는 고려되지 않고 있으며 외설법률의 문제점이다.

이러한 시각에서 외설은 도덕적인 개념이며 선과 악에 대한 인식이다. 그와 반대로 포르노는 정치적인 관례, 즉 힘 있는 자와 그렇지 못한 자의 관례이다. 두 가지 다른 성질을 포함한

다. 알몸, 솔직성의 과다, 자극과 흥분, 음란한 어필, 행위 묘사의 위법은 섹스가 묘사되고 그려질 때 외설법이 적용되지는 않는다. 외설은 피해가 덜하다. 그러나 포르노는 완전한 인구 절반의 대우와 지위에 명시된 폭력행위와 차별대우에 대한 태도이다. 외설법과 포르노에 있어 해로움의 차이와 피해가 다르게 나타나고 있다. 또한 외설은 상황에 따라서 다르게 평가되는 유동성을 지니고 있으나 포르노는 명백한 복종의 관례라고 보고 있는 것이다.

우리는 포르노를 '성차별, 여성권의 위반, 성 평등관의 반대'라고 규정짓는다. 이것이 그녀가 제안하는 포르노에 대한 정의이다. 이것의 핵심은 상처로부터 이득을 얻는 사람이 상처받은 사람들에게 책임이 있다는 것이다. 이것은 여성의 피해 즉 우리의 손해, 고통, 강요된 열등감은 그들의 기쁨, 이익, 의미 없는 성 평등보다 중요하다는 것이다. 우리는 포르노를 영상과 글을 통한 명백한 여성의 복종이라고 규정한다. 이는 여성을 성적 대상, 일용품으로 봄으로써 비인간적으로 보는 것을 포함한다. 그러나 성애를 다룬 문학 즉, 호색문화는 명백하게 성적으로 평등을 전제로 한 육체를 말한다. 즉, 예술로서의 성은 평등을 전제로 한 성을 나타내지만 포르노는 성의 차별과 복종관계로서의 성 인식을 우리에게 주입시키고 있는 것이다. 이것이 성애를 문학과 포르노로 구별하는 요인이다.

성 차이와 성 차별의 의미

우리는 또한 여성이 있는 곳에서 남자, 어린아이, 동성애의 사용도 포르노라고 본다. 이 규정은 충분한 성의 명확한 지정이며 모든 사람의 성을 통틀어 말할 수 있다. 그래서 성적 중립을 말한다. 성차별법에서 차별적 성(sex)과 평등적 성(gender)의 의미가 명시되어 있다. 만약 사회적으로나 생물학적으로 성이 다르다면 누군가는 같은 의미에서 도전받는 관례가 발생한다. 만약 두 성에 다 적용이 된다면 이는 차별도 불평등도 아니다. 그러나 단순히 우세의 문세라면 이것은 성 차별이 아니고 성 형태로서의 차이이다.

첫 번째 접근은 한계의 수정을 의미하고 두 번째는 사회적 변화가 요구된다. 첫 번째 관점에서 평등은 평등의 범주와의 추상적 대칭에서 발견된다. 두 번째 접근에서 불평등은 실제적인 중심에서 사회계급조직의 누적된 불이익을 말한다. 첫 번째의 평등은 구별이 아닌 것이고 두 번째의 평등은 종속관계가 아닌 것이다. 비록 두 가지 관점이 일치한다고 하더라고 우리의 포르노 반대주의자들은 더 광범위한 두 번째 관점에서 문제 인식을 나타낸다. 즉 그녀는 포르노의 법률 제정에 있어서 평등 개념에서 소외된 남자, 어린이, 동성애 범주를 넓히고 있고 복종의 개념으로서의 성의 차이를 없게 보아야 한다는 것이다. 남녀 차별에 있어 생물학적인 성의 차이로 사회에서는 많은 남녀차이를 두고 있지만 단순한 남녀 차이를 성적 역할의 차이로 본다는 것은 포르노의 차별과 같은 이치이다.

시민권과 언론의 문제

포르노 묘사 방법을 포함한 성차별의 관례로 보려면 법률상의 역사를 보면 이는 복종이다.

다른 것들 사이에서 복종은 하위자나 권력이 없고 무엇을 요구하고 모욕적인 지위였음을 말한다. 그것은 성적으로 명백히 복종하는 여성이다. 각 규정의 목록은 경험적이고 사회적, 병상학적인 증거로 지지되었다. 그러므로 자기 검열제도는 그 목록에 없는 어떤 일이 벌어졌을 때 그 법은 융통성 있는 해석자가 될 수 없다. 우리는 냉담한 결과를 극소화하려 하고 예상을 어렵게 하는 개념적이고 일반적인 예전의 법보다는 철저하고 상세하고 구체적인 입법상의 선택이 필요하다. 그 규정의 목록은 만족할 만한 규제이다. 그러나 첫 번째 부분에서의 규정이 간단하게 만족될 만한 규제는 아니다. 그것은 첫 번째 개정에서의 예와 많이 닮은 중도적 입장이다. 우리의 법 개념에 초점을 맞추면 그것과는 다른 것을 말할 것이다. 그것은 이전의 억압이 아니며 소유에 관한 것도 아니다. 그것이 법정으로 접근하기 위한 지도의 기능뿐만 아니라 새로운 관리 결정의 법정관점을 포함할지라도 절차 강요의 원리는 시민권의 위임이다. 이는 법적으로 자세히 입법화하는 과정에서 벗어날 수 없도록 만든다.

그 법이 모든 여성의 평등보장과 그것이 무엇인지의 명확한 싸움으로서 첫 번째 개정에서 여성권리와 일치되기를 바란다. 이러한 공방의 사법적 해결은 그들이 다른 사람을 위해 했던 것을 판사들이 여성에게 한다면 말과 실천의 자유를 포함하여 우리의 삶과 기회에 대한 여성 주장 권리의 균형을 수반할 수 있다. 즉 포르노는 해악하지 않고 전체 규정이 아니라 부분만 해악적이며 해악한 부분을 고치는 것보다 보존하는 것이 더 중요하다고 주장하는 사람들에 반대되며 첫 번째 개정에서 발언의 자유, 특히 여성의 발언의 자유가 침해되었던 점을 고려하여 여성의 권리를 보호하는 법률이 되도록 해야 한다.

법정에서 어떻게 이러한 이익을 조화시킬 것인가를 예상하면서 이 법령은 법이나 판례에서 결정적으로 합법적이나 비합법적이라고 법령에서 말해줄 수 없다고 이해하는 것이 중요하다. 많은 법은 정부 중요성에서 성 평등을 이야기한다. 우리의 법은 성 평등의 실제를 돕기 위해서 더 넓은 차별의 기본으로서 성을 창조하고 지속시킨다. 그것은 많은 여성들을 한 번에 피해를 주며 성성으로서 여성의 복종을 규정함으로써 모든 여성을 열등한 지위에 두며 우리의 성별을 같게 한다.

포르노의 사회적 해악

이처럼 매키넌의 주장에서 드러난 것처럼 포르노를 단적으로 나쁘다고만 말할 수는 없다. 하지만 그것이 가져오는 심층적 효과를 생각한다면 그것은 현대사회의 하나의 문제로 인식되어야만 하고 그것을 해결하기 위한 방안이 마련되어야 할 것이다. 아울러 제도적 불평등이 구조화되었음에 주목해야 할 것이다. 포르노는 사회적인 성적 불평등을 낳았고 그것은 자연스럽게 우리의 편견으로 자리 잡게 했다. 그리고 포르노의 성행위는 사회적으로 문란한 성 정체성을 유발할 수 있고 성 욕구를 창출한다는 우려의 목소리가 높았다.

그러나 포르노에 대한 대대적인 규제나 감시가 없었으며 포르노에 대한 부정적 인식에도 불구하고 포르노는 끊임없는 생산과 소비를 거듭해 왔다. 자본주의 사회에서 소비자가 있으면 생산을 하는 것이 당연하지만 포르노의 소비는 옳은 것이 아님을 인식한다면 그것의 생산 또한 이루어지면 안 된다. 포르노의 소비의 대부분은 남성에 의해서 이루어진다. 그것의 생산 또한 남성에 의해서 이루어진다. 이런 것이 단지 남성의 문제라고만 말할 수는 없으나 우리 사회의 인식이 그러하고 실제적인 상황이 그러하다면 그것은 남성의 문제로 비판할 수 있다. 남성들은 성적 욕구를 충족시키기 위한 하나의 방안으로서 포르노를 선택하고 그 안에서 묘사하는 여성들로 인해서 만족을 느끼지만 남성들은 실제적인 자신의 생활에 있어서는 여성의 지고지순함을 원하고 그것은 여성 선택의 하나의 기준으로 본다. 그렇게 되면 포르노의 여성은 단지 성적 욕구를 충족시키는 하나의 수단으로서의 역할 한다. 그럼으로써 여성은 도구화하고 이분화한다.

더구나 심각한 것은 사회적인 금기의 대상으로 국가에 의해 강력히 통제되었던 예전에 비하여 인터넷의 보급으로 인하여 오늘날 포르노는 법적인 차원에서 뿐 만 아니라 기술적 차원에서 또한 사실상 통제하기가 불가능하다는 점이다. 어쩌면 그것은 생산과 소비가 주류를 이루는 자본주의 시대에 나타나는 새로운 문화현상인지도 모른다. 그러나 더욱 심각한 것은 이와 같은 음란물, 즉 포르노에 대한 우리의 태도이다. 포르노 역시 사회적인 것의 한 부분이 되었으며, 사회적으로 아무 거리낌 없이 받아들이는 것으로 되었다는 것이다. 포르노를 하나의 문화로 보게 되는 것은 많은 문제를 야기할 수 있다. 그래픽과 동화상, 이미지에 담겨 있는 야담과 야설, 게임, 음란채팅 등으로 무장한 포르노는 그 표현형태도 다양할 뿐만 아니라, 그 강도 또한 강간과 근친상간, 동성애에 이르기까지 정상적인 성행위로부터 멀어져 가고 있다.

정보화 사회로 말미암아 우리가 원하지 않더라도 포르노는 삶의 환경이 되었다. 다시 말해 우리는 포르노가 주는 이미지의 환각과 욕망의 돌파구로부터 벗어날 수 없게 되었다. 사회에는 너무나도 많은 저질스럽고 왜곡된 성적 묘사가 난무한다. 그것을 만들어내고 소비하는 대중들이 많아질수록 성으로 인한 차별관계는 심각해진다. 그리고 그러한 이미지로, 환상으로, 때론 가상현실로서 성 욕구를 충족시키고 거기에서 묘사되는 여성의 성 억압으로서 여성을 차별 대우하고 지배와 복종의 관계로 종속화 한다. 그리고 마침내 그러한 편견으로 얼룩진 이미지가 우리 사회를 혼탁하게 만들고 여성을 욕망과 배설의 대상으로 전락시키게 된다.

제 10장 낙태찬반론

◇◇◇ 가정 ◇◇◇

가정의 형태가
아무리 변화무쌍하게
펼쳐져 왔다고는 하지만
한 가지 변하지 않는 요소가 있으니,
그것은 곧 성이 다른 두 어른이 결합하여 서로의
행복을 위해 노력하면서 자식에 대해
책임을 함께 나누어 가진다는
사실이다.

【미하이 칙센트미하이의 몰입의즐거움》 중에서】

제 10장 낙태찬반론

낙태는 전 세계적으로 논쟁이 격렬한 주제이다. 서구사회에서 수십 년 토론을 벌여 왔지만, 다른 토론 주제와 달리 민감한 문제로 자칫, 큰 싸움이 된 경우까지 있다. 임산부가 필요에 의해 낙태를 하러 병원을 찾아갈 경우, 낙태반대론자들은 낙태시술 의사를 권총으로 쏴 죽이는 경우까지 발생하였다. 이 주제를 놓고 토론 수업할 경우, "토론은 어떤 의견이나 제안에 대해 찬성과 반대의 뚜렷한 의견 대립을 가지는 사람들이 논리적으로 상대방을 설득하는 논의의 한 형태로써 활용된다. 토론의 궁극적 목적은 자신의 의견이나 주장을 관철시키는 데에 있는 것이 아니라 의견의 합의를 구하는 데 있으며, 참석자들의 대립적인 주장을 통하여 바람직한 결론에 도달하는 것"이라는 점에 유의해야 할 것이다.

낙태에 대한 찬성 · 반대 토론은 명백한 결론이 쉽지 아니하다. 그럼에도 불구하고 토론을 해야 하는 이유는 토론을 통해 낙태에 대한 관심을 촉구하고, 윤리적 추론을 통하여 바람직한 결론을 도출함에 있다. 그러므로 단지 찬성 · 반대만을 따져서는 곤란할 것이다. 우리는 낙태 찬반에 대한 입장을 숙지함으로 이 문제에 보다 합리적으로 한 걸음 다가설 수 있다. 낙태문제에 대한 반대론, 찬성론, 중도론을 각각 살펴보고, 경우에 따라서는 자문위원회의 대리부모 역할이 필요함을 끝으로 언급하게 된다.

☆ 탐구문제

1. 낙태 반대론자와 찬성론자들의 기본 원칙 중 돈 마퀴스의 논증의 특징은?
2. 낙태문제를 유발하지 않는 가정으로부터 낙태담론을 시작해야 한다고 믿는 이유는?
3. 바이올린리스트의 비유와 헨리 폰다의 비유의 차이점은?
4. 산모의 자율권과 공리주의적 관점에 대한 탐슨의 주요 논점은?
5. 섬너는 어떤 요인에 의해서 낙태가 윤리적 문제로서 어려움을 겪는다고 생각하는가?
6. 태아의 "도덕적 지위"에 대한 기준을 통해 어떻게 낙태문제를 결정짓는가?
7.낙태에 관한 의사 결정에 대한 조정은 어떻게 이루어지는가?
8. 아래 두 사람은 생명윤리 문제에 관한 논의에서 일반적으로 적용되는 4가지 원리 중, 두 개의 원리에 근거하여 대화를 나누고 있다. 그것이 무엇인지를 각각 쓰고, 이 두 가지 원리를 임신중절(낙태)에 관한 논의에 적용할 때 예상되는 점을 추론하여 보시오.(02' 임용고사)

① 동석이 적용한 원리 ② 가영이 적용한 원리임신중절(낙태)에 적용할 경우

<동석 : 인간의 출생과 삶 및 죽음과 관련한 판단이나 선택 상황에서 당사자(환자)의 의사를 존중하는 것이 중요해. 이를 위해 의사는 당사자(환자)가 올바른 판단이나 결정을 하도록 하기 위해 관련정보를 충분히 제공해야 할 필요가 있어. 가영 : 그러나 당사자(환자)의 의사에만 전적으로 의존하는 것은 위험해. 마치 부모가 자식의 장래를 위하여 간섭할 수 있는 것처럼, 의사나 보호자 역시 환자의 이익을 증대하기 위해 적극적으로 개입할 수 있어야 해.>

1. 낙태반대론

낙태와 관한 담론은 지향하는 가치에 따라서 "생명우선론"과 "선택우선론"으로 구별된다. 이제 이 부분의 논의를 살펴보고자 한다. 낙태에 대한 심각한 부도덕성에 대한 평가는 최근 철학 연구 보고서에서 거의 지지를 받지 못하고 있다. 의심할 바도 없이 대부분의 많은 철학자들은 높은 교육의 세속의 제도와 관습과 관계가 있다고 믿는다. 낙태 반대론자들의 입장은 심각하게 혼란한 철학적 논쟁에 의해서 비합리적인 종교적 도그마나 결론의 조짐으로 야기된다. 낙태는 예외적 경우를 제외하고는 심각하게 부도덕하다. 낙태는 인간 존재를 죽이는 것과 같은 동등한 도덕 범주에 속한다.

낙태 윤리에 관한 가장 통찰력 있고 주의 깊은 많은 학자(Joel Feinberg, Michael Tooley, Mary Anne Warren, H. Tristram Engelhardt, Jr., and Philip Devine)들의 다양한 견해가 있다. 태아들의 삶이 끝나는 낙태가 도덕적 허락을 고수하든지 또는 아닌지의 문제, 낙태의 가장 중요한 주제(태아의 도덕적 지위, 자명한 원리)등은 이 글에서 논의되지 않을 것이다. 몇몇 낙태 반대론자들도 강간 후의 낙태나 또는 임신에 의해 산모가 생명을 위협받을 때 낙태 등은 허락할 것이다. 이 글의 목적은 진지할 정도로 낙태가 부도덕성을 가지고 있다는 대다수의 압도적 주장을 일반적 논쟁으로 발전시키는 데에 그 목적이 있다.

낙태 반대론과 낙태 찬성론의 논쟁

낙태 반대론자들은 전형적인 낙태 반대론자들의 방법에 따라 논쟁하거나 옹호할 것이다. 낙태 반대론자들은 생명이란 "임신한 순간"부터 또는 현재 있는 "태아가 아기처럼 보일 때" 또는 "태아가 유선사 코드와 같은 성질을 소유하고 있을 때(그것은 인간이 되기 위해 필요하고 충분한 것)"이라고 한다. 낙태 반대론자들은 이러한 주장의 모든 진실이 꽤 명백하고, 이러한 주장들 세우는 것은 어떠한 것도 낙태가 도덕적으로 살해와 유사하다는 것을 보여주기에 충분하다고 믿고 있다.

반면에 낙태 찬성론자들은 "태아는 사람도 아니고, 이성적이지 않는 행위사이며 태아는 사회적 존재가 아니다"라고 논쟁할 것이다. 낙태 찬성론자들의 이러한 주장은 어떠한 주장이든 진실로 꽤 명백하다고 믿는 것 같다. 그리고 이러한 논쟁의 어떠한 것도 낙태가 나쁜 죽임은 아니라는 것을 보여주기에 충분한 근거를 믿고 있다. 실제로 낙태 반대론자들이나 낙태 찬성론자들의 입장은 둘 다 사실적 정당성을 갖는다. 지각이 있는 사람이면 낙태가 좋고, 나쁘다는 주장이 있기 이전에 태아(fetus)를 태아 그 자체로 규명하는 것과 또한 일반적 도덕 원리를 규명함과 함께 제반 특성과 관련된 태아가 생명권을 가지고 있느냐, 없느냐에 관한 입장을 살펴보아야 될 것이다.

낙대 반대론자들은 낙태가 일반적 도덕원칙에 의해서 인간의 삶을 빼앗는 것은 죄악인데 아기의 삶을 빼앗는 것은 항상 심각하게 나쁘다고 말하고 있다. 이러한 낙태 반대론자들의 입장이 명백히 틀린 것은 아니다. 일반적으로 도덕원칙으로도 받아들여진다. 낙태 찬성론자들은 "개개인의 도덕적인 가치가 부여 될 때만이 인간이다.", "인간 공동체 사회에서 살인은 나쁜 것이지만, 태아는 사회가 인정한 사람이 아니니 나쁜 것이 아닐 수도 있다"고 말하면서 태아의 도덕적 지위를 부각시키고 있다.

이 두 가지 주장은 논리적 정당을 갖추고 있다. 그래서 일반적 토론문화의 접근 방법은 서로 상대방의 도덕 원칙의 맹점을 파고드는 것이다. 먼저 태 반대론자들은 생명에 대해 지나치게 확대하여 '죽이는 것은 안 된다'고 한다. 임신 초기의 태아까지 일반적 도덕적 원칙에 의해 죽이는 것은 잘못되었다고 말하고 있다. 그것은 마치 암세포를 죽이는 것은 잘못되었다고 말하는 논지와 같다. 반면에 낙태 찬성론자들은 인간의 정의 범위가 너무 협소하다. 이성적 개체만을 인간으로 보아, 오직 이성적 개체만을 죽이는 것이 제일의적으로 나쁘다고 본다. 그러므로 이성적이지 않는 유아나 심각하게 아프거나, 정신 장애를 가진 사람을 죽이는 것은 왜 나쁜 것인지를 설명하지 못하게 된다.

또 이렇게 맹점을 찾는 데만 그친다면 또 다른 난관에 봉착하게 된다. 낙태 반대론자들은 자신들의 입장을 바꾸려고 한다. "인간"이라는 정의에 관해 그들의 입장을 변형하려고 한다. 낙태 반대론자들은 맹점을 없애기 위해서 "인간 생명(Human Being Life)" 즉, 인격체로서의 인간의 생명을 종식시키는 것은 심각하게 안 좋은 것이라고 논증한다. 이러한 원칙은 '암세포'와 같은 반증에서 벗어날 수 있다. 그러나 이러한 논리는 또 다른 맹점을 가져와서 태아가 '인간의 성질을 가지고 있는 것이기는 하지만 살아 있는 생명체로서의 인간은 아니라는 것'이라는 또 다른 문제에 봉착하게 된다.

이제 낙태 찬성론자들은 더 이상 진척이 없을 것이다. 유아, 저능아, 심각한 장애를 가진 이들을 죽이는 것을 정당화하려고 시도 할 것이다. 그러나 그것은 쉽지 않을 것이다. 그래서 낙태 찬성론자들은 태아를 잠정적인 속성을 가진 것으로 정의를 확대하여 사용하여 낙태 찬성론자들은 "Person(이성을 가진 인격체)"이라는 정의를 전략적으로 도입한다. 이러한 개념의 범주를 유아 또는 심지어 어린 아이에게까지 확대하려고 한다. 다시 우리는 두 가지 입장에서 좌우 균형을 찾게 되지만 또 다른 난관에 봉착할 수도 있다. 두 가지 입장에 좌우 균형의 반영은 심지어 문제를 더 깊게 할 수도 있다. 게다가 반증의 문제, 또는 임의의 적용은 그들을 위해서 바꾸어 질 수 있다. 낙태 반대론자들의 이론 기준으로 보면 인간 존재를 죽이는 것은 심각하게 나쁜 제일의 원칙이다. 또는 다른 상이한 것들 중 하나를 반대할 수 있다. 단지 생물학적인 범주에서만 인간의 존재가 받아들여진다면, 낙태 반대론자들은 도덕적인 차이를 만들어 내야만하는 범주를 설명하는 문제를 가지게 된다. 즉, 이렇게 계속되어지는 논법은, 도덕적 일반화를 하지만 양측에서의 도덕적 일반화는 어느 곳에서나 적용되어져야 하는 것이다. 본질적인 일반화가 아니라 양측의 두 논쟁의 특정 입장에서 우발적으로 나온 것이므로 틀렸다고도 볼 수 있다.

낙태 찬성론자들은 낙태 반대론자들이 생물학적인 인간이 되는 것과 도덕적 감각의 인간이 되는 것 사이의 차이에 대한 연결 가설을 가지는 것만큼 매우 어려운 개념을 도입한다. 다시 말하면, 심리학적인 개성과 도덕적 감각의 개성 사이의 차이에 대한 연결 가설을 가질 것으로 보인다. 더욱이 낙태 찬성론자들은 낙태 반대론자들이 유사한 이동에 의해 탈출을 할 수 있는 것보다 더 이상 순수하게 도덕적인 범주의 사람을 만드는 것에 의해 그 문제에서 탈출할 수는 없게 된다. 이렇게 낙태 논쟁의 열정은 격렬하게 계속된다.

낙태 찬성론과 반대론은 모두 우연한 일반화이며 도덕적 주장들이 그 문제의 본질을 다루지 않는 논쟁의 양 측면 상에서 그것들에 의해 만들어진다. 그 도덕적 일반화는 양쪽 다 옳지 않다. 아무튼, 만일 우리가 이해하는 것이 아니라 단지 믿는 차원이라고 한다면, 어떻게 성인(成人)을 죽이는 것이 우리 자신의 잘못으로 주장할 수 있고, 어떻게 우리는 낙태가 비도덕적인 것, 또는 허용될 수 있는 것이라는 것을 보여줄 수 있을 것인가?

생명우선론과 태아의 인성

낙태를 반대하는 측은 "생명 우선론(proto-life)"의 입장에 서 있다. 이 견해는 생명권이 모든 다른 권리보다 중요하다는 초역사적 인식과 함께 태아는 수정 순간부터 인간이며 태아의 생명권이 여성의 이해에 앞서 존중되어야 한다는 사회적 입장에 의해 형성된 견해이며 대부분의 종교계가 이에 동조하고 있다. 이러한 입장에서 중요하게 다루어야 할 문제는 태아의 인성 문제이다.

플라톤은 태아는 출생시 인격이 된다고 하였다. 그러나 국가경영의 기술에서 짐작할 수 있는 것은 낙태를 보다 큰 선을 위한 합당한 희생으로 본다는 것이다. 사회적 관계의 중요성을 강조하고 있는 경우로서 플레쳐가 동의하고 있다. 플레쳐는 인간의 인간됨(humanhood)에서 출발하고 있다. 반면에 터툴리안은 낙태는 곧 살인이라고 하였다. 서방신학의 아버지이며 카톨릭 세계의 밑바탕이 되었던 그에게서 전형적인 예를 본다. 성, 어거스틴은 불임수술까지도 살인으로 보았다. 유아 세례는 당시 만연해 있던 유아살해의 근절을 위한 대안이기도 했으며 유아도 영혼이 있다는 사상적 배경이 이를 뒷받침했다고 볼 수 있다.

또한 칼 바르트는 낙태는 마지막 수단이어야 한다고 한다. 낙태는 사람의 생명을 죽이는 행위임에 틀림없으나 생명의 위임을 받은 자로서의 하나님과의 책임성을 상소하고 있다. 신하자, 틸리케도 한계상황에서는 허용될 수밖에 없다고 했다. 창조의 질서로서 낙태를 설명하는 그에게서 중요한 것은 순수한 생물학적 사실이다. 그러나 근원적 생명의 위협으로부터는 보호받아야 한다는 것이다. 태아의 인간성 문제(인간의 생명가치)는 다음과 같은 유형으로 나누어진다.

먼저 유전학적 관점에서는 인간의 유전인자가 형성되는 순간부터(임신 시초)가 인간이다. 모든 형태의 생명을 귀중히 여긴다는 점에서는 긍정적이나 원치 않는 임신의 경우 임산부의 자의를 무시한다는 점에서는 그리 환영받을 의견은 아니다. 반면에 사회경제적 관점에서는 사회 도덕적 정책에 관한 사회의 요구를 중시하며 태아가 인간인지 아닌지의 여부를 결정한다. 플라톤의 국가, 스파르타의 어린이 훈련 등에서 볼 수 있는 것으로 기존사회에 대한 적합성 문제가 심각하게 여겨질 수밖에 없다. 사회 공리적인 관점에서 인간 개인의 이익을 무시할 때 과연 인간의 미래는 보장될 수 있을까? 섬너의 경우와 같이 발달학적 관점에서는 태아가 자신의 독특한 방식으로 그 주변 환경과 상호작용을 함으로써 비로소 충분히 실현된다. 여기서는 임신 후 신체기관이 기초적으로 형성될 때, 또는 태아가 생존력을 가질 수 있을 때, 또는 태아의 두뇌가 어느 정도 발달했을 때의 시기 구분이 적용된다.

태아가 수정의 순간부터 이러한 인격의 가능성을 가지고 있다는 사실은 의심의 여지가 없다. 따라서 임신의 과정을 단계적으로 파악하여 인간생명 이전의 상태를 상정하는 것은 타당하지 않다. 물론 인간형성의 초기단계에서 인격의 형태와 독립성을 경험적으로 인지할 수 없음은 사실이지만, 현대의학은 수정의 순간부터 이미 태아는 하나의 독립적인 인격체로 파악될 수 있다는 점을 밝히고 있다. 인간형성의 과정도 역시 하나의 연속적 과정으로 이해되어야 한다. 의식과 의사소통능력이 과정의 끝에 가서 고정적으로 형성되지 않듯이 인격은 수정의 순간부터 자기동일성을 가지고 시작한다고 할 수 있다. 어떤 발전단계에 있어서건 모든 침해행위는 개인의 정체성과 전체의 삶에 영향을 준다. 태아의 단계도 예외는 아니다. 만약 우리가 자신의 인격을 전체로서 파악하고 또 우리 삶의 전체 과정에서 정체성을 확인한다면, 태아도 시기적 특이성을 고려한 독립적 인격체로 파악되어야 한다. 이제 돈 마퀴스(Don Marquis)의 낙태 반대론을 살펴본다. 176)

살생의 부도덕성

살인을 나쁜 것으로 만드는 것은 그 사람의 부재로 인해 다른 사람들이 겪게 될 손실감이라 할 수 있다는 주장이 있는데, 그러한 오만이 이해될 수 있는 것이라 할지라도, 그런 설명이 은둔자를 죽이는 것의 잘못이나 삶이 상대적으로 독립적이고 친구들이 새로운 친구들을 만드는 것이 쉬운 것을 알아차리는 사람들의 설명이 되지는 않는다. 어떠한 성인을 죽이는 것이 나쁜 것은 미래의 상실 때문이다. 분석의 초점은 자연적인 특질이 최후로 살인의 옳지 않음을 설명하는 것을 확립하는 것과 그것이 옳지 않다는 것이다. 다시 말하건대, 살인을 그릇된 것으로 만드는 것은 희생자 미래의 상실이다. 살인을 나쁘게 만드는 것은 희생자 미래의 추가적 이익 가치를 희생자가 상실하는 것이라는 관점은 몇몇 그것의 함축이 검토될 때 지지된다.

첫째, 그것은 단지 생물학적인 인간을 죽이는 것이 옳지 않다는 관점과 양립할 수 없다. 둘째, 미래의 상실은 죽임을 당한 사람의 미래를 잘못되게 만드는 것이라는 주장은 지구에 사는, 인간이 아닌 동물을 죽이는 것 또한 우리들과 충분히 마찬가지로 심각하게 나쁘다는 가능성을 수반한다. 셋째, 이러한 주장은 인간의 삶이 신성하다는 이론처럼 실제 안락사가 그릇된다는 것을 수반하지 않는다.

아이들과 유아들을 죽이는 것은 그들이 가치 있는 미래를 가지기 때문에 잘못되었다. 살인을 잘못된 것으로 만드는 주된 특징은 윤리에 중요한 영향을 갖는 가치 있는 미래의 희생에 있다. 태아의 미래는 경험, 계획, 활동 등 성인의 미래와 동일한 것들을 포함한다. 인간을 죽이는 것이 잘못된 【태아에게 제도를 적용시킬 수 있는】 이유를 충분히 설명하기가 때문에 낙

176) Don Marquis, "Why Abortion is Immoral?", The Journal of Philosophy, No.4.(April 1989), pp.183-195.

태는 도덕적으로 잘못되었다.

이 논쟁은 살인은 잘못이기 때문에 잠재적인 사람을 죽이는 것 또한 잘못이라는 쓸모없는 추정에 의존하지 않는다. 이 분석에 도덕적으로 중심적인 범주는 우리와 같이 가치 있는 미래를 갖는 것이지 인격성의 범주가 아니다. 안락사가 도덕적으로 잘못되었다는 결론에 대한 논쟁은 사람이나 잠재적인 사람이나 다른 어떤 동등한 것의 의견도 독립적으로 처리했다. 누군가는 이 분석을 인간의 미래의 가치에 관하여 시작하기 원할지도 모른다. 예외적인 경우를 제외하고 낙태가 도덕적으로 잘못됐다고 결론을 내리고 태아를 생존의 권리로 인해 인간이라 부른다는 것을 의미한다. 이러한 경우 인간의 범주는 분석의 요지를 일으키는 것보다 분석의 결론을 진술하는 데에 익숙해지고 있다.

낙태에 대한 논의는 동물에의 잔인한 처벌에 의한 고통이 잘못되었다는 논의와 비교함으로써 설명, 옹호될 수 있다. 후자의 논의는 인간에 대한 고통이 제1의적으로 잘못되었다는 가정에 기초하고 있다. 그러한 고통을 잘못되도록 만드는 고통과 연상되는 타고난 성질은 무엇일까? 명백한 답은 고통스런 처벌은 괴로움을 낳고 괴로움은 불행하다는 것이다. 동물에 대해나 고통스런 처벌이 잘못되었다는 논의는 안락사가 잘못되었다는 논의를 공유한다. 두 논의는 나에게 하는 것이 잘못되었다는 것에 의해 명백한 가정으로 시작한다. 이들은 특성이나 행동을 잘못되게 만드는 잘못된 행동의 영향을 찾는다. 이 부도덕적인 행동이 때로는 출생 후에 인간보다 개인에 방향을 둔 행동의 소유라는 특징을 깨닫게 한다. 동물에 대한 고통스런 처벌의 잘못됨에 대한 논의의 구조가 확실하다면 낙태의 잘못됨에 대한 논의의 구조 또한 확실하다. 두 논의의 구조는 같기 때문이다. 그 구조는 사람의 범주에 의지하지 않고 증명될 수 있는 낙태의 잘못됨을 설명하기 위한 열쇠이다.

구조적으로 동물에 대한 고통스런 처벌의 잘못됨의 논의와 비슷한 안락사의 잘못된 것의 논의에 대한 이 옹호는 동물에 관한 설명이 정확하면 성공한다. 이것은 그럴 듯하나. 그것의 주된 초점은 칸트의 주장이다. 칸트는 우리가 동물에 대해 직접적인 의무를 갖지 않는다고 믿었다. 칸트는 사람도 감당하기 어려워진다는 의견에 의해 동물에 대한 고통스런 처벌의 잘못됨을 설명하고 정당화해야 했다. 칸트의 주장의 문제점은 칸트의 주장이 거절당하지 않은 채 후자의 주장을 수용할 이유가 없다는 것이다. 만약 칸트의 주장에 대한 대안이 수용된다면 동물에 대한 고통을 무시한다는 것으로 이해하기 쉽다. 그러나 만약 칸트의 주장이 수용된다면 동물을 감당하기 어려운 사람은 사람을 감당하기도 어려워야 되는 명백한 이유가 없다. 결국 사람은 인간이다. 동물은 더 이상 인간이 아니다. 인간은 칸트의 잔인한 도덕적 범주이다. 칸트주의자는 왜 칸트의 주장에서 기본적 주장을 수용해야 하는가?

따라서 칸트의 동물의 고통의 잘못됨에 대한 주장은 입증에서 틀린 것이다. 그러므로 더욱 그럴듯한 대안적 분석은 수용되어져야 한다. 이 대안적 분석이 안락사에 대한 반론의 논의와 같은 구조를 갖기 때문에 우리는 안락사의 비도덕성에 대한 논의에 그 이상의 원조를 해야 한다. 가치 있는 미래지향적 논의는 낙태가 제일의적으로 잘못되었다는 것을 보여줄 뿐이지 어떠한 모든 환경에서 잘못되었다는 것은 아니다. 보통의 태아에게 미래의 상실은 그러나 보통의 어른의 미래의 상실만큼 큰 상실이기 때문에 낙태는 보통의 살인처럼 가장 강력한 이유에 의해 정당화될 수 있다. 생명의 상실은 거의 가장 큰 불행이다. 낙태는 어떠한 환경에선 정당화될 수 있다. 【그 상실이 낙태의 실패라는 결과를 낳는다.】 그들이 너무 일찍 임신해서 태아가 아직 확실한 인격이 아닌 경우를 제외하곤 도덕적으로 승인이 가능한 낙태는 드물 것이다. 그러므로 이 논의는 낙태가 잘못되었다는 것을 입증한 것으로 받아들여져야 한다.

살인의 부당성 윤리는 태아의 삶으로 확대되어야 하고 어떠한 낙태도 도덕적으로 승인할 수 없다는 강한 가정이 있다는 것을 보여줘야 한다. 만약 살인의 윤리가 피임 또한 비도덕적이라고 한다면 이 에세이의 분석의 어려움을 보여주는 것이다. 그러나 이 분석은 피임이 잘못되었다는 것을 수반하지 않는다. 물론 피임은 가치 있는 미래의 실현 가능성을 막는다. 피임으로 인해 가치있는 인간의 미래가 부정되어야만 피임이 잘못된 것이다. 그러나 피임으로 인해 그러한 미래는 부정되지 않는다.

피임으로 인한 피해의 네 범주로 분류된다. (1)정자 (2)난자 (3)정자 또는 난자 (4)정자와 난자 양쪽. 여기서 정자에 의한 피해지정은 아주 독단적이다. 난자보다 정자가 주된 해악이라거나 정자보다 난자가 주된 해악이라고 할 아무 이유도 없기 때문이다. 누군가는 이러한 문제들을 피임이 정충과 난자에게서 우리와 같은 가치 있는 미래를 빼앗는다는 주장을 시도할지도 모른다. 이러한 대안에는 너무 많은 미래가 상실된다. 피임은 잘못된 것으로 되어 있다. 그것은 우리에게서 하나의 가치 있는 미래를 빼앗기 때문이다. 누군가는 이러한 문제를 피임이 정자와 난자의 수정에서부터 우리와 같은 가치 있는 미래를 빼앗는다는 주장으로 피하려는 시도를 할지도 모른다. 그러나 그 말은 판단을 그르치게 한다. 이 대안 또한 해로운 문제를 생기게 하지 않는다. 피임의 부도덕성은 미래의 상실에 대한 논의로 인해 수반되지 않는다. 왜냐하면 독단적으로 동일함을 증명할 수 있는 피임의 경우 상실의 문제가 없기 때문이다.

이제는 낙태의 잘못됨에 대한 논의를 명백히 하는 것이다. 낙태의 도덕적인 허용 가능성의 가정에 대한 문제에 대해 태아의 도덕적인 지위를 세운다. 태아는 고유성을 가지기 때문에 낙태는 잘못되었다. 사람이 성인을 죽이는 것을 잘못된 것으로 만들기에 충분하다. 낙태의 문제를 처리하는 이러한 방법은 또 다른 낙태 윤리에 대한 접근들보다 우월하다. 왜냐하면 그것은 거의 자명한 살인 윤리에 놓여 있기 때문이다. 그 논의는 '인간생명, 인간존재, 인격'에 대한 개념적 분석은 표준적인 낙태 윤리에 관한 문제를 해결하는 것으로 간주될 수 있다. 태아는 어떤 측면에서는 독단적으로 선택된 세포와 같고 다른 측면에선 성인과도 같다. 낙태 윤리의 문제는 도덕적인 논쟁을 안정시키는 태아의 고유성을 결정짓는 문제이다. 이러한 논의의 주제는 해결 가능한 낙태 윤리의 문제가 될 것이다.

이처럼 강간에 의한 임신이나 산모의 생명이 태아 때문에 위험하다면 낙태를 할 수도 있다고 생각한다. 태아를 *미래적, 잠재적 인격체 차원*에서 받아들여 낙태를 나쁘다고 본 마퀴스의 관점은 태아를 넓은 의미로 보는 것이 좁은 의미로 보는 것보다 더욱 가치있다고 생각한다. 그러나 잠재인격체는 '잠재'라는 점에서 한계를 지니며, 마퀴스의 "미래의 가능성"문제는 다소 추상적이며 이상적으로 비판받을 수 있다. 마퀴스의 피임에 대한 입장은 역설적으로 드러난다. 왜냐하면 낙태를 반대하면서도 피임을 찬성하기 때문이다. 낙태에 대한 윤리적 보편화 가능성을 다시 묻고 낙태를 좀 더 현실적이며 객관적으로 바라보는 자세가 요청된다.

2. 낙태찬성론

선택 우선론과 여성의 자율성

낙태를 허용하는 측은 "선택 우선론(proto-choice)"의 입장에 있다. 임신과 출산은 여성의 몸 안에서 일어나는 현상으로 이로 인한 물리적, 심리적 사회적 영향을 여성들이 받고 있다는 현실적 이해와 여성들이 사회적 지위를 향상시키려면 가정 내 역할이라는 기존의 역할을 변형하여야 하고 이를 위해서는 임신과 출산의 자율적 결정이 기초 요건이 된다는 역사적 지각에 의해 형성된 견해이다. 산아제한의 창시자 마가렛 생거(1883-1966)는 1914년 8월 "여성혁명"을 배포했다는 이유로 구속되었는데, 그 이유는 정치 활동으로서가 아니라 음란출판물 간행 혐의 때문이었다. 이후 그녀는 계속 외설서적 판매, 공공질서 방해라는 죄목을 뒤집어써야만 했다. 그 당시의 미국 사회는 마가렛의 행동을 기존 윤리를 흔드는 반윤리적 행동으로밖에 보지 않았다.

여성 자신의 신체에 대한 완전한 자율권을 주장하는 것이 초창기 산아제한의 모토였다. 이 주장은 그 동안 누적되어 왔던 가부장제 사회의 유물을 답습하지 않겠다는 것으로 이해해야 할 것이다. 여성에게 출산은 당연한 것이라는 자연법에서 벗어나 인간 즉 여성 스스로의 의견과 참여를 요구하는 것이다. 원치 않는 임신은 여성에게 있어서 크나 큰 장애일 수밖에 없다. 여성 고유의 영역을 남성이 해결해 주지는 않기 때문이다. 책임을 회피하고 발뺌하는 남성으로부터 자유로워지고자 하는 여성의 선택은 당연한 것이기도 했다. 이른바 여성주의 권리운동의 의미라고 보아야 할 것이다.

자기실현에 커다란 가치를 부여하는 여성들은 자신의 몸을 기술적으로 통제함으로써 가정 내 역할을 선택하고 그 수행시기를 조절할 수 있을 때 여성의 영역을 가정으로 제한하는 사회제도를 극복할 수 있다고 생각한다. 따라서 여성의 낙태결정권의 수용도에 비례하여 낙태도 주로 "사회경제적인 관점"에 의해 결정된다고 볼 수 있다. 형사정책연구원의 "낙태의 실태와 의식에 관한 연구" 조사에 의하면 첫 낙태의 이유로는 미혼의 경우 사회적 비난(62.1%), 장래계획의 지장(31.1%)이 주원인으로 등장하고 있다. 여기서 우리는 낙태가 사회적 비난의 대상이 되기보다는 오히려 조장되고 있으며, 낙태가 또한 삶의 계획의 수단으로 여겨지고 있다는 사실을 쉽게 알 수 있다.

최근에는 여성에게 낙태할 수 있는 권리가 주어진다고 해도 여성을 둘러싼 종속적 상황이 변환하지 않는다면 이러한 권리의 획득은 여성의 자유와 해방을 위한 진정한 대안이기 어렵다는 인식에 도달하고 있다. 또한 낙태를 둘러싼 여성의 구체적인 상황들이 제외된 윤리학적 논의 역시 논쟁을 위한 논쟁 이상이 아니라는 자성적인 목소리도 높아지고 있다. 낙태행위는 혼전 성관계 속에 드러난 지배적 성의 각본의 비합리성과 결합에 의해 파생된 문제라고 볼 수 있다. 또한 성관계의 경험 속에 드러난 남녀 권력관계의 양상은 가부장제 사회에서 여성의 성은 전략적으로 활용하도록 만들고, 이러한 전략과 계산은 지배적 각본을 유지, 강화하는 의미를 함축하고 있다.

낙태를 윤리적으로 판단하는데 있어 중요한 것은 태아가 과연 인격 생명체인가 하는 문제와 함께 인간을 자연적 인간존재를 토대로 인류공동체의 구성원으로 받아들일 것인가 아니면 특정한 기준과 능력의 조건을 붙일 것인가 하는 물음으로 압축된다. 아울러 태아의 도덕적 지위에 대한 현실상황적 맥락을 충분히 고려해야 하는 점 등을 언급할 수 있을 것이다.

탐슨은 그녀의 논문 "A Defense of Abortion" 에서 논증하기를, 설령 태아에게 생명권이 있다고 하더라도, 태아를 임신중절 시키는 것이 생명권을 침해하는 경우는 매우 드물 것이라고 했다.[177] 이 글을 중심으로 낙태찬성론을 살펴본다. 탐슨은 임신중절이 태아의 생명권을 침해하는가 하지 않는가 하는 문제는 그 권리에 의해 보호되는 것들이 정확히 무엇이냐에 달려 있다는 것에서부터 출발한다. 탐슨이 고려하는 첫 번째의 견해는, 생명권이 그 권리를 소유한 존재가 생존을 계속하기 위하여 필수적으로 요구되는 최소한의 것들을 그것이 무엇이든지 간에 요구할 수 있는 권리를 포함한다는 것이다. 만약에 이것이 참이라면, 임신중절은 어떤 경우들에 있어서 이 권리를 침해할 것이 분명하다. 왜냐하면, 임신중절은 태아가 생존을 계속하기 위하여 태아가 필요로 하는 것, 즉 산모가 태아로 하여금 자신의 신체를 사용하지 못하도록 하는 것을 포함하기 때문이다. 그러나 탐슨은 생명권이 그러한 소유 권리를 전혀 발생시키지 않는다는 점을 지적한다.

탐슨은 우리에게 다음의 상황을 상상해 보기를 요구한다. 즉, 탐슨 자신이 지금 아파서 죽을 지경이고, 그녀의 생명을 구할 수 있는 유일한 길은 미남 배우 헨리 폰다(Henry Fonda)가 나타나서 그의 시원한 손을 그녀의 펄펄 끓는 이마에 대 주는 것뿐인 상황에 직면할 경우를 생각해 보자. 탐슨이 생각하기에, 헨리 폰다가 그렇게 해서 그녀의 생명을 구해 준다면 그것은 대단히 친절한 일이겠지만, 탐슨 자신은 헨리 폰다에게 그렇게 해 주기를 요구할 아무런 권리가 없다는 점을 지적한다. 탐슨의 논점은, 생명권이 어떤 것에 대한 권리라고 전제할 때, 생명권은 어떤 존재가 생존을 계속하기 위하여 필수적인 모든 것을 무엇이든지 요구할 수 있는 그런 권리는 아니라는 것이다.

다음으로 탐슨은, 생명권은 죽임을 당하지 않을 권리라는 견해를 고려한다. 그런 견해는 위의 반례에 의해서 논박되지 않는다. 그 까닭은, 생명권에 대한 이 견해에 의하면, 헨리 폰다가 탐슨을 도와주러 오기를 거절한다고 해서 그가 그녀의 생명권을 침해하는 것, 즉 그가 그녀를 죽이는 것이 되지는 않기 때문이다. 그리고 그렇게 정의된 생명권이 태아에게 있다고 가정한다면, 임신중절을 하는 것은 태아의 생명권에 대한 명백한 침해가 된다. 그런데 탐슨에 의하면 생명권에 대한 이러한 설명도 옳지 않기는 마찬가지라고 한다.

---

177) J. J. Thomson, "A Defense of Abortion", *Philosophy & Public Affairs*, No.1(Fall 1971), pp.47-66.

그녀는 바이올리니스트의 예를 들면서 그 설명을 비판한다. 탐슨의 주장에 따르면, 만약 당신이 당신 자신과 바이올리니스트를 연결하는 관을 뽑아 버린다면 당신은 그 바이올리니스트를 죽이는 것이다. 만약 당신이 그렇게 한다면, 그것은 단지 당신이 바이올리니스트에게 그가 생존을 계속하기 위해서 필요로 하는 최소한의 것을 제공하지 않았다는 것만을 의미하지는 않는다. 헨리 폰다의 경우와는 달리, 여기서 당신의 행동은 도덕적으로 무고한 한 사람의 죽음을 가져오게 된다. 그럼에도 불구하고, 탐슨은 만약 당신이 바이올리니스트와 당신 자신을 분리시킨다면 당신은 부정한 일을 저지르는 것이 아니라고 선언한다. 탐슨은 생명권에 대한 두 번째 견해도 받아들이지 않게 된다.

탐슨은 생명권에 대한 그녀 자신의 설명을 제안한다. 생명권은 죽임을 당하지 않을 권리에 있는 것이 아니라 오히려 부당하게 죽임을 당하지 않을 권리에 있다는 것이 그녀의 생각이다. 만약 탐슨의 제안이 옳고 임신중절이 부당한 죽임을 포함하고 있다면, 임신중절은 태아의 생명권을 침해할 것이다. 그러나 탐슨에 의하면 이러한 경우가 거의 없다는 것이다. 탐슨은 다음의 인용문을 시작으로 자신의 주장을 옹호해 나간다.

> 태아가 하나의 사람이라는 것을 보여주는 것, 그리고 모든 사람들이 생명권을 가지고 있다는 것을 우리에게 상기시키는 것으로는 전혀 충분하지 않다. 태아를 죽이는 것이 태아의 생명권을 침해한다는 것, 즉 임신중절이 하나의 부당한 죽임이라는 것이 우리에게 증명될 필요가 있다. 그런데 과연 그러한가?

이제 탐슨의 논증들로부터, 임신중절이 도덕적으로 허용되는가의 여부를 결정하기 위해서 우리가 해야 할 일은 태아의 생명권이 임신중절에 의하여 정말로 침해되는가의 여부를 살펴보는 것이라는 점이 명백해졌다. 다시 말해, 이제 임신중절의 도덕성에 대한 논의는 태아의 생명권에 대한 논의에로 환원되었다. 탐슨은 만약 태아에게 산모의 신체에 머물거나 산모의 신체를 사용할 어떤 권리가 있다면 태아를 죽이는 것이 부당하다는 점을 전제하고 있다.

그런데, 탐슨이 실제로 주장하고 있는 바는 그 가정 보다 훨씬 더 강한 것이다. 왜냐하면, 탐슨은 태아를 죽이는 것이 태아가 산모의 신체를 사용할 권리를 가질 때에만 그리고 오직 그러할 때에만 부당하다고 생각하고 있음이 탐슨의 논의에서 암시되고 있기 때문이다. 탐슨에게 있어서, 태아가 산모의 신체를 사용할 권리를 소유한다는 것은 임신중절이 부당하기 위한 충분조건일 뿐만 아니라 동시에 필요조건이기도 한 것 같다.

아울러 탐슨은 태아에게(비록 태아가 산모의 신체 내에 머물게 된 것은 우연히 그렇게 된 것이지만 그럼에도 불구하고) 산모의 신체 내에 머물거나 그 신체를 사용할 어떠한 자동적인 또는 자연적인 권리도 없다는 점을 논증한다. 탐슨에 의하면, 태아에게 그런 권리가 부여되기 위해서는 다음의 두 조건들 중 적어도 하나가 만족되어야만 한다. 즉, 산모가 태아에게 그녀의 신체를 사용하도록 허락하든지, 또는 산모가 적절한 방법으로 피임하지 않음으로써 임신의 위험을 자발적으로 그리고 의식적으로 감수하든지 해야만 한다. 그러나 산모가 임신중절을 원하는 경우들을 살펴보면 많은 경우 위의 두 조건들 중 어느 하나도 만족시키지 못한다.

탐슨은 이러한 경우들에 있어서 임신중절은 불의를 범하는 것이 아니라고 주장한다.

이제까지 언급된 탐슨의 두 주장들을 살펴보자면, 첫째로, 태아에게 산모의 신체 내에 머물거나 그 신체를 사용할 권리가 있음은 임신중절이 부당하기 위한 필요조건이며 충분조건이다. 둘째, 대부분의 경우 태아에게는 그런 권리가 없다. 그런데 두 주장들 모두에 의심의 여지가 있다는 의견도 있다. 탐슨이 두 번째 주장을 펴기 위해 사용한 논증을 재구성하면 이와 같다.

(1) 만약 태아에게 산모의 신체 내에 머물거나 산모의 신체를 사용할 권리가 있다면, 그 권리는 자연적 권리이거나 아니면 취득된 권리이어야 한다.

(2) 태아에게는 산모의 신체 내에 머물거나 산모의 신체를 사용할 자연적 권리가 없다.

(3) 그러므로, 만약 태아에게 산모의 신체 내에 머물거나 산모의 신체를 사용할 권리가 있다면, 그것은 필연적으로 취득된 것이어야만 한다.

(4) 태아가 그런 권리를 취득할 수 있는 오직 단 하나의 방법은, 태아가 산모로부터 명시적인 허가를 얻거나 그렇지 않으면 산모에게 임신의 책임이 있는 경우뿐이다.

(5) 산모가 피임을 위해 아무런 조치도 취하지 않으면서 자발적으로 성관계를 가졌고 그리고 자신이 임신하게 될 지도 모른다는 것을 확실히 알고 있었을 때, 그리고 오직 그러할 때에만, 그 산모는 임신에 대해 책임이 있다.

(6) 그러므로, 산모가 피임을 위해 아무런 조치도 취하지 않으면서 자발적으로 성관계를 가졌고 그리고 자신이 임신하게 될 지도 모른다는 것을 확실히 알고 있었을 때, 그리고 오직 그러할 때에만, 태아는 산모의 신체에 머물거나 산모의 신체를 사용할 권리를 취득한다.

(7) 그러나 여성들이 임신중절을 바라는 대부분의 경우 그런 조건들은 거의 만족되지 않는다.

(8) 그러므로, 만약 산모가 임신중절을 원한다면, 태아에게 산모의 신체에 머물거나 산모의 신체를 사용할 권리가 있는 경우는 거의 없다.

위의 논증에 있어서 적어도 두 군데는 취약한 것 같다. 무엇보다도, (5)에서 탐슨이 임신의 책임에 대해 상술한 조건들이 과연 필수적인 것인가 하는 점은 전혀 명확하지 않다. 매리 안 워렌(Mary Anne Warren)은 현실적인 조건들을 만족시키기가 훨씬 더 쉽다는 점을 이미 논증해 놓은 바 있다. 만약 x가 피했을 수도 있었던 어떤 행위를 한다면, 그리고 그 행위에 관련된 것들을 x가 알고 있다면, 예를 들어 생명권을 소유한 어떤 인간을 출생시킬 확률이 1 퍼센트이고, 그리고 만약 그 인간이 출생한다면 x가 그를 계속 살게 하기 위해서 x가 어떤 특정한 일을 행하지 않는 한 그 인간이 죽게 될 것이라는 것을 알면서 그 행위를 한다면, 그러한 일이 정말로 발생했을 때 x가 앞서 알고 있었던 바가 그 인간을 계속 살게 하기 위하여 요청될 것이라는 데 대한 도덕적 의무가 없다는 것이 전혀 명확하지 않다.

물론 이러한 주장에는 문제점들이 있다. 예를 들어, 만약 당신이 당신의 친구 부부에게 그들이 성관계를 가질 때 99퍼센트 효과가 있다고 알려진 피임 방법을 쓰기를 권한다고 가정하자. 워렌의 주장은, 그럴 경우 만약 당신의 조언에 따르는 그 부부 사이에서 아이가 출생하면 그 아이의 생명을 보존시킬 도덕적 의무가 당신에게 있다는 점을 시사하고 있다. 그러나 이것은 말이 안 된다. 그럼에도 불구하고 워렌의 주장이 의미 있는 것 같은데, 그것은 왜냐하면 워렌의 주장에는 만약 어떤 사람이 자신이 원하지 않는 결과들을 방지하기 위해서 불완전하게 효과적인 조치를 취하는 것이 언제나 그 사람으로 하여금 만약 그 결과들이 발생했을 때 그에 대한 책임을 면하게 해 주지 않는다는 진리에 대한 언급이 포함되어 있기 때문이다.

만약 우리가 그 효과에 있어서 비록 완벽하지는 않지만 상대적으로 높은 예방조치를 하면, 우리는 흔히 그 책임을 면제받는다. 그러나 이것은 우리가 피하려고 하는, 그 가능한 결과가 도대체 얼마나 심각한 것이냐 하는 문제와 함수관계에 있다. 예를 들어, 우리는 타인들에게 사소한 불편을 야기하는 것을 피하기 위해서보다 타인들의 죽음을 야기하는 것을 피하는 데에 더욱 엄격한 예방조치를 취해야만 한다. 워렌의 제안에도 나타나듯이, 성관계에 있어서 임신의 위험이란 도덕적으로 너무나 중요한 것이므로 우리의 예방조치가 거의 완벽하지 않는 한, 책임을 모면할 수 있는 길이란 우리에게 도대체 존재하지 않는 것 같다.

또한 (3)이 명백하지 않다. 다시 말해, 만약 태아에게 산모의 신체 내에 머물면서 산모의 신체를 사용할 권리가 있다면 이 권리는 산모의 어떤 자발적 행동을 통해서 취득되어야만 한다는 것이 명백하지 않다는 말이다. 오히려, 자발적으로 부여되거나 자발적으로 용인되지 않는 특별한 의무들도 존재하는 것 같다. 예를 들어, 자녀들은 그들의 부모에게 순종해야 할 특별한 의무를 가진다고 말할 수 있겠다. 그 부모들은 자녀들의 순종에 상응하는 권리를 소유하게 되는데 설령 자녀들이 부모들에게 그 권리를 부여한 적이 없다 하더라도 사정은 마찬가지이다. 이와 유사하게, 태아와 산모 사이의 특별한 자연적 관계 때문에 태아가 산모에 대하여 어떤 특별한 권리들을 소유한다고 생각하는 것이 가능하다. 비록 산모가 자발적으로 태아에게 그러한 권리들을 부여한 적은 없지만 말이다. 단지 산모와 태아 사이의 특별한 자연적 관계로 인해 태아가 산모의 신체 내에 머무르며 산모의 신체를 사용할 권리를 소유한다고 생각하는 것이 가능하다.

한편, 탐슨은 위에서 제시한 가능성에 대하여 어떠한 반대 논증도 제시하지 않는다. 탐슨은 다만, 문제의 신체는 산모의 것이라는 점을 힘주어 말하고 있을 뿐이다. 탐슨은, 산모가 자신의 신체에 대하여 어떤 종류의 권리를 소유하고 있다는 사실에 의해서 태아도 산모의 신체에 대하여 어떤 제한된 권리나마 가질 수 있다는 가능성이 완전히 배제된다고 생각하고 있음에 틀림없는 듯하다. 하지만 왜 반드시 이래야만 하는지가 전혀 명확하지 않다. 우리의 신체에 대한 우리의 권리가 무제한적인 것이 아니라는 점은 분명하다. 그리고 두 당사자들이 동일한 대상에 대하여 공동 권리를 소유하는 경우들이 실제로 존재한다. 더군다나, 태아와 산모 사이의 자연적 관계로 말미암아 태아는 산모의 신체 내에 머무르며 산모의 신체를 사용할 권리를 소유한다고 생각할 만한 어떤 이유가 있는 것 같다. 자궁은 태아의 자연적 거처이고, 자궁에는 태아를 길러내는 자연적인 기능이 있다.

그러므로 만약 태아가 산모의 신체 내에 머무르며 그 신체를 사용할 권리를 소유하든지 아니면 태아에게 그러한 권리가 없든지 하다면, 태아는 이러한 자연적 환경을 점유하고 이용할 어떤 자연권을 가지고 있다고 말해야 옳을 것이다. 만약 우리의 자연적 거처인 지구가 우주라는 거인의 신체기관의 일부로 판명되었다고 상상해 보자. 이것으로부터, 우리가 그 거인으로부터 지구에 머무를 권리를 부여받지 않았다고 해서, 우리에게는 지구에 머무를 권리가 없다는 결론이 도출되는가?

물론, 위의 논의로부터 태아가 산모의 신체 내에 머물며 그 신체를 사용할 권리를 가진다는 결론이 필연적으로 도출되는 것은 아니다. 만약 필자가 위의 논의로부터 산모의 신체에 대한 태아의 권리를 증명해 내려 시도했었다면, 필자는 자신의 몸속에 있는 기생충들에게도 태아가 산모의 신체에 대해 가지는 것과 똑같은 종류와 정도의 권리를 인정했어야만 했을 것이다. 왜냐하면, 필자의 몸속에 있는 기생충들에게 필자의 신체는 하나의 자연적인 거처일 뿐만 아니라 그 신체에는 초대받지 않은 손님들(즉, 기생충들)을 길러내는 자연적인 기능이 있다고 말해질 수 있을 것이기 때문이다.

한편, 설령 탐슨의 논변이 옳다고 치더라도, 임신중절이 부당한 죽임이 아니라는 주장에 대한 탐슨의 첫 번째 논변은 여전히 논박되어져야만 할 것 같다. 왜냐하면, 이미 앞에서도 언급했던 바와 같이, 이 논증은 태아가 산모의 신체 내에 머무르며 그 신체를 사용하는 것이 임신중절이 태아의 생명권을 침해하기 위한 필요충분조건이라는 것을 전제하고 있기 때문이다. 하지만, 태아가 산모의 신체 내에 머무르며 그것을 사용할 수 있는 권리를 가지는 것이 임신중절이 도덕적으로 허용 불가능한 것으로 되기 위한 충분조건일지언정, 그것이 필요조건이기도 한 것인가? 다시 말해서, 임신중절이 도덕적으로 허용불가능하게 되기 위해서 태아는 필연적으로 산모의 신체를 사용할 권리를 가져야 하는가? 하지만, 반드시 그렇지는 않은 것 같다.

어떤 사람이 그의 생명을 유지하기 위해서 필요한 어떤 것을 사용할 권리를 가지고 있지는 않지만, 만약 그것을 사용할 권리를 거부당한다면 그것은 도덕적으로 옳지 않게 되는 상황을 상상해 보자. 예를 들어, 어떤 대륙 간의 여객기 한 대가 태평양 상공을 비행하고 있을 때 승무원들이 무임 탑승한 승객 한 명을 비행기 화물칸에서 발견하게 되는 경우를 상상해 보자. 이 승객이 다른 탑승객들에게 별 심각한 위협이 되지 않는다는 것도 가정하자. 이것으로부터 그 여객기의 승무원들이 그 무임 탑승객을 낙하산도 없이 태평양 상공에 내던져도 좋다는 결론이 따라 나오지는 않는 것은 분명하다. 설령 그렇게 된다고 하더라도 그 승객의 재산권이 침해되는 것은 아닐 것이다. 왜냐하면 그는 어쨌든 비행기 티켓을 소유한 것이 아닐 테니까 말이다. 하지만, 만약 비행기 승무원들이 그 무임 탑승객을 공중에 내던진다면 그것은 그 사람의 생명권에 대한 심각한 침해가 될 것이다. 이와 유사하게, 비록 태아가 뜻하지 않게 산모의 그녀의 신체에 대한 권리를 침해했다 하더라도, 태아가 죽여지는 것이 도덕적으로 허용된다는 결론은 수반되지 않는다. 요약하면, 태아가 산모의 권리를 침해한다는 것이, 그 자체로서는, 산모가 그 권리 침해를 종식시키기 위하여 취할 수 있는 행동들이 무엇인지에 대해서 말해 주고 있는 것 같지는 않다는 것이다.

다음으로 설령 태아에게 생명권이 있다 하더라도 임신중절은 부당하지 않다는 주장에 대한 탐슨의 두 번째 변호 또한 적절하지 않기는 마찬가지인 것 같다. 바이올리니스트의 예에서 나오는 납치된 신장 기증자와 임신에 의해 생명의 위협을 받지 않는 임산부 사이에는 결정적인 차이점들이 두 가지 존재한다. 우선, 임신중절을 원하는 정상적인 임산부들의 경우와는 달리, 오직 신장 기증자만이 무력의 사용에 의해 곤경에 처하게 된다. 이 경우는 기껏해야 강간에 의한 임신과 유사할 뿐이다. 우리는 이미 이 글의 첫머리에서 강간에 의한 임신을 논의의 대상들로부터 제외시킨 바 있었다. 아울러, 우리가 이해하기로 탐슨의 논의 역시 두 성인남녀의 자발적인 성관계에 의하여 야기된(보통의) 임신에 대한 중절의 도덕성 논의에 초점이 맞추어져 있다. 이러한 점들을 고려할 때, 강간에 의한 임신과 유사한 바이올리니스트의 예를 통해서 자신의 논점을 정당화하려는 탐슨의 시도는 성공하고 있지 못한 것 같다.

만약 우리가 바이올리니스트의 예를 수정하여 그것을 죽게 방치함의 케이스이라기보다 죽임의 케이스에 더 가깝게 만들 수 있다면, 바이올리니스트의 죽음을 가져오는 것이 도덕적으로 허용된다는 점이 더 이상 명백하지 않게 될 것이다. 가정하기를, 만약 당신으로부터 바이올리니스트를 떼어 낸다면 어떤 의료적 이유들 때문에 그가 즉시 죽게 될 것이라고 하자. 이 경우, 떼어 내는 과정은 더 이상 단순히 바이올리니스트를 '죽게 내버려두는 것(letting die)'이 아니다. 만약 당신이 그렇게 한다면, 당신은 그를 죽이는 것(killing)이다. 생각해 보면, 이렇게 수정된 경우가 실제의 임신중절의 경우들과 더욱 흡사한 것 같다. 그런데, 일단 이렇게 고쳐지고 나면, 탐슨이 자신의 견해를 뒷받침 하고자 들었던 원래의 바이올리니스트의 예가 가지는 위력이 상당히 약화된다. 왜냐하면, 당신의 생명이 위태롭지 않은 경우 당신이 바이올리니스트를 곧바로 죽게 만드는 것이 정당화되지 않을 것이 분명하기 때문이다. 이처럼 바이올리니스트 예는 임신중절의 경우들이 도덕적으로 허용된다는 것을 보여주지 못하는 것 같다.

3. 낙태중도론

섬너(L. W. Sumner)는 낙태의 문제에 있어서 시기적 단계를 현실적으로 고려한 중도적인 입장을 취한다.[178] 생명윤리로 잘 알려진 도덕적 문제들 가운데 낙태만큼 철학자들의 관심을 사로잡는 주제도 흔하지 아니하다. 낙태의 도덕적 지위에 대한 철학적 요구는 사실 철학 그 자체만큼이나 오래되었고, 2000년이 넘는 서구의 주된 종교적 전통과도 그 명맥을 같이 한다. 대부분의 서구 민주주의 국가들에서의 낙태 논쟁은 '기성 관점'이라고 불리어지는 두 개의 관점들에 의해서 지배되어져 왔다. 이 두 개의 관점이란 자유주의적 입장과 보수주의적 입장이다. 자유주의적 입장은 낙태에 있어서 "낙태 찬성"으로 불리어지는 입장으로 잘 알려져 있다. 그런데 모든 임신기의 태아에게 어떠한 도덕적 지위도 허용하지 않는다. 반면에 보수주의적 입장은 "생명 찬성"이라고 알려진 것으로 모든 임신기의 태아에게 완전한 도덕적 지위를 성인과 같이 부여한다.

기존 입장들의 태아의 도덕적 지위에 대한 일관된 설명은 낙태의 도덕성의 문제와도 직결되어 있다. 즉, 자유주의적 입장에서 낙태는 피임과 유아살해를 포함해서 전혀 도덕적으로 문

178) L. W. Sumner, "Abortion", *Health Care Ethics* (Philadelphia: Temple university Press, 1987), pp.43.ff.

제될 것이 없다. 그러나 보수주의적 입장은 태아에게 성인과 같은 도덕적 지위를 부여함에 따라 낙태를 살인과 동일시하여 도덕적으로 문제시한다. 즉, 그들은 각각 모든 태아들이 달라질 수도 있다는 어떠한 사항도 무시한 채 모든 태아들은 같은 도덕적 지위를 가지고 있다는 것을 고수한다. 기존 관점들은 그들의 상반된 주장에도 불구하고 중요한 두 가지의 문제들에 동의 한다; 언제?, 왜? 낙태가 행해지는가의 도덕적 무관심, 그리고 이러한 동의는 기존의 관점들과 여론들(중도주의적 입장) 사이의 괴리를 형성하게 된다.

중도적인 낙태정책은 기간의 한계를 중시하는 현실적 관점이다. 초기 임신기간의 낙태는 후기 낙태시술보다 덜 문제시 된다는 암묵적 동의가 있다. 여기서는 사후피임약과 낙태용 링의 사용이 염수주사나 자궁절개 시술에 비해서 문제가 되지 않는다. 그 근거는 치료적 범주, 유전적 범주, 인도주의 범주, 사회경제 범주로 분류된다. 다만 치료의 목적에서 낙태는 거의 만장일치로 찬성을 얻지만, 사회경제적 목적의 낙태는 그 타당성이 떨어지는 문제가 있다.

그러나 낙태의 중도적 입장이 전개됨에 방해물들이 여전히 존재한다. 그 중 하나가 중도적인 입장이 필연적으로 수반하는 복잡함이다. 또한 중도적인 입장은 기존 입장들의 타협안이라는 오명을 씻기 위해 자신들의 주장이 가변적이지 않음을 증명해야만 한다. 이러한 어려움을 극복하기 위해서 중도적 입장은 태아의 도덕적 지위에 대한 새로운 기준을 제시한다.

그 새로운 기준이란 '감각기준'으로, 감각이 있는 모든 존재에게 도덕적 지위를 부여하는 것이다. 그러나 이러한 기준은 정신장애자에게 그들의 인식능력의 악화를 무시한 채 도덕적 지위를 부여하게 되고, 또한 인간이 아닌 동물들에게까지 도덕적 지위를 부여하게 된다. 따라서 이러한 난점을 극복하기 위해서 그 기준은 이익, 복지 또는 창조물의 안녕과 공평무사에 대한 창조물의 요구, 두 가지 사항에 의해서 다른 것들과 구분되어져야 한다. 그러므로 감성적 존재가 이해관계를 가진다는 것은 그것이 도덕적 지위를 갖기 위한 필요충분조건이다.

인간 발달의 과정에 감각기준을 적용할 때, 도덕적 지위의 단서는 기쁨과 고통을 경험할 수 있는 능력이 처음으로 갖추어지는 동안의 단계라는 결론을 낳는다. 그러나 그것이 정확히 언제란 말인가? 임신의 정상적인 단계를 각각 13주 단위로 구성된 세 시기로 나누는 표준관행에 따르면, 태아는 이 분류의 두 번째 시기쯤에 기쁨과 고통을 느끼기 시작하는 것으로 보인다. 따라서 태아는 두 번째 시기에 도덕적 지위를 차지한다. 그 이전의 태아에게는 도덕적 지위가 결여되어 있다. 따라서 이 시기에 행해지는 낙태는 피임과 동등한 도덕적 관심을 갖는다. 반면에 태아가 도덕적 지위를 갖게 된 후 행해지는 낙태는 유아살해와 같이 심각한 도덕적 문제를 야기한다. 그러나 태아가 도덕적 지위를 갖게 된 후에라도, 앞에서 말한 네 가지 범주 중, 치료 목적과 유전학의 문제를 이유로 낙태가 행해진다면, 그것은 중도적인 낙태 정책에 부합되어 고려될 수 있는 여지가 있다.

이처럼 섬너는 자유주의적 입장을 취하는 사람들처럼 낙태를 남발함으로서, 신의 권리에 도전하는 오만함을 보이거나, 보수주의적 입장을 고수하는 사람과 같이 비극적인 산모의 희생도 요구하지도 않는다. 보수주의적 입장과 자유주의적 입장의 절충적인 합의점으로 오인될 수 있는 관점을 낙태에 대한 중도주의적 관점의 기준을 확실히 제시하여 그의 주장을 뒷받침

하였다. [모자보건법 제정]으로 낙태를 허용하는 법적인 문이 열리면서 우리의 성개방적인 생활태도와 가정 붕괴가 심화되어 낙태를 심화하는 악순환이 계속되고 있다.

생명존재 중 가장 취약한 자가 태아이다. 낙태는 가장 취약한 약자를 강자들의 여러 가지 사정에 따라 살해하는 행위라고 말할 수 있다. 강자들의 기준에 의해 가장 약한 자들을 제거하는 것이 가능하게 되면 마침내 영아살해와 유기, 아동학대의 증대에 영향을 미칠 수 있다. 그러므로 산아제한이나 아들 또는 딸의 선호를 위한 낙태는 금지시켜야 한다. 강간 및 근친상간에 의한 임신, 태아가 기형아일 경우 및 산모의 생명이나 건강에 중대한 위험이 있을 경우에 한하여 낙태를 허용하되 그것도 임신 후 13주에서 24주 이내에서만 허용되도록 기간상의 제한을 가하는 것이 타당하리라고 본다. 이러한 점에서 여성의 자율적 선택권은 제도적으로 제한을 가해야 한다.

실제로 낙태의 주체인 개별 여성은 기술발전 덕택으로 종족보존과 인구재생산의 자연적 의무로부터 벗어나 자신의 삶을 자율적으로 결정할 수 있다고 믿게 되었다. 이로 말미암아 현대사회에서는 낙태의 문제에 관련하여 여성의 이해관계와 태아의 이해관계라는 담론이 역사적으로 형성되었다. 낙태에 관한 도덕적 갈등은 본래 자율과 생명의 가치가 대립적으로 충돌할 때 비로소 발생한다.

4. 대리부모 역할론

로우 에이드 사건(Roe v. Wade)

1973년 1월 22일 미국 대법원 판정에 따른 로우 에이드 사건(Roe v. Wade)은 미국에서 낙태규제문제를 전국가적인 쟁점으로 부각시켜 오늘날까지 임산부의 생명을 구하기 위한 경우를 제외하고는 낙태의 알선 또는 시술을 금지한 텍사스 주법을 위헌 판결 처리하는 결과를 낳았다. 그 주요 내용의 골격은 이와 같다.

① 임산부는 체외생존능력이 없는 태아에 대하여 낙태를 선택 할 근본적인 권리를 가진다.

② 국가는 임신의 계속이 임산부의 생명이나 건강을 위협할 경우의 예외를 제외하고는 생존 가능한 태아에 대한 낙태를 금지할 수 있다. 판사는 생존능력이 없는 태아의 낙태에 대한 규제는 그것이 임산부의 낙태선택의 자유에 대한 부당한 부담을 지우지 않는 한 허용한다고 하면서 엄격한 3분기 분석틀을 거부하였다.

③ 응급한 경우를 제외하고는 의사에게 기혼여성의 배우자 동의 없는 낙태수술을 할 수 없도록 한 규정은 여성의 낙태선택권에 실체적 장애를 설치하는 것이므로 위헌이라고 판단하였다. 낙태를 요하는 의학적 응급상태가 존재하거나 미성년 임산부가 법원으로부터 낙태의 허가를 받지 않는 한, 18세 미만의 자립할 수 없는 임산부에 대하여, 낙태실시 24시간 전에 그 부모 가운데 한 명 또는 그 보호자의 동의가 없으면 의사로 하여금 낙태시술을 할 수 없도록 한 주법은 합헌이다. 부모의 동의조항이 미성년 임산부의 선택권에 대하여 부당한 부담을 지우지

않도록 하기 위하여 그녀의 복지를 보호하는 '사법적 회피절차'를 규정하고 있기 때문이다.

자문위원회의 대리부모 역할론

로우(Roe)에 의해 체외생존가능성 이전의 낙태는 여성의 자율적인 선택의 권리를 주어야 한다는 것이 주장되었다. 그 후 Roe와 반대되는 결과가 나타나서 낙태에 대해 국가가 통제하고 여성의 자율권은 축소된 사례들이 생겼다. 하지만 이것은 1992년 펜실베니아주법에 의해 다시 Roe의 주장이 받아들여졌다. 이것은 헌법의 합법성과 여성의 이익에 대한 분석 등을 통해 이루어진 것으로 자유의 원리에 합당한 결과였다. 국가에게 강요되지 않을 자유의 권리를 가지기 때문에 체외생존가능성 이전의 낙태를 허용하게 되었으며, 여기에서 자문위원회의 대리부모 역할이 대두되었다.

낙태는 여성의 권리 측면에서 보아야 하며, 로우의 경우에서 결정되어진 것처럼 체외생존가능성 이전의 태아를 낙태는 여성의 자율적인 선택은 국가로부터 자유로워야 한다. 남에게 피해를 주지 않는 범위에서 의사 결정을 전적으로 여성에게 맡겨야한다. 하지만 낙태는 낙태행위와 관련된 가족. 배우자 및 낙태되어질 생명에도 영향을 미친다. 또한 낙태는 사회현상으로 사회적으로 중요한 의미를 가진다. 그렇기 때문에 낙태는 여성의 문제로 국한시킬 수 없으므로 어느 정도 국가의 합법적인 간섭이 요구된다. 낙태는 출생과 사망의 문제로 산모나 가족의 이성적이고 합리적인 판단이 결여될 가능성이 높다. 낙태를 결정할 때, 그 결정이 과연 옳은 결정인지 합리적으로 결정하기 위해서 자문위원회가 요구되는 것이다. 자문위원회는 산모의 건강과 잠재적 생명의 미래, 합법성을 고려하여 낙태를 결정하는 것을 돕는다. 또한 경제적 손익 같은 현실적인 사항도 고려해야한다. 이런 것들을 종합하여 객관적이며 합리적인 낙태 결정을 내리도록 돕는다.

사회 경제의 발달은 여성의 사회적 지위와 역할을 확대시켰다. 이에 따라 여성은 자유로운 생활을 원하게 되었고, 피임이 일반화되었으며, 낙태에 대한 시각도 다소 긍정적으로 변하고 있다. 시대의 상황에 따른 변화이지만 낙태에 대한 가벼운 시각은 지양해야 한다고 생각한다. 낙태는 생명에 관한 문제인 만큼 신중하게 다루어야 한다. 피임의 실패에 따른 낙태도 무심코 행하는 것처럼, 낙태를 가볍게 여기는 풍조가 생겨서는 안 될 것이다. 낙태는 불가피한 상황에서 합리적인 고려 끝에 행해져야한다. 이런 합리적인 생각을 위해 자문위원회의 대리 부모 역이 필요하다. 그리고 자문위원회는 가능하다면 낙태 보다 출산을 선택하도록 유도하는 것이 바람직하다.

자문위원회의 역할 한정론

그 반론은 깃발에 대한 경의의 태도에서 제기된 것이다. 국가의 업무는 개인에게 보장된 자유에 강제적인 힘을 사용할 수 없다. 깃발에 경의를 표하든지 않든지, 모독하지 말아야 한다는 주장에 동의하든지 않든지 하는 동안에도 우리는 국가가 실행하는 것을 강요 또는 강제하지 않을 것이라는 생각에 지배되어 왔다. 즉, 깃발에 경의를 표하든지 모독하든지에 대해서 국가가 강제적인 힘을 가질 수 없는 것처럼 우리의 의사 결정을 국가가 강요할 수 없다.

개인의 권리, 기혼 또는 독신, 아이를 기르든지 출산하든지 등의 결정은 부당한 정부의 강요로부터 자유로워야한다. 국가가 개입할 수 없는 가족의 사적인 부분은 높이 평가됐다. 인간의 존엄성과 자율권에 따른 인격적인 선택이 보장되어야 한다는 것이다. 그러나 낙태는 다른 사람에 대한 중요성이 함께 따르는 행위이다. 그녀의 결정에 밀접한 관계를 가지고 함께 살아야 하는 배우자, 가족, 사회 그리고 절차를 원조하고 실행하는 사람들과 낙태되어질 잠재적 생명에 관련되어 있다. 계획된 자문위원회의 대리부모 역할은 새로운 결정과 이전 결정 무효의 각각의 계산을 판단하는 실용적인 고려의 관습적인 정보에 근거해서 판단한다. Roe 주장의 핵심적인 토대인 체외 생존 가능성 이전의 낙태 결정은 국가가 관여할 수 없는 여성의 권리라는 사실에는 변화가 없다.

국가의 합리적 간섭권

여성이 임신을 결정하는 자유는 헌법상의 자유가 보장하고 있다. 여성의 자유는 한계 지어진 것이 아니기 때문에 국가는 태아에 대한 관여에 착수 할 수 없다. 그리고 태아 발달에 다음 쟁점은 국가의 관여가 낙태하려는 여성을 제한하는 데에 정당한 힘을 가지기에 충분하다. 아직 우리는 여성의 자유뿐만 아니라 잠재적 삶의 중요성을 보장하기 위해서 국가는 합법적 관여를 해야 한다. 로우에 의한 결과는 그 범위가 매우 협소하여, 법정에서 승인하고 수행하기에는 무리가 있다. 그러므로 이 공식화는 조정될 수 있다. 국가는 잠재적 삶을 지키기 위해 여성의 건강에 합법적 관심을 가진다. 그러나 낙태 의사 결정에 대한 조정에 있어 중요한 것은 여성의 권리이다. 이를 보장하기 위해 로우의 결과에 따른다. 하지만 그녀의 선택의 정당성에 영향을 주지 않는 한 국가는 태아의 잠재적 삶을 보장하기 위한 목표에 정당하게 부합된다면, 그녀가 낙태가 아닌 출산을 선택하도록 설득해야한다.

임산부에 대한 과도한 부담의 검증

형평의 정당성을 지키는 것이 로우 웨이드 사건(Roe v. Wade)에 의해 고려된 반면, 같은 시대의 국가는 잠재적 삶에 관한 깊은 관여를 받아들였다. 우리는 이 의견이 설명된 것처럼 부당한 부담에 대한 분석에 헌신할 것이다. 생존능력이 없는 태아의 낙태를 원하는 임산부의 길에 실체적인 장애를 설치하는 목적이나 효과를 가진 국가의 규제는 위헌이다. 우리는 이 사건에서 엄격한 3분기 선택론을 거부한다. 잠재적 삶에 관한 국가의 깊은 관여를 장려하려면 국가는 임신기간 내내 확실하게 하는 방법을 택해야한다. 법률 규정의 목적이나 결과가 태아가 생존능력을 갖기 전에 낙태를 하려고 하는 여성에게 있어 상당한 장애물을 놓은 것이라면 따라서 그 법률의 규정은 무효이다.

정부는 낙태를 하려고 하는 여성의 안전이나 건강을 보호 하는 법률을 제정해야 한다. 낙태를 하려고 하는 여성에게 있어서 상당한 장애를 제공하는 효과나 목적을 지닌 불필요한 건강 법규들은 정당화 면에서 임산부에 대한 과도한 부담 가능성을 검증해야 한다. 부당한 부담의 검증 채택은 이 사건의 중점 주장을 재확인한다. 국가는 생존 능력을 얻기 전에 낙태를 하려는 결정을 한 여성을 금지하지 않는다. 아울러 낙태는 산모의 건강과 삶을 보호하기 위한 의학적 판단에 적합할 때 검증 타당성이 나타난다. 이처럼 낙태에 있어서 가장 중요하고도 어려운 문제는 산모의 선택과 태아의 생명을 균형 있게 고려하는 일이다. 어느 누구도 당사자가 아닌 이상 산모가 낙태를 하려는 것을 무조건적으로 막을 수 없으며, 그렇다고 해서 균형 잡힌 시각의 관점에서 산모에게 전적으로 낙태에 대한 권리를 맡기고 수수방관할 수도 없는 일이다.

대리부모 역할을 할 수 있는 국가 자문위원회의 개입은 유연성이 있어야 한다. 성폭력을 당해서 임신한 여성과 자신의 의사로 성관계를 가지고 임신한 여성의 상황은 실제적으로 다르기 때문이다. 기본적으로 3개월 이내로 낙태를 허용하되, 성폭력 임신의 경우는 당연히 아이의 아버지의 동의를 받지 않고, 부모의 동의를 받도록 하되 이것이 여의치 않을 경우에는 자문위원회 성격을 가진 국가기관, 낙태의 법적 절차를 확인하고, 낙태에 관한 정보를 제공하고 때로는 결정하는 등의 도움을 받을 수 있도록 해야 한다. 국가기관은 되도록 출산할 것을 권고하여야 하고, 그래도 낙태를 하겠다는 여성은 남편과 부모의 동의를 얻어 3개월 이전에 낙태를 해야 할 것이다.

따라서 국가개입이 불가피하다고 보여 지지만, 여러 가지 상황에 따라 유동적으로 법 적용을 하는 데에 있어 많은 논란이 있을 것으로 예상된다. 하지만 여성이 임신을 하거나 낙태를 하는 일은 국가 개입을 섣불리 하지 않아야 되는 인식이 필요하며 눈에 보이지 않는 태아와 같은 생명이라도 정말로 소중하다는 자각을 해야만 한다. 아울러 책임 있는 의식을 가지고 성 관계를 해야 함은 두말할 여지도 없다. 성폭력 역시 근절되어서 원치 않는 임신으로 인하여 죄 없는 여성이 고통 받지 않아야 한다. 태아를 위해 산모의 인생을 망치는 일도, 산모의 이기적 욕망 때문에 태아를 낙태를 하는 일도 없어야 하겠다. 국가기관으로서 자문위원회는 국익을 고려하면서 산모의 인생과 태아의 생명 사이에서 적절한 균형을 이루어 내어야 대리부모 역할이 타당성을 가질 수가 있는 것이다.

또한 대리부모 역할에서 중요한 고려 사항은 낙태 절차에서의 안전에 관한 것이다. 그 예로 안락사를 할 때, 호스피스 정신을 살려야한다는 주장이 부각되는 것을 들 수 있다. 호스피스는 죽어 가는 환자와 가족의 심적 육체적 고통과 불안을 덜어줄 목적으로 행해지는 간호 행위이다. 이로써 남은 인생을 가능한 편안하게 살아갈 수 있도록 해 준다. 삶을 연장시키거나 단축시키는 치료에 관한 일보다는, 죽음에 직면하는 동안이나 생을 잃어 가는 과정 동안 경험하는 육체적, 정서적, 영적, 사회적 스트레스로 인하여 오는 증상을 완화시키는 간호에 주력한다. 안락사를 통해 죽일 것인가 살릴 것인가에 대해 고민하는 것에 앞서 *호스피스 정신*이 필요한 것처럼, 낙태 행위에 앞서 산모와 태아의 평안한 삶을 위해 고려해야 한다. 산모의 건강과 정신적인 안정, 태아의 안전한 죽음 또는 축복 받는 출생을 위해 객관적인 입장에서 합리적으로 조언을 해주어야 한다. 아울러 낙태에 대한 인식과 절차의 개선을 위해 노력해야한다고 본다. 산모와 가족의 합리적인 의사 결정을 도울 뿐만 아니라, 산모와 가족과 잠재적 생명의 정서적인 안정을 위해서도 힘쓰며, 가능하면 낙태보다 출산을 장려하여 생명의 소중함이 경시되지 않도록 배려해야 할 것이다.

제 11장 차별철폐론

제 11장 차별철폐론

사회가 올바르게 발전하기 위해서는 모든 사회 구성원의 공평한 참여가 보장되고, 그에 따른 사회적 책임과 권한도 합리적으로 배분되어야 한다. 그런 의미에서 인종과 성과 관련 없이 각 분야에서 제 역할을 담당할 수 있도록 균등한 기회를 주어야 하며, 또한 개성 차이에 근거해 우선적인 대우를 제도적으로 보완해 주어야 할 것이다. 이 때 비로소 사회가 균형 발전을 이룩해 나갈 수 있다. 이 모든 것을 위해서 종족차별주의, 인종차별주의, 성차별주의를 불러일으키는 낡은 사고와 선입견을 철폐해 나가야 한다. 일부 국가에서는 해마다 반(反)인종차별주의 주간을 설정하는 것을 볼 수 있다. 따라서 관념적 이해 보다 몸소 부딪히며 터득하는 체험학습이 필요하다다. 먼저 성의 평등원리를 살펴보고, 또한 인종차별과 성차별의 문제점을 짚어 본 다음 그 대안적 차별수정조치를 조망한다.

☆ 탐구문제

1. 인종차별이나 성차별 현상에서 잘못된 이유는 무엇인가?
2. 차별수정조치가 역차별로 비칠 경우는 무엇을 고려할 것인가?
3. 밀이 논쟁한 남성과 여성사이의 평등과 차이점, 역할의 구별은 무엇인가?
4. 우선적 대우의 타당한 근거는 무엇인가?
5. 부모의 입장에서의 비대칭적 사실은 좋은 사회 구현에 어떠한 의미를 갖는가?
6. 종교현상에서, 다양성과 관용의 이상은 어떻게 다를 수 있는 것인가?

7-1. (A)와 (B)로부터 "도덕은 시대와 장소에 따라서 달라질 수 있는 것이기 때문에, 보편적인 도덕이란 있을 수 없다."라고 주장할 경우, 이 주장에서 문제되는 점(혹은 오류)을 70자 이내로 쓰시오.(04' 임용고사)

7-2. (C)는 문화의 상대성을 이해하지 못한 예와 그에 대한 비판이다. 밑줄 친 부분을 정당화할 수 있는 것으로서 '자신과 다른 의견, 관습, 인종, 민족, 종교 등을 가진 사람들에게 공정하고 너그러운 태도를 가져야 함'을 뜻하는 가장 가까운 덕목 하나를 쓰시오.

(A) 우리는 부모를 공경해야 하며, 부모를 공경하는 것은 무엇보다도 부모의 뜻을 잘 받드는 것이며, 살아 계시는 동안 잘 봉양하는 것이라고 생각한다.

(B) 어떤 지역의 섬 주민들은, 부모가 중년에 이르면 자신들의 부모를 죽이고자 한다. 이들은 이 관행을 악의적인 살인으로 여기지 않을뿐더러 오히려 긍정적인 것으로 본다. 왜냐하면 사람이 사후세계에서 혼자서 살아가기 위해서는 비교적 건강할 때 죽어야 한다고 믿기 때문이다.

(C) 수 년 전 어느 유명한 외국 여배우는 한국에서 개고기를 식용으로 한다는 사실을 공개적으로 비난한 것에 대해 당시 많은 사람들은 음식 문화란 각 나라(문화권)의 기준을 지니고 있기 때문에 다른 나라 문화의 생활양식을 일방적으로 비난하는 것은 잘못이라고 지적했다.

1. 성의 평등원리

우리나라는 유교전통의 가부장적 가족제도로 인해 많은 여성들의 인권이 유린되는 경우가 많았다. 이것은 유교의 그런 가르침을 올바로 보지 못하고 남성적 이데올로기로서 지배되어지는 것을 정당화한 경우가 적지 않다. 이 세상은 남성만이 이끌어 나가는 것이 아니라 여성들과 함께 이끌어 나가는 것이다. 남성에게 의존하는 것을 당연한 것으로 여기고 여성을 연약한 존재로서만 다루면 성차별은 극복할 수 없다. 여성들 또한 주체적 자율성을 견지해야 할 것이다. 엘리자베드 월가스트의 성의 평등성 논쟁은 남존여비 사상을 견지해 온 우리나라에 전하는 바가 크다. 평등은 다양한 부정의에 대항하는 노예제도, 독재정치, 경제적 착취, 여성들의 종속, 인종차별에 대항하는 다양한 종류의 권리에 대한 논의의 실마리가 된다. 특히 여성들의 권리에 대한 요구가 평등의 개념으로 전환된 것은 그리 놀라운 일이 아니다.179)

평등원리

평등은 여러 다양한 방법으로 설명될 수 있다. '만약 우리가 차별적 대우와 관련된 차이점을 보여주지 못한다면, 사회적 특혜를 부정함으로써 사람들을 다르게 대우하는 것은 정당하지 않다.' 라는 평등의 원칙의 의미를 이해하기 위해서는 이 원칙에서 강조된 몇 가지 부분에 숙지할 필요가 있다. 평등의 원칙은 정의의 원칙으로, 자유의 여신상을 예로 들어 볼 때, 그 여신상의 눈이 가려져 있고 한 손에 저울을 들고 있는 것은 어느 한 쪽에 치우침 없이 사람을 편애하지 않는 것을 뜻한다. 저울은 정의가 평등이라는 개념보다는 균형이라는 의미를 가리킨다는 것을 뜻한다. 자신의 친구나 가족에게 개인적인 호의를 베푸는 것을 다른 사람에게 설명할 필요가 없는 것과 같이 모든 경우에 있어서 사람들을 다르게 대우하는 것을 정당화할 필요는 없다. 때로는 사회정책이 효과적으로 사람들을 다르게 대우하는데 이것은 명료할 수도 있고 그렇지 않을 수도 있다.

첫 번째는 인종이나 성을 이유로 학교 입학이나 진급에서 차별적으로 대우를 받는 것을 말하고 두 번째는 이런 차별을 간접적으로 받는 것을 말한다. 그래서 '최후의 고용, 최초의 벌금'과 같은 정책은 이런 간접적인 차별에 영향을 미친다. 해로운 차별적 행동의 예로서는 성차별 등이 있다. 이런 평등 원칙의 측면은 사회적 특혜와 불이익이 때로는 정당화되지 않는 이유에서 일어날 수 있다는 것을 고려해 볼 필요가 있다.

사람들을 다르게 대우하는 것이 정당화되기 위해서는 어떤 차이점이 존재하는지를 증명해야 한다. 이 원칙에서 요구하는 차이점의 증거의 종류에 따라 강해질 수도 있고 약해질 수도 있다. 남녀차이의 과학적 연구가 실제로 존재하는 남녀차이를 증명해야만 한다. 평등의 원칙은 우리가 다르게 대우하는 사람들 사이에 실제로 존재하는 차이점을 증명해야 함을 요구한

179) Elizabeth H. Wolgast, "Equality of the Sexes", in *Equality and the Rights of Women*(Ithaca: Cornell University Press, 1980)

다. 많은 성적 차이는 명백하며 신진대사, 청각의 예리함, 감염정도 등은 분명하지 않지만 경험적 연구에 의해서 확인되었다. 그러나 이런 차이점이 차별적인 사회 대우와 관련이 있는 것 같지는 않다. 이런 것은 오히려 지적 능력, 공격성, 후천적 능력, 양육 능력과 관계있다고 볼 수 있다.

예를 들어 여자아이가 인형을 더 좋아하고 남자아이가 트럭을 더 좋아하는 것, 그리고 여자가 다른 사람과의 관계에 더 치중하고 남자는 정의나 권리에 더 치중하는 것을 고려해 볼 때, 차이점이고 타고 난 것이라면 이것은 교육구조와 사회 양상과도 관련된다. 교육에 있어서도 마찬가지인데 사회에서 능력이 뛰어난 사람을 선호하고 봉급도 더 많이 받게 되어 있지만, 여성들은 이런 불평등한 교육이나 사회화에 의해 불이익을 당함으로써 차별은 영속화 될 수도 있다.

평등원리는 우리가 차별대우를 받기 전에, 사회적으로 학습된 차이가 아닌 실제적인 차이가 존재한다는 것을 좀 더 보여줄 것을 요구한다. 이 원리는 또한 차이가 차별적 대우와 관련 있을 것이라는 것을 요구한다. 예를 들어 여자가 남자보다 선천적으로 벽돌쌓기에서 우월하다고 하면 이것은 실제 차이일 것이다. 직업에서의 재능, 기술 등의 관련성을 결정하는 것은 쉬운 문제가 아니며 특정 지위에 관련된 기술이나 특성을 결정하는 데에 우리는 사람들이 이런 특성이나 기술을 소유했는지를 적절히 평가할 수 있어야 하는데 이러한 것은 어렵다. 사람을 평가할 때 개인적으로 평가해야 하는가? 혹은 집단 구성원으로서 개인을 평가해야 하는가? 평등원리는 개인의 차별대우보다는 집단의 차별대우를 철폐하기 위해서 만들어졌다고 본다.

평등원리에 대한 도전

평등원리에 대한 문제제기 중 첫 번째는 실제적이거나 관련 있는 것과 달리 *평균차이*에 직면하게 된다는 것이다. 즉 그 특성은 사람들의 집단의 전형일수는 있어도 그것이 모든 구성원에게 속하지는 않을 것이다. 예를 들어 여자보다 남자가 키가 큰 것이 보통이지만 이것은 남성이라는 집단의 특성이지 남자 구성원 전체가 여자보다 키가 크지는 않다는 것을 말하는데 그 예로 남자보다 키가 큰 여자가 실제로 많다는 것을 보면 알 수 있다. 개인을 집단의 특성으로 판단하는 것은 부당하며 그래서 우리는 개인의 특성이 개인이 속한 집단의 특징이기보다는 개인적 특성이라는 것을 우리가 생각하고 이렇게 인식해야 함이 중요하다. 투표나 운전면허 시험 등은 세대(나이)집단을 기준으로 일정 나이가 되어야 권리가 주어지지만 이것은 부당한 것이 아니다. 하지만 이런 경우를 제외하고는 집단의 특성으로 개인을 평가해서는 안 된다.

두 번째는 *우선적 대우*에 관한 것으로 이것은 과거부터 지금까지 차별 받은 성이나 인종에게 우선적 대우를 하며 특혜를 주는 것으로 이것은 얼핏 보면 정당한 것으로 보이지만, 이는 지금까지 차별 받은 성이나 인종을 집단적으로 본 것으로, 이 집단의 구성원 모두가 차별 받은 것은 아닐 수도 있고 그렇다면 이것은 또 다른 역차별이 될 수도 있다.

세 번째는 *평등과 불평등의 딜레마*로, 문화적 차이에서 적용해보면 여성은 직장에서 남자와 평등하게 대우받기 위해 노력했지만 동시에 가정에서는 아이를 돌보는 역할을 떠맡게 되고 이것은 직업 등에서 불이익으로 작용할 수도 있는 것이다. 다원문화주의는 사회에 의해 인식되어야 하는 사람의 문화적 유산의 차이의 범위가 어디까지인가 하는 또 다른 문제를 내포한다.

성의 평등에 대한 생각의 편차

존 로크(John Locke)는 다른 종속관계나 지배에 놓여있는 경우를 제외하고는 같은 본성, 동일한 신체 능력을 이용할 수 있는 모든 것들은 동등해야 한다고 보았다. 즉 그는 출생과 신체적 능력・기능이 유사한 범위 내에서는 사회에서 동등하게 대우 받아야 된다고 보고 있다. 인간의 평등에서부터 권리의 평등함을 주장하고 있다. 그의 입장은 결국 '남성과 여성 모두 같은 특성을 가지므로 평등하다'는 결론을 유도를 한다.

반면에 밀(J. S. Mill)은 생물학적 성에 따른 남성・여성간의 불평등은 본래적인 것이 아니라고 보았다. 다만 남성과 여성에 있어서의 육체적인 힘・기능 같은 차이는 인정을 한다. 그러나 육체적인 차이를 가지고 남녀사이의 권리를 구분하는 것을 옳지 못하다고 보고 있다. 남 성과 여성 사이에서는 육체적 능력에 따른 차이만 있을 뿐이지 일반 남성들과 같은 지적 능력을 소유하고 있다. 그리고 그는 남성과 여성은 고유의 특유의 특성을 가지고 있다고 하면서 남성은 대체적으로 여유가 있고 이론적・사색적이며 여성은 실제적・현실적이며 정서적 섬세함을 지니고 있다고 보았다. 그래서 그런 특성에 따라 사회적 역할이 주어진다고 보고, 여성들의 특성을 활용하여 아이들을 돌보거나 교육을 하는 것이 바람직하다고 보았다. 결국 그는 남녀평등에 관한 양면성을 지니고 있다. 한쪽으로 합법적 평등을 옹호하고 다른 쪽에서는 결혼여성에 대해서는 종례 역할들의 차별성을 지지하고 있다.

문화 동화주의자들은 우리 사회가 올바르다면 인종, 성, 눈의 색깔은 모두 동일하다고 본다. 이들 세 가지는 생물학적 차이인데, 특히 그늘 중 성은 난해하다고 보고 있다. 성은 보다 더 광의의 사회적 힘의를 기지는 것으로 보고 있다 실제 사회를 들여다보면 생물학적 성에 따라 남성과 여성의 역할을 구분하여 그러한 구분이 남성과 여성의 차별을 만든다고 보고 있다. 이러한 방법은 사회적으로 생성된 성적 역할에 엄청난 중요성을 부여하여 성차별을 인정하게 한다는 것이다.

또한 리차드 바셀스트롬(Richard Wasserstrom)은 의학적 기술의 발달로 인해 임신을 하는데 있어서 더 이상 성관계가 필요치 않고 인공수정으로서 가능하다는 것이다. 그래서 더 이상 임신과 아이를 부양하는데 있어서 결혼과 가족은 필요하지 않게 된다고 하였다. 기존의 결혼, 가족제도 같은 것이 남녀 차별을 만든 것이다. 그러나 이러한 같은 것을 보게 되면, 새로운 인간관계, 동모이부(同母異父)의 관계가 성립된다. 그래서 남녀의 차이는 생물학적 차이, 즉 단순히 임신한다는 것에 불과한 것이다. 우리는 더 이상 천성, 타고난 것에 의해 좌우될 필요가 없고 우리의 지적능력을 사용하여 그런 생물학적 차이들을 메울 수 있다고 하였다. 그리고 밀과 같이 현존하는 남녀의 유사성에 좌우되지 않고, 어디서나 가능한 유사성을 정립해야 한다고 보고 있다. 성적평등은 이상적인 목표이며 정의의 실현이라고 하였다. 단순한 생물학적 차이로서 남녀를 차별하는 것은 부당하다고 보았다.

엘리자베드 월가스트는 성의 평등성 논쟁을 밀의 보수적인 관점과 바셀스트롬(Wasserstrom)의 진보적 관점의 절충적 입장에서 담론을 펼치고 있다. 그녀는 성별, 피부색, 각 인종별의 생김새는 단순히 생물학적 특성에 불과한 것으로 보았다. 그러한 것들은 세포들의 조합 덩어리로서 육체적 존재로서의 의미이지 도덕적 존재로서의 의미 있는 것이 아니라고 보았다. 그래서 단순히 생물학적 성의 구별 관점에서 남녀를 차별할 수 없다고 하였다. 하지만 그녀는 이런 생물학적 차이가 사람들을 차별 대우할 수 있는 근거가 될 수 있다.

성적 비대칭의 사회역할

평등주의의 관점의 부분은 생물적 차이가 사회적 역할과 분리될 수 있다는 것이다. 이것에서 성역할이 다른 것인지에 대한 질문이 생겨난다. 그런데 왜 역할이 달라야하는 것에 대해 이해하기는 어렵다. 그러나 생물학적 차이와 사회적 역할이 분리되는 것은 명백하지 않다. 그녀는 자궁내의 임신이 여성과 남성의 비대칭적인 관계를 만든다고 언급하고 있다. 그는 그러한 임신을 통해 여성과 남성의 불평등 문제가 생겨난다고 하였다. 그녀는 부모의 비대칭적인 면에 중점을 두고 있다. 자녀들은 매우 의존적이며, 매우 오랜 시간 의존적이라는 면에서 부모는 그들에 있어서 책임이 있다. 그래서 아이들을 기르는데 대한 책임에 있어서 아버지보다 어머니에게 책임이 더 할당되는 것은 명백한 것이다. 부모와 책임 사이의 연결이 있을 것이며, 이 연결은 여성이 원래의 부모라는 사실을 반영할 것이다. 임신의 잠재성과 어머니의 모성은 소녀가 사춘기가 되는 시기부터 생겨난다.

이것이 바로 남성이 책임감이 결여되어 있다는 것을 말하지 않는다. 여기서 말하고자 하는 것은 부모의 비대칭성을 간과해서는 안 된다는 것이다. 재생산의 비대칭성을 무시하는 것은 핑계일 뿐이다. 부모의 역할이 비대칭적이기 때문에 성역할에 대한 그녀의 견해는 재생산의 비대칭과 사회적 맥락에 의해 구조화됨에 따라 행동과 태도의 차이가 존재하여 서로 다른 성역할이 주어진다는 것이다. 따라서 남성과 여성의 생물학적 차이를 좋은 사회구현에 선용하지 않기 때문이며, 재생산에서의 비대칭성을 무시하기 위해서, 출산의 형태를 바꿔야한다고 언급한다.

그녀의 이상에 따르면, 사람들은 성의 구분 없이 대우받을 것이다. 그에 따르면 성이 진정으로 평등하기 위해선 우리는 사람들을 개인적이고 사소한 것으로 다루는 것이 필요하다고 한다. 그는 이처럼 성의 차이를 사소한 것으로 다루며, 그는 양성적 사회, 성 구분이 없는 사회를 지향한다. 따라서 성역할은 규제를 반영하며 이를 잘못되었다고 말할 수 없다. 문화동화주의 이상은 두 가지 난점을 지닌다. 하나는 인간의 유사성에 기초한다는 것이다. 이것은 성의 차이를 사소한 것이라고 여기며 그것을 소홀히 다루는 것이다. 나머지 하나는 문화동화론자의 이상에 따라 모든 성 역할이 잘못된 것이라면, 오직 유니섹스적인 사회가 정당화된다는 것이다. 문화적 동화주의 에서는 밀의 지향으로 유사성을 창조하는 것처럼 보이지만 이 가운데 성적 구별을 놓치고 있다.

엄연히 자연적인 성적 구별이 존재한다. 문화 동화론자들은 부적합한 이상을 가지고, 어떤 평등의 논리에 너무 매여 성급한 일반화의 오류를 범하고 있다. 결국 그녀는 성의 차이에 따른 성적 구별을 무시하는 바세르스트롬을 비판하고 있으며, 그는 차별은 금지하되 성적 차이에 따른 구별은 있어야 한다고 주장한다. 우리는 그녀의 의견의 주요한 논제, 성의 차이가 차별이 되어서는 안 될 것이라고 믿는다. 사회에서 생물학적인 차이에 의해서 고용이나 대접에 있어서 차별적으로 사람을 대우한다면 우리는 조화로운 사회를 영위할 수 없을 것이다. 곧 우리는 성적인 차이에 따른 성역할의 구별을 인정해야 하며 그것이 차별을 수용하는 의미로 확대되어서는 아니 될 것이다.

평등교육모델

성차별과 관련된 평등의 원칙을 수업모델로 삼기 위해서는 조별로 평등협약의 비교 분석을 한 다음 다음사항을 검토하도록 한다. 각 조항은 여성들에게 어떤 이익과 권리를 보장하고 있는가? 여성의 어떤 권리가 부정되며 어떤 차별이 일어나고 있는가? 인권실태에 대하여 이 협약이 우리에게 말하고 있는 것은 무엇인가? 우리가 대중매체, 일상생활태도나 말속에서 흔히 볼 수 있는 정형화된 낡은 사고들의 예는? 판에 박힌 낡은 사고들이 인권에 어떤 해로운 영향을 미치는가? 낡은 사고들은 남녀 각각에게 어떤 해를 입히는가? 남녀평등의 사례들에 대한 발표를 통하여 역할 차이를 인정하면서 인간존중사상을 통한 인간존엄성을 회복하고, 조화정신을 통한 이기주의를 극복하며, 인간관계의 다양성과 그것에 맞는 윤리규범을 형성한다. 또한 생명존중과 더불어 자연의 모든 대상을 소중하게 여기고, 지나친 욕망을 절제하는 극기와 감정조절의 심신수련을 내면화해야 할 것이다.

2. 인종차별과 성차별

사회차별현상

차별은 기본적으로 평등한 지위의 집단을 자의적(恣意的)인 기준에 의해 불평등하게 대우함으로써, 특정집단을 사회적으로 격리시키는 통제 형태이다. 일반적으로 차별 받는 사람들의 실제행동과는 거의 무관한 생각에 근거하여 열등성을 부여하는 제도화된 관행을 통하여 이루어진다. 사회적 차별이 문제가 되는 것은, 구별(differentiation) 그 자체가 아니라 지배적인 요소에 의해 규정되는 내집단에 대한 입회승인의 기준이 보편적인 타당성을 갖고 있느냐 하는 것이다. 구별이 차별적인 것으로 간주되는가의 여부는 특정사회 안에서 계층구분이 부인되느냐 승인되느냐 하는데 달려 있다.

사회차별은 평등의 기본원리를 표방하는 사회에서 명백히 존재한다. 이 불일치는 의도적인 기만 또는 무지에 기인하기도 하고, 제멋대로의 감정적인 반응 또는 전통적 편견의 잔여물에 의한 것일 수도 있는데, 대표적인 예로 성차별과 인종차별 그리고 지역차별을 들 수 있다. 여성은 아직도 교육·고용·재산권·군복무·부양수당 등에서 단지 여성이라는 이유로 남성에 비하여 차별적인 대우를 받는 경향이 많다.

역사적으로 우리나라에는 남존여비현상이 잔존문화로 남아 있다. 이는 곧 남성의 권리나 지위 등을 여성보다 우위에 두어 존중하고 여성을 천시하는 사상 및 태도를 말한다. 남녀가 각기 능력과 특질에 따라 일하고 필요에 따라 분배를 받으며 생명을 유지하던 원시공산시대에는 남녀의 생리적 특징이나 자연적 분업은 당연지사로 인정되어 그것이 귀천의 조건으로서 생각되는 일은 없었다. 그 후 사유재산제가 발달함에 따라 남녀의 경제적 지위의 차이가 가부장제(家父長制)를 낳게 하고, 사회의 계급적 분열에 의한 남존여비 풍습이 생겼다.

여러 단계에 걸친 인류의 사회발전 과정에 관한 연구가 계속되면서 남성 중심의 사회적 습관은 완력에 의한 것이 아니고 경제적 ·사회적인 원인에 의한 것이라는 사실이 널리 인정되기에 이르렀다. 그리고 근세에 와서는 종전에 여성의 예종(隷從)을 강요하는 방향으로 작용하던 경제적 역량이 산업혁명의 진행과 더불어 여성에게 유리하게 작용하고, 또 그러한 사회진화의 방향을 과학적으로 연구하여 의식적으로 추진함으로써 남존여비에서 남녀평등으로 변천하게 되었다.

19세기에 일어난 노동운동과 여성운동은 서로 제휴하여 여성의 교육·직업·참정권을 위하여 싸웠으며, 두 차례의 세계대전을 통하여 남녀평등사상은 후진 여러 나라에도 급속히 파급되었다. 특히, 제2차 세계대전 후에는 유엔 헌장을 통해 성(性)에 의한 차별의 철폐를 규정함으로써 남존여비사상을 과거의 유물로 매장한 국제원칙이 확립되었다. 최근에 많은 여성들은 아이들을 데리고 직장에 온다. 대부분 어린아이를 가진 여성들은 밖에서 일을 하기 때문이다. 인종차별 면에서도 흑인의 실업은 백인보다 두 배 이상이나 된다. 이런 사실을 볼 때 미국사회에서 차별이 사라졌다고 생각하겠지만, 현실은 그렇지 않다. 여러 가지 법령들이 제정되지만 사회의 뿌리 깊은 차별을 없애는 결정방안은 되지 못하였다.

인종차별과 성차별현상

인종은 특징과 지리적 근원의 선택된 사회에 따라 사람을 분류하는 것으로 임의의 분류이다. 이런 분류는 인종차별이 아니다. 인종차별은 또한 어느 인종의 명예훼손과 관련 있다. 왜냐하면 그들이 몇 가지 면에서 다른 인종보다 못하다고 믿게 만들기 때문이다. 우리가 인종차별이 나쁘다고 여기는 것은 사람에 대한 잘못된 판단을 하는 것과 연관이 있다. 그것은 그들의 가치평가와 연관된다. 비슷하게 성차별도 정의될 수 있다. 또한 편견은 차별과 같지 않다. 편견은 무엇이나 누군가에 대하여 진실을 알기 전에 미리 믿음을 갖거나 판단하는 것이다. 이것은 충분한 정보 없이 형성되고 종종 실수로 나타나기 마련이다. 이것은 잘못된 일반화가 될 수 있다. 그에 비해서 차별은 편견을 갖는 믿음에 의해서 일어나는 것이다.

우리는 차별이 불공평하고 부당하므로 잘못된 것이라고 여긴다. 그것은 타인에게 해를 끼치는 것이기 때문에 당연히 잘못된 것이다. 만약 남자들이 충분히 여자들과 구별되는 능력이 있다면, 차별대우는 충분한 이유가 되지 않겠는가? 이것을 생각하도록 도와주는 도덕적 원칙이 있다. 이것은 “평등의 원칙”으로 이 원칙은 같은 사람은 같게 대하고, 다른 사람은 다르게 대한다는 것이다. 이 원칙을 분석하면 우리는 차별의 의미와 도덕적 이의여부를 알 수 있을 것이고, 차별시정조치가 무엇을 의미하는지, 차별을 극복할 수 있는지를 알게 될 수 있을 것이다.

차별주의의 실재

인종차별주의와 성차별주의는 오늘날 많은 사람들에게 관심사인 두 가지 중심 이슈이다. 인종차별주의와 성차별주의 이슈 사이에는 많은 중요한 유사점들이 있지만 역시 몇몇의 중요한 차이점들도 있다. 방법적으로 중요한 것은 사회적 실재에 대해 이야기하는 것, 특히 특별한 사회적, 문화적 맥락에 대해 이야기해 보는 것이다. 우리의 특별한 사회·문화적 맥락에서 인종과 성은 사회적으로 매우 중요한 범주이다. 때때로 사람들이 차별수정조치 혹은 우선고용정책에 관해 이야기 할 때, 사람들은 표면적인 것만큼 개인적 인종이 취하는 그러한 정책들이 차이를 차별로 만들기에 잘못된 것이라고 말을 하고, 중요한 것으로 그 정책들을 바꾸고자 한다. 그들은 인간의 인종은 문제가 아니라고 말하기도 한다.

그런 자격부여로써 다른 것들을 행하게 된다고 한다. 인종차별현상【예컨대 역차별 현상이 일어남을 의미】에서, 중요한 것은 ‘인종’이 아니라 개개인의 특성인 것이다. 그들은 사람을 대할 때 개인이 녹색인 이거나 화성으로부터 왔든 상관없이 사람을 대한다. 그들은 정확히 사람들이 그들 자신을 좋아하게 대우하는 방식과 같이 개인을 대우한다. 즉 우리는 우리사회에서 금성이나 화성으로부터 온 사람을 대하는 문화·사회적인 역사가 없기에 그들을 한 개인으로서 대우한다.180)

우리는 두 성의 범주, 인종적 것의 범주와 같은, 사회에 대한 생산의 관점에서 그것들이 중요한 것을 꽤 쉽게 볼 수 있다. 누군가의 인종처럼 누군가의 성은 생리학의 첫 번째 문제이다. 이것을 보기 위해 우리는 우리가 성전환자의 생각을 이해할 수 있다는 것을 깨달아야 한다. 성전환자의 일부는 그 자신과 그녀 자신을 본질적으로 자연의 약간의 사고를 통해 여성이외의 사람이 남성의 신체에 갇혀있든지, 또는 본질적으로 자연의 약간의 사고를 통한 남성이외의 사람이 여성의 신체에 갇혀 있는 것이라고 묘사한다. 성적 자기동일성의 개념이 우리 문화에서 얼마나 깊은가 중요하며, 남성과 여성의 생리학적 차이개념은 중요하지 않다. 왜냐하면 사람들이 인종의 문맥 안에서 그것을 간과하기 때문이고, 우리가 간과함의 의미를 이해할 수 있기 때문이다. 사람들이 성전환자이기 때문에, 우리가 성전환의 의미가 무엇인지 이해할 수 있기 때문에 우리는 성과 인종의 양쪽의 사회적인 범주의 존재가 문화의 감각을 창출한다는 것을 볼 수 있다. 인간의 성적인 정체성은 중요한 것이고 우리 문화 안에서 적절한 범주

---

180) Richard A. Wasserstorm, "On Racism & Sexism: *Realities and* Ideals“ *An Approach to the Tophics* (UCLA, Law Review 24,1977), pp.581-622.

이다.

인간은 인종의 경우 안에서 보다 성의 경우 안에서 더 명백하다. 사실상 그것은 인간의 인종보다 더 근본적이고 더 중요하다고 생각한다. 그들의 성적 생리학에 의거하여 실질적으로 다른 역할 기대와 독점적인 할당이 있는 것은 문화 안에서 두 성의 위치가 별개인 것이라는 명백한 증거이다. 그리고 그것은 여성보다 남성에게 더 유리하게 판단된다. 여성과 남성은 모두 매우 일찍 그리고 강력하게 우리의 성이 무엇이냐에 따라 결정되어 있는 많은 것을 배운다. 그 증거는 성 역할 놀이가 그들 자신과 세상에 대해 생각하는 사람들의 방식 안에서 근본적인 역할을 하는 압도적이고 증명이 잘된 것으로 보인다. 남성과 여성에게 남성은 독립심이 강하고, 유능하며 강력하다고 보도록 가르쳐진다. 반면에 여성은 능력에서 제한되고, 의존적이고 수동적으로 가르쳐진다.

삶에서 여성의 성공과 실패는 가족 안에서의 여성의 능력에 의해서 주로 정의된다. 여자가 결혼을 하는 것은 여자에게 중요하다. 여자가 아내로서의 임무 즉 가사, 양육, 그리고 남편과 아이들에 대한 일반적이고 감정적인 복지문제에 대한 책임을 지도록 기대된다. 사회에서 여성의 상태는 직업과 남편의 성공에 의한 평가로 결정된다. 경제적으로 여성은 실질적으로 남성보다 더 어렵다. 여성이 가정에서 한 일에 대한 수당은 지급되지 않는다. 그들이 유사한 직종에 종사하고 유사한 교육적 배경을 가졌음에도 노동력의 구성요소로써 여자들의 임금은 남성에게 지급되는 것보다 두드러지게 낮다. 직업에서의 남성에게 부여되는 더 높은 명성이나 봉급은 현재보다 적게 남아있는 여성노동자에게 노동압력을 가져온다. 그리고 물론, 여성은 우리 사회의 주요한 경제·정치적인 기구 안에서 힘과 권력 있는 대부분의 지위로부터 현저히 결여된다.

인종을 위한 진실에서 여성이 표준과 다른 것으로 드러나는 창조물이나 실체라는 것은 중요한 사회적 사실이다. 충분히 발달된 사람은 백인일 뿐 아니라 남자이다. 그러나 흑인 존재에 대립하는 여성이 되는 것은 가치가 덜한 간단한 창조물처럼 상상되어지지 않는다. 중요한 것은 인종차별주의로부터 성차별주의가 분화된다는 것이다. 인종의 이데올로기와 대립하는 성의 이데올로기는 더욱 복잡하고 혼란스럽다. 여성은 받침대로 여겨지고 충분히 발달된 사람이라고 간주되지 않는다. 여성은 남성보다 덜 유능하고, 충분히 발달되어 살아갈 수 없다는 것이다.

충분한 인간으로 사는 것은- 남성으로서 사는 것이다. 아무리 잘해도 그들은 이 타입의 인간을 위한 가치 있고, 우수한 소유물이나 부속품으로 보여 지고 대우받는다. 성적 이데올로기가 복잡하고, 혼란스럽고, 그리고 변하기 쉽기 때문에 남성보다 오히려 여성에게 붙여지는 더 적은 가치는 명백하게 드러나지 않는다. 그리고 그것은 또한 기존의 사회적 현실에 명백히 대응하지 못하게 만든다. 이로 인해 성차별주의는 인종차별주의보다 심각하게 받아들여진다. 그것은 문화 안에 더 깊이 묻히고, 따라서 더 눈에 보이지 않게 된다. 찾는 것이 더욱 어려워지게 되며 그것을 근절하는 것이 더욱 어렵게 된다. 이러한 이유들 때문에 성차별주의가 인종차별주의보다 더 교활한 악일지도 모른다.

따라서 사회적 실재에 대한 전망으로부터 관찰되는 것은 투명해야 한다. 인종차별주의와 성차별주의는 확실한 방법에서, 제도적 협정의 특별한 장치와 특별한 제도, 역할 분담, 믿음과 태도의 특정의 시스템을 함께 창조하고, 유지하는 특별한 이데올로기의 문맥에서 인종과 성을 고려해야 한다. 그 체계는 어느 정치적이고 경제적인, 그리고 백인과 남자들의 손에 집중되어 있는 이점과 사회적인 힘 안에 있다는 것이다. 성적 억압에 대한 체제에 대한 어떤 특징은 유사하기도 하고, 다르기도 하다.

아이를 양육하고 가사 일을 하는 여자의 첫째 임무의 책임은 다른 성질의 불공정함에 근거해서 반대할 수 있다. 만약 우리가 상대적으로 말해서 불만족하고 효과 없는 방식으로 우리의 시간을 보낸다고 여겨질 때, 우리는 불공평하고 과도하게 할당된 무보수의 일에 대해 반대할 수 있다. 한편 만일 그것이 적당하게 할당된 것이라면 이러한 필요한 부담이 남녀 모두의 사람에 의해 똑같이 공유되기보다는 오히려 여성에게 부담되는 것이 낫다는 반대가 있을 수 있다. 여기에서 우리가 알아야할 것은 좋은 사회에서는 개인의 인종 또는 개인의 성이라는 것은 개인의 성격과 무관하기에 그다지 중요하게 취급되지 않는다는 것이다.

인종주의와 성차별주의는 인종차별욕실과 관련해서 서로 다른 측면을 보여준다. 인종차별주의자가 인종차별의 욕실을 별도로 가지는 것은 명백히 잘못되었다. 한편 우리들은 성차별주의자들이 가지는 성차별 욕실을 따로 가지는 것에 대해서 그것이 잘못되었고 공통적 견해를 가지지는 아니한다. 달리 나타나는 성적으로 분리된 욕실에 대한 사회적 실재는 인종차별과는 다른 측면에서 생각해 볼 수 있다. 이러한 성적 분리에 대한 생각 배후에는 서로의 불쾌감과 혼성의 가능성에 대한 관념 혹은 직접적인 열등과 우월감이 없다. 성적으로 분리된 욕실은 오히려 최소한의 부분으로써 이성의 생식기와 관련된 비밀을 가르치고 비밀을 보존하는 중요성을 지닌다. 즉 성적으로 분리된 욕실은 우리사회에서 인종적으로 분리된 욕실과는 다른 역할을 수행하고 있다. 한편 그것은 비이성적이며, 성적인 차이를 부각시킨다는 이유로 반대에 부딪힌다.

차별주의의 이상

두 번째 시각으로 인종차별주의와 성차별주의에 대한 이해와 분석을 위해 이상에 대한 전망이 중요하다. 우리는 오늘날 우리 문화 안에 포함되는 인종 또는 성과 관련해서 질문해야 한다. 그리고 개인이 실제로 어떻게 보여지고, 대우받는지에 대해 질문해야할 것이다. 즉, 인종과 성으로 구성된 좋거나 적당한 사회가 무엇인지, 그리고 그 기준은 어떤 것인지, 인종적인 것과 성적인 것의 구별이 고려된 적이 있는지에 관해서 질문해 보아야 한다. 만약 우리가 전체적으로 비인종차별주의자나 비성차별주의자의 사회가 무엇과 같은지에 대한 어떤 관념을 가지지 않는다면 우리는 적합한 이상을 가지지 못할 것이다. 그렇다면 바람직한 인종 혹은 성차별에 대한 이상이 어떤 것인지, 여기에 따른 필요한 관점은 어떤 것인지에 대해 알아보자. 이것은 사회적이고 정치적인 협정과 행동들에 대한 세 가지 수준의 영역들 가운데서의 구분을 통해 이에 대해 답할 수 있다.

첫째, 투표권과 여행의 권리, 그리고 소득세를 지불해야 하는 의무를 포함하는 기본적인 정치적 권리와 의무에 대한 영역이다.

둘째, 비정부 조직의 수혜와 부담에 대한 중요한 영역, 경제 및 사회 영역이다. 예를 들어 의미 있는 경제시장에서의 고용, 요구의 기회와 하나의 선택에 대한 집을 부설하는 것을 즐기는 것, 서로 간에 결혼하길 원하고 그렇게 하는 사람들의 권리 그리고 의무들, 법률적인 것뿐 아니라 비법률적인 것이 여기에 해당된다.

셋째, 사회에서 친구를 가지는 것을 포함하여 우리가 심미적 선호를 기르고 즐기는 것의 문제인 사회적 상호작용에서의 개인적 영역, 문화영역이다.

이 세 가지 영역에 관해서 우리는 비인종차별주의자 사회에서 개인에 대한 인종의 고려가 적당한 것인지 아닌지에 관해 질문을 할 수 있다. 비인종차별주의자 사회에 대한 하나의 그림에 대해 동화주의자의 이상에 매료된다. 비인종차별주의자 사회는 개인의 인종이 오늘날 우리 사회의 개인의 눈 색깔과 기능적으로 동등하게 작용되어지는 사회일 것이다. 우리 사회 안에서 눈 색깔은 기본적인 정치적 권리와 의무와는 상관이 없다. 사실상, 미적인 선호에서 가장 온화한 종류를 제외하고, 개인적이고 눈 색깔에 의해 고려되어지는 사회적인 결정에 의한 차이에 의해 한 개인은 판단된다. 눈 색깔과 어떤 정치적 또는 사회적인 제도, 실제와 조정과 상관이 없다.

문화 동화주의의 이상에 의하면, 비인종차별주의 사회에서는 이러한 세 가지 영역과 관련해서 각각의 인종이라는 것이 오늘날 눈 색깔이 지니는 의미보다 더 중요한 의미를 지니지 않는다고 할 수 있다. 성과 관련한 동화주의자들의 이상은 인종에 대한 경우처럼 현재 선뜻 설득력 있거나 명백하게 매력적으로 보이지는 않는다. 사실상, 다수의 사람은 거부된 평등권 개정안과 여성의 해방 자체에 대한 이유처럼 동화주의자들의 이상이 여기에서 실현 가능하도록 호소한다. 동화주의자의 이상이 인종과 성과 관련해서 중요한 것처럼 그것이 선한 것이 될지도 모른다.

확실히, 성과 관련해서 문화동화론자의 이상을 현실화하는 것은 인종과 관련된 이상보다 심오하며, 기본적인 우리의 제도와 우리의 태도를 포함한다. 제도적인 수준에서 우리는 급진적으로 가족과 결혼에 관련된 관습들 바꾸어야 한다. 그리고 태도와 개념상의 수준에서, 문화동화론자의 이상은 모든 성 역할 구별의 근절을 필요로 한다. 그것은 남자다움 또는 여성다움에 대한 필연적이거나 본질적인 특질 및 당연한 속성에 관해 절대로 가르치지 않는다.

우리는 두 가지가 서로 밀접하게 연관되지만 구별할 것에 관해 생각해 볼 수 있다. 그것은 *다양성의 이상과 관용의 이상*이다. 두 가지 모두 우리 문화 안에서 눈 빛깔 보다는 오히려 종교와 관련되어서 이해된다. 다양성에 대한 이상에 따르면, 종교적 신념과 관습에 있어 이단은 긍정적 선으로 간주된다. 이러한 관점에서 모든 사람이 똑같은 종교를 가지는 사회는 좋지 못한 사회이다. 관용에 대한 이상에 따르면, 종교적 신념과 관습에 있어 이단은 필요한 것이며 그다지 중요하지 않은 악으로 취급된다. 다양성과 관용의 이상에 대한 둘 사이에는 차이점보다 유사점이 더 현저하다. 어느 이상의 영향에서도 기초적인 권리와 의무가 개인적인 종교와 관련해 배당되지는 않는다고 할 수 있다. 그리고 우리는 더욱 중요한 제도적 이익과 부담과 관련해 인종평등주의를 원한다. 예를 들어, 바람직한 직업에 고용되는 것이다. 이 두 가지 관점은 종교와 관련된 몇몇 제도를 가지는 것이 적당하다. 그 제도란 다양한 방식으로 그 사회의 구성원의 종교와 관련해서 수행된다. 좋은 사회란 종교적인 관점에서 종교적 차이를 유지하고 있는 사회로써 종교의 다양성은 존경할만하고, 가치 있는 것으로 여겨지거나 너그럽게 여겨지는 사회이다.

아마도 이러한 성, 인종, 종교와 관련된 이상은 하나라고 할 수 있다. 하지만 한 가지 본질적인 문제가 있다. 즉 어떤 이상이 현실에서 더 잘 실현될 수 있는가하는 문제이다. 어떤 법률, 제도 그리고 인격적인 구별이 허용될 수 있고 어떤 것이 허용될 수 없는가. 어떤 성적 정체성과 차이에 관련한 태도와 믿음이 적당하게 소개되어지고 유지되어지며 어떤 것이 그렇지 않은가? 문화동화론자의 이상이 매력적인 것은 그것의 명쾌함과 단순함이다. 문화동화주의자가 주장하는 좋은 사회에서 우리는 어떤 법, 관례 또는 태도가 인종차별적이거나 성차별적인 것인지 아닌지에 대해 쉽게 그리고 명백하게 말할 수 있다. 다원론적 이상의 매력 없음은 우리는 무엇이 인종차별주의자 또는 성차별주의자적인 관점인지에 대해 한 가지 답을 내리기가 훨씬 어렵고 복잡하다는 것이다. 하지만 비록 단순하고 다의성이 부족한 것이 덕이 될 수 있을지라도, 그것이 다양한 이상들 간의 경쟁적인 관계 속에서 결정되어지는 유일한 덕이라고 간주할 수는 없다. 따라서 우리는 아주 적당히 비인종차별적이고 비성차별적인 사회가 지니는 가치와 진가의 평가와 관련되는 다른 대안적인 고려를 해야 할 것이다.

바람직한 사회

오늘날 우리는 세계화・지구촌 시대를 맞고 있다. 한편 우리는 그럼에도 불구하고 인종대립이니 종교대립이니 하는 것 때문에 여러 지역이 서로 끊임없이 전쟁을 하는 것을 목도하게 된다. 보스니아인과 알바니아인간의 갈등, 흑인과 백인간의 갈등, 서로 종교적 신념의 차이로 말미암은 갈등, 서로 이해관계의 차이에 의한 갈등, 여성과 남성간의 갈등이 끊이지 않고 있다. 이러한 문제는 오늘날 '인권'의 문제와 관련이 있으며, 궁극적으로 '인간소외'의 극복에 관련한 문제라고 할 수 있다.

인종차별주의와 성차별주의는 지금까지 가장 많이 논란이 되어왔으며 문제 해결을 위한 대안도 많이 모색되었다. 하지만 이들 문제는 아직까지 근본적으로 해결되지는 않고 있다. 세계 인권선언 제2조에 의하면, 모든 사람은 인종, 피부색, 성, 언어, 종교, 정치적 또는 그 밖의 견해, 민족적 또는 사회적 출신, 재산, 출생, 기타의 지위 등에 따른 어떠한 종류의 구별도 없이, 이 선언에 제시된 권리와 자유를 누릴 수 있다. 나아가 개인이 속한 나라나 영역이 어디이든, 그곳의 정치적, 사법적, 국제적 지위를 근거로 차별이 행해져서는 안 된다고 명시하고 있다. 인종차별주의와 성차별주의가 나쁜 것은 인간으로서 엄연히 가지는 인권을 무시하는 행위이기 때문이다. 또한 이것들은 비단 인종과 성과 관련한 차별만을 의미하는 것이 아니라 정치적, 사회적, 경제적인 요소들의 복합적 요소와 결부되어 구조적으로 일어나는 차별이라는 것이다. 이 구조적 차별은 이데올로기를 가지며 이러한 인종차별주의와 성차별주의는 우리 사회에 있어 하나의 이데올로기로 작용하며 이로 말미암아 구조적인 병폐를 낳고 있다.

영화 '*타임 투 킬*'을 보면 인종문제가 어떤 시기에 나타나는 일시적인 문제가 아닌 전 세계에 만연해 있는 구조적인 문제임을 알 수 있다. '타임 투 킬'은 흑백의 갈등을 다룬 법정영화이다. 흑인 아버지는 자신의 딸을 강간한 백인을 죽인다. 딸의 강간범을 살해한 아버지는 자신이 흑인이고 다른 주보다 흑인에 대한 차별이 심한 주라 유죄가 거의 확실시되었으며, 죽은 강간범의 형은 스스로 KKK단에 입단하여 온갖 파렴치한 방법으로 그 흑인을 석방하려는 자들을 방해하기에 이른다.

결국 법정 바깥에선 흑백이 서로 극하게 대립하게 되며, 변호사는 온갖 협박 전화에 시달리고 그의 딸은 학교에서 놀림 받는 등 미국 사회의 흑백 갈등을 적나라하게 보여준다. 한편 우리는 이 영화의 마지막에서 인종차별주의의 극복의 실마리를 얻을 수 있다. 백인우월주의에 빠진 배심원들에게 변호사는 최종변론에서 "그녀가 백인이라도 동일한 판단이 나올까요?"라는 말을 한다. 이것은 흑인이니 백인의 문제가 아닌 짐승 같은 자들에게 농락당하고 동심을 파괴당한 한 순수한 영혼에 대한 재판을 하고 있던 것을 의미하는 것이었다.

중요한 것은 흑인이냐 백인이냐가 아니라 강간이라는 것이 엄연한 범죄라는 사실이다. 백인일 경우엔 정당방위가 되며, 흑인일 경우엔 살인죄가 성립되는 일이 발생되어서는 안 된다. 이것은 한 가지 사실에 대한 불평등한 이중 잣대로 말미암은 것으로써 근절되어야 한다. 비단 인종차별뿐만 아니라 여성차별도 이러한 이중 잣대로 말미암아 생겨난다고 할 수 있다. 이중 잣대는 관습이 되며, 우리들은 커 가는 동안 의식적·무의식적으로 그것을 내면화하게 된다. 흑인과 백인, 여성과 남성이라는 이분법적 시각과 인종차별주의, 성차별주의의 이데올로기는 한 인간을 개인의 능력과 관계없이 그가 지닌 인종과 성으로써만 그를 판단하게 만든다. 이로써 흑인과 여성은 인간들 삶에서 소외된다. 그들이 유능할지라도 그 유능함은 흑인과 여성이라는 이름에 파묻히고 만다. 여기서 우리가 잊지 말아야 할 것은 다 같은 인간으로서 흑인과 여성의 인권을 존중해 주어야 한다는 것이다.

그렇다면 사회에서 흑인과 여성이 겪는 소외를 어떻게 극복할 것인가? 우선 다양성을 인정하는 길이 있다. 이를 위해서는 관용이 필요하다. 인종차별과 성차별이 일어나는 근본적인 원인은 '나'와 다른 것을 인정하지 않는 마음 때문이다. 이 세상에는 백인만 존재할 수도 없으며, 또한 남성만 존재할 수도 없다. 예컨대 봄에 피는 꽃이 개나리뿐이라고 가정해 보자. 온 세상이 노란색으로 뒤덮일 것이다. 우리는 과연 바깥 풍경을 보고 예쁘다고 좋아할 수 있을까. 대답은 아마도 부정적 답변일 것이다. 그리고 '노란색'은 더 이상 우리에게 의미가 없어질 것이다. '노란색'이 '노란색'의 가치를 지닐 수 있는 것은 상대적으로 '빨간색'과 '초록색' 등의 색이 있기 때문이다. 이와 마찬가지로 백인과 남성들만이 있는 세상은 아름답지 않은 세상이다. 세상이 아름다울 수 있는 것은 다양한 인종과 두 개의 성이 있기 때문이다. 다양성에서 창조성이 나오며 획일적인 것에서 창조성은 나올 수 없다.

우리는 우리 세계를 아름답게 만들기 위해서 각기 *다양한 개성*을 인종과 성적 차이와 관계없이 인정해 주어야 한다. 좁은 가치관으로 말미암아 유능한 인재를 잃을 수도 있다는 것을 명심해야 한다. 두 번째로, 다양성을 인정하는 *관용*의 마음과 더불어 한편, 개인 간의 능력의 *차이를 제도적으로 보완*해 주어야 할 것이다. 제도보완은 두 가지 차원을 이루고 있다. 하나는 상대적으로 유능한 개인에게 *우선적 대우*를 하는 것이며, 다른 하나는 다소 능력 면에 있어 부족하거나 사회·문화적 혜택을 받지 못하는 사람에게 *우선적 대우*를 해 주어야 한다.

3 차별수정조치

차별수정조치와 우선적 대우(Affirmative Action & Preferential Treatment)

차별수정조치와 그 정책의 용어 사용은 40년 전에 생겨났다. 그러나 이 행위들에 대한 정당화 논쟁은 계속된다. 차별수정조치에 대해 주목할 만한 행위가 많은 형태로 행해진다는 것이다. 차별수정조치의 다음의 형태들은 구체적으로 쓰여 질 수 있다. 지원자의 총량제도를 실시하면 능력의 기초 위에 고용된다. 동등하게 자격을 가진 자원자 중에서 우선권을 준다. 질이 낮은 지원자를 위한 우선권을 준다. 목표를 정하되 목표에 대한 이상적인 수, 우선권은 포함될 필요가 없다. 몫을 정하되 실질적으로 달성할 수 있는 정해진 범위 내에서 우선권을 부여한다.

다양한 차별수정조치 프로그램들에 대한 찬반 논쟁은 그들의 정당화를 위해 결과주의 관점에 놓여 있다. 이러한 관점들은 넓게 보면 사실상 공리주의이다. 그 문제는 이런 프로그램들이 해로운 것보다 더 좋은 것이 많은지, 혹은 좋은 것보다 해로운 것이 더 많은 것인가의 문제를 함축한다. 과거의 차별은 계속되는 불이익으로 여성이나 일부 소수집단의 구성원들에게 두었다. 그들은 그래서 결코 동등한 기반에서 경쟁할 수 없거나, 동등한 가능성, 동등한 기회를 가지지 못했을 것이라고 주장한다, 차별은 지지기반이 확립되어 있다. 그것을 극복하기 위해서는 획기적 조치들이 필요하다.

또한 비결과주의적 관점이 고려되어야 한다. 이런 프로그램들이 중산층의 아프리카계 미국인들에게 이익을 주었다고 통계들을 제시한다. 또 만약 차별수정조치 입학 프로그램이 다른 목적에 의해 재정상, 개인 지도상 수반되어지지 않았다면 그것들은 종종 쓸모가 없다. 차별수정조치 프로그램을 통해 고용되거나 입학된 사람들은 낙인찍힐 가능성이 있으며, 또한 그 수혜자들은 프로그램에 그들을 의존하게 만들기 때문에 정신적으로 쇠약하게 되여 정신적 장애가 초래되기도 한다. 이런 차별수정조치 프로그램은 인종적 긴장관계를 증가시킬 수도 있다.

어떤 집단의 구성원들에게 과거에 잘못을 하고, 해를 입히며, 부당한 취급을 한 것에 대해 지금 그들에게 이익을 주고, 우선적 대우를 함으로써 변상을 해주는 것이 필요하다.

그러나 우선적 대우로 어떻게 과거의 잘못을 바로 잡을 수 있을지 알기란 쉬운 일이 아니다. 이는 곧 과거에 받았던 손해의 원상복구로 생각할지 모른다. 그 다음 우리는 손해를 원상태로 돌리는 것이 어렵다는 것을 알게 된다. 우리가 마련하는 보상의 이런 해석은 좋은 결과를 만들거나 나쁜 결과를 제거하는 문제가 된다. 그것은 과거 잘못들의 결과를 바꾸려고 노력하는 문제이다. 그래서 그것은 결과적으로 어떤 차이를 조장하든 정의의 원리로 잘못을 고치려는 색다른 의미를 함축한다.

차별수정조치 프로그램에 찬성하는 주장에서 만약 그것이 달성되도록 체계적 프로그램을 만들어 선을 달성하고 원인을 만들어 어떤 해로움도 상계하며, 선을 달성하는데 보다 나은 방법이 없음을 보여 줄 수 있다면 성공한 것이다. 차별수정조치 프로그램을 반대하는 주장은 그러한 좋은 결과를 달성할 수 있는 보다 나은 방법이 달리 있다는 것을 보여주거나 실현될 선에 발생하는 악이 오히려 많이 발생할 수 있음을 보여준다면 성공한 셈이다.

그러나 과거에 사람들이 동등한 기회를 부정하던 이런 수단을 사용했던 것이 잘못되었던 것과 같이 그들에게 현재 특혜를 주는 것은 잘못될 수 있다. 현재 시점만으로 보면, 일부를 위한 특혜는 또한 다른 사람에게 부정의로 작용한다. 특혜 대우 프로그램들이 때때로 역차별이라 부를 수 있는 현상을 수반한다. 더욱이 차별수정조치 반대자들은 배상적인 정의 사용을 비판한다. 정의의 원리에 근거를 둔 차별수정조치 반대 주장들은 만약 그들이 이러한 차별수정조치가 평등 원리를 실제적으로 구현할 수 있을 때만 성공한다고 생각하며, 일관성의 문제를 제기한다.

차별의 종식

윌리엄 부레드포드 레이놀은 레이건 정부 시절 법무부 시민권리 국장이었으며 차별수정조치와 할당제를 반대하였다. 그는 차별 논쟁은 기회의 평등과 결과의 평등이 같음을 믿는 사람들 사이의 논쟁이라고 했다. 차별수정조치를 반대하는 사람들은 인종차별 성차별 사회라고 믿었다. 할당제를 지지하는 사람들은 그룹의 권리와 사회의 이익이 인종이나 성에 의해 나눠진다고 믿는다. 차별수정조치에 반대하는 것은 인종이나 성의 공정성에 반대하는 것이 아니다. 그것은 차이의 철학, 미국적이 이데올로기가 구별되는 가치관을 반대하는 것이다. 레이놀은 차별수정을 위해 인종과 성의 우선권을 이용하는 것은 무의미 하다고 보았다. 차별을 종식하는 역차별을 야기할 수 있는 차별이 아니라 간단히 차별자체를 그만두는 것이다.[181)]

우리는 차별이 비교적 간단한 현상이라 생각하는가 아니면 심각한 현상이라 생각하는가? 우리는 차별이 투명한 것이라 생각하는가 아니면 불투명한 것이라 생각하는가? 실제로 어떤 곳에서 차별은 간단한 문제일 것이며 또 다른 곳에서는 심각한 문제일 것이다. 어떤 환경에서는 투명할 것이며 다른 곳에서는 불투명할 것이다. 만약 차별이 간단하고 투명하다면 적당한 차별조치로 충분할 것이다. 우리는 이전의 차별 효과의 재현으로 인한 관행을 찾고, 원인을 발견하고 철폐해야 한다. 그러나 만약 차별이 심각하고 불투명한 것이라면 그 대책을 우리가 발견하고 찾을 수 없을지도 모른다. 그러면 차별수정조치가 좀 더 강경한 형태로 대두될 것이

181) R.K. Fullinwider, "Affirmative Action and Fairness" in *The Report from the Institute for Philosophy and Public Policy*, vol. 11, no.1(Winter 1991), pp.1013

다. *배제와 억압의 관행*을 보기 위해 민감한 도움이 요청된다. 우리의식이 각성되기 위해서 이전 관습에 충격을 받거나 동요될 수도 있다.

이것이 바로 차별수정조치 논의의 핵심이다. 그 차이는 몇몇 사람이 기회의 평등을 원하고, 몇몇 사람은 결과의 평등을 원하고, 몇몇 사람은 개인의 권리를 믿고, 몇몇 사람은 그룹의 권리를 믿는 것에 의존하지 않음이다. 최소한 소수 지역의 관습이 심각하거나 지속적이며 불투명하지 않는 이상, 차별은 항상 투명하고 분명하게 파악이 된다.

거인 땅의 비유

차별의 애매모호함성과 어떻게 좋은 신념과 의지들이 파괴될 수 있는가에 대하여 몇 가지 견해를 제시하고자 한다. 우리 모두가 갑자기 거인의 나라로 오게 되었다고 상상해 보자. 우리가 있는 세상에 대해 당황하고 놀랄 것이다. 그리고 여러 면에서 그들과 같다는 생각으로 결론을 내릴 수 있다. 그러나 우리가 매력적인 면을 지녔음에도 불구하고 우리는 무능하고 열등한 존재이며 거인나라에서 단순한 일조차도 할 수 없음을 보고 무능력을 개탄할 것이다.

그러나 문제가 우리에게 있는 것이 아니고 거인나라의 모든 것이 거인의 크기에 맞추어 지어졌다는 사실에 있는 것이다. 거인나라는 거인을 위해서 세워졌기 때문에, 우리는 그곳에서 잘 할 수가 없다. 그러나 우리를 위한 나라가 세워진다면 우리가 무엇을 해야 하는지를 알게 될 것이다. 우리는 거인들보다 더 잘 할 수 있다. 거인들은 그들의 나라를 잘 안다. 그들은 본래 우리와 상관없이 그들 잣대로 우리를 측정한다. 그래서 그들은 문제가 우리에게 있다고 간주한다.

지난 세월동안 우리는 장애인들은 많은 일을 하지 못한다고 생각하는 경향이 있었다. 이것은 부끄러운 일이다. 휠체어에 앉아 있는 것은 그들의 흠이 아니고 대부분 우리가 할 수 있는 일을 그들이 할 수 없다는 것이다. 그들은 이동함에 있어서 제한을 받아 대부분의 직장에서 자격이 박탈되어 쫓겨나거나 제한을 받는다. 그것은 우리가 장애인을 싫어해서는 아닐 것이다. 우리가 쉽게 할 수 있는 일에 그들은 어려움을 겪기 때문이고, 우리는 자연스럽게 그 어려움을 그들 탓으로 돌리고 있다. 우리는 그것이 허락된 나라에서 살고 있다. 그것은 구속의 나라이며 구속이 없는 곳이 없다. 구속은 지역적인 문제가 아닌 것이다.

회피할 수 없는 불공정성

세상이 거인의 백인과 건강한 사람들이 구속하는 세상이라고 상상해 보자. 만약 그렇다면 이 세상에선 여성과 흑인들이 능률적이고 성공적으로 일할 수 없는 사회가 될 것이다. 법이 흑인과 여성에게 냉대할 것이다. 거인국의 작은 사람들이 차별세상의 휠체어를 탄 사람들처럼. 그런 세상이 우리가 살고 있는 세상이다 그렇지 않은가?

그럴듯한 강한 법령이 바뀌어 질 필요가 있는가? 이 강력한 법령이 인종차별이나 성차별을 포함하고 있을 때, 여전히 수혜자들에겐 불공정하게 느껴지는 것일까? 만약 회사에 부담을 끼쳐 몇몇은 할당에 의지하여 세상을 살아간다면, 그것은 얼핏 보면 불공정한 차별이다. 그러나 만약 우리가 높은 기준을 제시하지 않는다면 몇몇의 회사는 흑인이나 여성에게 여전히 불공정한 차별의 관행을 바꾸려 하지 않을 것이다. 우리는 다른 사람에게 위험을 가하거나 불공정할지도 모른다. 우리는 불공정을 유지하는 것을 강요할 수밖에 없을지도 모른다.

조지 부시대통령은 시민권 소송을 가능하게 하는 법의 제정이 인재할당의 위험을 내포하기 때문에 거부권을 행사한다고 했다. 그가 믿는 거부권을 행사함으로서 몇몇의 흑인과 여성들은 여전히 차별에 직면해야 하거나 희생을 강요받아야만 한다. 그의 반대의사는 역차별의 책임으로부터 자신들을 방어하기 힘들다고 보았기 때문이었다. 이해 당사자들이 백인이었다면 동일한 거부권을 과연 행사할 수 있을 것인가?

4. 동물해방론

1975년 호주의 철학자, 피터 싱어(Peter Singer)는 '동물의 해방'을 출판했다. 그의 주제는 동물의 평등에 관한 것이었다. 비인간으로서 동물과 인간의 평등을 주장한 그의 글에서 성차별주의, 인종차별주의와 같은 의미로 동물차별주의의 도덕적 부당성을 강조하였다. 이익 평등고려의 원칙을 강조하면서, 동물에 따라 고통의 깊이가 다르기 때문에 동일하게 대우할 의무는 없으며, 종족주의 때문이 아니라 도덕적 감수성(=마음의 능력)의 차이를 인정하여 인간을 동물과 동일하게 대우할 필요가 없다는 주장을 하고 있다. 그런데 싱어의 유정성에 근거한 동물 해방은 불충분한 이론으로 비판받는다. 이에 관해서 이루어지는 논증은 이와 같다.

① 송아지 고기의 사례 : 사육 방법을 고통을 최소화하는 방식을 바꿔서 만족할 소가 되었지만 송아지 고기에 대한 인간의 수요가 증가해서 많은 소비자가 있다고 가정해 보자. 많은 이들은 송아지 고기를 먹을 수 없어서 상당한 고통을 느낄 것이고, 공리주의자는 송아지 산업을 허용할 수밖에 없다. 과도한 비판이 될 수 있지만 원리적으로 송아지 고기의 산업을 막지 못한다는 점을 보여준다.

② 조나단 스위프트의 겸손한 제안의 사례 : 공공심이 강한 한 시민이 가난한 부모의 아이들을 부자숙소로 보낸다면, 경제 여건이 조금 나아지지 않겠느냐고 제안하는 섬뜩한 이야기이다. 스위프트의 사례를 통해 싱어의 공리주의에 입각한 동물 해방의 난점을 살펴보자. 아이가 안락한 상태에서 사육되어, 고통도 없는 상태에서 자라게 되지만, 만 한살이 되어 그 아이는 아무 고통 없이 도살되어 '찌고, 굽고, 튀기고, 끓여' 진다. 이 경우 아무리 고통보다 쾌락의 총량이 많다 할지라도, 그것이 도덕적으로 잘못된 것이라는 점에 모두들 동의할 것이다. 왜 그런가? 그것은 바로 인간이 갖는 고유한 가치를 부정하는 관행이기 때문이다

반면에 탐 레건(Tom Regan)은 피터 싱어의 주장과 달리 공리주의 이론보다 동기주의 이론을 선호하면서 인간과 동물의 '내재적 가치'측면에서 인간과의 평등을 강조하였다. 따라서 인간의 이익이 동물의 고통보다 앞서기 때문에 동물을 차별대우 할 수 없고, 생명의 권리에

대한 차별적 대우를 철폐할 것을 주장하고 있다. 따라서 동물을 식용물로 삼는 행위와 동물실험은 도덕적으로 정당화 될 수 없다고 말한다. 첫째, 원리에 어긋난 동물에 대한 관행을 비도덕적인 것으로 비판받는다. 실제로 과학적이고 상업적인 목적에서 동물을 사용하는 것, 식품으로서 동물을 사용하는 것, 사냥이나 동물원, 애완용으로 동물을 사용하는 것이 포함된다. 둘째, 동물이 갖는 목적적 가치를 부인함으로써 동물의 권리를 무시했기 때문이다.

따라서 동물의 본래적(inherent) 가치가 존중되어야 한다. 이는 곧 동물이 고유의 가치를 갖는다는 것은 다른 사람의 이익관심과 욕구, 사용과 무관하게 가치를 가진다는 것을 의미함. 수단적 가치와 반대되는 의미. 고유의 가치를 갖는 대상은 그 자체가 목적이고, 다른 것의 수단이 아니다. 반면에 고유의 가치를 갖는 기준으로 자율적 행위능력을 거부된다. 레건을 통해 우리는 칸트경향을 보게 되지만, 부여하는 기준이 자율행위능력을 거부한다. 왜 그러한가? 도덕지위를 성인에게 흔히 부여하지만, 유아나 정신지체아의 경우 도덕행위자로서 행위 할 수 없더라도 그들은 여전히 도덕적 지위를 갖는다. 그래서 도덕무능력자를 음식, 사냥 표적이나 오락, 노예로 삼는 것은 잘못된 일이 된다.

결국 평등주의 정의를 고려해야 될 것이다. 실제로 고유의 가치를 갖는 모든 개체에 대해서 그것에 걸맞게 존중하는 방식으로 대우하는 것이 정의롭다. 일부 포유류는 자기의 삶을 사는데 요구는 주체의 자격을 갖출 수 있으므로, 그들의 권리를 존중하는 것은 정당하다. 그들에게 해를 가해서는 안 될 조건적 의무가 있음을 인정해야 함을 의미한다.

인종주의와 종족주의

모든 인간의 평등을 보장해 줄 평등의 근본적인 원칙은 이익 평등고려의 원칙이다. 나는 이 원칙이 인간뿐 아니라 동물들과의 관계에도 적용되는 도덕근거라고 주장하고자 한다. 우리는 보통 소수인종들과 여성들에 대한 차별을 현재 가장 중요한 도덕적 정치적 문제들 중의 하나로 간주하나 동물들은 그렇지 못하다. 많은 사람들이 실제적인 평등을 누리고 있지 못한 상황에서, 동물들의 평등을 위해 일하는 것은 시간낭비라고 생각할 것이다. 이러한 태도는 내중적인 편견을 반영한다. 이것은 아프리카계 노예들의 이익을 진지하게 고려하는 데 반대한 백인 노예소유주들의 편견보다 더 나은 근거를 갖지 못한다.

우리 자신의 종족 바깥으로 평등의 원칙을 확장하는 것을 찬성하는 논변은 간단하다. 이익 평등고려의 원칙은 타인에 대한 우리의 관심이 그가 무엇과 닮았느냐 혹은 그가 어떤 능력을 가지고 있는가에 따라 좌우되어서는 안 된다는 것을 함축하고 있다. 이 원칙에 따라서 우리는 다른 인종이나, 지능이 다른 사람보다 못한 사람들의 이익을 무시할 수 없게 된다. 또한 이 원칙은 다른 종족이라는 이유로 다른 존재들을 착취하거나, 지능이 우리보다 못한 이유로 다른 동물들의 이익을 무시해서는 안 된다는 점도 내포하고 있다. 벤담은 이 원칙이 우리 종족 바깥에까지 적용된다고 인정하였다.

'인간 외의 동물세계가, 폭군이 아닌 어느 누구라도 그들에게서 빼앗아 갈 수 있는 자신의 권리를 획득하는 날이 올 수도 있다. … 문제가 되는 것은 그들이 이성을 가질 수 있는가, 그

들이 말을 할 수 있는가가 아니라, 그들이 고통을 겪을 수 있는가에 달려있다.'

벤담은, 한 존재가 평등한 고려를 받을 권리를 갖게 하는 결정적 특징은 '고통을 겪는 능력'이라고 지적하고 있다. 고통을 받거나 기쁨을 얻는 능력은 이익일반을 가지기 위한 전제이며, 우리가 어떻게든 의미 있게 이익을 생각하기에 앞서 충족되어야만 하는 조건이다. 길에서 돌멩이를 차는 것은 돌멩이가 고통을 받지 않기 때문에 돌멩이는 고려이익을 갖지 않지만, 쥐는 차인다면 고통을 받을 것이기 때문에, 학대받지 않으려는 고려이익을 가진다. 타자의 이익을 고려할 때 *감각이라는 경계선*이 유일한 옹호 가능한 경계선이다.

인종주의자는 자기네들과 다른 인종 사이 이익충돌이 있을 때, 자기 쪽 사람들의 이익을 더 중요시함으로써 평등의 원칙을 위배한다. 다른 종족과 이익충돌이 있을 때, 자기종족의 구성원들의 이익을 보다 중요시하고, 돼지나 쥐의 고통을 인간의 고통과 같이 나쁜 것이라고 받아들이지 않는다. 이것이 동물에게 평등의 원칙을 확장하는 논변의 전부이다. 그러나 앞 단락 마지막 문장에 대하여 사람들은 '인간은 자신에게 무엇이 일어나고 있는지 알기 때문에 사람이 느끼는 고통이 쥐의 고통보다 나쁘다'고 말할 수 있다.

하지만 사람이 더 많은 고통을 겪는다고 해서 인간 아닌 것들에게 이익에 대한 평등한 고려를 확장시키는 것을 좌절시키지는 않는다. 오히려 이는 우리가 다른 인종들 간의 이익을 비교할 때 주의를 해야만 한다는 것을 의미한다. 예를 들어, 만약 내가 손바닥으로 말의 엉덩이를 세게 치는 것과 아기의 엉덩이를 똑같은 방식으로 세게 치는 것은, 아기의 피부가 더 민감하기 때문에 아기를 치는 것이 더 나쁘다. 아마 아기에게 주는 고통만큼 말에게 주려면 우리는 말을 두들겨 패야 할 것이다. 이것이 내가 '같은 양의 고통'이라는 의미이다. 만약 우리가 아기에게 마땅한 이유 없이 그만한 고통을 가하는 것이 잘못이라고 생각한다면, 마땅한 이유 없이 말에게 같은 양의 고통을 가하는 것도 동등하게 잘못이라고 간주해야 한다.

다른 복잡한 문제를 일으키는, 인간과 동물간의 다른 차이점들이 있다. 정상적인 성인은 그가 가지고 있는 정신능력 때문에 동물보다도 더 많은 고통을 느낄 수 있다. 왜냐하면 동물은 납치되어 실험대상이 될지도 모른다는 예기적인 두려움을 가지지 않을 것이기 때문이다. 이는 동물에게 실험을 하는 것이 옳다는 것이 아니라, 만약 실험이 행해져야만 한다면, 정상적인 성인보다는 동물을 이용해야 할 종족주의로서 이유가 있다는 것을 의미할 뿐이다. 그러나 이와 같은 논변이 정상적인 성인보다는 심각한 정신적 장애를 가진 사람들이나 어린이들, 아마도 고아들을 실험에 사용할 이유를 제시해 준다는 점에 주목해야만 한다. 왜냐하면 어린이나 심각한 정신적 장애를 가진 사람들은 그들에게 어떤 일이 일어나고 있는지를 또한 모를 것이기 때문이다. 만약 우리가 동물과 이러한 사람들을 구분하고자 한다면, 도덕적으로 옹호할 수 없는 우리 종족에 대한 선호 외에 그 어떤 것을 근거로 삼을 수 있겠는가?

정상적인 성인의 보다 탁월한 정신적 능력 때문에 차이가 나는 많은 영역이 있다. 인간의 입장을 보다 참기 어렵게 만드는 것은 정신적 고통이다. 그러나 때때로 동물들은 그들의 보다 제한된 이해력 때문에 더욱 큰 고통을 겪을 수도 있다. 예컨대, 전시에 포로를 잡았을 때 우리는 그들에게 체포, 수색, 감금에 그들이 복종해야 하며, 그렇게 하지 않으면 해를 입을 것이고,

전쟁이 끝나면 석방될 것이라는 것을 설명할 수 있다. 그러나 우리가 야생동물을 잡았을 때는, 우리가 생명을 앗아갈 것이 아니라는 사실을 설명할 수 없다. 야생동물은 강제하고 구속하려는 시도와 죽이려는 시도를 구분할 수 없다. 어느 것이든 마찬가지로 큰 공포감을 준다. 여러 종족들의 고통을 비교하는 것은 불가능하여 동물과 인간의 이익 충돌 시에 평등의 원칙은 아무런 지침이 못된다고 주장할 수도 있다. 그렇다면 여러 인간들 간의 고통도 정확히 비교될 수 없다.

이제까지 동물들에게 고통을 가하는 것에 대하여 많은 것을 말해왔지만 죽이는 것에 대해서는 의도적으로 아무 말도 안 했다. 생명의 가치를 고려하게 될 때는 인간과 동물의 생명이 동등하게 가치 있다고 자신 있게 말할 수 없기 때문이다. 자의식이 있고, 추상적인 사고를 하고, 미래를 계획하고, 복잡한 의사소통 능력을 가진 존재의 생명을 이러한 능력을 가지지 못한 존재의 생명보다 더 중요하다고 주장하는 것이 바로 종족주의적일 수는 없다. 이 장에서는 생명의 가치에 대한 우리의 결론과 관계없이, 우선 *이익 평등고려의 원칙*을 인종 바깥에 적용함으로써 도출되는 중요한 결론을 살펴보자.

음식으로서의 동물현실

현대 도시사회에서 대부분의 삶들이 동물과 마주치는 주된 형태는 식사이다. 동물을 음식으로 이용하는 것은 아마도 가장 오래되고 가장 널리 퍼진 동물이용 방식일 것이다. 그러나 동물 자신의 권리를 고려한다면, 우리가 동물을 음식으로 사용하는 것은 문제가 있다. 에스키모들은 동물을 죽여 음식으로 삼지 않으면 굶어 죽어야 하는 그러한 환경에 살고 있기 때문에, 자신들의 생존이라는 이익이 그들이 죽이는 동물의 생존이라는 이익을 능가한다고 정당하게 주장할 수 있지만, 산업화된 사회의 시민들은 동물의 고기를 이용하지 않고서도 적합한 음식을 쉽게 얻을 수 있다.

그럼에도 불구하고 동물의 고기를 가장 값싸게 생산하기 위하여 동물의 삶을 비참하게 만든다. 현대의 집중적인 형태의 농장은, 동물은 우리가 이용할 대상이라는 태도에 근거하여 과학과 기술을 응용하고 있다. 사람들이 사먹을 수 있는 가격으로 식탁에 고기를 올리기 위해서, 우리 사회는 감각 있는 동물을 평생 동안 답답하고 부적합한 환경 속에 감금하는 육류생간 방식을 허용하고 있다. 동물들은 사료를 고기로 전환시키는 기계와 같이 다루어지는 것이다. 결국 동물의 고기는 사람들이 그 맛을 좋아하기 때문에 먹는 사치품인 것이다.

산업사회에서 인간이 동물의 고기를 음식으로 사용하는 것을 윤리적으로 생각해 보려고 한다면, 그 상황에서 상대적으로 작은 인간의 이익과 먹혀지는 동물의 생명과 복지가 정말 균형을 이루고 있는가하는 것을 따져 보아야 한다. *이익 평등고려의 원칙*에 따를 때, 작은 이익 때문에 큰 이익을 희생해서는 안 된다. 종족주의를 피하기 위해서는 '이득이 있는 한 잔인성은 문제가 되지 아니한다,'는 생각에 의거한 관행을 중단해야 할 것이다.

동물들을 놓아서 기르든 사육하여 기르든, 중요한 것은 동물들을 음식으로 사용하기 위해서는 그들을 죽여야 한다는 것이다. 동물의 생명을 빼앗는 것 외에도 그들을 값싸게 우리의 저녁식탁에 올려놓기 위해서 해야 하는 많은 일들이 있다. 거세, 어미와 새끼의 분리, 무리의 분리, 낙인, 수송, 그리고 마지막으로 도살의 시간, 이 모든 것들에서 동물들의 이익이 고려되고 있지 않으며 동물들에게 고통을 주기가 쉽다. 즉 중요한 것은 동물의 고기가 고통 없이 생산될 수 있느냐 여부가 아니라, 우리가 사려는 고기가 고통 없이 생산 되었는가 문제가 중요하다. 이익 평등고려의 원칙에 따를 때, 우리 자신의 보다 작은 이익을 위하여 동물의 중요한 이익을 희생시키는 것은 그릇된 일이다.

동물실험의 현실

종족주의가 가장 명백히 나타나는 영역은 아마 동물을 실험에 사용하는 경우일 것이다. 실험자들은 종종 동물에 대한 실험을, 그것이 인간에 대한 어떤 사실을 발견하게 해준다고 주장함으로써, 정당화하려 하며 또한 때때로 모든 동물실험이 중요한 의학적 목표에 기여하고 있으며, 실험이 만들어 내는 고통보다 덜어 주는 고통이 더욱 크기 때문에 시험은 정당화될 수 있다고 생각하는 것이다. 동물실험은 인간의 고통을 방지하기 위해 필요한 것이 아니다. 생산품의 안전성을 시험하기 위하여 동물을 사용하는 것에 대한 대안이 없다고 하더라도, 우리는 이미 충분히 갖출 만큼 갖고 있다. 위험할 수도 있는 새로운 것을 개발할 필요가 없다.

원숭이들에게 방사선을 쪼이거나 전기충격을 주고, 프린스턴 대학에서는 256마리의 어린 쥐들을 굶겨 죽이는 등 실험을 변화시켜가며 계속 그러한 일들을 수행하고 있다. 여러 실험에서 인간의 이익이란 있지도 않거나 매우 불확실하다. 반면에 다른 종의 구성원들이 잃게 되는 것은 확실하고 실제적이다. 따라서 이러한 실험들은 종에 무관하게 모든 존재의 이익을 평등하게 고려하고 있지 않음을 보여 준다.

동물실험에 대해 절대적인 권위를 믿는 사람들은, 인간이든 동물이든 타자의 이익을 위하여 어떤 존재를 희생시키는 것은 언제나 그르다고 주장하는데 결과가 어떻든 간에 동물실험은 수행되지 않아야 한다. 유인원, 원숭이, 개, 고양이, 심지어는 생쥐까지 병실이나 다른 기관에서 겨우겨우 연명하고 있는 뇌가 손상한 자들보다도 더욱 지적이고, 자신에게 어떤 일이 일어나고 있는지를 잘 알고, 고통에 더욱 민감하기 때문이다. 따라서 동물과 동등하거나 더 낮은 감각·의식·감수성 등을 갖춘 인간을 실험에 사용하는 것이 정당화될 수 없는 경우라면, 동물에게 그러한 실험을 하는 것은 언제나 자기 종족의 선호라는 편견에 근거한 것이다.

동물 복지의 윤리의미

① 싱어에 대한 비판

이익관심에 대한 동등한 고려의 원리는 유용한 결정의 절차를 제공하지만 '측정의 문제'를 야기한다. 인간과 동물은 다르고. 동물 종간의 이익과 쾌락의 계산은 난해한 것이 된다. 모든 고통이 다 동일하지 않고 또한 모든 이익관심이 존중되어야 하는 것은 아니다. 예를 들면, 생명, 먹이, 물, 옷, 직접적 고통으로부터의 해방 등은 기본적인 이익 관심이지만, 실내 배관, 자동차, 모피 코트 등을 부수적인 이익관심이다. 이러한 구분에도 불구하고 서로 다양하고 상충하는 이익관심을 정확히 어떻게 판가름할 수 있는가? 예를 들면, 굶고 있는 늑대의 이익관심과 거대한 순록 떼에 속한 한 마을의 순록에 대한 이익 관심 가운데, 중요한 것은 어느 것인가? 애완동물의 이익관심과 사육 동물의 이익관심은, 또 야생 동물의 이익 관심은 어떤가? 이것은 개체 동물의 이익 관심에 중요한 도덕가치를 부여하려는 견해가 갖는 문제점을 잘 보여준다. 인간과 땅의 관계는 매우 다양하다. 개체 동물에게 동등한 도덕지위를 부여하자는 것은 이러한 담론의 시작일 따름이다.

② 레건에 대한 비판

ⓐ 도덕적 고려의 범위가 너무 좁다 : 레건이 말하는 삶의 주체라는 기준은 정신적으로 정상적인한살 이상의 포유류에나 적용된다. 레건의 입장은 생태 공동체의 중요한 구성원을 무시한다는 비판을 받게 된다.

ⓑ 레건은 개체가 아닌 종이나 군집을 보호하려는 생태주의를 환경 파시즘이라 비판한다. 환경 파시즘에서는 개인의 권리는 전체의 선을 위해 희생될 수 있을 것이다.

③ 개체주의 문제

ⓐ 종에게 권리를 부인하는 것은 권리 이론 내에서 문제가 된다. 예들 들면, 국가나 법인이 권리를 가질 수 있기 때문에 이론적으로 종의 권리를 부인하는 것은 자의적이다. 또한 실제적으로도 문제가 되는데 멸종 위기의 동물과 과잉으로 보이는 동물의 지위는 같기 때문이다. 따라서 도덕적으로 보다 우월한 지위를 차지하는 것은 아니다.

ⓑ 야생동물 관리문제 : 야생 동물에 대한 방임 정책이 인간의 개입 정책보다 낫다.

【반론1 : 이미 서식지가 파괴된 동물의 해방이다.】

【반론2 : 과잉된 동물에 대해 방임은 생태공동체를 파괴한다. 선별살해의 요구가 있다.】

ⓒ 인간 중심주의 논변

개체 동물을 보호하는 왜 최선의 환경 정책이 되는가? 싱어나 레건이나 노력적 시위를 갖는 인간을 상정하고 그 인간과 유사한 특성을 가진 동물에게 도덕적 가치 소유자로서 부여하기 때문에 여전히 인간 중심적이다. 예들 들면, 무척추 동물의 경우 작지만 지구상에 산재해 있는 동물이나. 이러한 동물은 왜 보호의 대상이 될 수 없는가? 도덕적 지위를 유정성이나 삶의 주체라는 조건은 도덕적 지위를 부여하는 충분조건은 되지만 필수 조건은 되지 않는다.

유정 존재나 의식적 존재로 제한하기보다 생명 차체가 중요하다. 도덕적 지위를 우리와 닮은 존재에로 제한하는 것은 이에 대한 충분한 해명이 없다면 자의적 제한이며, 환경과 관련해서 값비싼 대가를 치를 것이다. 그리고 동물 복지 운동은 환경문제의 일부만을 다루는 것이며 충분한 환경 윤리라면, 인간중심주의도 거부해야 하며, 개체주의도 거부해야 한다.

④ 동물복지의 방향

ⓐ 상업적인 동물 사육을 사회 전체 차원에서 금지할 의무가 있다고 주장했다. 취미나 영향, 편의, 효율성, 소유권 등 어떤 한 것도 동물 사육을 정당화 할 수 없고, 그 어떤 것도 동물을 음식으로 삼는 것을 정당화할 수 없다.

ⓑ 스포츠로서 사냥하고 덫을 놓는 것은 정의롭지 못하다. 동물을 스포츠나 오락의 대상

으로 죽이고, 학대하는 것은 더욱 더욱 잔인한 짓이며, 이는 심각한 범죄 행위에 해당한다.

ⓒ 과학적 연구에 동물을 사용하는 것은 정의롭지 못하다. 실험에 동의하지 않는 사람을 실험하는 것이 부당하듯이 동물실험의 경우도 마찬가지다.

ⓓ 동물 종 자체가 도덕적 지위를 갖는 것은 아니다. 레건의 견해는 개체 동물을 위해로부터 보호하려는 것이지만, 종의 권리를 인정하려는 것은 아니다. 싱어 역시도 한 개체의 동물이 고통을 느낄 수 있는 것이지, 동물 종전체가 고통을 느낀다고 보지는 아니한다.

제 12장 복지자유론

●● 사랑의 손 ●●

그의 손은
평생 동안 노동을 하고
봉사를 해온 손이다. 그의 손은
내가 잡기를 좋아하던 손이다. 그의 손을 잡고 있으면,
모든 고통과 시름이 사라지는 손이다.
그의 손은 사랑의 손이다.

【잭 캔필드의《다시 찾은 내 삶의 이야기》중에서】

제 12장 복지자유론

이익갈등의 원인은 이해관계나 신념의 차이에서 비롯된다. 갈등은 개인과 개인의 갈등, 개인과 집단의 갈등, 집단과 집단의 갈등, 소집단과 대집단의 갈등 등으로 다양하게 나타난다. 갈등에 있어 사회정의는 '이익평등고려의 원칙'에 의존하는데, 이해가 상충되는 당사자중 어느 한 쪽을 일방적으로 부당하게 희생시키지 않고 모든 당사자들의 이익을 공정하게 고려하는 원칙을 말한다. 철학자들은 희랍철학 이래로 지금까지 정의(justice)의 물음과 씨름하고 있다. 정의는 "각자에게 각자의 몫을 제대로 돌려주는 것"으로 정의(definition)된다.

예를 들어, 한 달 동안 열심히 일한 노동자에게는 그에 맞는 몫으로서 임금을 주어야 정의가 이루어지고, 남의 물건을 훔친 도적에게는 그에 걸맞은 처벌이 가해져야 정의로운 사회가 되며, 계약 위반의 경우에는 그에 상응하는 보상이 주어질 때 상거래가 정의로워진다. 이처럼 처벌과 관련된 정의를 *처벌적 정의*(criminal justice)라 하고, 보상과 관련된 정의를 *시정적 정의*(rectificatory justice)라고 한다. 처벌적 정의는 주로 형법(criminal law)을 통해 구체화되며, 시정적 정의는 민법(civil law)을 통해 구체화된다. 한 회사에서의 임금의 결정이나 한 국가에서의 세금, 고용기회, 의료자원 배분 등과 관련된 정의는 *분배적 정의*(distributive justice)라고 말한다. 먼저 롤스의 사회 정의론을 살펴보고, 주요 쟁점에 해당되는 *최소수혜자 최대이익의 원칙*의 문제점이 없는지를 검토하게 된다. 그리고 자유주의자와 구별되는 공동체주의 복지론을 함께 이해한다.

☆ 탐구문제

1. 공정성으로서의 정의의 개념과 특성은?
2. 정의의 두 가지 원리에 이르는 추론은?
3. 복지 자유주의 형성에 칸트적 영향력은?
4. 최소 수혜자 최대 이익 원칙의 난점은?
5. 최소 수혜자 최대 이익 원칙의 결집력은?
6. 공동체주의의 복지를 위한 기본 강령은?
7. 다음은 롤즈(J. Rawls)의 『정의론』의 한 부분이다. (가)는 무엇인지 쓰고, (나)에 이르는 과정이 지니는 특징을 서술하시오. <우리는 합당한 조건들을 표현해주면서 동시에 정리되고 조정된 숙고판단에도 부합되는 최초의 상태를 발견하게 된다. 나는 이러한 사태를 (가)라고 부르기로 한다. (나) 최초의 상황에 대한 유력한 해석에 도달함에 있어 일반적인 관념들이나 특정한 신념들 가운데 전통적 의미의 자명성을 주장할 것은 하나도 없다.>(06' 임용고사)
8. 다음과 같은 도덕교육의 관점에서 공동체주의 도덕교육에 대해 제기하는 비판 내용을 2가지만 쓰시오.< • 개인의 권리를 보호한다는 도구적 관점에서 공동체를 이해한다. • 도덕적으로 이상적인 개인이란 합리적이고 자율적인 존재라는 신념을 견지한다.>(06' 임용고사)

1. 사회정의론

형식적 정의(definition)에 만족하지 않고, "각자에게 각자의 몫을 결정하는 기준이 무엇인가"의 물음을 다루는 실질적 정의관을 철학자들은 제시하고 있다. 그 중 하나가 평등주의 정의이론이다. 이 정의론은 자유와 평등의 조화를 꾀하되, 평등에 우선성을 두고 자유를 수용하려는 입장이다. 투표권과 같은 정치적 평등은 그 좋은 예이다. 극단적 형태의 평등주의는 "사회의 부담과 이득의 분배는 그것이 동등할 때만 정당하고, 완전한 평등이 보장되지 않는 분배는 부당하다"고 주장한다. 그러나 정의에 관한 대부분의 평등주의 설명은 이렇게 극단으로 밀고 나가지는 않고 훨씬 신중한 태도를 보여주고 있다. 그래서 평등주의자들도 기본적인 재화에 있어서는 평등을 주장하지만, *공과*에 의한 차등 분배는 허용된다고 한다.

존 롤스(J.Rawls)는 기존의 자유지상주의나 공리주의 정의론을 비판하면서, 새로운 정의론을 제시하고 있다. 한마디로 기존의 정의론은 정의를 정의로운 결과에서 찾고 있다. 즉 정의로운 결과가 주어져 있고, 어떻게 분배해야 이 결과를 산출할 것인가에 모두들 관심을 가졌다. 이러한 정의론이 성립되려면 우선 '정의로운 결과'가 무엇인지 밝혀져야 한다. 그래야 그러한 결과를 산출할 방법을 찾을 수 있지 않은가? 그런데 롤스에 따르면 이런 정의로운 결과가 없기 때문에 이런 모든 시도는 실패할 수밖에 없다는 것이다. 그러면서 그는 하나의 대안으로 순수 절차적 정의론을 내세운다. 분배 기준을 정하는 절차가 정의로우면, 그 결과는 정의롭다. 정의는 정의절차에서 확립됨으로, 롤스는 정의로운 절차를 찾고자 노력하였다.

자유 시장에서 나타나는 교환체제는 일종의 경기(게임)와 유사하다. 게임의 결과가 정당하기 위해서는 게임이 진행되는 절차가 공정해야 할 뿐만 아니라 그 규칙 또한 공정한 절차에 의해 정해진 공정한 규칙이어야 하듯이, 순수 절차적 정의라는 개념이 사회복지를 실현하는 근간을 이룬다. 존 롤스는 먼저 정의의 역할에 대해, 다수가 누릴 보다 큰 이익을 위해서 소수에게 희생을 강요해도 좋다는 것을 정의로서 용납할 수 없으며 동등한 시민적 자유란 이미 보장된 것으로 간주한다. 따라서 정의에 의해 보장된 권리들은 어떠한 정치적 거래나 사회적 이득의 계산에도 좌우되지 않는 것이라고 말하면서 칸트의 정언명법의 성격을 지니고 있다고 주장한다. 그의 정의론은 "*공정으로서의 정의관*(justice as fairness)"개념으로 집약되며, 제도들에 관한 모든 비판과 개혁이 규제의 제1원칙이다. 원초적 상황의 당사자들이 상호무관심(mutually disinterested)을 전제하였다.182)

그의 정의 원칙 가운데 첫 번째 원칙은 기본적인 권리와 의무의 할당에 있어 평등을 요구하는 것이며, 반면에 두 번째 원칙은 사회적 경제적 불평등, 예를 들면 재산과 권력의 불평등을 허용하되 그것이 모든 사람, 그 중에서도 특히 사회의 최소 수혜자에게 불평등을 보상할 만한 이득을 가져오는 경우에만 정당한 것임을 내세우는 것으로 특히 두 번째 원칙에 복지자유주의, 수정 자유주의의 가능성을 제시한 것이다. 따라서 그의 정의론은 합의된 선택이론

182) John Rawls, *A Theory of Justice*(Cambridge, MA: The Belknap Press of Harvard University Press,1971), pp.11-20, 60-65.

이며, 사회적 협동에 의해 얻어진 이득에 대한 상충되는 요구들을 다루는 것으로서 여러 개인이나 집단사이의 관계에 적용될 수 있다. 공정으로서의 정의관이 완전한 계약론은 아니면서 인간의 *덕목*들에 관한 원칙까지도 포함하는 체계까지 확장하려는 의도를 갖는다.

그의 복지 자유주의주의의 타당성은 그의 이론의 전제인 원초적 입장의 정당화 여부에 달려 있다. 그것은 널리 받아들여지면서도 약속한 전제들로부터 보다 특수한 결론들을 논증해가는 추론방법으로 특색이 있다. 이는 곧 방법론적으로 '무지의 베일'이 요청되는 이유이다. 아울러 계약적 최초 상황에 대한 설명을 변경하든가 아니면 우리가 해왔던 지금까지의 판단을 수정할 수 있도록 '반성적 평형상태(reflective equilibrium)'를 설정하려는 의도이다. 따라서 그 타당성은 이성적 합리성만을 통하기보다 원초적 입장이라는 직관적 개념을 도입한 데서 비현실적이라는 비판을 받게 된다. 이를 극복하고자 공리의 원칙에 상응하는 기대 총량을 극대화하기 위한 일부의 손실 보상의 공리주의적 요소를 함께 도입하고 있다.

이에 따라 칸트의 선험적 자아와 대칭되는 무지의 베일 이론, 공리주의적 성격의 차등원칙의 도입은 보상의 원칙에 의해 선정되는 고려 사항들에 중점을 두고 있다. 이것은 부당한 불평등은 보상을 요구하는 원칙으로서 출생이나 천부적 재능의 불평등을 사회적으로 보상하려는 의도를 갖는다. 차별철폐를 위한 진정한 기회균등을 제공하기 위해서 사회는 마땅히 보다 적은 천부적 재질을 가진 자와 불리한 사회적 지위에서 태어난 자에게 더 많은 관심을 가져야 한다는 복지개념이 도입되고 있다. 이러한 보상원칙은 생활의 평균적 수준을 향상하는 원칙이 되며 사회적 효율성이나 기능주의적 가치를 차선책으로 바라보는 *이익고려의 평등* 의미를 부각시키고 있다. 공정으로서의 정의관에 있어서 서로의 운명을 함께하는데 합의할 수 있으므로 불완전한 가운데 개인 생명과 재산을 보호해주려는 자유주의 토끼와 평등주의 공정성의 정의사회 토끼를 함께 잡으려는 복지 자유주의의 신념이 담겨 있다.

정의의 의미와 특성

인류는 미리 서로에 대한 그들의 요구들을 규정하여 그들 사회의 특권이 어떻게 확립되는가에 대해 결정하여야 한다. 개개인은 추구하는 목적들의 체계, 즉 무엇이 이익을 나타내는지를 합리적인 생각으로 결정해야 한다. 그래서 집단은 한번쯤 무엇이 그들 사이의 공평과 불공평사이에서 중요한지를 결정해야 한다. 그 선택은 합리적인 사람이 평등한 자유의 가설적인 상황에 대해 정하고, 해결책을 가지고 그 선택된 문제들의 가정으로 정의의 원리들을 결정한다. 정의 즉 평등 안에서 그 평등의 기초위치는 사회계약설의 전통적인 이론의 자연적인 상태와 상등한다. 이 기초위치가 사실적인 역사적 일들의 상태와 문화의 초기의 상태보다는 적게 간주되어서는 안 된다. 순수한 가설의 상황은 확실한 정의의 개념으로 기술된다. 이 상황의 기본적인 형태 안에서 아무도 사회 안에서의 위치, 계급, 직책을 알지 못하며 타고난 자질, 능력, 지능, 힘의 분배의 행운에 대해 알지 못하다. 심지어, 그 당파들조차 그들 이익의 정의 또는 특별한 심리적인 편애들에 대해 알지 못한다고 가정한다. 정의의 원리들은 무지의 베일 안에서 드러난다. 이는 타고난 기회의 결과 또는 사회 안에서의 우연에 의한 원리들의 선택에서 있어 평등하다는 것은 확실하다. 모든 유사한 상황이며 아무도 기호에 따라 특별한 상황을 연출 할 수 없기 때문에 정의의 원리들은 공정한 협의와 계약의 결과이다. 기초 원리는 환경과 서로간의 유대관계의 조화에 영향을 받기 때문에 이 초기 상황은 도덕적인 사람들 간에서는 공평하다. 이는 정의의 원리들이 공정의 초기의 상황과 일치한다는 것을 나타낸다. 이로써 은유개념은 공정개념과 다르다.

정의 즉 공정은 사람들이 함께 선택할 모든 선택들의 가장 일반적인 것과 함께 시작한다. 즉, 모든 비평의 결과와 제도들의 재형성의 규정되어지는 정의의 개념의 첫 번째 원리들의 선택과 함께 일어나다. 그러면, 선택된 정의의 개념이 가지는 것은 우리는 법률화 할 수 있는 구조와 입법들, 초기의 정의의 원리들과의 일치를 선택할 수 있다는 것을 가정할 수 있다. 게다가, 초기위치가 원리들의 형태를 가정한다고 한다면, 사회제도들이 서로에게 원리와 계약된 사람들에게 그 원리들의 상술할 때마다 이것을 사실로 될 수 있다.

그들은 그 원리들의 선택에 관해 널리 받아들여지고 합리적 제한들을 구체화할 초기상황을 인식해야 할 약정들의 합의들을 주시한다. 이 사실의 일반적 인식은 정의의 원리들의 상환하는 대중의 수용에 위한 기초임을 증명한다. 사회나 과정은 사람들이 형식적인 자발적인 참여의 협동을 계획 할 수 없다. 개인은 그 자신이 어떤 특별한 위치와 사회에서 태어나는지를 안다. 그리고 그 위치의 특성은 그 인생의 앞날에 중요한 영향은 미친다. 머지않아, *공정으로써 정의의 원리*들이 만족한 사회는 사회가 자발적인 계획을 수립할 정도로 가깝게 된다. 이것은 자유롭고, 공평한 사람들이 공정한 환경에서 동의하는 원리들을 일치시킨다. 이 관점에서, 그들의 구성원은 자치적이며 그 의무는 그들 자발적으로 깨닫는다.

공정함으로써 정의의 특성은 합리적이고 상호간에 무관심할 때 초기 상황에서 정당들에 대해 생각하는 것이다. 이것은 정당들이 이기주의자라는 것을 의미하지 않는다. 즉 이권의 특정한 종류를 가진 개인들, 말하자면, 부, 명성, 그리고 지배에 있어서이다. 그러나 그들은 또 다른 사람들의 이권에 있어 이권을 가져가지 않는 것으로 여긴다. 그들은 심지어 그들의 정신적 목표가 다른 종교를 가진 사람들의 경우에는 반대 입장에 있을 것으로 생각한다. 게다가 합리성의 개념은 결과를 가장 효과적인 수단으로 가져온다는 경제이론에 근거하여 가능한 한 협의로 판단되어야 할 것이다. 우리는 어떤 한도 내에서 이 개념을 수정할 수도 있다. 그러나 그것은 어떤 논쟁 대상이 되는 윤리이론의 요소들을 소개하는 것을 피하기 위해 노력해야 한다. 초기 상황은 광범위하게 받아들여지고 있는 계약에 의해 특징되어야 한다.

공정성으로써 정의의 개념을 검정함에 있어 하나의 주요 임무는 명확하게 정의의 원칙이 본래의 위치에서 선택되고자 하는 것을 결정하는 데 있다. 이것을 하기 위해 몇몇 세부 사항과 그것이 나타내는 선택문제에 관심 갖는 것을 공식화하도록 묘사해야 한다. 그러나 일찍이 정의의 원칙이 평등의 상황에서 최초동의로부터 일어난 사상임을 명심해야 할 것이다. 또 다른 대조적 관점과 같이 공평성으로서 정의가 두 부분으로 구성되어 있다는 발단으로부터 언급될 가치가 있다. 먼저 선택의 문제와 초기 상황에 대한 해석이 주장되고, 그리고 논쟁된 원칙의 경향이 마침내 동의를 받아 내게 될 것이다.

초기 계약상의 상황 개념은 제시되어진 특별한 규칙이 거부되었음에도 불구하고 합리적인 듯 보일 것이다. 사실, 우리는 이런 상황이 가장 적절한 개념이 공리설과 완전설에 반대되는 정의원칙을 유도할 것을 원한다. 아직도 그것은 계약수단이 윤리이론 연구에서 그것들의 기초를 이루는 가정에 대한 유용한 방법임을 인정할지라도 이러한 논쟁은 계속될 것이다. 공평성으로서 정의는 계약론이라 부르고 있는 것의 사례이다. 물론 "계약"이라는 용어에 반대가 표출될 것이지만 그것은 표현과 관계된 문제이다. 그러나 결국 그것을 합리적으로 대우할 것이라고 생각한다. 많은 단어들이 처음에 논쟁하듯 여러가지 함축을 내포하게 된다. "유용성"과 "공리주의"라는 용어는 확실히 예외가 될 수 없다. 그들도 역시 적대적 비평가들이 자발적으로 개발되는 불행한 제안들에 직면해 있다. 이미 그들은 공리주의를 연구하는데 준비되어진 것들에서 명확해진다. 그것은 윤리이론에 적용된 "계약"이라는 용어에 해당되어질 것이다. 이미 언급한 바와 같이 그것을 이해하기 위해 그것이 특정한 추상의 수준을 함축하고 있음을 기억해야 한다. 특별히 관련 있는 합의의 내용으로 주어진 사회에 들어가거나 주어진 정부의 형태에 채택되어지는 것이 아니며, 특정윤리 원칙들의 정의가 명확한 초기상황에서 받아들여질 것이라고 여겨진다.

게다가, 언급된 약속들은 순수하게 가설적이다. 어떤 계약관점은 정확한 원리들이 명확한 최초상황에서 받아들여졌을 것으로 생각된다. 계약 술어의 장점은 정의의 원리가 이성적인 사람들에 의해 선택될 원리들이라고 생각될 수 있는 추론을 전달하는 것이다. 그리고 이와 같은 방식으로 정의의 개념은 설명되고 정당화된다. 정의의 이론은 합리적인 선택의 이론 중 가장 중요한 부분이다. 더욱이 정의의 원리들은 사회적 협력에 의해 획득된 이익 요구의 상충을 관장한다. 그것들은 각각의 사람들과 집단들 사이의 관계에 적용된다. 계약이라는 낱말은 이익의 적당한 분할이 모든 부분에 받아들일 수 있으며 만족스러운 원리들과 일치하여야 한다는 조건일 뿐만 아니라 복수적 대안을 제안하게 된다. 정의의 원리들에 대한 명성의 조건은 계약술어에 내포되어 있다. 이들이 합의결과라면, 일반시민은 다른 사람들이 따르는 원리에 대한 지식도 있다. 정치원리들이 대중자연 본성을 강조하는 것이 계약이론이다.

공정으로써 정의는 완전한 계약이론이 아니다. 왜냐하면 계약론적인 관념이 전체 윤리적 체계의 선택까지 연장될 수 있는 것이 분명하기 때문이다. 말하자면, 모든 덕들을 위한 그리고 오직 정의를 위한 것만이 아닌 다양한 원리들을 포함하는 체계이다. 우리는 계약개념이 확실히 가장 중요한 질문들에 근접하는 하나의 방법으로 제공된다고 주장하지 않는다. 우리는 공정으로써 정의의 한정된 범위와 그것이 예증하는 관점의 일반유형을 인식해야 한다. 그러한 문제들이 고려될 경우, 그것의 결론들이 개정되어야 할지를 미리 결정할 수 없다.

원초적 입장과 정당화(The Original Position and Justification)

원초적 입장이란 도달된 근본적인 합의들이 공정하다는 것을 확실하게 해주는 타당한 최초의 현재 상태이다. 이 사실은 "공정함으로서의 정의"라는 이름을 갖는다. 그렇다면, 만약 처음 상태의 이성적 인간들이 정의의 역할에서 다른 상태의 인간들보다 우선하여 정의원칙을 선택한다면, 우리는 정의개념이 다른 개념보다 더욱 합리적이거나 혹은 정당하다고 말하고자 한다. 정의에 관한 개념들은 그런 환경에 처한 사람들에로의 수용성에 의해 위상이 정립되어야 한다. 이런 방식으로 이해된다면, 정당화의 문제는 *심사숙고*의 문제풀이로 해결된다. 우리는 주어진 계약상의 상태에서 어떤 원칙들을 채택하는 것이 합리적인가를 확실히 해야 한다. 이것은 정의의 이론을 합리적 선택의 이론과 연결 짓는다.

만약 정당화 문제에 대한 이런 관점이 성공하려면, 우리는 물론 어느 정도 자세히 이 선택 문제의 성격을 묘사해야 한다. 합리적 결정의 문제는, 우리가 그 정당들의 신념과 흥미, 서로에 관한 그들의 관계, 그 사이에서 그들이 결심하는 과정을 선택하는 대안들 등등을 알기만 하면, 명확한 해답을 도출할 수 있다. 주변 환경들이 다른 식으로 제시되기 때문에, 그에 상응하여 다른 원칙들이 받아들여진다. 처음 상태의 특별한 묘사를 정당화하기위해, 혹자는 그것이 이런 함께 공유된 추정들을 통합한다는 것을 보여준다. 혹자는 널리 받아들여지지만 약한 전제들로부터 더욱 특수한 결론들에까지 주장을 한다. 그 추정들의 각각은 그 자체로 자연스럽고 믿음직해야 된다. 그것들 중 몇몇은 무해하거나 하찮게 보일지도 모른다. 계약 접근법의 목표는 그것들이 함께 받아들여지기만 한다면, 수락할만한 정의원칙들에 대해 의미심장한 한도를 부여할 수 있음을 입증하는 것이다. 이상적 결과는 이런 상황들이 일련의 독특한 원칙들을 결정하는 것이다.

우리는 더욱 특별한 경향이나 동경, 그리고 개인의 선에 대한 개념들이 채택한 원칙들에 영향을 미치지 않는다는 것을 확실시해야 한다. 정의의 관점과 무관한 어떤 것들을 알기만 하면 받아들이도록 제안하는 것은 이성원칙들을 제외시키는 결과가 될 것이다. 예를 들어, 누군가 자신이 부유하다고 생각되면 복지 수단을 위한 다양한 조세들을 불공정한 것으로 간주하는 원칙을 내놓는 것이 합리적이라 생각할 것이고, 그가 가난하다고 생각한다면 그 반대 원칙을 제안할 것이다. 원하는 제안을 발의하고자, 혹자는 정보가 박탈된 상황을 상상하기 까지 한다. 임시상황에 처해 편견에 인도되도록 내버려두는 우연성의 지식을 배제하기 까지 한다. 이와 같이 여러 경우수를 통하여 자연스런 방법으로 부지의 베일에 도달한다.

원초적 입장의 낭사사들이 평등하다고 생각하는 것은 합리적이라고 생각된다. 말하자면, 모두는 원리 선택의 절차에 있어서 같은 권리를 가진다. 각자는 제안을 할 수도 있고 그것을 받아들임에 있어 이성에 따른다는 등등에 있어서 그러하다. 명백하게 이러한 조건의 목적은 도덕적 인격으로서, 그들의 선의 개념을 가지고 정의감을 행할 수 있는 인간 존재들 사이의 평등을 나타내는데 있다. 평등의 기초는 이 두 가지 관점에서 유사성이 있는 것 같다. 목표들의 체계는 가치의 순위를 매길 수 없고, 각자는 어떤 원칙이 채택되던지 간에 이해하고 실천하는 데 요구되는 능력을 가지는 것으로 추정된다. 무지의 베일과 함께 이러한 조건들은 사회적 또는 자연적 우연성에 의해 이익을 얻거나 또는 불이익을 얻지 않는 평등한 존재로서 그들의 이익을 진보시키는데 관련한 합리적인 개인들로써 정의의 원칙들을 규정한다.

그러나 거기에는 원초적 입장의 기술에 특정한 규정을 하는 또 다른 이면이 있다. 이것은 선택되어질 원칙들이 정의의 숙고된 신념과 일치하는지 혹은 그것을 수락할 만한 방법으로 확대한 것인지를 확인해야 한다. 우리는 이 원칙을 적용하게 되면 사회의 기본 구조에 관해 우리가 지금 직감적이면서도 대단한 자신감을 가지는 것과 같은 판단에 이르게 되는지, 아니면 우리의 현재 판단이 미심쩍고 주저하면서 내려진 것일 경우, 이러한 원리들이 반성을 통해 결심을 제공할 수 있는지를 알 수 있다. 우리가 어떤 식으로든 대답되어져야 한다고 확실히 느끼는 질문들이 있다. 우리는 종교적 편견이나 인종차별은 정의롭지 못함을 확신한다.

우리는 이러한 것들을 주의를 갖고 검토하여 우리자신의 이익에 매몰되어 사태를 그르쳐서는 안 되는 심사숙고를 거듭해 나갈 때, 마침내 공평한 판단에 도달하리라고 생각된다. 이러한 신념은 어떤 정의의 개념도 적합해야 한다고 추정되는 잠정적으로 고정된 시점이다. 그러나 우리는 부와 권위의 정확한 분배가 무엇인가에 관해서는 많은 확신을 갖고 있지 않다. 여기에 우리는 우리의 의심을 제거할 방법을 찾을 수 있다. 우리는 최초의 상황에서 나온 원칙들이 가장 확고한 우리의 신념에 부합하며 지침이 필요할 때, 지침을 제시할 수 있는 능력이 있는가에 따라 그 상황에 대한 해석의 타당성을 검토할 수 있을 것이다.

이러한 상황의 가장 호의적인 기술을 찾음에 있어 우리는 양쪽 끝으로부터 작업한다. 우리는 그것이 일반적으로 공유되는 것과 다소 미약한 조건을 나타내는 것으로 기술하는 것부터 시작한다. 그러고 나서 이러한 조건들이 원칙의 의미 있는 체계를 제시할 정도로 충분히 강한 것인지를 보아야 한다. 만약 그렇지 못하다면 우리는 보다 더 대등하게 타당성 있는 전제를 찾아야 한다. 그러나 만약 그렇게 해서 이 원칙들이 우리의 심사숙고된 정의의 신념과 합치한다면 그 정도로 좋은 것이다. 그러나 추정하건대, 거기에는 불일치되는 것이 나타날 수 있다. 이런 경우에는 우리는 선택을 한다. 즉 최초의 상황에 대한 설명을 수정하거나 지속된 판단을 수정할 수 있다. 왜냐하면 심지어 우리가 잠정적으로 고정된 점이라고 여겼던 판단도 수정될 수 있기 때문이다. 앞뒤로 진행하면서 때로는 계약적 환경의 조건들을 바꾸기도 하고, 어떤 때는 우리의 판단을 철회하거나 그것의 원리들을 조정하기도 하고, 결국 우리는 합리적인 조건들을 표현하고 정리하며 조정되어 마침내 고려된 판단에도 합치되는 최초의 상황에 대한 기술을 발견하게 된다. 이러한 상태를 *반성적 평형상태*(reflective equilibrium)라 한다. 그것은 우리의 원칙과 판단이 일치하기 때문에 평형이며, 반성적인 것은 우리의 판단이 따를 원칙과 그것의 파생물의 전제가 무엇인지를 우리가 알기 때문이다. 그 순간에 모든 것이 질서정연하게 자리 잡는다. 그러나 이 평형상태가 반드시 안정된 것은 아니다. 그것은 계약 상황에 포함될 조건들을 더욱 검토하거나 우리의 판단을 수정할 특별한 경우들로 인해서 뒤집혀질 수도 있다. 그러나 당분간은 사회 정의에 관한 우리의 신념을 정당화하고 시종일관되게 유지할 수 있게 한다. 이를 통해 *원초적 입장*에 이르게 된다. 물론 이러한 과정을 통하여 실제로 작업하려는 것은 아니다. 그럼에도 우리는 가상적인 반성과정의 결과로서 제시될 원초적 입장에 관한 해석을 생각하게 될 것이다. 그것은 정의에 관한 우리의 고려된 판단뿐만 아니라 원칙들에 관한 합리적이고 철학적인 조건들을 하나의 체계 속에 조화시키려는 시도를 나타낸다. 최초의 상황에 대한 호의적인 해석에 도달함에 있어 일반적인 개념들이나 특별한 신념들 중에 전통적인 감각의 자명성을 나타낼 점은 하나도 없다. 제안된 정의의 원칙들에 관해 그것이 필연의 진리 또는 그러한 진리로부터 파생된 것이라고 주장하지 않는다. 하나의 정의의 개념은 원칙들에 관한 자명한 전제 또는 조건으로부터 연역될 수 없다. 대신에 그것의 정당화는 많은 조건들의 상호지지와 하나의 일치된 관점으로 모든 것들이 함께 합쳐져야 할 문제이다.

우리는 도덕적이든 아니든 이 원칙들에 관해 어떤 흥미를 가져야 할 이유를 묻는 것은 자연스러운 것이다. 그 답은 원초적 입장의 기술에서 나타난 조건들이 우리가 사실로 받아들이게 될 것이라는 것이다. 만약 우리가 그렇게 하지 않는다면, 아마도 우리는 철학적 반성에 의해 그렇게 하도록 설득될 수 있다. 계약적 상황의 각각의 양상은 지지해줄 기반이 드러나게 된다. 이렇게 우리는 고려에 기인하여 합리적인 것으로 인식하게 될 원칙들에 관한 여러 조건을 하나의 개념으로 종합화할 수 있다. 이러한 강제들은 사회적 협력의 공정한 조건에 관한 제한으로 간주될 수 있는 것을 표현한다. 그러므로 원초적 상황이라는 관념을 바라보는 한 가지 방법은 그것을 이러한 조건들의 의미를 종합하고 우리가 그들의 결과를 도출하도록 돕는 설명의 방도로 이해하는 것이다.

반면에, 이 개념은 또한 *직관적인 개념*으로서 그것 스스로 공들여 하기로 생각한다면 그것에 의해서 도덕적인 관계들을 가장 훌륭하게 해석할 수 있게 하는 관점을 더욱 명확히 규정해줄 것이다. 우리는 우리의 목적을 멀리서 볼 수 있게 해줄 하나의 관념이 필요하며, 원초적 입장이라는 직관적 개념은 결국 우리를 위해 그러한 일을 행할 것이다.

정의의 두 가지 원칙

우리는 지금 원초적 입장에서 선택되어질 것이라고 믿는 정의의 두 가지 원칙을 잠정적인 형태를 살펴보게 된다. 담론의 전개에 따라 여러 정식들을 통과하게 될 것이며 이후에 주어질 마지막 진술에 대해 단계적으로 접근할 것이다. 이렇게 하는 것이 자연스러운 설명 과정이라고 믿는다. 두 원칙들에 관한 첫 번째 진술은 다음과 같다.

♠ *모든 사람들은 다른 사람들의 유사한 자유와 양립할 수 있는 가장 광범위한 기본적 자유에 대해 동등한 권리를 가져야 한다.*
♠ *사회적 경제적 불평등은 (a), (b)의 두 조건을 만족시키도록 조정되어야 한다.*
(a) 그 불평등이 모든 사람에게 이익이 되리라는 것이 합리적으로 기대되고
(b) 그 불평등이 모든 사람에게 열린 지위와 직책에 결부되어야 한다.

이상의 두 가지 원칙에는 두 개의 애매한 구절이 있다. "모든 사람들의 이익"과 "모두에게 열린다."가 그것이다. 이것의 의미를 더 정확히 규정하게 되면 원칙의 두 번째 정식에 이르게 된다. 이 원칙들은 권리와 의무의 할당을 지배하고 사회 경제적 이익의 배분을 규제한다. 그 정식에 제안된 것처럼 이들 원칙들은 사회구조가 첫 번째 원칙은 하나에, 두 번째 원칙은 다른 하나에, 결과적으로 다소 거리가 먼 두 부분으로 나누어질 수 있다는 것을 전제한다. 그것은 *시민권의 균등한 자유를 규정*하고 보장하는 사회 체계의 양상과 *사회적 경제적 불평등을 규정*하고 확립하는 체제 양상을 구별함이다. 시민의 기본적 자유란 정치적 자유와 언론과 집회의 자유, 양심의 자유와 사상의 자유, 재산의 권리와 함께 신체의 자유, 그리고 법의 지배 개념에 의해 규정되는 부당한 체포 및 구금으로부터 자유 등을 말한다. 이러한 자유들은 첫 번째 원칙에 의해 모두에게 동등할 것이 요구된다. 왜냐하면 정의 사회의 시민들은 똑같은 기본 권리를 가지고 있기 때문이다.

두 번째 원칙은 우선 수입과 부의 분배에 접근하고, 권위와 책임감 명령 계통의 차이를 이용하는 조직들의 기획에 적용된다. 부와 수입의 분배가 동등할 필요는 없지만, 그것은 모든 사람들의 이익이 되어야 하며, 그리고 동시에 권한의 지위와 명령을 제공하는 것은 모두에게 접근 가능한 것이 되어야 한다. 지위를 열어놓음으로써 두 번째 원칙을 적용하며 그리고 나서 이런 강제적 조건에서 사회적 경제적 불평등을 모든 사람들에게 이익이 되도록 정돈한다. 이 원칙들 가운데 첫 번째 원칙이 두 번째 원칙보다 앞서 배열되어 있다. 이 순위 매김이 의미하는 것은 첫 번째 원칙에 의해 요구되는 평등한 자유제도로부터의 이탈이 보다 큰 사회적 경제적 이익에 의해 정당화되거나 보상될 수 없다는 의미이다. 부와 수입의 분배 그리고 권위의 계층화는 동등한 시민의 자유, 기회의 균등과 양립해야 한다.

이들 원칙들은 그 내용에 있어서 특수하며, 어떤 가정에 관한 수락여부는 더욱 설명하고 정당화되어야 하는 것은 명백한 일이다. 정의의 이론은 방법에 있어 사회의 이론에 달려 있는데 이는 우리가 과정을 밟아나감에 있어 보다 명백해 질 것이다. 그것 자체를 관찰해자. 두 가지 원칙들은 표현되는 보다 일반적 정의개념의 특수경우이다. 결국 부정의는, 모두에게 이익이 되지 않는 단순 불평등이다. 이 개념은 극도로 애매하며 여러 가지 해석을 요구한다.

첫 단계로, 사회기초 구조는 어떤 일차적 선들의 분배를 가정하자. 말하자면 모든 합리적인 사람이 원하는 것을 추정해 보자. 이러한 선들은 보통 한 사람의 삶의 합리적 계획이 무엇이든지 간에 이용되는 것이다. 단순화 시켜서, 사회적 경향에서 주요한 기본적 선들이 권리와 자유, 힘과 기회, 수입과 부라고 추정해 보자. 이것은 사회의 기본적 선들이다. 또 다른 기본적 선들은 건강과 정력, 지성과 상상력 등은 자연적인 선들이다. 비록 이것들의 소유도 기본적 구조에 의해 영향을 받을 지라도, 그들은 그것의 지배아래 직접적으로 있지 않다. 만약 부와 조직적 힘을 불평등하게 한다면 이러한 가설적인 출발상황에 있어서 보다 모든 사람들이 더 나아진다면 그것은 일반적인 개념과 일치할 수 있다. 적어도 이론상으로는 가능하다. 즉 그들의 기본적 자유를 약간만 포기함으로써 사람들은 사회 경제적 이익의 결과로서 충분히 보상받는다. 일반적인 정의의 개념은 어떤 종류의 불평등이 허용될 수 있는 가에 대해서 제한이 포함되지 않으며, 오직 모든 사람의 상황이 개선되기만을 요구한다. 우리는 노예상태를 인정한다는 매우 극단적인 경우까지 상상할 필요는 없다.

진술된 두 가지 원칙을 배제하고자 시도되는 교환은 이런 종류이다. 그것들은 서열 순으로 배열되어 있어 기초 자유와 경제적 사회적 이익 사이의 교환을 허용하지 않는다. 원칙들의 서열을 매긴다는 것은 기본적인 사회적 선들의 사이의 선호를 하면서 나타내는 것이다. 이 선호가 합리적일 때, 이 원칙들을 이러한 순서로 선택하는 것도 합리적인 것이 된다. 공정으로서의 정의를 발전시킴에 있어, 대부분 일반적인 정의의 개념을 옆에 남겨 두고 대신에 서열화 된 두 가지 원칙들의 특별한 경우를 조사하고자 한다. 이 절차의 이익은 선호적 우선성의 문제가 인식되고 그것을 다루는 원칙들을 발견하기 위한 노력 등이 행해진다. 한 가지 주목할 것은 두 원칙의 서열이 규정하는 사회 경제적 이익에 기대하여 자유의 절대적 무게를 두는 것이 합리적일 수 있다는 조건인 것이다. 즉석으로 이 서열 매김은 극단적이고 다양한 관심의 특별한 경우로 나타난다. 많은 조건에서 서열화 된 두 가지 원칙들은 충분히 잘 살필 수 있다. 필요한 때는 일반개념으로 돌아갈 수도 있다.

그 두 가지 원칙들이 제도들에 적용된다는 사실은 확실한 결과를 가진다. 여러 가지 점들이 이를 예증한다. 우선, 이들 원칙들에 의해 언급된 권리와 자유는 기본 구조의 공공 규칙에 의해 규정되는 것들이다. 사람들이 자유로운지 아닌지는 사회의 주요 제도들에 의해 설립된 권리와 의무에 의해 결정된다. 자유는 사회적 형태의 한 패턴이다. 첫 번째 원칙은 단순히 기본적 자유를 규정하는 규칙의 확실한 종류, 모든 사람에게 동등하게 적용되어야 하고 모두에게 같은 자유와 양립할 수 있는 가장 폭넓은 자유를 허락해야 한다는 요구이다. 자유를 규정짓는 권리들을 제한하고 인간의 자유를 그렇게 하지 않았을 때보다 덜 광범위하게 만드는 한 가지 이유는 제도적으로 규정된 동등한 권리가 다른 사람들에 간섭할 수 없다.

다른 한 가지 마음에 둘 것은 원칙들이 사람들을 언급하거나 모든 사람들이 불평등으로부터 얻어야 한다는 요구가 있을 때 그 언급은 기본 구조에 의해 설립된 여러 사회적 위치와 직책 등을 맡고 있는 대표인들에 있다. 이렇게 두 번째 원칙을 적용함에 있어 이렇게 가정한다. 복지에 관한 기대는 이러한 지위를 가진 대표인들에게 할당될 수 있다. 이러한 기대는 그들의 사회적 지위에서 보여 지는 그들의 삶의 전망을 나타낸다. 일반적으로, 대표인들의 기대는 기본적인 구조를 통한 권리와 의무의 분배에 달려 있다. 이것이 변화할 때 기대도 변한다. 그리고 가정한다. 기대들이 관련되어 있다 : 한 지위에 있는 대표인의 전망이 증가함에 따라 다른 지위에 있는 대표인들의 전망이 증가 또는 감소하게 된다는 것이다. 제도적인 형태에 적용되는 까닭에 두 번째 원칙은 대표인들의 기대에 관련된다. 다음에서 논의하겠지만, 그 원칙은 그들의 고유이름으로 규정되어진 특별인 들에게 특별 선으로 분배하려고 적용되는 것은 아니다. 어떤 사람이 특별한 재화를 그것이 절실하게 필요한 그가 알고 있는 어떤 사람들에게 어떻게 할당한 것인가를 생각하고 있는 그러한 상황은 그 원칙들의 범위에 들지 않는다. 그것은 기초 제도의 배열을 규제함에 의미가 있다. 정의의 관점으로부터 특별한 사람들에게 선을 행정적으로 할당하는 일과. 사회를 적정 기획하는 일 사이에 유사성이 있다고 가정해서는 안된다. 전자에 대한 상식적 직관도 후자에게는 빈약한 지침이 될 수 있다.

이제 두 번째 원칙은 각각의 사람들이 기초 구조 안에서 허용될 수 있는 불평등으로부터의 이익을 주장한다. 이것은 이 구조에 의해 규정되어진 각각의 적절한 대표인들이 그것을 계속 관심 있게 바라볼 때 불평등이 없는 전망 보다 불평등이 있을 때의 전망을 선호하는 것이 합당함을 의미한다. 한 지위에 있는 사람들의 불이익이 다른 지위에 있는 사람들의 더 큰 이익에 의해 보상된다는 이유에서 수입과 조직적인 힘의 차이를 정당화 하는 것은 허용되어서는 안 된다. 이와 같은 방식으로 자유의 침해가 보상된다는 것은 있을 수 없다. 기본구조에 적용될 때, 유용성의 원칙은 대표적인 사람들의 기대 합계를 극대화할 것이다. 그리고 이것은 다른 사람들의 이익에 의해 약간의 손실을 보상하는 것이 허락될 것이다. 대신에 두 개의 원칙들은 모든 사람이 *경제적 사회적 불평등*으로부터 이익을 얻기를 요구한다.

정의의 두 가지 원리에 이르는 추론

공정으로서의 정의의 일반적 개념이, 불평등한 분배가 개개인의 이익에 미치지 않는다면, 모든 주요한 사회적 재물의 공정한 분배가 이루어져야함을 요구한다는 사실을 상기하게 될 것이다. 이러한 재물의 교환에 대해 어떤 제약도 없으며, 따라서 보다 축소된 자유는 보다 큰 사회적 경제적 이익으로 보상 될 수 있다. 이제 임의로 선정된 한 개인의 관점에서 상황을 본다면, 그가 스스로를 위해 특별한 이익을 얻을 수 있는 길은 없다. 반면에 그가 특별한 불이익을 감수할 근거도 없다. 그가 사회적 재물의 분배에서 동등한 몫보다 더 많은 것을 기대하는 것은 합리적이지 못하고, 더 적은 몫을 받는 것에 동의하는 것도 이성적이지 못하기 때문에, 그가 할 수 있는 현명한 일은 정의의 제일 원리로 사람들은 공정한 분배를 요구한다는 사실을 인정하는 것이다. 불평등을 규제하는 원리를 확고하게 만들기 위해, 사람들은 가장 이익을 적게 얻는 대표인의 관점에서 그 체제를 본다. 그들이 사회에서 가장 운이 없는 집단의 오랜 기대감을 최대화하거나, 기대감의 최소화의 경우 불평등은 허용될 수 있다.

이제 이 일반적 개념은 어떤 종류의 불평등이 허용될지에 대해 구속을 가하지 않는다. 반면에 특수 개념은, 두 가지 원리를 순서적으로 배치함으로써【의미상 필요한 조정을 통하여】, 기본적 자유와 경제 사회적 이익간의 교환을 금지시킨다. 나는 여기서 이러한 순서를 정당화하지 않을 것이다. 그러나 이 순서에 내재하는 사상은, 집단들이 그들의 기본적 자유가 효과적으로 발휘될 수 있을 것이라고 추측한다면, 경제행복의 증진과 자유의 축소를 맞교환하지 않을 것이다. 사회적 조건이 사람들이 자신의 한계를 용인할 수 있는 이러한 권리의 효과적인 확립을 사회조건이 허용하지 않을 때만 그렇다는 것이다. 그리고 이러한 제한은 그것들이 자유로운 사회를 위한 방법을 마련하기 위해 필요하다는 범위에서만 주어진다. 동등한 자유의 부정은 결국 이러한 자유가 향유될 수 있도록 문명수준을 향상시키는 데 필요할 때만 옹호될 수 있다. 따라서 순서를 채택할 때 우리는 본래의 위치, 즉, 집단이 그들 사회의 조건이 무엇이든 동등한 자유의 효과적인 실현을 허용한다는 것을 알게 되는 특별가정을 효과적으로 하게 된다. 정의의 두 가지 원리를 순서적으로 배열하는 것은 결국 일반적 개념이 일관되게 따르게 되면 결국 합리적으로 된다. 이러한 어휘적인 배열은 일반적 경향의 장기적인 경향이다. 이 경우 연속적 순서를 위한 필수적 환경이 주어진다고 추측된다.

이것으로부터 명백하다고 생각되는 것은 두 가지 원칙은 적어도 실현가능성 있는 정의의 개념이라는 것이다. 그런데 문제는 어떻게 하면 우리가 그들에 대해 더 체계적으로 논쟁을 하는가이다. 이제 해야 할 여러 가지 일이 있다. 최소 최대의 원칙은 그들의 최악의 가능성의 결과로써 대안의 서열을 말하며 우리는 어떤 대안의 최악의 결과가 다른 대안들의 갖는 최악의 결과에 비해 가장 우월할 경우에 그 대안을 선택하게 된다. 물론 원초적 입장에 있는 사람들은 사회에서 그들 최초의 위치가 악의 있는 적대자에 의해 결정된다고 가정한다. 명백히 최소 최대규칙은 일반적으로 불확실성 아래의 선택을 위한 적합한 지침은 아니다. 그러나 그것은 어떤 특별한 특징에 의해 표현되는 상황에서는 매력적인 것이다. 그러면 나의 의도는 원초적 입장은 이러한 특징을 소위 한계에 이르게 하여 가능한 완전하게 표현하고 있다는 사실에 근거하여 두 가지 원칙에 관한 좋은 논거를 보여준다.

가령 얻고 잃는 목록을 생각해 보자. 목록 안에 숫자들은 어떤 최초의 상황과 비교될 금전적 가치이다. 얻음은(g) 개인의 결정에 달려 있고(d) 그리고 환경에 달려 있다(c). 이를 기호로 처리하면, $g=f(d, c)$이다. 가정컨대 거기에 가능한 결정의 수가 셋이고 가능한 환경의 수도 셋이라고 한다면, 우리는 이 얻음과 손실의 목록을 가지게 된다. 최소 최대의 규칙은 우리가 세 번째 결정을 하도록 요구한다. 왜냐하면 이 경우에 발생할 수 있는 최악은 500달러의 이익을 얻게 되는 것으로 이것은 다른 행동에 대한 최악보다 더 낫다. 우리가 이들 중 하나를 정한다면 우리는 800달러 혹은 700달러의 돈을 잃게 된다. 그래서 d3의 선택이 f(d, c)를 극대화하는 것이다. c의 가치는 결정 d일 때 f가 최소 최대가 되는 것이다. "*최소 최대*(mini max)"라는 용어는 최소 중의 최대를 의미한다. 그리고 그 규칙의 지침은 어떤 제안된 행동의 과정에서 일어날 수 있는 최악의 경우에 주의하고 그것에 비추어 결정하는 것이다.

지금 이 평범하지 않은 규칙이 적용되는 상황의 세 가지 주된 특징이 나타날 것이다. 첫째, 그 규칙은 가능한 환경의 확률을 계산하지 않기 때문에 이러한 확률의 평가를 고려하지 않는 어떤 이유가 있어야 한다. 아무 준비 없이 가장 자연스런 선택의 규칙은 각 결정에 대한 금전적 이득의 기대를 계산하고 그러고 나서 가장 높은 전망을 지닌 행동과정을 선택하는 것이다. 두 번째 특징은 최소 최대의 규칙은 다음과 같이 나타난다. 선택하는 사람은 그 최소 최대의 규칙에 따름에 의해서 사실상 확실한 그가 할 수 있는 최소 최대의 수당이상을 얻게 될 것에 관해 매우 적은 관심을 가지는 그러한 선의 개념을 가지고 있다. 더 많은 이익을 위해, 중요한 너 많은 것을 잃게 될지도 모르는 기회를 갖는 것은 가치가 없다.

그 규칙의 적용 여부는 자신의 선의 개념과 관련하여 있을 수 있는 이익과 손실의 질적 구조에 달려 있으며 이러한 모든 것은 또한 확률에 대한 추정적 평가를 도외시함이 합당한 배경적 상황아래에서 이루어질 수 있다. 이익과 손해의 목록에서 말한 바와 같이 표에 나타난 것은 금전적 가치이며 유용성이 아니라는 것에 주의해야 한다. 이 차이가 중요한 것은 그러한 객관적 가치에 기초하여 기대를 계산하는 것은 기대된 유용을 계산하는 것과 같지 않으며 다른 결과에 이를 수 있다. 무지의 베일은 가능성에 관한 애매한 지식은 모두 배제한다. 당사자들은 그들 사회의 기능적 성격이나 그것에 있어 그들의 위치를 결정할 기초를 가지고 있지 않다. 그들은 여러 가능한 환경의 가능성을 추측할 수 없을 뿐 아니라 그들은 가능한 환경에 관해서 더 알 수 없고 각각의 보이지 않는 대안의 결과를 열기하고 예견할 수는 더우 없다. 결정하는 사람들은 숫자적인 목록표의 제안에 의한 예증보다 더 어두울 수 있다. 이런 이유로

나는 최소 최대의 규칙의 유사성을 말했다.

정의의 두 번째 원칙에 대한 논쟁의 여러 종류는 두 번째 특성을 예증한다. 그래서 만약 이 원칙들이 실행할 수 있는 사회정의의 이론을 제공한다면, 그리고 그것들이 효율성의 합당한 요구와 비교할 수 있다면, 이러한 개념은 최소 최대의 만족을 보증할 수 있다. 세 번째 특징은 만약 우리가 정의의 다른 개념이 당사자들이 참기 힘든 구조에 이를 것이라는 가정을 할 수 있다. 예를 들면 때때로 주장되어 진다. 유용의 원칙은 몇 가지 조건에서 정당화 한다. 비록 노예 제도는 아닐지라도 여하튼 더 큰 사회이익을 위해 자유침해를 정당화한다. 이 주장의 진리나 문제가 생길 가능성에 관해 고려할 필요는 없다. 이 언급은 오직 정의의 개념이 당사자들의 받아들일 수 없는 결과를 허용할 수 있다는 것을 예증하기 위한 것이다.

정의의 원칙들에 관한 최종적인 정식

【모든 사람들은 다른 사람들의 유사한 자유와 양립할 수 있는 가장 광범위한 기본적 자유에 대해 동등한 권리를 가져야 한다.】

【사회적 경제적 불평등은 (a), (b)의 두 조건을 만족시키도록 조정되어야 한다.

(a) 그 불평등이 모든 사람에게 이익이 되리라는 것이 합리적으로 기대되고

(b) 그 불평등이 모든 사람에게 열린 지위와 직책에 결부되어야 한다. 】

♥ 첫 번째 우선성 규칙: 정의의 원칙들은 사전적 서열에 순위 매김 되어 있고, 그래서 자유는 오직 자유를 위해 엄격히 제한할 수 있다. 거기에는 두 가지 경우가 있다. (a) 덜 광범위한 자유는 모두가 공유할 자유의 총체적 체계를 강화해야 한다. (b) 동등한 자유보다 덜한 것은 못한 편의 자유를 수락할 수 있어야 한다.

♥ 두 번째 우선성 규칙: 정의의 두 번째 원칙은 사전적으로 능률의 원칙과 이익의 총합의 극대화에 우선한다. 그리고 공정한 기회는 원칙들의 차이에 앞선다. 거기에 두 가지 경우가 있다. (a) 기회의 불평등은 못한 편의 기회를 가진 사람들의 기회를 향상해야 한다. (b) 저축의 과도한 비율은 이 고난을 견디는 사람들의 짐을 경감하여 균형을 이루어야 한다. 이상의 일반개념은 모든 사회의 기본적인 선들 【자유와 기회, 수입과 부, 자아 존중의 기초】는 만일 이 선들의 일부 또는 모두가 불공정하게 분배되어 최소한의 호의적인 이익도 생기지 않을지라도 동등하게 분배되어야 한다. 두 가지 원칙들에 관한 사전적 서열, 그리고 이 서열이 포함하는 가치들, 여러 경우에 충분히 합당할 것으로 보여 지는 우선성의 규칙을 말한 바 있다. 이런 규칙들이 이용되고 진술할 수 있는 방법을 예증하기 위해 노력하고 있다.

칸트적 해석

칸트는 어떤 사람이 자율적으로 행동하는 것은 그의 행위의 원칙들이 자유롭고 평등한 합리적인 존재로서의 그의 본성을 가능한 한 가장 적당하게 표현한 것으로서 그에 의해 선택되었을 때라는 것이다. 인간 행동의 원칙은 그의 사회적 지위나 자연적 자질로 또는 그가 살고 있는 사회의 특별한 종류 또는 그가 원하게 되는 특별한 일들에 비추어서 선택되어서는 안

된다. 이런 원칙에 근거한 행동은 타율적 행동이다. 이제 무지의 베일로 원초적 입장에 있는 사람들은 그들로 하여금 타율적인 원칙들을 선택하게 하는 지식이 주어지지 않는다. 당사자들은 정의의 원칙들에 대한 필요성이 생기는 환경을 얻었다는 것을 아는 자유롭고 평등한 합리적인 사람들로서 함께 그들의 선택에 이르게 된다.

정의의 원칙은 또한 칸트가 의미한 바와 같이 정언명법이다. 왜냐하면 정언명법에 의해 칸트는 자유롭고 평등한 합리적인 존재로서 그의 본성의 덕에서 사람들에게 적용되는 행동의 원칙으로 이해했기 때문이다. 원칙들의 정당성은 사람들이 특별한 욕구나 목적을 가진다는 것을 전제하는 것은 아니다. 이와 대조적으로 가언적 명법에서는 이것을 가정한다. 그것은 우리가 특별한 목적을 성취하기 위해 효과적인 수단으로써 어떤 단계를 갖도록 지시하는 것이다. 그 욕구가 특별한 것에 관한 것이건 또는 그것이 보다 일반적인 어떤 것이든, 동의할만한 느낌이나 쾌락의 어떤 종류에 관한 것이던 간에 그 상응하는 명법은 가언적이다.

그것은 합리적인 인간 개별적 존재의 조건으로써 가질 필요가 없는 목적을 가질 때도 적용성이 있다. 정의의 두 가지 원칙들에 관한 논쟁은 당사자들이 특별한 목적을 가질 것을 가정하지 않으며 오직 그들이 어떤 기본적인 선들을 욕구한다는 것을 가정한다. 이것들은 다른 어떤 것을 원하든 간에 그것을 원하는 것이 합리적인 것들이다. 그래서 인간 본성에 두어 볼 때, 그것들을 원한다는 것은 합리적인 존재의 부분이며 그리고 반면에 각자는 어떤 선의 개념을 가졌다고 추정된다. 그의 최종적인 목적에 관해서는 알려진 것이 없다. 기본적인 선들에 관한 선호는 합리성에 관한 가장 일반적인 가정과 인간 삶의 조건들로부터 만이 도출된다. 정의원칙들로부터 행동한다는 것은 특별한 우리목적이 무엇이든지 간에 그것들이 우리에게 적용된다는 의미에서 정언명법으로부터 행동한다는 것이다. 이것은 단순히 그들의 도출에 있어 우연처럼 나타나는 것이 아니라는 사실을 반영한다.

상호 무관심의 동기에 관련된 가정이 칸트의 *자율성의 개념*과 일치한다는 것이다. 그리고 이 조건에 관한 다른 이유를 준다. 지금까지 이 가정은 정의의 환경을 특성화 시키고 당사자들의 추론을 이끄는 명백한 개념을 제공하기 위해 이용되었다. 두 번째 시혜의 개념인 이타심 개념은 제대로 이해하기 힘들다. 이제 우리는 상호 무관심의 가정은 최종 목적의 체계의 선택에 있어 자유를 허락한다는 것을 추가할 수 있다. 가치의 개념에 있어 선정된 자유는 이들 개념들에 관한 앞선 제한도 포함하지 않는 교리로부터 도출되는 원칙들에 의해서만 한정될 수 있다. 원초적 입장에서 상호 무관심을 가정하게 되면 이 관념을 실행하는 것이다. 이와 같이 전제한다. 즉 당사자들이 적절히 일반적인 의미에서 반대되는 주장을 가진다는 것이다. 만약 그들의 목적이 어떤 특별한 방법으로 제한된다면 이것은 자유에 관한 최초의 임의적인 제한으로써 나타날 것이다. 게다가 만약 당사자들이 이타주의자로 생각하거나 또는 기쁨의 특별한 종류를 추구한다고 한다면 선택된 원칙들은 그의 자유가 이타주의나 쾌락주의와 양립할 수 있는 선택으로 말미암아 제한된 사람들에게만 적용될 것이다.

지금 담론에서처럼 정의의 원칙들은 그들의 내용이 무엇이든 간에 합리적인 삶의 계획을 가진 사람들로 이루어지며 그리고 이 원칙들은 자유에 관해 적당하게 제한된 형태를 나타낸다. 그래서 선의 개념에 관한 제한은 사람들이 욕구하는 것에 관한 앞선 제한을 두지 아니하는 계약상황의 해석결과이다. 그래서 *상호무관심의 동기*를 전제하기 위해서 다양한 이유가 있다. 이 전제는 단지 정의의 환경에 관한 현실주의의 문제이거나 이론을 다루기 쉽도록 만드는 방식은 아니다. 그것은 또한 칸트의 자율성의 개념과도 관련된다. 그런데 원초적 입장은 칸트의 자율성의 개념과 정언명법에 대한 절차적인 해석으로 볼 수 있다. 목적의 왕국을 규제하는 원칙들은 이 입장에서 선택되어질 것이다. 그리고 이 상황의 서술로 인해 우리는 이들 원칙으로부터 행위 하는 것이 자유와 동등한 합리적인 사람으로서의 우리본성을 표현하는 것임을 설명가능하게 해준다. 복지자유론의 관점이 계약론적 입장, 동기주의 입장, 공리주의 입장, 합리주의 입장을 견지하면서, 칸트의 직관주의 입장에 근거함을 알 수 있다.

2. 사회정의론의 한계

최소 수혜자 최대이익 원칙의 난점

롤스에 의해 개념화된 맥시민【maximin = maximum + minimum , 게임이론에서 최소득점을 최대로 하는 전술】의 원리에 근거를 둔 차등의 원리야 말로 최소 수혜자들의 특혜적 입장과 거부권을 가장 강력하고, 투명하게 옹호하고 있는 원리이다. 맥시민의 원리와 차등의 원리는 최소 수혜자에게 단순히 '사회적 최저'를 보장하고 있는 것이 아니라 최대수혜자의 상황 개선과 유기적으로 연계시킬 정도로 자유주의 패러다임 내에서는 강력한 평등주의적 메시지를 함유하고 있는 원리인 셈이다. 최소 수혜자에게 거부권부여는 '무지의 베일'을 쓴 선택자의 입장에서 정당화된다는 점에서 순수 절차적 정의요건을 충족시킨다고 할 수 있다.

하지만 순수 절차적 정의에 주된 관심을 갖되, 순수 절차적 정의의 공정성을 평가하기 위한 요소로 결과에도 부차적 관심을 가질 필요가 있다는 점에서, 절차의 공정성 못지않게 일정 수준에서 '공정한 결과'를 산출하는가 하는 문제에 초점을 맞출 것이다.[183] 특히 맥시민 원리가 실제적 배분의 원리로서 안정성을 담보 받을 수 있는가 하는 문제에서 이러한 원리가 시행되는 경우, 최소 수혜자를 제외한 사회의 구성원들이 동 원리에 '이유 있는' 불만을 표출하는 나머지, 오히려 다른 경쟁적 배분의 원리를 선호하는 경우를 보일 경우, 맥시민 원리는 사회적으로 '불균형'을 산출할 공산이 크다.

맥시민 원리의 도덕 비대칭성

맥시민 원리의 핵심은 최소 수혜자에게 거부권을 부여한다는 점이다. 이는 다른 사회 집단의 희생을 통해서 최소 수혜자들의 이익을 극대화한다기 보다는 최소 수혜자들의 희생을 통하여 다른 사회 집단의 이익을 극대화하는 방안이 부당하다고 하는 사실이다.

(1) 맥시민 원리

183) 박효종, '롤스의 정의의 원리에 대한 비판적 고찰'- 차등의 원리를 중심으로.『윤리학과 윤리교육』 참조.

선택자 자신이 무지의 베일을 쓴 상황에서 자기 자신에 대하여 구체적으로 잘 알 수 없는 입장이므로 일차적 재화 가운데 최소의 양을 극대화하려 한다는 사실이다. 맥시민 원리가 원초적 상태에서 합리적 선택의 범주로 부상하는 근거는 ① 원초적 상태가 개인 당사자의 구체적 생활 전망에 관한 지식이 불가능하거나 혹은 신빙성 있는 지식을 얻기가 매우 어려운 상황이라는 점이다. ② 원초적 상태의 선택자가 맥시민에 의거함으로써 확보할 수 있는 최소수준의 재화 이상으로 얻을 수 있는 재화에 관해서는 무관심할 정도의 태도를 견지하고 있다는 점이다. ③ 맥시민 이외의 다른 선택의 원리들은 선택자가 받아들이기 어려운 결과를 산출할 가능성이 있다. 이처럼 맥시민은 원초적 상태와 무지의 베일이 강요하는 불확실성 상황 하에서 선택자가 취할 수 있는 유일한 합리적 선택이다.

(2) 차등의 원리

개인의 입장에서 선택된 맥시민의 원리는 사회적으로 어떻게 원용될 수 있는가? 사회는 상호협력의 구도이다. 특히 사회란 최소 수혜자와 최대수혜자의 협력의 구도라고 할 수 있다. 상호협력의 구도라면 당연히 양자 사이의 '대칭성'을 전재로 한다. 즉 최소 수혜자와 최대수혜자는 협력적 잉여의 산출에 있어 공히 부담과 혜택을 공유해야 할 것이다. 하지만 최소 수혜자 A와 최대 수혜자 B 사이에는 도덕적 비대칭성이 존재한다. 최대 수혜자 B가 누리는 풍요로운 생활의 근거는 주로 그가 상속받은 사회적 특권의 결과이다. 그런가하면 한편으로는 자연적 재능을 소지했기 때문에 유복한 삶을 향유하게 된 부분도 있다. 여기서 롤스는 생활 형편이 넉넉한 최대 수혜자 B는 자기 자신이 소유한 부와 향유하고 있는 풍요로운 삶에 대하여 도덕적 권리를 주장할 수 없다고 주장한다. 즉, 사회부와 풍요로움의 분포와 마찬가지로, 자연재능의 분포도 '공동의 보화'로 간주될 필요가 있다.

그러므로 최대 수혜자 B는 최소 수혜자 A와의 사회 협력의 결과, 발생하는 이득의 더 커다란 부분에 대하여 이를 선점할 권리를 확보하고 있지 못하다. 최대 수혜사 B는 이를 지언적 보화와 사회적 보화의 사용에 있어서 도덕적으로 받아들여질 만한 조건 하에서만 혜택을 누릴 수 있는 것이다. 이러한 관점에서 최소 수혜자 A를 위한 최대 수혜지 B의 희생과 최대 수혜자 B를 위한 최소 수혜자 A의 희생은 똑같은 것이 아니며, 양자 사이에는 명백한 비대칭성이 존재한다고 하겠다. 즉 최소 수혜자 A는 바로 생활전망이 열악하다는 사실로 인해 최대 수혜자 B보다 도덕적 우위를 점유한다.

(3) 맥시민 원리의 타당성

맥시민의 원리는 최소 수혜자의 최소 위치를 고양시켜주는 원리이다. 롤스는 원초적 상태에서 무지의 베일을 쓰고 자신의 이익 추구에 관심을 갖는다면 맥시민 원리를 원용할 것이라고 생각한다. 그러나 맥시민 원리도 특정 국가 정책이나 사회 정책을 입안 내지 시행하는 과정에서 맥시민 원리의 정당성을 확인할 만하다.(다수의 횡포, 중산층 우대)

① 다수의 횡포

사회적 총 효용 수량의 극대화가 비난의 대상이 된다면, 그것은 총량의 극대화가 개인들에게 부과할 수 있는 희생과 고통이 매우 가혹하다는 점에 있다. 최소 수혜자는 그 절박한 처지에도 불구하고 다만 소수의 입장이기 때문에 '부정적 외부효과'를 감내해야 하는 바, 그것은 전형적인 '다수의 횡포'라 할 수 있다.

② 중산층 우대

사회적 총 효용 수량의 극대화로 특징 지워지는 공리주의는 사회의 구성원 가운데 중산층을 비롯한 다수 집단의 복지 제고를 목표로 하고 있으나, 최소 수혜자의 상황을 약화시키거나 최소 수혜자의 절박한 상황을 방치하고 있음이 분명하다. 이 점에서 최소 수혜자에게 배려하는 맥시민 원리에 비하여 도덕적 우위성을 확보하기 어렵다고 생각한다. 사회의 전체복지를 극대화한다는 명분에서 어떠한 희생이라도 정당화되는 것은 아니므로, 구성원들에게 요구되는 특정 유형의 희생을 제한하는 것이 온당하다고 주장한다. 따라서 재화의 배분과정에서 거부권을 최소 수혜자에게 부여할 필요가 있겠는데, 맥시민이 그러한 원리이다. 결국 분배의 영역에 관한 한 "사회가 무엇을 얻는가."하는 문제에 못지않게 "누가 무엇을 얻는가."는 것아 관심초점이 되어야 할 것이며, 이 점에서 맥시민은 "누가 무엇을 얻는가."하는 문제에 관하여 공정한 해결을 제시하고 있다는 점에서 공리주의보다 설득력을 지니고 있다.

결집의 원리로서 맥시민의 난점

맥시민 원리는 최소 수혜자에게 거부권을 부여하는 원리이다. 맥시민 원리로부터 전제되는 거부권이란 최소 수혜자가 이러한 원리를 방어적으로 사용한다는 의미가 담겨져 있다. 맥시민의 원리는 순수절차정의의 범주에서 안출된 바 있다. 하지만 맥시민 원리의 적실성은 단순히 절차의 수준에서만 평가되는 것이 아니라 결과의 수준에서도 평가될 필요가 있다. 이러한 논거가 적절하다면, 순수 절차적 정의의 범주를 넘어서서 결과에 관심 갖는 비순수절차 정의 범주에도 주목해야 할 것이다.

⑴ 순수 절차적 정의와 혼합 절차적 정의

맥시민 원리에 의거한 차등의 원리를 도출하는 데 있어 롤스의 방식은 순수 절차적 정의의 관점에서 접근하는 것이다. 순수 절차적 정의란 절차에만 관심을 갖는 범주로서 독립적 기준을 설정하고 있는 완전 절차적 정의나 불완전 절차적 정의와는 상이하다. 맥시민 원리는 '무지의 베일'을 쓴 상황 하에서 도출되는 순수 절차적 정의의 범주로 평가되고 있다. 그러나 그럼에도 불구하고 롤스의 세 가지 절차적 정의범주가 불완전하다는 것이다.

이는 무지의 베일을 쓰고 특정한 절차를 만들었다고 해도 문제의 절차에 의한 결과가 어느 한쪽으로 분포된다면 그 절차에 하자가 있는 것이 분명하기 때문이다. 그 대안으로 첫째, 순수절차에 의한 범주와, 둘째 독립적 기준에 의한 범주이며, 마지막으로 절차와 독립적 기준을 유기적으로 연계시킨 혼합절차주의가 분석적·실제적으로 가능하다. 맥시민 평가에 있어서 혼합 절차적 정의의 범주가 유력한 이유는 맥시민의 절차적 공정성이기 때문이다.

⑵ 사례 1 : 맥시민과 중층 궁핍화

중산층의 특혜적 입장, 즉 중산층이 보호받아야 한다는 명제는 어디에서 정당화될 수 있는가? 그것은 계급으로 나누어진 사회에서 중산층은 사회적 안정에서 매우 중요한 역할을 수행한다는 점이다. 즉 부자와 빈자 사이에 존재하는 계급 갈등을 순화시키고 양자를 화해시킬 수 있는 방안이 있다면, 거대한 중산층을 구축하는 방안이다. 중산층이 부자와 빈자의 계급 갈등을 해소시킬 수 있는 대안으로 평가될 수 있는 것은 중산층이 윤리적으로 이른바 '황금평균', 즉 중용이 덕목의 기준이 된다는 점과 유비적 관계를 맺고 있기 때문이다.

중산층의 몰락이란 '가진'집단과 '가지지 않는' 집단 간의 심각한 계급 갈등을 촉발하게 됨으로써 사회의 불안정을 초래하며, 또 한편으로는 중산층의 거부권도 최소 수혜자의 거부권처럼 순수절차적정의의 범주에서 도출될 수 있을 정도로 도덕적 정당성을 함유하고 있는 원리로 간주될 수 있는 까닭이다. 최소 수혜자의 거부권은 공리주의에서 파생될 가능성이 있는 짙은 '다수의 횡포'를 수정하고자 하는 방어적 원리의 속성을 내재하고 있다. 그러나 그렇다고 하더라도 사회적 배분의 원리에서 숫자의 범주가 전적으로 배재될 수 있는가 하는 문제는 의문으로 남게 된다. 특히 최소 수혜자의 상황이 매우 절박한 경우라 해도 숫자에 민감한, 혹은 다수의 복지를 우선으로 하는 공리주의 원리가 정당화될 수 있는 가능성은 존재하며, 혹은 질적인 차이가 아니라 정도의 차이에서 느껴지는 고통의 감소에서 숫자의 무게는 보다 크게 평가될 여지가 있다.

혼합절차주의 관점

혼합절차주의는 완전절차나 불완전절차주의를 내포하고 있는 '비순수절차주의'와는 달리 순수절차주의를 타당한 범위를 인정하면서도 순수 절차적 정의의 공정성을 음미하기 위해서는 그 '현저한' 기준으로 결과의 공정성이 고려의 대상이 되어야 한다는 점을 상정하고 있다. 이러한 혼합절차주의의 관점에서 볼 때 맥시민과 차등의 원리는 일련의 하자를 지니고 있는 범주로 평가된다. 맥시민은 최소 수혜자의 작은 이익을 위하여 중산층에게 훨씬 커다란 희생을 요구하므로 중산층의 입장에서 의아스럽게 생각되는 결과를 산출할 가능성이 있으며 또한 최소 수혜자의 작은 이익을 위하여 중층과 상층에게 상당한 부담을 강요하므로 사회 다수 집단의 입장에서는 수긍하기 어려운 결과를 야기할 것으로 우려된다.

여기서 맥시민의 원리란 바로 '최대 불만의 극소화'를 목표로 최소 수혜자에게 거부권을 부여하고 있는 원리로서 '독특한' 의미의 만장일치제인 셈이다. 최소 수혜자에게 거부권의 주는 맥시민에 의하여 구체화되는 만장일치제는 특이한 장점을 배태하고 있다. 즉 맥시민은 생활의 기본 욕구가 충족된 최대 수혜자들의 선호보다 최소 수혜자들의 선호강도를 우선시하는 원리인 것이다. 그럼에도 불구하고 여기서는 맥시민의 원리가 결집의 규칙으로서 바람직하지 못한 결과를 야기할 수 있다는 점에 주목하고, 또한 그러한 일련의 사실들을 혼합절차주의의 관점서 맥시민의 한계를 간주하고자 하였다. 물론 맥시민이 사회적 선호의 결집 과정에서 정의의 원리로 적절하게 통용될 수 있는 상황이 엄존한다는 점을 인정하는데 인색할 이유는 없다. 그렇지만 맥시민이 사회적 선호의 결집과정에서 정의의 원리로 통용되는 상황이란 보편적인 경우보다는 '제한된 경우'에 한정될 필요가 있다는 것이다.

맥시민에 의하여 상정되는 최소 수혜자의 거부권이란 최소 수혜자들의 입장에서 가장 거부하지 않을 만한 대안을 선택한다는 차원에서 정당화됨으로써 결집의 과정에서 모든 성원들의 만장일치를 보장하는 것처럼 보이지만, 실질적으로 최소 수혜자들에게 '독재권'을 부여하는 결과를 초래할 수 있는 가능성을 배제하기 어렵다. 최소 수혜자들의 거부권[184)]이 도덕적 호소력을 지닐 수 있는 경우에는 제한적이다. 그것은 최소 수혜자가 거부권을 '공격적'이 아니라, '방어적으로' 사용한다는 단서가 붙은 경우에 한한다. 즉 최소 수혜권의 기본 필요의 충족을 위협하는 배분적 원리와 규범에 대하여 거부권을 행사한다면, 스캔론이 주장하는바 '순리적 거부'[185)]의 범주에 충분히 부합한다. 따라서 맥시민이 무지의 베일에서 도출되었다는 사실만으로 공정성을 보장받기란 어려운 일이다. 맥시민이 공정성을 견지하려면 사회집단들이 공정하다고 평가하는 타당한 결과를 산출해야 하며, 이는 곧 혼합 절차주의이다.

3. 공동체주의의 복지론

존 롤스의 입장은 자유주의 전통에 근거한 정의실현을 주장한다. 여기서는 도덕을 기본적으로 '절차적 옳음'의 문제로서 파악하고 있다. 즉, 자유주의자들은 우리의 목적 그 자체가 아무리 소중한 것이라 할지라도, 우리가 실제적인 재화나 목표들을 구현하기 위하여 불공정한 절차나 수용 불가능한 절차들을 사용하는 것은 비도덕적인 것이라는 점을 강조하고 있다. 즉 옳음은 좋음에 앞서는 것이라는 관점이다. 이에 반해 공동체주의 입장은 도덕적 관점들을 포함한 모든 관점들을 본질적으로 역사적인 것으로 보기 때문에 한 개인의 사회화 역사에 따라서 상대적인 것이라고 주장하고 있다. 즉 좋음은 옳음에 앞서는 것으로 본다.

도덕적 자아와 관련되어 있는 자유주의와 공동체주의 사이의 논쟁에서 자유주의 입장은 인간의 인성이 자율성 혹은 자율성과 상호 관련된 자유, 비판적 사고, 자아실현 등과 같은 개별적인 차원 속에서 가장 잘 이해될 수 있다는 것이다. 반면에 공동체주의 입장은 역사 속에서의 착근 혹은 그와 관련된 개념으로서의 관계, 문화적 정체성, 충성심, 공동선에 대한 인식 등과 같이 하나의 전체적인 차원 속에서 가장 잘 이해될 수 있다는 것이다.

공동체주의 기본강령

(1) 공동체·공동선의 우선성

공동체주의자들은 공동체와 공동선의 중요성을 강조하고 있다. 그들에게 있어서 공동체는 도덕의 원천인 동시에 사회 질서의 보호자이며, 개인적 정체성의 제공자이기도 하다. 반면 공동선은 공동체의 이상인 동시에 도덕 생활의 기본 원리이다. 매킨타이어, 샌들, 월쳐, 웅거, 바버, 셀즈닉, 에치오니 등의 주장에서 드러난다.

---

184) '행위자 중심의 제약' 혹은 '행위자 상대적 제약'으로서 침해받을 수 없는 개인의 권리를 보호하기 위해서 그 권리가 침해될 가능성이 큰 '최소 수혜자의 특권적 입장'을 보장함으로 행위자 중심의 제약, 즉 개인에게 부과할 수 없는 제약 요인을 설정한다.

185) '순리적 거부의 원리'란 절박한 필요를 가진 최소 수혜자가 거부권을 행사할 수 있다는 의미에서 최소 수혜자에게 거부권을 부여하는 것과 같은 효과를 지닌다.

(2) 사회정책대안

경제 분야 면에서 개인들의 사적인 수입을 극대화하는 데는 큰 관심 없고, 어떻게 하면 경제적 생산이 인간 공동체와 인간관계들을 조장하고 지지해 줄 수 있을 것인가의 문제에 관심 집중한다. 여성 문제 면에서 여성의 자유 극대화 같은 추상적 문제에 큰 관심 기울이지 않고 남성 및 아동들과의 관계를 포함하여 지역 사회 및 인간관계의 맥락 안에서 여성들의 복지를 증진시키는 문제에 대해 더욱 관심을 표명한다. 환경 문제 면에서 동물 권리 혹은 종의 권리 등의 문제에 대해서는 회의적, 자연 공동체의 개념을 수용하는 가운데 그러한 자연 공동체 속에서의 인간의 중요하면서도 위험스런 역할에 대해 관심을 집중한다.

보건 제도 면에서 모든 개인을 위한 최상의 보건 제도를 마련하는 것에 대한 관심보다 삶으로부터 죽음이라는 인간의 자연적인 생장 과정에 있어서 어떤 유형의 보건 제도가 인간의 복지를 조장해 줄 수 있을 것인가와 같은 보다 현실적인 문제들에 관심과 노력을 경주한다. 교육 문제 면에서 인격형성을 위한 교육이 학교 교육의 중심적인 목표가 되어야 한다고 주장하고 있으며, 특히 도덕 교육과 관련하여 도덕적 딜레마 토론과 같은 추상적인 방식보다는 역사와 문학 등에 내재해 있는 생생한 도덕적 이야기, 봉사 활동과 같은 실천적 경험들을 중시하고 있다. 이를 위해서는 학교가 하나의 구조화된 환경을 제공해 줄 수 있어야만 하며, 그러한 구조화된 환경은 학생들에게 명확한 가이드라인을 제시해 줄 수 있는 교사, 규칙, 과제의 조직화로 구성되어야 한다고 보고 있다.

도덕교육의 원리

공동체주의 이론을 도덕 교육적 관점에서 종합하여 명료화한 가장 대표적인 사람은 영국의 헤이스트(Haste)이다. 그는 담론과 사회적 상호 작용을 통하여 의미를 구성해 나가는 공동체 자아관점 혹은 사회적 자아관점에 그 기반을 두고 있다. 헤이스트의 관점이 공동체주의 도덕 교육 이론의 논리적 타당성을 제시한 것이라고 한다면, 헤슬립(Heslep)은 미국과 같은 다원화된 사회 속에서 공동체주의 접근이 직면하게 되는 실질적인 문제점들을 지적해 주는 것이라고 볼 수 있다. 그럼에도 불구하고 공동체주의 도덕 교육 이론은 자유주의적 도덕 교육 이론에 의해 지배되어 왔었던 기존의 도덕 교육 이론들의 문제점들을 보완해 줄 수 있는 하나의 처방을 제공해 주고 있다. 공동체주의 도덕교육의 기본 가정·목표는 이와 같다.

(1) 교육 이론 가정 : 인간은 담론과 사회적 상호 작용을 통하여, 그리고 사회적 관례들과 내러티브에 의해 전수된 문화적 목록, 이야기, 대본을 통하여 의미를 창조하는 사회존재이다.

(2) 교육 목표 : 공동체적 생활, 이기심, 협소한 도구주의의 초월을 조장해주는 가치의 발달

(3) 교육 원리(목표들을 달성하기 위한 사회·심리학적 과정)

a. '언어와 사회적 실천을 통한 학습'

b. '사회적 정체성의 촉진'

c. '타인들과 관련되어 있다는 감정'

d. '제도들과 공동체들은 다양한 목적들을 지니고 있다는 것에 대한 인식'

e. '의미를 창조하는 해석학적 과정에 대한 자기 의식적인 평가 및 인식'

공동체주의의 도덕교육 의미

(1) 도덕생활 목적과 이상의 공동체

공동체주의의 도덕 교육 이론은 우리 인간의 도덕 생활은 공동체 그 자체를 하나의 목표로서 추구해야만 한다는 것을 일깨워주고 있다. 후기 콜버그에게 있어서의 공동체는 어떤 목적 달성을 위한 하나의 수단이지 그 자체가 목적인 것은 아니었다. 그에게 있어서의 공동체는 어디까지나 높은 단계의 도덕적 판단 능력을 지닌 사람을 만들어내기 위한 하나의 교육적인 수단에 불과한 것이었다. 하지만 오늘날의 공동체주의자들은 공동체를 하나의 도덕 생활의 목적 및 이상으로 여겨야 한다는 점을 부각시키고 있다.

(2) 덕성함양과 공동체

a. 공동체는 특정한 덕 혹은 도덕의 모체인 동시에 그러한 덕이 함양될 수 있는 실질적인 장소이며 공동체는 덕의 학습을 위한 구체적인 내용과 방법들을 제공해준다.

b. 덕의 함양과 공동체와의 관계는 지속성이라는 측면에서 찾아볼 수 있는데 덕은 오직 공동체 안에서만 지속될 수 있다.

c., 우리의 도덕적 정체성, 그리고 도덕 행위자로서의 자격은 적어도 부분적으로는 우리가 속해 있는 공동체에 의하여 부여되는 것이라고 볼 수 있다. 즉 도덕적 정체성 형성이 부각된다.

d. 공동체는 추상적인 원리들을 살아 있는 도덕으로 바꾸어 줌으로써 그 구성원들에게 상세한 처방을 제시해 준다고 볼 수 있다. 공동체는 일반적인 도덕원리들을 실세계에 적용하는 구체적인 방법들을 제공해 준다.

e. 특정한 덕에 가치를 부여해 준다. 어떠한 특질들은 특정 공동체서만 덕으로서 여겨지게 된다.

이처럼 공동체주의 도덕 교육 이론은 자유주의 관점에 치우쳐 왔었던 현대 도덕 교육 이론들에 대한 하나의 처방을 제공해 준다고 볼 수 있다. 크게 보아, 공동체주의자들은 도덕 생활의 목적 및 이상으로서의 공동체 개념을 중시함으로써 공동체적 자아 혹은 관계적 존재로서의 인간의 본성에 대한 올바른 이해의 필요성을 제기해 주었다. 그리고 덕의 함양에 있어서 공동체의 기능들에 대한 풍부한 이론적 근거들을 제공하여 줌으로써, 근본적으로 도덕 교육은 공동체에 기반을 두고 실행되어야 함을 일깨워 주었다. 도덕교육의 내용과 관련하여 기존의 형식주의적 도덕 교육 이론들과는 달리 공동체의 구체적 역사, 전통 상징체계, 의식, 음악과 미술, 서사와 이야기 등을 다채롭게 활용할 필요성을 제시해 주었다. 우리는 나딩스(Noddings, Nel)가 지적하고 있는 바와 같이, 공동체주의의 부정적 측면을 최소화하는 가운데 기존의 자유주의적 이론의 장점들을 최대한 포용함으로써, 열린도덕공동체 속에서 공동체 의식과 합리적 자율성을 겸한 인간을 추구하는 일에 많은 관심을 경주할 필요가 있다.[186]

186) Noddings, N. *Caring: A Feminine Approach to Ethics.* Berkeley: University of California Press. 1984. pp. 24 ff.

제13장 생태정의론

제 13장 생태정의론

우리는 인간이익의 상대적 중요성의 관점에 따른 인간과 생태환경과의 관계를 정립하여 생태정의를 어떻게 구현할 수 있는가의 문제는 주요관심이 된다. 생명가치와 생명주의, 심층생태주의와 사회생태주의, 생태여성주의와 생태정의 구현의 가능성을 고찰한다. 서구 전통에서의 기술위협에 따른 생태환경에 대한 관심이 고조되면서, 그것의 정의구현에 관한 논의가 다양하게 나타나고 있다.

지구가 심각한 도전을 받게 되면서, 이러한 문제는 크게 두 가지 유형으로 표출된다. 한 가지는 인구의 폭발적 증가, 숲의 황폐화, 야생의 소멸, 생물종의 감소, 동물에 대한 잔인성 등의 문제와 연관된 특수한 정의구현의 문제이며, 또 다른 한 가지는 동식물계, 생태계 등등의 인간 이외의 영역과 관련된 보편적인 정의구현의 문제이다.[187] 앞의 경우는 1960년대 이후 환경비관론에 근거하여 생태위기 의식을 고조시키는 반면, 뒤의 경우는 환경변화론에 근거하여 실천적 함의를 강조하는 경향이 있다. 분명히 인간의 생존을 위협하는 의식수준과 생명공동체를 파괴하는 범죄예방의식은 차이가 있다.

☆ 탐구문제

1. 생명의 가치와 생명에 대한 책임의 특징은?
2. 생명주의 전통에서 중시되는 형식적 절차적 행위 규칙은?
3. 심층생태주의 추론체계는 어떻게 이루어지는가?
4. 사회생태주의에서는 생태위기의 근본원인을 어떻게 진단하여 극복하는가?
5. 생태윤리학의 입장에서 야생지가 강, 생태계에 이익이나 선을 부여하는 것이 의미 있는가? 그런 것들은 목적론적 삶의 중심이라고 할 수 있는가?
6. 생태여성주의에서는 억압의 구조를 어떻게 생태운동으로 전환하는가?
7. 다음은 슈바이처의 생명 중심적 자연관을 보여주는 글이다. 이런 자연관에 근거한 생태윤리의 긍정적 영향과 한계를 각각 2가지만 쓰시오.(02' 임용고사)

<인간은 자기가 도울 수 있는 모든 생명체를 도와주고 어떤 생명체에도 해가 되는 행동을 하지 않을 때, 비로소 진정한 의미에서 윤리적이라 하겠다. 윤리적인 인간은 이 생명 혹은 저 생명이 얼마나 값진가를 묻지 않으며, 그것이 나에게 얼마나 이익이 되는가를 묻지 않는다. 그에게는 생명 그 자체가 거룩하다. 그는 나무에서 나뭇잎 하나를 함부로 따지 않으며, 어떤 꽃도 망가뜨리지 않으며, 어떤 곤충도 밟아 죽 이지 않도록 항상 주의한다.>

8. 윤리적 측면에서 생태적 위기(ecological crisis)의 원인을 3가지 이상 지적한 후, 그것을 극복하기 위한 실천방안을 2가지 이상 제시하시오.(00' 임용고사)

---

187) 비외른 롬보르, 『회의적 환경주의자』 서울:에코리브르, 2003. pp.76ff. 로널드 베일리, 비외른 롬보르는 환경비관론의 타당성 조사를 광범위하게 전개하면서 환경비관론의 허구성을 일목요연하게 파헤치고 있다.

1. 생명가치와 생명주의

생태윤리 논의에 있어 인간은 더 이상 자신의 이익만을 부각시키거나 지구에서 인격의 존엄성만을 당당하게 내세울 수 있는 처지가 되지 못하였다. 이에 따라 생태환경의 정의구현이 요청되고 그 외연이 확장되었으며, 생태환경의 정의에 대한 관심은 범지구적인 것이 되었다. 전통윤리와 달리 미래세대에 대한 책임의식이 강조되며, 생태환경의 정의구현 영역을 인간계를 너머서 동식물계뿐만 아니라 생태계 전반으로 확장시켰다. 특히 생태환경의 정의문제는 여러 관점에서 다양한 문제를 제기한다. 존 롤스(John Rawls)의 '사회정의론'을 방법론적으로 적용할 필요성은 나타나지만, 그것이 인간중심적 관점에서 제기된 문제의식이고 합리적 인간을 전제로 체계화된 수정 자유주의의 정의이론이기 때문에 그대로 생태환경에 반영할 수는 없을 것이다. 그렇지만 생태계 전체를 위한 한정된 지구자원 배분의 '공정성(fairness)' 문제는 회피할 수 없는 과제로 남아있다. '인간이익(human interests)'의 경계를 너머서 생명의 다양한 생물종에 이르기까지 수혜이익과 고통분담의 몫을 공정한 기준으로 처리할 것인가의 과제는 다양하게 그 해결방안을 모색할 필요가 있는 것이다.

생태환경의 정의문제는 규범 윤리적 측면과 응용 윤리적 측면을 함께 내포하고 있다. 1984년, '생태환경의 부정의(injustice of ecological environment)' 사건이 인도의 보팔(Bhopal)에서 발생하였다. 이곳의 탄소 합성 공장에서 화학물질에 대한 취급부주의로 말미암아 뿌리가 약한 나무들이 대량으로 공장으로 넘어져서 독가스를 유출시킴으로 4.000여명이 사망하고 50.000 여명의 불구자를 발생하였다. 이러한 문제에 대해 피터 벤츠 (Peter Wenz)는 '단순히 취급부주의 사실을 확대시켜 생태환경 부담금을 가난하고 힘없는 사람들에게 과다하게 부과하는 것은 결코 환경정의에 부합되지 않는 행위'라고 비난하였다.[188] 이처럼 생태위기의식을 고조시켜 전통규범의 외연을 성급하게 확장시키거나 전략적 측면을 동원하여 생태불의를 자행하면서도 은폐할 경우에는 도덕적·법적 수준의 책임을 부담하도록 해야 할 것이다. 그 밖의 경우에 생태환경 부정의의 문제는 지역차별, 인종차별, 성차별 문제와 연계되어 다양한 양상으로 나타났다.

이처럼 인간이외의 영역에 대한 생태환경의 정의문제가 부각 되면서 초기 생태윤리의 '인간주의(anthropocentrism)'에 관점에 대한 대안으로 '생명 중심주의' 또는 '생태전체주의'라는 급진적 관점을 표방하기에 이르렀다. 앤드류 돕슨(Andrew Dobson)의 주장에서처럼, 이러한 대안적 개념은 인간 이외의 영역에 대한 본래적 가치의 평가의 의미보다, 그동안 비인간계에 취해졌던 '불공정한 대우(unfair treatment)'에 대한 울분의 감정을 함축하고 있다.[189] 실제로 인간의 효용가치와 별도로 자연계의 아름다움은 그 자체대로 미적 가치와 숭고함을 유지하고 있다.

흔히 인간이 자유의지, 창작성, 사색, 판단, 실제적인 이성 같은 도덕행위 능력을 지니고 있

---

188) Peter Wenz, *Environmental Justice,* Albany, NY: SUNY Press, 1989.

189) Dobson, Andrew, *Green Political Thought,* London, Routledge, 1990. p.61.

기 때문에 도덕적으로 우월한 존재라고 믿고 있다. 그러나 이것은 개념적인 혼동에 기인한다. 도덕관점과 관련하여 도덕행위 능력을 가진 존재는 도덕적이거나 부도덕적이라고 판단할 수 있지만, 이러한 도덕관점을 도덕능력 결핍존재에게 그대로 적용하여 평가하려는 것은 공정한 처리가 될 수 없다. 결국 인간우월성에 근거하여 공평하지 못한 자원의 분배 몫을 인간중심으로 나누어 가진다면 다른 생명에 대한 고유 가치를 침범하는 결과를 야기한다. 이러한 모순을 폭스(W. Fox)는 '인간목적을 위한 단순한 도구로 전락되는 비인간계'로 집약하고 있다.[190]

생명의 가치

한스 요나스(Hans Jonas)는 자연과학적 방법론의 한계에 머물지 않고, 철학적 방법론으로 '생명현상'과 '생명의 문제'를 해석한다. 그는 생명을 물질적인 영역과 정신적인 영역을 모두 포함하는 총체성을 지닌 '살아있는 생명체'로 보고 있으며, 생명이 지닌 철학적 특성으로 '전체성', '연속성', '초월성'을 들고 있으며, 또한 '자유'개념을 생명의 실마리로 이해한다.[191] 그는 생명체들은 모두 목적을 가지고 있다고 보며, 이 목적론을 토대로 하여 '가치'의 문제를 해결하려 한다. 또한 그는 생명을 절대적인 가치로 보고 있으며, 그에 대한 '책임', 특히 '여기 이 순간'의 책임의 감정을 요청한다. 그는 '인류는 실존해야만 한다.'는 존재론적 명령을 가장 근본적인 사태로 보고 있으며, 책임의 구체적인 내용을 생명의 지속이라고 보고 있다.

(1)생명에 대한 이해: 유기체로서의 생명

① 요나스는 존재를 생명으로 이해한다. 그에게 있어 생명은 물질대사적인 생명, 또한 살아있는 물체, 즉 유기체적 존재이다. 존재를 생명으로 그리고 유기체로 해석함으로써, 존재는 "스스로의 활동으로서의 유기체 존재", 즉 유기체 자신의 행위를 통해서만이 유지되는 존재로 특징이 있다.

② 모든 유기체는 자신의 생명을 보존하려는 자기 목적성을 가진다. 이러한 생명보존의 목적은 다른 목적으로부터 파생되는 것이 아니라 오직 하나밖에 없는 자기 자신의 생명을 보존하려는 일차적인 목적을 가지고 있는 생명체의 실존적인 상황을 시사한다. 즉 생명체는 살기 위해서는 능동적으로 의욕하고 애쓰는 경향성을 본성적으로 가지고 있다.

③ 이러한 살려고 애쓰는 내면적인 차원을 요나스는 '변증법적 자유'라 부른다. 그는 이 자유가 생명을 이해하고 해석하는데 실마리가 된다고 말하면서 "존재의 심층부에는 자유의 경향이 자리 잡고 있고, 이는 생명 없는 물질로부터 생명체로의 이행 과정을 근거 짓는 원리로 기능한다."는 형이상학적 가설을 세운다.

④ 요나스는 자유의 최초형식으로 생명의 기초행위라고 할 수 있는 '신진대사'를 들고 있는데, 이 최초의 생명은 오늘날 말하는 정신적 활동과는 아직 거리가 멀다 하더라도, '객관적으

190) Fox, Warwick, "Deep Ecology: A New Philosophy of our Times?", *The Ecologist*, 14, 5/6. p.198.

191) 변순용, "생명에 대한 책임: 쉬바이처와 요나스를 중심으로", 『범한철학』 제 32집, 2004년 봄. 참조

로 구별할 수 있는 존재 양태', 즉 '생명체에 대한 고유한 실존 방식'을 서술한다는 점에서 자유의 형식이라고 한다.

⑤ 생명체는 질료적 존재로서 외부 세계에 내맡겨져 있기는 하지만, 동시에 자신의 자유로운 지각, 운동, 감정을 통해 외부 세계와 '선택적 관계'를 맺고 있다. 식물적 생명에 있어서 공간은 단순한 물질적 의존의 차원에 불과하지만, 이 공간이 동물적 생명에 있어서는 점진적으로 자유의 차원으로 전환되고, 특히 동물은 스스로 움직일 수 있는 운동의 능력과 먼 거리에서도 지각할 수 있는 능력을 통해 공간적 거리를 자유의 계기로 전환시킨다. 동물은 자기 생명을 위하여 욕구와 대상, 자기와 외부 세계 사이에 있는 거리를 제거해야 한고, 또 그렇게 때문에 본래의 목적과는 구별되는 '간접적 행위'를 하고 있다.

⑥ 인간 역시 동물이지만 동물적 존재에서 발견되는 간접성의 혁신적 발전에서 인간의 초동물적 특성을 발견하고, 인간의 세계 관계에서 나타나는 간접성이 동물의 그것과는 질적으로 다르다는 것을 보여주는 인간학적 징표들로서 도구, 그림, 무덤을 들어 설명하고 있다.

(2) 생명의 가치: 생명의 자기 목적성

① 요나스는 생명을 자신의 생존을 보존하려는 목적을 가지고 자신의 죽음과 대결하고 있는 존재로 정의하면서, 모든 생명체가 우리 인간에게 보여주는 생명의 현상은 '생명체가 살려고 애쓰는 것'이라고 한다. 생명체에게는 사는 것이 살 만한 가치가 있는 것이다. 그러므로 생명체에게는 사람이 죽음보다 선한 것이다. 살려고 하는 목적을 가진 생명체에게는 사람이 죽음보다 선한 것이다. 살려고 하는 목적을 가진 생명은 그런 목적이 없는 물질보다 우월하다. 그는 바로 이 '모든 생명체가 살려고 애쓴다.'는 사태 자체가 그 생명체들을 그 자체로서 가치 있는 것으로 만든다.

② 이것은 우리 인간이 주관적으로 그리고 인간에게 얼마나 유용한가에 따라서 그 생명체의 가치를 평가하고 인정하는 것과 관계없이, 생명체들 자체가 생명을 살 만한 가치가 있는 것이라고 스스로 증거하고 있는 객관적인 측면이라는 것이나.

③ 이러한 객관직 가치의 확립은 오늘날의 생명에 대한 몰가치적이거나 가치 상대주의적 경향의 만연으로 인한 가치의 혼란을 사라지게 한다. 특히, 인간의 주관에 좌우되지 않는 그런 가치에서부터 객관적 존재 당위와 존재 보존을 위한 의무, 즉 존재를 향한 책임이 추론될 수 있다.

④ 요나스는 목적론적 사유 방식을 토대로 하여 가치의 문제를 해결하려고 한다. 그는 생명의 전체 과정을 목적론적으로 파악하여, 우주 만물에는 그에 합당한 목적들이 있다고 한다. 그는 합목적성은 자연 자체의 인과율적인 존재 양식으로서, 이는 생명에 대한 경험에서 확증된다고 한다.

⑤ 요나스는 사물의 목적과 그것이 존재와 어떤 관계를 맺고 있는지를 망치, 법정, 걷는 것, 소화 기관의 네 가지 예를 들어 설명하고 있다.

망치와 법정은 인간이 만든 도구로서 물리적인 것과 관념적인 것들을 대표하는 것이라 할 수 있다. 이러한 범주에 있어서, 망치는 망치질하기 위해서, 그리고 법정은 정의를 실현하고 판결하기 위해서라는 각각의 목적이 있기 때문에 존재한다는 말이다. 하지만 이러한 범주에 있어서 '목적의 척도'는 인간이고 따라서 이렇게 인간 중심적으로 설정된 목적에 의해서는 절대적이고 객관적인 가치가 확립될 수 없다. 또한 걷는 것의 경우에, 대상적인 어떤 도구의 범주가 아니라 주어진 도구를 사용해서 수행하게 되는 의식적 활동을 대표한다. 이러한 의식적인 활동 가운데서 어떤 목적은 그런 의식적 활동을 촉발하는 힘으로서 작용한다고 할 수 있다.

요나스는 모든 생명의 현상을 단지 기계적이고 물리적으로만 설명하지 않고 정신 물리학적 상호작용으로서 설명한다. 그래서 그는 생명의 제 현상들에서 목적의 현실성은 합리성이나 사변 또는 자유 선택 그리고 나아가서는 인간 자신에 국한되지 않는다고 말한다. 여기서 인간 주관에 매이지 않는 어떤 객관적인 목적을 발견할 수 있는 가능성을 얻게 된다. 그리고 소화기관은 숨을 쉬고 눈을 깜박거리는 활동을 하는 기관을 대표한다. 요나스는 이러한 무의식적인 활동 가운데서도 어떤 목적을 발견할 수 있다고 말한다. 특별히 소화기관의 활동이 무의식적으로 이루어진다는 점에서, 여기에서 발견되는 목적은 본질 그 자체 속에 부여된 객관적인 목적이어야만 한다. 요나스에 의하면, 그러한 목적이 될 수 있는 것은 바로 전체로서의 생명이다. 즉, 유기체의 모든 기관은 유기체의 생명유지라는 목적을 갖는다는 전제하에서 소화기관 역시 동일한 목적을 갖는다.

⑥ 결국 자연은 존재를 창출할 때부터 생명 그 자체를 본질적인 목적으로 존재에 부여하고 있다는 것이다. 그래서 생명은 다른 모든 목적을 포괄하는 것으로서 오늘날의 우리들의 보존해야 할 절대적인 가치라고 할 수 있다.

(3) 생명에 대한 책임의 특징과 의의

1) 생명에 대한 책임의 특징

① 생명체들은 목적을 가진다. 요나스는 식물이나 의식의 밑바탕에 있는 무의식적이고 비자의적인 생명영역, 즉 소화 기관 또는 생명체의 최소 단위인 세포에까지 목적이 있다고 하여 목적론을 부활시키고 있다. 즉 요나스의 이러한 시도는 자연 전체에 목적이 존재한다고 주장하는 것이나 다름없다.

② 그가 보기에 자연은 자신의 목적의 관심을 생명을 통해서 가장 잘 나타내 주고 있으며 생명은 자연의 목적일 뿐만 아니라 자기 자신의 고유한 목적이기도 하다.

③ 하지만 요나스는 인간의 목적성과 여타 존재의 목적성이 갖는 가치에 있어 차별을 반대하는데, 만약 차별을 인정한다면 결국은 인간 중심적 논리로 발전할 수밖에 없고, 인간의 가치보다 하위인 여타 존재의 가치는 인간의 가치를 위해 수단으로 전락할 가능성을 배제할 수 없게 된다는 것이다. 이것은 전통 윤리학이 바탕을 두는 논거로서, 존재론적 책임이 아니며 결코 새로운 윤리과제가 될 수 없다.

④ 이러한 이유로 그는 '인간에 대한 인간의 책임'을 일차적인 것으로 간주하고 있다. 그런데 이러한 까닭은 인간이 여타의 존재보다 권리의 우위에 있기 때문이 아니라 인간은 여타의

존재의 생명에 대한 책임을 자신의 책임의 대상으로 정립할 수 있는 능력을 인간의 책임성에 포함하고 있기 때문이라고 한다. 그리고 그는 이러한 책임 능력은 다른 존재의 목적들을 자신의 직접적인 목적으로 정립하여 추구할 수 있게 하는 인간의 자유 속에서 찾아진다.

⑤ 이러한 입장은 다음과 같이 요약될 수 있다. "요나스는 자기의 책임개념을 존재 책임내지 존재론적 책임이라고 부른다. 그의 논의에서 책임개념은 존재와 당위의 연결점으로서의 역할, 인간적 자유와 존재가 갖는 가치성 사이의 매개로서의 역할을 한다. 존재론적 책임은 존재론적 사실에서부터 시작해서 존재론적 당위로 전개된다. '인간이 존재한다는 순수한 존재론적 사실이 존재론적 명령이 되며, 인간의 능력으로부터 인간의 당위'로 넘어간다."

2) 생명에 대한 책임의식의 의의

(가) 생명에 대한 책임을 부각

① 오늘날 기술공학의 발전은 인간을 생명을 대상으로 할 지경에 이르렀다. 이에 유전자 조작과 인간의 복제 등, 앞으로 태어날 후손들을 조절하고 있는 상황에까지 이르렀다. 이제 현대인들은 인간은 존재해야만 한다는 존재론적 특권마저 회의하게 될 정도로 기술문명의 모험을 계속하게 되었다.

② 요나스는 기술이 지배하고 있는 오늘날의 기술공학의 세계를 불안한 것으로 인식하고 인간은 오늘날 기술과학이라는 위험지대 안에서 살고 있다고 말한다. 그러나 그렇다고 해서 기술을 포기해서는 안 된고, 오히려 무한히 발전해 나가는 기술로부터 유래하는 위험을 예방을 위해 새로운 윤리를 찾아야 한다고 역설한다.

③ 요나스는 기술공학 시대에 행해지고 있는 유전자 조작적인 기술을 크게 두 가지로 나누어 설명하고 있는데, 생명을 유지하고 상태를 호전시키는 기술과 창조적이며 유전적인 기술로 구별하고 있다. 전자의 경우 소극적 우생학과 같이 병이 악화되는 것을 막거나 병을 미리 예방하는 생물학적 조처로서 윤리적으로 받아들여 질 수 있다고 보고, 후자의 경우는 적극적 우생학과 같이 생물학적 유전의 보전을 지향하지 않고 우성을 추구하기 때문에 받아들여져서는 안 된다. 개체성의 상실이다.

④ 요나스는 개량적으로 유전자를 조절하려는 유전공학을 받아들이는 것은 표준적인 인간의 본질을 형이상학적으로 파괴하는 것이며, 동시에 다음의 결과를 예측할 수 없기에 생명을 담보로 하는 것과 다를 바 없다고 한다.

(나) 인간 중심주의 책임론을 탈피

① 전통 윤리학에서는 잘못된 행위에 관한 인과적 책임만을 문제 삼았다. 즉 인간중심으로 모든 인간을 행위의 근접 영역으로만 설정하여 주제를 삼아왔다. 하지만 이러한 인간중심 책임론은 더 이상 타당성을 지니지 않는다. 왜냐하면 근대와 더불어 자연은 생활 세계에서 이미 많은 영향을 받고 있기 때문에 인간들이 만들어 낸 가공할 만한 기술공학은 새로운 책임의 차원을 요구하고 있다.

② 요나스는 목적론적 형이상학에 근거하여 자연의 도덕적 고유 권한과 도덕적 요구를 밝히는 책임론을 주장하고 있다.

생명주의 정의

(1) 테일러의 『자연에 대한 존중』(Respect for Nature, 1986)은 생명주의 윤리의 가장 발전되고 철학적으로 정교한 형태로 볼 수 있다. 그는 슈바이처와는 달리 왜 자연존중의 태도를 취하는 일이 합리적인가를 아주 주의 깊게 옹호했다는 데 있다.192)

(2) 생명의 내재적(목적적) 가치: 목적론적 삶의 중심

① 내재적 가치/ 궁극적 도덕적 태도/ 도덕적으로 책임 있는 방식으로 행위

어떤 존재가 내재적 가치를 가진다고 하는 것은 그 존재가 도덕적 고려를 받을 만하며, 도덕 행위자는 그 존재에 대한 의무를 갖고 있다는 규범적 주장이 가능하기 때문이다. 따라서 자연의 생명 중심주의 관점이라고 부르는 것을 이해하고 받아들이는 것은 어떤 존재가 고유의 선을 갖고 잇다는 기술적 주장에서 그것이 내재적 가치를 가진다는 규범적 주장으로 나아가는 것이다. 즉 궁극적인 도덕적 태도를 채택하는 것인데, 이는 곧 책임 있는 방식으로 행위함을 의미한다.

② 내재적 가치를 정당화하는 목적론적 삶의 중심은 중요하다.

생명체의 선에 대해 말하는 것은 의미 있음. 그리고 그것은 사람들의 신념이나 의견에 의존하지 않는다는 의미에서 객관적이다. 설사 생명체 그 자체는 스스로 의식하지 못한다 할지라도 그의 고유한 선이 있음은 자연과학적 사실을 검토해 보면 안다. 생명체의 목적은 성장, 발전, 생존, 번식이다. 생명은 이러한 목적을 항해 나간다는 의미에서 목표 지향적이다. 각각의 생명체는 이러한 목표 지향적 활동의 중심이다. 모든 생명체는 목적론적 삶의 중심이다.

③ 레건(T.Regan)은 주체의 논변보다 생명의 범위를 보다 포괄적으로 진술하고 있다.

(3) 생명주의 윤리의 도출: 내재적 가치와 고유의 '선'의 연결

① 생명주의 관점: 자기 고유한 선을 갖는 다는 것은 내재적 가치의 필요조건일 뿐, 충분조건은 아니다. 생명주의 관점은 다른 생명체와 우리의 관계를 개념화해 주는 신념 체계이다. 그것은 자연계에 대한 그리고 자연계와 우리의 관계에 대한 근본적인 세계관을 제공하는 신념체계이다. 첫째, 인간은 다른 생명체와 똑같은 이유에서 지구 공동체의 구성원이다. 둘째, 인간을 포함해 모든 종은 상호의존 체계의 일부이다. 셋째, 모든 생명체는 자기 고유의 방식으로 자기 고유의 선을 추구한다. 넷째, 인간이 다른 생명체보다 내재적으로 더 우월한 것은 아니다. 결국 생명주의 관점이야말로 합리적이면서 사실에 대해 정통한 사람이라면 반드시 채택해야할 자연관이다.

② 자연 존중의 태도를 채택 : 다른 생명체가 고유의 선을 가진다는 이유에서 다른 생명체의 선을 증진하고 보호하는 성향을 갖는다는 것을 의미한다. 이것은 다른 존재의 선을 자기의 행위 근거로 받아들이는 것이다.

(4) 실천적 함의

테일러의 규범 윤리는 자연 존중의 태도에서 나오는 일반 규칙과 의무들을 우선시하며,

192) J. R. 데자르뎅, 김명식 역, 『환경윤리』, 1999, 자작나무. pp. 213-218

인간과 다른 생명체들의 윤리적 권리주장이 서로 상충할 경우, 이것을 해소해 주는 우선성의 규칙들이 존중된다.

1) 일반의무

① 불침해(소극적 의무): 다른 생명체에게 해를 가해서는 안 된다는 규정이다.

② 불간섭(소극적 의무): 개별 유기체의 자유를 간섭해서도 안 되고, 생태계나 생명공동체에 대해서도 간섭해서도 안 된다.

③ 성실(야생 동물에게 적용): 야생 동물을 속이거나 기만해서는 안 된다. 사냥, 낚시, 덫은 대개 야생동물을 속이고 기만하는 것과 관련된다.

④ 보상적 정의: 인간이 생명체에 해를 끼쳤을 경우, 그것을 피해보상 해야 한다고 규정한다.

2) 우선성의 규칙

① 불침해 의무가 가장 근본적이며, 의무들 간의 충돌이 일어났을 경우 불간섭보다 성실의 의무가, 또한 성실의 의무보다 보상적 정의 의무가 우선한다고 주장할 수 있다.

② 인간의 이익과 동물의 이익이 충돌할 때, 생명 중심주의 윤리가 넘어야 할 가장 큰 벽은 바로 인간의 이익과 다른 존재의 이익이 충돌할 때 이를 해결할 수 있는 원리를 제시하는 것이다. 이것은 환경철학의 중요배경이 된다.

(5) 비판의 문제

테일러는 다음의 두 가지 중대한 반론에 직면한다.

1) 자연계에 대한 인간의 불간섭을 강조하는데, 이러한 테일러의 입장은 인간과 자연의 관계에 대한 잘못된 관점에 기초한다는 비판한다. 인간은 자연 밖에 존재한다고 생각하는 것임 그리고 자연에서 발생한 것이라고 무조건으로 방치해야만 할까? 인간은 다른 존재와 마찬가지로 자연과정의 일부이다. 그렇다면 환경변화가 인간에 의해 초래되었다고, 그것에 특별하게 윤리의미를 부여할 필요는 없다.

2) 개별 생명체에 대해서만 관심을 보인다.

① 개체들 간의 관계를 내립적으로 가정하고 있다. 그래서 갈등 해결 절차에만 주력하게 되지만 개체들은 협력과 상호의존관계도 있다.

② 개체에 대한 강조는 딜레마를 유발한다. 예를 들면, 테라스를 만들기로 하면, 많은 미생물 생명을 죽이는 일이지만 인간의 부수이익이 충돌하여 금지되거나 인간이익이 우선시될 당위성에 대한 정당화가 요구된다.

이제 생태정의를 고려해 볼 때, 사람들도 종족주의 사고에서 벗어나, 동물들의 이익을 침해하거나 간섭하지 말아야 할 것이다. 생태계전체를 포괄하는 '생태주의(ecocentrism)' 정의관은 탈인간주의 관점을 취한다. 이러한 점에서 테일러는 인간과 다른 동물들 사이에 존재하는 도덕적 관계에 대한 체계적이고 포괄적인 설명을 시도하였다. 그는 생명의 내재적 가치를 존중하여 모든 생명체는 그 자체가 '목적론적 삶의 중심(teleological center of life)'이 되기 때문에 도덕적 고려를 해주어야 한다고 주장한다.[193] 생명주의 생태주의에서는 생명 유기체의 도

193) Taylor, Paul, *Respect for Nature*, Princeton, Princeton University Press, 1986.

덕적 가치를 고려해야 한다고 말한다.[194] 종의 이익을 고려함에 있어서, 종이 반드시 그것을 지각할 필요성은 없다. '합리성뿐만 아니라 고통이나 쾌락경험의 능력, 도덕적 감수성 또한 고려 조건으로 필요하지 아니하다.'[195] 테일러의 관점에서 바라보면, 생태정의를 구현하기 위해서는 인간에 대한 존중과 동일하게 생태공경의 자세가 함께 갖추어져야 한다. 이러한 정의관은 인간에 대한 기여와 무관하게 생명체의 평등가치를 구현할 수 있다.

역사적으로 인간이 다른 종보다 본래적으로 우월하다는 주장은 그리스인들이 인간을 이성적 동물로 정의한 것에서 드러난다. 이성은 우리가 동물보다 우월하다는 열쇠가 되었고, 인간이 평원에서 살게 되어 고귀성을 부여받는 단서가 되었다. 그러나 여기서 고려할 점은 이러한 견해가 실제로 인간 우월성에 대한 논의를 제공하지 못하고 오히려 비인간보다 인간이 우월하다는 생각을 가진 사람들에게는 빌미를 제공했다. 결국 이성능력에 의해서 인간이 비이성적 다른 존재보다 우월가치를 가지고 있다는 그리스인들의 주장은 다른 요소들 속에서 이성이 삶의 주요요소라는 점을 간과했다. 그리스인의 '인간중심주의' 관점은 우리에게 인간우월성을 입증하는 데 있어 객관적이며 중립적 근거를 제공하지 못한 셈이다.

그런데 피터 싱어(Peter Singer)는 생태계의 도덕적 고려에서 동물을 제외시키는 것에 대해 반론을 제기했다.[196] 그는 비인간으로서 동물과 인간의 평등성을 주장하면서 성차별주의, 인종차별주의와 같은 의미로 동물차별주의의 부당성을 강조하였다. 그는 '감수성을 갖춘 동물을 제외하는 것은 잘못된 것이지만, 돌과 같은 무정물은 고통을 느끼지 못하기 때문에 도덕적 고려를 할 필요가 없다'고 말한다. 이처럼 이익평등 고려의 원칙을 강조하는 가운데, 피터 싱어는 동물에 따라 고통의 깊이가 다르기 때문에 동일하게 대우할 의무는 없으며, 도덕적 감수성(마음의 능력)의 차이를 고려하더라도 동물을 인간과 동일하게 대우할 필요까지는 없다는 주장한다.

한편 탐 레건(Tom Regan)은 피터 싱어의 주장과 달리 공리주의 이론보다 동기주의 이론을 선호하면서 인간과 동물의 '내재적 가치(inherent worth)' 측면에서 인간과 동물의 평등한 대우를 강조하였다.[197] 따라서 인간의 이익이 동물의 고통보다 앞서더라도 동물을 차별대우할 수 없기 때문에, 생명 권리에 대한 차별적 대우를 철폐하는 것이 정의롭다는 주장이다. 따라서 동물을 식용물로 삼는 행위와 동물실험은 도덕적으로 정당화 될 수 없다고 말한다.

이처럼 동물과 인간을 평등하게 대우할 필요성은 다음과 같다. 첫째, 인간은 자연에 있어서 특별한 존재의 의미를 갖지 못한다. 인간도 동물과 같이 자연의 일부분일 뿐이다. 둘째, 모든 고통은 평등하게 나쁜 것이다. 따라서 동물에게 위해를 가해서는 아니 될 것이다. 셋째, 사소

---

pp.78-82.

194) 같은 책, pp.66-68

195) Goodpaster, Kenneth E., "On Being Morally Considerable", *The Journal of Philosophy*, 1978, p.75

196) Singer, Peter, *Animal Liberation*, London, Random House,1995. pp.5ff.

197) Regan, Tom, *The Case of Animal Rights*, Berkeley, University of California Press, 1983.

한 인간의 이익이 중대한 동물의 생존권과 동일한 가치를 지니는 것은 아니다. 눈주름을 없애거나 실험을 위하여 동물의 생명을 앗아가는 행위는 도덕적으로 정당화 될 수 없다. 거대한 그물망 속에서 감각은 있으나 합리적이거나 자의식을 갖추지 못한 존재를 의식존재라고 한다. 이러한 의식존재의 생명가치를 인격체의 생명체 가치와 어떻게 비교할 수 있는가? 의식이 있는 생명, 쾌락과 고통을 경험할 수 있는 존재의 생명가치는 느끼는 쾌락을 통하여 판단할 수 있다. 그러한 쾌락의 증대에 대하여 두 가지의 접근이 가능하다.

전체적 견해로서 쾌락의 전체량의 증대 【고통의 전체량의 감소】 에 관심을 갖고 현존하는 존재쾌락을 증대시키거나 존재자의 숫자를 증대시킴으로 쾌락의 전체량을 증가시키는 것이다. 둘째, 사전 존재적 견해로 우리가 결정을 내리기 전에 이미 존재하거나, 적어도 우리의 결정과는 무관하게 존재할 수 있는 자들을 고려하는 것이다. 다양한 생명들 간의 가치서열이 가능하지 않지만, 종들 간의 이익 충돌이 이루어질 때, 이를 조정하는 정의원리가 필요하다. 실제적으로 한 종류의 동물의 삶이 다른 종류의 동물의 삶보다 더 큰 가치를 가진다는 생각이 수용될 수가 있다. 어떤 중립적인 근거가 발견된다면 이러한 판단을 더욱 지지할 수 있게 되는데 이것은 다양한 종류의 존재가 되는 것에 관한 상상적 재구성을 통하여 이루어질 수 있을 것이다. 일반적으로 존재의식이 높게 발달할수록, 자의식과 합리성의 정도가 크면 클수록, 즉 높은 수준의 의식을 가질수록 그 존재의 가치가 높게 매겨질 것이다. 이를 통하여 상호주관적인 태도의 가치비교판단이 가능하다.

이에 따라 생명주의 관점에서는 생태환경에 대한 정의구현을 위하여 몇 가지 형식적, 절차적 규칙을 제시한다. 이는 곧 '*자기방어*(self-defence)' 규칙, '*비례*(proportionality)'의 규칙, '*최소 악*(minimum wrong)'의 규칙, '*분배적 정의*(distribute justice)의 규칙, *보상적 정의* (restituting justice)'의 규칙이 그러하다.

'자기방어'규칙은 다른 생명체가 인간의 건강과 생명을 위협할 때, 최후 수난으로서 인간의 이익에 우선권을 주는 규칙이다. 정당방위의 경우처럼 불가피한 경우에만 취해지며 마지막 선택이 되어야 하고 남용되어서는 아니 된다. 인간을 공격하는 맹수를 죽이는 경우가 이에 해당된다. '비례'의 규칙과 '최소 악'의 규칙은 인간의 부수적 이익과 다른 존재의 기본적 이익이 상호 충돌할 때 적용되는 규칙이다. 유행하는 핸드백과 신발을 위해 악어를 죽이지 말아야 하듯, 다른 생명체를 희생하면서까지 인간의 사소한 이익을 추구해서는 정의롭지 못한 행위가 된다. 비례의 규칙이 인간 이외의 이해관계에 우호적이라고 한다면, 최소악의 규칙은 인간의 이해관계에 우호적이라고 할 것이다. 다만 인간의 이익을 구하는 데 몇 가지 제한을 두되 인간의 자기 이익 추구 행위를 원천적으로 봉쇄하는 것은 아니라는 것이다. 댐 건설이 생명체들에게 좋지 않은 결과를 야기하지만 최소악의 규칙을 적용하여 허용할 수 있다는 입장이다. '분배적 정의'의 규칙은 인간과 인간이외의 이익의 상호충돌이 발생했을 때, 이익의 분배도 공정하게 부담의 요구도 공정하게 다루어 감을 의미한다. 인간이 다른 생명체에 해를 끼쳤을 경우, 마땅히 피해를 보상해야 한다고 규정한다. 또한 '보상적 정의'의 규칙은 최소악의 규칙과 분배적 정의의 규칙이 이행되지 않았을 때 적용된다. 이는 곧 확립된 상황을 충족하는 데 실패했을 때, 갈등조정 기능을 나타낸다. 다시 말하면 생명에 대해 성실하지 못하고 간섭을 야기했을 경우에 앞서 언급한 이행조건이 충족되지 않으면, 보상해야 한다.

그 밖에도 생태정의를 구현함에 있어서 생명 중심주의 관점에서 나아가 생태계 전체에 대한 도덕적 고려를 강조한 입장을 생각해볼 수 있다. 이러한 관점은 생태계 전체의 다양성과 안정에 기여하는 방향으로 생태환경의 정의를 추구하기 때문에 '생태전체주의 정의관'이라고 말할 수 있다. 우리는 알도 레오폴드(Aldo Leopold)의 대지의 윤리토대가 된, 『알마나의 모래나라(A Sand Country Almanac)』에서 이러한 정의관을 찾아볼 수 있다.[198] 물론 이러한 논의가 자료의 귀납적 체계화에 근거한 이론이 아니라 직관적 추론의 관점이기에 설득력에 한계성이 있다.

칼리코트(B. Callicott)가 그의 관점을 계승 발전시키면서, 레오폴드의 '생태전체주의 정의관'을 임마누엘 칸트의 의무론과 제레미 벤덤의 공리주의 패러다임에 근거한다고 평가하였다. 다시 말하면 칸트의 의무(duty)와 벤덤의 감수성(sentiency) 의미를 생태계 전체에 확대하여 생태공경의 태도를 강조한 것으로 간주하였다. 이러한 관점은 생명개체에 대한 희생을 담보로 생태계의 심미적 질서를 지나치게 부각시키는 결과를 초래하였다. 생명주의 정의관의 외연을 지나치게 확대함으로 말미암은 급진주의 정의관으로 비판받고 있다.

2. 심층생태주의와 사회생태주의

심층생태주의 정의

(1) 심층생태학의 기원

① 철학 및 과학계의 정치·사회적 운동의 일환으로 1973년, 안 네스(Arne Naess)의 '표층생태운동과 심층적이고 멀리 보는 생태운동'이란 글에 기인한다.

② 심층생태학은 산업사회가 일으킨 심각한 환경파괴로부터 지구 생태계를 구하려면 우리의 인식과 가치 그리고 생활방식이 근본적으로, 즉 사회의 지배적 패러다임이 뿌리째 바뀌어야 한다고 본다.

③ 안 네스는 미국의 환경운동, 노르웨이 등 유럽 국가에서 진행되고 있던 생태학적 연구성과에 큰 영향을 받아, 스피노자와 간디를 존경하고 오랫동안 연구하였으며 히말라야 등반을 즐겼던 세계적 등반가인 동시에 야생의 자연을 즐겨 찾던 인물로서, 당시 한창 부상하고 있던 인류중심주의에 대한 비판과 그 속에 담긴 혁명적이고 사회적, 철학적인 의의에 크게 고무되어 논문을 작성하게 된다.

④ 안 네스가 표층과 심층으로 구분하게 된 것은 환경운동을 하는데 있어서, 표층적인 까닭은 산업 사회의 패러다임에 내포된 이념과 형이상학적 전제가 근원적으로 옳고 그름에 대해 전혀 의문을 품지 않는 반면, 심층적인 까닭은 우리의 세계관과 문화와 생활양식 따위에 대해

198) Leopold, Aldo. *A Sand Country Almanac*. New York: Ballantine Books, 1970. 참조.

근원적인 질문을 던지면 그것들은 새로이 형성되고 있는 생태학적 비전과 조화되도록 개조하는 장기적 안목의 급진 생태운동을 지칭한다.

⑤ 심층 생태학의 일곱 가지의 원칙

(a) 환경 속의 인간이란 관념을 버리고 '유기적인 전체-장'이란 관념을 받아들린다.

(b) 범 생물권 평등주의를 지향한다,

(c) 다양성과 공생의 원칙을 존중한다.

(d) 반 계급을 지향할 것, 즉 사회 계급을 타파한다.

(e) 오염과 자원고갈에 맞서 싸운다.

(f) 복합성을 존중한다.

(g) 지방자치와 분권화를 지향한다.

⑥ 생태지혜로서 생태 철학

생태학이 단순히 하나의 과학으로서 이른바 '가치중립적' 이론이나 '사실'의 영역에만 머물러서는 안 되며, "땅에 대한 지혜를 행위규범과 연결하는" 보다 광범위한 철학적 조망을 갖추어야 한다고 주장한다. 심층생태운동은 과학으로서의 생태학으로부터 논리나 연역 등을 통해 직접적으로 도출되는 것은 아니다.

(2) 심층생태학의 배경

① 1950년대 앨런 와츠(Allan Watts)나 다이세츠 스즈키(D. Suzuki) 같은 사람들의 저술을 통해 동양의 정신적 전통, 특히 선불교 사상이 서구사회에 유입되기 시작한다.

② 1960년대와 70년대에 있었던 미주 원주민 문화에 대한 재평가를 하게 된다. 미주 인디언의 고유문화와 전통, 철학과 종교, 사회 조직 등을 객관적, 비교 분석적 비평방식으로 다시 평가하여 진지하게 이해하려고 한다.

③ 서구 철학과 종교 속에서 발견되는 소수파의 전통: 소크라테스의 이전의 생태중심주의 자연종교와 자연지향 우주론이 소크라테스의 영향이 지배조류임에도 불구하고 남아 있다.

④ 생태학의 발흥

심층생태학은 단순히 가치중립적인 하나의 과학에 그치는 것이 아니라 세계관으로 받아들인다. 레오폴드의 산(山)같은 사고나 폴 세퍼드의 하나의 저항운동은 생태학에 접근한다.

⑤ 자연의 아름다움을 표현하려 했던 예술가의 부상이다.

(3) 심층생태운동의 의미

① 심층생태 운동의 정수는 세상에 대해 보다 심층적인 질문을 던지는 것이다. 심층생태학은 모든 사회적 관행과 공공정책의 보편적 접근방법에 대해 어떠한 것도 자명한 혹은 주어진 것으로 간주하지 않고 그 뒤에 숨어 있는 가치관과 철학 및 종교적 대전제와 형이상학적 가정들에 대해 끊임없이 "왜?"라는 질문을 던질 준비가 되어 있으며, 또한 이런 문제의식과 대안적 삶의 방식을 매우 중요하게 평가한다. 서구 세계관을 비판하며 근본적 변화를 추구: "수단

은 소박하되 그 목적은 풍요로운 삶"이 문제이다.

② 왜 우리는 근본적 의문을 품어야 하나?

편협한 인류 중심적 입장의 정책들이 많은 위험을 내포하고 있기 때문이며, 보다 고차원의 목표들과 상충되기 때문이다. 인류 중심적 정책들은 지나치게 기술 지향적이며 또한 전문적이기 때문에 일반인들의 이해와 협조를 얻기 어려움. 또한 전문가들 사이에서도 종종 불필요하고 낭비적인 논쟁을 야기하며 이 때문에 실천이 지연되었다. 이미 인류가 생존을 위한 필수적 소요를 충족시키고 있다면 현 수준 이상의 기술진보를 위한 노력은 큰 가치가 있는 일임. 생태위기의 극복에 더욱 필요한 것은 전문 기술과는 무관한 우리의 일상적 생활양식의 변혁, 즉 수단은 소박하나 목적은 풍요로운 삶이다.

③ 하나의 사회운동으로서의 생태철학

강단 철학으로 머물지 않고 운동이라는 표현을 자주 쓰는 것은 전문 철학자가 아니라 창작활동을 통해 자유로이 영감을 표현하고 전달할 수 있는 예술가나 문학가들이 심층생태운동에 오히려 더 큰 영향을 주며 기여 함이다.

(4) 심층생태학의 추론 체계

심층생태학은 철학 사상 혹은 사유체계라기 보다 하나의 사회운동에서 출발하였으며, 후에 주로 안 네스에 의해 조금씩 이론적인 골격을 갖기 시작했다. 심층생태학이 결코 완성된 철학체계인 것은 아니지만 네스는 논리 체계를 예시로 설명하고 있다.

1) 수준1: *근본적 전제 및 생태 지혜*

① 더 이상 소급할 수 없는 근원적인 규범이나 대전제, 가정 혹은 생태지혜들로 구성되어 있다. 그 원천은 스피노자나 화이트헤드의 철학일 수도 있고 기독교나 불교, 도교 같은 종교일 수 있다. 얼마든지 다양한 원천이 있을 수 있으므로 이를 바탕으로 하는 근원적인 규범이나 대전제, 가정 혹은 생태지혜들도 매우 다양할 것이다.

② 네스는 특히 불교가 심층 생태운동에 가깝다고 본다. 그 까닭은 불교의 기본 정신인 비폭력, 자비, 생명존중 등이 심층 생태학의 기본 원칙과 일치하기 때문이다.

③ 생태지혜: 최대의 자기로서, 대아(大我) 실현(Self-realization)

대아란 우주의 모든 생명체와 그들 각각의 자아(개별영혼)를 모두 포함하는 것이며, 최대의 자기실현은 모든 생명의 징표들을 최대로 발현하는 것이며, 최대의 다양성의 실현과 일맥상통하다. 자기 정체와 역시 타자와의 일체 의식이 깊어질수록 "이타의식"이 저절로 싹트게 됨. 어떤 주체의 자아실현이 진전되면 타자와의 일체 의식도 필연적으로 증대될 것이며, 우리의 자기실현의 수준이 높아짐에 따라 타자 속에서 우리 자신을 발견하게 될 것이고, 타자 또한 우리 속에서 자신을 발견하게 될 것이다. 이런 식으로 자아는 타자 속에 숨어 있는 자아의 잠재력이 실현됨에 따라 더욱 확대되고 심화된다. 결국, "모든 존재를 위한 자기실현"이라는 규범을 도출할 수 있고 "최대의 다양성"이라는 규범과 "최대의 다양성은 공생의 실현"이라는 규범에 도달하며 이런 추론을 계속하게 되면 자연스럽게 <8조 강령>에 이르게 된다.

2) 수준 2: *심층 생태학의 <8조 강령>*

① 인간을 포함한 모든 동식물의 복지와 번영은 본래적 가치를 지닌다. 이 가치는 이들 동식물이 인간의 목적을 위해 존재하지 않고 무관하다.

② 생명형태의 풍요와 다양성은 이들 가치실현에 기여하며, 그 자체로서 본래가치를 지닌다.

③ 인류는 필수요소의 충족을 위한 경우를 제외하고 풍요와 다양성을 해칠 어떤 권리도 없다.

④ 인류의 생활과 문화의 번영은 인구가 현재보다 현격히 감소한다고 하더라도 성취가능하다. 동식물의 번영을 위해서는 인구가 줄어야 한다.

⑤ 인류의 동식물에 대한 간섭은 정도가 지나치며 상황은 급속히 악화되고 있다.

⑥ 따라서 정책의 변화가 필요하다. 새로운 정책은 기본적인 경제적, 기술적, 이념적 구조에 영향을 미칠 것이며, 그 결과의 상황은 현재와는 근본적으로 다를 것이다.

⑦ 이념의 변화는 지속적인 생활수준의 향상에 대한 집착보다는 생활의 질에 대한 평가를 지향하는 것이어야 하며 거대함(bigness)과 위대함(greatness)의 차이를 깊이 깨달아야 한다.

⑧ 이상에 동의하면, 직접・간접적 필요한 변화를 취하기 위해 노력해야 할 의무가 있다.

안 네스는 심층생태운동의 참여자가 철학이나 종교 면에서 다양한 배경을 갖고 있는 것은 사실이지만 심층생태학자들이라면 수준2의 강령에 모두 동의할 것이 이라고 생각한다. 심층생태학이 중시하는 것은 이 강령에 대한 동의이지 그 위의 차원에 속하는 어떤 형이상학적 믿음이나 존재론이나 윤리론 자체에 대한 근원적 합의가 아니다.

3) 수준 3: *일반적인 규범결과와 사실결론*

수준 2로부터 일반적인 규범결과와 사실결론이 도출된다.

4) 수준 4: 구체적인 상황에서의 *행동규칙과 의사결정*이 이루어진다.

이처럼 안 네스는 자기실현을 위한 구체적 실천 영역에서는 특히 다양성의 최대한 수용, “아름다운 행동, 그리고 수단에서는 검소하고 목표 면에서는 풍요로운 생활양식의 실천이 매우 중요하다고 강조한다. 이처럼 심층생태주의는 생태환경위기에 대해 제한된 단편적 얕은 접근을 넘어서서 포괄적인 종교와 철학적 세계관을 새롭게 성립하여 생태정의를 구현하려고 시도한다.[199] 그것은 생태환경의 갈등이 유대-기독교적 전통에 뿌리를 둔 자연에 대한 인간 지배의 우월적 세계관에 잘못이 있고, 생태정의를 구현하려면 심층 세계관이 요청된다.

오랫동안 서구문화는 우월주의 세계관에 사로잡혀왔다.[200] 자연에 대한 인간의 우월성, 여성에 대한 남성의 우월성, 가난한 사람에 대한 건강하고 권력 있는 사람들의 우월성, 동양문화에 대한 서구문화의 우월성 등이 그러하다. 심층생태주의 자각은 우리에게 이러한 위험한 환상을 바로 보게 함으로써 생태정의를 기대하는 의식이다.

---

199) 심층생태학은 안 네스(Arne Naess) 가 1973년, 발표한 “The Shallow and the Deep, Long-Range Ecology Movements"논문에 기인한다.

200) 이러한 시각은 린 화이트(Lynn White)가 유대-기독교적 전통이 인간중심적 세계관을 갖춘 것으로 비판한 대목과 일치한다. 그러나 존 패스모어(John Passmore)는 이러한 관점은 아시시(Assisi)의 프란시스(Francis)와 많은 수도원에서 겸허를 실천하는 신앙적 태도에 비추어 볼 때 근시안적이며 생태환경 위기가 유대-기독교 세계관을 신봉하는 지역의 전유물은 아니라고 반박한다. John Passmore, *Man's Responsibility for Nature*, New York: Scribner's, 1974. 참조

호주의 폭스(Warwick Fox) 는 심층생태주의의 직관을 간결하게 요약하였다. '그것은 우리가 존재의 장에서 확고한 구분을 할 수 없다는 생각이다. 인간계와 비 인간계사이의 분기점은 실제적으로 없다. 우리가 그러한 경계를 지각하는 한, 우리는 심층생태주의 자각에 미치지 못한다.'[201] 안 네스(Arne Naess)는 메타윤리(meta-ethical) 관점에서 '생태의식'에 대한 기본적 직관으로서 생태정의를 구현할 수 있다고 말한다. 스피노자가 '인간의 진정한 행복은 신 또는 자연과 합일을 통해 가능하다'고 밝혔듯이, 안 네스는 생태유기체에 대한 지식이 생태적 조화나 평형을 이루게 함으로 이러한 상태에서 비로소 생태정의의 구현이 가능하다고 보았다. 그는 두 가지의 궁극규범 또는 원리에서 생태정의의 직관을 발전시켰다. 두 가지의 궁극적 규범은 심층적 질문의 과정을 통하여 지혜의 단계로 나아가는 중요성을 드러내주고 있다. 이는 자기실현이며 생명 중심 평등이다.

많은 세계적 종교의 정신적 전통을 유지함에 있어, '자기실현(Self-Realization)'이라는 심층생태직관은 쾌락을 만족시키거나 개인적 구원의 편협한 감각에 사로잡힌 고립된 자아개념을 갖춘 서구적 세계관을 너머서 있다. 심층생태주의에서는 더 성숙되고 성장된 것, 비 인간세계를 포함한 인류를 초월한 자기와의 동일성을 요구한다. 우리는 그 범위가 국한된 현대 문화적 가정과 가치들을 너머서서, 명상적인 심층 질문 방법에 의해 지혜를 직관할 필요가 있다는 것이다. 심층생태주의에서는 이러한 지혜로운 자기실현의 길을 통하여 인간으로서 완전히 성숙된 개성과 유일함을 얻을 수 있다고 말한다.

성장하는 자유사회는 전인이 되는 참된 일을 도울 수 있다. 생태정의 구현은 상징적으로 자기(self)가 유기체의 전체성을 의미하는 '대아로서 자기(self-in-Self)'를 실현하는 것으로 집약된다. 또한 자기실현의 완전한 펼침은 '우리 모두가 구원될 때까지 아무도 구원되지 않는다.'라는 구절로도 요약된다. 그 구절의 '우리 모두(we one)'는 '나를 포함할 뿐 아니라 모든 인간, 고래, 회색 곰, 산과 강, 흙 속의 아주 작은 미생물 까지'를 포괄하게 된다.

심층생태주의의 또 다른 축으로서의 '생명중심의 평등(Biocentric equality)'에 관한 직관은 생태계의 모든 물질은 살아 갈 생존권과 함께 개성을 만개하는 행복권을 갖추고 있다는 것이다. 더 큰 자기실현을 통하여 그들의 펼침과 자기실현의 고유한 형태에 도달할 수 있는 평등권을 가지고 있다는 것이다. 이러한 직관은 상호의존 관계를 이루는 전체의 부분으로서의 생물권내의 모든 유기체는 생명으로서 본질적인 가치에 있어서 평등하다. 이러한 통찰력은 인간을 정점에 군림하게 하는 위계의 정점지향이 아니라 생명 그대로의 고유권한을 존중하는 의미를 지닌다. 생명의 성숙을 유도하고 자연과 함께 조화로운 발전에 기여할 수 있다는 생태의식은 생태환경의 부당성에 대항할 수 있는 용기를 제공할 수 있다.

생태정의를 추구함에 있어 탈인간주의 관점을 유지하면서 '자연의 지배'가 아니라 '자연과의 조화'를 추구하는 공동체 이념을 근본으로 생태정의를 구현하려는 관점을 심층생태주의 정의관이라고 부를 수 있다. 이 관점에서는 형이상학적 생태이론을 전개하기 때문에, 폭스

---

201) Warwick Fox, "Deep Ecology : A New Philosophy for Our Time?", *Ecologist* 14, 1984, pp.5-6

(Fox)는 '초인간적 생태론(Transpersonal Ecology)'라고 지칭한다. 생태정의를 구현하려면 생태위기 현상을 초래한 원인을 분석하기보다 오히려 생태계의 온갖 부당성을 용납하려드는 세계관을 바로잡아야 한다는 것이다. 다시 말하면 생태정의를 구현하려면, 심층적인 질문으로 생태계의 모순을 파헤쳐야 한다. 이러한 시각은 궁극적 관심이기에 결국 종교적 관점으로 귀착하게 된다.

프롬과 마찬가지로 안 네스는 자기실현의 생태정의의 태도에는 자신에 대한 배려와 타인에 대한 배려의 구분은 더 이상 필요치 않다는 것이다. 고통의 흐름에 주객의 경계가 필요 없듯이 자비 또한 구분을 두지 않고 스며들기 때문이다. 따라서 안 네스는 불교의 관점에서 이러한 자기실현의 생태정의를 찾을 수 있다고 말한다.[202] 폭스에 의하면, 안 네스의 '자기(Self)'개념은 '영원하며 불변의 자기'가 아니라 과녁을 향해 날아가는 화살처럼 진행되는 움직임에 해당된다. 그러므로 붓다는 형이상학적 실재와 동일시되는 '자기'라는 개념의 함정을 피하기 위해 '무아'라는 용어를 사용하였다. 이처럼 서로 다른 신념체계 사이에 형이상학적인 논쟁이 없는 것은 아니지만, 생태정의 구현을 위한 담론의 관점에서는 상호 소통된다.

안 네스와 대조적으로 리차드 왓슨(Richard Watson)과 폴 테일러(Paul Taylor)는 생태직관으로서는 생태정의 구현이 불가능하다고 말한다. 먼저 왓슨은 네스의 자기실현의 직관은 명상적이며, 비활동적인 것으로 결코 적극적인 생태정의 구현에 이를 수는 없다고 한다. 생명중심의 평등에 대한 직관 또한 인간이 악한 행위를 범할 잠재적 가능성을 평가절하하고 있다고 본다. 실제적으로 생명평등성이 실현된다면 많은 생명체들을 위한 비용부담과 공존적 주거형태로 말미암아 오히려 생태계의 무질서를 초래할 수 있다고 경고한다.[203]

반면에 폴 테일러는 '네스의 주장이 심리적인 요소들에 의한 직관으로 이루어져 있으며, 네스의 '자명한' 직관과 상반된 주장들이 여러 측면으로 제기될 수 있으며 이 경우에 그 누구도 어느 것이 옳은 직관인지를 결정하기 어렵다'고 말한다. 따라서 테일러는 직관보다 올바른 이성에 기초하여 생태정의를 구현하려는 태도가 바람직하며 자연에 대한 인간의 태도가 궁극적으로 변화되어야겠지만, '직관적 판단이 항상 우선권을 차지하는 것은 아니나'라고 비판한다. [204]

사회생태주의 정의

미국의 철학자 머레이 북친(Murray Bookchin)을 중심으로 일종의 생태학적 아나키즘으로, 스스로를 좌파녹색이라고 한다. 그의 생태학적 관심은 1963년의 저서, 『우리의 인조 환경』에서 시작되며 사회생태주의 기원이 되는 저술은 1982년 『자유 생태학』이다.

202) Naess Arne, "Self-Realization: An Ecological Approach to Being in the World", in Seed, John editions. *Thinking like Mountains,* Philadelphia: New Society Publishers. 1988, pp.25ff.

203) Watson, Richard, 'A Critique of Anti-Anthropocentric Biocentrism', *Environmental Ethics*, 5, pp.245-256.

204) Taylor, P. W. *Respect for Nature*, Princeton: Princeton University Press, 1986. 참조

(1) 사회 생태학의 철학적 입장

① '변증법적 자연주의': 변증법적 요소와 자연주의의 결합

변증법적 요소란 모든 존재는 변화와 발전의 과정에 있고, 모든 현상은 전체 속에서 영향을 주고받으며, 이런 의미에서 서로는 분리될 수 없다는 관점이며, 한편 자연주의란 모든 실재하는 것은 자연이며 따라서 인간이든 사회, 문화이든 모든 존재는 자연적 존재라고 간주한다는 점에 있다. 즉 자연은 스스로를 파악하고 있으며, 자기의식의 실체에서 믿음의 존재론·인식론의 출발점으로 삼는다.

(2) 『자유 생태학』에서 나타난 자연: 1차 자연, 2차 자연, 자유 자연

① *2차 자연*은 문화를 말하는데, 그것은 1차 자연에서 나오며, *자유 자연*은 대립 관계에 있던 1차 자연과 2차 자연이 화해와 조화를 이루는 새로운 상태로서, 이것은 지금까지 진화해왔고, 앞으로도 인류에 의해 창조될 세계이다. *1차 자연*은 협동과 상부상조라는 특징을 지니고 있다. 이는 곧 비계층적이고 관용적이고 상조적인 사회적 관계 형성의 모델이다.

반면에 2차 자연은 인간 문화로 1차 자연과 마찬가지의 협동과 상부상조하는 특성 뿐만 아니라 경쟁과 계층 구조를 지니고 있음이다. 인간은 원천적으로 자연의 일부이기 때문에 1차 자연적 성향으로서의 협동적 기질을 함양한 사람이라면 경쟁과 계층구조를 어렵지 않게 버릴 수 있을 것이라고 본다.

② 자유는 대단히 포괄적이며 적극적인 개념으로 자기결정(self-decision)을 의미한다. 미래에서 자연과 완전한 조화를 이룬 자유로운 인간 사회를 통해 자연이 가장 발전된 형태의 자신을 성취하게 되면 당장에는 영성과 감정이 없는 단순한 물질적 존재로 간주되는 자연은 궁극적으로 '자유 자연' 즉, "자유로운" 존재로서의 자연으로 변모한다.

(3) 진화론적 목적론적 시각

① 사회생태학은 생명과 정신의 모든 발전 과정은 어떤 '지향점'을 지니고 있으며, 보다 광역적인 가치의 전개를 향한 운동에 따름이며, 그 지향점은 자유이다.

② 발전론적 시각이라 지칭

북친은 각각의 현상은 고유의 역사를 갖는다고 보며, 진화의 각 단계는 향상으로 파악되며, 각각의 연속적 단계는 그 속에 그 때까지의 전 과정을 간직하고 있다.

③ 진화는 다양성의 증대와 새로운 가치 실현을 향한 과정이며, 자연적 실체로서의 생명과 정신 역시 어떤 지향점을 향해 발전한다고 본다. 그 지향점은 계층과 지배구조가 없는 사회로 발전을 목표로 한다.

(4) 생태위기의 근원으로서 계층구조

① 다른 사람과 자연을 정복하고 지배하고자 하는 오랜 역사에 걸친 인간의 노력은 사회와 자연의 진화를 가로막는 주된 장애물이 되어왔다. 여기서, 인간이 자연을 정복하고 지배하고자 하는 충동은 무엇보다도 다른 인간을 지배하고 억압하고자 하는 충동에서 비롯된다. 지배에는 다양한 형태가 있는데, 어떤 것이든 계층구조를 통해 명시적 혹은 묵시적으로 자행된다. 따라서 인류사회에서 계층구조가 사라지지 않는 한 인류의 자연지배와 착취는 영속될 것이며

그것은 결국 생태 재앙으로 이어질 수밖에 없다. 그러므로 인류와 자연 사이의 균형을 도모하고 그래서 진정으로 친 생태적인 사회를 건설하려면 기존 제도와 사회관계를 의존적으로 변화시킴으로써 무엇보다 계층과 지배구조가 없는 사회로 나아가야 한다.

② 생태위기의 근원을 계층구조라고 말하는 만큼 이 계층구조가 언제 어떻게 시작되었는가 하는 것은 중요한 물음이 된다. 북친에 따르면, 최소의 사회위계는 부족사회의 장로정치에서 비롯되었다. 이 체제에서 노년층은 청장년층을 지배함으로써 육체적 노쇠로 인한 생존의 문제를 해결, 후일 일부 장로들이 사면이나 사제의 역할을 떠맡게 되면서 그들이 사회적 지위는 더욱 고양되고 강화된다. 젊은 층을 합법적으로 지배할 수 있는 주술적 종교근거가 마련된 것이다. 이 체제가 점차 남성의 여성 지배를 초래하게 되었다.

③ 어떻게 자연지배로 또 생태위기로 진전되었는가?

북친에 따르면, 권력추구 엘리트들은 일단 사회적 위계질서를 구축한 다음 그것을 자연에 투사하기 시작한다.. 인간에 의한 인간 착취가 심화되면서 이것은 다시 자연을 지배하고자 하는 노력을 낳는다. 이 같은 자연지배가 무분별한 자연착취로 이어지면서 오늘날과 같은 생태위기를 낳았다.

④ 결국 생태위기의 근원이 계층구조, 즉 인간에 의한 인간의 지배와 착취에 있다면, 그것을 극복할 수 있는 길은 계층구조의 폐지에 있을 것이다. 그러므로 사회 생태학에 따르면 인간과 자연간의 문제는 궁극적으로 인간과 인간간의 문제로 되돌아온다.

⑤ 사회 생태학은 인간과 자연간의 균형을 도모하고 그래서 진정으로 친 생태적인 사회를 건설하려면 정치적으로 급진적인 사고가 필요하다고 주장한다. 구체적으로 말하자면 기술관료 정치권력과 자본주의적 경제체제는 공동의 생태학적 가치와 공동의 생활 서약을 통하여 규제되는 유기체적 공동체, 간단히 말해 생태공동체로 대체되어야 한다는 것이다. 사회생태학자들은 생태공동체야말로 자본주의 사회의 '소비를 위한 소비'를 지양하고 아름답고 쾌적한 환경을 조성하여 창조적이고 적극적이며 친밀한 인간 활동 및 인간관계를 성취하고 자연과 공존 공생하는 사회이다.

⑥ 사회 생태학자들은 생태공동체 내에서는 사회생활의 전 영역에서 협동 체제가 출현할 것으로 기대한다. 이 협동 체제 속에는 아동의 양육과 교육, 생산과 분배, 문화 활동, 놀이와 유희, 정신수양과 같은 개인들 간의 교호적 활동이 포함될 것이다. 생태 공동체 내의 조직은 자본주의나 국가 통제 체제에서와 같이 권력의 요구에 기초를 두는 것이 아니라 주민들이 자유로운 사회적 존재로서의 자신을 실현하고 인간이 자연 전체와 평등하게 상호작용하고자 하는 욕구에 기초를 두는 것이다.

⑦ 이와 같은 원리에 따라 사회를 개조한다면 그것은 작은 단위로 구획되어야 하며, 분권화되어야 하며, 비계층적이어야 하며, *대면 민주주의*에 기초하여야만 한다. 북친은 생태공동체의 적정 규모는 소도시나 근린사회 정도며, 거기서 정치적으로 가장 중요한 역할을 담당하는 것은 의회라고 말함. 의회는 시민들이 바라는 것과 필요로 하는 것을 공개적으로 논의할 수 있는 장소로 시민포럼을 통해 공동체 안팎의 복합성과 다양성을 인식하고 조정하고 필요에

따라서는 통합하게 되며, 시민들은 이 과정에서 지역사회 선을 체험하게 된다.

⑧ 낱낱의 생태공동체가 이상적 사회조직의 하부구조라면 그것의 상부구조는 이들의 연합이다. 물론 이 연합 내부의 관계 역시 상하의 위계가 없는 수평적인 것이어야 한다. 사회생태학자들은 이런 체제를 생태 민주주의라고 한다. 이와 같이 사회생태주의에서는 생태문제를 사회문제로 인식하고 있다. 인간의 인간 지배라는 위계구조로부터 인간의 자연지배가 파생되었으며, 이를 타파해야 생태정의가 구현된다고 본다. 시장경제체계에 기반을 둔 자본주의 사회에서는 투여된 자본에 대한 이윤추구 때문에 생산과정에 잉여를 재투입하는 정도가 높아진다. 이에 따라 시장경제체계에서 얻게 되는 이익이나 효용은 자연과는 멀어진 경제 합리성에 국한한다. 따라서 사회생태주의에서는 '비용편익분석(cost-benefit analysis)'에 의한 정책결정의 위험성을 제기한다. 생태정의 실현의 목적 자체가 비용으로 환산되어 비용보다 이득이 앞설 경우만 추구되기 때문이다.

사회생태주의자들은 생태환경 파괴를 광범위한 지배와 위계형태의 하나로 간주한다. 사유재산권, 자본주의, 관료주의, 성차별주의, 계급구조 등의 관행과 제도는 인간이 다른 인간을 지배하는 사회적 위계를 확립한다. 이러한 측면에서 인간의 자유의식이 생태정의의 본질적 요소를 이루게 된다. 이를 위하여 생태적 합리성을 우선시해야 하며 생태적 합리성이 존중되는 사회가 이루어져야 한다고 주장한다.

생태적 합리성은 생태계가 균형을 유지하고 지속가능한 발전을 이루도록 인간경제와 사회문화체계를 유지 발전시켜 감을 의미한다. 그동안 경제 합리성이 중시되면서 생태적 요인들이 고려되지 않았다. 따라서 생태계와 인간의 사회체계가 조화를 이루는 정의사회를 구현하려면 의도적이고 의식적인 실천을 통하여 탈물질화, 재사회화 사회를 구현하여야 될 것이다. 다시 말하면, 인간의 소비양식을 물질의존의 탈피방법으로 바꾸어 가고 사람들이 친환경적이 되도록 다시 사회화 하는 방안을 모색한다. 전략적으로는 소규모 사람들이 시장경제에 참여하게 함으로써 시장경제체계의 익명성과 탈인격화 교환과정에서 야기되는 생태문제들을 줄여가는 것이다. 결과적으로 시장경제와 도덕경제가 분리되어야 하며 면식에 따른 인간관계를 가진 개인들이 직접적인 행위로서 사회체계를 형성해야 될 것이다. 아울러 자신의 생활과 사고방식에 대해 스스로 생각하게 하되, 성찰적 담론을 통해 생태정의의 개념을 형성토록 해야 될 것이다.

이와 같이 사회 생태론자, 머레이 북친(Murray Bookchin)의 주장에 따르면 생태정의를 구현하려면 직접적이고 면식에 따른 인간관계를 가진 개인들이 직접적인 행위로서 사회체계를 형성할 것을 주장한다.[205] 그의 논의는 생물종간의 상보성, 다양성을 존중하며, 소규모 공동체에서 협동적 참여와 작은 규모의 기술을 통해 공동체에 맞게 통제되는 기술, 의도적인 실천사항을 부각시켰다. 이처럼 북친의 경우 사회구조의 틀을 수정해야 자연 복원이 가능하다고 주장하였으며, 합리화의 모델로 생명의 역동성을 상실하고 일체의 생명의 가치가 하락하였

---

205) Murray Bookchin, *Will Ecology Become "The Dismal Science"?*, San Francisco, CA: AK Press, pp.21-29.

다. 결국 회복하려면 신화와 마법의 힘 복원으로 자연과 혼연일체로 생명공경이 필요하다고 보았으며, 합리화·관료화를 제거하면서 공생적 의사소통 과정에 역점을 두었다.[206]

그러나 마르크스주의와 다르게, 북친은 사회적 위계와 지배의 기본 형태가 경제적 계급이라고 생각하지 않는다. 또한 무정부주의자와 달리, 북친은 근대 국가가 사회적 지배의 주요 기제라고 간주하지 않았다. 그의 입장에서는 경제계급과 국가관료 없이도 위계의 지배구조가 있을 수 있는 것이다. 위계는 사회조건이 되면서 동시에 심리조건이 된다. 사회적 위계는 자연을 지배하는 동기와 수단이 되는 심리조건과 물질조건을 제공한다. 정의로운 공동체는 공동의 필요와 목표에 이바지하도록 만들어진 사회이다. 지배가 없이 참여와 자유와 같은 민주주의 가치가 규범이 되는 사회이다. 북친은 이러한 생태환경의 정의사회를 구현하려면 의사결정이 탈중심화되고 개인들이 협력하며 서로를 지배하지 않는 사회가 되어야 한다. 이러한 자유공동체주의 모델은 생태환경에 있어서도 다양하고, 균형 있고, 조화로운 유기체를 구성하게 된다. 이에 따라 지속가능한 농업과 적정기술 같은 관행에 근거한 자급적이며 자유로운 생활양식이 가능하다. 결국 사회생태주의 입장에서는 인간이 인간의 지배로부터 자유로운 세계에서만 생태환경의 정의를 기대할 수 있게 된다.

그렇지만 북친의 사회생태주의에 대한 몇 가지 반론이 제기되고 있음은 주지의 사실이다. 그 가운데서 한 가지는 사회의 지배와 자연의 지배의 관계에 관한 것이고, 자연의 진화론적 발전에서 인간의 역할에 관한 것이다. 북친은 사회의 지배와 자연의 지배 사이에 필연적 연관을 명확히 밝히지 못하였다.[207] 그러나 그의 관점에서는 사회의 위계를 없애지 않으면 생태환경의 정의구현도 기대할 수 없다는 것이다. 따라서 인과적 연관이 정확하지 않기 때문에 생태위기 극복을 위한 사회정의구현이 선결과제라고 주장할 수가 없게 된다.

또 다른 반론은 북친이 자연의 진화를 이끄는 인간의 역할을 '후견자(steward)'로 보고 있기 때문이다. 그러나 이러한 시각은 자연의 이익과 인간의 이익이 충돌할 경우 인간에게 특권을 부여하기 쉽고 일종의 인간중심주의로 환원될 위험이 있게 된다. 인간의 생태합리성이 작용한 사회를 '자기의식이 형성한 자연(nature rendered self-consciousness)'으로 북친이 서술한 데 기인한다. 북친은 합리성, 의사소통능력, 문화 등 인간 신화의 특징들을 '제 2자연'이라고 부르고 원래 상태의 '제 1자연'과 구분하였다. 따라서 인류는 자연 진화과정의 후견인으로서 역할에 책임이 있다고 단정함으로써 결과적으로 북친은 휴머니즘을 부각시킨 인간중심적 생태환경 정의를 제창한 셈이 된다.[208]

반면에 사회생태주의 관점에서 생태부당성을 적시한 가운데 주목할 사실은 생태환경의 오

206) 같은 책, p.23. 안 네스에 대한 비판의 관점에서 생태위기 문제는 영성적 변화에서 해결방안을 발견할 수 없고 오히려 위계가 없는 의사소통 사회에서 정의구현을 기대할 수 있다고 말한다.

207) Robin Eckersley, *Environmentalism and Political Theory*, Albany, NY: SUNY Press, 1972, pp.148-154 참조.

208) Murray Bookchin, "Social Ecology Versus Deep Ecology", *Socialist Review* 18, nos.1-2, 1988, pp.27-28.

염과 공해에 대한 부담을 가난하며 소수의 사람들이 떠안게 되는 문제이다. 피터 벤츠(Peter Wenz)는 '정당한 보상, 사전 승낙, 평등한 대우의 담보 없이 생태환경의 위기의 부담을 가난하며 힘없는 사람에게 전가하는 것은 정의롭지 못한 일'로서 비판한다.[209]

그렇지만 생태환경의 부당성이 자행되는 특별한 경우에 있어 예외상황이 있을 수 있다. 강요한 사실이 없거나, 생태환경 개선 부담금이 생태환경오염으로부터 발생하는 피해액을 초과하지 않을 때, 생태환경의 부당성으로 평가할 수 없다는 것이다.[210] 그들은 실업자가 줄고 낮은 비율의 생계비 지출의 가능성은 인근에 생태환경 위해시설이 자리 잡고 있기 때문이며 이러한 시설로 말미암은 수혜사실도 고려해야 한다고 주장한다. 그러나 이러한 주장의 난점은 선택하지 아니한 문제에 대해 책임을 전가시키는 오류를 낳을 수 있기 때문에 생태정의를 구현하려면 인간에게 동일한 생태환경 보호권을 인정해 주어야 할 것이다. 이처럼 사회생태주의는 탈인간주의 관점에서 벗어나 인간의 이익고려에 역점을 두기 시작했으며 이와 유사하게 생태여성주의 관점도 인간중심적 생태정의관으로 선회하고 있다.

3. 생태여성주의와 생태정의구현

생태여성주의

(1) 생태여성주의 구분

① 현대 여성주의도 대안문화 운동의 일환으로 1960년대 중반 미국의 시민권 운동이 절정을 이루었을 때 등장한다.

② 자유주의 입장, 마르크스주의 입장, 사회주의 입장, 급진주의 입장 등이 있다. 여기서 *자유주의 입장*은 헌법이 보장하는 평등권을 여성에게도 확장하여 남녀가 교육과 취업, 보수 면에서 실질적으로 동등하게 대우받기를 요구한다. *마르크스주의 입장*은 여성에 대한 것을 포함한 모든 착취의 구조적 근원, 곧 자본주의를 철폐해야 한다고 주장한다. *사회주의 입장*은 성차별과 인종차별 같은 형태의 억압은 단순히 생산수단의 소유관계를 바꾼다고 해서 사라지는 것이 아니기 때문에 모든 형태의 억압을 근절하려면 계층적이고 권위주의적 사회 구조를 청산해야 한다고 주장이다. *급진주의 입장*은 가부장제의 모든 형태는 억압과 착취의 근원이며, 남성은 공포의 대상인 자연과 죽음으로부터 자신을 보호하기 위해 여성과 자연을 지배하려 고 들게 된다. 급진적 여성주의자들에 따르면 가부장제는 여성을 단지 아이를 낳고 기르는 것, 혹은 남성의 성욕을 충족시키는 것을 주요 '기능'으로 하는 존재로 정의함으로써 여성을 억압한다. 생태여성주의의 출범에 큰 기여를 한 입장은 급진주의 입장의 *여성주의*다.

③ 문화적 여성주의 영향

1960년대에서 1970년대 초까지 대부분의 여성주의자들은 신체적인 특징을 제외하면 여성

---

209) Wenz, Peter, *Environmental Justice*, Albany, NY: SUNY Press, 1989, pp.57ff.

210) Boerner, Christopher, and Lambert, Thomas, 'Environmental Injustice', in Theodore Goldfarb(ed.), *Taking Sides*, Guiford, CT: Duskin/McGraw, 1997, pp.74-75.

은 남성과 본질적으로 다르지 않다고 한다. 남성들이 여성은 육체적으로 나약하며, 그렇기 때문에 선천적으로 가사나 육아 같은 일에 적합하지 소위 남자가 하는 일에는 어울리지 않는다는 논리로 여성을 배제하고 억압하는 것에 반박한다. 남녀의 차이는 문화적인 것이지 생물학적인 것이 아니라고 주장한다. 그러나 점차 여성만의 특징에 대한 긍정적 평가를 내린다. 가부장제가 모든 억압의 근원이라는 급진적 여성주의를 수용하면서 성차별, 위계구조, 억압과 착취, 호전성과 폭력으로 얼룩진 가부장 문화를 대체할 여성적 대안문화를 창달해야 한다고 주장한다.

이는 생물학적 본질주의와 구성주의로 나뉜다. 먼저 생물학적 본질주의에 따르면, 여성은 출산 능력과 같은 여성만이 지닌 특질들 때문에 본래적으로 남성에 비해 관계적이고 자애롭고 보살피며 창조적이고 자연과 맞닿아 있다. 또한 섹스와 젠더는 분명히 다르며 여성 억압의 빌미가 되는 남녀의 차이는 섹스와 젠더인데, 이것은 본래적인 것이라 아니라 문화 변용의 결과이자 사회적 구성물이라고 주장한다. 대부분의 문화적 여성주의자들은 구성주의자로 볼 수 있지만 양자의 입장 차이가 어떠하든지 간에 문화적 여성주의자들은 전통적으로 남성보다 여성 쪽에 훨씬 발달되어 있는 관계적이고 타자 지향적이고 양육적인 여성적 특질을 발현하는 새로운 문화의 창달이 필요하다는데는 동의한다.

(2) 생태 여성주의의 출범

① 생태 여성주의라는 용어가 처음 쓰인 것은 1972년 프랑스 여성주의자 프랑소와 도본느(Francoise d'Eaubonne)가 설립한 <생태여성주의 센터>이다. 1974년, 『여성주의 아니면 죽음』의 생태여성주의시대라는 장에서 "생태여성주의는 지금껏 별개로 생각되었던 두 가지 투쟁, 즉 여성운동과 생태운동의 통합을 추구하는 것"이라고 정의하고 지구를 구하기 위한 생태혁명에 여성들이 앞장설 것을 호소한다. 이 용어는 미국으로 건너와 1976년경, 북친의 <사회생태학 연구소>에서 활동하던 이네스트라 킹(King, Ynestra)의 '생태여성주의 강좌'를 통해 더욱 발전되었다.

② 생태여성주의는 환경 개량주의를 비판하고 여성과 자연을 억압과 착취로부터 동시에 해방시켜야 할 대상으로 파악한다는 점에서 일반적인 여성주의와 다르다. 일반적인 여성주의자들은 정치적 입장은 어떻든지 간에 환경 개량주의자들과 마찬가지로 자연을 도구로 보며 여성에 대한 억압과 생태위기 문제를 연계시키지 않는다.

③ 여성주의가 다양한 만큼 그 자손이 생태여성주의도 매우 다양하다. 자유주의 입장도 있고 사회주의 입장도 있다. 사회생태학과 심층생태학이 발전함에 따라 사회생태학 입장, 심층생태학 입장도 탄생한다.

(3) 생태여성주의의 탐구 주제와 논리

1) 생태여성주의의 분파간의 차이에도 불구하고 공통점이 있는데, 그것은 바로 최소한의 전제를 공유하는 것이다. 여성에 대한 지배와 자연에 대한 지배 사이에는 어떤 뗄 수 없는 관련이 있다. 이것에 대한 이해는 여성에 대한 지배와 자연에 대한 지배의 이해에 선결조건이

라는 것이다. 여성주의의 이론과 실천은 반드시 생태적 시각을 포함하여야 한다는 것이다. 생태문제의 해결은 반드시 여성주의의 시각을 포함하여야 한다는 것 등에 대한 동의한다.

2) 워렌(Karen J. Warren)은 이러한 생태여성주의의 탐구주제를 명료화한다.

① 여성과 자연에 대한 이중지배의 역사기원과 인과고리에는 크게 세 가지 견해가 있다.[211]

첫째, 찰린 스프레트낙이란 아이슬러처럼 기원적 4500년 전 유라시아 유목들이 서유럽사회를 침범한 사건으로 보는 견해이다. 침범이전에는 여신을 숭배하는 노동력 위주의 모계정착사회였으나 침범했던 유라시아 초원사회의 사람들은 하늘의 신을 섬기는 가부장 사회로서 유목이동사회였고 호전적 집단이었다.

둘째, 수전 그리핀과 밸 플럼우드(Plumwood, Val)처럼 고래 희랍철학과 근대 합리주의 철학전통에서 내포된 합리성 개념에서 그 기원을 찾는 견해가 있다. 서구에서 인간 /자연의 이분법과 관련된 갖가지 이분법들을 확고하게 연결하고, 이성을 남성적이고 합리적인 것으로, 이와 대립되는 모든 속성들을 여성적이고 비합리적인 것으로 단정하는 오랜 철학 전통인 '합리주의'속에 바로 '여성 곧 자연'이라는 연결고리가 숨겨져 있다고 주장한다.

셋째, 캐롤린 머천트처럼, 16-17세기 과학혁명 시기에 일어난 문화와 과학의 대변혁에 초점을 두는 견해가 있다. 17세기 이전에 자연은 자비로운 여성 혹은 만물을 양육하는 어머니로서 하나의 유기체처럼 인식되었지만 과학혁명이후에는 단순히 생명이 없고 움직이지 못하는 기계 같은 것으로 인식한다.

② 남성중심으로 여성과 자연을 규정하는 관념적 지배구조를 밝히는 것이다. 생태 여성주의자들은 여성에 대한 지배와 자연에 대한 지배간의 역사적, 인과적 고리는 궁극적으로 여성과 자연에 대한 남성편향적인 관념적 지배구조에서 비롯된다고 본다. 가치의 이중구조와 계층구조, 지배와 관련된 모든 주의들(성차별주의, 인종차별주의, 계급차별주의), 남녀 간의 성적 차이, 특히 개성의 형성에서 나타나는 차이와 의식의 차이에 초점을 둠. 여성들은 생물학적 특징 자체가 아니라 여성 특유의 육체적 경험 때문에 여성은 남성과 자연에 대한 처지가 달라진다.

③ 여성과 환경파괴간의 관계를 보여줄 수 있는 경험증거를 찾는다.

④ 종교, 예술, 문학 등에 나타난 여성과 자연의 상징결합과 비판에 대해 탐구한다.

⑤ 생태여성주의 인식론을 구축한다.

⑥ 생태여성주의 이념을 실천한다.

⑦ 생태여성주의 환경윤리를 새롭게 개척한다.

이처럼 남성의 여성지배와 인간의 자연지배 사이에 부당성의 구조적 유사성을 보이는 것에서 착안하여 생태여성주의는 지배로부터 해방이라는 생태정의관을 보여주고 있다.[212] 이른바 억압적 개념구조를 해체하여 지배와 복종의 관계를 극복하려는 관점인데, 억압적 개념의

211) 송명규, 『현대생태사상의 이해』, 따님, 2004. pp.120ff.

212) 생태여성주의(ecofeminism)는 프랑스와 도본(Francoise d'Eaubonne)이 생태학적인 혁명을 가져오는 여성의 잠재성에 관심을 갖고자 1974년 학계에 이 용어를 소개한 이후로 여러 방면에서 사용되었다.

부당성으로는 세 가지의 중대한 특징이 발견된다. 이는 높은 가치에 매달리는 '가치 위계의 사고(value-hierarchical thinking)', 반대와 배타성을 드러내는 '가치 이원주의(value dualism)', 종속을 정당화로 이끄는 '지배의 논리(logic of domination)'이다. 이러한 공통 특징으로 말미암아 여성에 대한 남성지배와 자연에 대한 인간지배 사이에는 역사적, 상징적, 이론적으로 밀접한 연결성을 보여주고 있다. 여기서 드러나는 부당성은 자연과 여성의 열등성을 고착화 시켜 지배논리를 통한 억압적인 개념화이다. 생태여성주의자들에겐, 지배논리는 다양성과 차이의 상황을 전제한 것에 불과하고 윤리적 우월성을 주장할 토대는 되지 않는다. 도덕적 우월성을 갖추며 지배의 논리를 배제한다면 단순히 차이성과 유사성이 드러날 뿐이다.[213]

생태여성주의 관점에서 마리린 프라이(Marilyn Frye)는 생태정의를 구현하려는 자세는 정복의 윤리적 태도에서 *돌봄의 윤리적 태도*로 가능하다고 말한다.[214]다시 말하면, 오만함의 인식에 근거한 정복태도를 버리고 사랑에 기초한 돌봄의 태도를 실천하려는 자세에서 우리는 생태정의 구현을 기대할 수 있게 된다.

"사랑의 시선은 오만의 시선과 정반대이다. 사랑의 시선은 타자의 독립성을 안다. 그것은 자연이 무관심한 것을 알아보는 보는 시선이다. 그것은 확실함을 위해, 자신의 의지, 관심, 두려움, 상상력 이외의 다른 어떤 것을 스스로 자문해보는 시선이다. 어떤 사람은 그것을 바라보아야 한다. 어떤 사람은 보고, 듣고, 확인하고 물어보아야 한다. 사랑의 시선은 주목을 하는 것이다. 이 주목은 자기부정이 아닌 훈련을 요구할 수 있다. 그 훈련은 자기에 대한 지식, 즉 자기의 영역과 경계에 관한 지식이다.… 특히 다른 사람을 내버려두고 다른 것을 시작하도록 하는 무관심과 자신의 관심을 구분할 수 있는 문제의식이다. 사랑의 시선은 먹을 수 있는 어떤 것에 대한 인식대상을 만들지 않으며, 그것에 동화되려고 하지 않으며, 보는 이의 욕망, 두려움, 상상력의 크기로 감소시키지 않으며, 단순화시킬 필요성도 없다. 그것은 알려진 새로운 것을 영원히 제시할 어떤 것으로서 복잡성을 직관한다. 사랑의 시선은 진리의 복잡성에 오히려 호의를 보이며 우주의 영원한 흥미를 전제로 한다."[215]

이처럼 정복이 아닌 사랑의 시선은 다른 것을 자기와 동일시하려는 침략적 · 강입적인 시선이 아니라, '알려진 새로운 것을 영원히 제시할 어떤 것으로서 복잡성을 직관하는' 시선이다. 이를테면, 한 사람이 정복자로서 바위를 올라갈 때 오만의 시선으로 올라간다. 한 사람이 사랑의 시선으로 올라갈 때 그 사람은 주위에 관심을 쏟으면서 보고 듣고 확인하고 물어서 등산한다. 바위와 자신의 경계가 따로 없지만, 두 존재 사이에는 보완의 관계로 인식한다. 사랑의 시선이 그것을 인식하고 그것에 반응하고 그것에 주목하기 때문에 독립적이지만 보완관계 속에 있다.

생태여성주의에서는 인간 이외의 세계에 대한 오만의 시선에서 사랑의 시선으로의 전환을

---

213) Warren, Karen J. Feminism and Ecology:Making connections. *Environmental Ethics 9*, 1987. pp.17-18.

214) Marilyn Frye, "In and Out of Harm's Way:Arrogance and Love," *The Polities of Reality* (Trumansburg, New York: The Crossing Press, 1983), pp.66-72.

215) 같은 책, pp.75-76.

부각시킨다. 오만의 시선은 인간을 닮아가는 윤리공동체를 확장하는 방식으로 자기동일성을 확대시키려고 한다. 오만한 인식에 근거한 환경적 운동이나 윤리는 존재의 도덕적 위계질서를 세우고 '자기동일성에서 일체감'을 발견하려고 한다. 반대로 사랑의 인식은 자신과 타인, 인간과 비인간의 차이를 발견하면서 상호보완의 관계를 이루려고 한다.

생태여성주의의 생태환경 정의구현논리를 집약하면 이와 같다.216)

첫째, 억압에 저항하는 자유의 정의를 존중한다. 이는 지배의 논리와 가치를 반영하는 어떤 행동이나 생각에 대해서도 거부한다. 이를테면 성차별주의, 인종차별주의, 계급주의의 경계를 제거한다.

둘째, 생태여성주의는 역사적 맥락을 중시하는 상황의 정의를 존중한다. 따라서 어떤 맥락에서 이루어지는 특정 의도를 중시하면서 그들과 관련 있거나 차이가 있는 상황을 파악하여 타자와의 관계 설정을 시도한다.

셋째, 생태여성주의는 차이의 정의를 존중한다. 최소한의 인간이외의 본성의 어떤 요소를 발견하려고 노력하며 인간 사이의 차이점을 모색하고 유지하는데 구조적으로 다원적이다. 그러므로 생태여성주의는 '본성과 문화의 분리'를 부정하는 반면, 그것이 생태환경공동체의 구성요소임을 확언하다. 그러므로 관계와 공동체에 대한 정의구현의 태도는 차이점의 제거가 아닌 그것에 대한 공경인식이다.

넷째, 생태여성주의는 과정이론의 정의를 존중한다. 가령 담론의 사용은 인간 이외의 세계의 파괴에 대해 과정을 배우고 여성 생활 변화의 과정이 시간에 걸쳐 어떤 모습으로 변천하였는가를 살피게 된다.

다섯째, 생태여성주의는 내포의 정의를 존중한다. 그것은 여성과 생태계가 지배에 구속된 방식을 경험한 여성들과 생태계의 목소리를 배척하지 않고 포함하려는 자세에서 나온다.

여섯째, 생태여성주의는 '객관적인'인 관점에서 정의를 구현하려고 시도하지 않는다. 그것은 여성과 자연에 대한 쌍방의 지배를 유지하고 인정하는 사회 경제적인 생태환경과 억압적인 개념형식을 인식의 출발점으로 한다.

일곱째, 생태여성주의는 돌봄, 사랑, 우정, 믿음과 적절한 상호작용의 가치를 모색하여 관계의 정의를 존중한다. 그러므로 산을 오르는 등산에서 타자에 대해 정중하게 관심을 갖고 의미를 둘 수 있는 감수성에 대한 목소리를 제공한다.

끝으로 생태여성주의는 추상적 개인주의를 부정하는 가운데 구체적인 정의를 존중한다. 인간이란 자연과의 관계를 포함하여 역사적 사회적 상황에서 대응의 구체적인 구조를 보여준다. 여성과 자연에 대한 지배 사이에는 내부적인 연결을 명백히 함으로써 구체적으로 책임지는 의무감을 보여준다. 생태환경위기의 중요한 뿌리로 전통적인 남성중심의 가부장제를 변화시키는 것이 생태환경에 대한 인간지배를 벗어날 수 있게 될 것이다. 따라서 류터(R.R Reuther)는 "한 사회의 근본관계가 지배모형으로 계속 유지되는 한, 어떤 여성해방도 있을

216) Karen J. Warren, "The Power and Promise of Ecological Feminism", *Environmental Ethics,* Vol.12, No.2(Summer 1990), pp.140-143 참조. Val Plumwood와 같이 페미니즘과 생태주의 공분모를 추구한다.

수 없고, 생태위기에 대한 어떠한 해결책도 있을 수 없다"고 지적하면서, 사회기초가 되는 사회・경제적 관계와 그 근간이 되는 가치를 급진적으로 변형시키기 위해서 여성운동의 제반 요구가 생태운동의 요구와 통합되어야한다고 촉구하고 있다.

생태정의구현

이제까지 살펴본 것처럼 인간과 생태환경과의 올바른 관계를 정립하는 것이 생태정의 실현의 관건이 되고 있다. 이들은 윤리 다원론의 구성주의 관점에서 각각의 장점을 가지면서도 생태정의에 대한 일치된 견해를 보여주지는 못한다. 우리들은 이러한 관점들을 분석하여 비판적 성찰을 통해 우리는 생태정의의 합의 가능성을 모색할 수 있다.

먼저 생명주의 정의관에서는 인간중심적・이분법적 사고방식을 탈피하여 생명의 내재적 가치를 인정하고 인간과 동등한 대우를 해 줄 것을 전제하고 있다. 이에 따라 자유주의 정의관의 공평한 해결책을 앞세워 자기방어, 비례와 최소악의 규칙, 분배와 보상의 정의 규칙을 적용하여 인간과 생물종의 이익갈등을 해결하고자 하였다. 이러한 관점은 생명의 개체만이 내재적 가치를 지니고 있기 때문에 생태계나 무생물에 대해서는 직접적인 의무가 없다고 말한다.

또한 개체주의 입장을 보완한 것으로 생태전체주의를 살펴보았다. 여기서는 생태계 전체의 안정과 온전함을 보전하기 위해 개별 생명을 희생할 수 있는 정의관을 내세웠다. 레오폴드의 대지공동체의 온전함, 안정, 아름다움을 위하여 생명체 사냥도 허용될 수 있다. 그런데 생태계와 공정한 세계의 복잡성을 고려한다면, 어떤 규칙도 정의의 실천 규칙으로 한계성을 나타낼 것이다. 공동체의 복지를 내세워 생태계의 온전함, 안정, 아름다움을 파괴하는 상황을 인정한다면 생태계 정의감은 생태계를 보호하기보다 오히려 파괴시키는 요인으로 작용할 수 있을 것이다.

심층생태주의 정의관에서는 기술에 너무 의존하지 말고 자급자족적이며 탈중심적 공동체 구성원으로서 생활양식을 근본적으로 바꿀 것을 주장한다. 최소한의 소비석 물실욕구만 인정하는 간소한 것이어야 한다. 그리고 지구와 다른 종에 가능한 영향을 주지 않으면서 살아가는 정의규칙을 내세우고 있다.[217] 이러한 입장의 전체주의적이고 탈인간주의 경향은 또 다른 파시즘으로 비판받았다. 개인이 실재하지 않고 전체로서 자기가 실재한다는 형이상학적 주장이나 생태환경 주범으로서 인간에 대한 혐오주의는 인간복지를 소홀하게 다루는 한계점을 보여주는 정의이다.

인도의 생태학자 라마찬드라 구하(Ramachandra Guha)는 심층생태주의 정의관은 서구 제국주의 논리이며 동양의 정신가치도 잘못 수용하고 있다고 비판한다.[218] 라마찬드라 구하가 보기에는 심층생태주의 강령을 후진국에 적용하려는 것은 서양의 생태환경주의자의 정의관

217) Bill Devall and George Sessions, Deep Ecology: *Living as if Nature Mattered,* Salt Lake City, Peregrine Smith Books, 1985, p.68.

218) Ramachandra Guha, "Radical American Environmentalism and Wilderness Preservation: A Third World Critique", *Environmental Ethics* 11, 1989 Spring, pp.71-84.

에 맞추어 일반화 할 것을 강요한 것이라고 주장한다. 설령 후진국 사람들이 최저 생활을 유지할 지라도 자연을 자원으로 보지 말고 자연을 보전하고 존경하라는 메시지를 담고 있다는 것이다.

이에 따라 사회생태주의와 생태여성주의 정의관에서는 자연과 여성에 대한 정복과 지배를 근본적으로 죄악시하게 된다. 먼저 사회생태주의 입장에서는 지배의 사회구조가 자연의 지배보다 선행한다고 밝히고 있다. 마르크스주의와 달리, 북친은 위계적 사회가 자연을 학대할 가능성도 있지만 반대로 자연친화적 관계를 가질 가능성도 있다고 말한다. 그것은 생태적 합리성과 자율적인 공동체 활동을 보장하여 모든 형태의 통제와 지배로부터 자유로운 정의사회를 구현하는가에 달려 있다. 이처럼 사회생태주의는 사회주의, 자유주의, 유기체주의 등 다양한 철학적 전통에 뿌리를 두고 있다.

이러한 사회생태주의 정의관에는 정의구현의 방법론의 측면에서 문제점을 내포하고 있다. 인간을 자연의 진화를 이끌 수 있는 후견자로 보기 때문에 생태환경에서 인간중심적 부당성의 가능성을 용납하고 있음이다. 생태적 합리성, 의사소통능력에 근거한 '제 2자연'은 북친이 비판하고 있는 사회적 위계와 지배이념의 소산이다. 이것에 자연에 대한 진화와 통제를 맡기는 것은 논리적으로 자가당착의 오류를 범한다고 할 것이다. 그럼에도 불구하고 생명주의와 심층생태주의에 대한 도전으로 인간의 결정과 가치가 생태환경을 파괴하는 주범이 된 경우도 있지만, 후견인으로서 인간이 생태정의 구현의 주요 역할을 감당해야 된다는 점을 일깨워주고 있다. 생태여성주의는 여성의 지배와 자연의 지배사이의 연결에 대한 이론과 생각에서 출발한다. 상황주의 관점에서 생태여성주의는 자연이 인간에 대해 부당성을 말하는 것과 다른 억압받는 사람들의 목소리를 심각하게 받아들인다. 이에 따라 최근 수십 년 동안, 여성운동가들은 *'돌봄의 윤리(ethics of care)'*를 부상시키면서 이를 생태정의 구현에 접목하려는 노력을 지속했다. 따라서 생태여성주의에서는 생태환경에 대한 '자애로운 돌봄'의 역할과 함께, *영성주의(spiritualism)*를 정의구현의 방법론으로 부각시킨다. 여성, 자연, 신성의 일체감을 알고 경배할 때, 지구는 신성한 존재로 다가오고 사랑하고 돌보는 대상일 뿐 아니라 영성적 가치로 다가오게 된다. 생태여성주의 입장에서는 위계와 지배를 의식적으로 피하면서 다양성과 차이를 존중한다.

결국 생태정의의 구현은 *생태환경편익*과 생태 환경 부담을 위한 *사회분배의 공정성 확보*에 의존해 있다고 할 것이다. 이러한 점에서 생명주의와 심층생태주의는 각각 생명평등에 대한 관심과 메타윤리 관심이 지배적이기 때문에 생태정의의 원심력으로 작용한다면, 사회생태주의와 생태여성주의는 열악한 위치에 있는 사회 계층에 대한 자원분배를 주요관심으로 간주하기 때문에 생태정의의 구심력으로 작용한다고 말할 수 있다. 뒤의 경우에는 '생태환경 인종주의'와 '생태환경 성차별주의'를 생태정의 차원에서 배격하고 있다. 실제적으로 지구촌 곳곳에는 소수 인종이나 힘이 약한 여성이 밀집한 지역에 환경호르몬 분비가 많이 발생하는 폐기물을 최대한 처리하되 생태환경비용을 최소화하는 부당한 정책을 실시하였다. 이는 곧 생태부정의를 만연시키는 요인으로 자리 잡고 있으며 이러한 지역의 여자와 아이는 생태환경파괴에 노출되게 마련이다. 따라서 생태환경정의의 개념화와 이에 따른 사회적 제재가 시급하다고 할 것이다.

먼저 생태환경 정책의 결정과정에서 비용효과분석과 함께 비용편익분석이 많이 활용된다. 앞의 경우는 생태환경정책 가운데 비용이 가장 적게 되는 것을 선택하는 방안이며, 뒤의 경우는 추진하려는 목적자체가 비용을 고려할 때 과연 추구할 만한 것인가를 먼저 결정하는 방안이다. 이를테면 *멸종생물보호법*의 제정에 있어 멸종되는 생물에 대한 고려보다 이해 당사자, 지역공동체의 손실액과 비용 등을 먼저 결정한 후 생태정의 문제를 고려하려는 관점이다. 이에 수반되는 비용은 수혜범위의 우선순위를 설정하여 차등적으로 설정하되 비용효과분석의 방안을 활용하는 것이 공정하다고 생각된다.

마찬가지로 생태정의를 고려한 소유권 인식의 경우, '인간이 소유권을 지니고 있다'는 사실 자체로서 '소유자가 원하는 모든 것을 할 수 있다'는 뜻을 함축하지 아니한다. 소유권은 다른 사람들의 권리에 의해 다양한 방식으로 제한된다. 소유권을 권리들의 묶음으로 본다면, 소유자가 모든 것을 할 수 있는 권리도, 소유자가 아무 것도 할 수 없는 권리도 아니다. 생태환경의 정의구현을 위해서는 이러한 점의 소유권 인식에 주목할 필요가 있다. 유권을 가진 상태에서 소유자로서 자신의 권익을 실현하기 위해서 어느 한계까지 권리를 행사할 수 있는가를 심사숙고하여 자율적이며 합리적으로 제한점을 정하는 것이 공정하다고 할 것이다.

이들 범례는 생명주의 정의관과 심층생태주의 정의관을 한 묶음으로 하는 '*탈인간주의(non-anthropocentric)' 생태정의관*과 사회생태주의 정의관과 생태여성주의 정의관을 한 묶음으로 하는 '*인간중심적(anthropocentric)' 생태정의관*으로 구별된다. 지구촌 시대를 맞이하여 생태정의를 구현하기 위해서는 국제간의 협조가 그 어느 때보다 절실해졌다. 선진국의 상당수는 개발도상국을 식민지 상태로 관리했기 때문에 현재의 개발도상국 생태환경의 질병에 대해 일정한 부담을 지고 개선해야할 의무가 있다. 이러한 입장에 대해 앞서 언급된 여러 범례에서는 의견의 일치를 보여주고 있지 않다. 현대의 생명주의 입장을 견지하고 있는 홀메스 롤스톤(Holmes Rolston)은 기아에 허덕이는 인종을 중시하면서도 소멸되어가는 생명의 종을 살리기 위한 선진국들의 기금마련내책에 반대하는 입장이다. 반면에 심층생태주의 입장을 지지하는 앤드류 브렌넌(Andrew Brennan)은 식민잔재와 제도모순의 간접책임이 있는 선진국들의 기금마련이야말로 생태정의 구현의 선결과제가 되고 있다고 말한다.[219] 선진국의 기금마련에의 동참은 식민지 통치와 자국 이익중심의 개발정책에 대한 보상적 측면에서 강조되어야 한다고 말한다.

이처럼 앤드류 브랜넌 뿐만 아니라 동물에 대한 차별대우론을 주장한 피터 싱어(Peter Singer), 피터 운저(Peter Unger)까지도 빈곤국가의 생태환경에 대한 선진국의 관심이야 말로 생태정의 구현을 위한 선결과제라고 주장한다.[220] 제한된 자원의 과대소비로 생태위기를

219) Rolston, Holmes, *Environmental Ethics*, Philadelphia: Temple University Press, 1988. Brennan A. *Thinking about Nature*, Arthens, GA: University of Georgia Press, 1988. 참조

220) Singer, Peter. *Practical Ethics*. 2nd edn. Cambridge: Cambridge University Press. 1993. Unger, Peter. *Living high and Letting Die*, New York: Oxford University Press. 1996.

초래한 선진자본국들이 자율적으로 국제협약을 통해 지구촌의 생태환경 부담금을 적절하게 떠맡게 됨으로써, 지구촌의 생태정의 구현을 앞당기려는 실천담론이 현대윤리과제가 되고 있다.

제 14장 안락사 담론

★★ 바다에 가도 바다가 없다 ★★

주님,
제가 당신의
마음속을 들여다보게 하소서.
상처받은 사람들에 대한 저의 보살핌이
거기에 있나요? 제 자신에 대한 관심이 그것을 밀쳐 버렸답니다.
생명과 아름다움에 대한 제 생각이 거기에 있나요?
저는 바쁜 나날 사이에서 그것을 잃어버렸거든요.
주님, 제가 당신 마음속을 좀 더 깊이
들여다보게 하소서!

【김은희 · 이무하 번역의 <영원히 목마르지 않게 하는 물> 중에서】

제 14장 안락사담론

안락사는 도저히 살아나거나 회복될 가망이 없는 환자를, 본인 또는 가족의 요구에 따라 고통이 적은 방법으로 인위적으로 죽음에 이르게 하는 일이며, 일종의 안사술(安死術)이다. 안락사는 종교전통에 따라 해석의 차이가 발견되며, 도덕성의 정당성에 관한 문제가 제기된다. 이 문제는 뇌사와 연관되고, 이는 또한 장기이식의 문제와 관련이 된다. 또한 신생아 안락사의 문제는 합리적 결정에 대한 제도장치가 요청되며, 그 대체효과로서 복제인간문제가 제기된다. 다양한 윤리담론이 있지만, 역기능과 함께 순기능의 측면도 부정할 수 없다.

안락사와 관련된 논란은 지속적 식물상태 환자를 계기로 일어났다. 일반인에게 널리 알려진 계기는 1975년, 미국 뉴저지주에서 일어난 퀸란 사건이 발단되었다. 퀸란(Karen Ann Quinlan)은 21살된 여자로 1975년 4월에 친구의 생일 파티에서 술과 약물에 중독되어 호흡정지가 있은 다음에 혼수상태에 빠졌고, 병원에서 인공호흡기를 장착하여 지속적 식물상태를 유지하게 되었다. 퀸란의 아버지는 의사로부터 의식이 회복할 가능성이 없고 인공호흡기 없이는 생존할 수 없다는 설명을 듣고, 퀸란에게 자연스러운 죽음을 맞이할 기회를 주겠다고 결심하여 의사에게 생명유지장치를 떼어달라고 요청하였다. 의사가 이를 거부하자, 퀸란의 후견인으로서 생명유지장치를 뗄 권한을 자기에게 달라는 소송을 법원에 냈다. 뉴저지 고등법원(1975. 11. 10 판결)은 생명유지장치를 뗄지 여부는 어디까지나 의료적인 문제이므로 주치의의 결정에 맡겨야 한다고 하여 퀸란의 아버지가 낸 신청을 기각하였으나 주 대법원은 1976년 3월 31일에 아버지의 주장을 인정하고 이러한 판결을 내렸다.

【① 후견인과 가족이 같은 의견이고, ② 다른 의사가 퀸란은 현재 혼수상태에서 인식되는 지적 상태로 회복할 가능성이 없다는 판정을 받고 생명유지 장치를 정지시켜야 한다는 결론을 내린다면, ③ 입원한 병원의 윤리위원회의 승인을 얻어 장치를 제거해도 된다.】는 판결이다. 이 판결은 자기결정권(自己決定權)을 존중하여 ≪개인적 권리(privacy)≫를 긍정한 새로운 판결로서 세계적 반향을 불러일으켰다.

☆ 탐구문제

1. 뇌사인정에 따르는 문제점과 뇌사 수용의 법적·종교적 기준은?
2. 장기이식의 윤리적 기준과 정당화의 문제는?
3. 안락사의 도덕적 허용 기준은?
4. 안락사 남용을 막기 위한 고려사항과 제도장치는?
5. 신생아 안락사의 경우 고려되어야 할 우선적 과제는 무엇인가?
6. 인간복제의 순기능과 역기능은 어떠한 것이 있는가?

7-1. 뇌사를 인정하는 법이 국회에서 논란 끝에 다수 국회의원들의 찬성으로 통과되었다. 시민 (갑)과 (을)은 이 법에 반대하지만 법 승복에 대한 태도는 다르다. (갑)과 (을)의 대화 내용을 읽고 물음에 답하시오. (갑)의 견해를 뒷받침할 수 있는 논리적 근거를 2가지만 제시

하시오. '(갑) : 이 법은 생명경시 풍조를 조장할 가능성이 크기 때문에 불의하다고 판단되지만, 그래도 법으로 통과된 이상 지켜야 한다는 것이 내 소신이야. (을) : 이 법은 불의하다고 판단되므로 시민불복종 운동을 벌여서라도 반드시 바로 잡아야 한다고 생각해.'(02' 임용고사)

7-2. (을)이 벌이고자 하는 시민불복종 운동이 갖추어야 할 조건을 3가지만 제시하시오.

8. 복제 양 돌리의 탄생 이후, 인간복제의 가능성이 높아지면서, 그 개념과 도덕적·현실적 적용을 둘러싸고 찬반 논쟁이 뜨겁게 진행되고 있다. 온전한 인간의 개체복제에 반대한다고 하는 논거를 결과론적 관점에서 3가지만 쓰시오.(03' 임용고사)

1. 뇌사와 장기이식

죽음의 의미

우리 생각의 뿌리에는 여전히 옛날 사람들이 가지고 있었던, 「애니미즘」이라던가 「샤머니즘」이라던가 아니면 「신체발부수지부모(身體髮膚受之父母)」라는 유교적 윤리도덕의 관념이 남아 있어 일상 생활면에서 우선시 된다. 이에 따라 죽음은 장례절차가 장엄하게 이행되듯 삶을 마감하는 독특한 의미를 부여 받는다. 우리 문화의 기저(基底)라고 할 수 있는 무속에서 나타나는 영혼천도의식 중 진오귀굿 무가에서 드러나듯이, 우리는 대부분 영혼이 존재한다고 믿으며, 영혼은 살아 있는 사람들에게 영향을 미칠 수 있다고 본다. 사람이 죽으면 혼(魂)과 백(魄), 귀(鬼)로 나뉘어 혼은 하늘로 올라가 신명이라는 양(陽)의 기운이 되고, 백은 땅에 묻힌 시신에 깃들어 묘에서 3년 동안 제사를 받고 흙으로 돌아가며, 귀는 공중으로 올라가 사당에서 4대에 걸쳐 제사를 받고 인간에게 깃드는 음(陰)의 기운이 된다. 천수를 누리고 자기가 살던 집 안에서 자손들이 보는 앞에서 여한이 없이 죽은 이상적인 죽음은 사후 삼년 반에 내상(人喪)이 지니고 나면 죽음의 부정을 씻고, 재수와 부귀를 가져다주어 후손을 보호하는 조상의 반열에 오른다는 것이다.

이처럼 무속에서는 인간을 육신과 영혼의 이원적 결합체로 보고, 영혼이 육신을 떠나간 것을 죽음으로 본다. 곧, 죽음을 단지 이승에서 저승으로 가는 것으로 육신은 없어지지만, 영혼은 영원하다고 본다. 영혼은 사령과 생령(生靈)으로 구분하는데, 사령은 조상과 원귀(寃鬼)로 구분한다. 몽달귀신, 객귀, 영산, 수비, 수부라고 하는 원귀는 떠돌아다니는 악령 귀(鬼)의 개념으로 묶어지는 영혼들이다. 영혼은 이승에 머물러 있다가 3년이 되어 탈상을 함으로써 저승으로 들어가게 된다. 그런데, 원령은 3년이 지나도 저승에 들어가지 못하고 이승에 남아 원한이 풀릴 때까지 인간을 괴롭혀, 진오귀굿 같은 과정을 통해서 한을 풀어 주어야 조상신이 된다고 알려져 있다.

또한 오래된 전통으로서 알려진 불교전통의 죽음에 대한 해석을 살펴볼 필요가 있다. 초기불교에서 죽음은 '정신 신체적 요소들(五蘊)이 파괴되고, 유해(遺骸)가 내던져지는 것'을 말한다. 정신 신체적 요소의 파괴는 정신신체적인 요소의 결합이 파괴되는 것이고 유해가 내던져지는 것은 수명, 체열, 물질 대사, 의식이 포기되는 것을 말한다. 이러한 의식포기는 뇌사와 직접 연관이 있다. 뇌사는 뇌간을 포함한 뇌전체가 비가역적으로 기능을 정지하였지만 인공호흡기나 중환자 관리로 호흡을 하고 심장이 박동하는 상태를 뇌사라고 한다. 뇌 전체의 기능이 정지하였다는 것은 의식이 소생할 가능성이 비가역적으로 소실된 것을 의미하므로 의식을 비롯한 지각이나 느낌이나 사고 작용 등의 정신적인 요소들이 완전히 파괴된 상태에 해당한다.

뇌사자는 체열이 인공호흡으로 유지되면서 장기의 물질대사가 가능하다고 하더라도, 그것은 외부의 힘에 의해 강제로 주어지는 것이고, 자발적으로는 이미 포기되어 정신신체적인 요소들이 해체되어 유해로 버려진 상태이므로 죽은 자라고 볼 수 있다. 불교적으로 보면 뇌사의 순간에 이번 생에서 윤회는 종식됨과 동시에 이번 생에서의 정신 신체적 요소들의 관계성은 다른 생에서의 윤회의 시작의 조건이 됨과 동시에 이번 생에서는 그 삶은 해체되는 것 즉 죽음을 맞이하는 것이다. 이러한 초기불교의 관점에서 뿐만 아니라 대승불교의 관점에서도 아라야식이 신체를 대상으로 집수할 때만 인간이 생명을 유지한다고 볼 때, 의식이 신체를 대상으로 집수하지 못하는 즉, 전혀 통제하지 못하는 상태인 뇌사의 상태는 죽음의 상태라고 볼 수 있다.

그러나 아뢰야식의 존재를 이승에서 저승으로 연관을 맺는 항존의식으로 볼 경우, 그 해석을 달리한다. 아뢰야식의 대상은 「집수(執受)」와 「처(處)」이다. 집수에 대해 『성유식론술기』에서는 「집섭(執攝)」「집지(執持)」라고 하였다.[221] 「집(執)」이라는 것은, 아뢰야식이 종자를 「간수하다」하고, 종자를 「보존하다」라고 하였다. 이것이 아뢰야식의 대상이 된다. 「수(受)」라는 것은 「수령(受領)」·「각수(覺受)」의 의미라고 하였다.[222] 종자와 신체를 수령하여, 그것을 대상으로 하고, 유근신[身體]에 감각이나 마음의 움직임을 일으킨다.

장기이식은 뇌사상태가 죽음인 것을 전제로 하여 널리 행해지는데, 죽음의 상태에서 물질대사만이 강제적으로 유지되고 있는 장기가 제 기능을 발휘하기 위해서는, 그 장기에 대하여 다른 적절한 인과적인 연관을 찾아주는 것이 필요하다. 즉 의식이 있는 다른 생명체에 대한 장기이식을 통해 그 장기가 다른 의식과 인과적인 연결성을 찾게 되면, 그 장기는 다른 의식과 결합하여 생명체의 일부로서 작동하게 된다. 살아있는 자의 자발적인 장기기증에 의한 장기이식도 불교적으로 불살생을 지지하고 보시와 방생을 실천하는 것이다. 이때 당연히 장기매매 등의 유혹이나 위험을 경계하지 않으면 안 된다.

불교윤리는 보상에 대한 기대나 처벌에 대한 공포에서가 아니라 사실에 대한 올바른 사유인 자비정신에서 오는 것이다. 모든 살아 있는 것은 고통을 싫어한다. 그들에게도 삶은 사랑스러움으로. 그들의 존재 속에서 너 자신을 인식하여 괴롭히지도 말고 죽이지도 말 것이다. 장기가 손상된 환자들의 고통 속에서 자신을 인식한다면, 그들을 소극적으로 괴롭히지 않고

221) 『대정장』 43, 315C, pp.10-11

222) 1. 執(집) : 아라야식은 종자를 유지·보존하는 기능을 한다. 그리고 종자가 아라야식의 대상이 된다는 것이다. 2. 受(수) : 受領한다는 의미이다. 아라야식은 有根身(신체)을 수령하고, 그것을 대상으로 하여, 신체에 感覺이나 마음의 움직임을 일으키게 한다.

죽이지도 않는 것 대신에 적극적으로 장기이식을 통해 치료와 생명을 줄 수도 있는 것이다. 현대 의학의 발달로 사람 생명도 인공호흡기 등을 통해 연장이 가능해졌다. 뇌사와 관련된 가장 중요한 동기는 장기 기증(타인의 생명 연장) 때문이다. 뇌사는 뇌가 질병이나 외상에 의해 그 조직이 파괴되어 기능이 완전히 상실되고 그것이 결코 회복될 가능성이 없는 뇌 기능의 완전 정지 상태를 의미한다. 장기이식을 고려할 때, 뇌사의 필요성은 이와 같다.

① 각종 장기가 부패하기 이전에 장기를 떼어내어야 이식 성공률이 높다.

② 환자 가족들의 경제 부담이 크며 심장은 뛰고 있더라도 뇌는 회복시킬 수 없다.

③ 신체 기관을 더욱 건강한 상태로 다른 사람에게 이식할 때, 친권동의만 있으면 인간의 존엄성 훼손, 일종의 살인, 안락사 등의 문제가 발생하지 않는다. 이러한 뇌사 인정에 따르는 문제는 크게 두 종류로 나눌 수 있다.

(1) 죽음의 정의에 대한 문제

의학적으로 단지 인간의 죽음을 실용주의적인 입장에서 제창한 것이 심폐사설로서 비록 생물학적인 면에서는 불완전하다 할지라도 사회적인 면에서는 합리적인 것으로 받아들여져 오랫동안 인간의 죽음을 결정하는 데 활용되어 왔으며, 토착화되어 왔다. 그런데 전통적인 기준인 심폐사설에서 뇌사설로 바꾸는데 있어서, 뇌의 기능장애, 즉 혼수의 불가역적인 시점을 결정 하는 데는 많은 의문을 가지게 되었다. 즉 이론적으로는 대뇌가 파괴되어도 심장과 폐의 기능은 계속 유지될 수 있다는 것이다. 그 이유는 호흡중추는 뇌간에 있으며, 심박동의 중추는 일차적으로 심장 자체에 있기 때문이다. 따라서 뇌간 기능소실을 나타내는 임상증상은 뇌기능 장애 여부 결정에 중요한 의의가 있다.

한 사람의 죽음의 순간, 즉 죽음의 정확한 시간을 누가, 어떠한 방법으로 측정할 수 있겠는가 하는 문제에서 죽음이 하나의 과정이라면 뇌사는 하나의 죽어가는 단계에 불과할 뿐이므로, 그것은 결코 죽음을 규정할 수 있는 필요충분조건이 될 수 없다. 전통적으로 '존재의 다발들(五蘊)이 나타나고 감각기관(六處)들을 획득하는 것(khandhānaṁ pātubhavo āyatānaṁ paṭilābho)'이 태어남이라면[223], 죽음은 본질적으로 존재의 다발들이 파괴되고 감각기관을 망실하는 것이라고 볼 수 있다. 이처럼 인간의 생사의 문제를 의사뿐만 아니라 사회적, 종교적, 철학적 이해까지 도외시 할 수 없다. 그리고 인간의 생사 문제를 양적인 시간을 기준으로 그 가치를 논할 수 없다.

(2) 장기 이식과 관련한 문제

첫째, 뇌사에 대한 의사의 오진 가능성으로 바로 장기를 드러낼 경우, 문제가 된다.

둘째, 생사에 대한 문제에 예외적인 경우, 이를 염두에 두지 않을 수 없다.

셋째, 인간 생명의 존엄성 문제가 야기된다.

① 자본주의 사회에 있어서 장기 이식을 원하는 사람들 중에는 상당한 부유층이 있다. 이에 따라 인간 생명의 존엄성을 지키기 위한 최대의 안전 방책을 강구해야 한다.

---

223) SN. II. p.3 "태어남이란 무엇인가? 낱낱의 중생들의 유형에 따라 낱낱의 중생들이 출생하고 탄생하고 강생하고 전생하고 모든 존재의 다발들이 나타나고 감각들을 얻는 그것을 수행승들이여, 태어남이라고 부른다."

② 인간의 장기는 단순히 기계 부속품이 아니다. 인간은 어느 누구도 다른 사람의 대용품이 될 수 없을 뿐만 아니라, 다른 사람을 위해서 희생을 강요해서도 안 된다. 더욱이 인간의 삶을 공리적인 고려에 따라 규정되어서는 안 된다. 공리적인 면에서 뇌사를 인정하는 것은 인간의 존엄성과 생명 경시를 야기 시킬 수 있다. 뇌사자의 장기 이식이 이런 점에서 일종의 안락사라는 지적을 받을 수 있다.

뇌사의 기준

1968년 미국 하버드 의료센터의 특별 위원회는 어떤 사람이 죽었는지를 결정하는 기준을 세웠다. 이 위원회는 사람이 영구적으로 탐지할 수 있는 뇌의 기능을 모두 상실했을 때, 어떤 사람이 죽었다고 간주한다는 것을 결정했다. 뇌사는 다른 유사상태와 구별되어야 한다. 첫째, 뇌사(brain death): 사람의 모든 뇌가 영구적으로 손실된 상태를 유지할 때이다.

둘째, 식물인간(persist vegetative state): 대뇌의 피질 기능은 전부 잃지만, 다른 부분은 양호한 뇌 상태를 유지한다. 호흡, 심장박동, 얼굴 반응, 근육의 움직임 등을 계속 된다. 식물인간 상태에서의 개인은 의식적인 기능을 모두 잃는다. 그들은 의식은 없으나, 깨어있다.

셋째, 혼수상태(coma): 식물인간처럼 뇌 전체가 죽지 않았지만, 그들의 뇌간(brain stem)의 기능은 형편없다. 그들은 의식이 없는 사람이나 자고 있는 사람이다. 식물인간 상태의 사람처럼 오래 살지도 못한다.

우리나라의 뇌사판정기준에 대하여는 대한의사협회가 주도적으로 그 설정에 관여해왔다. 1983년 대한의사협회「죽음의 정의위원회」에서 최초로 뇌사판정기준안이 만들어졌으며, 1989년에는「뇌사연구특별위원회」가「심장 및 호흡기능의 정지 또는 뇌간을 포함한 전뇌기능(全腦機能)의 불가역적 소실」을 죽음의 정의 및 뇌사판정기준으로 발표한 바 있다. 그 후 1993년 3월에는 「뇌사에 관한 선언」을 선포하고,「뇌사판정기준 및 뇌사자 장기이식 의료기관 요건」을 제정하였다. 1998년 10월에는 「뇌사판정기준 및 뇌사자 장기이식기준 개정안」을 새로이 발표하였다. 이식법의 뇌사판정기준은 대한의사협회의 1998년도 그것과 그 내용에 있어서 완전히 일치하고 있다.[224)]

의식할 수 없는 뇌의 기능이 있을 때, 혹은 상태가 임시적일 때, 사람은 죽었다고 여겨지지 않는다. 더구나, 다양한 반응의 테스트는 손실된 뇌의 모든 기능이 영구적인 것인지 아닌 지를 결정하는데 필요하다. 이런 조건을 현재 우리는 '전체뇌사'(whole brain death)라고 알고 있고, 이는 우선적으로 법적인 사망으로 사용되어지는 기준이다. 이것은 다른 두 번째의 기준 혹은 맥박의 손실 같은 테스트에 비해 우선적인 기준이다.

뇌사를 통한 장기이식

뇌사를 죽음의 기준으로 받아들이려는 문제와, 만일 뇌사를 죽음의 기준으로 받아들였을 때 그 사람의 장기를 이식수술에 사용해도 되는가의 문제가 뇌사판정에 대한 윤리문제이

224) 주호노(2000),『축조해설 장기 등 이식에 관한 법률』, 서울:육법사, pp.34-35.

다.[225] 뇌사를 죽음의 기준으로 인정할 것인가에 대해 논의할 때 관련된 당사자들 중에서 가장 주목해야 할 대상이 '뇌사자'임에도 불구하고 우리사회의 논의에서는 '뇌사자의 가족들', '사회'가 중점적으로 고려되고 있다. 더욱이 뇌사자를 고려할 때도 그에 대해 잘못을 고려하고 있다. 즉 뇌사를 죽음의 기준으로 찬성한 사람들은 '알 수는 없지만 환자 본인의 고통을 고려해 주어야 한다.'고 하여 뇌사자가 고통을 느끼고 있을 가능성도 있으므로 이 고통을 없애주기 위해 뇌사를 죽음의 기준으로 인정해야 한다는 논변을 펼치고 있다. 뇌사를 법적으로 인정하지 않으려고 할 경우 시민 불복종 운동을 전개할 수 있다.

여기서는 그 자체가 공권력을 사용할 수 있는 권위를 가지지 못하기에 국민의 여론에 호소하여, 정부나 정치가에게 압력을 가함으로 국민적 힘을 행사하는 운동이다. 이 운동은 현재의 법이나 질서보다는 정의가 더 상위의 법이고 그것을 수립하는 것이 더 중요하다는 인식에 기반하고 있다. 리처드 니버 Richard Niebuhr)는 '그리스도는 사회의 변혁자'라고 주장하며, 권세는 하느님으로부터 말미암은 것으로 권세자에게 순종해야 하지만, 권세를 가진 정부나 위정자가 하느님이 맡기신 대로 행하지 않는 정부라면 하느님의 위임자로 볼 수 없기에 순종을 철회할 수 있다고 보았다. 이와 같이 양심에 따라 법이나 정부의 정책을 거부할 수 있는 시민 불복종 운동은 몇 가지 요건이 전제된다.[226]

그런데 뇌사자를 통한 장기이식 운영체계가 국가 관리로 넘어간 이후, 해가 갈수록 장기이식 건수가 급격히 감소하였다. 뇌사자 장기이식은 2000년 2월 '장기 이식 등에 관한 법률' 시행에 따라 국립장기이식관리센터(KONOS)가 뇌사자의 발생과정부터 이식 대상자 선정까지 관리하고 있다. '장기 이식 등에 관한 법률'이 시행되기 이전까지는 의료기관이 자신의 병원에서 관리해온 뇌사자에서 떼어낸 장기를 자기 병원 환자에게 이식할 수 있었기 때문에 장기이식이 가능한 뇌사자를 자발적으로 발굴했다. 그러나 국가 관리로 넘어간 이후에는 그 같은 우선권 혜택이 없어졌기 때문이다. 현재 뇌사자 장기는 전국적인 대기 순서에 따라 배정되기 때문에 뇌사자 관리 병원에 배당될 확률은 희박하게 마련이다. 이는 뇌사의 법적 인정에 따라 뇌사자의 인권보호를 위한 뇌사판정 기준 및 절차의 엄격성과 장기의 공성배분에 따른 관련기관 및 개인의 경제석·비경세직 유인감소 등에 기인하고 있는 것으로 판단하고 있다.

이처럼 장기이식의 공정성(equity)과 효율성(utility) 사이의 선택문제로 불가피한 점이 있으며, 이에 따라 국립장기이식관리센터는 법률이 허용하는 범위 내에서 행정절차에 불편을 느끼지 않도록 장기이식 관리업무를 신축적으로 운영해야 한다.[227]

---

225) 고영관 외(1999). 『의료윤리』,서울:계축문화사, p.165.

226) ① 시민 불복종 운동은 불복종하려는 특정법이나 정책이 국민에 의해 공정하지 못하거나 도덕적으로 정당하지 못하다고 인식되어야 한다. ② 시민 불복종 운동은 특정 법을 어기는 것이기 때문에 최후의 방안이 되어야 한다. ③ 시민 불복종 운동은 반드시 공개적인 성격을 지녀야 한다. ④ 시민 불복종 운동은 비폭력적인 성격을 가져야 한다. ⑤ 시민 불복종 운동에 참여하려는 사람은 법이 정해 놓은 형벌을 기꺼이 감수해야 한다.

227) 이상용(2000).『장기이식법의 시행과 향후전망』, 서울:한국형사정책연구원, p.65.

이러한 사실을 고려하여 다양한 윤리적 기준이 제시되는데, 현대의 윤리학자로서 넬슨(James. Nelson)은 장기이식의 다섯 가지 윤리적 표준을 제시하였다.[228] 첫째, 장기이식이 환자를 치료하는 최후수단이 되어야 한다. 둘째, 장기이식의 일차적 의도는 환자복지여야 한다. 셋째, 수술 받는 환자의 자유로운 동의가 있어야 한다. 넷째, 무고한 사람을 보호하고 환자가 족과 장기 공여자를 말한다, 다섯째, 비례의 원칙을 지켜야 한다. 치료비용을 능가하는 유익함을 얻어야 한다. 이와 같이 장기이식과 관련하여 뇌사문제는 환자사망 판명에 관여하는 의사가 장기이식에 관여해서는 아니 되며, 입법에 있어서 신중을 괴함으로 그 오용가능성을 배제해야 하며, 장기이식에 있어 본인 및 친자 동의가 있어야 하고, 인공장기 개발에 미래지향적 대안 점을 모색해야 되는 등의 원칙이 요청된다.

장기이식의 윤리적 정당화문제

1923년 홀만(E.Holman)박사가 피부이식을 시행하였고 최초의 장기이식은 1951년 흄(D.Hume) 박사에 의해 시도되었다. 장기이식에 있어서 거부반응에 대한 연구와 치료약의 개발이 전개된 후에 신장이식은 높은 성공률을 유지하게 되었고 오늘날에도 장기이식의 대명사가 되어 있다 심장이식 또한 1967년 이래 바나드(C.Barnard) 박사에 의해 시도된 후, 지난 1992년까지 전 세계적으로 실시된 시술은 모두 1만 9천 건이 넘는 것으로 보고되고 있다. 우리나라에서도 같은 해, 서울중앙병원에서 뇌사자의 심장기증으로 처음으로 이식수술이 시행되었다. 간이식 수술 또한 1963년에 처음 시도 되어 1988년 처음으로 성공하였고, 1992년 7월에는 생후 1년도 되지 않은 간경화 영아에게 생체 부분 간이식을 성공하였다. 이외에도 췌장, 폐, 골수, 고환, 각막 등 많은 장기들이 이식되고 있다.

장기이식의 윤리 문제는 뇌사문제와 연관된다. 왜냐하면 대부분의 장기이식은 뇌사자의 장기에서 이루어지는 경우가 많고 또한 그것이 성공확률도 높기 때문이다. 대부분의 사람들은 죽음의 기준이 뇌사냐, 심장사인가에 대해서는 분명한 판단을 하기 꺼려하지만 뇌사자의 장기를 기증하는 일에 대해서는 찬성을 표시하는 것이 보통이다. 그런데 이러한 찬성은 대개 *인본주의에 기반을 둔 실용적 인도주의*에 근거하는 것이다.

지난 80년대 후반부터 가시화한 장기기증 활동은 기독교를 중심한 종교계에서 꾸준하게 주도되고 있다. 현재 기독교계의 '사랑의 장기기증운동본부', '카톨릭 서울대 교구 한마음 한몸 운동본부', 그리고 불교의 '한국불교대위원회' 등에서 장기기증을 접수받고 있다. 또한 등록자가 사망 혹은 뇌사 상태일 때 가족들이 연락해 와서 장기를 적출하는 경우가 매우 적은 것도 이 운동의 지속적 전개에 크나큰 걸림돌이다. 장기기증운동이 활발히 전개되기 위해서는 몇 가지 문제점이 개선되어야 한다. (1) 장기이식 중 뇌사자의 장기이식은 현행법상 불법이다. 사회의 폭넓은 논의를 거쳐 합당한 법제성이 시급하다. (2) 장기가 상업적 수단으로 음성거래될 가능성이 많다. 그러므로 엄격한 법제성이 필요하며 장기이식에 대한 사람들의 인식을 바꿀 수 있는 계몽 활동이 요구된다. (3) 인간의 장기뿐만 아니라 인공장기 등 장기이식에

228) James. Nelson(1973). "Human Medicine", Augsburg Publishing House, p.152.

관한 기술 발전도 계속적으로 시도되어야 한다. (4) 법적·종교적인 측면은 물론 의학적으로도 결론을 내리기 힘든 뇌사인정 문제에 매달리지 말고 원하는 종교인들을 중심으로 한 사후 장기기증을 원활히 수행한다면 장기이식이 보다 활성화될 수 있을 것이다

장기기증운동은 의학적으로 더 이상 치료가 불가능 한 장기를 가지고 죽어가는 생명을 살린다는 측면에서 매우 바람직한 이웃사랑의 방편이다. 하지만 문제는 이와 연관하여 뇌사자의 장기만은 선호하여 뇌사 판정 문제로 인해 사회가 논란에 휩싸여 있다. 보다 바람직한 것은 쌍으로 가진 장기, 신장 등과 같이 산 사람이 기증하게 하는 것이나 사체에서 장기를 적출할 수 있도록 하는 장기기증 희망자를 늘려가고 그 수혜범위가 높아지도록 제도를 정비하는 일이 시급하다.[229]

2. 안락사와 생명윤리

우리가 사람이 죽었는지 살았는지에 초점을 맞춘다면 두 가지 가정을 할 수 있다. 첫째, 어떤 사람이 죽는다면, 안락사는 허용될 필요가 없는 문제이다. 둘째, 어떤 사람이 죽지 않았다면, 우리는 여전히 죽음을 서두르게 하는 행위를 허용할 수 있는지 판단해야 한다. 안락사에 대해 생각해 보자면 우리는 오직 사람이 죽지 않았다는 경우에서 생각해 보아야 한다.

안락사의 어원은 'euthanasia'(그리스에 어원)로서 이는 "좋은 죽음(good death)"을 뜻한다. 이 단어 자체가 좋은 죽음이 있다는 것을 암시하는 반면에 그 자체로 우리에게 어떠한 때가 좋은 죽음인지, 무엇이 좋은 상태의 죽음인지는 말해주지 않는다. 보통 우리는 삶은 죽음보다는 더 좋은 것으로 생각한다. 그러나 우리는 또한 어떤 상황에서는 삶이 힘들고 또 어떤 사람에게는 삶을 계속 유지하기를 판단하는 것이 너무 고통스러운 일이라는 것을 알고 있다.

이런 상황에서, 우리는 선으로서의 죽음과 혹은 악보다는 좀 나은 죽음에 대해 생각해야 한다. 안락사 문제는 결국 윤리적 정당화 문제로 귀결되며, 정당화에 대한 논의는 허용범위에 대한 논의로 귀착된다고 보아도 과언이 아니다. 안락사는 환자의 의사에 따라 세 종류로 분류된다.[230] ①자발(의)적 안락사(voluntary euthanasia) ②비자발(의)적 안락사(nonvoluntary euthanasia) ③ 반자발(의)적 안락사(involuntart euthanasia) 또한 시술 방법에 따라 다음의 두 종류로 분류된다.[231] ①적극적 안락사(active euthanasia) ②소극적 안락사(passive euthanasia)이다.

자발적/비자발적 안락사

① 자발적 안락사: 자신이 자신의 생명을 고의로, 자유롭게 무엇을 할 것인지를 결정하는

229) http://blog.empas.com/nein2000/7249379

230) 임종식(1999), 앞의 책, p.299.

231) 위의 책, p.300.

것이다.

② 비자발적 안락사: 안락사 담론에서 다른 사람이 환자의 생명을 어떻게 할 것인지를 결정하는 것이다. 그 자신이, 스스로 자신의 생명을 어떻게 할 것인지를 결정하지 않고 다른 사람이 생명을 어떻게 할 것인지를 결정한다. 비자발적 안락사는 단지 자신의 의지를 통한 것이 아니라는 것을 의미하는 것은 아니다. 그들의(환자의) 의지에 반대된다는 것을 의미하지 않는다. 가끔 환자가 결정을 하는 것이 불가능할 때, 다른 사람이 결정해야 한다. 이것은 유아나 어린아이, 그리고 혼수상태의 환자나 식물인간 상태의 사람에게는 사실이다. 이것은 또한 노쇠한 사람이나 정신이 혼란한 사람의 경우에도 사실이다. 많은 경우 충분하게 그들 자신이 결정할 자격이 있는 사람의 결정은 명백하다.

그러나 이런 경우가 항상 있는 것은 아니다. 가령, 그의 생명을 구하는데 필요한 수술을 하는 것을 거절하고 정신적 능력이 있는 80세의 노인, 동시에 그는 죽고 싶지 않다고 말한다면 우리는 어떻게 말할 것인가? 그가 수술하지 않는다면 그가 죽을 것이라는 명백한 의학증거가 있다고 가정해 보자.

실제로는 여러 종류의 안락사 유형간의 결합이 가능하다. 자발적·비자발적, 적극적·소극적 안락사, 그리고 소극적· 보통의 안락사, 소극적·특이한 수단을 보유한 안락사로서 결합의 형식은 여섯 가지 이다. 먼저 자발적 안락사의 세 가지 유형이 있다. 먼저 자발적·적극적 안락사로서 죽어 가는 사람이 "나에게 치명적인 약을 주시오"라고 할 경우이다. 둘째, 자발적·소극적 안락사·보통의 수단을 보유한 것으로, "생명을 구하거나 생명을 연장하는 의료수단은 사용하지 말고, 비록 가망이 있어 결과는 좋을 것이라도, 비용과 괴로움을 적게 해 주시오. 왜냐하면 난 죽기를 원하니까"라고 말하는 경우이다. 셋째, 자발적·소극적 안락사·특이한 수단을 보유한 것으로, "생명을 구하거나 생명을 연장하는 관점에서 이익의 기회는 적고 괴로움이 너무 크기 때문에 의학수단을 사용하지 마시오."라고 말한다.

비자발적 안락사에도 세 가지 유형의 조합이 있다. 먼저 비자발적·적극적 안락사의 경우, 다른 사람이 환자자신에게 치명적인 약물을 많이 주는 것을 결심하게 된다. 둘째, 비자발적·소극적 안락사·보통의 수단을 보류하는 것으로, 다른 사람이 환자의 생명을 구하거나 생명을 연장하기 위해서 의료 수단을 사용하지 않을 것을 결심하다. 비록 결과는 가망이 있더라도, 비용과 짐을 아주 적게 하기 위함 이다. 셋째, 비자발적·소극적 안락사·특이한 수단을 보류한 것으로 다른 사람이 생명을 구하거나 생명을 연장하는 관점에서 이익의 기회는 적고 괴로움은 크기 때문에 의학수단을 사용하지 않도록 결심한다.

적극적/소극적 안락사

적극적 안락사와 소극적 안락사 사이의 구별은 개념적인 구별이다. 환자에게 치명적인 약을 주는 것은 적극적 안락사로 분류된다. 그리고 환자가 죽을 것을 알면서도 삶을 연장하는 치료를 중지하거나 시작하지 않는 것은 소극적 안락사로 분류된다. 이들 사이에 어떤 도덕적 차이가 존재하는가? 적극적 안락사가 소극적 안락사보다 도덕적으로 문제가 있는가? 또는 어떤 상황에서는 소극적 안락사가 도덕적으로 허용되고 적극적 안락사 또한 그럴 수 있다면 그것들은 도덕적 상태에 있는 것인가? 라는 질문이 제기된다.

결과주의자나 행위공리주의자의 시각에서라면 우리는 결과의 측면에서 행위에 관심을 가져야 한다. 수단 자체는 중요하지 않다. 단지 결과에 차이를 준다면 중요하다. 사람의 죽음이 제일 나은 이익을 가져온다면 치명적 약을 처방하는 생명유지치료를 중단하든 죽음의 수단은 중요치 않다.

규범공리주의의 시각에서라면 우리는 관습이나 정책의 결과에 관심을 갖는다. 우리는 다양한 대안적인 관습이나 정책의 어떠한 것이 최상의 결과를 가져오는가를 알고 싶어 할 것이다. 이 시각의 본질은 정책이 어떻게 작용할 것인가의 예측에 있다. 우리가 적극적 안락사를 경우에 따라 허용한다면 점점 더 많은 경우를 확실히 부당하다고 생각하기 이전까지는 그것의 경우로 치게 될 것이다. 즉 죽어가고 있지 않은 사람이나 죽임을 요구하지 않은 사람들에게 그것을 허락할 수 있다.

죽음에 대한 자신의 결정을 하는 권리와 죽을 권리에 관한 논의는 비결과주의자들의 논의이다. 개인의 자율성을 존중하는 어떤 논의는 자율성이 매우 중요하기에 나쁜 결과에 대한 관심은 무시해야 한다고 한다. 한편 사람을 죽도록 내버려두는 것과 사람을 죽이는 것 사이에 도덕적인 차이가 있다는 생각도 있다. 이 견해에 따르면 자기 방어를 할 수 없는 사람을 죽이는 것은 도덕적으로 잘못이다. 이는 그 자체로서 선이지만 타협이 되며 억압되어서는 안 되는 삶을 향한 본유적인 흐름을 인용하는 자연법에 의해 주장되는 논거에 의존할 수 있다. 그리고 또 어떤 이들은 삶과 죽음의 결정은 신에 달려 있다는 종교적 논거를 사용하기도 한다. 적극적인 안락사는 어떤 일을 하는 것, 죽음에 이를 수 있는 약을 투여한다거나, 다른 수단, 즉 사람을 죽게 하는 원인이 될 수 있는 수단을 사용하는 것을 말한다. 소극적인 안락사는 어떤 치료를 멈추거나 혹은 시작하지 않아서 사람을 죽게 허용 하는 경우이다. 이러한 사람의 상태는 방치가 죽음의 원인이 된다.

과거에는 적극적인 안락사를 “자비로운 죽음”이라고 불렀다. 이것은 우리의 행위와 도구를 통하여 죽음에 이르게 하는 것이다. 이것은 약물과 죽음의 원인이 되는 장치를 사용한다. 적극적인 안락사와 소극적인 안락사에 대한 또 하나의 중요한 분류근거로 ‘죽임’과 ‘죽게 방치함’의 차이를 들 수 있다. 이들 사이의 도덕적 차이가 안락사의 허용 범위를 결정짓는 배경이 된다고 믿었던 철학자들은 죽게 방치하는 행위는 죽이는 행위와는 달리 도덕적으로 허용 될 수 있으므로, 소극적인 안락사는 적극적인 안락사와 달리 허용 될 수 있다는 입장을 취한다. 어떤 은퇴한 병리학자가 ‘자살기계’라는 것을 발명했다. 미국 미시건 주에서는 이 기계로 인한 자살시도가 대략 20건 정도 발생하였다. 미시건 주에서는 이 기계로 인한 자살 시도가 발생하는 것을 막기 위해, 1993년 미시건 법에서 자살을 돕는 것에 반대하는 법안을 통과시켰다. 이 법은 현재 법원에서 여러 가지 도전을 받고 있다. 몇몇 사람들은 안락사와 자살을 돕는 것을 구별하기를 원한다.

안락사의 다른 유형인 소극적 안락사는 우리가 어떤 생명 연장 치료를 제공하지 않음으로써 사람이 죽는 것을 허용하는 것이다. 개인을 치료하는 수단이나 그 사람의 건강을 증진시키는 것은 비효율적일 수 있고, 게다가 계속될 수는 없다. 환자나 다른 사람들은 생명을 유지하는 수단들은 치료효과의 기회가 적고, 생명을 치료하는 그러한 종류의 치료가 너무 큰 부담이 될 때, 이런 치료 수단을 전적으로 회피하는 방향으로 결정한다.

평범한/특별한 안락사 : 의사의 의도에 초점을 맞춘 분류 방법이다.232) 평범한 방법은 이익의 합리적인 희망을 가진 수단, 혹은 이익이 괴로움을 능가하는 것이다. 특별한 방법은 합리적인 이익의 희망이 없는 것, 혹은 위험부담이 이익을 능가하다. 평범한 수단은 그들이 평범하기 때문이 아니고, 그들이 합리적인 회복의 희망을 약속하기 때문이다. 치료의 기회는 회복하는 것을 도울 것이고, 좋은 결과를 기대할 수도 있다. 치료가 평범한 것인가 특별한 것인지를 간주하는 것을 결정하는 것의 어려운 점 한 가지는 그것의 이익과 무거운 짐에 대한 객관적 기준을 정하는 것이다. 도덕적 삶 같은 것이 있다면 이렇게 하는 것이 더욱 쉽다. 어떤 방법으로 환자가 회복되지 않는다면 그 수단을 특이한 것으로 간주한다. 그러나 우리가 이 기준을 꽤 높게 정한다면, 그것을 사용하는 것은 가망이 없는 사람의 목숨이 그들에게 조금, 또는 하나의 이익도 되지 않는다는 것을 암시한다.

어떻게 어떤 사람의 경우에는 평범한 수단이 또 다른 사람에게 있어서는 특별한 수단으로 간주될 수 있을까? 수단에 있어, 한 사람의 상태에서는 효과적인 치료일 수 있지만, 다른 사람의 경우에는 동일한 수단이 사용되어도 짧은 기간 안에 죽을 수도 있기 때문이다. 수혈 같은 경우, 실험으로 사용되어 위험했던 과거의 많은 수단이 지금은 평범하고 이로운 것이 되었다. 항생제 같은 약품이나 인공호흡기 같은 기계는 처음 소개되었을 때는 실험적이었고, 그것의 유익함이 의문시되었다. 그러나 지금은 훨씬 효율적이고, 비싸지도 아니하다. 이제 많은 경우에 그것들은 평범한 것으로 간주한다. 그것이 예전에는 특별수단으로 간주되었다.

안락사와 인간생명가치

호모 사피엔스라는 종족의 구성원으로서의 인간은 그 유기체의 염색체의 성질을 검사함으로써 구분하며 수정 이후부터 인간에 포함하며, 식물인간도 인간으로 규정된다. 그리고 자의적이·사회적·미래를 생각하지 않아도 여전히 인간으로 간주한다. 호모사피엔스에게는 호모사피엔스라는 종의 특별한 가치가 있다고 여기는 것은 인종주의의 한 통속이다. 그리고 호모사피엔스에 속한다는 것이 생명을 보호해야 한다는 것을 보장하기 위한 충분한 근거가 될 수 있는가의 물음에 대하여, 우리는 상식에서 당연히 "사람을 죽여서는 안 된다."라고 답할 수 있다. 이러한 생각은 기독교 사상의 영향으로 받아들여지게 된 것이다. 기독교에 있어서 인간으로 태어난 것은 그 영혼이 불멸하며 영원한 행복이나 영원히 계속되는 고통을 받도록 운명되어 있고, 하느님에 의해 창조되었기에, 우리는 그의 소유물이며, 인간을 죽이는 것은 하느님의 권리를 침해하는 것으로 믿어지게 된다.

232) 임종식(1999), 『생명의 시작과 끝』,(서울:도서출판 로뎀 나무), p.302.

인격체로서의 인간은 자의식, 자기 통제, 미래감, 과거의 느낌, 사회성, 타인에 대한 관심, 의사소통, 호기심 등을 갖춘 존재를 의미하며, 이 가운데 합리성과 자의식이 인격개념의 핵심이다. 즉 단순히 인간의 몸을 갖추었다고 하여 인간이 되는 것은 아니다. 여기에서 '인간만이 인격이라 부르는 그런 성질을 가졌을까'라는 문제가 생긴다. 인격체, 즉 단순히 감각적 존재와 구별되는 합리적이고 자의식적인 존재의 생명에는 특별가치가 있다고 할 수 있는 근거에 대한 물음에 긍정적인 대답이 있다. 그것은 자의식적인 존재는 자신이 과거와 미래를 갖는 개별 존재임을 알고 있기 때문에 자기 미래에 대한 욕망을 가질 수 있는데, 이들 생명을 뺏으면 그들 미래에 충족시킬 욕구를 좌절시키는 일이 되므로 다른 생명의 죽임보다 더욱 나쁜 짓이라고 말 할 수 있다.

고전적 공리주의에서는 쾌락이나 행복을 극대화하거나 고통이나 불행을 극소화하는 경향에 의해 행위를 평가하며, 그들에게 있어서 '인격체'라는 위상은 살생의 그릇됨과는 직접적 연관이 없다. 그러나 간접적으로 그들에게 있어서 인격체라는 것이 중요할 수 있다. 왜냐하면 자의식적인 존재는 자신의 생명이 언젠가는 중단될 것이라는 것을 알고, 자기의 죽음이 언제 어떻게 다가올지에 대해 두려움을 갖는다. 이에 따라 인격체의 경우, 죽이는 것을 금지하는 것이, 그렇지 않을 경우에 죽음을 당할까 두려워하는 사람들의 고통을 줄여 주고 행복을 오히려 증진시킬 수 있기 때문에 합당하게 인식된다. 선호 공리주의는 한 행위의 옳고 그름은 그 행위의 결과와 관련된 존재가 선호하는 것이냐의 여부에 의해 평가하며, 계속 살기를 선호하는 사람을 죽이는 것은 그의 선호에 반대되므로 나쁜 행위라고 규정한다. 그리고 인격체만이 자신의 미래 상황에 대해 어떤 선호를 가질 수 있기 때문에 인격체를 죽이는 행위는 다른 생명을 죽이는 것에 비교하면, 더욱 나쁜 행위인 셈이다.

안락사에 시사점을 던져주는 사건들이 초기 경장에 나타나 있다. 탐욕, 성냄, 어리석음을 여읜 아라한에 도달했거나 죽음으로 아라한에 도달할 수 있는 경우에 그 사람에게 고통을 벗어나기 위한 자살은 승인되었다. 즉 아라한이 자신의 피할 수 없는 불치병으로 인한 육체적인 고통에 때문에 스스로 자살하는 경우에 한해서, 그 자살은 새로운 업보를 만들지 않기 때문에 종종 교단이 허용하였다. 물론 이것은 안락사라기보다는 자살에서 다루어야할 문제이긴 하다. 그러나 죽음에 임박한 중병에 든 자의 자살에의 결단과 그것에 대한 사회적인 인식에 특수한 시사점을 던져준다는 데서 자의적인 안락사와 전혀 무관하지는 않다. 그러나 해탈하지 못한 자일 경우 그가 중병을 앓더라도 그 고통을 벗어나기 위해 스스로 자결하거나 남이 안락사를 유도하는 것은 허용되지 않는다. 율장에는 직·간접적으로 자발적인 안락사이건 비자발적인 안락사이건 안락사를 유도하는 경우에는 심지어 단지 환자의 공덕을 찬양하면서 천상세계에 태어날 것을 기대하여 죽음을 선동하여 음식섭취를 중단하게 만드는 경우에도 공동체에서의 추방이라는 *단두 죄*로 다스려졌다. 따라서 일반적인 안락사는 불살생계를 범한다는 의미에서 불교적으로 옳지 않다.

안락사와 관련하여 또 다른 대안을 찾는다면, 아라한의 자결이 시시해 주는 불교적 의미를 찾아 탐욕, 성냄, 어리석음이 소멸되는 방향으로 안락한 죽음을 이루어지게 할 수 있다면, 그

의미는 전혀 일반적인 안락사와 구별된다. 이는 곧 중병에 든 환자의 고통을 경감시키기 위하여 불교 가르침에 입각한 탐욕, 성냄, 어리석음을 소멸시키는 운동으로, 즉 자신의 현재 삶을 긍정적으로 받아들이며, 죽음이 삶의 자연스러운 일부분으로 받아들이도록 돕는 호스피스 운동으로 바람직하다. 호스피스는 죽음을 앞둔 말기 환자와 그 가족을 사랑으로 돌보는 행위로서 환자가 남은 여생동안 인간으로서의 존엄성과 높은 삶의 질을 유지하면서 삶의 마지막 순간을 편안하게 맞이하도록 환자와 가족이 신체적, 정서적, 사회적, 영적으로 도우며 사별가족의 고통과 슬픔을 경감시키기 위한 '총체적인 돌봄(holistic care)'으로 정의할 수 있다.[233]

이처럼 병자를 간호하는 일은 부처님에게 시중드는 일과 똑같은 일이고 그것은 여덟가지 복전[234] 중에서도 제일 복전이라고 하신 것이다. 병자를 간호하는 것은 부모에게 효양하고 스님에게 공양하는 것 이상의 중요한 일이라고 가르친다. 이것은 간호인이 병고를 구하고 병을 치료하는 데 있어서 지극히 중요한 것을 석가모니 부처님이 잘 알고 계셨기 때문이다. 『사분율(四分律)』에 의하면, 세존은 만약에 당신을 공양할 뜻이 있으면 그 뜻을 가지고 우선 병자를 공양하라고 말씀하신다. 현대의 복지정책의 기본방향이 인간생명 존중과 삶의 질 향상에 있음을 아무도 부인하지 못할 것이다. 따라서 인간의 권리 및 인간존엄성 회복 운동을 위한 사랑의 행위로서 호스피스에 대한 중요성을 인식하는 것이 요청된다.

『범망경(梵網經)』이란 경전은 잘 아는 바와 같이 <10중대계(十中大戒)>를 설하고 있는 율장이다. 불자로서 꼭 지켜야 할 10가지 무거운 계율과 48가지 가벼운 계율을 가르치고 있다. 우리가 오늘날 익숙한 살・도・음・망・주의 5계는 이경의 10중대계 중 앞의 다섯을 추린 것과 같다. 그런데 이 경의 대의는 살생하지 말라(不殺生)는 제1계에 집약되어 있다. 불살생은 불교윤리의 처음이지 끝이며 자비행의 핵심을 이룬다. 불살생은 생명에 대한 경외심을 갖는 것으로 그치는 것이 아니라 실천을 통하여 다른 중생의 삶을 돕고 살려내는 데 그 본뜻이 있다. 『범망경』 제20경계는 불행구계인바, 불자는 자비한 마음으로 산목숨을 살려주는 일을 해야 한다고 강조하고 있다. 이에 따르면, '일체지수와 일체화풍이 모두 내 전생의 몸이니 항상 산목숨을 살려주어야 한다.'고 말한다.

현대 미국철학자인, 툴리(Michael Tooley)는 생명에의 권리를 갖는 유일한 존재는 자신이 일정한 시기에 걸쳐서 존재하는 개별적 존재라고 생각할 수 있는 존재, 즉 우리가 말하는 인격체라고 주장했다. 즉, 생명에의 권리가 개별적 존재의 생존을 지속시킬 권리라면 그때 생명에의 권리를 소유하는 데 상관되는 욕망은 개별존재로서의 생존을 지속시키고자 하는 욕망이다. 그러나 자신을 일정한 시기에 걸쳐서 존재하는 개별적 존재로 파악할 수 있는 존재, 인격체만이 이러한 욕망을 가질 수 있으므로 인격체만이 생명에의 권리를 가진다.

인격체는 또한 자율성을 갖는다. '자율성'이란 말은 선택하고, 결심하고, 결심에 따라 실천

---

233) 김혜자, 『호스피스 개요』, 생명문화연구소 세미나자료집(15), p.10.

234) 여덟가지의 복전은 1.병자를 공양하는 일, 2.수로나 교량을 만드는 일, 3.험한 길을 고루 만드는 일, 4.부모를 효심으로 봉양하는 일, 5.스님을 공양하는 일, 6.광야에 길을 만들고 우물을 파는 일, 7.남의 괴로움이나 재앙을 구제하는 일, 8.무차대회(無遮大會)를 열러 설하는 일 등의 여덟 가지 행동을 말한다.

하는 능력이다. 죽는 것과 계속 살아가는 것 간의 차이를 파악할 수 있는 존재만이 자율적으로 삶을 선택할 수 있다. 그러므로 죽지 않기로 선택한 인격체를 죽이는 것은 그 인격체의 자율성을 존중하지 않는 것이다. 죽지 않기로 선택한 인격체를 죽이는 안락사는 인간의 자율성에 대한 가능성 가운데 가장 심각한 침해인 셈이다. 따라서 의사판단이 어려운 경우를 대비하여 사전지침을 설정한다.

사전 지침(Advance Directives)

이를 '생존 의지(Living Will)'라고도 한다. 이는 비자발적 안락사(환자의 의사에 반하는 결정을 해서 행하는 안락사)에 대비(對備)한 것으로, 어떤 불행한 일이 닥쳤을 때, 병 또는 죽음으로, 자신의 미래에 대한 소망을 글로 표현해 놓은 것이다. 만약 그녀가 죽어가고 있고, 자신의 의사조차 표현 할 수 없다면, 그녀는 사전 지침을 통해 그녀가 생명을 연장하기 위해서는 어떠한 특이수단도 원하지 않는다고 의식이 있을 때, 말함이다. 이 지침은 도덕적 강제성을 수반한다. 이 지침은 그들이 인정하는 그런 상황에서 법적 힘을 가지고 있다. 1969년 미국 안락사 교육협의회에 의해 처음으로 발의, 기안되어 캘리포니아 주 외에 미국 21개 주에서 입법화한 사전 지침의 내용을 보면 우리는 참고할 수 있을 것이다.

"나는 정상적인 정신 및 자유의사로 다음과 같은 사항에 있어서는 나의 죽음을 인위적으로 연장하지 않기를 원한다. 만일 내가 두 사람의 의사에 의해 말기 상태라는 것이 확인되고 불치의 질병에 걸려 있으며 단지 연명장치가 나의 죽음을 인위적으로 연장하고 있을 뿐이며 나의 죽음이 임박하였다고 판단되는 경우에는 그 연명장치를 사용하지 말 것이며, 철거하고 단지 약물과 간호만으로 나의 죽음을 자연스럽게 맞이할 수 있도록 하여주기 바란다."

도덕과 법

안락사에 관한 도덕적 논쟁을 고려하기 전에, 우리는 먼저 안락사에 대한 도덕적 판단과 이 문제에 대해서 법에서 '무엇을 해야 하며 무엇을 안 된다'라는 단언과 구별되어야 한다. 비록 법이 무엇을 해야 하며 또는 해서는 안 되는지에 대한 도덕적 이유를 가지고 있다고 하더라도, 이 두 영역은 구별된다. 법률로 제정되어 있지 않지만, 법과 법적 처벌을 지배하는 도덕이 있다는 것을 유념해야 한다. 그러나 모든 비도덕적인 것이 바로 불법적이 되는 것도 아니다. 예를 들어, 거짓말이 도덕적 문제로 시비대상이 되지만, 여기서 논쟁의 여지가 있는 것은 그것이 가끔 법의 제재를 받는다는 사실이다. 우리가 안락사를 생각함에 있어, 마음 속에서도 이러한 구분을 잘 지켜야 한다. 한 가지 경우, 우리가 비록 이해하지만, 너무 쉽게 삶을 포기한 것에 대해 나쁜 행동을 했다고 도덕적으로 비난할 수 있다. 그러나 우리는 또한, 한 사람이 그들이 무엇을 하는지를 알고, 그 행위가 심각하게 다른 사람에게 해로움을 끼치지 않는다면, 법은 여기에 대해 어떤 제재도 가해서는 안 된다. 단지 안락사가 도덕적으로 허용된다는 이유로, 그것이 법적으로 허용되어야 하는 것을 의미하지는 않는다.

무엇보다 자발성의 도덕적 가치가 중시된다. 오늘날에는 자기 자신의 삶에 대한 각자의 권리가 높은 가치를 지닌다. 그러나 상식적인 도덕적 관점에서 이 권리는 제한된다. 다른 이의 권리가 이해관계에 직면할 때 이 권리는 제한을 받는다. 안락사 문제에 있어서 어떠한 상황에서 무슨 이유 때문에 개인 희망이 우세하는가? 자발적 동의가 얼마나 중요한 것인가?

그리고 결과주의자로서의 관점이다. 공리주의로부터 도덕적인 옳고 그름을 결정하는 주요 방법이 행동(act utilitarianism: 행위 공리주의)과 규범(rule: utilitarianism 규범 공리주의)의 결과에 따fms다는 것을 알 수 있다. 이러한 시각에서 자발성은 인간의 행복과 복지에 영향을 끼치기 때문에 상당히 도덕적으로 중요하다. 어떻게 죽을지에 대한 인간 자신의 스스로의 결정을 존중하는 것은 몇 가지 유익한 점을 갖는다. 예를 들어 자신의 결정이 존중될 것을 아는 사람들은 마음의 평화를 얻을 수 있으며, 어떤 상황에서는 누구보다도 본인이 가장 나은 결정의 주체가 된다.

그러나 결정하는 사람 또는 다른 사람들의 최대 이익에 있어서 각자의 결정이 항상 현명하거나 효과적인 것은 아니다. 돈, 서비스, 부양 등에 대하여 잘 모르거나 부족하기 때문에 아픈 환자는 자신의 생명을 구하는 치료를 거부할 수도 있다. 결과주의자들에 따르면, 우리는 우리 자신이나 우리의 행동에 의해 영향을 받을 모든 이들에게 사실상 최대의 행복을 가져올 행위를 해야 한다. 본래 누가 판단하느냐는 중요치 않다. 그러나 보다 나은 결과를 가져올 판단을 하는 것이 중요하다. 규범공리주의의 시각에서 우리는 행복을 최대화 할 수 있는 정책을 고려해야 한다. 여기서 도덕성은 법적으로 무엇이 되어야 하는가의 관심에 보다 더욱 근접한다. 각자의 요구에 비중을 두지 않는 정책이 최상의 결과를 나을 것 같은 위원회의 결정에 우리가 과연 따르도록 이끌리는가? 아니면 사람들의 원하는 바를 중요시하지 않는 그러한 몇몇 적당한 정책이 최상이 될 것인가? 그러한 정책은 사람들이 원하는 것을 따르지 아니하는 몇 가지 근거를 보여주어야만 한다.

아울러 비결과주의자 생각도 고려해야 할 것이다. 개인의 자율성의 가치에 호소하는 것은 비결과주의자의 논거나 도덕적 규칙에 호소하는 것이다. 자율성이 그 자체로 선하기 때문에 도덕적으로 큰 비중을 차지한다. 우리는 자신의 운명의 주인으로서 이상적으로 생각하려 한다. 칸트의 의무론적인 관점에 따르면, 사람은 자유롭게 선택할 수 있는 유일한 존재이며 이것은 존중되어야 한다. 그러나 많은 안락사의 경우에는 사람들의 정신적 능력과 자율성이 이해의 부족이나 결핍으로 위태롭게 된다. 병은 사람을 부당함과 강제에 복종하도록 만들 수 있다. 우리는 얼마나 자주 우리가 누구인지, 무엇을 원하는지에 대해 완전히 알 수 있는가? 현재의 자아, 이상적/진정한 자아 가운데 어떤 자아의 결정이 존중되어야 하는가?

안락사 남용의 방지

생명 지지의 특별한 수단과 평범한 수단 사이의 구별의 유용성에 대한 불일치가 있다. 사람들은 우선 용어의 정의에 있어서 불일치한다. '특별한/평범한 안락사'로 정의한다면 도덕적 차이를 아는데 어려움이 있다. 그것은 일반적으로 사용되는 것을 사용하고 그렇지 않는 것은 사용하지 말아야 한다고 말하기에 이른다. 그러나 이득과 짐의 관계로 정의할 경우, 그 용어는 가치용어이므로 그 본질에 의해 도덕적으로 타당하다.

우리들은 안락사의 필요를 인정한다. 안락사는 환자 자신의 고통을 줄여줄 수 있고, 가족들의 부담도 덜어 줄 수 있는 최선의 방법이라고 생각한다. 안락사에 있어서 문제가 되는 고의적 살인의 가능성을 막아야 한다. 그것은 규범공리주의자의 주장처럼 사회에 의한 안락사의 규범화를 통하여 이루어 져야 한다. 사회제도적인 감시와 통제가 필요하다. 사회가 만든 공적 위원회에 의해서 안락사가 행해져야 한다. 안락사가 행해질 수 있는 경우를 생각해 보면, 살 수 있는 가망이 없다고 의학적으로 검증된 사람에 한해서이다. 그리고 가망은 없는데, 환자의 치료비용을 가족들이 충당할 능력이 없다고 사회적으로 인정해야 한다.

이처럼 안락사에 있어서 환자 자신의 자발성이 매우 중요한 문제라고 생각한다. 환자가 사전에 미리 자신이 안락사를 받을 경우에 처했을 때 어떻게 해야 할지를 결정해야 한다. 안락사의 논쟁에서 환자가 자신의 의사를 표현할 수 없을 경우, 그리고 사전 지시도 없다면, 가족들의 의사의 결정에 맡겨야 한다. 가족들의 의사 결정은 사회적으로도 인정을 받을 수 있는 정당성이 있어야 한다. 안락사의 담론에서 가장 좋은 경우는 환자의 의견에 따르는 것이다. 그것이 사전 지침이든, 그 상황의 환자 자신의 결정이든지 대단한 중요성을 갖는다. 따라서 안락사는 사회적으로 인정을 받을 수 있는 정당성이 있을 때만 허용되어야 한다. 안락사는 고의적 살인과 같은 남용을 막기 위해서 보편타당한 사회 제도를 정립해야 된다.

3. 신생아 안락사와 배아복제

문제의 기원과 전망

신생아 치료의 놀랄만한 진보로 10·20년 전까지만 해도 태어나자마자 얼마 후에 죽었던 신생아들이 이제는 살 수 있게 되었나. 죽음의 병과 위험이 가장 큰 미숙아들에게 있어서 의학의 진보는 가히 극적이다. 그리고 놀랄만한 발전은 치명적 선천·결함을 지닌 유아들의 생존율 상승현황이 보고되고 있다. 그러나 심각한 병을 가진 아이들이 전부 잘 살 수 있는 것은 아니다. 미숙아와 심각한 결함을 지닌 어떤 아이들은 오랫동안 살아남지 못한다. 그러한 심각한 병을 가진 신생아들을 살릴 수도 있는 의학의 발달은 의학의 개입으로 이익을 얻는 신생아 뿐 아니라, 무익해 보이는 유아까지도 새로운 진단을 시도해야 하는 의사나 부모들에게 오히려 과중된 임무를 확대시키는 것으로 비쳐진다.

삶을 유지하려는 신생아들의 치료에 대한 윤리학적 논쟁은 1970년대 초에 유명한 잡지에서 시작되었다. 윤리학자, 법학자, 부모들이 그 대화에 참가했다. 수술 후에 어떤 장애가 생길지라도 생명을 구해야 하는 아이들과 즉시 수술을 받는다고 해도 심각한 해를 입거나 죽을 수도 있는 아이들에게 논쟁의 초점이 맞추어 졌다. 이런 두 상황은 심각하게 아픈 신생아들에 대하여 의사결정이 힘든 많은 경우에 극히 일부분일 뿐이다.

의사결정의 윤리적 기초

신생아들은 스스로 의견을 결정하기가 불가능하기 때문에, 그들은 항상 그들을 위해 결정해 줄 대리인을 필요로 한다. 거의 모든 경우에 신생아 치료를 결정하는데 있어서 부모와 의사가 최상의 위치에 있다. 의사의 선택은 부모의 선호를 반영해야 한다. 부모들은 유아들의 최선의 이익이 먼저 고려되기를 바란다. 부모뿐만 아니라 전문인 의료기관이나 사회에서도 의사결정이 적합한지를 결정하는데 책임이 있다. 가족은 사회에서 가장 중요한 단위이다. 가족은 아이들을 양육하는데 많은 것을 제공한다. 그리고 아이들에게 가족구성원의 상호의존은 중요한 삶의 기반이고 성인이 되기 위한 수단이다. 미국인들은 전통적으로 가족의 일에 타인이 개입되는 것을 꺼려하는데 그것은 개입자체가 어렵고, 사적 필요와 주요판단에 있어서 타인의 개입이 가족들만의 가치를 파괴할 수도 있기 때문이다. 그러므로 공공의 정책은 문제가 심각하지만 위태롭지 않고 잘 극복될 가능성이 있으면, 개입하지 말아야 한다. 그러나 부모들의 의사결정 과정이 아이들에게 최대의 이익을 줄 수 없을 때는 공적개입이 자유로워야 한다.

이러한 갈등상황은 대개 부모의 가치와 사회 대부분의 상식이 다를 때 야기된다. 부모는 그들의 아이들에게 종교적 믿음을 가르치는 데는 자유로울 수 있지만, 수혈이 생명에 필요할 때와 같은 판단에 있어서는 부모는 아이들의 이익을 위해 공적 개입을 허용해야 한다. 지체부자유아 탄생은 건강한 유아를 낳으리라는 보편적 믿음을 지녔던 부모에게 충격을 줌으로써 부모의 합리적인 의사결정을 괴롭힌다. 부모들은 그들이 상상한 건강한 유아대신 결함아를 가졌다면 그 충격은 의사결정과정에 감정적으로 작용할 것이다. 이 문제의 상황에서 그들이 사전의 어떤 경험도 없었다고 가정하면, 그들은 아이들의 미래에 대한 전망에 대해 불충분한 정보를 얻을 수도 있고, 재정적 압박을 겪을 수도 있으며, 형제・가족에게 걱정을 끼칠 수도 있다. 게다가 급박한 유아상태에서 엄마가 출산으로부터 회복되어 가는 도중에 긴급한 응답을 요구할 수도 있다.

그러나 대부분의 부모들이 이러한 어려움을 극복하고 유아의 이익을 위한 의사결정을 돕는 적절한 원조를 원하지는 않는다. 최선의 결정을 위해서 부모들은 예상되는 정확한 평가를 포함한 적절한 정보를 들어야 한다. 그들이 받는 의학정보는 최신의 것이 되어야 한다. 의학전문의와 종교지도자, 먼저 경험한 부모들의 경험이 이 상황에서 도움이 되어야 한다. 확실한 것은, 의사결정이 적절치 않은 성급함을 피하고 아이들의 삶을 충분히 배려하도록 적용해야 한다는 것이다. 만약 부모들이 신생아의 최선이익을 위태롭게 하는 심각한 현실의 위험에 처한다면, 할 수 있는 범위 내에서 예방책이 제시되어야 한다. 부모들의 결정이 무능하거나, 동의가 가능하지 않는 상황에서 건강보호기구 【보모의 권한을 대신하며, 비자발적 안락사를 최소화 하는 기구】 에서는 부모를 대신할 수 있는 법적 대리인을 임명해야 한다. 정보뿐만 아니라 부모의 공감과 이해도 확보해야 한다. 건강보호 전문가들의 가장 큰 노력은 부모들에게 생명가치를 이해하도록 만드는데 있으며, 의견을 결정하는 능력을 향상시키는데 있다.

유아를 위한 최선의 이익에 대한 고려문제

대부분의 상황에서 사람들은 치료가 환자에게 최선의 이익을 제공하는 것에 동의한다. 그러나 때때로 올바른 결과를 위한 결정은 명확하지 않다. 왜냐하면 아이들을 위한 최선의 이익을 평가하기가 어렵기 때문이다. 특별 위원회는 만약 어떤 시도가 특별한 경우에 적용되는 세 가지 상황으로 결정이 이루어지면, 의사결정과정이 상당히 향상될 것으로 믿게 된다.

(1) 치료가 명백히 아이에게 이익을 부여해주는 데 이용된다.

(2) 모든 치료가 무익하다.

(3) 많은 선택에서 아이에게 제공되는 이익가능성이 명확하지 않다. 이상의 세 가지 상황은 그들의 다른 응답을 요구하기 때문에 각각 독립적으로 고려함이 필요할 것이다.

먼저 명백히 이익이 되는 치료(아이에게 실질적인 도움이 되느냐, 되지 않느냐의 관심)에서, 이 위원회는 치료가 아이들에게 이익이 된다면 보류되지 않기를 지시한다. 부모들은 대부분의 상황에서 필요한 의학적인 치료가 제공되기를 원한다. 부모들은 비슷한 이익을 가져오는 대안들을 선택할 수는 있으나, 결함아에게 명백히 이익이 되는 치료를 거절해서는 안 된다. 결함아의 생명을 구하는 치료는 장애를 남길 수도 있지만, 그런 장애 때문에 결함아의 치료를 거절해서는 안 된다. 하지만 그런 장애가 너무 심각해서 생존한 유아의 삶에 이익이 되지 못한다면, 치료의 고려는 정당화 될 수 있다. 모든 대행자는 유아의 관점에서 이익과 부담을 평가 해야만 하는 의무가 있다.

또한 명백히 무익한 치료가 분명해지면, 비자발적 안락사도 가능하다는 입장이다. 이러한 실질이익 고려에서 어떤 치료도 유아에게 이익이 없을 때, 치료를 하지 않을 수 있다는 대리인들의 결정은 윤리적으로나 법적으로 정당화 될 수 있다. 그런 치료들은 아이들을 돕지 않고 오히려 고통을 줄 수가 있다. 이런 유아들에게 오히려 죽음의 순간은 짧아야 한다. 물론, 어떤 부모들은 아이의 삶의 연장을 위해 무익한 어떤 치료를 의사들에게 요구할 수도 있다. 그러나 삶을 구하기가 어려운 환자들은 편하게 죽을 수 있도록 하는 것이 의무이다. 그러므로 단기간밖에 살지 못하는 유아들의 치료는 고통을 경감시키는 방법이 되어야 한다.

마지막으로 불확실한 경우이다. 결함아들의 이익이 되는 치료와 무익한 치료사이의 선택이 가능한 경우도 있지만, 대부분의 경우에 있어서는 어떤 치료가 이익의 관점에서 제공될 것이냐 아니냐에 접근하기란 어렵다. 예를 들어, 치료로 고통스런 삶을 유지하지만 호흡기에 의지하거나 1년 혹은 그 정도만 사는 아이들의 삶이 쓸쓸하다는 것을 예상할 수 있다. 이 경우에 있어서는 많은 어려움이 실제로 불확실 상황에서 일어난다. 미숙하거나 결함을 가지고 태어난 아이들에게 집중된 치료를 배제하며, 확실한 것은 그들이 생존할 것 같지 않다는 불확실성이다. 신생아 학문은 새로운 분야의 학문이며 합병증과 장애를 지닌 아이들의 정확한 예후를 알 수가 없다. 이런 어려움을 피하는 한 방법으로 삶을 유지시키는 아이를 구별할 수 있는 객관적 규범의 적용을 요청하게 된다. 그런 규범은 그들의 적용이 정확한 결정을 내릴 수 있다는 명백한 증거가 있다면 정당화 될 수 있다.

그러나 어떤 비평가들은 모든 경우에 충분하게 예상될 수는 없을 것이며, 그것의 명확한 과학적인 증거가 부족하다고 반박한다. 가정해 보건데, 척추 이분증상의 객관적 기준은 의사결정을 향상시키는 것처럼 보이지 않는다. 대신에 그들의 규범에 대한 적용은 객관적 규범에 의거한다는 주장에서 너무 쉽게 책임감에서 벗어나려는 것처럼 보인다. 그러므로 아이들을 위한 정말로 가치 있는 선택이 무엇인지 신중하고 통찰력 있는 판단이 요구된다.

그 대안으로 배아복제문제가 거론된다. 사실문제로 따지자면 배아복제문제는 아주 유용할 수 있다. 인간배아를 복제해서 그 안에서 발생하는 세포들이나 조직, 기관들을 떼어 난치병 환자들에게 이식한다면 다수의 난치병을 치료해서 죽어가는 유아들을 살릴 수 있을 것이며, 또 이후에 발생할 문제에 대한 여러 가지 연구도 진행할 수 있다. 따라서 사실문제로만 따지자면 배아복제는 인류에게 측정불가의 상당한 이익을 가져올 수 있다. 농업혁명→산업혁명→정보혁명→생명공학 혁명으로 연결될 수 있다. 하지만 가치문제로 따지자면 이것은 "인간의 가치를 스스로 떨어뜨리는" 매우 위험한 행동이다. 먼저 태어났다는 이유 하나만으로 새로 태어날 생명을 죽이면서까지 난치병을 치료하는 것은 윤리적으로 심각한 문제를 낳는다. 가끔 이런 가치문제들에 대해 전혀 신경 쓰지 않는 사람들은 "한 생명을 죽여서 서너 명의 목숨을 살린다면 그것보다 가치 있는 일이 어디 있겠느냐!"라고 말하지만, 인간 생명가치는 그렇게 수학적으로 따지는 것이 아니다. 한 생명 한 생명이 모두 짓밟혀서는 안 될 존귀한 가치를 지니고 있는데, 한 생명을 죽여서 서너 명의 목숨을 구하는 것은 윤리가치에서 수반되는 다양한 문제들이 따른다.

인간복제에 수반되는 문제들

① 종교・윤리문제

유일신이 인간을 창조하였으며 인간의 생명을 관장하고 있다고 믿는 기독교계에서는 생명은 창조주의 고유 영역이라는 교리에 의거하여 인간 생명을 인위적으로 조작하는 행위를 신에 대한 모욕이자 도전이라고 보고 있다. 불교의 입장에서는 생명복제가 우주의 섭리인 달마(Dharma)를 파괴하는 행위로 생태계 파괴를 비롯한 엄청난 후유증을 낳을 것이라 생각한다. 또한 윤리적으로는 인간복제가 인간의 존엄성을 대단히 훼손할 것이라는 우려가 있다. 인간의 존엄성이 그 생명과 인격은 절대적으로 고유하며 전 우주에서 유일한 것이라는 사실에 기반을 둔다고 한다면 인간복제의 가능성은 이를 뒤흔드는 것이다. 지금까지 신성한 것으로 여겨왔던 인간의 생명을 인간이 조작한다는 사실 자체가 인간의 존엄성을 훼손한다는 주장도 만만치 않다. 아울러 인간복제 연구 및 시술 과정에서 수많은 수정란이나 배아가 희생될 것이 분명하기 때문에 이것 또한 인간 생명의 존엄성에 반한다고 주장한다.

② 법률문제

현행 법률상의 가장 큰 문제는 혈연과 가족 공동체에 기반을 둔 법리가 모두 혼란에 빠진다는 것이다. 우선 복제된 인간의 법률적 지위를 어떻게 볼 것인가의 문제가 있다. 아버지의 복제인간은 내게 형제인가 작은아버지인가, 혹은 아무 것도 아닌가? 이는 혼인과 가족제도에 기반을 둔 현행 법률로는 해결될 수 없는데, 실제 문제는 여기서 그치지 않고 유산 상속과 보험

등 친족제도와 관련된 모든 법률에까지 미친다. 또 헌법에 보장된 인간의 자유와 평등권은 인간 종의 단일성과 균질성을 전제로 한 것으로 복제된 인간이 등장한다면 이 또한 큰 혼란에 빠질 것이다. 아울러 모자보건법과 형법상의 낙태죄 등 임신 및 출산과 관련된 법규들도 적용이 어려워질 것이다.

③ 사회문제

인간복제가 가능해 진다면 현재 인류 사회의 근간을 이루는 결혼과 가족 제도가 심각한 위기를 맞을 것이다. 친족관계가 혼란에 빠질 것은 물론이고 반드시 결혼을 하거나 남녀가 결합하지 않아도 아기를 가질 수 있기 때문에 다양한 형태의 가족이 등장하게 될 것이며 독신자나 동성애자 커플들도 부모가 될 수 있을 것이다. 또 복제기술을 통해 부모가 되려는 이들은 가급적 우수한 유전형질을 가진 아기를 낳으려 할 것이기 때문에 새로운 우생학적 차별과 그에 따른 사회 계급이 생겨날지도 모른다. 이런 상황은 심각한 사회불안의 요소가 될 것이다. 나아가 인류 사회가 보통 인간과 복제인간의 두 부류로 분열될 가능성도 존재한다. 또 전통적인 성역할과 남녀 개념 역시 커다란 전환을 겪게 될 것이다. 이에 따른 기능적 측면이 다양하게 고려될 수 있다.

인간복제의 개인적, 사회적 순기능과 역기능

① 개인적 순기능

㉮ 인간 복제는 일부 사람들이 현재 겪고 있는 불임이라는 짐을 덜어줄 새로운 수단이 될 것이다. 인간 복제는 난자가 없는 여성이나 정자가 없는 남성들도 자신들과 생물학적 혈연관계가 있는 자손을 생산할 수 있게 해줄 것이다. 착상에 필요한 배의 수를 늘리고 임신성공률을 높이기 위해, 배도 핵 이식이나 배분할 과정을 통해 복제될지 모른다. 불임의 짐을 덜기 위해 인간복제를 이용함으로써 얻는 이익은 다른 모든 수단을 쓴다고 해도 불임을 극복할 수 없는 수많은 사람들에게는 훨씬 더 크다.

㉯ 인간복제는 부부 중 한쪽이 심각한 유전병을 앓고 있을 때, 그 병을 자손에게 물려줌이 없이 번식할 수 있게 해준다. 지금도 기증된 정자나 난자를 이용하면 인간 복제를 이용하지 않고서도 그런 유전적 위험 정도는 피할 수 있다. 그러나 그것은 아이에게 부부 중 한쪽의 유전자를 물려주는 것이 아니라 제3자의 유전자를 도입하는 것이기 때문에 받아들일 수 없다거나 그보다는 차라리 인간 복제가 더 낫다고 생각하는 부부도 있을 수 있다. 따라서 인간복제는 유전병이 자손에게 이어지는 것을 막는 합리적 수단이 될 수 있다.

㉰ 상당한 시차를 두고 쌍둥이를 만드는 인간 복제는 이식용 장기나 조직을 제공 할 수 있다. 인간복제는 일치하는 장기나 조직을 가진 제공자를 찾아야 하는 문제를 해결하고 이식 거부 반응이 일어날 위험을 아예 없애거나 현저하게 줄여줄 것이다. 이러한 목적의 인간 복제는 특정치료를 가능하게 해주는 일종의 보험에 해당한다. 물론 시간이 너무 급박해서 이식용 조직이나 장기를 얻기 위해 복제, 임신, 성장을 기다릴 여유가 없는 경우도 있을 수 있다. 또 심장이나 간 등 뒤늦게 태어난 쌍둥이 자신에게도 반드시 필요한 장기를 취하는 것은 뒤늦은

쌍둥이의 권리를 침해하기 때문에 용납될 수 없다.

㉣ 인간 복제는 죽은 아이처럼 특별한 의미를 가진 누군가를 복제하도록 할 수 있다. 인간 복제가 가능해지면, 그것을 이런 목적으로 사용하려는 사람들이 틀림없이 나타나겠지만, 그들의 욕망이 대개 심각한 정신적 혼란을 기반으로 하고 있으리라는 것은 부인할 수 없다. 복제된 아이가 부모가 사랑했던 과거의 아이를 대체하진 못할 것이다. 복제는 단지 같은 유전자를 지닌 다른 아이를 창조할 뿐이다. 그들이 사랑했던 과거의 아이는 단지 유전자만으로 형성된 것이 아니라, 자신의 환경과 선택과정을 통해서도 형성된 유일한 존재다. 더욱 중요한 것은 그 아이가 자신들과 특별한 관계를 형성한다는 점이다.

② 사회적 순기능

인간 복제는 위대한 재능, 천재성, 인격 등 귀감이 될 만한 품성을 지닌 개인을 복제하는데 사용될 수 있다. 앞의 네 가지 이유가 특정 개인에게 이익을 주는데 반해, 이 이유는 모차르트, 아인슈타인, 간디, 슈바이처 같은 비범한 사람들을 복제함으로써 사회 전체에 이익을 주는 것처럼 보인다. 인간 복제에 대한 지지와 반대의견들이 대개 그렇듯이, 이 이유도 유전자 결정론, 즉 개인의 유전자가 그 개인이 어떤 인물로 자라고 무엇을 행하며 무엇을 성취할 것인지를 전적으로 결정한다는 혼란스럽고 틀린 가정에 크게 의존하고 있다. 모차르트, 아인슈타인, 간디, 슈바이처를 비범한 인물로 만든 것은 그들의 독특한 유전적 자질과 그들이 성장하고 살아온 환경 및 그들이 서로 다른 방식으로 휩쓸렸던 특정한 역사적 순간들의 집합체였다.

③ 개인적 역기능

㉮ 인간복제는 뒤늦게 태어난 쌍둥이에게 심리적 압박감과 피해를 줄 것이다. 앞서 태어난 쌍둥이가 어떤 인생길을 걸었는지 알았을 때, 정신적으로 나쁜 영향을 미칠 수 있다는 것은 분명하다. 설령 그것이 오해라 해도, 뒤늦은 쌍둥이는 자신의 운명이 사실상 이미 눈앞에 펼쳐져 있기 때문에, 자기 스스로 자유롭게 자신의 운명과 인생을 설계하고 그것에 책임을 져야 한다고 느끼기 어려울지 모른다. 뒤늦은 쌍둥이가 어떤 특별한 능력과 업적을 지닌 인물의 클론이라면, 그는 앞선 쌍둥이에 버금가는 높은 수준의 능력과 업적을 보여줘야 한다는 과중한 압력을 받을 수도 있다. 이렇게 가해지는 다양한 정신적 영향은 뒤늦은 쌍둥이에게 과중한 희생을 강요하고 심각한 부담을 줄 수 있다.

㉯ 인간 복제 과정은 클론에게 용납될 수 없는 위험을 끼칠 것이다. 지금 인간을 복제하려고 시도한다면, 클론에게 받아들일 수 없는 위험이 가해질 것은 분명하다. 그 과정을 인간에게 적용하는 행위가 윤리적으로 받아들여지려면, 인간에 대한 안전성과 효과성을 확립하기 위한 연구뿐 아니라 동물을 대상으로 한 연구도 더 해야 한다는 것은 명백하다. 클론에게 나타날 수 있는 한 가지 위험은 착상, 성장, 발달이 제대로 일어나지 않는 것이겠지만, 대다수의 사람들이나 법이 그 클론을 윤리적 또는 법적 보호를 받아야 할 인간으로 생각하는 시대가 오려면, 앞으로도 오랫동안 무수한 배들이 죽거나 파괴되어야 할 것이다.

④ 사회적 역기능

㉮ 인간복제는 개인의 가치를 떨어뜨리고 인간적인 삶의 존엄성을 훼손할 것이다. 인간 복

제는 개인을 대체 가능한 존재로 생각하게 함으로써 우리가 인간의 삶에 부여해온 가치와 존엄성을 훼손할 것이다. 인간복제는 인간을 공장에서 제작될 수 있는 것 또는 '손으로' 제작될 수 있는 것으로 여겨지게 함으로써, 개인의 가치나 존엄성을 훼손하는 결과를 낳는다는 것이다. 이렇게 인간 생명의 창조가 신화에서 떨어져 나옴으로써, 우리의 존중심 그리고 인간의 생명과 그것의 자연적인 창조를 바라보면서 느끼는 경이로움도 줄어들 것이라고 한다.

㈏ 인간복제는 상업적 이익을 얻을 목적으로 사용될 수 있다. 인간 복제를 반대하는 쪽과 지지하는 쪽 둘 다 복제된 배아를 매매하는 행위가 허용되어서는 안 된다는 점에서 동의한다. 과학소설의 관점에서 보면, 상업적 이익이 유전적으로 인증되고 보증된 판매용 배아, 즉 다양한 재능, 능력, 기타 바람직한 특성을 지닌 개인들로부터 복제한 다양한 배아의 상품 목록이 시장을 통해 제공될 수 있을 것이라고 상상할 수 있다.

㈐ 인간 복제는 정부나 다른 집단에 의해 비도덕적이며 착취적 목적으로 사용될 수 있다. 『멋진 신세계』(1932)에서 올더스 헉슬리(Aldous Huxley)는 한정된 능력과 조건을 지니도록 인위적으로 가공함으로써, 사회에 필요한 천한 일을 행복한 마음으로 할 사람들을 복제한다는 상상을 했다. 창조될 사람들을 고르고 통제하는 기준은 창조되는 사람들의 이익이 아니라, 사회의 이익과 그들을 창조하는데 드는 비용이다. 인간 복제를 그런 목적으로 사용하는 것은 클론을 오직 타인의 이익을 위한 수단으로 착취하는 것이며, 클론이 완전한 도덕적 개인으로서 지니고 있는 평등한 도덕적 가치와 존엄성을 침해하는 것이다. 만약 미래에 인간 복제가 허용된다면, 그것은 그러한 비도덕적 착취를 단호히 금지하는 규제조치와 함께 이루어져야 한다.[235]

피터싱어의 비판적 관점

어떤 존재가 호모사피엔스 종족의 구성원이라는 의미에서 인간은, 그 존재를 죽이는 것이 그릇된 일이 되는 것과 무관할 수 있다. 그 차이를 만드는 것은 오히려 합리성과 자율성 그리고 자의식의 특징이다. 결함아들은 이 같은 특징을 결여하고 있다. 그래서 그들을 숙이는 섯은 정상적인 인간을 숙이는 것이나, 어떤 다른 자의식적인 존재를 죽이는 것과 같을 수는 없다. 한 존재를 죽이거나 그것을 다른 존재와 대체하는 일이 그릇됨을 주장할 수 있는 근거의 자의식 존재여부가 태아에서도 신생아에서도 동시에 발견되지 않는다. 유아 그 자체만을 고려할 때, 합리적이지도 자의식을 갖추지 아니한 단순히 감정적 존재이다. 그것이 어떤 종이냐 하는 것은 도덕적 위상과 무관하기 때문에, '감정적이거나 합리적이지도 자의식이 없는 동물을 죽이는 것이 그릇되다'는 원칙을 적용해만 한다.

여기에 적용되어야 할 것은 공리주의의 원칙이다. 유아의 삶이 너무도 비참해서 살릴 가치가 없다면, 그리고 유아를 살아있게 할 '외적'이유, 예컨대 부모의 감정과 같은 것도 없다면, 공리주의 원칙에 따라 죽이는 것이 살리는 것보다 낫다. 그러나 그 결함이 아이의 인생을 정

---

235) Dan W. Brock, *Cloning And Cloning*, 2000, 참고

상적인 아이의 삶보다 상당히 불행하게 만들 것이지만, 살릴 가치가 없을 정도로 그렇게 불행하게 만들지는 않을 것이라는 전망이 있는 경우에는 보다 어려운 문제가 생겨나며, 두 견해는 더 이상 일치하지 않는다.

또한 정서적·재정적 부담을 경감시킬 수 있는 제도화의 장치가 필요하다. 신생아 자신의 판단이 불가능한 경우는 자발성의 결여(비자발적 안락사)가 문제시 된다. 죽는 사람이 삶과 죽음을 선택할 능력을 갖지 못할 때 안락사는 자의와 무관한 것이다. 이는 불구인 아이나 출생 이후 정신적으로 심하게 지체된 큰 아이의 경우, 또 한때는 정상적인 선택을 할 수도 있었으나 지금은 그러할 수 없는 사람의 경우, 지금과 같은 상태라면 어떻게 하겠다고 과거에는 아무런 말도 하지 않았던 사람의 경우에서이다. 삶과 죽음의 선택을 한 번도 할 수 없던 사람의 경우가, 한때는 그 같은 선택능력을 가지고 있지만 지금은 상실한 사람의 경우보다 훨씬 간단하다.

비자발적 안락사의 신중한 선택

이제까지 살펴본 것처럼 결함아의 문제 뿐 아니라 모든 안락사의 문제에 있어서도 생명을 본인이건 타인이건 맘대로 다루어서는 안 된다고 생각한다. 그래서 생존할 가능성을 조금이라도 지닌 아이라면 마땅히 살려야 한다고 생각한다. 위에서 본 바와 같이, 어떤 사람은 결함아의 삶이 오히려 죽음을 선택하는 것보다 더욱 고통스럽다는 것이 명확하다면 비자발적인 안락사는 옹호될 수도 있다. 그런데 그렇게 생각되지 않는 측면도 있다. 모든 삶은 또 어떤 삶이든 죽음보다는 더욱 큰 가치와 행복을 지닌다고 생각한다. 즉, 삶 그 자체가 바로 죽음보다는 좋은 것이다. 물론 하나하나의 사례를 볼 경우에는 비자발적인 안락사가 정당한 경우가 있을 수도 있다.

그러나 만약, 비자발적인 안락사가 허용된다면 그로 인한 부작용도 고려해 보아야 한다. 즉, 살 수도 있는 아이를 죽일 수도 있으며, 인간의 생명을 교묘하게 빼앗는 경우에는 악용될 수도 있다. 이러한 부작용으로 단 한명이라도 피해를 받는다면 그 주장은 완전히 정당화 될 수 없다. 만약 자의식의 결여로 결함을 지닌 지체아를 인간존엄의 가치로부터 배제한다면, 이는 또 다른 문제점을 낳을 것이다. 즉, 그렇다면 식물인간의 경우나 자의식이 있다가 사고로 자의식을 잃어버린 사람들의 죽음이 모두 허용될 수 있다는 결과를 낳게 된다. 이런 사고의 극단성은 인종 우월주의로 종착될 수 도 있다. 즉, 자신의 인종만이 우월하기 때문에 다른 인종은 죽여도 좋다는 무서운 사고로 발전할 수도 있다.

물론 비자발적인 안락사를 무조건 반대하는 것이 합리적으로 보이지는 않는다. 만약 비자발적 안락사를 반대한다면 그 주장의 테두리에서 좀 더 합리적이고 보편화된 방법을 찾아야 할 것이라고 생각한다. 그 방법 중에서 제일 중요한 것은 사회 제도의 뒷받침이라고 본다. 만약 결함아의 치료를 경제적 부담 때문에 할 수 없다면 사회 제도화의 장치를 통해서 치료를 가능하도록 해야 한다. 또한 어떤 이유에서인지 결함아를 키울 수가 없다면 입양가능성을 고려하거나 그런 아이를 키울 수 있는 사회여건을 마련해 주어야 한다. 이외에도 비자발적인 안락사를 하지 않아도 되는 경우에도 불구하고 비자발적인 안락사를 고려해야 하는 여러 경우를 제대로 살피면서 비자발적인 안락사를 시행하지 아니하는 방법을 강구해야 할 것이다. 이 경우에 부모 대리인 역할을 하는 *사회기구*가 더 없이 소중하게 간주된다. 현실적으로 살펴볼 때, 자식 앞에서 부모들은 종종 이기적 존재로 전락할 경우가 있는 것이다.

색 인

김용환(金容煥, Kim Yong Hwan)

■약력: 경북고 · 서울대졸, 동 대학원석사 · 철학박사(89)
프랑스 파리 소르본 대학 방문교수(92-93)
캐나다 벤쿠버 U. B. C. 대학 연구교수(98-99)
충북대 대학신문사 주간교수 역임(95-97)
충북대 기획연구처장 역임(97-98)
현재 : 충북대 사범대학 국민윤리교육과 교수

■주요논문 및 저서 :
「생태환경 정의연구」 · 『국민윤리연구』(04)
『탈현대사회의 가치와 명상』(개신, 00)
『만다라-깨달음의 영성세계』(열화당, 98)
『자아각성과 윤리』(법인문화사, 92)

■ e-mail address : sunyanan@chungbuk.ac.kr

○ 오늘의 윤리학은 과거처럼 측은지정의 심정에 기대하기보다 오히려 공동체의 의지결단을 확산시킬 수 있는 보편화 가능성을 요청한다. 생활영역이 확대됨에 따라 이웃규정도 새로워지며, 전통규범담론과 현대의 실천담론이 상호 감응한다. 따라서 인간 사랑의 덕목을 새롭게 조명하여야 되며 자기목적성·합리성의 설정범위와 그 내용도 재구성될 필요가 있다.

여기서 우리는 윤리추론의 형성과 다양한 이론을 살펴보고, 현대사회의 제반문제 가운데, 성윤리 정립, 낙태기준의 선별, 차별현상의 극복, 사회정의 실현, 생태정의 구현, 편안한 죽음 등의 다양한 윤리담론을 담아본다. 오늘의 상황에서 현대인의 윤리과제는 자유와 책임의 긴장관계에서 어떻게 상호균형을 이루며 그 실천방안을 수립할 것인가의 문제이다. 그 해답의 상징체계에서 우리는 인간과 자연의 공생, 자아와 타자의 공존을 향한 인식지평을 경험한다. 이제는 지구공동체 구성원의 상호소통을 위한 '지구윤리 (Global Ethics)'를 수용할 시점에 이르렀다. 과거의 동일화와 단순화를 강요하는 거대담론에 비해, 현대의 윤리담론은 과거담론해체, 비교불능의 언어게임, 개별성·다양성의 존중, 사회억압에서 개체해방이 강조된다.